MARXISMO NEGRO

A Criação da Tradição Radical Negra

CEDRIC J. ROBINSON

TRADUÇÃO DE
Fernanda Silva e Sousa, Caio Netto dos Santos,
Margarida Goldsztajn e Daniela Gomes

Copyright © 1983 by Cedric J. Robinson
Preface to the second edition © 2000 The University of North Carolina Press
Foreword to the third edition © 2020 Robin D. G. Kelley
Preface to the third edition © 2020 Damien Sojoyner and Tiffany Willoughby-Herard

PALAVRASNEGRAS

INSTITUTO AMMA PSIQUE E NEGRITUDE
  Clélia Prestes ▪ Deivison Faustino (Nkosi)
  Cleber Santos Vieira ▪ Dennis de Oliveira ▪ Fabiana Villas Boas

Coordenação de texto Luiz Henrique Soares e Elen Durando
Edição de texto e revisão de tradução Margarida Goldsztajn
Revisão Adriano Carvalho Araújo e Sousa e Juliana Sergio
Projeto gráfico e capa Sergio Kon
Editoração A Máquina de Ideias/Sergio Kon
Produção Ricardo W. Neves e Sergio Kon

CIP-Brasil. Catalogação na Publicação
Sindicato Nacional dos Editores de Livros, RJ

R555m
  Robinson, Cedric J.
    Marxismo negro : a criação da tradição radical negra / Cedric J. Robinson;
  [prefácio Robin D.G. Kelley, Damien Sojoyner, Tiffany Willoughby-Herard] ;
  tradução Fernanda Silva e Sousa ... [et al.]; [apresentação Muryatan Barbosa ; 1.
  ed. - São Paulo : Perspectiva, 2023.
    688 p. ; 19 cm. (Palavras negras ; 9)

    Tradução de: Black marxism : the making of the black radical tradition
    Inclui bibliografia e índice
    ISBN 978-65-5505-141-4

    1. Comunismo - África. 2. Marxismo - África. 3. Racismo - África. 4.
  Movimentos antiescravagistas - África. I. Kelley, Robin D.G. II. Sojovner, Damien.
  III.Willoughby-Herad, Tiffany. IV. Sousa, Fernanda Silva e. V. Barbosa, Muryatan.
  VI. Título. VII. Série.

	CDD: 335.4309174096
23-82501	CDU: 330.85(96)

Meri Gleice Rodrigues de Souza - Bibliotecária - CRB-7/6439
06/02/2023   09/02/2023

1ª edição
Direitos reservados à

EDITORA PERSPECTIVA LTDA.

Alameda Santos, 1909, cj. 22
01419-100 São Paulo SP Brasil
Tel.: (11) 3885-8388
www.editoraperspectiva.com.br

2023

A Leonard e Gary,
para quem não houve tempo suficiente.

Sumário

Apresentação à Edição Brasileira
[*Muryatan Barbosa*]
13

Prólogo: Por Que "Marxismo Negro"? Por Que Agora?
[*Robin D.G. Kelley*]
17

Prefácio: Perspicácia Inquieta: Pedagogia,
Riso e Alegria nas Aulas de Cedric J. Robinson
[*Damien Sojoyner e Tiffany Willoughby-Herard*]
47

Prefácio à Edição de 2000
65

Prefácio à Terceira Edição
74

Introdução
77

Parte 1
O SURGIMENTO E AS LIMITAÇÕES
DO RADICALISMO EUROPEU

1   Capitalismo Racial: O Caráter Não Objetivo
do Desenvolvimento Capitalista
87

A Formação da Europa [89]; A Primeira Burguesia [93];
A Burguesia do Mundo Moderno [100]; As Ordens Inferiores [105];
Os Efeitos da Civilização Ocidental no Capitalismo [110]

2   A Classe Trabalhadora Inglesa
Como Espelho da Produção
117

Pobreza e Capitalismo Industrial [120]; A Reação dos Trabalhadores
Ingleses [123]; A Colonização da Irlanda [127]; A Consciência da
Classe Trabalhadora Inglesa e o Trabalhador Irlandês [132];
O Proletariado e a Classe Trabalhadora Inglesa [136]

3   Teoria Socialista e Nacionalismo
141

Pensamento Socialista: Negação do Feudalismo ou
do Capitalismo? [143]; De Babeuf a Marx: Uma Historiografia
Curiosa [146]; Marx, Engels e o Nacionalismo [151]; Marxismo
e Nacionalismo [165]; Conclusão [171]

Parte 2:
AS RAÍZES DO RADICALISMO NEGRO

4   O Processo e as Consequências da Transmutação da
     África
     179

A Diminuição da Diáspora [180]; As Cores Primárias do
Pensamento Histórico Estadunidense [184]; A Destruição
do Passado Africano [194]; Relações Pré-Modernas entre África
e Europa [196]; O Mediterrâneo: Egito, Grécia e Roma [197];
A Idade das Trevas: Europa e África [201]; Islã, África
e Europa [203]; A Europa e o Comércio Oriental [207]; O Islã e
a Criação de Portugal [209]; Islã e Eurocentrismo [218]

5   O Tráfico de Escravos no Atlântico e a Mão de Obra
     Africana
     223

A Burguesia Genovesa e a Era dos Descobrimentos [226]; O Capital
Genovês, o Atlântico e uma Lenda [231]; A Mão de Obra
Africana Como Capital [236]; Os Livros-Razão de um
Sistema Mundial [239]; A Coluna Marcada Como "Capitalismo
Britânico" [245]

6   A Arqueologia Histórica da Tradição Radical Negra
     253

A História e o Mero Escravo [255]; Vermelhos, Brancos
e Negros [259]; Negros em Lugar de Vermelhos [263]; Resistência
Negra: O Século XVI [267]; Palmares e o Aquilombamento
do Século XVII [270]; Resistência Negra nos Estados Unidos [282];
A Revolução Haitiana [288]; O Brasil Negro e a Resistência [296];
Resistência nas Índias Ocidentais Britânicas [305]; África: Rebelião
nos Lugares de Origem [319]

7   A Natureza da Tradição Radical Negra 323

Parte 3
RADICALISMO NEGRO E TEORIA MARXISTA

8   A Formação de uma Intelectualidade
331

Capitalismo, Imperialismo e as Classes Médias Negras [333];
A Civilização Ocidental e a Intelectualidade Renegada Negra [340]

9   A Historiografia e a Tradição Radical Negra
347

Du Bois e os Mitos da História Nacional [347]; Du Bois
e a Reconstrução da História e do Pensamento Político
Estadunidense [363]; Escravidão e Capitalismo [368]; Trabalho,
Capitalismo e Escravidão [370]; Escravidão e Democracia [374];
A Reconstrução e a Elite Negra [377]; Du Bois, Marx e Marxismo
[380]; Bolchevismo e Comunismo Estadunidense [383];
Nacionalismo Negro [388]; Os Negros e o Comunismo [397];
Du Bois e a Teoria Radical [412]

10   C.L.R James e a Tradição Radical Negra
433

A Mão de Obra Negra e as Classes Médias Negras em
Trinidad [433]; O Negro Vitoriano se Converte em Negro
Jacobino [448]; Socialismo Britânico [457]; Radicais Negros
na Metrópole [461]; A Teoria do Jacobino Negro [478]; Chegando
a um Acordo Com a Tradição Marxista [490]

11   Richard Wright e a Crítica à Teoria de Classes
503

A Teoria Marxista e o Intelectual Radical Negro [503];
O Romance Como Política [510]; A Teoria Social de Wright [513];
Os Negros Como Negação do Capitalismo [521]; *The Outsider*
Como Crítica do Cristianismo e do Marxismo [524];

12   Um Final
533

Notas
553

Referências
649

Índice
673

Agradecimentos
679

Apresentação à Edição Brasileira

Muryatan Barbosa

"A sobrevivência negra é problemática." Essa é uma das muitas afirmações perspicazes que se pode ler deste livro fundamental do historiador e cientista político estadunidense Cedric J. Robinson (1940-2016): *Marxismo Negro: a Criação da Tradição Radical Negra* (primeira edição de 1981).

Acadêmico progressista, comprometido, Robinson buscou refletir sobre as razões e consequências dessa afirmação quando iniciou a escrita deste livro radical, que o leitor brasileiro finalmente tem em mãos. E digo radical no sentido marxiano do termo, que Robinson bem conhecia: de tomar as coisas pela raiz. É isso o que o autor faz neste livro. Na verdade, pouquíssimo citado até há pouco, quando foi tirado do mofo pelo historiador Robin Kelley (2000), que lhe consagrou um prefácio esclarecedor; felizmente incluído nesta publicação da obra em português.

Para Robinson, ir à raiz dessa questão significava reanalisar, a partir da perspectiva do materialismo histórico, a contínua imbricação entre racismo e capitalismo, desde suas origens – em fins da Idade Média – até sua atualidade. Para resumir o argumento, Robinson acreditava que a desumanização capitalista tinha (e continuava tendo) fundo racial. E, dessa análise, o autor construiu sua famosa tese acerca do "capitalismo racial", que ganhou vida própria desde então.

Todavia, ele não se limitou a expor tal problemática, nem à desconstrução teórica necessária para expô-la; o que já não seria pouco.

Neste livro, mostrou o véu que a historiografia eurocêntrica (inclusive a marxista) sobre o tema tendia a esconder: o "radicalismo negro"! Para o autor, uma tradição popular que, de formas diferenciadas e a partir de heterogêneas raízes africanas, teria impulsionado revoltas contra o escravismo e a subalternização racial no mundo moderno e contemporâneo. Construindo-se como uma tendência de luta anticapitalista.

Só depois de fazer esse longo percurso é que Robinson chega à análise do "marxismo negro", que dá nome à obra, na qual destaca autores e ativistas como W.E.B. Du Bois, C.R.L. James e Richard Wright. Qual a relação entre as duas temáticas? Indo direto ao ponto, pode-se dizer que, para Robinson, o "marxismo negro" no século xx foi um lugar híbrido encontrado pela intelectualidade radical negra, pequeno-burguesa, em sua tentativa de aliar à "luz" ocidental a mobilização da massa popular, negra. Um dilema de difícil solução. Mas que, quando bem resolvido, contribuiu para a efetivação de uma autoconsciência desse radicalismo negro. Não seria demais ver ali certa tendenciosidade autobiográfica do autor.

É óbvio que tais teses de Robinson dialogam com questões candentes e atuais do campo acadêmico e da luta política. R. Kelley, em seu "Prólogo", busca evidenciar como certas argumentações e hipóteses trazidas no livro deveriam interessar pesquisadores de várias áreas das ciências humanas e sociais: estudiosos da escravidão e do capitalismo; diásporas negras; ciência política; antropologia; estudos culturais; relações étnico-raciais. Seria redundância retomar tais argumentos. Do ponto de vista político, Kelley traz também uma interessante contextualização da trajetória do autor, mostrando como o livro estava inserido no debate sobre alternativas progressistas dos anos de 1980 e 1990, envolvendo o marxismo, teorias da descolonização da África, estudos culturais e ativismo antirracista. Aí está, a nosso ver, a maior relevância de *Marxismo Negro*.

É visível que o mundo contemporâneo caminha para um esgarçamento do tecido social, produzindo uma onda de desumanização de potencial genocida. Algo que muitos já acreditavam ter sido superado na história. Em última instância, trata-se da derrocada da produção industrial massiva, fordista, que, associada à renovação do neocolonialismo entre centros e periferias, vem perpetuando o encarceramento em massa, o espetáculo e a violência estatal (e privada) como formas de controle social. Em concomitância, a precarização do trabalho impõe-se universalmente, ainda que não produza mais a classe trabalhadora de outrora, que Marx via como a negação positiva do capitalismo. O livro de Robinson é nosso contemporâneo na medida em que busca refletir sobre essa nova realidade. E ele sabia disso.

A tese do radicalismo negro foi uma forma de o historiador e cientista político estadunidense repensar as alternativas e movimentos progressistas neste novo mundo, embora sua análise esteja, sobretudo, assentada sobre o passado. Nesse sentido, a obra de Robinson é um dos grandes livros de teoria social da segunda metade do século XX.

Isso não significa dizer que o radicalismo negro, trazido pelo autor, seja o mesmo desde tempos imemoriais. Destacaria, por exemplo, que, em séculos passados, as "africanidades" que sustentavam seu espírito rebelde eram sensivelmente mais fortes, por conta do inegável processo de ocidentalização reinante. Mas no cerne desse radicalismo – diria Robinson –, mantém-se uma questão muito atual: a luta coletiva pela vida. Algo que sempre foi um *éthos* a ser alcançado pela população negra nas Américas. Não por acaso, todos conhecem hoje uma palavra de ordem (além de um movimento) que é profundamente radicalista negra no sentido apontado: *black lives matter*!

Robinson sabia que estávamos entrando em um mundo no qual sobreviver (e viver) será uma utopia para a maior parte da população de sociedades potencialmente genocidas como as contemporâneas. Não seria um bom momento para reinventar o pensamento progressista, superando suas genealogias eurocêntricas? Esse é o convite que o belo livro de Cedric J. Robinson nos faz!

MURYATAN BARBOSA é historiador. Doutor e pós-doutor em História da África pela Faculdade de Filosofia, Letras e Ciências Humanas da Universidade de São Paulo (FFLCH-USP). Professor adjunto da Universidade Federal do ABC (UFABC). Vencedor do prêmio Jabuti / Ciências Sociais em 2021 por *A Razão Africana: Breve História do Pensamento Africano Contemporâneo* (Todavia, 2020).

Prólogo:
Por Que "Marxismo Negro"?
Por Que Agora?

Robin D.G. Kelley

The Blues is first come from Black – Red, the last, going out to re-come. The cycle the circle. The Red what reading did re adding reproducing revolution, red, old going out into black and coming back through blue Mood Indigo.

AMIRI BARAKA[1]

No prólogo da primeira edição impressa pela University of North Carolina Press do livro de Cedric Robinson, *Black Marxism: The Making of the Black Radical Tradition*, concluí com a seguinte previsão:

> Não tenho dúvidas de que o retorno do *Marxismo Negro* terá um grande impacto nas gerações atuais e futuras de intelectuais, da mesma forma que teve em mim há quase duas décadas. Também estou confiante de que, quando esse tempo chegar, irá atingir um público muito maior e será amplamente debatido nas salas de aula, em fóruns e publicações que tratam tanto o passado quanto o futuro com seriedade. Por quê? Porque além de todas as suas ideias esclarecedoras, declarações ousadas, correções históricas sutis e desvios fascinantes para caminhos até então inexplorados, o suporte estrutural do *Marxismo Negro* se baseia em uma questão básica: Para onde iremos a partir daqui? Essa é a pergunta que deu origem a este livro memorável e a que se fará na próxima geração.[2]

Isso foi há vinte anos. Enquanto escrevo essas palavras no verão de 2020, testemunhamos a tradição radical negra em movimento, impulsionando o que possivelmente é a rebelião em massa mais dinâmica contra a violência sancionada pelo Estado e o capitalismo racial que temos visto nos Estados Unidos desde os anos de 1960 – talvez desde os anos de 1860. Com o assassinato de George Perry Floyd Jr., Breonna

Taylor, Ahmaud Arbery e muitos outros servindo de estopim, cerca de 26 milhões de pessoas saíram às ruas para protestar contra a violência racial sancionada pelo Estado, alguns exigindo a supressão da polícia e das prisões e a reversão dos recursos a elas destinados para moradia, um sistema de saúde universal, empregos com salários decentes, renda básica universal, energia renovável e um sistema de justiça reparadora. Esses novos abolicionistas não estão interessados em tornar o capitalismo mais justo, mais seguro e menos racista. Eles sabem que isso é impossível. Ao contrário, eles querem nada menos do que terminar com o "capitalismo racial".

A reação do Estado à rebelião também tem nos conduzido ao abismo do fascismo. Os protestos organizados nas ruas e em outros espaços públicos, nos *campi*, dentro das prisões, nas sedes dos governos estaduais e nas salas dos tribunais e nas delegacias de polícia foram o presságio da ascensão de um Estado policial nos Estados Unidos. Nos últimos anos, o Movement for Black Lives (Movimento Pelas Vidas Negras) e suas dezenas de organizações aliadas advertiram o país que, se não déssemos fim à violência racial sancionada pelo Estado e ao aprisionamento em massa de pessoas negras e pardas, estaríamos caminhando para um Estado fascista. Esses avisos foram lançados antes da eleição de Trump, mas neste momento, em 2020, quando milícias brancas armadas abatem os manifestantes a tiros, quando o atual regime ameaça permanecer no poder independentemente do resultado das eleições presidenciais, quando o governo federal envia forças armadas para reprimir os dissidentes, reúne e deporta trabalhadores sem documentos e intimida o público, fica fácil concluir que o fascismo já está aqui. A encruzilhada em que a revolta negra e o fascismo se encontram é precisamente o espaço no qual os principais interlocutores de Cedric encontraram a Tradição Radical Negra. O *Marxismo Negro* discorre, em parte, sobre uma geração anterior de antifascistas negros, escrito no despontar de uma ala de direita global, de uma ordem neoliberal que levou um teórico político a chamar de a era do "fascismo amigável"[3]. Em 1983, no mesmo ano em que *Marxismo Negro* foi lançado, Cedric publicou um ensaio brilhante sobre o fascismo que não apenas expôs o apoio dos EUA capitalista a

Mussolini, mas argumentou que as massas negras *anteviram* e resistiram à ascensão do fascismo muito antes de ele vir a ser considerado uma crise. Robinson os chamou de "antifascistas prematuros", que se levantaram em oposição ferrenha às elites que "deram primazia aos interesses do Estado como instrumento do 'destino' racial"[4].

Cerca de três décadas de criação de movimentos sociais, desenvolvimento de erudição e de formação política explicam por que tantas pessoas podem dizer "cortem os fundos destinados à polícia", "abolição de prisões", ou "capitalismo racial". Não estaríamos aqui se não fosse pelas organizações Critical Resistance (Resistência Crítica); o Labor/Community Strategy Center (Centro de Estratégia Trabalhista/Comunitário; o Project South (Projeto Sul); a Organization for Black Struggle (Organização Pela Luta Negra), em Saint Louis); a Power – People Organized to Win Employment Rights (Povo Organizado Pelo Direito ao Emprego); Song – Southerners on New Ground (Sulistas em Novo Chão); Incite: Women of Color Against Violence (Mulheres de Cor Contra a Violência); Sista ii Sista (De Irmã Para Irmã) ; o African American Policy Forum (Fórum de Políticas Afro-Americanas); o Black Radical Congress (Congresso Radical Negro); a Los Angeles Community Action Network (Rede de Ação Comunitária de Los Angeles); o Miami Workers Center (Centro dos Trabalhadores de Miami); o Praxis Project; Fierce – Fabulous Independent Educated Radicals for Community Empowerment (Radicais Fabulosos Instruídos Independentes Para o Empoderamento da Comunidade); o Queers for Economic Justice (*Queers* Para Justiça Econômica); o SRLP – Sylvia Rivera's Law Project (Projeto de Lei de Sylvia Rivera); os movimentos Moral Mondays Movement (Movimento das Segundas-Feiras Morais) e Poor People's Campaign (A Campanha dos Pobres), do Reverendo William J. Barber; a Cooperation Jackson (As Cooperativas dos Trabalhadores de Jackson), no Mississippi; o Incarcerated Workers Organizing Committee (O Comitê Organizador dos Trabalhadores Encarcerados); o Free Alabama Movement (Movimento Alabama Livre); e o Surj – Showing Up for Racial Justice (Comparecendo Pela Justiça Social). Não estaríamos aqui sem o livro de Angela Davis, *Are Prisons Obsolete?* (Estarão as Prisões Obsoletas?) e *Abolition Democracy: Beyond Empire, Prisons, and Torture* (A Democracia da Abolição: Para Além do Império, das Prisões e da Tortura); ou pelo livro *The New Jim Crow: Mass Incarceration in the Age of Colorblindness* (A Nova Segregação: Racismo e Encarceramento em Massa na Era da Cegueira de Cor), de Michelle Alexander; ou pelos escritos abolicionistas e anticapitalistas de Ruth Wilson Gilmore e Mariame Kaba e outros. Os assassinatos de Trayvon Martin; Rekia Boyd; Eric Garner; Michael Brown; Tamir Rice; John Crawford III; Alton Sterling; Walter Scott e muitos outros geraram uma onda de organizações radicais negras, com destaque para o Black Lives Matter (Vidas Negras Importam); o projeto Dream Defenders (Defensores dos Sonhos); o Black Youth Project 100 (Projeto Juventude Negra 100); o We Charge Genocide (Acusamos o Genocídio); BOLD – Black Organizing for Leadership and Dignity (Organização Negra Pela Liderança e Dignidade); Hands Up United (Unidos de Mãos Erguidas), Lost Voices (Vozes Perdidas), Millennial Activists United (Ativistas Unidos da Geração do Milênio), Million Hoodies Movement for Justice (Movimento Por Justiça do Milhão de Encapuzados), Dignity and Power Now (Dignidade e Poder Já), Ella's Daughters (As Filhas de Ella Baker), Assata's Daughters (As Filhas de Assata Shakur), Black Feminist Futures Project (Projeto Para um Futuro Feminista Negro), Leaders of a Beautiful Struggle (Líderes de um Belo Combate), Let Us Breathe Collective (O Coletivo Respiremos), o Movement for Black Lives (Movimento Pelas Vidas Negras), The Majority (A Maioria), e Scholars for Social Justice (Acadêmicos Pela Justiça Social), dentre muitos outros[5].

Todos esses movimentos e pensadores têm, em um momento ou outro, se engajado, adotado, ou sido influenciados pelo *Marxismo Negro* de Cedric Robinson. Os dois conceitos-chave, capitalismo racial e Tradição Radical Negra, apresentados nessas páginas há quase quarenta anos, se tornaram uma parte comum da nossa linguagem política compartilhada. Suas ideias se firmaram em círculos ativistas e na academia desde o lançamento da edição de 2000, assim como outras publicações de Robinson, tais como *Black Movements in America* (Movimentos Negros nos Estados Unidos, 1997) e *Forgeries of Memory and Meaning:*

Blacks and the Regimes of Race in American Theater and Film Before World War II (Falsificações de Memória e Significado: Os Negros e os Regimes de Raça no Teatro e no Cinema Estadunidense Antes da Segunda Guerra Mundial, 2007). O falecimento de Cedric em cinco de junho de 2015, seguido da republicação dos textos *The Terms of Order: Political Science and the Myth of Leadership* (Os Termos da Ordem: Ciência Política e o Mito da Liderança, 2016), *An Anthropology of Marxism* (Antropologia do Marxismo, 2019) e da recente publicação de *On Racial Capitalism, Black Internationalism, and Cultures of Resistance* (Sobre o Capitalismo Racial, o Internacionalismo Negro e as Culturas de Resistência, 2019), editada por H.L.T. Quan e com introdução de sua autoria, têm inspirado uma geração a finalmente reconhecer Cedric Robinson como um dos intelectuais mais importantes da nossa era. Desde 2004, a vida e a obra de Cedric têm sido objeto de dezenas de conferências, simpósios, fóruns, mesas de debates e incontáveis cursos acadêmicos, não apenas nos Estados Unidos, mas ao redor do mundo[6]. A fundamentação da pesquisa acadêmica e o engajamento crítico com seu trabalho, em especial com a obra *Marxismo Negro*, têm aumentado desde que, há vinte anos, apontei para o fato de que o livro "não recebeu avaliações importantes e foi pouco mencionado nas publicações acadêmicas" (xviii)[7].

Uma consequência ainda maior se apresenta na extensão em que as ideias de Cedric influenciaram a luta no campo. O Movement for Black Lives, uma coalizão composta por mais de 150 organizações, baseou muito de seu programa de justiça social na crítica ao capitalismo racial. Seu manifesto amplamente divulgado, "A Vision for Black Lives: Policy Demands for Black Power, Freedom & Justice" (Uma Visão Referente às Vidas Negras: Exigências de Políticas Para o Poder Negro, a Liberdade e a Justiça), lançado cerca de dois meses após o falecimento de Cedric, identifica como a "combinação da escravidão, do sistema de capitalismo racial profundamente enraizado nos Estados Unidos e de instituições discriminatórias prolongadas e persistentes têm, há séculos, negado à população negra igual acesso à riqueza produzida pelo seu trabalho". A força motriz do capitalismo racial não foi a mão invisível do mercado, mas sim o punho visível da violência sancionada pelo Estado, sendo esse o motivo pelo qual o manifesto contextualiza os constantes processos de extração, desapropriação e subjugação como uma "guerra às pessoas negras"[8]. Ao requerer o fim da guerra contra o povo negro – aqui e no exterior – e exigir o reinvestimento de recursos destinados ao sistema Estatal carcerário e militar em educação, saúde e segurança, criando uma economia justa e democraticamente controlada, o Movement for Black Lives apresenta com eficácia um *plano* para transformar a nação como um todo, salvar o planeta e finalmente acabar com o capitalismo racial. O teórico político Siddhant Issar faz a observação incisiva de que o manifesto político do Movement for Black Lives menciona explicitamente o "capitalismo racial" a fim de "expor e *politizar* o fato de que a economia capitalista é constituída segundo uma lógica racial. A necessidade de politizar a conexão entre capitalismo e dominação racial é em si uma resposta para o modo em que essa cnexão tem sido despolitizada e mascarada por teóricos de esquerda liberais e influentes do capitalismo[9].

Lidando com o Capitalismo Racial

Cedric Robinson não cunhou o termo "capitalismo racial". A expressão se originou na África do Sul por volta de 1976, com a publicação do artigo *Foreign Investment and the Reproduction of Racial Capitalism in South Africa* (O Investimento Estrangeiro e a Reprodução do Capitalismo Racial na África do Sul), da autoria de Martin Legassick e David Hemson, marxistas sul-africanos brancos afiliados ao Congresso Nacional Africano (CNA). Os autores não estavam propondo uma "teoria" do capitalismo racial, mas na verdade uma crítica à convicção liberal de que o fluxo de capital internacional pode potencialmente derrubar o *apartheid* e substituí-lo por relações capitalistas eficientes e normativas numa democracia multirracial. O artigo sugeria que desmantelar o *apartheid* sem derrubar o capitalismo deixaria inabaladas as estruturas que reproduzem desigualdade racial e a exploração de todos os trabalhadores[10]. Cedric elaborou a expressão "capitalismo racial", transformando-a da descrição de um sistema específico para um quadro teórico usado para compreender a história geral do capitalismo.

O capitalismo racial tem sido o tema de um sólido grupo de estudos acadêmicos, se convertendo virtualmente em um campo próprio desde a republicação de *Black Marxism*[11]. Na verdade, o termo se tornou tão corriqueiro nos círculos da esquerda que, quando o filósofo neomarxista Michael Walzer confessou sua ignorância em relação ao "capitalismo racial" nas páginas da revista *Dissent*, as redes sociais se inflamaram, humilhando e doutrinando o professor por ser política e teoricamente um ludita[12]. Contudo, a resposta de Walzer, por sua vez, é típica de muitos pensadores marxistas importantes que têm desconsiderado, como não anticapitalista o suficiente, uma década inteira de levantes contra a violência racializada promovida pelo Estado, a criminalização em massa; a privação de direitos políticos, a deportação, a expansão de dutos e os salários de fome para os trabalhadores de redes de *fast food* e de serviços. O racismo, afirmam eles, assim como o heteropatriarcado, não é um elemento constituinte do capitalismo, mas opera junto a ele – um adicional irritante, por assim dizer – para oprimir subgrupos específicos e dividir a classe trabalhadora. Quando Alex Dubilet questionou o geógrafo marxista David Harvey por ignorar ou marginalizar a racialização em sua análise da "história material do capitalismo", especialmente porque as "mobilizações mais intensas [nos Estados Unidos] contra a ordem capitalista tinham como alvo a violência policial antinegra", Harvey retrucou que a raça simplesmente não era parte da lógica da acumulação do capital. Não havia nada inerentemente anticapitalista no antirracismo, escreveu ele, acrescentando ainda, "Não creio que as lutas atuais em Ferguson tenham muito a ver com o anticapitalismo"[13]. Da mesma maneira, em um breve ensaio publicado seis meses depois do falecimento de Cedric, Walter Benn Michaels declarou,

> Não é o racismo que cria a diferença de classes; é o capitalismo. E não é o antirracismo que pode combater a diferença, é o socialismo [...] não se constrói a esquerda tentando descobrir qual vítima foi mais vitimizada; ela é construída por meio da organização de todas as

vítimas. Quando lidamos com a importância de um sistema universal de saúde, por exemplo, não precisamos nos preocupar por um segundo sequer se os negros descendentes de escravizados estão em pior situação do que os brancos descendentes de mineiros de carvão. O objetivo não é ter certeza de que negros não fiquem mais doentes do que brancos, a meta é deixar todos saudáveis.[14]

Para ser claro, insistir que o capitalismo sempre tem operado no contexto de um sistema e de uma ideologia que atribuem valores diferenciais à vida e ao trabalho humanos não significa que contratar policiais negros ou incorporar elites negras na estrutura de poder existente irá acelerar a queda do capitalismo racial, ou fazer com que nos aproximemos de um puro capitalismo com "cegueira de cor". Cedric Robinson nunca adotou essa ideia e os movimentos que se inspiram em seu trabalho com certeza tampouco acreditam nisso. Assim, Walzer, Benn Michaels, Harvey e outros não estão apenas atacando falácias do espantalho, mas também falham em compreender como a lógica do racismo fundamentalmente molda ambos, a acumulação do capital e o papel do Estado. Sabemos, por exemplo, que a população negra nos arredores do condado de St. Louis saiu às ruas em Ferguson não só para exigir justiça para Michael Brown Jr., mas também para protestar contra um sistema de policiamento predatório, que fazia uso de citações judiciais, multas, taxas e mandados de prisão para extrair milhões de dólares sobretudo de comunidades negras, pobres e superpoliciadas, ao mesmo tempo que concedia abatimentos generosos nos impostos para corporações, deixando escolas públicas e serviços essenciais carentes da verba tão necessitada. E eles estavam lutando pelo direito básico de não serem surrados, torturados ou mortos pela polícia (cuja razão de ser é proteger a propriedade e manter a ordem). Sabemos também que um sistema universal de saúde, uma antiga exigência fundamental do movimento pela liberdade negra, não irá por si só abolir magicamente as condições que produzem as desigualdades racializadas na área da saúde, nem irá garantir um tratamento igualitário e sem preconceito para os pacientes. Mesmo em um nível descritivo, podemos ver claramente que o capitalismo não opera a partir de uma lógica de mercado puramente "cega de cor", mas por meio da ideologia da supremacia branca. Percebemos isso na história do policiamento de comunidades negras e pardas, na expropriação de terras, no deslocamento, nos empréstimos predatórios, na tributação, na privação de direitos e nas catástrofes ambientais; nas diferenças raciais nos salários e nas oportunidades de emprego; na desvalorização de imóveis de propriedade negra; na exclusão de negros de escolas públicas de melhor qualidade e de moradias estatais pelas quais eles pagam impostos; e na extração da mão de obra e dos recursos negros para subsidiar a acumulação de riqueza branca. E reconhecemos uma variante neoliberal do capitalismo racial que envolve o desmantelamento do Estado de bem-estar social; o fomento de fuga de capital; a privatização de escolas públicas, de hospitais, de moradia, de transporte público e de outros recursos públicos; e o crescimento em massa da polícia e das prisões. Essas políticas têm produzido escassez, pobreza, economias alternativas (ilegais) reguladas pela violência e riscos ambientais e à saúde[15].

Cedric revelou exatamente como o capitalismo racial "cria diferenças entre as classes" e porque o antirracismo é fundamental para "combater a diferença". Ele começa por rechaçar o mito de que o capitalismo foi o grande modernizador e deu à luz ao proletariado como "uma classe universal". "Em vez disso", ele afirma, "a dialética da proletarização disciplinou as classes trabalhadoras no sentido da importância das distinções: entre etnias e nacionalidades; entre trabalhadores qualificados e não qualificados; e [...] entre raças. A persistência e a criação de tais oposições dentro das classes trabalhadoras foram um aspecto crítico do triunfo do capitalismo no século XIX" (infra, p. 137). Assim como os irlandeses foram produto de tradições populares muito diferentes, nascidas e criadas sob o colonialismo, a classe trabalhadora "inglesa" foi formada pelo chauvinismo anglo--saxão, uma ideologia racial compartilhada por todas as classes que permitiu à burguesia inglesa racionalizar os baixos salários e os maus--tratos aos irlandeses.

Partindo da obra do sociólogo radical negro Oliver Cox, Robinson desafia a ideia marxista de que o capitalismo foi uma negação revolucionária do feudalismo[16]. Pelo contrário, ele defende que o capitalismo emergiu de dentro da ordem feudal e floresceu no solo cultural de uma civilização ocidental já sistemicamente embebida de racialismo. Robinson não alega que o racismo moderno, que teve início no século XVII, era a mesma coisa; ao contrário, ele afirma que as hierarquias baseadas na diferença "racializada" construída já existiam antes do surgimento do capitalismo. O capitalismo era "racial" não devido a uma conspiração para dividir os trabalhadores ou para justificar a escravidão e a desapropriação, mas porque o racialismo já havia permeado a sociedade feudal ocidental. Os primeiros proletários europeus foram sujeitos racializados (irlandeses, judeus, ciganos, eslavos etc.), vítimas de desapropriação (cerceamento), colonialismo e escravidão na Europa. De fato, Robinson sugere que a racialização na Europa foi um processo colonial de invasão, colonização, expropriação e hierarquia racial. Ao insistir que o nacionalismo moderno europeu estava completamente ligado aos mitos racialistas, ele nos lembra que a ideologia da *Herrenvolk* (governança de uma maioria étnica) que levou à colonização alemã da Europa Central e dos territórios "eslavos" "explicava a inevitabilidade e a naturalidade da dominação de alguns europeus por outros europeus" (infra, p. 114). Admitir esse fato não significa minimizar o racismo antinegro ou a escravidão africana, mas reconhecer que o capitalismo não foi o grande modernizador que gerou o proletariado europeu como sujeito universal, e que a "tendência da civilização europeia no capitalismo não era, portanto, homogeneizar, mas diferenciar – exagerar diferenças regionais, subculturais e dialéticas, tornando-as diferenças 'raciais'" (infra, p. 112).

As consequências explicam por que a diretriz de Benn Michaels, de "construir a esquerda [...] organizando todas as vítimas" é mais fácil de ser dita do que realizada. Cedric começou o *Marxismo Negro* na Europa precisamente para formular a perene questão que muitos marxistas tradicionais evitam: por que trabalhadores "brancos" têm continuamente falhado em reconhecer e acolher trabalhadores negros, pardos, asiáticos e nativos como parte de sua classe? O que explica a participação esmagadora de trabalhadores brancos em manifestações em turba de violência antinegra e *pogroms* racistas, ou sua intensa e cruel defesa de bairros e escolas segregados, ou sua relutância em se juntar aos piquetes de grevistas em defesa dos trabalhadores negros? O *Marxismo Negro* explica o que Marx e Engels sabiam, mas não estavam dispostos a admitir: ideologias de diferença racial (e em menor extensão, de individualismo) fraturaram o proletariado. Esse dificilmente era, ou é, um tema universal. "O desenvolvimento, a organização e a expansão da sociedade capitalista", escreve Cedric, "seguiriam direções essencialmente raciais, assim como a ideologia social. Como uma força material, esperar-se-ia que o racialismo inevitavelmente permeasse as estruturas sociais emergentes do capitalismo" (infra, p. 79-80). Ao mesmo tempo, ele não afirma que os antagonismos raciais entre categorias diferenciadas de trabalhadores são fixos ou imutáveis; muito menos ignora aqueles momentos genuínos de solidariedade – os exemplos que ele encontrou em *Black Reconstruction in America*, de W.E.B. Du Bois, ou nas mobilizações de fuga coletiva de africanos, agentes de fiança brancos e comunidades nativas. Pelo contrário, ele refuta a ideia de uma casta branca unificada como uma ordem *natural* das coisas. Ele reconheceu, muito antes que os estudos da "branquitude" se transformassem em um tema acadêmico, a fragilidade da supremacia branca; a sobrevivência do capitalismo racial dependia não só da violenta subjugação dos povos africanos e nativos, mas também de manter os brancos na linha: "Como forma de obliterar esses acontecimentos, surgiu o mito da solidariedade branca, que passou a dominar a sensibilidade estadunidense. Em sua maior parte, era uma mentira, porém muito sedutora. No final do século XIX, já havia deslocado substancialmente o passado e mistificado as relações da época. Ela permanece no mesmo lugar" (infra, p. 193-194).

A Tradição Radical Negra

Cedric critica Marx e Engels por subestimar a força material da ideologia racial na consciência do proletariado e por fundir a classe trabalhadora inglesa com todos os trabalhadores do mundo. Em seu prefácio à edição de 2000 de *Marxismo Negro*, Cedric escreve: "Entretanto, o internacionalismo do marxismo não era global; seu materialismo foi exposto como um explanador insuficiente das forças culturais e sociais; e seu determinismo econômico muitas vezes comprometeu politicamente lutas pela liberdade mais além ou fora da metrópole"(infra, p. 70). É uma observação condenatória. Muitos a contestariam, apontando para os escritos de Marx sobre a Índia, os Estados Unidos, a Rússia, a escravidão, o colonialismo, o imperialismo e os camponeses. Outros argumentariam que o próprio Marx jamais alegou estar fazendo qualquer coisa além de entender o desenvolvimento capitalista na Europa Ocidental. Porém, uma vez que nem Marx e nem Engels consideravam as colônias e suas *plantations*[17] centrais para os processos capitalistas *modernos*, a luta de classes dentro do regime escravocrata ou as revoluções campesinas dentro da ordem colonial eram ignoradas ou descartadas como sendo subdesenvolvidas ou periféricas – especialmente porque em nada se pareciam com o humanismo radical secular de 1848 ou de 1789[18].

Cedric aponta para o fato de que Marx e Engels deixaram escapar a importância da revolta no resto do mundo, em especial no que tange aos povos não ocidentais, que compunham a grande maioria da força de trabalho não livre e não industrial do mundo[19]. O trabalho forçado na África, nas Américas, na Ásia e nas ilhas estava produzindo a maior parte da mais-valia para um sistema mundial de capitalismo racial, mas a fonte ideológica das suas revoltas não era o modo de produção. Os africanos sequestrados e inseridos nesse sistema foram arrancados de "superestruturas" com crenças, moralidade, cosmologia, metafísica e tradições intelectuais radicalmente diferentes. Robinson observa que

> Marx, no entanto, não havia de todo percebido que as cargas de trabalhadores também continham culturas africanas, mesclas e combinações críticas de língua e pensamento, de cosmologia e metafísica, de hábitos, crenças e moralidade. Esses eram os termos reais de sua humanidade. Essas cargas, portanto, não consistiam em negros isolados intelectualmente ou privados de cultura – homens, mulheres e crianças separados de seu universo anterior. A mão de obra africana trazia consigo o passado, um passado que a havia produzido e no qual estavam assentados os primeiros elementos de consciência e compreensão (infra, p. 254).

A partir dessa observação, Robinson desvela a história secreta da Tradição Radical Negra, que ele descreve como "uma consciência revolucionária que surgia de toda a experiência histórica do povo negro" (infra, p. 325). A Tradição Radical Negra desafia os esforços do capitalismo racial para refazer a vida social africana e gerar novas categorias da experiência humana, despida da consciência histórica arraigada na cultura. Ao identificar as raízes do pensamento radical negro em uma epistemologia compartilhada entre diversos povos africanos, ele afirma que as primeiras ondas de revoltas africanas no Novo Mundo foram movidas não por uma crítica estruturada por concepções ocidentais de liberdade, porém pela total rejeição à escravidão e ao racismo que era vivenciado. Por trás dessas revoltas não estavam homens carismáticos, mas muito frequentemente mulheres. Na verdade, os movimentos horizontais liderados por mulheres que atualmente estão na linha de frente da resistência à violência do Estado e ao capitalismo racial estão muito mais alinhados à Tradição Radical Negra do que as organizações de direitos civis. H.L.T. Quan nos lembra da centralidade das mulheres na arqueologia histórica da revolta negra apresentada por Robinson. "De fato" escreve Quan,

> as mulheres que habitam a imaginação de Robinson não são as heroínas feministas anoréxicas e bidimensionais (convencionais) que encontramos com frequência em textos relacionados a gênero, mas via de regra as maquinadoras da história. Elas são mulheres de caráter sólido, de imaginação, de uma força social formidável, mulheres que matariam e liderariam revoluções contra o Estado e a economia mundial[20].

Os africanos escolheram a fuga e o aquilombamento (*marronage*) porque estavam menos interessados em transformar a sociedade ocidental do que em encontrar um caminho para "casa", mesmo que isso significasse a morte. No entanto, com o advento do colonialismo formal e a incorporação do trabalho negro em uma estrutura social mais plenamente governada, emerge a "burguesia nativa", os intelectuais negros cujas posições dentro das estruturas políticas, educacionais e burocráticas da ordem racial e colonial dominante lhes deu maior acesso à vida e ao pensamento europeus. Seu papel contraditório como descendentes de escravizados, vítimas de dominação racial e as ferramentas do império compeliram alguns desses homens e mulheres a se rebelar, produzindo assim a *intelligentsia* radical negra. E é essa *intelligentsia* que a última parte do livro aborda. Robinson revela como W.E.B. Du Bois, C.L.R. James e Richard Wright, ao confrontarem os movimentos de massa negros, revisaram o marxismo ocidental ou romperam com ele por completo. A maneira em que chegaram à Tradição Radical Negra foi mais um ato de reconhecimento do que de invenção; eles predisseram uma teoria do radicalismo negro através do que encontraram nos movimentos das massas negras.

A última seção do livro também tem sido uma fonte de confusão e má interpretação. *Marxismo Negro* não é um livro sobre "marxistas negros" ou sobre as maneiras pelas quais intelectuais negros "aperfeiçoaram" o marxismo ao dar atenção à raça. Esse equívoco fundamental tem levado inclusive leitores mais solidários a tratar a Tradição Radical Negra como um *checklist* dos nossos intelectuais radicais negros favoritos. Frantz Fanon não é parte da Tradição Radical Negra? E Claudia Jones? Por que não Walter Rodney? Onde estão os marxistas africanos? É claro que Cedric iria concordar que essas e outras pessoas são ambos, produtos da Tradição Radical Negra e seus contribuintes. Como ele humildemente encerra seu prefácio para a edição de 2000, "eu nunca tive o propósito de exaurir o tema, só queria sugerir que ele estava ali". Entretanto, a Tradição Negra Radical não está na parada de sucessos. Cedric deixou bem claro – os intelectuais negros no foco do seu trabalho não eram *a* Tradição Radical Negra, nem ficaram fora da mesma. Eles a descobriram por meio da práxis. Ou melhor ainda, eles foram tomados por ela. O marxismo foi o caminho que os levou à descoberta, mas a apreensão da Tradição Radical Negra exigiu que rompessem com o materialismo histórico de Marx e Engels. E no que diz respeito a Cedric, algumas vezes os intelectuais negros sobre os quais ele escreve deixam a desejar. O *Marxismo Negro* não é nem marxista nem antimarxista. É uma crítica dialética ao marxismo que se voltou para a longa história da revolta negra – e aos intelectuais radicais negros que, ao confrontar o fascismo, o colonialismo e a perspectiva do socialismo, também se voltaram à história da revolta negra – para construir toda uma teoria original de revolução e de interpretação da história do mundo moderno.

Não obstante a inveterada modéstia de Cedric, o *Marxismo Negro* é uma conquista monumental. É com certeza uma das obras mais inovadoras da teoria política que surgiu no século xx e se destaca, *ao lado* do *Black Reconstruction in America*, de Du Bois e de *The Black Jacobins*, de C.L.R James, como um dos textos-chave para discernir e ampliar a teoria do radicalismo negro que é o tema do livro. Em outras palavras, o *Marxismo Negro* é por si só um produto da Tradição Radical Negra, assim como também o é seu autor. Se a Tradição Radical Negra resultou, de fato, "de uma acumulação, ao longo de gerações, da inteligência coletiva obtida na luta" (infra, p. 70), então a longa jornada do *Marxismo Negro* começa no Alabama pós-Reconstrução, e mesmo isso não seria toda a verdade.

Cedric J. Robinson e a Criação do "Marxismo Negro"

Cedric dedicou seu primeiro livro, *The Terms of Order: Political Science and the Myth of Leadership* a "Winston (Cap) Whiteside, neto de escravos / um homem de coragem extraordinária e conhecimento profundo / [...] meu avô e meu primeiro professor". Ele citava constantemente a influência de seu avô materno em seu desenvolvimento intelectual e político. Cedric nasceu em cinco de novembro de 1940, filho de mãe solteira, Clara Whiteside, mas criado pela família mais ampla em West Oakland, Califórnia. A casa de seus avós na rua Adeline, 3020 tornou-se seu segundo lar – às vezes o primeiro – no qual Cecilia ("Mama Do") e "Cap" adoravam o neto e alimentavam sua mente faminta com histórias e lições inestimáveis[21]. Ainda que tivesse pouca educação formal e trabalhasse principalmente como carregador ou zelador, Cap era proprietário de sua casa na rua Adeline e respeitado em sua comunidade. Ele foi a primeira pessoa que Cedric conheceu que personalizava a dignidade, a disciplina, a inteligência silenciosa, uma base espiritual e ética, a coragem e a dedicação à família e à comunidade que caracterizavam a Tradição Radical Negra.

Nascido em Mobile, Alabama em sete de junho de 1893, Winston Wilmer Whiteside era o caçula dos sete filhos de Clara e Benjamin Whiteside, ambos escravizados. Benjamin nasceu em uma *plantation* no oeste da Carolina do Norte. Ele tinha dezoito anos de idade quando a Guerra Civil acabou e não via futuro em um condado predominantemente branco na região do Appalachia, então viajou em direção ao Sul até chegar à cidade portuária de Mobile, no Alabama. Ali conheceu Clara Mercer, que também havia deixado seu local de cativeiro, na Virginia, pela promessa de uma nova vida na cidade. Eles se casaram em 16 de maio de 1870, enquanto a luta que determinaria o futuro da democracia americana estava sendo travada no Sul. Vivenciaram as emendas à Constituição dos Estados Unidos, adotadas entre 1865 e 1870 (as Emendas da Reconstrução), a democratização das constituições dos estados em 1868, promovida em grande parte pela liderança política negra, e o surgimento do terror racial organizado. Eles encontraram um ao outro em meio a um turbilhão de movimentos, quando famílias separadas pelo cativeiro tentavam se reencontrar, e os casamentos, a família e a formação da comunidade eram as prioridades das pessoas libertas. Quando Winston nasceu o Sul, nas palavras perspicazes de Du Bois, "havia retornado à escravidão". No Alabama, apenas em 1893, ao menos vinte homens e uma mulher negros foram linchados[22]. Oito anos depois, a classe dos proprietários de *plantations* consolidou seu poder, reescrevendo a Constituição de modo a despojar a população negra de seus direitos.

Benjamin e Clara conseguiram comprar uma casa e criar sete filhos com os parcos ganhos do trabalho doméstico, de trabalho por diária, da venda de madeira e entregas em paralelo. Eles não ganhavam muito, mas foi o suficiente para mandar o caçula, Winston, à escola por um tempo. Ele cuidou dos pais idosos, casou-se com uma garota da vizinhança chamada Corine, que deu à luz suas três filhas – a mais velha seria a mãe de Cedric – e então o casal se divorciou. Poucos anos depois, Cap se casou com Cecilia. Ela seria a razão pela qual a família foi parar em Oakland. De acordo com Cedric, seu avô fugiu de Mobile depois de espancar um gerente de hotel branco que tentara abusar sexualmente de Cecilia, que ali trabalhava como camareira. Cap nocauteou o homem e o deixou pendurado num gancho na despensa refrigerada do hotel. Alguns dias depois, partiu em direção ao oeste, primeiro para Chicago e então para Oakland, seguido por Cecilia e as três filhas, Clara, Lillian e Wilma. Em seu livro *Black Movements in America*, Cedric ironicamente descreve o desfecho: "Tendo tomado esse corretivo, ele se emendou e ganhou a reputação de um dos melhores amigos dos negros em Mobile"[23].

A influência de Cap em Cedric foi profunda. Algum tempo depois Cedric atribuiu a seu avô, um adventista do sétimo dia, os ensinamentos sobre a fé[24]. Para Cedric, isso tinha menos a ver com a existência de Deus e mais um reconhecimento do que ele descreveria em *Marxismo Negro* como um "sistema metafísico que nunca se mostrara acessível nos planos físico, filosófico, temporal, jurídico, social ou psíquico" [p. 325]. Em outras palavras, a escravidão e o capitalismo racial eram incapazes, como descreveria Aimé Césaire, de "coisificação" desde que o povo negro possa preservar sua "totalidade ontológica"[25].

Cedric frequentou escolas públicas, nas quais aprendeu com mulheres e homens negros que tinham diplomas, mas não conseguiam quebrar a barreira da cor na profissão. Ele se orgulhava muito de seus professores e do ambiente intelectual desafiador que criavam. Mas ele também ouvia as pessoas mais velhas e os ancestrais, prestava atenção em memórias, em espíritos e em "questões fantasmagóricas", aprendeu de pessoas extraordinárias, que historiadores profissionais interpretaram equivocadamente como ordinárias e descobriu na Tradição Radical Negra comunidades inteiras em movimento – cheias de imperfeições e contradições, mas que se amparavam mutuamente porque tinham que fazê-lo e porque sua cultura o exigia.

Ele frequentou o Ensino Médio na Berkeley High, uma escola com reputação de excelência acadêmica, radicalismo político *e* racismo. Nos anos de 1950, alunos negros em Berkeley eram frequentemente afastados de cursos preparatórios para trabalhar em lojas de ferragens, enquanto uma barreira de cor silenciosa separava as atividades estudantis. Cedric, porém, ignorou os orientadores, foi bem-sucedido academicamente e entrou para o Clube da Linguagem, o Clube de História, o Clube de Matemática, o Clube de Espanhol e atuou como o primeiro vice-presidente do recém-criado Moderno Clube de Jazz[26]. Consequentemente, os orientadores o ignoravam. Ele não recebeu nenhuma ajuda ou orientação no que tange ao processo de admissão nas faculdades. Cedric simplesmente apareceu no *campus* da Universidade da Califórnia em Berkeley no outono de 1958 e esperou na fila da matrícula, logo atrás de Shyamala Gopalan, uma estudante de doutorado que viera da Índia para estudar endocrinologia (ela viria a ser mãe da futura candidata à vice-presidência dos Estados Unidos Kamala Harris). Eles acabariam frequentando os mesmos círculos políticos. Talvez porque ele estivesse acompanhado de uma estudante internacional, tinha a pele escura e irradiasse uma postura de quem se arroga a ter direito em uma universidade com tão poucos alunos negros, o setor de matrículas assumiu que ele era africano e lhe perguntou se o governo de seu país pagaria sua matrícula[27].

Cedric pagou sua própria matrícula, que na época era de cerca de us$60 dólares. Mas, para equilibrar o orçamento, ele trabalhava – na cafeteria do *campus*, limpando quartos de hotéis e durante os verões em uma fábrica de conservas. Ele se especializou em antropologia social e ganhou rapidamente a reputação de ativista. Cedric e J. Herman Blake, um doutorando em sociologia e futuro administrador da universidade, que viria a ser o *ghostwriter* de Huey P. Newton em sua autobiografia *Revolutionary Suicide* (Suicídio Revolucionário), eram os principais líderes no *campus* da filial da NAACP – National Association for the Advancement of Colored (Associação Nacional para o Progresso de Pessoas de Cor). Em março de 1961, trabalharam com o Fair Play for Cuba Committee para trazer Robert F. Williams para ministrar uma palestra no anfiteatro do colégio Berkeley High[28]. Williams, que era ex-presidente da filial da NAACP em Monroe, Carolina do Norte, ganhara notoriedade depois que a liderança nacional o suspendeu por defender o uso da autodefesa armada. Em 1960, ele viajou a Cuba com uma delegação de artistas e intelectuais negros, voltou para casa e hasteou uma bandeira cubana em seu quintal, declarando seu apoio a Fidel Castro. (Apenas alguns meses depois de sua visita a Berkeley, Williams e sua família se refugiaram em Cuba para escapar de falsas acusações de sequestro.) Blake e Robinson tinham desafiado a liderança nacional ao convidar Williams. Como Cedric explicou à historiadora Donna Murch, eles haviam decidido romper com Roy Wilkins e a velha guarda: "Queríamos um tipo diferente de análise, uma política que surgisse de uma análise de raça nos Estados Unidos e no mundo [...] Essas eram [as] dinâmicas globais, bem como [as] dinâmicas internacionais naquele momento."[29]

Um mês depois, o governo Kennedy realizou a malfadada invasão da Baía dos Porcos em Cuba. Cedric ajudou a organizar manifestações no *campus* contra a invasão e a política dos Estados Unidos com relação a Cuba, pelo que foi suspenso por um semestre. A Universidade da California proibia protestos no *campus* sem aprovação oficial e 48 horas de aviso prévio. Em sua defesa, Cedric alegou que o governo dos Estados Unidos não lhes havia dado 48 horas antes de iniciar a invasão[30]. Como ele ainda tinha que terminar o semestre da primavera, continuou com a agitação. Ele e Blake haviam convidado Malcolm x para falar no *campus* em maio, mas o evento foi rejeitado pela administração. No final, ele teve lugar fora da universidade[31].

Cedric e Black se juntaram a um círculo de jovens intelectuais radicais, de maioria negra, que se reunia informalmente para discutir questões sobre identidade negra, descolonização africana e racismo histórico e contemporâneo. Seus membros incluíam Mary Agnes Lewis, Frederick Douglas Lewis, Donald Hopkins, Leslie e Jim Lacy, Nebby Lou Crawford, Ernest Allen Jr., Margot Dashielle, Welton Smith, Shyamala Gopalan e Donald Warden – a maioria dos quais é mencionada no prefácio de *Marxismo Negro* como a roda de amigos "com quem o projeto teve seu início" (infra, p. 74). A partir desses encontros, Donald Warden, estudante de direito, criou a Afro-American Association (Associação Afro-Americana), cujos membros futuros incluiriam Bobby Seale e Huey P. Newton, dos Panteras Negras. Não tenho palavras para enfatizar a importância desses encontros, porque foi ali – não em sala de aula – que Cedric Robinson e seus colegas de turma não só foram expostos aos Estudos Negros, mas participaram de sua criação, estabelecendo as bases para as explosões políticas e intelectuais que ocorreriam nos *campi* universitários seis ou sete anos depois[32].

Cedric passou a maior parte do tempo da suspensão universitária viajando pelo México (sua segunda opção depois de Cuba). Sua decisão de visitar o México pode ter sido inspirada por Laura Nader, uma jovem professora de Antropologia que estudava os povos indígenas em Oaxaca, a qual ele citaria como uma grande influência. Ele perambulou pelo país, viveu junto ao povo, tirou fotos, aperfeiçoou seu espanhol, estudou cultura e política mexicanas e leu. Em 1961, retornou ao *campus* para as aulas de verão, onde cursou disciplinas de Antropologia e Sociologia e proferiu uma palestra sobre um artigo crítico intitulado "Campus Civil Rights Groups and the Administration" (Grupos por Direitos Civis no Campus e a Administração), no âmbito de um evento organizado pelo grupo de orientação esquerdista denominado Slate. Ele criticou a hostilidade constante da administração contra as organizações por direitos civis, relatando a proibição à palestra de Malcolm x e encerrando com uma crítica sarcástica à liderança estudantil de Berkeley por não enfrentar a administração[33].

Oficialmente reintegrado no outono de 1961, Cedric retomou seus estudos e suas atividades políticas e passou a maior parte do ano acadêmico arrecadando fundos para o que viria a ser a experiência formativa que levou à sua própria descoberta da Tradição Radical Negra: um verão na então Central African Federation (Federação Centro-Africana), trabalhando com a Operation Crossroads Africa. Criada pelo reverendo James H. Robinson, um ativista proeminente e pastor da Presbyterian Church of the Master no Harlem, a Operation Crossroads foi o protótipo do Corpo da Paz. Seu objetivo declarado era recrutar estudantes para ajudar a construir bibliotecas, escolas e centros comunitários na África, porém Robinson e seus patrocinadores liberais da Guerra Fria consideravam a Operation Crossroads um baluarte político e espiritual contra o avanço do comunismo no Terceiro Mundo. Ao mesmo tempo, seu apoio aos movimentos anticoloniais fez dele um alvo da direita[34].

Cedric fazia parte de uma delegação de onze pessoas com base em Bulawayo, no Zimbabwe, tendo como missão construir uma escola primaria na área segregada de Tshabalala[35]. O grupo ingênuo, se bem que cético, chegara em um momento crucial da história do Zimbabwe.

A federação, que incluía a Zâmbia e o Malawi, recém passara por um crescimento econômico sem precedentes, com a rápida industrialização em Zimbabwe e os Estados Unidos intensificando a produção nas minas de Zâmbia. Por conseguinte, a imigração europeia para o Zimbabwe cresceu, fortalecendo o domínio do colonizador branco, ao mesmo tempo que o nacionalismo africano ressurgia em toda parte do continente. No verão de 1962, o experimento de dez anos de federação estava à beira do colapso, à medida que aumentava o apoio à independência africana. Quando as autoridades baniram a Southern Rhodesia African National Congress (Congresso Nacional Africano da Rodésia do Sul) em 1959, a resposta foi a criação do National Democratic Party (NDP, Partido Democrata Nacional) em janeiro de 1960. O Estado aprovou então o Law and Order (Maintenance) Act (Decreto de Manutenção da Lei e da Ordem), que sancionou a detenção em massa e medidas enérgicas contra manifestações, resultando na morte de ao menos onze pessoas em Bulawayo e Salisbury. No final, o NDP foi banido em nove de dezembro de 1961; dez dias depois foi criado o Zimbabwe African People's Union (Zapu, União do Povo Africano do Zimbabwe). A minoria branca liberal continuou apoiando a federação, na esperança de que os africanos nas colônias do Norte, por meio de eleições, pudessem dominar a população branca colonizadora no Zimbabwe e formar um sistema de governo harmonioso e interracial como uma barreira contra o nacionalismo africano. Contudo, os sonhos liberais foram facilmente destruídos quando a Frente Rodesiana direitista conquistou a maioria das cadeiras nas eleições de 1962, forçando a Zapu a operar totalmente na clandestinidade[36].

Esse é o mundo no qual Cedric viveu no verão de 1962. Imaginem aterrissar em Nairobi e Dar es Salaam, ouvir discursos contundentes que terminam em *uhuru* (liberdade) e depois chegar em um país nomeado em homenagem ao arqui-imperialista Cecil Rhodes e ser forçado a ouvir homens de negócios brancos invectivar contra a perigosa e irresponsável Zapu, enquanto oficiais estadunidenses discorriam sobre o valor dos investimentos dos Estados Unidos na África Meridional. Nas anotações do diário de Cedric havia frequentes descrições hilárias e descomedidas dos representantes oficiais – ele escreveu ter sido apresentado pelo "vaudevilliano time de Finkel e Teriks, o diretor do African Education for Southern Rhodesia e um conselheiro literário de Salisbury respectivamente". E quando eles testemunharam as assembleias federais, ele destacou "a pompa do parlamento unicameral da Rodésia Britânica, que incluía o equivalente africano do 'Pai Tomás'"[37]. Ao mesmo tempo Cedric teve a oportunidade de ouvir importantes líderes nacionalistas do Zimbabwe, incluindo os membros fundadores do ZAPU Joshua Nkomo e o reverendo Ndabaningi Sithole, cujos discursos gravou furtivamente durante um comício em julho. Ele também anotou em seu diário o fato de ter ouvido "uma palestra de fantástico valor sobre a história da Rodésia do Sul pelo dr. [Terrence] Ranger, uma das figuras mais controversas da Rodésia do Sul"[38].

Cedric estava mais interessado nas pessoas comuns. Ele tinha a reputação de sair da área cercada e dos acampamentos e vaguear a qualquer hora que ouvisse música e danças locais. Quando não estava assentando tijolos ou fazendo piadas com os amigos, era facilmente encontrado no Centro Juvenil de Thabiso, conversando com africanos desempregados que considerava "alertas e às vezes indiferentes"[39]. O grupo entrou em atrito com os chamados cidadãos de liderança por supostamente os terem desrespeitado – em especial, por "se recusarem a ouvir o ponto de vista europeu e tomar partido dos nacionalistas africanos". Quando visitaram a fábrica de pneus da Dunlop, por exemplo, os *crossroaders* tentaram atrair [...] trabalhadores a argumentos políticos e compararam as diferenças de salário entre os trabalhadores africanos e os europeus". Ainda assim quando uma mulher negra no grupo não foi atendida em um restaurante, os cidadãos da liderança de Bulawayo não disseram nada[40].

Assim que retornou, Cedric publicou suas observações sobre a situação política no Zimbabwe no *Sun-Reporter*, um jornal de São Francisco cujo proprietário era negro. Em contraste com suas chistosas anotações no diário, aqui ele reflete sobre as sóbrias realidades e as possibilidades inspiradoras da África Meridional em 1962. Ele denuncia o Estado colonizador branco por proscrever a ZAPU e oferece um conciso e poderoso rascunho da história do colonialismo no Zimbabwe e do surgimento do movimento nacionalista africano. Ele encontrou na cultura, no hino "Nkosi Sikelel' iAfrika" (Deus Abençoe a África), cantado por todo o continente, uma visão liberatória de "pessoas que constroem, suam e trabalham por um mundo novo". Conheceu pessoas determinadas a serem livres, dispostas a enfrentar um regime colonialista apoiado pelas nações capitalistas ocidentais, por quaisquer meios que fossem. No breve texto a seguir, podemos ver Cedric aceitando a Tradição Radical Negra:

> O africano, impossibilitado de agir livremente, recorreu às únicas armas que lhe foi permitido manter; sua mente e suas mãos. Ele põe fogo em missões e fazendas em regiões do interior porque ainda não está forte o bastante para enfrentar as armas nas cidades e nas áreas segregadas; em locais em que os encontros são proibidos ou vigiados de perto, ele canta *spirituals* como os escravos estadunidenses fizeram há cem anos, para dizer ao seu povo que em breve será livre novamente. Ele enviou delegações para a ONU repetidas vezes, implorando por sua vida. Ele não foi rechaçado, mas tampouco recebeu ajuda eficaz e, ainda assim, ele tenta.

Ele situa a revolta no Zimbabwe dentro de um contexto global e conecta o Terceiro Mundo à difícil situação do negro nos Estados Unidos. "A África compreende, a Ásia compreende, você e eu e milhões de negros nos Estados Unidos, no Brasil e nas Ilhas Britânicas Ocidentais compreendem, não por sermos negros ou pardos, mas porque já vivemos isso e o estamos revivendo." Em uma carta para sua tia Lillian e seu tio Bill Kea, ele é ainda mais explícito sobre como a África Meridional esclareceu e reforçou sua identificação com o nacionalismo radical. "Os estadunidenses têm medo do nacionalismo", refletiu, "então os negros são advertidos a não usar expressões como 'pessoas negras'. Entretanto, como um nacionalista recalcitrante [...] foi uma das minhas maiores emoções vir para esse lugar, poder ver meu povo e, em Nairobi, vê-lo atuando como seres humanos completos e responsáveis. A menor das coisas é significativa para aqueles que estão famintos."[41]

Cedric voltou a Berkeley mais faminto do que nunca. Ele havia experimentado o caráter global da supremacia branca, testemunhado a determinação dos africanos a serem livres em seus próprios termos e encontrado na música e na dança nativas um imperativo de participação e união. A Tradição Radical Negra que começara a se formar em seus grupos de estudos políticos ganhou um foco mais nítido, se materializou. Nesse ínterim, Cedric obteve seu diploma em 1963 e começou a trabalhar imediatamente no Departamento de Liberdade Condicional do Condado de Alameda. Depois de menos de um mês, recebeu uma convocação de alistamento do exército estadunidense. Sua participação no Corpo de Treinamento de Oficiais da Reserva e o título universitário o ajudaram a entrar no Officer Candidate School (Escola de Candidatos a Oficiais) no Centro de Artilharia e Mísseis do Exército dos Estados Unidos em Fort Sill, Oklahoma. Em seu tempo livre, cursava disciplinas no Cameron College em Cameron, Oklahoma, com a intenção de obter seu mestrado. Ele não obteve o mestrado, mas terminou seu treinamento militar. Felizmente, Cedric nunca foi enviado ao Vietnã e decidiu não aceitar nenhuma outra missão[42].

Ele retornou ao Departamento de Liberdade Condicional do Condado de Alameda para concluir seu treinamento como agente da condicional e conheceu uma funcionária nova chamada Elizabeth Peters. Fruto de uma família americano-libanesa de classe média, nascida em Oakridge, no Tennessee (uma cidade estabelecida em 1942 como parte do Projeto Manhattan para a construção de armas nucleares), Elizabeth também havia se matriculado em Berkeley, mas era de três turmas posteriores a Cedric. Com formação em criminologia e uma preocupação genuína com o destino das crianças sob a tutela da California Youth Authority, ela começou a trabalhar como conselheira nos serviços de proteção à criança, enquanto Cedric trabalhava com adolescentes nos acampamentos para garotos mais velhos. Ainda que ambos fossem defensores do que mais tarde seria chamado de justiça restaurativa, as rebeliões urbanas e a repressão descontrolada do Estado deixavam claro que o sistema de justiça criminal existente não era passível de reforma. Cedric e Elizabeth não viam futuro na condicional, mas viram o futuro um no outro; eles se casaram em agosto de 1967[43]. É preciso fazer uma pausa aqui para reconhecer sua parceria intelectual simbiótica. Apenas Elizabeth pode falar com autoridade sobre o assunto, mas é evidente que ela se tornou a interlocutora mais importante de Cedric, em especial à medida que ambos se desenvolviam intelectualmente. Enquanto ele lecionava na Universidade de Michigan, ela concluiu o mestrado em Antropologia. Começou seu doutorado em Binghamton e trabalhou como assistente de pós-graduação em Sociologia durante a inauguração do Centro Fernand Braudel para Estudos de Economias, Sistemas Históricos e Civilizações, porém nunca concluiu seu doutoramento. Ainda assim, Elizabeth era indispensável para Cedric. A dedicatória que ele fez a ela em sua tese de doutorado fala por si só: "Elizabeth Robinson foi a mentora mais sólida de todos."

No outono de 1966, Cedric começou um programa de mestrado em Ciências Políticas na San Francisco State University, porém antes que pudesse terminar a dissertação, foi aceito em Stanford para um doutorado em Teoria Política. Ele aceitou a oferta, mas avisou seus futuros orientadores que planejava desafiar as premissas mais básicas da disciplina. Eles não deram atenção ao seu aviso.

A experiência de Cedric na África Meridional e sua pesquisa da cultura e da política africanas por fim o levaram a questionar a teoria da democracia ocidental. Em um artigo intitulado "African Politics: Progression or Reggression?" (Políticas Africanas: Progresso ou Regressão?), escrito para o seminário de pós-graduação em Stanford sobre política africana, ministrado por David Abernethy (na época um jovem pesquisador que escrevia sobre educação popular na África), Robinson argumentou que os recentes territórios "descolonizados" na África *ainda não eram* nações. Não só careciam de muitas das características de uma nação – "comunidades estáveis 'de pessoas com território, história, cultura e idioma comuns'" –, mas ainda tinham que "nascer" (a raiz de "'nação'" no latim). Ou seja, o "nascimento" das nações africanas demandava o desmantelamento das estruturas políticas *ocidentais* instauradas pelo colonialismo e a criação de instituições políticas próprias[44]. De modo ainda mais provocativo, ele sugeria que o Estado-nação moderno é, na verdade, "uma regressão ou um retrocesso em relação a antigas sociedades não estatizadas da história africana anterior". Aqui ele começa a revelar as sementes de seu argumento no *Marxismo Negro*, de que a pequena burguesia negra estava desconectada das tradições políticas e culturais que sustentavam os movimentos anticoloniais no passado. Aqueles que vivem no exílio ou que receberam uma educação europeia "traíram a herança de seus predecessores do século XIX e início do século XX", aqueles líderes nativos "que estavam comprometidos, por meio de suas próprias missões particulares, com a restauração de uma vida de integridade para a massa do povo africano". É claro que o caminho alternativo que ele imaginava não se baseava na teoria da modernização ou da industrialização, mas em algo diferente:

> Talvez se façam necessárias novas organizações políticas sem um líder único ou mesmo líderes múltiplos, mas totalmente sem líderes. Liderança é uma forma que deveria ser deixada na reserva para momentos de crise. Em períodos de desenvolvimento, diretrizes de liderança poderiam ser substituídas por valores, objetivos, comunidade e identificações mútuas [...] Essa é uma organização social sofisticada; uma organização primitiva é aquela em que os tribunais estão repletos de acusados amarrados e amordaçados, ou em que seus cidadãos têm que ser abatidos nas ruas e aterrorizados ao ponto de uma conformidade esporádica. Em uma organização social sofisticada, seus membros agem com decência porque respeitam uns aos outros e possuem um código de ética em comum.[45]

Sua tese de doutorado, *Leadership: A Myth Paradigm* (Liderança: Um Paradigma Mítico) essencialmente deita por terra a pressuposição ocidental de que movimentos em massa refletem a ordem social e são mantidos e racionalizados pelo poder da liderança. Desafiando os conceitos das teorias liberais e marxistas de mudança política, Cedric argumenta que a liderança e a ordem política são essencialmente ficções. Por último, ele conclui que não é suficiente remodelar ou reformular a teoria marxista de modo a incluir as necessidades da revolução do Terceiro Mundo. Pelo contrário, ele propôs a rejeição de todas as teorias universalistas de ordem política e social. Sua crítica das tendências provincianas das "ciências" ocidentais reaparece em *Marxismo Negro*, isto é, a pressuposição de que os fenômenos históricos europeus são universais – especificamente, a pressuposição de que o Estado-nação é um avanço lógico e natural no desenvolvimento da humanidade. Em sua tese, Cedric retorna a Zâmbia e procura nos tongas provas de sociedades bem-sucedidas que não dependem do poder de governantes ou de líderes políticos para funcionar. Para ele esses eram modelos de sucesso de organização social, comprovado pela habilidade de sobreviver à guerra, à fome e a outros desastres e se manter em harmonia com o ambiente. O povo tonga representava um modelo de estabilidade e integração sociais mais eficiente do que o encontrado no ocidente, nos Estados-nações modernos. Ele escreve,

> Os tongas chegaram a um entendimento da organização humana que dá pouca proeminência às antíteses público-privado, sujeição-autonomia, secreto-compartilhado, interesse-exclusão. Cada elemento da consciência dos tongas envolve outro para assegurar sua "própria" vitalidade – um jogo de vida ou morte, com corridas, saltos e giros sendo que cada um dos membros dessa fera miriápode, se cortado, seria incapaz de sobreviver.[46]

Em outras palavras, ele encontrou no povo tonga uma sociedade completamente antitética à ênfase ocidental sobre a autonomia individual, conforme o que ele chamou de princípio de que "todos são igualmente incompletos"[47]. Assim, eles precisam uns dos outros e da vida em si, da terra, dos animais e das plantas, para se tornarem completos. O resultado é uma metafísica da relação das coisas, da indivisibilidade da vida.

A tese de Cedric foi apresentada em 1971, mas os professores não sabiam o que fazer com ela e a maioria dos membros originais da banca desistiram de participar, alegando inabilidade para compreender o trabalho. Somente quando Cedric ameaçou entrar com medidas legais a tese foi aceita – quase quatro anos depois. Foi finalmente publicada em 1980 como *The Terms of Order: Political Science and the Myth of Leadership*, quase exatamente como havia sido escrita em 1971[48]. Enquanto ele esperava pela decisão da Stanford, Cedric aceitou uma posição que o levaria a ser professor efetivo em Ciência Política e Estudos Negros na Universidade de Michigan. Durante sua curta estada junto com Elizabeth em Michigan, eles criaram um espaço intelectual e político único para que estudantes e colegas estudassem o radicalismo negro. Os colegas mais próximos de Cedric incluíam: Archie Singham, um marxista independente do Sri Lanka que escrevia sobre anticolonialismo e o Terceiro Mundo; William W. Ellis, cuja dissertação examinava o voto africano na Assembleia Geral da ONU; Joel Samoff, o africanista radical conhecido por seus escritos sobre formação de classe, subdesenvolvimento e socialismo na Tanzânia e por seu ativismo *antiapartheid*; assim como os antropólogos radicais Marshall Sahlins e Mick Taussig. Cedric também convidou C.L.R. James, Sylvia Wynter, Walter Rodney, Grace Lee e James Boggs para participarem da comunidade, o que sem dúvida aprofundou seu próprio conhecimento do marxismo ocidental, da Tradição Radical Negra, dos constructos de raça e de capitalismo racial.

Em 1973, Cedric aceitou um cargo na State University of New York em Binghamton, primeiro em Ciência Política e depois em Sociologia. Ele também foi nomeado diretor do Departamento de Estudos Afro-Americanos e Africanos, e influenciou a formação intelectual do Braudel Center – fundado e dirigido por Terence K. Hopkins e Immanuel Wallerstein. E foi ali, atravessando o mundo dos Estudos Negros, da sociologia histórica e das análises dos sistemas mundiais que se juntaram muitas das peças do que viria a ser o *Marxismo Negro*. O trabalho levou seis anos para ser concluído. Ele começou a escrever em Binghamton, escreveu a maior parte do manuscrito durante um ano sabático na Inglaterra, no vilarejo de Radwinter, no sul de Cambridge, e o completou logo depois de se tornar diretor do Centro de Pesquisas dos Estudos Negros e professor de Ciência Política na Universidade da Califórnia, em Santa Bárbara.

Quando a editora londrina Zed Press publicou *Marxismo Negro* em 1983, poucos poderiam prever o impacto que a obra teria na teoria política, na economia política, na análise histórica, nos Estudos Negros, nos estudos marxistas, ou em nossa compreensão geral do surgimento do mundo moderno. A obra foi publicada com pouca fanfarra. Por anos, foi tratada como algo curioso, grosseiramente mal compreendido ou simplesmente ignorado. Dado seu recente "renascimento", há quem argumente que *Marxismo Negro* estava simplesmente à frente do seu tempo. Ou, para parafrasear o sociólogo George Lipsitz em sua citação do falecido ativista Ivory Perry, talvez Cedric estivesse no seu tempo, mas o resto de nós, atrasado.

A determinação de onde estamos depende da nossa concepção do tempo. Cedric censurou o materialismo histórico de Marx em parte devido à sua concepção de tempo e temporalidade. Em *The Terms of Order to An Anthropology of Marxism*, ele consistentemente criticou o marxismo por sua fidelidade a uma perspectiva de estágios da história e ao tempo linear ou teleologia. Ele descartou isso por não acreditar que revoltas poderiam ocorrer em determinados estágios ou apenas quando condições objetivas estivessem "maduras". O mesmo se aplica a livros e a ideias. Entretanto, havia alguma coisa em Cedric – talvez a noção de fé de seu avô – que se relacionava com alguns elementos utópicos do marxismo, em particular o comprometimento com o tempo escatológico, ou a ideia de "fim dos tempos" fundamentada nas noções de profecia dos primórdios do cristianismo. Qualquer um que tenha lido o *Manifesto Comunista* ou cantado "A Internacional" irá reconhecer a promessa da vitória proletária e do futuro socialista. Cedric considerava a ausência da "promessa de um certo futuro" uma característica única do radicalismo negro. Em uma palestra ministrada em 2012, ele explicou:

> Somente quando aquele radicalismo é disfarçado ou consegue um envoltório de cristianismo negro há uma certeza nisso. Caso contrário estamos falando de um tipo de resistência que não promete triunfo ou vitória no final, apenas libertação. Não vem em uma bela embalagem no final, apenas a promessa de que você será livre [...] Apenas a promessa de libertação, apenas a promessa de libertação![49]

"Apenas a promessa de libertação" capta a essência da revolta negra e introduz uma temporalidade completamente diferente: o tempo do *blues*. O tempo do *blues* se abstém de reassegurar que o caminho da libertação esta predestinado. O tempo do *blues* é flexível e improvisador; ele está simultaneamente no momento, no passado, no futuro e no espaço atemporal da imaginação. Como o geógrafo Clyde Woods nos ensinou, o *blues* não é um lamento, mas uma forma perspicaz de *conhecer* e *revelar* o mundo que reconhece a tragédia e o humor no quotidiano, bem como a capacidade das pessoas de sobreviver, pensar e resistir frente à adversidade[50]. O tempo do *blues* se assemelha ao que o teórico anarquista Uri Gordon chama de "temporalidade generativa". Uma temporalidade "generativa" trata o futuro em si como indeterminado e cheio de contingências[51]. Ao pensar a Tradição Radical Negra como *generativa* ao invés de prefigurativa, não só o futuro é incerto, mas a estrada está constantemente mudando, junto com as novas relações sociais que demandam novas visões e expõem novas contradições e desafios.

O que testemunhamos agora, em todo o país e ao redor do mundo, é uma luta para *interromper* os processos históricos que conduzem à catástrofe. Essas lutas não estão condenadas, nem são garantidas. Em grande parte graças a este livro, lutamos com maior clareza, com uma concepção mais ampla da tarefa diante de nós, e com cada vez mais questionamentos. Cedric nos lembrou reiteradas vezes de que as forças que enfrentamos não são tão fortes quanto pensamos. Elas são mantidas juntas por armas, tanques e ficções. Elas podem ser desunidas, ainda que isso seja mais fácil de dizer do que de fazer. Enquanto isso, precisamos estar preparados para lutar por nossas vidas coletivas.

ROBIN D. G. KELLEY distinguished professor titular da cátedra Gary B. Nash em História Americana na Universidade da Califórnia em Los Angeles (Ucla).

Prefácio:
Perspicácia Inquieta: Pedagogia, Riso e Alegria nas Aulas de Cedric J. Robinson

Damien Sojoyner e Tiffany Willoughby-Herard

Introdução

Nesse prefácio oferecemos aos leitores uma provocação e um convite a explorar as táticas pedagógicas, as estratégias e a disposição, por um lado, e as atividades, formações e empreendimentos, por outro, empregados por Cedric Robinson[1]. Como meio de fomentar essa conversa com os leitores e refletir, homenagear e explorar o profundo *insight* que Cedric compartilhava regularmente com seus alunos, amigos, familiares e leitores de suas obras, sintetizamos e recriamos algumas de nossas reminiscências favoritas sobre o que era aprender dele e com ele em suas palestras, durante seu horário de expediente e ao colaborar em projetos de pesquisa. Robinson foi um professor, mentor, organizador e erudito exemplar. Nossa intenção é vincular suas práticas cotidianas de educação política às múltiplas intervenções que surgem de seu texto clássico *Marxismo Negro*. Incluímos uma seleção de poemas[2] e outras epígrafes que refletem nosso interesse pela pedagogia de Cedric e seu papel específico nas práticas associadas a uma Tradição Radical Negra viva. Essa é uma reflexão selecionada que se baseia em inesperadas epistemologias experimentais, multivocais e poliglotas.

Selecionar e organizar esse prefácio dessa forma retoma as descobertas de Damien sobre "escolarização" aprisionada e quão diferente essa prática social hegemônica é da aprendizagem real[3], e se baseia no trabalho de Tiffany sobre os feminismos negros *queer* intergeracionais[4] necessários para reconhecer a centralidade da racialização da pobreza[5]. É arriscado escrevermos juntos pela primeira vez. Mas essa escrita conjunta reflete a rejeição permanente de Robinson no tocante ao dogma e à suspeita de vanguardismo, um conjunto de ética sobre a pedagogia que cada um de nós que se envolve em seu trabalho leva para nossas salas de aula todos os dias.

Charles Self, que acompanhou Robinson em uma viagem de jovens em 1962 à então Rodésia do Sul no âmbito da Operação Crossroads, fez menção à "perspicácia intranquila" de Robinson[6]. Esse é o nosso *motif* ao meditar sobre a pedagogia de Robinson e o tipo de riso que ele compartilhava conosco em vida e ainda compartilha conosco em sua obra. Os escritos de Robinson nos fazem rir sobre as fraquezas e presunções dos poderosos. Seu deleite jovial sobre a criatividade de pessoas comuns foi o principal motor por trás de sua crítica implacável do imperialismo e do racismo, e continua a sustentar nossos estudos, permitindo que nos concentremos em nos tornar tudo menos o que "eles" dizem que somos.

Um dos desafios irônicos que enfrentamos nesse processo é que Cedric Robinson nunca se interessou pelos assuntos de Cedric Robinson. Ele foi informado por uma tradição genealógica que exigia a busca rigorosa do conhecimento e do aprendizado em seus próprios termos. Ele jamais tinha tempo para as insignificantes complicações da autopromoção; ao contrário, sua intenção era cristalina – um foco obstinado que permitia que o trabalho se baseasse em seus próprios termos e construísse comunidades que promovessem a beleza e a alegria da vida. Dado que tanto de seu trabalho acadêmico tem influenciado direções teóricas dentro do campo dos Estudos Negros, da ciência política, da história, da antropologia e da sociologia, não era incomum que ele passasse despercebido ao caminhar pelas salas das grandes conferências internacionais. Ele não cultivava seguidores, mas preferia viver no *espaço-tempo negativo* entre premissa e conclusão – aqueles espaços de ambiguidade, contingência, ausência presumida. Robinson nos exorta a antecipar a excelência dos "espaços de refugo"[8] e de pessoas rejeitadas. Não que ele não gostasse de engajamento social ou não apreciasse conversas, mas para Robinson era melhor gastar energia pensando em fenômenos complexos em vez de tramas e planos visando a ficar sob notórios holofotes.

Cedric Robinson ensinou teoria política durante toda a sua carreira, e todos os seus livros criticaram a disciplina da ciência política. Ele era membro da American Political Science Association e se juntou a colegas que eram cientistas políticos negros e membros do movimento político negro que haviam saído dessa organização e se reuniram em 1969 para fundar a National Conference of Black Political Scientists (Conferência Nacional de Cientistas Políticos Negros) e a African Heritage Studies Association (Associação de Estudos do Legado Africano). Dirigiu o Departamento de Ciências Políticas na Universidade da Califórnia, em Santa Bárbara, orientando mais de duzentos doutorandos – em áreas de estudo que incluíam teoria política; sistemas mundiais; relações internacionais; política pública; feminismos de mulheres negras e de mulheres de cor; disparidades racializadas na saúde; radicalismo negro; política africana; política do Oriente Médio, do Leste Asiático e da América Latina; cinema e política. Quando chefiou o Departamento de Estudos Negros de Santa Bárbara, havia ali uma grande quantidade de cientistas políticos – Chris McAuley, Otis Madison e Shirley Kennedy. Esta coorte de cientistas políticos orientou dezenas de estudantes que escreveram sobre, e estiveram no centro de, movimentos políticos contínuos em todo o mundo. Foi âncora do jornal *Race and Class*, a mais prestigiosa revista de estudo do racismo e do imperialismo no mundo anglófono. O estudo do racismo e do imperialismo é mais importante do que nunca para historicizar o protesto contemporâneo, para tratar o planeta com dignidade, contestar a ascensão do fascismo e navegar na arena muitas vezes desmoralizante de conciliação do Partido Democrata. Durante décadas, ele e sua esposa, Elizabeth, produziram programas de rádio e televisão de acesso público baseados em temas da comunidade, o *Third World News Review*. Seu legado inclui a educação de comunidades do sul da Califórnia bem como de comunidades globais acerca das geografias vivas de luta. O fato de Robinson ter sido apagado da história do campo da ciência política[9] é uma prova de sua capacidade de chacoalhar o poder institucionalizado – tanto em vida quanto depois de sua morte.

Assim, nos reunimos com vocês, a fim de refletir sobre a práxis pedagógica de Cedric Robinson, as formas íntimas de transmitir conhecimento imbuídas de múltiplos estilos, técnicas e abordagens. Especificamente, queremos pensar para além dos tropos convencionais que passaram a definir gêneros e compreender a erudição em uma totalidade que engloba os tons complexos do ser. Imaginamos isso não como uma declaração, mas como o início de uma longa conversa e aguardamos com expectativa o seu engajamento.

É difícil falar sobre educação em um país no qual se adora o analfabetismo. É difícil falar sobre educação em um país no qual as pessoas levam a sério criaturas como John Wayne e Ronald Reagan [...] Para que uma pessoa negra obtenha educação nesse país, ela precisa ter, antes de tudo, muita coragem, e essa instituição (UC Berkeley) é similar a muitas outras, o que significa que é uma instituição racista, não há jeito de contornar isso. Todas as instituições estadunidenses são racistas. E obter educação nessas circunstâncias é um tremendo ato de vontade, sendo que você também corre o risco da esquizofrenia. Não estou dizendo isso porque acho que os negros não devessem ser instruídos, mas o que estou dizendo é que os negros em grande parte se educam por si mesmos. O que vocês precisam fazer é pegar as ferramentas com sua própria intenção, esse é o truque.

JAMES BALDWIN, Wheeler Hall, UC Berkeley, 1974

My life work has been made into a curse
and a chant
and a Little girls handclapping song
To interrupt these moments of

Violence
That separate the longings and desires
For groundings with my sisters.[10]

Como poderia uma beleza tão ostensiva ser tão cruel, tão implacável? As ondas na areia, a brisa suave que percorre as pitorescas falésias rasas. Há uma sensação enervante de estar tão perto da força acalmante da natureza e ainda permanecer em um estado de incerteza constante, de angústia. Para dizer o mínimo, Santa Bárbara não era acolhedora no que tange a negros. Uma declaração semelhante poderia ser feita com relação a Ann Arbor, Michigan e Binghamton, Nova York. No entanto, foi aqui, nesses espaços de dissonância cósmica que a teoria se mesclou com a pedagogia e a prática. Forjada dentro dessa matéria escura, uma força coletiva ampliou as possibilidades de ser. Interrupções eram registradas e alianças vitalícias, amalgamadas.

O estilo não era convencional. Muitas vezes, uma reunião de duas pessoas durante os horários de atendimento de Cedric no South Hall do *campus* da UC Santa Bárbara rapidamente se transformava em uma reunião de cinco ou seis. Caixas viravam cadeiras e pilhas de livros desapareciam para abrir caminho para um simpatizante. Ideias que atravessavam continentes, se alastravam ao longo de décadas, mesmo de séculos, se congregavam em um espaço grande o suficiente para mantê-las apertadas. Isso era algo diferente – era espiritual, era catártico, era revigorante, era enternecedor. Não havia fingimento, nenhuma demonstração de superioridade, nenhum espetáculo de grandeza. Apenas um estudo coletivo igualitário. Dava-se atenção à vulnerabilidade. A alegria coletiva era celebrada. A investigação crítica, exigida. Muitas vezes nos sentávamos por horas, que se transformavam em dias, que se transformaram em vidas de conhecimento, camaradagem, apreciação mútua e reconhecimento de uma mudança. Não estávamos mais sobrecarregados pelo incomensurável; havia uma sintonia inata com o que poderia ser e a miríade de maneiras de ali chegar. Os invernos frios já não tinham a mesma sensação cortante, o sol brutal não mais ardia. A consciência da classe trabalhadora desdobrou uma geografia e um clima que cresceu em meio à frígida exuberância e suntuosidade de Santa Bárbara[11]. Aliviados pelo que não podia ser, éramos agora encorajados com possibilidades radicais do que existira o tempo todo.

Cedric ficava ali sentado, quieto e engajado, parte do esforço coletivo, um polímata enciclopédico, humilde o suficiente para não nos dar respostas. Sua participação era focada na inquirição. As respostas eram transmitidas em uma série de anedotas históricas. Estruturas analíticas, provérbios, piadas e palestras de alcance histórico fascinante, que exigiam que ouvintes interpretassem e dessem sentido e chegassem a conclusões por conta própria. Cedric era um narrador magistral, suas histórias trabalhadas em blocos de construção até que a sala ficasse submersa em uma análise de 360 graus de fenômenos sociais densos. Nunca havia uma exigência sobre o que deveríamos fazer ou uma adesão a um método particular de como entender. Ele era um devoto irreverente da Tradição Radical Negra como modelo para a formação do conhecimento. Um empurrãozinho para reconhecer o que não sabíamos/compreendíamos levava a buscas épicas pelas causas primeiras de processos complexos e interconectados. Era o que a educação deveria ser. Longe das exibições grotescas de um inútil conjunto de habilidades que seria depreciado pelo próximo objeto novo e brilhante, era dada atenção estrita à política do pensamento. Nunca havia pressa para ir além de nossa capacidade de compreender plenamente o leque de possibilidades para desfazer a gravidade da violência infligida pelas epistemes ocidentais.

Coortes de alunos de Robinson em todas as instituições e décadas, até o grupo mais jovem, que incluía Steven Osuna, Jonathan Gomez, Matthew Harris, Jasmim Yarish, Ismael Illescas, Jorge Ramirez, Angélica Camacho e dezenas de outros podem atestar essa abordagem pedagógica.

II

Exija dos membros responsáveis do Partido que se dediquem com seriedade ao estudo, que se interessem pelas coisas e pelos problemas de nossa vida diária e lutem no seu aspecto fundamental e essencial, não simplesmente em sua

aparência. Aprenda com a vida, aprenda com o nosso povo,
aprenda com livros, aprenda com a experiência dos outros.
Nunca pare de aprender. Os membros responsáveis devem
levar a vida a sério, cônscios de suas responsabilidades,
refletindo como pô-las em prática, com uma camaradagem
baseada no trabalho e no dever cumprido. Nada disso é
incompatível com a alegria de viver, ou com o amor pela
vida e suas diversões, ou com a confiança no futuro e no
nosso trabalho.

AMÍLCAR CABRAL, 1969

Uniforms in brown plaid
Catholic sister teachers who came to my house in third grade
To discuss world politics
The center of the world being Haiti after Duvalier—to them and us.
Rules about decorum and no-scuff shoes
Held accountable with penmanship and self-respect
Catechism and exclusions—sometimes right often wrong
But always multiple ways of knowing
Secular worldings never the only ones
Driven 45 minutes each day to all-white
Mean ugly neighborhoods
Only thing my mother said was
Worth being educated
Boarding school on scholarship at 12
Which meant a thankful deference in every
Footfall
Latina teachers with mouths of effective chastisement
Passing us plays, quesadillas and tea, catering to the intellect
And welcoming us into tiny apartments with alcoves full of books
I worry for you that your teachers take fewer risks than this for you in your
Education and that no one takes the risks to educate you[12]

Robinson organizado com grupos e campanhas comunitários nas
comunidades negras e pardas, de esquerda e progressistas de Santa
Bárbara. Uma história específica é contada e lembrada por vários de

nós de muitas maneiras diferentes. A história e suas diversas versões são um testemunho do seu compromisso com a organização liderada pela comunidade e com a defesa legal e o ativismo ainda bastante raros entre os professores. Conta-se que Robinson saiu da Franklin Library, quando de uma reunião do Comitê de Ação Negra em uma comunidade negra no Eastside, ou da Downtown Central Library, de uma Reunião da American Civil Liberties Union (ACLU) e, como ele havia feito inúmeras vezes antes, caminhou em direção ao seu carro. Pasta na mão, ele sentiu a presença deles antes de vê-los. Policiais de Santa Bárbara o detiveram, como haviam feito várias vezes antes. Exigiam saber de onde ele vinha. Ele fingiu ignorância quanto ao que lhe pediram. Sua confiança foi fortalecida pela comunidade reunida atrás dele, que se atinha a cada palavra da interação. Por trás da janela escurecida da biblioteca ao lado da qual ele se encontrava, um grupo de organizadores, muitos deles advogados, ficou observando atentamente a situação, pronto para intervir a qualquer momento. Os policiais olharam para a pasta de Robinson e ordenaram, aos berros, que ele revelasse o seu conteúdo: "O que há na pasta!" Ele recuou, assustado, como se tivesse sido pego com a prova necessária para desvendar o caso. Ele se recompôs e emitiu um grito abafado que estalava através de suas cordas vocais: "Frango frito!" O agora grande grupo que observava por trás da janela caiu na risada. O simples caso era que um homem negro com uma pasta em uma biblioteca provocou consternação na melhor das hipóteses e raiva na pior.

Ter coragem de estudar. Possuir a temeridade de circular pela esfera pública; um professor e cotrabalhador na transformação desse minúsculo reduto do poder branco.

Segurando sua pança, flanco e boca ao sair do edifício, o grupo cercou os policiais enquanto Cedric Robinson se recompunha. Desarmado e não mais "no controle", Cedric aproveitou o momento em que os policiais, desconcertados, tentavam se recuperar. Ele muito calmamente acenou para o grupo e continuou a caminhar na direção do seu carro.

Robinson estava determinado a "viver para o nós" em momentos em que "aprendemos como viver e metabolizar o medo"[13]. O que o deixava disponível para nós e para nossas sérias perguntas. Se ele tivesse recuado ou não estivesse tão engajado em confrontar a mesquinha e letal violência do policiamento, não poderia ter criado espaços para a educação política. Aqui está a contradição: a exigência por dignidade, a recusa em recuar, a insistência de que ele podia ir para onde bem entendesse, e o golpe desarmante. Robinson havia apelado ao absurdo. Sua réplica a uma tentativa de busca e apreensão ilegal – tendo acabado de sair de uma reunião na qual é provável que as pessoas estivessem conspirando como lutar exatamente contra essas violações das liberdades civis – abalou e desnudou o que Jennifer Eberhardt et al. chamam de "parecendo digno de ser punido com a morte"[14]. Robinson era um membro daquela geração bastante hábil na troca de código entre registros linguísticos e paisagens geográficas em resposta ao apelo cotidiano à violência mortal do Estado, e sua réplica não apenas salvou sua pele; ela pôs à mostra o aparato racializante daquela detida policial. Ao convidar as pessoas a rirem[15] da suposta impossibilidade de, em uma comunidade tão branca quanto Santa Bárbara, um homem negro de meia-idade sair de um centro comunitário ou de uma biblioteca na hora do jantar com sua pasta, ele afirmou sua própria existência e ergueu um espelho metafórico para a comunidade e suas normas tacanhas. E ele defendeu suas liberdades civis e lembrou seus companheiros ativistas comunitários exatamente como o capitalismo racial opera para conter e capturar a psique e o corpo.

Uma das marcas características de um comediante verdadeiramente talentoso é ter a capacidade de atingir por acaso questões sociais, históricas e prescientes em um ritmo calculado. Esse ritmo é formado pelo passo estabelecido pelo coletivo. Há uma troca de energia, e estar sintonizado com suas nuances e mudanças sutis significa um vínculo em torno da luta e do desejo comuns de algo diferente, algo mais profundo. Dessa forma, Cedric era verdadeiramente notável. Seu senso de escolha do momento mais adequado era profundo. No seu discurso de abertura para apresentar sua visão básica no simpósio de Pensamento Radical na Universidade da California, Santa Bárbara, em 2005 Cedric contou um de seus primeiros compromissos com seu querido amigo e colega Gerard Pigeon:

Quando vim pela primeira vez a Santa Bárbara em 1979 e conheci Gerard, me deparei com um homem cuja generosidade é ilimitada, cuja inteligência, disciplina e amor pelo trabalho e pelas pessoas é incomensurável. Então para mim foi bem fácil ser seu amigo. Tivemos uma discussão. Acho que foi no primeiro mês [risos]. No primeiro mês em que estávamos trabalhando juntos eu desci enfurecido, já que o centro ficava no 4º andar e o departamento no 3º. Eu desci enfurecido para enfrentar Gerard [...] porque, afinal, ele era mulato. [Cedric fixa o olhar em Gerard e faz uma longa pausa, enquanto o público arqueja de horror e ri nervosamente]. Então eu pensei que tinha uma vantagem [a multidão irrompe, coletivamente, em riso completo]. Mas ele roubou isso de mim, lembrando-me que minha filha é mulata. Então tive que mudar de tática.

Não fazendo apenas uma introdução jovial ao seu discurso, ele analisou minuciosamente o que denominou "gênero mulato". Construído por uma indústria cinematográfica hollywoodiana florescente, o gênero foi marcado por sua representação da "bestialidade, da falta de naturalidade, da natureza bizarra dos mulatos". Sendo sua demonstração mais famosa no lançamento de 1915 de *Birth of a Nation* (O Nascimento de uma Nação), a intenção do gênero era minar a posição simpatizante ao socialismo de uma facção de pele mais clara da pequena burguesia negra (como Mary Church Terrell e W.E.B. Du Bois). O objetivo do gênero mulato era tanto abalar um determinado segmento da população negra quanto acolher a legitimidade do regime racial. A abertura de Cedric fez com que ríssemos de nós mesmos e ao mesmo tempo obrigou os ouvintes a realizar uma rápida autoanálise de ideias que prometiam fazer com que nos tornássemos coerentes – por meio de mitos estúpidos sobre nossa uniformidade.

Tais táticas baseadas em humor não eram incomuns a Cedric, porém seu humor seco e inabalável desejo de escrutinar o poder constantemente mantinha em guarda as pessoas cheias de si. Sua escrita meticulosa e sua escolha cuidadosa da prosa nas páginas do *Marxismo Negro* devem ser lidas e relidas com os olhos voltados para sua análise mordaz dos principais mediadores do poder histórico e das construções míticas através das lentes do brilhantismo cômico. Nunca fazendo uso de tais táticas de maneira prejudicial, Cedric "golpeou" de forma a apontar as reivindicações absurdas dos que estão no poder. Ele promoveu espaços de conhecimento para o coletivo, que se reunia com o intuito de construir um novo modo de ser em um mundo que conhecia de outra forma.

III

> *Os ideólogos burgueses não falharam, é claro, em desenvolver uma ofensiva especial destinada a degradar as mulheres negras, como parte integrante da ofensiva ideológica reacionária geral contra as mulheres da "cozinha, igreja e crianças". Eles não podem, no entanto, com equanimidade ou credibilidade, falar da casa como o "lugar" da mulher negra; pois as mulheres negras estão nas cozinhas de outras pessoas. Por conseguinte, sua tarefa tem sido intensificar suas teorias da "superioridade" masculina em relação à mulher negra, desenvolvendo atitudes introspectivas que coincidem com a "nova escola" da "inferioridade psicológica" das mulheres. Toda a intenção de uma série de artigos, livros etc. tem sido a de obscurecer a principal responsabilidade pela opressão das mulheres negras, ao difundir a podre noção burguesa de uma "batalha dos sexos" e "ignorar" a luta de homens e mulheres negros – todo o povo negro – contra seus opressores comuns, a classe dominante branca.*

> CLAUDIA JONES, "An End to the Neglect of the Problems of the Negro Woman!" (Um Fim à Negligência dos Problemas da Mulher Negra!)

Let me tell you about raggedy!!!!!! I mean what black people have to do today to get an education would have Monroe Trotter and Mary McLeod Bethune and Nannie Helen Burroughs screaming out from their graves. May their chains get to strangling. Miserable violent stupid excessive refusal to let black people simply be the school.

I will bug her. I also asked the faculty editor and the press's editor.
You must feel free to do the same so you can get pdf copies of whatever
part you need.
From Raggedy Africa to the Raggedy African Diaspora and back again, then
Look at the cloak we are made to wear—the cloak of broken flesh
That we are told equals us
Who never conceived of such rags
As we head off to our school day
our parents paved the path and made it smooth
And dressed us in their hopes
And by the time we got off the minibus taxi
And sat down in our seat
A police officer picked us up and threw us across the room
Because we asked a question
And through us flying in space and time made us become the very mea-
ning of raggedy
By our stripes – the strip cloth of what is left of our freedom dreams – may
the next generations
Know self possession[16]

Em uma conversa pessoal em 2005, Michael Zinzun, antigo membro do Partido dos Panteras Negras do capítulo de Los Angeles, disse que a ideia de que os homens negros eram interpretados como representantes da vanguarda armada era risível. Os homens do partido estavam de fato interessados em fazer o papel do soldado, mas nunca assumiram a tarefa a sério. Foram as mulheres – as mulheres realmente dedicaram de seu tempo para entender como as armas funcionavam. Como desmontar armas, limpá-las e remontá-las adequadamente e, o que é importante, foram as mulheres que aprenderam e ensinaram os membros do partido a usar corretamente essas armas. Ele riu enquanto contava essa história. Na parte final, contou que as mulheres já eram conhecidas por liderarem programas de sobrevivência, inclusive escolas comunitárias, programas de café da manhã gratuito e clínicas comunitárias. Elas o faziam enquanto também realizavam o trabalho de inteligência de identificar e preparar uma rede de esconderijos para membros da clandestinidade. "A verdade", ele concluiu objetivamente, "é que as mulheres lideraram quase todas as facetas da infraestrutura dos Panteras".

O relato de Zinzun contradiz a narrativa da construção mítica dos movimentos radicais negros como formações unicamente masculinas. A figura do sujeito carismático do sexo masculino na qualidade de "líder" não tem apoio do arquivo de longa data que marca a formação de um espaço igualitário de construção da comunidade possibilitada pelo trabalho obstinado das mulheres negras[17]. Dado que muitos de nossos compromissos diários estão tensamente situados dentro de estruturas que exigem adesão a formações hierárquicas de gênero e sexualidade, o espaço tem que ser criado de modo que possa operar para além daqueles limites normativos. Deve haver uma reestruturação psíquica que sente repulsa pela recompensa material à adesão ideológica e desenvolve intuitivamente uma relação com a comunidade que está imersa naquele *éthos* igualitário radical construído sobre confiança mútua e vulnerabilidade.

As vastas recompensas por tal adesão desmentem o fato de que todos esses "regimes raciais" de poder estão se desfazendo nas costuras: mais linhas pontilhadas e insinuações de autoridade legítima do que expressões concretas e impenetráveis de poder. Robinson nos ensinou a perseguir o concreto e estar em aliança com as outras forças desincorporadas e imateriais que animam o mundo visível e tangível. A reação instintiva para um tipo particular de subjetividade e performance masculinas tem se infiltrado cada vez mais tanto na organização quanto nos círculos acadêmicos, em que há um desejo crescente de se tornar "o escolhido". Além de egos inflados normativos e bravatas inseguras, a pressão para garantir a santidade do regime é tremenda. A compensação é insignificante. Adentramos um momento no qual o árduo trabalho necessário para construir uma formação radical será instantaneamente diminuído e negado por um quadro crescente de "eruditos acadêmicos" e "ativistas" bem treinados, que impedem ativamente a construção de espaços igualitários de ser. Enquanto isso, no *Marxismo Negro*, Robinson nos exorta a focar nas pessoas que são bem treinadas *demais* pela cosmologia da Tradição

Radical Negra para se tornarem parte integrante do regime racial, como os fiéis detentores do poder. Seu pensamento as torna inadequadas para a mecânica do poder, e elas passam a conhecer mais do que são conhecidas. Robinson oferece um exemplo incisivo em sua descrição de Aimé Césaire. Formado em literatura latina, grega e francesa, Césaire conhecia a civilização ocidental e suas dependências psíquicas bem demais para se tornar outra coisa que não um de seus maiores e mais letais desertores (infra, p. 343). Robinson estava preocupado com a intelectualidade negra renegada – os veículos incorporados no *potomitan* – não cargas vazias, sempre expondo as fissuras nos *termos de ordem*, o título de seu primeiro livro.

O exame de Robinson dessas figuras dissidentes que rejeitaram a lealdade ao poder em favor de cavoucar o capitalismo racial nos permite maravilhar-nos com nossos próprios papéis em manter essa tradição. Uma ex-aluna de Cedric, Joanne Madison, explicou:

> Como estudante de pós-graduação ele passou a me tratar de imediato como uma colega e eu pensei que jamais poderia corresponder a essa expectativa, mas ele nunca deixava transparecer se você não estivesse à altura; ele organizou uma conferência na Bay Area e me enviou para apresentar o artigo que havíamos escrito juntos. De repente, os arranjos tinham sido feitos e eu era apenas uma estudante de pós-graduação, porém fiz minha apresentação, e uma das maiores coisas que aprendi foi que eles estavam todos ali "adulterando uns aos outros até a morte" com toda essa pose. Eu poderia ter lido qualquer coisa, até mesmo um anúncio da sopa Campbell, mas eles estavam passando pelo […] formato de serem profissionais e educados, e de repente fui capaz de ver a situação claramente e isso me fez perceber que eu poderia caminhar entre os acadêmicos como uma igual. Cedric me jogou de cabeça na piscina para que eu pudesse me ver como uma intelectual […] Cedric me escreveu uma carta de recomendação, me deu uma cópia, e fiquei desconcertada, sem ter ideia de quem ele poderia estar falando; ele era muito prático; como alguém que te costura um lindo vestido e você não pode ver que ele ficará adequado, mas, finalmente, isso acontece. Ele me deu essa confiança.[18]

Como membro do corpo docente e diretora do programa Upward Bound, Madison usou esse imperativo pedagógico a fim de criar espaço para os negros e outros estudantes sub-representados e subestimados pela aceitação hesitante na melhor das hipóteses e a hostilidade direta na pior. Upward Bound foi uma intervenção política essencial resultante da Lei Federal de Oportunidade Econômica de 1964 e da Lei do Ensino Superior de 1965 que o Departamento de Educação dos Estados Unidos descreve como "fornecer apoio fundamental aos participantes em sua preparação para o ingresso na faculdade [...], oportunidades para que os participantes tenham sucesso em seu desempenho pré-universitário e, finalmente, em suas atividades no ensino superior".

Foi, portanto, uma grande surpresa habitar fisicamente um espaço que era governado pela lógica do ser radical, não apenas escrita ou comentada, mas realmente expressada no âmbito de ações vividas. A práxis pedagógica de Robinson foi marcada pela compreensão de que o trabalho intelectual das mulheres negras não deve apenas indicar as vastas contradições inerentes às tradições epistemológicas ocidentais, mas também deve ser central para romper modalidades arraigadas de comportamento. Para tanto, as tradições igualitárias informadas pelo trabalho das mulheres negras eram primordiais para uma estrutura pedagógica que desse primazia à coletividade. As formações binárias aparentemente inerentes que marcavam a produção do conhecimento foram rompidas, e a distinção infligida pelo poder entre estudante e professor sumariamente descartada. As relações colegiais foram forjadas como um meio de promover o conhecimento das mulheres negras em particular. Cedric conhecia em primeira mão quão rasa era a piscina em que as mulheres negras podiam nadar em torno dos supostos intelectuais que elaboravam "ideias" e políticas.

Ao invés de falar sobre a superficialidade das águas, Robinson criou um espaço no qual a própria capacidade que era usada para aproveitar as tradições intelectuais foi colocada em diálogo com as construções míticas da normatividade ocidental. Assim, sem que soubéssemos, estávamos prontos para confrontar a postura grotesca de titulações e a repetição desnecessária de ideias banais como o lixo insignificante que eram. Do outro lado dessa experiência estava a crescente compreensão do alcance de nossas capacidades intelectuais e de como elas foram moldadas por séculos de produção de conhecimento informada por mulheres negras que, por muito tempo, haviam sustentado o pensamento radical e as formações do ser.

IV

Em dezembro de 1996, Cedric serviu de moderador em um painel chamado "Rethinking the Black Marxism" (Repensando o Marxismo Negro), com a participação de Brent Hayes Edwards, Penny Von Eschen e Nikhil Pal Singh, realizado na Universidade de Massachusetts, em Amherst[19]. Quando o apresentador Singh lhe fez uma pergunta direta relacionada à sua presença na Inglaterra, trabalhando com o Institute for Race Relations (IRR) durante a escrita de *Marxismo Negro*, Robinson deu um exemplo de conselho didático e sempre oportuno sobre como evitar a desatenção às batalhas entre a elite negra. Robinson insistiu que esse conflito não era o real e que devemos evitar a tentação e o chamariz de disputas entre facções. Singh, como outros, havia tentado atrair Robinson a detalhar uma picante história de fundo imaginada sobre os pontos de vista da IRR acerca de Stuart Hall e o surgimento dos estudos culturais. Gentilmente redirecionando a pergunta, Robinson exortou seus ouvintes então, e nós agora, a continuar estudando quem as pessoas racializadas escolheram se tornar diante do capitalismo racial. Sugerindo que nos concentremos em aprender o que pudermos – sobre, de e pela transmissão da Tradição Radical Negra para a próxima geração – Robinson elucidou muitas coisas naquele momento agradável. A graça, como o humor, requer uma capacidade aguda de ouvir 360 graus de uma pergunta. A graça também requer um senso de escolha do momento certo.

Na época em que conhecemos Robinson, que era um membro importante da Associação Afro-Americana, o coletivo de estudantes de pós-graduação e grupo de estudos que trabalhou para construir as condições de rigor intelectual e prática liderada pela comunidade que incentivaram o Black Panther Party for Self-Defense (Partido dos Panteras Negras pela Autodefesa), estávamos nos beneficiando de suas décadas de compromisso com uma ética de valorização das pessoas, não da propriedade, e de luta para ensinar a todos nós que NÃO SOMOS PROPRIEDADE. Sua pedagogia é inspirada no humor, na consciência da classe trabalhadora, no pensamento das mulheres negras e em uma insistência decididamente estranha em tratar as pessoas – independentemente de posição – como um querido colega e coaprendiz potencial.

Cedric Robinson.

DAMIEN SOJOYNER Associate professor em Antropologia na Universidade da Califórnia em Irvine (UCI).

TIFFANY WILLOUGHBY-HERARD Associate professor em Estudos Afro-Americanos na Universidade da Califórnia em Irvine (UCI). Preside a National Conference of Black Political Scientists.

Prefácio à Edição de 2000

> *Os trabalhadores das nações avançadas fizeram tudo o que podiam, ou pretendiam, fazer – o que sempre era algo menos que uma revolução.*
>
> OLIVER C. COX, *Capitalism as a System*

Há muito a ser admirado naqueles que têm lutado sob a inspiração do marxismo. E nenhuma narrativa de sua coragem e sacrifício seria adequada ou eloquente o bastante para apreender suas impressionantes conquistas – ou seus infelizes fracassos. No entanto, o mesmo pode ser dito sobre diversos outros movimentos sociais ao longo dos séculos, igualmente inspirados por construções particulares da experiência humana. O que tais espetáculos históricos do esforço humano compartilham, é claro, é a magnificência do espírito humano: a determinação inextinguível de remodelar a sociedade de acordo com alguma visão moral poderosa, se bem que imperfeita.

Mitos e teorias da libertação têm sido constantes no longo registro da experiência humana. Eles são os companheiros revigorantes das imposições da dominação e da opressão, qualquer que seja a forma de seu regime específico. E mesmo quando o narrador do momento não era simpático, ou inclusive francamente hostil no que tange à mais fugaz e silenciada afirmação da integridade humana, tem havido, quase inevitavelmente, pelo menos um vestígio – uma pista – do desejo por uma ordem justa. Sólon, Aristófanes, Platão, Isócrates e Aristóteles, não obstante sua identificação incessante com as classes proprietárias da antiga Atenas, não podiam ocultar ou efetivamente descartar os desafios morais dos pobres (*demos*), dos escravos e das mulheres[1]. Entre esses escritores estavam alguns dos mais hábeis artífices da adulação aristocrática. Portanto, não é de surpreender que, se a autoridade moral gerada na busca pela liberdade tenha confundido seus dons com argumentos eloquentes, o mesmo se repetiria ao longo dos próximos dois mil anos nas obras de sua aparentemente inesgotável sucessão de herdeiros. A Inquisição medieval, com sua vasta *intelligentsia* clerical e incontestável acesso à força letal, nunca conseguiu extinguir por completo as rebeliões urbanas valdenses, franciscanas e cátaras contra a pobreza, ou os comunismos em grande parte rurais que borbulharam entre os camponeses e nos próprios conventos e mosteiros da Igreja[2]. E meio milênio depois, ainda que a enorme magnitude de três séculos de legislação, literatura e força estatal em apoio à escravidão na África e no Novo Mundo pudesse ter parecido desencorajadora, a história prova o contrário – triunfou o objetivo libertador do antiescravismo[3].

Esses três exemplos da antiga Atenas, da Europa medieval e do moderno Novo Mundo são meras instâncias, momentos, no extraordinário índice histórico da libertação. Atualmente, poder-se-ia supor que mais atenção está sendo dada ao registro da libertação do que em qualquer momento anterior da historiografia ocidental. Pelo menos em parte, isso é um legado do marxismo. A inspiração mais considerável, no entanto, é o estado atual do mundo. Para a grande maioria dos povos do planeta, a economia global se manifesta na miséria humana. Assim, é certo que os movimentos libertadores abundam no mundo real – um motivo de atenção muito mais importante do que os conceitos egoístas do triunfo capitalista e os cantos incessantes do globalismo que se seguiram à desintegração da União Soviética.

Como explicou Foucault, nem Marx nem Engels foram particularmente audaciosos quando caracterizaram o modo de produção capitalista como vorazmente explorador. Já no século XVIII, David Ricardo, Adam Smith e muitos outros predecessores não radicais no campo emergente da economia política haviam expressado dúvidas e inquietação similares[4]. As observações econômicas de Hegel sobre o capitalismo industrial estavam ainda mais próximas dos estudos de Engels e Marx. No final do século XVIII, de modo sucinto e específico, que não lhe era característico, Hegel afirmou: "Completa impiedade.

As fábricas, a manufatura, baseiam sua subsistência na miséria de uma classe."[5] O impressionante nos escritos de Marx e Engels, portanto, não era seu mero reconhecimento da luta de classes, mas sim suas simpatias naquela luta. Enquanto Kant e Hegel estenderam seu apoio aos burocratas, aquele estrato que constituía o que Hegel denominava a "classe universal", Marx e Engels propuseram o proletariado industrial, os trabalhadores assalariados. Mas muito possivelmente isso foi menos um erro de julgamento (como Cox supôs) do que um engano: inclusive em sua própria época, não obstante os diferentes contextos históricos e suas manobras políticas específicas, deveria ter sido óbvio que Kant, Hegel, Marx e Engels ocultaram sua fé na filosofia. Como disse Marx em 1844: "A arma da crítica não pode, é claro, suplantar a crítica das armas; a força material deve ser derrubada pela força material. Mas também a teoria se tornará uma força material tão logo se apodere das massas."[6] Dado o caos social e político de sua época (e da nossa), deveríamos ter pouca dificuldade em simpatizar com o impulso de buscar refúgio político – isto é, uma agenda social – na ordem e no poder ilusórios da pura lógica e especulação[7].

As "massas" que, segundo Marx pressupunha, seriam "capturadas" pela teoria eram trabalhadores assalariados e artesãos europeus do sexo masculino nas metrópoles da Europa Ocidental, Grã-Bretanha e Estados Unidos. Nesse aspecto, tanto a teoria do materialismo histórico quanto a classe selecionada traíram Marx. Em lugar do globalismo anárquico da produção e da troca capitalistas modernas, Marx imaginou um ordenamento coerente das coisas: metrópoles imperiais congruentes a partir dos quais coortes de capitalistas cultivariam, dirigiriam e dominariam as sociedades satélites. Para Marx, o capitalismo consistia em um todo geométrico cujas características elementares e amiúde ocultas (preço, valor, acumulação e lucro) poderiam ser descobertas por meios aritméticos e certezas matemáticas.

Impelido, no entanto, pela necessidade de alcançar a elegância científica e a economia interpretativa exigidas pela teoria, Marx despachou as questões de raça, gênero, cultura e história para a lata de lixo. Plenamente cônscio do lugar constante que mulheres e crianças ocupavam na força de trabalho, Marx ainda os considerava tão sem importância como proporção do trabalho assalariado que os lançou, junto com a mão de obra escrava e camponesa, no abismo imaginado da acumulação pré-capitalista, não capitalista e primitiva[8]. E como a concepção de Marx do desenvolvimento interno específico das forças de produção europeias poderia se adaptar aos "empréstimos" tecnológicos da China, Índia, África e as Américas que impulsionaram o Ocidente para o industrialismo e o imperialismo?[9] Gunder Frank declara:

> o pecado original de Marx, Weber e seus seguidores foi procurar essencialmente sua "origem", sua "causa", sua "natureza", seu "mecanismo, na verdade sua "essência" [do capitalismo, do desenvolvimento, da modernização] na excepcionalidade europeia e não no sistema/economia do mundo real[10].

A arrogância de Marx foi pressupor que a teoria do materialismo histórico explicava a história; porém, na pior das hipóteses, ela apenas servia para reorganizá-la. E no melhor dos casos (pois se deve admitir que há alguns *insights* preciosos no marxismo), o materialismo histórico ainda encapsulava apenas um procedimento analítico que ecoava a Europa burguesa, que era uma mera fração da economia mundial.

O eurocentrismo e o messianismo secular, contudo, não foram os únicos elementos ideológicos que contribuíram para restringir o imaginário de Marx. Havia uma genealogia óbvia e um notável paralelo entre as ideias aristotélicas sobre escravos e escravidão e as de Marx. Aristóteles via a escravidão como necessária para a autossuficiência da *pólis*, e somente em casos raros esperava-se que os escravos levassem uma vida virtuosa. Dados sua inteligência e desenvolvimento marginais, Aristóteles não via nenhuma razão convincente para investigar a ética, a consciência ou os desejos dos escravos, contentando-se em afirmar que "o escravo é, em certo sentido, uma parte de seu senhor, uma parte viva, mas separada de seu corpo"[11]. Embora Marx considerasse a escravidão abominável, também afastou os escravos de seu discurso sobre a liberdade humana: "O escravo só trabalha influenciado pelo medo, e não é sua própria existência que está em jogo, uma vez que ela lhe é garantida mesmo que não lhe pertença."[12] Marx acreditava que seu papel na produção capitalista era um resíduo constrangedor de um modo de produção pré-capitalista antigo, que os desqualificava como agentes históricos e políticos no mundo moderno. E essa não é a única evidência que Marx tinha sido substancialmente influenciado por Aristóteles. Tanto quanto seus predecessores imediatos (Kant, Hegel etc.), Marx também se baseou em Aristóteles para suas noções de classe e conflito de classes, esse último mais frequentemente classificado por antigos autores gregos como *stasis*. Ademais, em *O Capital*, Marx havia reconhecido a genialidade de Aristóteles, cuja discussão sobre valor de uso e valor de troca na *Política* precedera em quase dois milênios qualquer sistema econômico que Marx estivesse disposto a reconhecer como capitalista[13].

Como e por que Marx e Engels foram seduzidos por essas explicações errôneas é explorado na Parte 1 deste estudo. Mas de igual ou talvez maior interesse são os esforços de renegados pensadores radicais para determinar quais eram tais seduções e como recuperar a teoria radical de seus lapsos. Essas críticas particulares do marxismo foram produto de outras histórias, de outras tradições intelectuais e de outros e renegados participantes da economia mundial. Quando assumi este trabalho, eu estava especificamente interessado naqueles pensadores radicais que emergiram do que chamei de Tradição Radical Negra; como alguns dos mais ilustres e perceptivos deles chegaram a um acordo com o marxismo é explorado na Parte 3. Ao invés de pertencerem às classes mercantis, burocráticas ou técnicas da Europa Ocidental, seus antepassados haviam sido os escravos e os libertos das Índias Ocidentais e dos Estados Unidos. Mais precisamente, tinham sido seres humanos escravizados. E assim na Parte 2, em vez de simplesmente situar esses antepassados em alguma categoria econômica passiva ou residual, era crítico explorar as histórias de suas culturas e, em seguida, como essas pessoas escravizadas responderam e reagiram contra a violência que instigava e controlava seu *status* de escravos. Somente através dessa indagação me foi possível demonstrar seus papéis no início da Tradição Radical Negra.

Ironicamente, para os radicais negros do século XX, uma das características mais convincentes do marxismo era o seu aparente universalismo. Ao contrário dos discursos históricos dominantes do século XIX, o materialismo histórico estava modulado por um internacionalismo e um rigor científico que transcendiam claramente as desagradáveis e sinistras pretensões de destino exibidas por conceitos como o nacionalismo alemão, o imperialismo britânico, o racismo de "O Fardo do Homem Branco" e assim por diante. Por um tempo, então, o marxismo pode ter parecido um antídoto eficaz contra o discurso contemporâneo. Entretanto, o internacionalismo do marxismo não era global; seu materialismo foi exposto como um explanador insuficiente das forças culturais e sociais; e seu determinismo econômico muitas vezes comprometeu politicamente lutas pela liberdade mais além ou fora da metrópole. Para os radicais negros, histórica e imediatamente vinculados a bases sociais predominantemente constituídas de camponeses e agricultores nas Índias Ocidentais, ou de meeiros e peões nos Estados Unidos, ou de trabalhadores forçados em *plantations* coloniais na África, o marxismo parecia desatento às manifestações mais cruéis e características da economia mundial. Isso expôs as inadequações do marxismo como uma apreensão do mundo moderno, porém igualmente preocupante foi sua negligência e interpretação equivocada da natureza e da gênese das lutas de libertação que já haviam ocorrido e que decerto continuariam a surgir entre esses povos.

A Tradição Radical Negra foi resultado de uma acumulação, ao longo de gerações, da inteligência coletiva obtida na luta. Nos encontros diários e nas pequenas resistências à dominação, os escravos aprenderam a avaliar a opressão, bem como sua organização e instrumentação evidentes. Essas experiências serviram como meio de preparação para movimentos de resistência mais épicos. As primeiras revoltas nas residências senhoriais na África e a bordo de navios negreiros se organizaram por meio de seus antigos vínculos comunais do Velho Mundo (bambara, ganga, iorubá etc.). Essas rebeliões buscavam o retorno às pátrias africanas e a reparação da descontinuidade produzida pela escravidão e pelo tráfico. Mais tarde, nos assentamentos coloniais, quando as condições eram favoráveis, as revoltas muitas vezes tomavam a forma de aquilombamento, uma concessão ao reassentamento da escravidão e às novas identidades culturais sincréticas emergentes do caldeirão social da organização escravocrata. Africanos e crioulos negros "fora da lei" recém-transportados, e às vezes escravos europeus e nativos americanos fugiam das áreas mais vigiadas pelos exploradores no intuito de criar sociedades igualitárias.

A cada momento histórico, porém, o fundamento lógico e os mecanismos culturais da dominação se tornavam mais transparentes. A raça era sua epistemologia, seu princípio ordenador, sua estrutura organizadora, sua autoridade moral, sua administração da justiça, do comércio e do poder. Aristóteles, um dos apologistas aristocráticos mais originais, havia fornecido o modelo do chamado Direito Natural. Ao inferiorizar as mulheres ("A faculdade deliberativa da alma não está presente no escravo; está presente na mulher, mas é ineficaz"; *Política*, 1260a12), os não gregos e todos os trabalhadores (escravos, artesãos, agricultores, trabalhadores assalariados etc., "A grande massa da humanidade é evidentemente bastante servil em seus gostos, preferindo uma vida que é adequada aos animais"; *Ética a Nicômaco*, 1095b20), Aristóteles havia articulado um constructo racial intransigente. E a partir do século XII, em uma ordem europeia dominante após outra, uma sucessão de propagandistas clericais ou seculares reiterou e embelezou esse cálculo racial[14]. À medida que a Tradição Radical Negra era destilada dos antagonismos raciais organizados ao longo de um *continuum* que ia do insulto casual às regras de direito mais cruéis e letais; de objetificações de registros nos manifestos de carga marítima, na contabilidade de leilões, nos registros das *plantations*, em folhetos e jornais; da arrogância dos púlpitos cristãos e da exegese bíblica às minúcias dos nomes, roupas, tipos de alimento dos escravos e uma abundância de outros detalhes, a terrível cultura do racismo foi revelada. Inevitavelmente, a tradição se converteu em uma força radical. E em sua manifestação mais militante, tendo perdido o hábito de se conformar com a resolução que a fuga e a retirada eram suficientes, o propósito das lutas estimuladas pela tradição se converteu na derrubada de toda a estrutura baseada na raça.

Nos estudos dessas lutas, e muitas vezes pelo engajamento com elas, a Tradição Radical Negra começou a emergir e a superar o marxismo na obra desses radicais negros: W.E.B. Du Bois, no movimento contra os linchamentos; C.L.R. James, no turbilhão do anticolonialismo; e Richard Wright, o filho do meeiro, todos trouxeram à tona aspectos da tradição militante que haviam alentado sucessivas gerações de lutadores pela liberdade negra. Esses predecessores eram africanos de origem, predominantemente recrutados nas mesmas matrizes culturais, submetidos a sistemas similares e inter-relacionados de servidão e opressão e mobilizados por impulsos idênticos para recuperar sua dignidade. E ao longo dos séculos, os projetos de libertação desses homens e mulheres na África, no Caribe e nas Américas adquiriram formas coletivas similares no que diz respeito à rebelião e ao aquilombamento, articulações éticas e morais semelhantes de resistência; fundiram-se cada vez mais em função do que Hegel poderia ter reconhecido como a negação da negação no sistema mundial. A "astúcia da história" hegeliana, por exemplo, se evidenciou quando no final do século XVIII e início do século XIX, os proprietários franco-haitianos de escravos fugiram para a Louisiana, Virgínia e as Carolinas com tantos escravos quantos pudessem transportar, propagando assim também o espírito da Revolução Haitiana. A indignação, a coragem e a visão dessa revolução ajudaram a inspirar a conspiração de Pointe Coupée em 1795 na Louisiana, a rebelião liderada por Gabriel em 1800 na Virgínia, e a rebelião organizada por Denmark Vesey em 1822 nos arredores de Charleston[15]. E, por sua vez, o movimento de Denmark inspirou o folheto revolucionário, *APPEAL in Four Articles; Together with a Preamble, to the Coloured Citizens of the World, But in Particular, and Very Expressly, to Those of the United States of America* (Apelo em Quatro Artigos; Junto com um Preâmbulo, aos Cidadãos de Cor do Mundo, mas em Particular, e Muito Expressamente, Àqueles dos Estados Unidos da América), escrito por David Walker em Boston, em 1829.

Du Bois baseou-se na dialética hegeliana e nas noções de luta de classes de Marx para corrigir as interpretações da Guerra Civil Americana e seu subsequente período de Reconstrução dominante na historiografia americana: por exemplo, *A History of the American People* (Uma História do Povo Estadunidense), de Woodrow Wilson [1908]; e na cultura popular, *Birth of a Nation* (O Nascimento de uma Nação), de Thomas Dixon e D.W. Griffith [1915][16]. Sem desanimar pelo fato de que já entrava em terreno proibido no pensamento de Hegel, de Marx e de seus próprios contemporâneos estadunidenses, Du Bois se aventurou ainda mais, desvelando a tradição. Quase simultaneamente, James descobriu a tradição na Revolução Haitiana. E só um pouco mais tarde, Wright contribuiu com sua própria crítica da política proletária, a partir da perspectiva da Tradição Radical Negra. Para Du Bois, James e Wright, o marxismo se converteu em um cenário para sua imersão na tradição. O marxismo negro não era uma confrontação entre o marxismo e a tradição, nem uma revisão. Era uma nova perspectiva centrada em uma teoria da corrupção cultural da raça. E assim o alcance e a fertilização cruzada da tradição tornaram-se evidentes nas lutas anticoloniais e revolucionárias da África, do Caribe e das Américas.

Como cultura de libertação, a tradição cruzou os limites familiares da narrativa social e histórica. Assim como no século XVIII e início do XIX, para tomar um exemplo, o aquilombamento africano infectou os assentamentos dos nativos americanos e africanos na Flórida, para produzir os seminoles negros que lutaram contra os Estados Unidos por três décadas, a tradição se difundiu em inúmeras formas e locais. Para apreciar essa diversidade, se poderia examinar como a tradição se insinuou inesperadamente nas obras de Harriet Beecher Stowe, quando ela escreveu *A Key to Uncle Tom's Cabin* (Uma Chave Para a Cabana do Pai Tomás) [1853], e particularmente *Dred, a Tale of the Great Dismal Swamp* (Dred: um Conto do Grande Pântano Sombrio) [1856]; nos negros que se ofereceram como voluntários durante a Guerra Civil e aqueles alistados no exército estadunidense que enviavam, das Filipinas, cartas de indignação durante a Guerra Hispano-Americana; no pentecostalismo no início do século XX; nos *blues* compostos por Rainey e todas as mulheres chamadas Smith; e na obra fílmica de Oscar Micheaux durante a época do cinema mudo. Revendo essa lista, suspeito que a Tradição Radical Negra se estende a terrenos culturais e políticos que vão muito além da minha competência.

Em suma, como estudioso, nunca foi meu propósito esgotar o tema, apenas sugerir que estava ali.

Prefácio à Terceira Edição

É sempre necessário saber do que trata um livro, não apenas o que foi nele escrito, mas o que se pretendia quando foi escrito.

Esta obra é sobre a luta do nosso povo, a histórica luta negra. Sua premissa é a de que a sobrevivência de um povo à luta deve se dar em seus próprios termos: da sabedoria coletiva, que é uma síntese da cultura e da experiência daquela luta. O passado compartilhado é precioso, não por si mesmo, mas porque é a base da consciência, do saber, do ser. Não pode ser negociado em troca de alianças vantajosas ou traduzido por abstrações ou dogmas convenientes. Ele contém filosofia, teorias da história e prescrições sociais que lhe são próprias. É um constructo que possui seus próprios termos, que exige suas próprias verdades. Tentei aqui demonstrar sua autoridade. Mais particularmente, investiguei os esforços fracassados de apresentar o ser histórico dos povos negros em um constructo do materialismo histórico, expressando nossa existência como uma mera oposição à organização capitalista. Somos isso (porque devemos ser), porém muito mais. Para os irmãos e irmãs mais jovens, e para aqueles que se identificam com a luta negra e que são atraídos pela transubstanciação da história negra na teoria radical europeia, este livro é um desafio. Eu humildemente submeto este trabalho a vocês – e a outros com quem o projeto teve seu início: Mary Agnes Lewis; Margot Dashiell; Frederick Douglas Lewis; Welton Smith; Sherman Williams; Nebby-Lou Crawford; Jim Lacy; Gopalan Shyamala; Jay Wright; J. Herman Blake; Don Hopkins; Henry Ramsey; Donald Warden… e todos os demais que encontrei pelo caminho.

MARXISMO
NEGRO

Introdução

Esse estudo intenta mapear os contornos históricos e intelectuais do encontro entre o marxismo e o radicalismo negro, dois programas de mudanças revolucionárias. Envidei esforços por acreditar que cada qual, à sua maneira, representa um modo significativo e imanente de resolução social, mas que cada um é uma realização particular e criticamente diferente de uma história. O caso é que eles podem ser tão distintos a ponto de serem incomensuráveis. A questão aqui é se isso é realmente assim. Se for, juízos devem ser feitos e escolhas assumidas.

A investigação exigia que tanto o marxismo quanto o radicalismo negro fossem submetidos a questionamentos inusuais: o primeiro, o marxismo, porque poucos dos seus adeptos têm se esforçado o bastante para reconhecer a sua profunda, se bem que ambígua, dívida para com a civilização ocidental; o segundo, o radicalismo negro, porque a própria circunstância do seu surgimento exigiu que ele fosse mal interpretado e diminuído. Espero ter contribuído para a correção desses erros desafiando, em ambos os casos, o deslocamento histórico por meio de uma teoria fluida e pela lenda em interesse próprio do egocentrismo. Cabe ao leitor julgar se fui bem-sucedido. Mas talvez seja mais útil primeiro traçar o caminho da construção deste estudo.

Nas sociedades ocidentais, durante a maior parte dos dois últimos séculos, a oposição ativa e intelectual da esquerda ao domínio de classe tem sido alimentada pela visão de uma ordem socialista: uma organização de relações humanas fundamentada na responsabilidade e na autoridade compartilhadas no tocante aos meios de produção e de reprodução sociais. As variações dessa visão foram inúmeras, porém ao longo dos anos de luta, comprovou-se que a tradição mais dura provou ser a mais identificada com o trabalho e os escritos de Karl Marx, Friederich Engels e V.I. Lênin. É óbvio que aqui, o termo "tradição" é usado de forma bastante vaga, já que as divergências de opinião e de ação entre Marx, Engels e Lênin têm sido demonstradas pela história como sendo tão importantes quanto suas correspondências. Contudo, tanto na linguagem coloquial quanto no jargão acadêmico, esses três ativistas-intelectuais são considerados as figuras principais do marxismo ou do socialismo marxista-leninista. O marxismo foi fundado a partir dos estudos da expropriação e da exploração do trabalho capitalistas conforme abordadas primeiro por Engels, em seguida pela elaboração da "teoria materialista da história" de Marx, seu reconhecimento dos sistemas evolutivos da produção capitalista e da inevitabilidade da luta de classes, e depois ampliado pelas concepções de imperialismo, do Estado, da "ditadura do proletariado" de Lênin e o papel do partido revolucionário. Proveu, portanto, o vocabulário ideológico, histórico e político para grande parte da presença radical e revolucionária emergente nas sociedades ocidentais modernas. Em outros lugares, em terras economicamente exploradas pelo sistema capitalista mundial, ou naquelas raras ocasiões em que sua penetração tem sido posta em quarentena por formações históricas concorrentes, algumas formas de marxismo voltaram a traduzir uma preocupação com mudanças sociais fundamentais.

No entanto, ainda é justo dizer que, em sua base, isto é, no seu substrato epistemológico, o marxismo é uma construção ocidental – uma conceptualização das relações humanas e do desenvolvimento histórico advinda das experiências históricas de povos europeus e mediadas, por sua vez, pelas suas civilizações, ordem sociais e culturas. Suas origens filosóficas são indisputavelmente ocidentais. Mas, o mesmo deve ser dito de seus pressupostos analíticos, suas perspectivas históricas e seus pontos de vista. Essa consequência mais do que natural, porém, tem assumido um significado bastante ominoso, considerando-se que os marxistas europeus têm presumido com mais frequência que seu projeto é idêntico ao desenvolvimento histórico mundial. Aparentemente confundidos pelo zelo cultural que acompanha as civilizações ascendentes, eles interpretaram equivocadamente como verdades universais as estruturas e dinâmicas sociais recobradas de seus próprios passados, distantes e mesmo imediatos. O que ainda é mais significativo, as estruturas mais profundas do "materialismo histórico", a presciência para sua compreensão do movimento histórico, tenderam a livrar os marxistas europeus da obrigação de investigar os profundos efeitos da cultura e da experiência histórica sobre seu conhecimento. As ideias ordenadas que têm persistido na civilização ocidental (e o próprio Marx, como veremos, foi levado a admitir tal fenômeno), que ressurgiram em "estágios" sucessivos de seu desenvolvimento a fim de dominar as arenas da ideologia social, têm pouca ou nenhuma justificativa *teórica* no marxismo para sua existência. Uma dessas ideias recorrentes é o racialismo: a legitimação e a corroboração de uma organização social como sendo natural por referência aos componentes "raciais" de seus elementos. Ainda que não seja exclusiva aos povos europeus, sua aparência e codificação, durante o período feudal, nas concepções ocidentais de sociedade, teriam consequências importantes e duradouras.

Na primeira parte deste estudo, dediquei três capítulos para explicar o surgimento e a formulação da sensibilidade racial na civilização ocidental e suas consequências sociais e ideológicas. O capítulo 1 reconstrói a história do surgimento da ordem racial na Europa feudal e delineia seu impacto subsequente na organização do trabalho sob o capitalismo. O racismo, sustento eu, não foi simplesmente uma convenção para organizar as relações entre povos europeus e não europeus, ao contrário, tem sua gênese nas relações "internas" dos povos europeus. Como parte do inventario da civilização ocidental, ele repercutiria dentro e fora, transferindo seu impacto do passado para o presente. Em contradição às expectativas de Marx e Engels, de que a sociedade burguesa racionalizaria as relações sociais e desmitificaria a consciência social, ocorreu o inverso. O desenvolvimento, a organização e a expansão da sociedade capitalista seguiriam essencialmente rumos raciais, assim como a ideologia social. Como uma força material, esperar-se-ia que o racialismo inevitavelmente permeasse as estruturas sociais emergentes do capitalismo. Tenho utilizado o termo "capitalismo racial" para me referir a esse desenvolvimento e à estrutura que dele advém como ação histórica. O segundo capítulo, à medida que relata em detalhes a formação da classe trabalhadora na Inglaterra, aborda precisamente esse fenômeno. Considerando-se que as classes trabalhadoras inglesas foram a base social para a conceptualização de Engels do proletariado moderno e se juntaram com os *sans-culottes* da Revolução Francesa para ocupar um lugar semelhante no pensamento de Marx, o desenvolvimento do caráter político e ideológico de ambos é de importância marcante para avaliar a base objetiva para a teoria marxista. De interesse particular é a extensão em que o racialismo (e subsequentemente o nacionalismo), tanto como ideologia quanto como realidade, afetou a consciência de classe dos trabalhadores na Inglaterra. Na ordem intensamente racial da Inglaterra da era industrial, a fenomenologia das relações de produção não gerou base objetiva para desmaranhar a universalidade de classe das particularidades da raça. Os discursos e a política da classe trabalhadora permaneceram marcadas pelas possibilidades arquitetônicas previamente inseridas na cultura.

Contudo, o surgimento do socialismo europeu e o seu desenvolvimento em uma tradição divergiram também, de alguma forma, da historiografia e das ortodoxias subsequentes do socialismo. O terceiro capítulo busca na classe média as origens obscuras do socialismo e as contradições que enfraqueceram suas expressões políticas e ideológicas. Foi de fato o nacionalismo, uma segunda adição "burguesa", que mais subverteu a criação socialista. O nacionalismo, como uma mescla de sensibilidade racial e de interesses econômicos das burguesias nacionais, foi um impulso ideológico tão poderoso quanto qualquer outro gerado a partir desses estratos. À medida que um temperamento adquirido e uma força histórica se encontraram nos campos da revolução política e social, o nacionalismo confundiu os fundadores do materialismo histórico e seus sucessores. Ele assumiria tanto a direção do desenvolvimento capitalista e no final também as estruturas formadoras das sociedades socialistas como se manifestaram naquele século. Mais uma vez, as trajetórias históricas desses desenvolvimentos foram totalmente inesperadas em um universo teórico do qual se tinha discernido que a ideologia e a falsa consciência supostamente seriam removidas. No momento em que o radicalismo negro passou a se manifestar na sociedade ocidental, assim como em outras conjunturas entre povos europeus e africanos, se poderia esperar corretamente que o radicalismo ocidental não fosse mais receptivo a ele do que os apologistas do poder.

A Parte 2 retoma essa outra tradição radical, o radicalismo negro, as condições históricas de seu surgimento, suas formas e sua natureza. Essa exposição começa no capítulo quatro, com a reinvestigação das antigas relações entre europeus e africanos, um passado que foi transformado pelos europeus e para os europeus em uma paródia grotesca, uma serie de lendas monstruosamente avantajadas como se fossem os *Blemmyae* de Plínio, "cujas cabeças / crescem abaixo dos seus ombros". O obscurecimento da tradição radical negra está assentado na supressão ocidental do conhecimento prévio da Europa sobre o passado africano (e de seu próprio passado). A negação da história dos povos africanos levou tempo – muitos séculos – começando com o surgimento dos europeus ocidentais da sombra da dominação e do paternalismo muçulmanos. Foi também um processo que transportaria a imagem da África através de planos separados de desumanização, entrelaçados pelas modalidades emergentes da cultura ocidental. Na Inglaterra, inicialmente dominada por um cristianismo combativo e frequentemente histérico – complementos das cruzadas, das "reconquistas", e da ascensão do capitalismo italiano – os devotos medievais ingleses registraram sonhos nos quais o diabo aparecia como "um mouro negro", "um etíope". Isso fazia parte da norma da Igreja, que era praticamente o único repositório de conhecimento na Europa. Séculos depois, o satânico deu lugar à representação dos africanos como um tipo diferente de animal: estupido, um animal para o trabalho, o destinatário ignorante dos benefícios da escravidão. Assim, o "negro" foi concebido. Esse conceito de "negro" – cujos precedentes poderiam ser encontrados nas fabricações raciais que ocultavam os eslavos (os escravos), os irlandeses e outros – substancialmente erradicou da consciência histórica ocidental a necessidade de lembrar a importância dos núbios para a formação do Egito, do Egito para o desenvolvimento da civilização grega, da África para a Roma imperial e, mais incisivamente, da influência islâmica na história econômica, política e intelectual da Europa. De tal criatura nem mesmo uma suspeita de tradição deveria ser levada em conta. Em seu lugar havia o escravo negro, uma consequência mascarada de antropologia e história.

A criação do negro foi obviamente às custas de enormes expensas de energia psíquica e intelectual no Ocidente. O exercício era obrigatório. Era um esforço comensurável à importância que a força de trabalho negra tinha para a economia mundial, dominada e esculpida pelas classes dominantes e mercantis da Europa Ocidental. Como indicado no capítulo cinco, o tráfico negreiro no Atlântico e a escravidão no Novo Mundo foram parte integral da economia mundial moderna. Sua relação com o capitalismo era muito mais histórica e orgânica do que fortuita ou artificial. Os financiadores e mercadores italianos, cujo capital subsidiava a exploração ibérica dos oceanos Índico e Atlântico, também eram senhores de colônias de escravos (majoritariamente "europeus") no Mediterrâneo. O trabalho escravo era decerto uma das bases para o que Marx definiu como "acumulação primitiva". Mas seria um erro travar ali essa relação, atribuindo o trabalho escravo a algum tipo de estágio "pré-capitalista" da história. Por mais de trezentos anos o trabalho escravo persistiu para além dos primórdios do capitalismo moderno, complementando o trabalho assalariado, a peonagem, a servidão e outros métodos de trabalho coercitivo. Basicamente, isso significava que a interpretação da história em termos da dialética da luta de classe capitalista se provaria inadequada, um equívoco advindo da preocupação do marxismo com os centros industriais e manufatureiros do capitalismo; um erro fundamentado em pressuposições que a própria Europa havia criado, de que os motivos e as forças materiais que geraram o sistema capitalista deveriam estar totalmente localizadas no que era uma entidade histórica fictícia. O capitalismo, desde seus próprios fundamentos, nunca fora – assim como a Europa – um "sistema fechado".

Portanto, necessariamente, a teoria da revolução de Marx e Engels era insuficiente no seu escopo: o proletariado europeu e seus aliados sociais não constituíam *o* sujeito revolucionário da história, nem a consciência da classe trabalhadora era necessariamente *a* negação da cultura burguesa. Outras forças revolucionárias também surgiram do que era, na realidade, um sistema mundial capitalista bastante complexo (ao qual Marx prestaria mais atenção em sua última década de vida). Influenciados pelas ideias e culturas extraídas de suas próprias experiências históricas, esses movimentos assumiram formas apenas vagamente antecipadas nas tradições radicais do Ocidente. Em termos da sociedade capitalista, eles eram sua negação, mas essa era dificilmente a fonte de sua existência. Entre eles estava a resistência dos povos africanos à opressão, persistente e em contínua evolução. O sexto capítulo relata em detalhes a história da tradição radical negra na diáspora africana, e por extensão, no próprio continente africano em si. Dado que ambos, o capítulo seis e o capítulo sete, têm a intenção de demonstrar, o registro da resistência por quatro séculos ou mais, da Nova Espanha a Niassalandia, não deixa dúvidas acerca do caráter especificamente africano dessas lutas. Essas resistências foram formadas por meio dos significados que os africanos trouxeram para o Novo Mundo como sua propriedade cultural; significados tão distintos dos fundamentos das ideias ocidentais a ponto de serem ressaltados diversas vezes pelos europeus que testemunharam suas manifestações; significados duradouros e poderosos o suficiente para sobreviver à escravidão e se converterem na base de uma oposição a ela. Com a sociedade ocidental como condição, essa tradição quase que naturalmente assumiu também um aspecto teórico.

A terceira e última seção deste estudo traça os planos de fundo social e intelectual dos processos que levaram à articulação teórica do radicalismo negro. As condições para uma teoria negra moderna estavam presentes primeiro na diáspora africana. Distante da África e fisicamente rodeada por comunidades hostis, a oposição negra adquiriu uma compreensão penetrante. Mas era um processo social e político, tanto quanto histórico, que alimentava a teoria. Na busca desse processo, identifiquei três intelectuais radicais negros influentes: William

Edward Burkhardt Du Bois, Cyril Lionel Robert James e Richard Nathaniel Wright. Eles foram escolhidos para um maior detalhamento não só em razão de terem feito contribuições substanciais ao texto teórico, mas também porque suas vidas e circunstâncias eram prismas dos eventos que adejavam a tradição radical negra e que dela emanaram. Suas reações à confrontação com a resistência negra, os meios de expressão utilizados, eram distintos, porém relacionados, caracterizados pelas circunstâncias, pela índole e pelo treinamento. Se bem que suas vidas fossem muito dissimilares – apenas acerca de Wright se poderia afirmar que ele foi um produto direto das classes trabalhadora e camponesa negras – todos eles chegaram a essa tradição tarde (e com hesitação, como eu argumentaria a respeito de Du Bois e James). Para os três, entretanto, o comprometimento prévio havia sido com o marxismo, a primeira experiência abrangente e consciente de oposição organizada ao racismo, à exploração e à dominação. Como marxistas, sua aprendizagem provou ser significativa, mas, em última análise, insatisfatória. Com o tempo, os eventos e as experiências os atraíram ao radicalismo negro e à descoberta da resistência negra coletiva, inspirada por um complexo cultural duradouro de apreensão histórica. Nesses capítulos de conclusão tentei demonstrar como e por que isso aconteceu. Quando observados em conjunto, os esforços de Du Bois, James e Wright consistiram em um primeiro passo para a criação de um legado intelectual que complementaria a força histórica da luta negra. O destino deles, sugiro, não era criar a ideia dessa luta, mas sim de articulá-la. Independentemente disso, a oposição negra à dominação tem adquirido novas formas continuamente. Desse modo, em um muito real, segue o presente estudo.

PARTE 1

O SURGIMENTO E AS LIMITAÇÕES DO RADICALISMO EUROPEU

1.
Capitalismo Racial:
o Caráter Não Objetivo
do Desenvolvimento Capitalista

O desenvolvimento histórico do capitalismo mundial foi influenciado de maneira mais fundamental pelas forças particularistas do racismo e do nacionalismo. Isso só poderia ser verdade se as origens sociais, psicológicas e culturais do racismo e o nacionalismo tivessem antecipado o capitalismo no tempo e formado um todo com os acontecimentos que contribuíram diretamente para sua organização produtiva e de permuta. A sociedade feudal é a chave. Em particular, os compromissos, as estruturas e as ambições antagônicas que a sociedade feudal englobava são mais bem conceitualizados como elementos de um desenvolvimento civilizatório do que de uma tradição unificada.

Os processos pelos quais o sistema mundial surgiu continham uma oposição entre as forças propulsoras racionalistas de uma cosmovisão economicista e o movimento político de uma lógica coletivista. O Estado feudal, um instrumento de importância crucial à burguesia, se provaria tão consistentemente antitético à integração comercial representada por um sistema mundial como o foi em relação à ideia da cristandade. Nem o Estado nem mais tarde a nação poderia descartar as psicologias e os interesses particularistas que atuavam como contradições a uma comunidade global. Uma consequência primária do conflito entre essas duas tendências sociais foi de que os capitalistas, como arquitetos de tal sistema, nunca alcançaram a coerência de estrutura e organização que tinha sido a promessa do capitalismo enquanto um sistema objetivo[1]. Ao contrário, a história do capitalismo não tem, de forma alguma, se distinguido de épocas anteriores no que diz respeito a guerras, crises materiais e conflitos sociais. Uma consequência secundária é que a crítica ao capitalismo, na medida em que seus protagonistas basearam suas análises em torno da pressuposição de uma racionalidade econômica determinante no desenvolvimento e na expansão do capitalismo, tem sido caracterizada por uma incapacidade de chegar a um acordo com a direção dos desdobramentos do sistema mundial. O marxismo, a forma dominante que a crítica ao capitalismo assumiu no pensamento ocidental, incorporou fragilidades teóricas e ideológicas oriundas das mesmas forças sociais que forneceram os alicerces da formação capitalista.

A criação do capitalismo foi muito mais do que uma questão de deslocamento dos modos e das relações feudais de produção por modos e relações capitalistas[2]. A transformação das estruturas econômicas de uma Europa não capitalista (especificamente o mercado, o comércio e os sistemas de produção da Europa Mediterrânica e da Europa Ocidental) em formas capitalistas de produção e comércio decerto foi uma parte importante desse processo. Contudo, o primeiro surgimento do capitalismo no século XV[3] envolveu também outras dinâmicas. Os complexos sociais, culturais, políticos e ideológicos dos feudalismos europeus contribuíram mais para o capitalismo do que os "grilhões"[4] sociais que arrastaram a burguesia a revoluções sociais e políticas. Nenhuma classe foi sua própria criação. De fato, o capitalismo foi menos uma revolução catastrófica (negação) das ordens sociais feudais do que a extensão dessas relações sociais no mosaico mais amplo de relações políticas e econômicas do mundo moderno. Historicamente, a civilização que se desenvolveu nos extremos ocidentais do continente asiático/europeu, cuja primeira manifestação é a Europa medieval[5], passou, com poucas disjunções, do feudalismo como modo dominante de produção ao capitalismo como modo dominante de produção. E desde os seus primórdios essa civilização europeia, que continha particularidades raciais, tribais, linguísticas e regionais, foi construída sobre diferenças antagônicas.

A Formação da Europa

A base social da civilização europeia se encontrava "entre aqueles que os romanos chamavam de 'bárbaros'"[6]. Antes dos séculos XI e XII, o uso do sentido coletivo do termo "bárbaro" cumpria, primeiramente, uma função de exclusão, mais do que um reflexo de qualquer consolidação significativa entre esses povos. O termo significava que os "bárbaros" tinham suas origens históricas mais além do alcance civilizador da lei romana e da antiga ordem social imperial romana. A "Europa" do século IX, da qual a família carolíngia e seus asseclas reivindicavam paternidade era, ao contrário, bastante limitada geopoliticamente[7] e teve uma existência bastante breve e infeliz. A propósito, por vários séculos após a morte de Carlos Magno e seus herdeiros imediatos (o último deles, Arnulfo, morreu em 899), tanto o imperador quanto a Europa eram mais uma questão de lenda popular e de retórica clerical do que de manifestações de uma realidade social[8]. A ideia de Europa, não mais um projeto realista, foi transferida de uma ordem social terrena para um reino espiritual: a cristandade.

Na verdade, esses povos, aos quais os gregos e os romanos se referiam coletivamente como bárbaros, eram de raças diferentes, com culturas muito distintas[9]. A diversidade de suas línguas é, talvez, uma medida de suas diferenças. Porém, ao utilizar essa medida, devemos ser prudentes com os esquemas de classificação dessas línguas que reduz a realidade de seus números a simples agrupamentos, como as línguas celtas, itálicas, germânicas, balto-eslavas e albanesas[10].

Provas diretas e indiretas indicam que um mapeamento mais autêntico das línguas dos protoeuropeus seria muito mais complexo. Por exemplo, H. Munro Chadwick, ainda em 1945, pôde localizar a existência de descendentes daquelas várias línguas entre os idiomas gaélico, galês e bretão da Grã-Bretanha e da França; as línguas portuguesa, espanhola, catalã, provençal, francesa, italiana, sarda, alpina e romena e os dialetos do Sul e do Oeste da Europa; as línguas inglesa, frísia, holandesa, alemã, dinamarquesa, sueca, norueguesa e islandesa da Inglaterra, Escócia, Holanda, Alemanha e Escandinávia; as línguas russa, búlgara, iugoslava, eslovena, eslovaca, tcheca, polonesa e lusitana e dialetos da Europa Central e Oriental; e as línguas letã e lituana do norte da Europa[11]. No entanto, mesmo a lista de Chadwick era composta somente por línguas que haviam sobrevivido "ao milênio da Europa". A lista aumentaria consideravelmente se fossem levadas em conta as línguas que existiram nessa região no início dessa era e não são mais faladas (por exemplo, o latim, o córnico e o antigo prussiano), juntamente com as línguas de povos que antecederam as migrações, do norte e do leste, dos bárbaros de Roma (por exemplo, o basco, o etrusco, o osco e o umbro)[12].

Os povos ostrogodos, visigodos, vândalos, suevos, burgúndios, alamanos e francos – isto é, os bárbaros –, cujo impacto sobre o destino do Império Romano tardio do século v foi rápido e dramático[13], eram, na verdade, uma pequena minoria de alguns milhares entre os milhões do Estado em decadência. Henri Pirenne, baseando-se nas estimativas de Émile-Félix Gautier e L. Schmidt, relata que os ostrogodos e visigodos podem ter totalizado cem mil cada, os vândalos, oitenta mil e os burgúndios, 25 mil[14]. Ademais, os estratos guerreiros de cada um desses reinos eram consistentemente estimados em cerca de 20% de suas populações. Por outro lado, o Império que invadiram tinha de cinquenta a setenta milhões de pessoas[15]. Pirenne, com prudência, conclui: "Tudo isso são conjecturas. Nossa estimativa, sem dúvida excederia a verdade se, no tocante às províncias ocidentais além dos *limes*, considerássemos o elemento germânico como constituinte de 5% da população[16].

Mais importante, a vasta maioria dos bárbaros "não veio como conquistadores, mas exatamente como, em nossos dias, norte-africanos, italianos e poloneses chegam à França metropolitana "em busca de trabalho"[17]. Em um lapso de tempo relativamente curto, nas terras europeias do extremo sul governadas pelo Império Romano do Ocidente, esses povos foram inteiramente assimilados pelos povos nativos sobretudo como força de trabalho escravo[18]. O padrão já era familiar na civilização moribunda do Mediterrâneo[19], à qual eles desejavam e desesperadamente precisavam se juntar[20]. Também é importante observar que, no tocante à civilização europeia emergente, cujos primórdios coincidem com a chegada desses mesmos bárbaros, a mão de obra escrava, como base fundamental da produção, se manteria sem nenhuma interrupção significativa até o século XX[21]. Da *familia rustica* que caracterizava a produção rural romana e inclusive a grega mais antiga (*doulos*) no interior das vastas propriedades, passando pelos *manucipia* das grandes propriedades chamadas de *colonicae* e *mansi* das eras merovíngia (481-752) e carolíngia, os vilões feudais da Europa Ocidental medieval e da Inglaterra e os *sclavi* dos mercadores genoveses e venezianos que dominavam o comércio no Mediterrâneo do século XIII ao século XVI, o trabalho escravo persistiu como um aspecto da produção agrária europeia até a Era Moderna[22]. Nem a servidão feudal nem o capitalismo tiveram como resultado eliminar ou reduzir a escravidão[23]. No máximo (como argumentado por alguns), sua organização serviu para realocá-la[24].

Apesar da "romanização" dos godos sulistas, ou visto de outro modo, devido a ela, as tribos germânicas estabeleceram fronteiras administrativas gerais que serviam para demarcar as nações da Europa Ocidental moderna. Os reinos que elas estabeleceram, principalmente sob as regras da *hospitalitas* romana e em acordo com a administração romana[25] foram, em grande medida, predecessores da França, Alemanha, Espanha e Itália.

Ainda assim, não devemos nos esquecer que, na reconstrução histórica, deve ser intercalada uma Era Medieval entre essas duas épocas. Na Europa medieval, embora ainda agrícola em sua economia, a vida era muito mais dura para o escravo, o camponês, o fazendeiro, o artesão, o proprietário de terras, os clérigos e a nobreza, do que a que levavam seus predecessores no Império. A vida urbana diminuiu, levando cidades antigas à ruína[26], e o comércio de longa distância, especialmente por meio de rotas marítimas, decaiu dramaticamente[27]. Resume Latouche:

> O balanço da economia merovíngia é singularmente decepcionante. O termo "podridão", agora em voga, embora desagradável, descreve isso perfeitamente. Seja na esfera da vida urbana, seja no comércio, no escambo, na moeda, nas obras públicas, no transporte por via marítima, encontramos em todo lugar a mesma política de negligência, a mesma recusa egoísta em iniciar reformas. Desse desastroso *laissez-faire* e da deriva que deixavam homens e coisas como sempre haviam sido, mantendo inalterado seu modo

de vida tradicional, nasceu a ilusão de que o mundo antigo ainda permanecia vivo; isso era, na verdade, nada mais do que fachada.[28]

O Império Carolíngio pouco fez para reparar a "podridão" que antecipou a reestruturação da Europa em termos feudais. As conquistas muçulmanas do Mediterrâneo nos séculos VII e VIII haviam despojado as economias europeias da vitalidade urbana, comercial, produtiva e cultural de que necessitavam para sua reconstrução. Com ousadia, afirma Pirenne:

> Os portos e as cidades estavam desertos. O vínculo com o Oriente se rompeu, e não havia comunicação com as costas sarracenas. Não havia nada além da morte. O Império Carolíngio apresentava o contraste mais impressionante com o bizantino. Era puramente um poder interno, pois não havia canais de saída. Os territórios mediterrânicos, anteriormente as partes mais ativas do Império, que sustentavam a vida do todo, eram agora os mais pobres, os mais desolados, os mais constantemente ameaçados. Pela primeira vez na história, o eixo da civilização ocidental foi deslocado em direção ao norte, e por muitos séculos permaneceu entre os rios Sena e Reno. E os povos germânicos, que até então haviam encarnado apenas o papel negativo de destruidores, eram agora convocados a desempenhar um papel positivo na reconstrução da civilização europeia.[29]

Mesmo divergindo de Pirenne sobre muitos dos detalhes da resposta carolíngia à perda do Mediterrâneo, finalmente concordou Latouche:

> O Império quebrou menos de um século após sua criação, e Carlos Magno nada fez para impedi-lo e nem ao menos tentou retardar o desenvolvimento das instituições feudais, tão carregado de ameaças para o futuro [...] um mundo em que não havia grandes preocupações de negócios, nem indústrias e no qual a atividade agrícola era predominante.[30]

A vida urbana, o comércio e os sistemas de mercado que incorporavam os artigos do comércio de longa distância não voltaram à Europa até o fim do século XI pelo menos, e muito provavelmente durante o século XII[31]. A essa altura, a profundidade em que havia caído a degradação da vida europeia talvez seja melhor expressa pelo surgimento do canibalismo comercializado[32].

A Primeira Burguesia

Nessa terra depressiva, na qual poucos estavam livres da autoridade de uma classe dominante intelectualmente retrógrada e comercialmente desprovida de imaginação, em que a fome e as epidemias eram a ordem natural das coisas e na qual as ciências da Antiguidade haviam sido há muito deslocadas como base do desenvolvimento intelectual, pelas fábulas teológicas[33] e pela demonologia, surgiu a figura à qual teóricos sociais europeus, liberais e marxistas, atribuem a formação da civilização ocidental: a burguesia. O comerciante era tão alheio à sociedade feudal como os invasores bárbaros haviam sido ao Império. Diferentemente dos mercadores do Mediterrâneo[34], as origens da burguesia europeia ocidental são obscuras. Isso se deve, sem dúvida e em grande parte, ao fato de que a documentação histórica é inevitavelmente escassa onde a civilização, no sentido formal da cultura urbana, havia desaparecido em grande parte, e na qual os registros existentes estavam à disposição de uma elite latifundiária e eclesiástica muito mais preocupada com sua própria experiência, ao mesmo tempo que era hostil ao comércio[35]. Entretanto, é evidente que a classe mercantil da Europa Ocidental – "uma classe de desarraigados"[36] – foi cristalizada em uma ordem social para a qual ela era um fenômeno extrínseco.

A organização econômica da produção do *demesne* foi caracterizada por Pirenne como uma "economia doméstica fechada que poderíamos chamar, com mais exatidão, de economia sem mercados"[37]. Na verdade, havia mercados locais, porém sua função e existência não tinha parte no desenvolvimento dos mercados comerciais de longa distância, que foram a base do desenvolvimento da classe mercantil. Os *mercati*, cuja existência é anterior à burguesia, não se ocupavam do comércio, mas da venda no varejo de gêneros alimentícios[38]. O único fator "interno" à ordem feudal que realmente contribuiu para o advento da burguesia foi o crescimento da população no século XI. Esse aumento acabou por causar tensões significativas sobre a produção feudal:

> Como resultado, um número cada vez mais importante de indivíduos se separou da terra, submetendo-se a uma existência errante e perigosa que, em cada civilização agrícola, é a sina daqueles que já não encontram suas raízes no solo. Multiplicou-se a multidão de vagabundos [...] entre eles deviam sobrar personagens energéticas, endurecidas pela experiência de uma vida cheia de surpresas. Muitos conheciam vários idiomas estrangeiros e estavam familiarizados com os costumes e as necessidades de diversas terras. Se se apresentasse uma oportunidade [...] estavam extraordinariamente bem equipados para aproveitá-la [...] A fome se multiplicou por toda a Europa, às vezes em uma província e às vezes em outra, devido ao sistema inadequado de comunicações, ampliando assim ainda mais as oportunidades para aqueles que sabiam como fazer uso delas, a fim de enriquecer. Alguns sacos de trigo oportunos, transportados para o lugar certo, eram suficientes para a obtenção de lucros enormes [...] Não passou muito tempo até que surgissem novos ricos em meio a essa multidão miserável de andarilhos empobrecidos e descalços que vagavam pelo mundo.[39]

No início, antes que pudessem ser apropriadamente descritos como burguesia, esses mercadores viajavam de uma região a outra; sua sobrevivência era uma questão atrelada à sua mobilidade e à sua capacidade de aproveitar ao máximo as rupturas e os colapsos frequentes na reprodução de populações afundadas no solo senhorial. Sua mobilidade pode também ter sido ocasionada pelo fato de que muitos deles não tinham nascido livres e, assim, buscarem um alívio de sua condição social ao fugirem dos seus senhores. "Em virtude da existência errante que levavam eram, em todo lugar, considerados estrangeiros."[40] Por segurança, viajavam frequentemente em pequenos grupos – um hábito que manteriam em seu período mais sedentário. Não demorou muito para que começassem a estabelecer *porti* (armazéns ou locais para transferência de mercadorias) fora dos burgos (as fortalezas dos nobres germânicos), bispados e vilas que se estendiam ao longo das principais rotas de guerra e de comunicações e, mais tarde, do comércio internacional. Foram esses *porti*, ou colônias comerciais, que deram origem, em geral, às cidades medievais do interior da Europa. Foi nessa altura que os mercadores da Europa se tornaram burgueses. No começo do século XII, essas burguesias já tinham iniciado a transformação da vida europeia tão necessária para o surgimento do capitalismo como a organização dominante da produção da Europa.

A burguesia europeia ocidental restabeleceu os centros urbanos, baseando-os no intercâmbio entre o Mediterrâneo, o Leste e o Norte Europeus:

> [No século X] aparece em textos anglo-saxões a palavra *port*, empregada como sinônimo das palavras latinas *urbs* e *civitas*, e até hoje o termo *ports* é comumente encontrado nos nomes de cidades de todos os países anglófonos.
>
> Nada mostra mais claramente a conexão estreita que existia entre o renascimento econômico da Idade Média e o início da vida urbana. Eles estavam tão intimamente relacionados que a mesma palavra que designava um assentamento comercial servia, em um dos grandes idiomas da Europa, para designar a própria cidade.[41]

Alhures, Pirenne afirma isso de modo mais sucinto: "A Europa 'colonizou a si mesma' graças ao aumento de seus habitantes."[42] Flandres – geograficamente situada de modo a servir ao comércio dos mares do Norte e economicamente crucial por causa da indústria têxtil flamenga– foi o primeiro dos grandes centros comerciais europeus. Logo depois de Flandres vieram Bruges, Gante, Ypres, Lille, Douai, Arras, Tournai, Cambrai, Valenciennes, Liège, Huy, Dinant, Colônia, Mainz, Rouen, Bordeaux e Bayonne[43]. Os tecidos, que tanto Pirenne[44] quanto Karl Polanyi[45] identificam como a base do comércio europeu, originalmente uma indústria rural, foram transformados pela burguesia de Flandres em uma manufatura urbana "organizada sobre uma base capitalista de trabalho assalariado"[46]. A concentração urbana da indústria foi, assim, iniciada:

> O aumento da população naturalmente favoreceu a concentração industrial. Muitos pobres afluíram às cidades nas quais a confecção

de tecidos, atividade cuja compra e venda cresceu proporcionalmente ao desenvolvimento do comércio, lhes garantia o pão de cada dia [...]

A antiga indústria rural desapareceu muito rápido. Ela não poderia competir com a urbana, abundantemente suprida da matéria-prima do comércio, operando sob preços mais baixos e desfrutando de métodos mais avançados [...]

Qualquer que fosse a natureza da indústria em outros aspectos, em todas as partes ela obedecia à lei da concentração, que já operava em Flandres na época. Em todos os lugares, graças ao comércio, os grupos urbanos atraíam a indústria rural.[47]

É também verdade que a burguesia, ao fazer isso, libertou parte dos servos[48] somente para reescravizá-los por meio do trabalho assalariado, pois com a indústria urbana veio o ataque bem-sucedido à servidão feudal e senhorial:

> A liberdade dos tempos antigos costumava ser monopólio de uma classe privilegiada. Por meio das cidades, ela voltou a ocupar seu lugar na sociedade como um atributo natural do cidadão. A partir daí era suficiente residir em solo urbano para adquiri-la. Cada servo que tinha vivido por um ano e um dia dentro dos limites da cidade tinha esse direito definitivo: o estatuto de limitações aboliu todos os direitos que seu senhor exercia sobre sua pessoa e seus bens pessoais. O nascimento pouco significava. Qualquer que fosse a marca que havia estigmatizado a criança em seu berço, desaparecia na atmosfera da cidade.[49]

Com o florescimento de um comércio de longa distância e o desenvolvimento de centros urbanos na Europa Ocidental houve algumas especializações na produção rural. Embora a agricultura de campo aberto dominasse a Europa como um todo nos séculos XIII, XIV e XV, a produção especializada de grãos podia ser encontrada na Prússia (milho), na Toscânia e na Lombardia (cereais), na Inglaterra (trigo) e no norte da Alemanha (centeio). No final do século XV, a viticultura surgiu na Itália, na Espanha, na França e no sudoeste da Alemanha. No Báltico e no Mar do Norte, a pesca e o sal constituíam uma parte significativa das cargas dos transportadores hanseáticos. E na Inglaterra e na Espanha a produção de carne para exportação começara a surgir[50].

No norte da Europa, essas exportações juntaram-se à lã e aos tecidos de lã como as principais bases do comércio internacional. No sul da Europa – mais precisamente no Mediterrâneo – o comércio de longa distância de tecidos (lã, seda e, mais tarde, algodão), grãos e vinhos passaram a complementar um comércio significativo de mercadorias de luxo:

> Os produtos preciosos do Leste encontraram espaço em todas as famílias ricas, assim como as especialidades de várias regiões europeias: âmbar e peles dos países na fronteira com o Báltico; *objets d'art* como as pinturas de Flandres; os bordados da Inglaterra; os esmaltes de Limoges; os livros manuscritos para a igreja, o *boudoir* ou a biblioteca; finas armaduras e armas de Milão e o vidro de Veneza.[51]

Entretanto, de acordo com Iris Origo, a carga mais preciosa dos mercadores mediterrâneos era a de escravos:

> Mercadores europeus e levantinos vendiam vinhos gregos e figos da Ligúria, linho e tecidos de lã de Champagne e da Lombardia, e compravam sedas preciosas da China, tapetes de Bucara e Samarcanda, peles dos montes Urais, especiarias indianas, bem como os produtos dos ricos campos negros e florestas da Crimeia. Mas o comércio mais florescente de todos era o de escravos – pois Caffa era o principal mercado de escravos do Levante.[52]

Escravos tártaros, gregos, armênios, russos, búlgaros, turcos, circassianos, eslavos, cretenses, árabes, africanos (*mori*) e, ocasionalmente, chineses (Catai)[53] – dois terços dos quais eram mulheres[54] – podiam ser encontrados nas casas de famílias ricas e "inclusive de famílias catalãs e italianas relativamente modestas"[55].

Do século XIII ao início do século XV, a principal função desses escravos predominantemente europeus na economia do sul da Europa era o serviço doméstico[56]. No entanto, na Espanha (Catalunha e Castilha) e nas colônias italianas de Chipre, Creta e da Ásia Menor

(Foceia) e na Palestina, senhores genoveses e venezianos utilizavam escravos europeus e africanos nas *plantations* de açúcar, na indústria e no trabalho nas minas:

> Essa variedade de usos aos quais os escravizados eram submetidos ilustra claramente o grau em que a escravidão colonial medieval serviu de modelo para a escravidão colonial atlântica. A mão de obra escrava havia sido empregada nas colônias italianas no Mediterrâneo para todos os tipos de trabalho que seria obrigada a realizar nas colônias do Atlântico. A única mudança importante foi que as vítimas brancas da escravidão foram substituídas por um número muito maior de negros africanos, capturados em ataques ou comprados por mercadores.[57]

De uma forma inesperada, esse comércio de escravos provaria ser a salvação da burguesia mediterrânica. No século XIII e início do século XIV, contudo, parecia que os mercadores do interior da Europa iriam inevitavelmente ofuscar os das cidades-Estados da Itália. Eles, ao contrário dos italianos, não se intimidaram, como pontua Giuliano Procacci, pelas populações pequenas, mas densamente compactadas, da península; pelas proporções cada vez mais desfavoráveis entre homens da cidade e homens do campo (Florença só conseguia sobreviver com base na produção de seu campo durante cinco meses do ano, Veneza e Gênova tinham que ser quase inteiramente abastecidas pelo mar); e pelo desflorestamento rápido da zona rural que agravou a destruição causada pelas cheias do outono e da primavera[58].

Entretanto, não prosperar era o destino da burguesia nascente. De fato, por um momento histórico, é possível dizer que inclusive o posterior desenvolvimento do capitalismo podia ter sido questionado. Os eventos dos séculos XIV e XV interferiram nos processos por meio dos quais o feudalismo foi finalmente substituído pelas várias formas do capitalismo[59]. A consequência desses eventos foi a determinação das particularidades do mundo moderno: as identidades das burguesias que transformaram o capitalismo em um sistema mundial; as sequências desse desenvolvimento; as vitalidades relativas das várias economias europeias; e as fontes de trabalho às quais cada economia iria recorrer.

Os acontecimentos importantes de que falamos foram: as fomes periódicas que assolaram a Europa nesse período; a Peste Negra de meados do século XIV e anos subsequentes; a Guerra dos Cem Anos (1337–1453); e as rebeliões de camponeses e artesãos[60]. Juntos, eles tiveram um impacto devastador na Europa Ocidental e no Mediterrâneo – dizimando, por igual, as populações das cidades e do campo, interrompendo o comércio, causando um colapso na indústria e na produção agrícola –arrasando, por assim dizer, a maior parte das regiões mais desenvolvidas da atividade burguesa da Europa Ocidental. Resume muito bem Denys Hay:

> O resultado da prolongada escassez, da peste endêmica e pandêmica, das intermitentes, porém catastróficas invasões de exércitos implacáveis e da ameaça constante em muitas áreas por parte de bandos de ladrões bem-organizados, não foi visto apenas em uma população cada vez menor, mas também em estradas abandonadas com espinheiros e arbustos, em terras aráveis sem cultivo e em vilas desertas. A contração na área de cultivo, por sua vez, tornou a escassez mais provável. Em todos os sentidos havia um círculo vicioso. Uma estimativa sóbria sugere que "em 1470, o número de famílias foi reduzido à metade na maioria dos burgos europeus se comparado com o início do século XIV"; a recuperação da floresta e o desperdício de terra arável são "um episódio de igual importância no drama das clareiras florestais anteriores".[61]

Esse declínio econômico geral na Europa dos séculos XIV e XV foi marcado de forma decisiva e visível por tumultos sociais muito mais profundos do que as guerras territoriais. Afinal, tais guerras tinham sido características da sociedade feudal, mas o surgimento de movimentos camponeses não era:

> No *boom* do século XIII, houvera nas áreas rurais um grau de superpopulação que tornou inúmeros camponeses – trabalhadores diaristas e servos pobres – muito vulneráveis. Agora, o campo estava ocupado de forma mais esparsa e uma vida melhor era possível para aqueles que permaneceram [...] O que havia de novo no declínio de condições do século XIV foi uma amargura na relação do senhor com os aldeões.[62]

Como Hay indica, as rebeliões camponesas mais intensas ocorreram em Flandres (1325-1328), no norte da França (a Jacquerie, de 1358) e na Inglaterra (1381). Porém, tais movimentos eclodiram em grande parte da Europa Ocidental durante os séculos XIV, XV e XVI. Na França, e em especial na Normandia (precipitada certamente pelo ataque feroz aos camponeses pelas forças da Guerra dos Cem Anos); na Catalunha (1409-1413 e mais tarde); na Jutlândia (1411); na Finlândia (1438); e na Alemanha (1524), os camponeses se rebelaram, tomando terras, executando senhores, clérigos e inclusive advogados, exigindo um fim às taxas senhoriais, peticionando em favor do estabelecimento do trabalho assalariado e insistindo na dissolução das restrições à liberdade de compra e venda[63].

No vórtice desses tumultos, o comércio de longa distância diminuiu drasticamente. Na Inglaterra, a exportação de lã e tecido e, posteriormente, sua produção, caiu bem abaixo dos níveis do século XIII[64]. Na França (Gasconha), a exportação de vinho foi afetada de forma semelhante[65]. Hay observa que "as falências florentinas na primeira metade do século XIV são acompanhadas por problemas similares em Florença no final do século XV"[66], enquanto P. Ramsey observa a queda abrupta dos "grandes banqueiros mercantis do sul da Alemanha"[67]. Mais ao norte, a Liga Hanseática se desintegrou[68], enquanto no Oeste a indústria têxtil flamenga entrava em colapso[69]. Finalmente, até mesmo as cidades-Estados do norte da Itália encontraram sua burguesia em declínio. A ascensão do Império Otomano, no início perturbador para as casas comerciais italianas, ditaria novas acomodações para o islã e o comércio, finalmente persuadindo alguns dos italianos a se realocarem como colonos capitalistas na Península Ibérica[70]. Naquele momento, entretanto, os fundamentos da civilização europeia, ainda figurativamente embrionária, pareciam estar desmoronando.

A Burguesia do Mundo Moderno

Henri Pirenne, porém, forneceu a chave para um dos mistérios acerca do surgimento da Era Moderna no século XVI a partir do caos e do desespero dos séculos xiv e xv: a "sobrevivência" da burguesia. Pirenne também antecipou a questão um tanto retórica, colocada por K.G. Davies no calor do debate em torno da autenticidade histórica da frase: a ascensão da classe média. Indagou Davies: "O que, afinal, está errado com a sugestão de que a burguesia, não de forma constante, mas aos trancos e barrancos, melhorou seus status ao longo de muitos séculos, um processo que teve iníciocom o surgimento de cidades e que ainda não fora finalmente consumado?"[71]

Quarenta anos antes, já havia respondido Pirenne:

> Acredito que, para cada período em que nossa história econômica possa ser dividida, existe uma classe distinta e separada de capitalistas. Em outras palavras, o grupo de capitalistas de uma determinada época não brota do grupo capitalista da época anterior. A cada mudança na organização econômica encontramos uma quebra na continuidade. É como se os capitalistas até então ativos reconhecessem que são incapazes de se adaptarem às condições que são evocadas por necessidades até então desconhecidas e que requerem métodos não empregados até o momento.[72]

Tanto Pirenne quanto Davies entenderam que a metáfora biológica de uma burguesia que emergia da Idade Média, alimentando-se dos "mercantilismos" e administrações das monarquias absolutistas do período tradicional entre o feudalismo e o capitalismo e das terras e títulos de nobrezas empobrecidas, alcançando, enfim, maturidade política e econômica e, assim, constituindo o capitalismo industrial, não tem amplo respaldo de evidências históricas. Ao contrário, é uma *impressão* histórica, uma representação fantasmática em grande parte construída desde finais do século xviii até o presente pela atividade nocional de uma burguesia como classe dominante. Essa história de "a ascensão da classe média" é uma amálgama de um poder político e econômico burguês, a ideologia egoísta da burguesia enquanto classe dominante e, por conseguinte, uma preocupação intelectual e política – mediada por constructos da teoria evolucionária:

> De Darwin proveio a linguagem do erro, uma linguagem que bloqueou o pensamento histórico e impôs conclusões desleixadas e

imprecisas mesmo em pesquisadores eruditos e sensatos. Palavras como "crescimento", "declínio", "desenvolvimento", "evolução", "decadência" podem ter começado como servas, mas terminaram como senhoras: elas nos levaram à beira da inevitabilidade histórica.[73]

A dialética hegeliana do *Aufhebung*, a dialética da luta de classes de Marx e as contradições entre o modo e as relações de produção, a evolução das espécies de Darwin e a sobrevivência do mais apto de Spencer são todas forjadas a partir das mesmas convenções metafísicas. As burguesias europeias em declínio durante os séculos XIV e XV não foram, na maior parte, os antecedentes lineares daquelas que surgiram no século XVI. A universalidade do capitalismo é menos uma realidade histórica do que uma construção dessa "linguagem do erro"[74]. Essa(s) "classe(s) distante(s) e separada(s) de capitalistas" eram menos representantes de uma ordem comercial imanente e racional do que extensões de dinâmicas e culturas históricas particulares. Elas não eram o "germe" de uma nova ordem dialeticamente posicionada em um hospedeiro cada vez mais confinante – o feudalismo –, mas estratos oportunistas, deliberadamente adaptáveis às novas condições e possibilidades oferecidas nessas épocas. No século XVI, não só apareceram diferentes burguesias na Europa Ocidental, mas essa nova burguesia estava envolvida em estruturas, instituições e organizações que eram substancialmente subdesenvolvidas na Idade Média.

Em primeiro lugar, o foco do comércio de longa distância na Europa gravitava das áreas do Mediterrâneo e da Escânia para o Atlântico. As formas mais familiares dessa extensão do comércio para o sul e o oeste da península europeia eram as viagens mercantis e a colonização. Em segundo, as "estruturas burocráticas ampliadas do Estado"[75] se converteram nos principais canais da expansão capitalista: determinando a direção do investimento, estabelecendo segurança política para tais investimentos, incentivando certas redes e relações comerciais enquanto desencorajava outras:

> Nessas condições, de fato, pode-se perceber a matriz do capitalismo moderno: como o nacionalismo, menos o criador do que criação do Estado moderno. Ele teve muitos antecedentes, mas

seu surgimento total exigiu uma conjunção de fatores políticos e morais, bem como estritamente econômicos. Esse surgimento pôde ocorrer dentro de uma estrutura intrincada de um tipo de Estado Ocidental então em evolução; é questionável se isso poderia ter acontecido em quaisquer outras circunstâncias que conhecemos na história; de qualquer forma, nunca aconteceu.[76]

A cidade, ponto de partida das primeiras burguesias e de suas redes de comércio de longa distância e organização produtiva, mostrou-se incapaz de sustentar a recuperação econômica daquelas burguesias situadas nos locais em que a cidade mercantil havia atingido seu maior desenvolvimento: no norte da Itália; no oeste da Alemanha; na Holanda e no Báltico[77]. O Estado absolutista, sob a hegemonia das aristocracias da Europa Ocidental, deu origem a uma nova burguesia. Os territórios de Castela (Espanha), a Île de France, os Home Counties[78] e Londres (Inglaterra), as ambições e políticas expansionistas e colonialistas de suas administrações e as estruturas de suas políticas econômicas organizadas para repressão e exploração, constituíram a base dessa formação burguesa.

As burguesias do século XVI se acumularam nos interstícios do Estado. E à medida que o Estado adquiria a máquina governamental – burocracias com preocupações administrativas, regulatórias e extrativistas e exércitos para guerras de pacificação colonial, de concorrência internacional e de repressão nacional[79] – aqueles que em breve constituiriam uma classe se adaptaram aos papéis proliferantes de agentes políticos, econômicos e jurídicos do Estado. E como o Estado necessariamente expandia suas atividades fiscais e econômicas[80], uma nova classe mercantil e bancária parasitava seu hospedeiro: empréstimos, monopólios e negócios estatais converteram-se nos centros vitais de sua construção.

Assim, embora os Estados territoriais e impérios tenham adquirido terras em abundância, eles eram incapazes de explorar, sem ajuda, as enormes unidades econômicas resultantes. Essa incapacidade abriu novamente as portas para as cidades e os mercadores. Eram eles que, por trás da fachada de subordinação, estavam fazendo fortuna. E mesmo onde os Estados mais facilmente poderiam se tornar senhores, em seu próprio território, com seus próprios súditos, eram muitas vezes obrigados a fazer mudanças e concessões.[81]

Ainda é discutível se isso foi resultado do que Adam Smith e Eli Heckscher depois dele denominaram o "sistema" do *mercantilismo*[82] ou a consequência do que outros historiadores descrevem como a ideologia do *estatismo*[83]. No entanto, é evidente que, no século XVII, as novas burguesias se identificaram com atitudes políticas e com uma tendência, no que diz respeito ao pensamento econômico, que era puro mercantilismo:

> Implícita na "tragédia do mercantilismo" estava a crença de que o que era o ganho para um indivíduo ou para um país era a perda para o outro [...] Afinal, era um mundo em que a população permanecia notavelmente estática; em que o comércio e a produção geralmente cresciam apenas de modo muito gradual; em que os limites do mundo conhecido se expandiam com lentidão e grande dificuldade; em que os horizontes econômicos eram assaz limitados; e em que o homem se aproximava, mais do que hoje, da visão de Hobbes de seu estado natural: para a maioria dos homens, na maior parte do tempo, a vida era "pobre, sórdida, brutal e breve".[84]

O paroquialismo da cidade, que tanto havia caracterizado a perspectiva da burguesia da Idade Média, era correspondente nessa segunda era da civilização ocidental a um paroquialismo do Estado. Comenta Heckscher:

> A entidade coletiva para [povos dos séculos XVI e XVII] não era uma nação unificada por raça, língua e costumes comuns: o único fator decisivo para eles era *o Estado* [...] O mercantilismo era o expoente da concepção predominante da relação entre o Estado e a nação no período anterior ao advento do romantismo. Era o Estado, e não a nação, que absorvia sua atenção.[85]

Mais uma vez, o caráter particularista das formações dessas burguesias[86] manteve uma estrutura sistêmica do que se poderia chamar de capitalismo. A classe que é tão consistentemente identificada com o surgimento do capitalismo industrial estava associada de modo inextricável a estruturas "racionais" específicas – uma relação que influenciou profundamente o imaginário e as realizações burgueses. Economias políticas[87], isto é, economias nacionais, as cercavam e, assim, a burguesia percebeu o que uma análise posterior alega, retrospectivamente, ser o início de um sistema mundial bastante diferente: um sistema internacional[88]. As burguesias dos princípios do capitalismo moderno estavam tentando destruir-se ou dominar umas às outras.

As Ordens Inferiores

À semelhança das classes médias da Europa Ocidental que ficaram presas em teias de paroquialismos estatais, o mesmo ocorreu com aquela vasta maioria dos povos europeus: as ordens inferiores. A classe governante, a nobreza, por sua orquestração dos instrumentos do Estado, imprimiu seu caráter ao conjunto da sociedade europeia. E uma vez que muito desse caráter tinha a ver com a violência[89], os estratos mais baixos foram entretecidos na tapeçaria de uma ordem social violenta. Pela natureza das sociedades hierárquicas, a integração das classes mais baixas – trabalhadores assalariados, camponeses, servos, escravos, vagabundos e mendigos – nas ordens social, política e econômica do Estado absolutista as converteu em clientes subalternos deste último. A função das classes trabalhadoras era fornecer ao Estado e às suas classes privilegiadas os recursos materiais e humanos necessários para sua manutenção e para um acúmulo posterior de poder e riqueza. Essa não foi, contudo, uma simples questão de domínio de uma classe dirigente sobre as massas.

As massas não existiam como tais. Do mesmo modo que pensadores gregos e romanos haviam criado um conceito totalizante dos bárbaros, as nobrezas feudais da Europa Ocidental inspiraram e criaram um mito semelhante. Friedrich Hertz relatou que:

> Na Idade Média e depois, a nobreza, via de regra, considerava-se de sangue melhor do que as pessoas comuns, a quem desprezavam

por completo. Os camponeses eram supostamente descendentes de Cam, que, por falta de piedade filial, havia sido condenado à escravidão por Noé. As classes de cavaleiros de muitas terras, por outro lado, acreditavam serem descendentes dos heróis troianos que, após a queda de Troia, se estabeleceram na Inglaterra, na França e na Alemanha. Essa teoria foi seriamente mantida não apenas em inúmeras canções e contos sobre façanhas de cavaleiros, mas também em muitas obras acadêmicas.[90]

Foi uma forma dessa noção que o conde Gobineau reviveu em meados do século XIX, ampliando sua conceituação de superioridade de modo a incluir elementos da burguesia[91]. As nobrezas do século XVI, no entanto, demonstraram ser mais circunspectas sobre "as massas" do que suas lendas genealógicas poderiam sugerir. Elas não se tornaram vítimas de suas próprias criações míticas. Quando se tratava das estruturas do Estado, seu conhecimento acerca das composições sociais, culturais e históricas das massas era primorosamente refinado. Talvez isso seja demonstrado com maior clareza em uma das áreas mais críticas da atividade estatal: a monopolização da força.

O Estado absolutista era causa e efeito da guerra. Sua economia era uma economia de guerra, seu comércio exterior era belicoso[92], sua burocracia administrava os preparativos e processos de guerra[93]. Tal Estado exigia exércitos permanentes (e, mais tarde, marinhas de guerra). Mas, decerto por razões políticas e às vezes econômicas, os soldados não podiam ser recrutados com facilidade, segundo V.G. Kiernan, "da massa de camponeses e burgueses comuns". Kiernan supõe que a situação na França era mais simples, embora fosse a mesma por toda a Europa: "Os franceses raramente estavam ansiosos para servir a seu rei, e seu rei tampouco estava ansioso para empregar franceses."[94] A lealdade ao Estado monárquico por parte das fileiras exploradas das classes mais baixas era rara. De qualquer forma, nenhum Estado dos séculos XVI e XVII confiava em tal identificação entre as massas e seus governantes. Os soldados dos exércitos da França, Espanha, Inglaterra, Holanda, Prússia, Polônia, Suécia e, no início, Rússia, eram estranhos aos Estados pelos quais lutavam e policiavam ou muito marginais a eles:

Os governos europeus [...]dependiam em grande medida de mercenários estrangeiros. Um dos usos para os quais eram particularmente adequados dizia respeito à supressão de súditos rebeldes e, no século XVI, à época da revolução endêmica, eram chamados amiúde para esse propósito [...] Governos [...] tinham que recorrer a indivíduos honestos e simplórios, não contaminados por ideias políticas, de áreas atrasadas [...] ou a estrangeiros.[95]

Dependendo, pois, da mudança de sorte, das "identidades" dos combatentes, da geopolítica das guerras e da missão, os mercenários eram escolhidos entre os suíços, escoceses, picardos, bretões, flamengos, galeses, bascos, navarros, galovidianos, dalmácios, corsos, borgonheses, gueldrianos, irlandeses, tchecos, croatas, magiares e da Gasconha, Algóvia, Noruega e Albânia. Dado que uma das funções e um dos resultados da tarefa desses mercenários era a repressão dos povos subjugados, o grau de seu sucesso estava diretamente indicado pela sua própria ausência, na maior parte do tempo, na geografia política da Europa moderna. O Estado absolutista (ou seus sucessores diretos), o instrumento que os impulsionou à proeminência nos séculos XVI e XVII (na França, no final do século XVIII), acabou por absorver as regiões autônomas das quais os mercenários se originavam.

Nos exércitos do século XVI, recrutas nativos distribuídos entre os mercenários estrangeiros também eram escolhidos com o objetivo de minimizar os riscos políticos e sociais da monarquia e sua nobreza aliada. Na França, o exército "extraía seus voluntários dentre os tipos menos 'nacionais', mais insignificantes, da escória das classes mais pobres", nos informa Kiernan[96]. Na Espanha, as colinas de Aragão e as províncias bascas serviam para uma função similar. Na Grã-Bretanha, até meados do século XVIII, as Terras Altas da Escócia eram os locais de recrutamento mais frequentes; e as habilidades do soldado galês tornaram-se lendárias[97].

Por mais importante que tenha sido a formação desses exércitos para a construção dos Estados que dominaram a Europa por mais de duzentos anos, não devemos ser desviados de sua maior significância histórica pela riqueza romântica do drama social e político com o qual contribuíram. A inovação de Luís XI em 1474, organizar uma "infantaria francesa sem franceses"[98], foi revolucionária em escala, não em caráter[99]. A tática de compor exércitos de mercenários, de povos marginais e camadas sociais remonta à Idade Média e a antes dela. Exércitos imperiais, republicanos, de bandidos, exércitos invasores e defensores, exércitos de escravos rebeldes, de nobres, e mesmo das cidades medievais chauvinistas, todos recorriam a ou incorporaram até certo ponto pessoas pelas quais não tinham, na melhor das hipóteses, a menor consideração em momentos menos intensos[100]. De forma mais significativa, ao revisar esse fenômeno no século XVI e nos subsequentes, a questão não é que os mercenários foram recrutados de fora e das áreas menos seguras internamente; essa era simplesmente a melhor forma documentada de mais um padrão generalizado de formação estrutural e integração social.

O significado importante é que essa forma de alistar recursos humanos não era peculiar ao aparato militar, mas se estendia por toda a Europa ao serviço doméstico, ao artesanato, à mão de obra industrial, aos trabalhadores navais e portuários do capitalismo mercantil e aos trabalhadores do campo do capitalismo agrário. Nunca houve um momento na história moderna europeia (nem tampouco antes) em que a mão de obra migratória e/ou imigrante não constituísse um aspecto importante das economias europeias[101]. O fato de isso não ser compreendido de modo mais amplo é aparentemente uma consequência de conceituação e análise: o uso equivocado de *nação* como categoria social, histórica e econômica; uma referência resultante e persistente a "grupos" laborais nacionais (por exemplo, "a classe trabalhadora inglesa"); e um fracasso subsequente da investigação histórica. Em seu estudo bastante detalhado das origens do sistema capitalista mundial, Wallerstein dedica apenas uma página a esse fenômeno, incluindo um único parágrafo sobre as divisões étnicas do trabalho imigrante no século XVI. E embora obrigado a reconhecer que, "ao que parece, não foi realizada muita pesquisa sobre a distribuição étnica da classe trabalhadora urbana do início da Europa moderna", ele especula que a descrição de Kazimiery Tymimecki de distinções étnicas sistemáticas de hierarquia no interior da classe trabalhadora "nas cidades do século XVI ao leste de Elba [...] [é] típica de toda a economia mundial"[102]. Não obstante a escassez de estudos, existem registros históricos que tendem a confirmar essa opinião. Neles, descobrimos operários têxteis flamengos em Londres no início do século XVI; e mais tarde, nos séculos XVI e XVII, refugiados huguenotes (de quarenta a oitenta mil), muitos deles tecelões de teares manuais fugidos da França e que se estabeleceram em Spitalfields, no East End de Londres e, assim, criaram a indústria da seda da Inglaterra[103]. Nos séculos XVIII e XIX, os trabalhadores irlandeses "formaram o núcleo dos exércitos flutuantes de trabalhadores que construíram canais, docas, ferrovias e transformaram a face da Inglaterra"[104]. E mais uma vez no continente europeu, quando os trabalhadores agrícolas e camponeses alemães eram atraídos para os setores urbanos e industriais da Alemanha Central e Ocidental, a mão de obra polonesa foi usada para preencher o vácuo no leste da Alemanha[105]. França e Suíça também recrutaram muitos trabalhadores da Polônia, Itália e Espanha[106]. E, é claro, a formação de núcleos industriais nos Estados Unidos antes da Guerra Civil aproveitou trabalhadores imigrantes do norte da Itália, da Alemanha, Escócia e Irlanda; e, após a Guerra Civil, do sul da Itália e das terras do Leste, Norte e Centro europeus: Rússia, Finlândia, Polônia, Grécia e os Bálcãs[107]. (Talvez o único aspecto singular do recrutamento industrial estadunidense tenha sido o aparecimento de trabalhadores asiáticos, a partir do final do século XIX, da China, do Japão e das Filipinas)[108].

Começamos a perceber que a nação não é uma unidade de análise da história social da Europa. O Estado é uma estrutura burocrática, e a nação que ele administra é uma construção mais conveniente do que a entidade histórica, racial, cultural e linguística que o termo "nação" significa[109]. O caráter mais autêntico da história europeia reside abaixo da fenomenologia de nação e Estado. No que tange à construção do capitalismo moderno, não se deve esquecer as identidades particulares, os movimentos e as estruturas sociais específicos que persistiram e/ou influenciaram profundamente a vida europeia:

> Em conjunto, a Europa Ocidental adquiriu uma maior riqueza de formas, de vida corporativa, uma maior cristalização de hábitos

em instituições, do que qualquer outra região conhecida. Tinha uma capacidade notável de forjar laços sociais mais tenazes do que quaisquer outros, à parte os laços familiares e suas extensões, de clã ou casta; laços que poderiam sobreviver de uma época a outra e serem convertidos em combinações mais elaboradas. Porém, junto com a fixidez de relações particulares, instalou-se uma instabilidade não menos radical do sistema como um todo.[110]

A civilização europeia não é um produto do capitalismo. Ao contrário, o caráter do capitalismo só pode ser compreendido no contexto social e histórico de seu surgimento.

Os Efeitos da Civilização Ocidental no Capitalismo

O desenvolvimento do capitalismo pode, portanto, ser visto como tendo sido determinado, em sua forma, pela composição social e ideológica de uma civilização que havia assumido suas perspectivas fundamentais durante o feudalismo. Os padrões de recrutamento de escravos e mercenários que revisamos permaneceram válidos para burguesias e proletariados. De acordo com Robert Lopez, no Império Carolíngio, o comércio de longa distância era dominado por judeus e italianos[111]. Na Europa medieval, Lopez e Irving Raymond documentaram a importância dos mercadores mediterrânicos nas feiras internacionais e o desenvolvimento de casas comerciais estrangeiras nas cidades do interior[112]. Acrescenta Fernand Braudel:

> Muitos centros financeiros, *piazze*, surgiram na Europa em cidades de origem recente. Porém, se olharmos mais de perto esses desenvolvimentos súbitos e consideráveis, veremos que eram, na verdade, ramificações do sistema bancário italiano que já havia se tornado tradicional. Nos dias das feiras de Champagne já eram os banqueiros de Siena, Lucca, Florença ou Gênova que detinham as casas de câmbio; também foram eles que promoveram a fortuna de Genebra no século xv e mais tarde a de Antuérpia, Lyon e Medina del Campo [...].

Em suma, em toda a Europa, um pequeno grupo de homens bem-informados mantinha contato por correspondência ativa, controlava toda a rede de intercâmbios, em letras de câmbio ou em numerário, dominando, assim, o campo da especulação comercial. Portanto, não devemos nos surpreender tanto pela aparente disseminação das "finanças".[113]

Na Espanha sob Carlos V (1516–1556) e Filipe II (1556–1598), os Fugger alemães, os genoveses e outras "firmas mercantis internacionais" organizaram as receitas do Estado, exploraram as minas e administraram muitas das propriedades mais importantes[114]. E em Constantinopla, banqueiros e mercadores genoveses, venezianos e ragusanos conduziam as relações comerciais e financeiras entre a Europa e o Império Otomano[115]. Quanto às cidades mediterrâneas do século XVI, Braudel observou as funções dos "imigrantes indispensáveis". Judeus italianos e espanhóis trouxeram, como mercadores e artesãos, novos ofícios para Salônica, Constantinopla e Valona, ampliando ainda mais uma burguesia já multicultural:

> Havia outros imigrantes valiosos, artistas itinerantes, por exemplo, atraídos por cidades em expansão que estavam ampliando seus edifícios públicos; ou mercadores, particularmente os mercadores e banqueiros italianos, que ativaram e, de fato, criaram cidades como Lisboa, Sevilha, Medina del Campo, Lyon e Antuérpia.[116]

E em Veneza:

> Um longo relatório do *Cinque Savii*, de janeiro de 1607, indica que toda atividade "capitalista", como deveríamos chamá-la, estava nas mãos dos florentinos, que possuíam casas na cidade, e dos genoveses, que forneciam prata, controlando todas as negociações.[117]

Assim como Nuremberg havia devastado a Boêmia, a Saxônia e a Silésia, afirma Braudel, foram os genoveses que "bloquearam o desenvolvimento do capitalismo espanhol"[118]. Foram também os "imigrantes indispensáveis" que complementaram o proletariado urbano, incapaz de se manter "quanto mais de crescer sem a ajuda da imigração contínua"[119]. Em Ragusa foram os morlacos, em Marselha, os corsos, em Sevilha, os mouriscos da Andaluzia, em Argel, os aragoneses e os berberes. em Lisboa, os escravos negros, e em Veneza, o proletariado imigrante foi ampliado com os *romagnoli*, os *marchiani*, gregos, persas, armênios e judeus portugueses[120].

A burguesia que liderou o desenvolvimento do capitalismo era oriunda de grupos étnicos e culturais específicos; os proletariados europeus e os mercenários dos principais Estados, de outros; seus camponeses, de outras culturas; e seus escravos, de mundos totalmente diferentes. A tendência da civilização europeia no capitalismo não era, portanto, homogeneizar, mas diferenciar – exagerar diferenças regionais, subculturais e dialéticas, tornando-as diferenças "raciais". À medida que os eslavos se convertiam em escravos naturais – a reserva racialmente inferior para dominação e exploração no início da Idade Média – e os tártaros passaram a ocupar uma posição similar nas cidades italianas no final desse período, no entrelaçamento sistêmico do capitalismo no século XVI, os povos do Terceiro Mundo começavam a ocupar essa categoria em expansão de uma civilização reproduzida pelo capitalismo[121].

Como uma civilização de seres livres e iguais, a Europa era tanto uma ficção no século XIX (e mais tarde) como fora sua própria unidade durante as eras Merovíngia e Carolíngia. Tanto a Igreja quanto as nobrezas mais poderosas do Santo Império Romano e seu predecessor haviam sido a fonte da ilusão naqueles períodos anteriores. Do século XII em diante, foram a burguesia e os administradores do poder do Estado que iniciaram e alimentaram mitos de igualitarismo, enquanto aproveitavam cada ocasião para dividir os povos com o propósito de dominá-los[122]. A carnificina provocada pelas guerras e as revoluções promovidas pelas burguesias da Europa para santificar suas máscaras eram enormes.

Finalmente, no entanto, os velhos instrumentos deram lugar aos mais novos, não porque fossem velhos, mas porque o fim do feudalismo e a expansão do capitalismo e de seu sistema mundial – que é o caráter cada vez mais desigual do desenvolvimento entre os próprios povos europeus e entre os europeus e o resto do mundo – aceleraram novas oposições ao mesmo tempo que forneciam novas oportunidades e exigiam novos agentes "históricos". As Reformas na Europa Ocidental e depois na Inglaterra, que destruíram os últimos vestígios práticos de uma cristandade transcendente e unificada, foram uma manifestação desse processo de desequilíbrio.

Na Inglaterra, por exemplo, os representantes dos grandes proprietários de terra e do capitalismo agrário, em busca de seus próprios interesses sociais e financeiros, disciplinaram primeiro a Igreja e depois a monarquia e, finalmente, "as massas", por meio de enclausuramentos, das Leis dos Pobres, das prisões de devedores, do "transporte" (emigração forçada) e assim por diante[123]. Os contrastes de riqueza e poder entre trabalhadores, capitalistas e as classes médias haviam se tornado rígidos demais para sustentar a manutenção contínua das classes privilegiadas internas e o apoio aos motores da dominação capitalista no exterior. Novas mistificações, mais adequadas à época, eram exigidas e autorizadas por novas luzes. As ilusões da cidadania medieval, que se expandiram em uma espécie de patrimônio compartilhado e persistiram por cinco séculos na Europa Ocidental como o único grande princípio de nivelamento, deveriam ser suplantadas pela raça e (para empregar o termo alemão) o *Herrenvolk*, nos séculos XVII e XVIII[124]. As funções dessas construções ideológicas posteriores estavam relacionadas, porém eram diferentes. A raça tornou-se, em grande parte, a racionalização para a dominação, a exploração e/ou o extermínio de não "europeus" (incluindo escravos e judeus). Teremos oportunidade, na Parte 2, de explorar de perto suas aplicações para mais além da Europa e, em particular, no tocante aos povos africanos. Contudo, enquanto permanecermos no solo europeu, é o *Herrenvolk* que importa. Na Inglaterra do século XVIII, Reginald Horsman vê seu início no "mítico" anglo-saxonismo que foi alardeado como uma bandeira ideológica pela *intelligentsia whig*[125]. Na França (por exemplo, Paul de Rapin-Thoyras e Montesquieu e, antes deles, François Hotman e o conde Henri de Boulainvilliers); na Alemanha (Herder, Fichte, Schleiermacher e Hegel); nos Estados Unidos (John Adams e Thomas Jefferson), ideólogos "burgueses" promoveram a ideia da heroica raça germânica[126]. E a ideia estendeu-se facilmente por toda a Europa durante o século XIX, ganhando impulso e artifício por meio de efeitos como os romances históricos de Walter Scott e as fábulas filológicas de Friedrich von Schlegel. Inevitavelmente, é claro, a ideia foi revestida com os trajes da ciência europeia do século XIX. O *Herrenvolk* explicava a inevitabilidade e a naturalidade da dominação de alguns europeus por outros europeus. Embora tenha reconstruído as peças de trás para frente, Louis Snyder, por exemplo, reconheceu o efeito.

> Os racialistas, não satisfeitos em meramente proclamar a superioridade do branco sobre as raças de cor, também sentiram a necessidade de erigir uma hierarquia dentro da própria raça branca. Para atender a essa necessidade, desenvolveram o mito da superioridade ariana, ou nórdica. O mito ariano, por sua vez, tornou-se a fonte de outros mitos secundários, como o teutonismo (Alemanha), o anglo-saxonismo (Inglaterra e Estados Unidos) e o celticismo (França).[127]

Assim, no século XIX, surgiu o nacionalismo moderno.

O surgimento do nacionalismo[128] tampouco teve nada de acidental e nem foi alheio ao caráter que o capitalismo europeu havia assumido historicamente. Uma vez mais, a burguesia de determinadas culturas e estruturas políticas recusou-se a reconhecer sua identidade lógica e sistêmica como classe. Em vez disso, o capitalismo internacional persistiu em uma anarquia competitiva – cada burguesia nacional se opunha às demais como inimigas "naturais". No entanto, por mais poderosa que fosse a burguesia e seus aliados na aristocracia e burocracia, eles ainda exigiam a cooptação de seu proletariado "nacional" para destruir os concorrentes. O nacionalismo mobilizou o poder armado de que necessitavam para destruir as capacidades produtivas daqueles a quem se opunham ou para assegurar novos mercados, nova mão de obra e recursos produtivos[129]. Em última análise, o desenvolvimento desigual dos capitalismos nacionais teria consequências terríveis tanto para a Europa quanto para os povos sob dominação europeia.

Na Alemanha e na Itália, em que a formação das burguesias nacionais se deu relativamente tarde, a organização das forças sociais nacionais (camponeses, fazendeiros, trabalhadores, empregados de escritórios, classes profissionais, aristocracia e Estado) se deu por meio da ideologia fantasmagórica da raça, o *Herrenvolk* e pelo nacionalismo. Esse composto de violência ficou conhecido, em seu tempo, pelo nome de fascismo[130]. Com a sua criação, a burguesia reteve toda a gama de suas prerrogativas sociais, políticas e econômicas e tinha o controle total de sua sociedade nacional, um instrumento eficiente para expandir sua dominação e expropriação ao Terceiro Mundo, e os meios finais para reparar as injúrias e humilhações do passado. Mais uma vez, sem surpresas, a escravidão reapareceria como forma de trabalho na Europa[131].

Isso, entretanto, vai muito além dos nossos objetivos imediatos. O que nos importa é que entendamos que o racialismo e suas variantes persistiram, não enraizados em uma época particular, mas na própria civilização. E embora nossa era possa parecer particularmente adequada para assentar as origens do racismo, esse julgamento apenas reflete quão resistente ao exame é essa ideia e quão poderosas e naturais suas especificações se tornaram. Nossas confusões, porém, não são únicas. Como um princípio duradouro da ordem social europeia, os efeitos do racialismo estavam fadados a aparecer na expressão social de todos os estratos de cada sociedade europeia, independentemente das estruturas sobre as quais se formara. Nenhum estrato estava imune. E como observaremos nos próximos dois capítulos, isso provou-se verdade tanto para o proletariado rebelde como para os intelectuais radicais. Foi, novamente, uma ocorrência bastante natural em ambos os casos. No entanto, para os últimos – os intelectuais radicais – também era inaceitável e foi posteriormente negada. Contudo, se insinuou em seu pensamento e em suas teorias. E, assim, a busca por uma força social radical, um tópico histórico ativo, compeliu certas cegueiras, confusões que, por sua vez, sistematicamente subverteram suas construções analíticas e seu projeto revolucionário. Mas isso ainda será mostrado. Com esse intuito, passaremos agora à história das classes trabalhadoras inglesas. Dado que esses trabalhadores foram uma das peças centrais para o desenvolvimento, por parte de intelectuais radicais, da noção de proletariado como uma classe revolucionária, uma investigação sobre os efeitos do racialismo em sua consciência constitui o próximo passo na demonstração dos limites do radicalismo europeu.

2.
A Classe Trabalhadora Inglesa Como Espelho da Produção

Até bem recentemente, muito do que se sabia sobre o surgimento das classes trabalhadoras industriais na Inglaterra e do que se pressupunha sobre o desenvolvimento de uma consciência de classe entre elas estava envolto em névoas ideológicas e simplificações históricas. Isso pode ter acontecido porque os criadores de sagas heroicas de tragédia e triunfo – seja do tipo liberal ou do radical – frequentemente dão atenção especial ao confinamento da história. A investigação historiográfica, entretanto, tem suas recompensas, muitas vezes inesperadas. Contudo, não foi escassa a consideração histórica dada às classes trabalhadoras inglesas. A partir desses materiais abundantes, tentaremos compreender os fatores materiais e sociais que impactaram o desenvolvimento da consciência da classe trabalhadora – o espelho da produção – e as formas que assumiu nos séculos XVIII e XIX. Seremos guiados menos pelo que, abstratamente, fomos induzidos a esperar que *deveria* ter ocorrido e mais pelo que efetivamente *ocorreu*. Expropriação, empobrecimento, alienação e formações de consciência e expressão de classe serão abordados não como abstrações ou efeitos residuais de um sistema de produção, mas como categorias vivas. Estamos preocupados com o modo pelo qual homens e mulheres reais (e crianças) experienciaram o deslocamento, a pobreza e a exploração de seu trabalho e a eles reagiram; como empregaram os recursos intelectuais e emocionais que lhes eram disponíveis para lidar com sua experiência. Com esse propósito, irei me empenhar para manter essa investigação enquadrada nas afirmações que caracterizam a classe trabalhadora inglesa, feitas por E.P. Thompson há vinte anos: "A classe trabalhadora se construiu tanto quanto foi construída." Além disso, resume ele:

> A consciência de classe é o modo em que as experiências são tratadas em termos culturais: incorporadas em tradições, sistemas de valores, ideias e formas institucionais. Se a experiência parece algo determinado, a consciência de classe, não [...] A classe é definida pelos homens à medida que vivem a sua própria história e, no final, essa é a sua única definição.[1]

E já que argumentei que entre esses "termos culturais" estava o racialismo, devo manter a palavra de Thompson[2]. Porém, antes, é importante deixar de lado certas crenças sobre as circunstâncias nas quais as classes trabalhadoras industriais inglesas fizeram sua aparição.

Quando se analisa o surgimento do socialismo no século XIX, somos repetidamente informados por seus historiadores que o movimento e suas ideologias começaram com a Revolução Industrial e a Revolução Francesa[3]. No entanto, a facilidade com que muitos estudiosos do socialismo chegaram a essa associação entre um ideal multifacetado e os catalisadores geminados da modernidade é um tanto dissipada por um olhar mais atento às realidades mais concretas que subjazem essas abstrações de mudanças repentinas e irreversíveis. A Revolução Industrial, por exemplo, nunca foi exatamente o fenômeno no qual alguns de seus historiadores a converteram e que persiste na mente popular. Muito tem sido questionado desde a popularização da expressão na *Revolução Industrial* (1884), de Arnold Toynbee. Ainda assim, a lenda perdura.

Pode-se começar observando que as mudanças [técnicas] em grande escala, econômica e sociais do final do século XVIII e início do século XIX[4], a que agora costumamos frequentemente a referir como a Revolução Industrial, afetaram todo o Império Britânico, bem como partes da Europa Ocidental. Isso sugere que, a fim de compreender a escala em que essa "revolução" operou, é necessário ter um senso de que ela envolveu mais do que a introdução de novas técnicas de produção. O recrutamento, o treinamento e o disciplinamento da mão de obra; o transporte de mercadorias e matérias-primas; as estruturas políticas e jurídicas de regulamentação e comércio; o aparato físico e comercial dos mercados; a organização e a instrumentação da comunicação; as técnicas bancárias e financeiras, também tiveram que se acomodar ao aumento da produção de mercadorias. Seu aparecimento dificilmente foi instantâneo. Ao contrário, sua formação foi organicamente determinada pela evolução econômica dos séculos anteriores. De mais a mais, é provável, como A.E. Musson argumentou, que o surgimento da produção industrial não tenha sido nem revolucionário (no sentido de uma mudança repentina e catastrófica) nem exclusivamente britânico:

> Do ponto de vista tecnológico [...] pode-se dizer que o século XVIII testemunhou pouco do que fosse realmente revolucionário, e que o início da Revolução Industrial foi, na verdade, amplamente baseado em [...] avanços anteriores; até a máquina a vapor havia sido produto de teoria e experimento científicos dos séculos XVI e XVII, enquanto técnicas mais antigas, como máquinas movidas à água, foram desenvolvidas e estendidas a outros campos.
>
> A maioria desses desenvolvimentos tecnológicos do final da Idade Média em diante parece ter sido introduzida na Inglaterra a partir do Continente.[5]

A interpretação de Musson não é geralmente compartilhada, nem conhecidos os fatos[6] que ele reúne para sustentar seu argumento. Isso é, em grande parte, resultado da tendência da maioria dos historiadores e analistas dos processos de industrialização de seguirem linhas nacionais (e, com frequência muito menor, subcontinentais, ou seja, europeias ocidentais). Na verdade, não é raro que o leitor encontre em outros estudos assaz cuidadosos a afirmação – de alguma forma – de que *a* Revolução Industrial ocorreu na Inglaterra: uma proposição popular que parece derivar da confusão entre os pontos de origem da racionalização técnica em benefício da produção e os da invenção mecânica prática; e uma confusão adicional entre uma economia nacional e o impacto final da invenção prática sobre um sistema econômico já amplamente caracterizado pela produção internacional (por exemplo, algodão inglês, açúcar). Seja como for, o estudo sistemático e detalhado das consequências técnicas e sociais da produção industrial ainda se localiza, em grande parte, na historiografia britânica do final do século XVIII e início do século XIX (embora se deva notar que E.J. Hobsbawm está sem dúvida correto ao afirmar que seria mais preciso imaginar várias revoluções industriais ocorrendo após o período inicial da Era Industrial)[7].

Pobreza e Capitalismo Industrial

As consequências imediatas e terríveis da Era Industrial para as classes trabalhadoras na Grã-Bretanha são, em geral, pouco conhecidas[8]. Em termos puramente econômicos, há a prova direta das *workhouses* (casas de trabalho) que começaram a surgir no século XVIII[9], mas alcançaram seu caráter mais permanente nas duas décadas seguintes à experiência, em Bingham, do reverendo Robert Lowe em 1818, no que tange a um bem-estar dissuasivo[10]. Não obstante o pauperismo (que Hobsbawm define como "o núcleo permanente da pobreza")[11], como já sugerimos, não fosse de forma alguma um fenômeno novo na Inglaterra ou na Europa Ocidental antes dos séculos XVIII e XIX, na Inglaterra, pelo menos, o número de indigentes aumentou com certa rapidez durante esse último período, aparentemente como resultado direto da interrupção da vida rural pela adoção de ceifadeiras e debulhadoras e da política de cercamentos de terra inspirada no capitalismo agrícola que, entre 1760 e 1810, incluía cerca de dois milhões de hectares de terras comunais[12]. Em outros lugares, nos núcleos industriais, o desemprego acompanhou os graves ciclos econômicos do período[13]. A casa de trabalho, cuja função verdadeira consistia em servir de abrigo de último recurso para os pobres, foi uma das respostas das classes dominantes. De modo característico, essa resposta era a racionalização de uma percepção quase totalmente errônea das causas do pauperismo: a pressuposição de que os desalojados e desempregados careciam de disciplina de trabalho[14].

Os ciclos recorrentes de desemprego na primeira metade do século XIX eram de tal escala que fariam qualquer observador parar para pensar. Os comentários de Hobsbawm sobre a crise de 1826 e as observações de Henry Mayhew sobre o aumento do desemprego que persistiria de 1847 a 1851 são elucidativos. Essas cifras pareciam para Hobsbawm:

> tão surpreendentes mesmo que submetidas a uma drástica redução. Elas sugerem que, nas áreas duramente atingidas de Lancashire, entre 30 e 75% da população total poderia ter ficado na miséria no decorrer dessa crise; nas áreas laníferas de Yorkshire, entre 25 e 100%; nas áreas têxteis da Escócia, entre 25 e 75%. Em Salford, por exemplo, metade da população estava total ou parcialmente sem trabalho, em Bolton, cerca de um terço, em Burnley pelo menos 40%[15].

Ainda que Hobsbawm, como historiador, considere difícil aceitar isso, Mayhew, um observador contemporâneo (descrito por E. P. Thompson como "incomparavelmente o melhor investigador social de meados do século")[16], atestou os fatos:

> Estimando a totalidade das classes trabalhadoras entre quatro e cinco milhões de pessoas, creio que podemos afirmar com segurança – considerando [...] épocas, estações, modas e acidentes específicos e a grande sobrecarga de trabalho e de trabalho feito às pressas [...] o número de mulheres e crianças [...] continuamente recrutados para diferentes atividades manuais [...] mal há trabalho suficiente para o emprego *regular* de metade de nossos trabalhadores, de modo que apenas 1.5 milhões estão plena e constantemente empregados, enquanto mais 1.5 milhões estão empregados apenas em meia jornada, e os 1.5 milhões restantes estão totalmente desempregados, obtendo *ocasionalmente* um dia de trabalho substituindo alguém.[17]

Além disso, quando somos informados por Hobsbawm de que os indigentes alojados nas casas de trabalho propositadamente punitivas do século XIX, embora fossem vítimas da repugnância manifesta de seus superiores sociais e econômicos, provavelmente comiam melhor do que porções significativas dos trabalhadores agrícolas e urbanos[18], somos corrigidos no que diz respeito a distinções facilmente pressupostas entre empregados e desempregados, trabalho e pauperismo. Todos os três constituíam uma subclasse que se estendia às fileiras de trabalhadores qualificados[19].

Mais provas do impacto da Era Industrial sobre a classe trabalhadora britânica e os pobres são encontradas nos estudos sobre habitação (é provável que o termo se aplicasse a condições de sobrevivência que iam desde os abrigos noturnos improvisados nas portas, becos, porões e ruas das cidades, bem como nos campos abertos ao lado das estradas das vilas, as próprias casas de trabalho paroquiais e sindicais e as cabanas de trabalhadores – estruturas bastante diferentes, concreta e subjetivamente, do caráter bucólico benigno agora associado ao termo)[20], assim como nos estudos sobre morbidade, mortalidade, trabalho infantil, condições físicas de trabalho e consumo de alimentos[21]. Em geral, quanto mais confiáveis os dados, mais firme é a impressão de uma população cada vez mais deprimida durante o período em pauta. Ainda assim, todas essas cifras são, em certo sentido, superficiais ao (embora úteis para detectar o) problema real que é a *experiência* dos homens, mulheres e crianças que constituíam os pobres e as classes trabalhadoras inglesas. Como eram realmente as suas vidas?

Muito do que pode ser medido diz respeito apenas às condições de suas vidas e não aos seus conteúdos sociais, morais e ideológicos. As condições, os ritmos e padrões objetivos da proletarização da mão de obra inglesa moldam essa experiência, mas não a determinam e, portanto, as erupções sociais dessa classe têm persistentemente resistido a uma correlação monotônica[22]. Em 1930, J.L. Hammond que, junto com sua colega, Barbara Hammond, tanto contribuiu para a história da força de trabalho britânica, pontuou esse aspecto bem o suficiente para ser repetido:

> Se consideramos o tipo de vida social criado pela Revolução Industrial, descobrimos que, em certo sentido, nenhuma classe de trabalhadores dela escapou. Para todos os trabalhadores, havia

a mesma ausência de beleza; a mesma ausência de campos ou parques para brincar; a mesma ausência de desfiles ou festivais; a mesma aceleração da indústria; a mesma ausência de qualquer coisa calculada para criar o que Sófocles chamou de "o estado de espírito que constrói o muro de uma cidade" [...] a feiura da nova vida, com seus pardieiros crescentes, sua falta de edifícios belos, sua destruição da natureza e seu desprezo pelas necessidades mais profundas do homem, afetava não só esta ou aquela classe de trabalhadores, mas toda a população da classe trabalhadora.[23]

Em termos de "felicidade e infelicidade de homens e mulheres", Hammond escreveria em outro lugar, "ao observar a vida durante a era da Revolução Industrial [...] fica-se imediatamente chocado com sua extraordinária pobreza"[24].

A Reação dos Trabalhadores Ingleses

A visão de Hammond sobre os tipos de preocupações que tomavam as mentes das classes trabalhadoras quando tinham que enfrentar os deslocamentos do mundo industrial, está em parte substanciada pelos movimentos políticos e sociais dessa subclasse que tanto angustiavam as classes alta e média nos primeiros momentos daquele período. (Em 1831, James Mill havia escrito a um amigo: "Nada pode ser concebido como mais pernicioso do que as doutrinas que têm sido pregadas à gente comum.")[25] Uma expressão bastante óbvia da raiva da classe trabalhadora pelo empobrecimento de sua vida social e, como Hammond a chamou, sua "Imaginação", foi o movimento a que Hobsbawm se refere como os "destruidores de máquinas"[26]. Ao distinguir entre os movimentos cujos ataques à propriedade privada e ao maquinário eram táticas planejadas para forçar concessões dos empregadores e os movimentos estimulados pelos trabalhadores "preocupados não com o progresso técnico em abstrato, mas com os problemas práticos da prevenção do desemprego e da manutenção do padrão habitual de vida, que incluía fatores não monetários como liberdade e dignidade"[27],

Hobsbawm apontava para as revoltas que ecoavam os ideais inicialmente registrados entre os tecelões de Spitalfields em 1675. Ele nos fala de sucessivas gerações de tecelões nas revoltas de Spitalfields em 1719 ("contra os usuários de calicôs estampados"), em 1736 e, novamente, na década de 1760, contra máquinas; em 1778-1780, destruidores de máquinas despontaram em Lancashire. O ludismo, propriamente dito, apareceu em 1802, com pico no período de 1811-1813 (máquinas de fiar Jenny), antes de praticamente desaparecer depois da repressão, em 1830, contra os destruidores de máquinas no trabalho agrícola nos condados do sul, East Anglia e Midlands[28]. O mais interessante é que aqueles movimentos ludistas não só refletiam uma resistência dos trabalhadores às máquinas como ferramentas da produção capitalista, mas também serviram para revelar a existência de uma hostilidade social mais ampla à indústria capitalista:

> Os empresários capitalistas plenamente desenvolvidos constituíam uma pequena minoria [...] O pequeno lojista ou artesão local não queria uma economia de expansão, acumulação e revolução técnica ilimitada [...] Seu ideal era o sonho secular de todos os "homenzinhos", que encontrou expressão ocasional no radicalismo de Leveller, Jefferson ou dos jacobinos, uma sociedade em pequena escala de proprietários modestos e de assalariados com vida confortável, sem grandes distinções de riqueza ou poder [...] Era um ideal irrealizável, ainda mais nas sociedades que evoluíam com rapidez. Lembremos, no entanto, que aqueles que se sentiam atraídos por esse ideal na Europa do início do século XIX constituíam a maioria da população, e fora de indústrias como a algodoeira, da classe patronal.[29]

Uma confirmação mais crítica da tese de Hammond sobre a importância que deve ser atribuída à subversão do tegumento social e cultural da sociedade feudalista britânica pela imposição da produção industrial é sugerida alhures. Ao que parece, a resposta ideológica e social das classes trabalhadoras inglesas à dominação imanente de uma nova ordem social não se restringia a comportamentos economicistas ou de classe. A consciência de classe dos trabalhadores ingleses não se atinha estritamente à lógica da formação da classe trabalhadora baseada na exploração capitalista e modelada por Marx a partir da história das burguesias francesa e inglesa[30]. Na verdade, a reação mais profunda a uma ordem capitalista industrial encontrada entre os "produtores" ingleses nos séculos XVIII e XIX deteve, em grande parte, as consequências políticas e sociais da proletarização que já se haviam convertido em dogma do pensamento e da expectativa radicais ingleses nos anos imediatamente seguintes à Grande Revolução na França. O desenvolvimento do chauvinismo anglo-saxão, a forma mais antiga de nacionalismo inglês, e o aparecimento de formas bastante extremas de racismo entre a classe trabalhadora inglesa, determinaram a forma e as características que a consciência da classe trabalhadora inglesa assumiu. Os provincianismos do etnocentrismo e a hostilidade racial constituíram uma resposta que tanto provinha quanto era consequência da perda de integrações sociais pré-capitalistas. Em relação ao primeiro, o chauvinismo anglo-saxão, afirmara George Rude:

> Uma das crenças mais notavelmente persistentes era a de que as "liberdades" perfeitas haviam existido sob os reis saxões e que foram roubadas, juntamente com suas terras, de ingleses "nascidos livres" pelos cavaleiros invasores normandos comandados por Guilherme, o Bastardo, em 1066. Esse mito do "jugo normando" persistiu até os tempos cartistas [década de 1840] e foi transmitido por gerações de *levellers* [niveladores], *whigs* [liberais] educados segundo os "princípios da revolução", radicais e democratas londrinos do século XVIII e alimentados por doutrinas mais recentes de "soberania popular" e dos "direitos do homem".[31]

A existência desse "tema constantemente recorrente da ideologia popular" na história social inglesa assumiu, por fim, a forma de nacionalismo; porém, de modo bem particular, um nacionalismo impregnado de uma xenofobia virulenta. Os processos por trás do surgimento de um nacionalismo de uma classe trabalhadora racialmente consciente requerem atenção, ainda que seja somente pelo fato de terem ficado obscurecidos nas histórias radicais inglesas escritas apropriadamente como respostas a obras menos simpáticas e menos abrangentes sobre as condições e as lutas das classes trabalhadoras industriais inglesas[32].

A sociedade inglesa foi a primeira a desenvolver um proletariado industrial entre suas classes trabalhadoras[33]. Muito antes dos picos de protestos ludistas e cartistas e durante o apogeu do anterior socialismo owenista, a identidade de classe supranacionalista que Thompson observou entre os trabalhadores ingleses e na "cultura heroica" que produziram entre a Revolução Francesa e a derrota do cartismo (enquanto demonstrava seu curso errático) havia começado a recuar diante do protonacionalismo[34]. Esse foi um aspecto da "visão perdida" das classes trabalhadoras inglesas na década de 1830, e que Thompson foi forçado a reconhecer com relutância:

> É bastante fácil dizer que essa cultura era retrógrada ou conservadora. É verdade que uma tendência das grandes agitações de artesãos e trabalhadores em oficinas domésticas, que continuou por mais de cinquenta anos, foi a de *resistir* em ser transformada em um proletariado. Quando eles souberam que sua causa estava perdida, ainda se esforçaram novamente nos anos de 1830 e 1840 e buscaram alcançar formas novas e apenas imaginadas de controle social.[35]

Essa cultura reapareceria em meados de 1860, mas então o que se tornaria o movimento sindical geral (substituindo uma consciência anterior e explícita de luta de classes por poder político) havia progredido tanto, a ponto de ficar sob o controle dos burocratas sindicais que nem a intervenção direta de Marx foi suficiente para desviar, mesmo que por um só momento, a consciência da classe trabalhadora inglesa do nacionalismo[36]. Não obstante as provas de que, em 1864, ano da criação da International Working Men's Association, IWMA (Associação Internacional dos Trabalhadores ou Primeira Internacional), porta-vozes dos trabalhadores britânicos se referiam a si mesmos publicamente com o que Royden Harrison denomina "movimentos de libertação e unificação nacional na América, Itália e Polônia", a mais persistente investida do sindicalismo foi, em 1871, mais uma vez dominante:

Em 1871, Marx se opôs a uma tentativa de revolução proletária em Paris. Mas quando ela ocorreu, sua lealdade à classe trabalhadora e ao seu próprio passado não lhe deixou opção a não ser oferecer o seu apoio inabalável. Ao identificar a Internacional com a Comuna, Marx provocou a ruptura com a maioria dos líderes sindicais ingleses e selou o destino do IWMA, um curso de ação para o qual não havia nenhuma saída honrosa [...] Marx e os líderes sindicais ingleses renegaram-se mutuamente.[37]

Formular uma explicação para o renascimento e o domínio da consciência sindical entre as classes trabalhadoras inglesas não é uma tarefa simples. Por um lado, deve-se levar em consideração o que Thompson chama de "contrarrevolução" das classes dominantes, que desferiu golpes tão decisivos no radicalismo da classe trabalhadora em 1834, 1835 e 1848[38]; deve-se também abranger os processos históricos pelos quais as formas industriais de produção foram estabelecidas na Inglaterra, incluindo os padrões de recrutamento de mão de obra das aldeias e campos (e as formas subsequentes de disciplina de trabalho estabelecidas para proletarizar os recrutados), assim como as divisões do trabalho que caracterizaram a estrutura internacional do capitalismo britânico[39]. Mas talvez seja mais importante para o entendimento da evolução do nacionalismo da classe trabalhadora na Grã-Bretanha, e mais pertinente aqui, o papel que outro nacionalismo – o irlandês – desempenhou no período formativo do desenvolvimento da classe trabalhadora inglesa e sua construção concomitante da cultura da classe trabalhadora inglesa. Ademais, também deve ser assinalado o papel desempenhado pelos trabalhadores irlandeses nas rebeliões dos trabalhadores ingleses no final do século XVIII e início do século XIX como expressão social e histórica do nacionalismo irlandês.

A Colonização da Irlanda

No que diz respeito às classes dominantes inglesas, o século XIX foi inaugurado pela Rebelião Irlandesa de 1798[40]. Já tendo sobrevivido às

Revoluções Americana e Francesa, o "objeto imovível", a Irlanda e o que os ingleses denominaram "a questão irlandesa" converteram-se "no maior problema na política vitoriana tardia, como talvez tivesse sido durante a maior parte do século"[41]. De todo modo, sua resposta ao que eles percebiam como uma manifestação particularmente perniciosa de conspiração jacobina e uma interferência francesa foi dissolver o que havia sido aprovado por um parlamento irlandês e declarar em 1800 um Ato de União entre a Irlanda e o Reino Unido[42]. Com efeito, o Estado inglês estava deixando de lado as estruturas e os instrumentos ineficazes do domínio indireto, passando para estruturas de uma dominação mais direta e familiar[43]. Essa substituição de um conjunto de instituições por outro mostrou-se, a longo prazo, indiferente aos propósitos do Estado inglês, se bem que logicamente seguisse os evidentes interesses do capital inglês e da ideologia anglo-saxônica[44]. A questão irlandesa tornou-se muito mais uma parte do século XIX do que fora no século XVIII. Parece, entretanto, que seu caráter havia sido fixado muito antes.

James Anthony Froude, em *The English in Ireland* (Os Ingleses na Irlanda) oferece ao leitor uma história política detalhada e uma demonstração da extensão e do tipo de imagens dos irlandeses que se fixaram nas mentes dos ingleses. Froude começa informando seu leitor que quando a "aristocracia militar" normanda invadiu a Irlanda no século XII, "os irlandeses [...] eram, à exceção do clero, pouco mais do que uma turba de selvagens armados"[45]. Tendo derrotado os defensores da ilha, Froude continua, os normandos tinham três cursos de ação no que diz respeito ao povo conquistado: extermínio, ocupação armada ou colonização armada[46]. Os normandos, lamenta Froude, escolheram um caminho totalmente diferente:

> Os normandos, ao ocuparem tanto a Inglaterra quanto a Irlanda, estavam apenas cumprindo a tarefa para a qual eram especialmente qualificados e dotados [...] Eles não destruíram o povo irlandês; apenas tomaram o seu governo, como os ingleses haviam feito na Índia, expropriando os chefes, transformando a ordem frouxa de herança em uma sucessão ordenada, dando segurança à vida e à propriedade e capacitando aqueles que se importavam em serem

industriosos a colher os frutos de seu trabalho sem medo de ultraje e de pilhagem. Seu direito de governar estava em sua capacidade de fazê-lo e na necessidade dos irlandeses de serem governados.[47]

O resultado foi infeliz para a missão civilizadora dos normandos. Em vez de estender a civilização "inglesa" aos habitantes da ilha, o povo conquistado absorveu seus governantes normandos em termos raciais, culturais e políticos[48]. Na segunda metade do século XIV, tendo a Inglaterra passado pelos desastres acima detalhados, as tentativas judiciais e políticas para garantir uma presença especificamente anglo-normanda nos quatro condados do Pale inglês (Dublin, Meath, Kildare e Louth) mostraram, na realidade, a inutilidade dos projetos posteriores à conquista. Na verdade, o termo "conquista" era um conceito da história política inglesa. No que tange às suas relações políticas com a Inglaterra, a Irlanda e, mais precisamente o Pale, oscilou entre o governo indireto e o autogoverno autônomo, dependendo dos recursos do Estado inglês, das preocupações da sociedade feudal inglesa e das capacidades e tendências de vários senhores feudais na Irlanda para controlar lealdades nacionais ou inglesas. Em suma, essa era a situação até o século XVI. Em termos econômicos e, muitas vezes políticos, a Irlanda feudal era quase totalmente independente da Inglaterra.

Esse modo de soberania inglesa na Irlanda teve início durante o reinado de Henrique VII (1485-1509) e depois totalmente remodelado durante o de Henrique VIII (1509-1547). Entre esses dois primeiros reis da dinastia Tudor (1485-1603), a política inglesa em relação à Irlanda conseguiu produzir uma série de resultados bizarros: a unificação administrativa da Irlanda sob o domínio do conde de Kildare (uma família normanda celticizada); o fomento de uma rebelião liderada por Kildare como o defensor do catolicismo após a ruptura do Estado inglês com o papado; e depois de reprimida a rebelião e da execução de alguns de seus líderes, uma nova subjugação da Irlanda e de suas famílias mais poderosas. A estabilização da monarquia feudal inglesa trouxe consigo a possibilidade de transformar a Irlanda em uma colônia inglesa[49].

Tão logo que Elizabeth I (1533-1603) subiu ao trono inglês – seguindo os reinados breves e caóticos de seus irmãos, Eduardo VI

(1547-1553) e Maria I (1553-1558) –, a política inglesa em relação à Irlanda, não pela primeira nem pela última vez, mudou drasticamente:

> Os ingleses criaram um plano para transformar a Irlanda em um território de *plantations* como o melhor meio para subjugar a ilha. A mais extensa dessas *plantations*, criada em 1608, estava em Londonderry, e era praticamente contemporânea da *plantation* na Virgínia. Ingleses e escoceses das terras baixas foram atraídos para a Irlanda pela promessa de terra gratuita. Seu trabalho consistia em empurrar os irlandeses para a floresta e fortalecer suas próprias aldeias.[50]

A supressão das rebeliões que se seguiram (as principais foram lideradas por Shane O'Neill em 1559, pelos Fitzgerald de Desmond entre os anos de 1568 e 1583, e por O'Neill, o ex-conde de Tyrone e O'Donnell, de 1594 a 1603)[51] exigiu tamanhas despesas que pelo menos um historiador, R.D. Edwards, supõe que "o empobrecimento da Coroa, sério fator no conflito no século XVII com o Parlamento, deveu-se, pelo menos em parte, aos compromissos relacionados à Irlanda"[52]. Fosse esse ou não o caso, uma pacificação mais duradoura da Irlanda não foi alcançada até os anos finais do reinado de Elizabeth, não obstante a persistência de lendas que apontam o contrário:

> A reputação dos colonos elisabetanos, conquistada em sua maior parte em outros campos, permanece; mas seu empreendimento irlandês, que carecia da sustentação de um senso de propósito, demonstrou-se merecidamente transitório. E, assim, nos séculos seguintes, a sombria história do *plantation*, da rebelião, da violência cromwelliana, da guerra civil e religiosa, do Código Penal, zombou da ilusão de um acordo final elizabetano.[53]

Embora tenha sido a administração de Elizabeth que iniciou aquela política, foi no reinado de Jaime I (1603–1625) que a colonização da Irlanda por proprietários de *plantations* e agricultores da Escócia e dos condados ocidentais da Inglaterra assumiu proporções significativas (primeiro em Ulster e, depois, prosseguindo com a alienação das terras irlandesas no norte de Wexford, Longford e Leitrim). Em 1641, isto é, no meio do reinado do sucessor de Jaime, Carlos I (1625-1649), William

Petty, o economista e estatístico inglês do século XVII, estimaria que havia 260 mil *undertakers* (como eram chamados os colonos protestantes) dentre 1,5 milhões de pessoas que viviam na Irlanda[54]. Foi também nesse ano que os irlandeses se rebelaram de novo, empreendendo o esforço mais sério e letal desde a Conquista para rejeitar o domínio inglês. Na historiografia inglesa, essa rebelião tornou-se conhecida como o massacre de 1641. Ela duraria onze anos, um incêndio que, em última análise, teve de ser apagado pelo próprio Cromwell. O que se seguiu foi o que Froude, com ironia inadvertida, nos faria conhecer como a Era Penal (1652-1704)[55]. Foi durante este último período que a Irlanda assumiu as características que tipificaram a experiência irlandesa até o início do século XX[56]: colonização, proprietários de terra absenteístas; perseguição aos católicos e privilégios aos protestantes; expropriação da terra das suas classes trabalhadoras; administrações corruptas e punitivas; e terror oficial. Foi de novo durante essa Era Penal que grande parte da legislação restritiva promulgada pelo Parlamento inglês pareceu concluir a desracionalização da economia irlandesa[57]: decretos contra a comercialização de gado irlandês na Inglaterra, em 1681; lãs e roupas de cama coloridas irlandesas, em 1699; e vidro, em 1746. Uma vez que essas políticas cumprissem o seu propósito, o livre comércio poderia ser restabelecido:

> Em 1801, o livre comércio entre a Grã-Bretanha e a Irlanda era uma realidade; no entanto, a indústria irlandesa, com uma única exceção – a do linho – não resistiu à concorrência inglesa. Depois da União, a Irlanda, portanto, tornou-se mais rural, mais agrícola, mais economicamente especializada do que antes.[58]

A Irlanda havia se transformado em um setor dependente da economia inglesa. Tais foram as experiências históricas que deram forma ao nacionalismo irlandês nos séculos XVIII, XIX e XX. As características psíquicas e intelectuais dos trabalhadores irlandeses que emigraram à Inglaterra nos séculos XVIII e XIX para complementar a mão de obra do emergente proletariado inglês eram determinadas, em grande parte, por esses mesmos acontecimentos. As relações sociais e políticas dos trabalhadores imigrantes irlandeses com seus colegas ingleses decerto foram severamente restritas por um passado que consistia em uma hostilidade quase absoluta entre os interesses que vieram a ser identificados com as respectivas entidades nacionais.

A Consciência da Classe Trabalhadora Inglesa e o Trabalhador Irlandês

O imigrante irlandês foi um elemento importante na classe trabalhadora industrial inglesa (em 1841, quatrocentos mil imigrantes nascidos na Irlanda viviam na Grã-Bretanha)[59]. Ele era, como Thompson descreve o trabalhador irlandês do início do século XIX, "a mão de obra mais barata na Europa Ocidental"[60]. Trabalhadores irlandeses eram recrutados e usados para executar:

> as pesadas tarefas manuais na base da sociedade industrial [que] exigiam um gasto desmesurado de pura energia física – uma alternância entre trabalho intensivo e relaxamento turbulento que pertence aos ritmos pré-industriais do labor, e para os quais o artesão ou o tecelão inglês era inadequado tanto por causa de sua debilidade física quanto por seu temperamento puritano[61].

Contudo, a explicação de Thompson para a necessidade de complementar as classes trabalhadoras inglesas não era o fundamento lógico que prevalecia na época. Engels estava muito mais próximo da classe manufatureira inglesa e talvez mais preciso em sua avaliação dos seus motivos quando observou que "os irlandeses têm [...] descoberto as necessidades mínimas da vida e agora estão fazendo com que os trabalhadores ingleses as conheçam"[62]. Em qualquer caso, teria sido inconsistente com os princípios do anglo-saxonismo separar o trabalhador inglês de uma hierarquia racial que era bastante adequada para localizar as deficiências da "raça" irlandesa[63]. Quanto ao trabalhador irlandês, sendo ele descendente de uma raça inferior, como assim acreditavam seus empregadores ingleses, o baixo valor de mercado de seu labor não era nada além do que sua forma mais racional.

Deixando de lado, por ora, os preconceitos populares, as classes trabalhadoras inglesas, especialmente aquelas situadas nos núcleos da indústria inglesa, tiveram mais ocasião que seus superiores para adotar atitudes muito diferentes em relação aos seus pares irlandeses. De fato, no início do século xix, as oportunidades para a formação de movimentos sociais bem-sucedidos baseados nos trabalhadores irlandeses e ingleses eram frequentes e pareciam promissoras. Os líderes dos trabalhadores irlandeses desempenharam papéis de destaque na agitação da classe trabalhadora na Inglaterra (no movimento cartista, por exemplo)[64] e a crença de que os movimentos e as organizações da classe trabalhadora na Inglaterra foram, em geral, modelados a partir de métodos organizacionais irlandeses é amplamente difundida[65]. Na medida em que a direção de um movimento trabalhista unificado e radical havia sido lograda e, depois, tão facilmente dissolvida no início do século xix, ao menos um historiador do período se incomodou profundamente a ponto de ocasionar especulações atípicas. E.P. Thompson, revisando as observações que Engels elaborara sobre os efeitos positivos (revolucionários) decorrentes da mistura das duas "raças" na classe trabalhadora ("o temperamento mais fácil, excitável e impetuoso do irlandês com o temperamento mais estável, racional e perseverante do inglês")[66], fez uma digressão para refletir acerca das possibilidades políticas que a produção capitalista inglesa havia inevitavelmente produzido:

> Era uma vantagem para os empregadores, num momento em que a engenharia de precisão coexistia com o tunelamento por meio de pá e picareta, poder recorrer a ambos os tipos de trabalho. Mas o preço que tiveram que pagar foi a confluência de um sofisticado radicalismo político com um revolucionismo mais primitivo e exaltado. Essa confluência apareceu no movimento cartista [...] Antes, na década de 1790 [...] parecia possível que o jacobinismo inglês e o nacionalismo irlandês se engajassem em uma estratégia revolucionária comum. Se O'Connor tivesse sido capaz de arrastar a Irlanda consigo, como fizera com o norte da Inglaterra, os movimentos cartista e da "Jovem Irlanda" poderiam ter chegado a um ponto crítico de insurreição comum.[67]

O cartismo, no entanto, provou ser o ponto alto da cooperação entre os elementos irlandeses e ingleses das classes trabalhadoras na Inglaterra[68]. Esse movimento, organizado tendo por trás de si uma "Carta do Povo", a plataforma de sufrágio universal, parlamentos anuais e salários parlamentares; e representado por manifestações, petições, motins e rebeliões, embora nem política nem ideologicamente homogêneo, já havia sustentado a promessa de uma organização duradoura. Em vez de cumpri-la, ele entrou totalmente em colapso, interna e externamente. Após o final da década de 1840, os esforços e tentativas que poderiam ter resultado em uma solidariedade de classe politicamente significativa, foram frustrados por eventos de caráter político e econômico.

Na própria Inglaterra, a derrota dos protestos cartistas foi acompanhada pelo alcance e o tipo de reação das classes dominantes inglesas apropriadamente relatados por Thompson:

> Foi o órgão do radicalismo da classe média, *The Times*, que liderou o clamor, exigindo severidade. Seu conselho foi seguido: "No dia 9 de janeiro [1831], foi registrada a sentença de morte contra 23 prisioneiros pela destruição de uma máquina de papel em Buckingham; em Dorset, no dia 11, contra três prisioneiros por extorquirem dinheiro e dois por roubo; em Norwich, 55 prisioneiros foram condenados por quebra de máquinas e motins; em Ipswich, três, por extorquirem dinheiro; em Petworth, 26, por quebra de máquinas e motins; em Gloucester, mais de trinta; em Oxford, 29; e em Winchester, de mais de quarenta condenados, seis foram executados [...] Em Salisbury, 44 prisioneiros foram condenados.[69]

E foi novamente um ministério *whig* que sancionou, três anos depois, a deportação dos trabalhadores de Tolpuddle em Dorsetshire, que tiveram a insolência de formar um sindicato.

Depois dessa era de guerra manifesta de classes e da perseguição que a acompanhou, a classe trabalhadora inglesa, como vimos, se voltou para o sindicalismo como sua principal forma de atividade. Em parte, isso também foi um reflexo das consequências sociais concomitantes ao crescimento do comércio e da produção da Inglaterra.

O trabalhador inglês na segunda metade do século XIX começou a desfrutar de algumas das regalias de uma aristocracia operária em um sistema mundial[70].

Na Irlanda, o final da década de 1840 foi a época do grande desastre das colheitas, que ficou conhecido como Fome da Batata ou a Grande Fome. Suas consequências imediatas foram tanto a importante emigração da Irlanda para os Estados Unidos quanto a precipitação de um nacionalismo ainda mais extremo entre os irlandeses, tanto no país como no exterior[71].

Juntos, esses reveses políticos e econômicos – por um lado, para os trabalhadores industriais ingleses e irlandeses e, por outro, para os fazendeiros, camponeses e trabalhadores industriais na Irlanda– resultaram em uma separação ideológica e física das duas "raças". A partir de meados do século XIX, entre os trabalhadores ingleses, a ideologia do nacionalismo inglês ganhou ascendência sobre a contraideologia da solidariedade internacional de classe e das esperanças socialistas. Isso foi parte de uma reação conservadora (sindicalismo) à derrota política e ao crescimento econômico, mas também tinha a ver com a direção radical que as classes trabalhadoras irlandesas (e a classe média nacionalista irlandesa) tinham tomado[72]. Como Marx muitas vezes afirmou, de uma maneira ou de outra: "A classe trabalhadora inglesa *nunca realizará nada* antes de se livrar da Irlanda."[73] No início, é claro, tinha sido a presença do imigrante irlandês como um elemento deturpador e depressivo no mercado de trabalho que produzira um sentimento marcadamente anti-irlandês entre os trabalhadores ingleses. Essa hostilidade nada mais fez do que confirmar e complementar o sentimento racial existente entre as classes dominantes da Inglaterra, cujas bases históricas traçamos acima. Mais tarde, a partir da década de 1850, o desenvolvimento da simpatia entre os trabalhadores ingleses em relação ao nacionalismo irlandês tornou-se ainda mais remoto com o surgimento de um nacionalismo radical irlandês (classe média) – o movimento Home Rule[74] – e de um movimento nacionalista radical camponês e da classe trabalhadora, que assumiu a forma de um movimento agrário revolucionário[75]. No final do século XIX, o povo inglês estava de acordo no que diz respeito à questão irlandesa. Onde quer que existissem exceções, elas eram associadas à fraqueza política e à irrelevância.

O Proletariado e a Classe Trabalhadora Inglesa

Os termos "inglês" e "irlandês" foram usados na discussão anterior por conveniência. Teria sido muito difícil ser preciso com ambos os termos ao abordar o tema com a extensão apropriada. Espera-se, no entanto, que tais conveniências não tenham escapado à atenção do leitor, dadas as ênfases consistentes aqui sobre o conservadorismo étnico e cultural e sua importância. Embora a Irlanda seja apenas uma pequena ilha, a integração dos povos irlandeses não era de forma alguma um fato consumado na época da Grande Fome e das principais emigrações da Irlanda no século xix. Na verdade, alguns pesquisadores das emigrações são bastante específicos quanto às regiões, culturas locais, grupos dialetais e ocupações dos quais os sucessivos emigrantes eram oriundos e de como essas particularidades influenciaram os movimentos históricos[76]. Os povos irlandeses estavam em processo de alcançar uma identidade e uma cultura nacionais desde a conquista liderada pelos normandos. Não haviam sido bem-sucedidos quando chegou a hora da realocação em massa que marcou sua história coletiva nos últimos duzentos anos. Sua identidade é, pois, uma identidade nacional profundamente marcada pela dispersão irlandesa.

Mais ainda, vimos que os termos genéricos "a classe trabalhadora inglesa" ou "o proletariado inglês" mascaram as realidades sociais e históricas que acompanharam a introdução do capitalismo industrial na Inglaterra e no seu Império. Divisões sociais, hábitos de vida e atitudes que antecederam a produção capitalista mantiveram-se na era moderna e estenderam às classes trabalhadoras localizadas na Grã-Bretanha sensibilidades e consciência sociais específicas. A classe trabalhadora inglesa nunca foi a entidade histórica e social singular sugerida pelo termo. Um estudo ainda mais detalhado de seus elementos – pois apenas revisamos o caso mais extremo com os irlandeses – revelaria outras divisões sociais, algumas étnicas (galeses, escoceses e, mais recentemente, oriundos da Índias Ocidentais e asiáticos)[77], algumas regionais e outras essencialmente industriais e ocupacionais. As negações resultantes dos modos e das relações de produção e da ideologia capitalistas não se manifestaram como uma erradicação das oposições entre as classes trabalhadoras. Em vez disso, a dialética da proletarização disciplinou as classes trabalhadoras no sentido da importância das distinções: entre etnias e nacionalidades; entre trabalhadores qualificados e não qualificados; e, como veremos mais tarde, em termos ainda mais dramáticos, entre raças. A persistência e a criação de tais oposições dentro das classes trabalhadoras foram um aspecto crítico do triunfo do capitalismo no século XIX.

Nem Marx nem Engels desconheciam o fracasso do proletariado em se tornar uma classe universal[78]. Ambos estudaram a questão irlandesa de perto, participaram da tentativa de resolver seu impacto destrutivo nos processos históricos de formação da classe trabalhadora inglesa e comentaram sobre sua importância para a futura organização proletária[79]. No entanto, o impacto de sua *experiência* com o proletariado inglês no tocante à sua *teoria* sobre o papel histórico deste último parece ter sido pequeno. Observa Shlomo Avineri:

> A natureza universalista do proletariado não desaparece nos escritos posteriores de Marx, quando sua discussão se concentra principalmente nas causas históricas do seu surgimento. O que foi no início uma hipótese filosófica verificou-se pela experiência histórica e pela observação: a natureza universalista do proletariado é um corolário das condições de produção em uma sociedade capitalista, que deve se empenhar pela universalidade também no nível geográfico.[80]

Isso parece confirmar uma das considerações mais famosas de Engels sobre sua obra:

> Marx e eu somos em parte culpados pelo fato de que os jovens às vezes atribuem mais ênfase no aspecto econômico do que é devido. Nós tivemos que enfatizar o princípio fundamental frente aos nossos adversários, que o negavam, e nem sempre tivemos tempo,

lugar ou oportunidade para permitir que os demais elementos envolvidos na interação entrassem em jogo. Mas quando se tratava de apresentar um capítulo da história, ou seja, uma aplicação prática, essa era uma questão diferente e não havia erro possível.[81]

Engels estava absolutamente correto, embora o caso ao qual ele estava imediatamente reagindo pudesse parecer enganoso.

A distinção que Engels fazia aqui entre história[82] e teoria pode, em um nível, ser lida como uma tentativa de diferenciar entre as funções do publicista e as do filósofo científico. Tal interpretação, de fato, banalizaria a intenção de Engels. Assim como Marx, Engels entendia que sua tentativa de construir um sistema total da "concepção materialista da história" carregaria a marca de seu momento histórico[83]. Não só a ideologia e a filosofia, como toda atividade humana era dessa natureza:

> Nós mesmos fazemos nossa história, mas, em primeiro lugar, sob suposições e condições muito definidas. Entre elas, as econômicas são, em última instância, decisivas. Mas as políticas etc., e de fato inclusive as tradições que assombram a mente humana, também desempenham um papel, embora não decisivo.[84]

O que a história demonstrou a Marx e a Engels foi que a mudança dialética nunca era uma negação total das condições a partir das quais ela foi gerada, mas uma transformação de significado, propósito e direcionalidade dos elementos e das forças do todo preexistente. Isso significava que sua obra, ela mesmo uma crítica da "sociedade burguesa" e do capitalismo industrial, estaria sujeita algum dia – quando as forças materiais da sociedade tivessem progredido para além de seu estágio de desenvolvimento no século XIX – a críticas (negação). Aquilo que era ideológico ("consciência parcial") em seu estudo da história seria transcendido por uma forma *necessariamente* superior de pensamento social correspondente ao seu momento histórico.

Talvez a mais óbvia das construções ideológicas que figuram na obra de Marx e Engels (e na da maioria dos marxistas que os seguiram) sejam as noções do proletariado como sujeito revolucionário e da luta de classes entre o proletariado e a burguesia. Elas persistem no pensamento marxista precisamente nos termos sugeridos por Isaiah Berlin: "A doutrina marxista do movimento em colisões dialéticas não é uma hipótese passível de ser demonstrada de forma mais ou menos rigorosa pela evidência dos fatos, mas um padrão, descoberto por um método histórico não empírico, cuja validade não é questionada."[85]

Para compreender essa "obsessão" do pensamento radical europeu e seu eurocentrismo, é apropriado revisar a tradição socialista da qual Marx e Engels emergiram e que teve como cenário histórico o final do século XVIII e o início do século XIX. Aqui iremos descobrir as bases do padrão que impulsionou o marxismo europeu em uma era para a qual não estava preparado: o mundo moderno.

3.
Teoria Socialista e Nacionalismo

Os socialistas científicos se acostumaram a situar a origem de seu ponto de observação sobre a era moderna no século XIX. Na verdade, referem-se ao cientificismo do século XIX. O que pode ser rastreada às fontes do século XIX é a crítica política e intelectual do capitalismo – a oposição à alienação do trabalho e ao ordenamento da vida social de acordo com os ditames e requisitos da propriedade privada. Por outro lado, seu socialismo teve seus primórdios ideológicos, analíticos e teóricos em tempos anteriores. O início do socialismo moderno, como tal, embora igualmente comprometido com a racionalização final da sociedade, estava inserido em uma concepção do projeto fundamentalmente diferente da do socialismo, que resultou da colisão da ideologia com o materialismo alemão, a produção industrial e os eventos revolucionários do início do século XIX[1].

Antes do século XIX, o que às vezes era denominada visão socialista inseria-se em uma espécie de tradições morais e arquitetônicas que haviam penetrado no pensamento europeu na forma de sistemas éticos e considerações preservadas desde as civilizações do Egito, da Grécia antiga e da Ásia Menor. Afirma Norman Cohn: "Como as demais fantasias que formaram a escatologia revolucionária da Europa, fantasias igualitárias e comunistas remontam até ao mundo antigo."[2]

O cristianismo, é claro, foi um canal importante nas épocas intermediárias. Porém, curiosamente, o crescente poder, a riqueza e as propriedades humanas da Igreja, um importante foco do socialismo medieval, não evitaram a retenção e a enunciação da doutrina comunista[3]. Por mais de um milênio e meio, frequentemente com base em autoridade eclesiástica especiosa, "tornou-se um lugar-comum entre canonistas e escolásticos que, no primeiro estado da sociedade, que também fora o melhor, não existira algo como propriedade privada, porque todas as coisas haviam pertencido a todas as pessoas"[4].

Na verdade, a vida comunitária era ensinada e praticada tanto entre os monges quanto entre os leigos das ordens inferiores da Igreja. Assim, a Igreja incorporou as contradições entre o privilégio feudal e o dogma cristão. Finalmente, tais contradições acabariam por explodir, dando lugar às heresias dos séculos XIV e posteriores, bem como à escatologia revolucionária das numerosas revoltas camponesas que ocorreram no final da Idade Média[5]. Ambos, a doutrina do comunalismo primitivo e os movimentos de insurreição, se tornariam parte da tradição socialista[6]. Fazendo um levantamento da história da Europa feudal, Marx e Engels reconheceram que os predecessores da práxis socialista haviam sido movimentos como o dos anabatistas do século XVI na Alemanha, e os *levellers* na Inglaterra do século XVII; Engels os chamou de precursores do "proletariado moderno"[7]. Por sua vez, os historiadores das construções socialistas do século XIX situam sua origem de forma bastante firme em solo francês e entre os filhos e filhas dos elementos mais móveis, política e intelectualmente, do Terceiro Estado: a burguesia, a pequena burguesia e os artesãos[8]. Ademais, esses historiadores do movimento socialista afirmam unanimemente que a Revolução Francesa (um acontecimento sobre o qual há menos consenso entre eles) foi o mais dramático dos dois períodos que estimularam o desenvolvimento de ideias socialistas. Como já observamos, de forma um tanto peculiar, a Revolução Industrial, ou seja, a eclosão de um capitalismo industrial tecnologicamente vigoroso e mecanicamente imaginativo, enquanto um segundo momento que permitiu o subsequente desenvolvimento do pensamento socialista, era vista como um fenômeno inglês.

Pensamento Socialista:
Negação do Feudalismo ou do Capitalismo?

Assim como o caráter histórico do desenvolvimento capitalista e as classes trabalhadoras a ele associadas podem ser mais bem compreendidos por meio da civilização medieval em que foram criados, cabe aplicar uma noção similar à história do socialismo. O socialismo, como oposição articulada à desigualdade social e à pobreza, foi inicialmente dirigido à adaptação da sociedade burguesa às estruturas feudais. Críticas socialistas da sociedade eram tentativas de promover as revoluções burguesas contra o feudalismo. Possuíam, portanto, um caráter moral:

> A crítica da propriedade que surgiu com o liberalismo da França do século XVIII não estava [...] em absoluto direcionada ao sistema industrial. Além de defender a eliminação da propriedade privada, não tinha orientação econômica. A preocupação de um pensador comunista tão característico da época como Morelly era sobretudo moral, e a abolição da propriedade privada era para ele simplesmente o ponto focal de uma estrutura social e política racionalizada que traria então a regeneração moral do homem.[9]

Como Marx e Engels tornaram óbvio no *Manifesto Comunista* (como polemistas, sua intenção era enfatizar suas diferenças com aquelas tradições socialistas precedentes, não se identificar com elas), o socialismo de que eram contemporâneos fundamentava-se, em geral, na tentativa de distinguir e preservar os direitos de propriedade (burguesas) frente às injustiças de propriedade (feudalismo)[10]. O socialismo era uma expressão da libertação social e intelectual e a ilustração de um dos estratos das sociedades europeias para os quais os terrores do feudalismo e o poder do Estado Absoluto já não eram naturais, imediatos ou inevitáveis. Como uma ideologia comprometida com a força histórica e providencial da ciência, da razão e da racionalidade, o socialismo era, em grande parte, uma forma de impedir as ideologias e estruturas que haviam servido para legitimar as múltiplas formas de autoridade feudal e imperial: hierarquias de castas, privilégios aristocráticos, o poder absoluto do príncipe (mais tarde, do Estado) sobre o campesinato, a autoridade e a riqueza da Igreja e, finalmente, a pobreza e a impotência das massas[11]. A causa que aquele socialismo inicial promovia era a libertação da alma secularizada: "O ponto mais alto alcançado pelo materialismo *contemplativo*, isto é, o materialismo que não compreende a sensualidade como atividade prática, é a contemplação de indivíduos únicos na sociedade civil."[12]

Aceitar a noção, tão frequentemente apresentada, de que o pensamento socialista inicial era a negação ideológica e teórica da sociedade capitalista (o capitalismo industrial durante as fases do capitalismo competitivo e monopolista) é pressupor uma relação histórica não evidente. Como tão habilmente advertiu Schumpeter:

> A questão que surge é se a interpretação econômica da história é algo mais do que uma aproximação conveniente que esperamos que funcione de maneira menos satisfatória em alguns casos do que em outros. Uma matização óbvia ocorre no início. Estruturas sociais, tipos e atitudes são moedas que não se derretem com facilidade. Uma vez formadas, persistem, possivelmente por séculos, e dado que diferentes estruturas e tipos exibem diferentes graus dessa capacidade de sobreviver, quase sempre descobrimos que o comportamento real de grupos e nações mais ou menos divergem do que deveríamos esperar se tentarmos inferi-los a partir das formas dominantes do processo produtivo [...] Marx não negligenciou tais fatos, mas dificilmente percebeu todas as suas implicações.[13]

As aparições iniciais do socialismo moderno e suas formas estão mais intimamente relacionadas com a sociedade feudal do que é sugerido pelas formas posteriores que o pensamento socialista assumiria. O socialismo começou como uma expressão da sociedade burguesa e da burguesia à qual passou a se opor explicitamente.

O historicismo materialista do socialismo está, portanto, equivocado. Essa "natureza" do socialismo à qual estudiosos como George Lichtheim[14] têm dedicado tanta atenção é uma construção filosófico-ideológica – uma interpretação da história do *pensamento* socialista que se fixa nessa variante da tradição que foi uma resposta aos fracassos revolucionários de meados do século XIX. Combinada com o impulso persistente do materialismo de Marx em direção a uma ciência positiva – a crítica do modo capitalista de produção e os mitos histórico-políticos da revolução leninista –, a lenda dominante da tradição socialista substitui a história do socialismo. A função da "história" alternativa do socialismo é obscurecer o óbvio: que as origens do pensamento socialista não estão no proletariado europeu, mas nas classes médias[15]: "Não foram as classes trabalhadoras na Alemanha as que estavam na origem das ideias socialistas [...] As ideias socialistas foram disseminadas por um partido da elite intelectual, que viu as massas proletárias como um possível instrumento de renovação social."[16]

Na verdade, a história do socialismo europeu é pontilhada por uma oposição consistente à atividade prática e à consciência das classes proletárias. Como declararam os próprios Marx e Engels: "A questão não é qual objetivo é *vislumbrado* por este ou aquele membro do proletariado, ou mesmo pelo proletariado como um todo. A questão é *o que é o proletariado* e que curso de ação será historicamente forçado a tomar em conformidade com sua própria *natureza*."[17]

A *intelligentsia* era, de longe, o estrato com maior probabilidade de discernir esse curso de ação. Lênin, é claro, ao substituir o proletariado consciente pelo partido revolucionário, concordava com Marx e Engels tanto sob o aspecto teórico quanto programático[18]. Infelizmente, nenhum deles se lembrou, no tocante a qualquer propósito político significativo, da advertência de Marx, em 1851, acerca da natureza de sua própria classe, tal e como demonstrado em Paris em 1848:

> Não se deve cultivar a noção tacanha de que a pequena burguesia, em princípio, deseja impor um interesse egoísta de classe. Ao contrário, ela acredita que as condições *especiais* de sua emancipação são as condições *gerais*, as únicas nas quais a sociedade moderna pode ser salva e a luta de classes, evitada. [...].
>
> O democrata, pelo fato de representar a pequena burguesia e, portanto, uma *classe de transição*, na qual os interesses de duas classes são simultaneamente embotados, acredita estar acima do antagonismo de classes em geral.[19]

Como uma classe cujo caráter histórico incluía a mediação ideológica e administrativa do governo e da dominação burgueses, a pequena burguesia tendia a produzir retículos políticos e conceituais dos quais deveria inevitavelmente se derivar sua autoridade, estendendo-se e englobando toda a sociedade[20]. Assim como o utilitarismo e o funcionalismo haviam servido de base para esses elementos da pequena burguesia envolvidos na burocracia, no comércio e nas profissões – isto é, o *mainstream* de uma ordem social capitalista –, o socialismo converteu-se na bandeirola dos membros da pequena burguesia, horrorizados com a cruel falta de contenção e com a visão caoticamente limitada da burguesia.

De Babeuf a Marx: Uma Historiografia Curiosa

As classes trabalhadoras industriais constituíam uma minoria dos trabalhadores da Inglaterra e da França no momento em que o socialismo moderno começou a tomar forma[21]. Na verdade, muito da agitação revolucionária que marcou aquele período foi impulsionada por multidões dominadas por artesãos e lojistas (Albert Soboul, por exemplo, indica que, embora o elemento mais poderoso do Terceiro Estado do período revolucionário francês fosse burguês, dois terços da ordem, ou seja, sua ala jacobina, eram de artesãos e lojistas)[22]. A Inglaterra e a França (a última como a economia mais industrializada da Europa continental) ainda eram sociedades essencialmente agrárias quando os movimentos de suas classes trabalhadoras assumiram formas ideológicas e organizacionais específicas de classe nas décadas de 1830 e 1840. Mesmo assim, por exemplo, Rude fala da importância da "sobrevivência de ideias e valores tradicionais" nos movimentos que iriam se aproximar do poder[23]. A relação entre os movimentos sociais das classes mais baixas e a *intelligentsia* socialista era, ao menos, ambígua.

Em geral, os estudiosos do socialismo argumentam que a tradição socialista que viria a ser intimamente identificada com um proletariado industrial começou em 1795, com a Conspiração dos Iguais, na qual François-Nöel (Gracchus) Babeuf tanto se destacou[24]. Com aprovação aparente, observa G.D.H. Cole: "A conspiração de Babeuf continuou a ser considerada pelos socialistas revolucionários, e hoje é considerada pelos comunistas, como a primeira manifestação expressa do proletariado em ação revolucionária, proclamando de longe a nova revolução que estava destinada a completar o trabalho iniciado em 1789."[25]

Lichtheim, naturalmente, faz uma observação idêntica antes de proceder à declaração de um legado direto de Babeuf a Lênin: "Babeuf e seus associados aparecem como os precursores dos radicais do século XIX, como Blanqui e, à certa distância, dos revolucionários populistas russos das décadas de 1860 e 1870, cuja herança foi posteriormente assumida pelos bolcheviques."[26]

Embora a genealogia de Lichtheim possa ser questionável, certas semelhanças são óbvias entre os momentos em que os babeufistas e os bolcheviques emergiram de suas respectivas situações revolucionárias. Uma vez que a Conspiração dos Iguais é provavelmente menos conhecida, alguns detalhes podem ser apropriados para demonstrar essa aparente similaridade.

Em 1794, ano II da República Francesa, o mais radical dos vários governos dominados pela burguesia e estabelecidos em Paris havia sido derrubado e seus líderes importantes (em particular Robespierre) foram executados, exilados ou forçados a fugir para o campo e para o estrangeiro[27]. A reação que se seguiu, sob o Diretório, aboliu a legislação radical e as políticas igualitárias de uma economia dirigida, decretadas no ano anterior[28]. As limitações de preços (o *maximum*), a tributação das classes ricas, a assistência nacional aos pobres, a educação gratuita e obrigatória, o confisco e a distribuição das propriedades dos emigrantes aos pobres foram revogados ou descontinuados na prática. Como já sucedera em várias ocasiões anteriores desde que o poder da aristocracia fora desafiado, as multidões revolucionárias das vilas e cidades da França e os camponeses do interior começaram a suspeitar que a Revolução estava sendo traída[29]. Desta vez, os traidores eram os burgueses reacionários, aqueles membros da classe cuja riqueza e poder a Revolução já lhes havia assegurado. As execuções dos dirigentes da "ala esquerda" jacobina retiraram dos *sans-culottes* parisienses os elementos (os *montagnards*) que tinham sido mais receptivos às suas demandas. Os membros da ala esquerda que haviam sobrevivido à sua repressão passaram à clandestinidade, organizando-se frequentemente em sociedades secretas e clubes. Um desses grupos era o remanescente da *Union du Panthéon*: os conspiradores. Enquanto Babeuf e seus camaradas negociavam em 1796 com a clandestinidade jacobina, foram traídos por um colaborador militar, Crisel, que atuava como um espião para o Diretório[30]. Em seu julgamento subsequente no ano V (1797), a intenção da Conspiração dos Iguais foi revelada pela primeira vez:

> Eles haviam projetado uma tomada de poder por um pequeno grupo revolucionário de líderes, que iriam então estabelecer um governo revolucionário com base em seus seguidores nas sociedades locais parisienses, com a intenção de convocar tão rapidamente quanto possível uma Assembleia Nacional, a ser eleita segundo os princípios democráticos da Constituição abortada de 1793, que jamais fora autorizada a entrar em vigor.
>
> Enquanto aguardavam que essa Constituição fosse posta em prática, Babeuf e seus seguidores propuseram estabelecer uma ditadura temporária, baseada principalmente nos trabalhadores parisienses; entretanto, não pensavam em uma ditadura revolucionária – muito menos proletária –, mais do que em um instrumento de transição durante um curto período para uma Constituição totalmente democrática, baseada no sufrágio masculino. Contudo, propuseram prosseguir imediatamente [...] com grandes medidas de expropriação e redistribuição de propriedades com base na apropriação comunal e no gozo de todos os bens.[31]

Esses foram os primórdios da noção de ditadura do proletariado no socialismo europeu. É uma herança que tende a confirmar as caracterizações posteriores de Marx da pequena burguesia, enquanto sugere algumas das formas e consequências políticas de tais presunções. Também é útil notar que em nenhum momento a conspiração se tornou um movimento popular ou de massa. Observa Cole:

> que o movimento de Babeuf jamais realmente tomou forma de uma campanha revolucionária nacional. Encontrou seu apoio, como os

jacobinos haviam feito, sobretudo nas grandes cidades e sobretudo em Paris, na qual seus partidários foram atraídos sobretudo pelas condições de escassez e desemprego que se seguiram à relutância de camponeses emancipados em manter as cidades supridas com os itens necessáriosà subsistência. O movimento tampouco comandou mais do que uma pequena fração do proletariado urbano. Foi uma conspiração de alguns poucos que visavam atrair para si os grandes elementos do descontentamento urbano, decorrente, principalmente, da pura fome[32].

Levaria mais trinta anos até que um movimento da classe trabalhadora oferecesse evidência de sua influência, e muito mais até que os princípios de uma sociedade socialista se tornassem dominantes nos movimentos sociais europeus[33].

Após a execução de Babeuf e seus coconspiradores, é nos meados do século XIX, os anos marcados pelo aparecimento de Marx e Engels, que pensadores da tradição socialista se tornariam ativamente engajados na política da classe trabalhadora. Os historiadores do pensamento socialista tomam esse período pelo que era, em relação ao seu tema, e limitam-se unanimemente às exegeses. As obras literárias, panfletárias e históricas de escritores esquecidos ou vagamente lembrados, com as raras exceções de um Buonarroti, um Blanqui ou um Blanc, são sequenciadas apenas para formar a tapeçaria do pensamento socialista. Foi um período dominado por excêntricos, visionários e literatos. As trilhas nostálgicas de Godwin, Paine, Fourier, Saint-Simon, Cabet, Pecquer, luminares menores e maiores, preocupam os historiadores, juntamente com as comunidades utópicas mais frequentemente efêmeras associadas a alguns deles. As agitações, rebeliões, motins e lutas dos artesãos, trabalhadores assalariados, camponeses e trabalhadores escravos parecem irrelevantes para essa tradição do início do século XIX e constituem, na sua maior parte, um "ruído" de fundo nessa era dos autores socialistas. As questões "históricas" tratadas são a contribuição de cada autor à teoria socialista, e se os "sistemas" que foram construídos devem ou não ser devidamente categorizados como "socialistas". Esse é um projeto histórico deveras revelador, visto que muitos desses historiadores, Cole, Lichtheim, Beer, são eles próprios simpáticos à tradição que reconstroem. Sua obra se converte em uma demonstração da independência da teoria socialista com relação aos movimentos sociais. Quando eles colidem novamente, nas décadas de 1840, 1870 e início de 1900, cada um assume formas e prerrogativas apenas mutuamente toleráveis. Enquanto os movimentos das classes trabalhadoras tendiam a uma acomodação com o capitalismo na forma de reivindicações sindicais, abandonando as iniciativas revolucionárias para aqueles cujas origens sociais eram, na maioria das vezes, campesinas e pequeno-burguesas, a teoria socialista tornou-se mais e mais dominada pela figura do proletariado revolucionário.

Marx, sob a influência de suas leituras de Hegel e de seus encontros intensos com uma série de intelectuais de sua própria geração que se identificavam como hegelianos (David Strauss, Bruno Bauer, Karl Koppen, Moses Hess, Lorenz von Stein e Ludwig Feuerbach)[34], procurou construir um sistema epistemológico fundamentado no materialismo como uma metateoria; a moeda por baixo das estruturas sociais e formais: "Minha investigação me levou à conclusão de que nem as relações jurídicas nem as formas políticas podem ser compreendidas por si mesmas nem com base em um chamado desenvolvimento da mente humana, mas de que, ao contrário, elas têm origem nas condições materiais de vida [...] e que a anatomia dessa sociedade civil deve ser procurada na economia política."[35]

A história, para Marx, tornou-se o jogo antagônico das relações entre categorias da vida social cuja existência se atribuía às características particulares de produção e propriedade que tinham sido a base da vida social[36]. A economia política era, portanto, a mais fundamental das investigações históricas. A concepção materialista da história situava as forças objetivas e necessárias de uma sociedade, distinguindo sua importância daquelas categorias da atividade humana que eram o resultado de pura especulação (idealismo) e de ideologia. À medida que o trabalho teórico de Marx prosseguia, tornou-se cada vez mais pronunciada a tendência de colocar o estudo das formas capitalistas de produção, troca e distribuição como central. Em 1847, o capitalismo havia se transformado em seu principal tema. Suas raras incursões no estudo das revoluções foram ditadas pela ocorrência delas (ele escreveria em 1850 artigos publicados posteriormente como *As Lutas de Classes na França* e, em 1851, *O 18 de Brumário de Luís Bonaparte* como estudos do movimento revolucionário francês de 1848 e, em 1871, *A Guerra Civil na França* como uma declaração da Comuna de Paris do mesmo ano) e pelo grau em que Marx acreditava serem elas testemunhos importantes da eficácia política e metodológica da concepção materialista da história[37].

Marx, Engels e o Nacionalismo

A maior parte das quase duas décadas que Marx dedicou à sua "Economia", amplamente intercalada entre as revoluções de 1848 e o surgimento um tanto mais ambíguo da "Internacional" em 1864, embora substancialmente marcada por pesquisa, escrita, treinamento matemático e desenvolvimento teórico intensos, foi também um período de frustração extrema. Atormentado pelo que ele constantemente se referia como problemas "burgueses" (endividamento, demandas familiares e outras perturbações) e doenças debilitantes (carbúnculos e furúnculos)[38], o célebre temperamento de Marx e às vezes preocupações egoístas o impeliram a disputas acirradas, algumas mesquinhas, porém não menos cruéis (com Karl Vogt; Ferdinand Lassalle, "o judeu sujo da Breslávia"; Giuseppe Mazzini; e até mesmo uma, provavelmente a única, com Engels, após a morte de Mary Burns)[39]; a maioria resultante das atitudes possessivas de Marx em relação a um "partido" (a Liga Comunista), por ele mesmo declarado, em 1860, como extinto desde 1852[40]. Uma dessas disputas, contudo, é particularmente instrutiva aqui, pois revela em termos dramáticos as restrições ideológicas e os limites teóricos que colocaram Marx e Engels em desvantagem especial no seu confronto com a forma de nacionalismo que começou a surgir em meados do século XIX. Dado que o nacionalismo é a ideologia mais importante do nosso tempo, seu tratamento por parte de Marx, Engels e marxistas posteriores pode ser informativo tanto no que diz respeito à essência do pensamento marxista bem como à sua natureza ideológica.

O nacionalismo em questão era o da Alemanha, uma nação da qual Marx e Engels foram forçados a exilar-se por vários anos. O exílio, no entanto, dificilmente é uma defesa satisfatória nesse caso, uma vez que Marx e Engels, como líderes do movimento democrático (socialista) alemão, estavam em contato quase diário com correspondentes alemães. É verdade que, como emigrados da Alemanha, poder-se-ia esperar que Marx e Engels tivessem se mantido cada vez mais distantes das ambições e dos estados de ânimo das organizações da classe trabalhadora em seu país natal. Franz Mehring, um dos biógrafos que mais simpatiza com Marx, assinala que, na discussão de Marx e Engels com Lassalle a respeito das consequências para a luta revolucionária alemã de uma guerra entre a Alemanha (Prússia e a Liga Alemã), a Itália (o Reino da Sardenha) e a França, "os dois amigos tiveram que pagar o preço por terem perdido contato com a situação na Alemanha por tanto tempo"[41]. Dado o escopo histórico-mundial que Marx e Engels tentavam alcançar em seu trabalho, a intervenção interpretativa de Mehring parece, no entanto, excessivamente apologética e, em particular, não instrutiva. Ele falhou em assumir o efeito político-ideológico que teria a noção de Marx a respeito da lógica do desenvolvimento capitalista.

Em suma, essa era a situação. Nem a Itália, nem a Alemanha e nem a França (e nesse caso tampouco a Áustria) tinha ainda alcançado configurações territoriais que se conformavam com as ambições de suas elites governantes e militares, tampouco com os afetos naturais (étnicos e linguísticos) de sua cidadania nacionalista. Cavour, o primeiro-ministro do reino da Sardenha, convertera-se gradualmente de um antinacionalista repressivo a um unificacionista extremamente habilidoso, graças ao desenvolvimento e crescimento persistentes da simpatia e da organização nacionalistas tanto na península italiana quanto entre os exilados, para cuja realocação o governo desempenhara um papel determinante[42]. Com a eclosão da Guerra da Crimeia em 1854, Cavour se convencera de que o exército francês seria o instrumento crucial para que a Áustria fosse expulsa da Itália central e fosse conquistada uma vantagem decisiva para o Piemonte (Sardenha continental) sobre os Estados Papais (Cavour parece ter considerado o Reino das Duas Sicílias fora de seu alcance). Cavour providenciou para que as tropas da Sardenha acompanhassem os exércitos franceses e britânicos quando invadiram a Rússia em 1854. A Guerra da Crimeia, em última análise, resultou no enfraquecimento da Áustria e da Rússia e, na conferência de paz em Paris (1856), as posses austríacas na Itália (Venécia e Lombardia) tornaram-se matéria de discussão, como uma violação do acordo de Viena (1815). Ao que parece, considerações diplomáticas e a repressão brutal e contínua dos rebeldes italianos pela Áustria juntaram-se para tornar insustentável a posição da Áustria na Itália. Em julho de 1858, Napoleão III, convencido, por um lado, como Bonaparte que era, de que a Itália era um país ancestral[43] e, por outro, de que o poder francês exigia um destino maior do que aquele limitado pela derrota de seu tio imperial, encontrou-se secretamente com Cavour[44] e pactuou para somar forças num empreendimento contra a Áustria: o Piemonte deveria seduzir a Áustria a que fizesse uma declaração de guerra. O exército francês interviria contra a agressora Áustria. A França seria recompensada pela cessão das províncias de Savoia e Nice; a Sardenha, ao incorporar a Lombardia, a Venécia e os ducados centrais, se tornaria o Reino do Norte da Itália. Continua a história Mehring:

> No dia de Ano Novo de 1859, Bonaparte recebeu o embaixador austríaco em audiência e o informou das intenções francesas, enquanto alguns dias depois o rei da Sardenha anunciou ao mundo que não era surdo aos apelos comoventes do povo italiano. Essas ameaças foram perfeitamente compreendidas em Viena [...] o governo austríaco era desajeitado o suficiente para se deixar ser manipulado no papel de agressor. Meio falido, atacado pela França e ameaçado pela Rússia, estava em uma posição difícil [...] por isso, procurou ganhar o apoio da Liga Alemã [...] Tentou persuadir a Liga de que a manutenção da opressão austríaca na Itália era uma questão de importância nacional vital para a Alemanha.[45]

A fim de compreender a resposta de Marx e Engels a essa situação é necessário antes saber mais sobre a Alemanha da qual procediam e a Alemanha à qual a Áustria apelava.

A derrota dos exércitos napoleônicos e o Acordo de Viena em 1815 que a seguiu não resultaram na reunificação da Alemanha. A "Santa Aliança" do Reich, cuja manifestação mais recente era uma aliança entre a Prússia, a Confederação do Reno e a Áustria, dissolvida em 1806, fora totalmente frustrada por uma habilidade política cujo arquiteto foi o austríaco Metternich e que foi dominada pelos interesses da Áustria, Rússia e Grã-Bretanha. Entre 1815 e 1866, a Alemanha – o *Deutscher Bund* – consistia em 39 Estados ou principados (incluindo quatro cidades livres: Hamburgo, Bremen, Lübeck e Frankfurt)[46]. Mesmo durante a Guerra da Libertação (1812-1815), prevaleciam os particularismos dos principados alemães, fazendo com que o pai de Johann Friedrich Bohmer escrevesse ao filho, o futuro historiador: "Infelizmente, aqueles que lutam pela grande causa patriótica não são tanto os alemães como os bávaros, wurtemberguianos (de Würtemberg), hessianos, saxões, nassauenses (do condado de Nassau), wurtzburguianos (de Wurtzburgo) e até mesmo os súditos do insignificante Estado de Ysenburg."[47] No *Bund* (ou Liga), a Prússia emergiu como o competidor mais poderoso da Áustria com base em seu exército e em sua burocracia (um legado do domínio francês)[48].

W.O. Henderson indica que a Alemanha, no início do século XIX, era muito menos industrializada do que a França. A industrialização da Alemanha começou de fato nas décadas de 1830 e 1840, com a introdução de máquinas movidas a vapor e a importação de artesãos qualificados da Inglaterra (para operar máquinas de fiar algodão nas fábricas da Saxônia, construir máquinas têxteis e navios a vapor e inaugurar os teares mecânicos na Baixa Silésia)[49]. Até meados do século XIX, no entanto, a Alemanha ainda era predominantemente agrícola. E, não obstante o aumento de 38% da população entre 1815 e 1845:

> as proporções de habitantes da cidade e do campo permaneceram virtualmente inalteradas. Poucas cidades haviam se recuperado dos efeitos da Guerra dos Trinta Anos e da estagnação do século XVIII, e no início do século XIX a população total de todas as cidades livres e universitárias da Alemanha mal era equivalente à população de Paris. Por conseguinte, nem capitalistas industriais nem trabalhadores industriais existiam como uma força política séria, e as cidades estavam ainda, como no século XVIII, dominadas por uma classe média profissional e burocrática que pouco tinha a ganhar com uma mudança política radical[50].

Ainda assim, foi em grande parte nessa classe média que o liberalismo e o nacionalismo do início do século XIX encontraram sua base social[51]. Barraclough, de fato, mostrou-se surpreso que o "sentimento radical e nacional" persistisse por tanto tempo na Alemanha, a ponto de obter apoio popular nas revoluções alemãs de 1848. No entanto, quando multidões de artesãos e trabalhadores se sublevaram em Viena e Berlim naquele ano, os elementos liberais das classes médias não se entusiasmaram, optando politicamente por abdicar de sua momentânea vantagem, em vez de propiciar qualquer impulso adicional às revoluções[52]. Veremos que Marx e Engels, como membros dessa geração e classe que haviam se comprometido com a democratização e a reunificação da Alemanha, estavam, portanto, profundamente implicados e, por conseguinte, mostravam-se ambivalentes em relação aos eventos que afetaram esses interesses entre a deserção liberal de 1849 e a tomada de poder na Prússia por Bismarck, em 1862. Lichtheim está bastante correto ao observar: "Nem a teoria marxista da democracia nem a visão marxista da evolução nacional é totalmente compreensível, a menos que seja lembrado que elas tomaram forma no dia seguinte à pior derrota que a democracia e o nacionalismo haviam sofrido até então na Europa."[53]

Quando os parlamentares liberais abandonaram a tentativa de dar impulso às reformas democráticas em maio de 1849, o futuro do liberalismo e do nacionalismo alemães foi reconduzido para as mãos da classe *junker* prussiana. O primeiro, o liberalismo, deveria ser destruído como uma ameaça a essa classe, e o segundo, retido como uma arma dessa classe contra as ambições austríacas:

> Bismarck [...] percebeu que, não obstante o revés de 1848-1849, o liberalismo e o nacionalismo alemães apoiados pela Áustria ainda eram uma séria ameaça para o particularismo e o privilégio aristocrático prussianos [...] O liberalismo era fatal para a ordem social que Bismarck representava; mas o nacionalismo, manejado com cuidado, poderia servir aos propósitos da Prússia [...] Bismarck separou as aspirações nacionais alemãs do plano de fundo liberal que, de 1813 a 1848 e ao longo dos séculos passados, dera-lhes significado. O nacionalismo se fortaleceu como instrumento de reforma liberal, como um meio essencial para romper o jugo do

interesse particularista sobre o povo alemão [...] Ele ofereceu unidade ao povo alemão, mas às custas da reforma radical, a única que fazia a unidade valer a pena.[54]

Bismarck, como sabemos, teve sucesso, mas não com base em pura energia ou perspicácia diplomática. A prosperidade econômica, entre 1850 e 1871, de uma Alemanha em processo de industrialização, tornara a reforma radical (que é liberal) menos urgente[55], enquanto as maquinações internacionais onipresentes e a hostilidade persistente de Napoleão III para com a unidade alemã ressaltavam a lógica do nacionalismo. À medida que voltamos aos primeiros meses da guerra, essas dinâmicas e sua história devem ser levadas em consideração. E mesmo que a era de Bismarck nos leve para além do momento da guerra italiana, alguma familiaridade com esses eventos posteriores é útil, pois expressam o ímpeto de certos processos sociais mais claramente evidentes para Lassalle do que para Marx ou Engels.

A reação de Engels à eclosão da guerra em 1859 entre Áustria, Sardenha e França e ao movimento nacionalista alemão que assistira ao seu prelúdio, foi publicar um panfleto intitulado "Po und Rhein" (Pó e Reno)[56]. Lassalle atuou como agente alemão de Engels junto a Franz Duncker, enquanto Marx deu seu apoio entusiástico ao projeto. Em seu panfleto, Engels argumentava que embora a fronteira do rio Pó não tivesse mais importância militar para a Alemanha (nesses termos, acrescentava Engels, as reivindicações da França eram mais defensáveis), do ponto de vista político, a invasão francesa no Pó era o começo de uma tentativa de reconquistar a fronteira do Reno. Nessa base, Engels insistia, era no Pó que a Alemanha deveria se posicionar com a Áustria. O panfleto foi publicado na Alemanha de forma anônima, a conselho de Marx, de modo a dar a impressão de que o autor era provavelmente um general prussiano – um estratagema que, ao que parece, foi bastante bem-sucedido, para grande satisfação de Marx. Ele escreveu a Engels, parabenizando-o pelo fato de que, sob sua identidade oculta, ele agora estava sendo celebrado em sua terra natal como um especialista militar[57]. A intenção de Marx e Engels, seu "motivo oculto", como eles colocaram, foi reconstruída por Mehring:

Em primeiro lugar, tanto Marx quanto Engels acreditavam que o movimento nacional na Alemanha fosse realmente genuíno [...] O instinto do povo exigia a guerra contra Luís Bonaparte como representante das tradições do Primeiro Império Francês, e esse instinto estava certo.

Em segundo lugar, eles presumiam que a Alemanha estava real e seriamente ameaçada pela aliança franco-russa.

E, finalmente [...], na sua opinião, os governos alemães precisavam incitar o movimento nacional, e o que esperavam foi descrito por Engels em uma passagem de uma carta para Lassalle: "Vida longa a uma guerra em que sejamos atacados simultaneamente pelos franceses e russos, pois em uma situação tão desesperadora, ameaçada diretamente com um desastre, todos os partidos daqueles que agora governam até Zitz e Blum se exauririam, e a nação finalmente se voltaria para o partido mais enérgico, a fim de se salvar.[58]

Mas o que Mehring não reconhecia como um elemento importante da posição de Engels e Marx era um historicismo fundamental. Engels deixara claro em "Po und Rhein" que a lógica do desenvolvimento capitalista favorecia o nacionalismo alemão, mas não o italiano:

Todas as mudanças (no mapa da Europa), para serem duradouras, devem, em geral, começar a partir do esforço de dar cada vez mais às nações europeias grandes e viáveis suas verdadeiras fronteiras nacionais, que são determinadas pela língua e pelas simpatias, enquanto, ao mesmo tempo, os povos restantes que ainda se encontram aqui e ali e que não estão aptos para uma existência nacional, são absorvidos pelas nações maiores e se tornam parte delas ou se mantêm como monumentos etnográficos destituídos de significado político.[59]

Voltaremos às implicações desse tema mais de uma vez.

Lassalle, já sabemos, discordava de Marx e Engels. Ele respondeu rapidamente ao ensaio de Engels ao escrever um panfleto de sua autoria, "Der italienische Krieg und die Aufgabe Preussens" (A Guerra Italiana e a Tarefa da Prússia). Nele, exortava o governo prussiano a ficar do lado da França e da Itália contra a Áustria, alegando que "a destruição completa da Áustria era a condição preliminar da unidade alemã"[60]. Como ele informaria a Marx por carta, ele escreveu dessa forma para apelar a uma mentalidade pública (da qual acreditava que Marx e Engels não tinham ciência), a fim de desacreditar uma política (a defesa prussiana da Áustria) que ele acreditava inevitável:

> Meu caro Marx, você simplesmente não pode nem conceber a idiotice da opinião aqui, que é toda favorável à guerra contra a França e ameaça varrer em seu curso inclusive aqueles democratas que não são totalmente independentes. Devo considerar a *popularidade* da guerra como um infortúnio muito maior do que a própria guerra – e não pode haver dúvida de que, no momento presente, uma guerra seria extremamente popular.
> [...] Ressaltei para o governo uma forma extremamente nacional e popular que, *in abstracto*, poderia muito bem ser seguida, mas que *in concreto* se provaria totalmente impraticável. Pela própria razão de que o governo *não* tomará esse curso de ação, parece-me ter encontrado um meio de torná-lo fundamentalmente *impopular*. Não sei se você leu o suficiente os jornais alemães para estar bem-informado sobre o ânimo popular. A imprensa está a todo vapor em sua ânsia de *devorar todos os franceses* e manifesta uma *galofobia irrestrita*. (Napoleão é um mero pretexto; a razão subjacente é o desenvolvimento revolucionário da França) [...] uma guerra apoiada por uma onda cega de sentimento popular seria muito prejudicial para o nosso desenvolvimento democrático.[61]

Lassalle, cujo panfleto foi descrito por Marx como "uma enorme asneira"[62] e "monstruosamente falso"[63], o que o levou a fazer uma observação a Engels de que "agora, em absoluto, devemos insistir na disciplina do partido ou tudo irá por água abaixo"[64], era decididamente mais perspicaz do que Marx ou Engels quanto à natureza do nacionalismo alemão[65]. Em grande parte livre das restrições que prendiam Lassalle a uma preocupação solícita com os sentimentos de Marx, Mehring apresentava a tese de Lassalle com menos discrição do que o próprio e em uma linguagem muito mais apropriada:

> Aos seus olhos, uma guerra franco-alemã, em que os dois maiores povos continentais iriam se destroçar mutuamente por meras ilusões nacionalistas, uma guerra muito popular contra a França não

motivada por nenhum interesse nacional vital, porém nutrida por um nacionalismo patologicamente irritado, por um patriotismo exaltado e um antigalicismo infantil, era um enorme perigo para a cultura europeia e para todos os interesses realmente nacionais e revolucionários.[66]

Assim, a disputa entre Lassalle, Marx e Engels não apenas suscitou questões quanto à natureza da relação política entre eles (isto é, se Lassalle tinha o direito de discordar publicamente de uma posição de autoria anônima) ou até que ponto Marx e Engels eram eles próprios vítimas de um chauvinismo germânico[67]. Essas questões eram decerto importantes, mas podiam muito bem ser compreendidas como os excessos inevitáveis de personalidade e de ambição política das quais intelectuais como Marx e Engels, em meio a um movimento operário, eram vítimas[68]. Mais importante, porém, é o efeito que a economia política, ferramenta analítica central de sua concepção materialista da história, tinha sobre sua capacidade de conceituar corretamente o caráter ideológico dos movimentos sociais industriais.

Na visão histórica de Marx, a "gênese do capitalista industrial" estava inextricavelmente vinculada ao desenvolvimento do Estado. Foi por meio do Estado que o proletariado surgiu, transformado, como produtores, de camponeses a trabalhadores assalariados e como consumidores no mercado doméstico: "Assim os agricultores, primeiro expropriados à força do solo, expulsos de suas casas, transformados em vagabundos e então chicoteados, marcados, torturados por leis grotescamente terríveis, foram submetidos à disciplina necessária para o sistema assalariado."[69]

Os muitos clientes dispersos que os artesãos errantes até então haviam encontrado entre os numerosos pequenos produtores autônomos, concentram-se agora em um grande mercado fornecido pelo capital industrial. Assim, de mãos dadas com a expropriação dos camponeses autossuficientes, com sua separação de seus meios de produção, ocorreu a destruição da indústria doméstica rural, o processo de separação entre a manufatura e a agricultura. E apenas a destruição da indústria doméstica rural pode dar ao mercado interno de um país aquela extensão e consistência que o modo de produção capitalista requer[70].

Tendo garantido o mercado interno, a expansão do capitalismo exigia que o Estado assumisse novas formas e funções adicionais: "Dívidas nacionais, ou seja, do Estado –fosse ele despótico, constitucional ou republicano –, marcaram com seu selo a era capitalista."[71] Primeiro na Holanda e depois na Inglaterra (mas com precedentes em Gênova, Veneza, Espanha e Portugal), a acumulação primitiva do capital que era a base para a manufatura havia sido realizada por meio das agências de um "sistema colonial, dívidas públicas, impostos pesados, protecionismo, guerras comerciais etc."[72] – todos os atributos das estruturas estatais. Marx concebia o triunfo da sociedade burguesa sobre o feudalismo como uma vitória conquistada pelo instrumento mais extraordinário da luta de classes: o Estado. Ele tendia, pois, como já observamos em Engels[73], a ver a nação (a forma manifesta do Estado no século XIX) como uma condição *sine qua non* do domínio burguês[74]. Este e a produção capitalista, por sua vez, eram necessários para o desenvolvimento da produção socializada que a sociedade imanente requeria[75].

O desenvolvimento do proletariado industrial é, em geral, condicionado pelo desenvolvimento da burguesia industrial. Somente sob seu domínio o proletariado adquire aquela existência em escala nacional que pode elevar sua revolução a um nível nacional, e só assim o próprio proletariado cria os meios modernos de produção, que se convertem, então, em inúmeros outros meios para sua emancipação revolucionária. Apenas o domínio burguês arranca as raízes materiais da sociedade feudal e nivela o solo, sem o que uma revolução proletária não é possível[76].

Marx havia inicialmente pressuposto (com um entusiasmo da juventude, de acordo com Lichtheim) que a burguesia se reproduziria em todos os lugares: "Em uma palavra, ela cria um mundo à sua própria imagem."[77] Porém, ainda que vislumbrasse claramente o papel histórico da burguesia em termos histórico-mundiais[78], Marx também mantinha a visão contraditória de seu desenvolvimento histórico em termos nacionais[79]. A expansão da burguesia significava a ampliação do Estado-nação:

> A burguesia suprime cada vez mais a dispersão dos meios de produção, da propriedade e da população. Tem aglomerado a população, centralizado os meios de produção e concentrado a propriedade

em poucas mãos [...] Províncias independentes ou vagamente conectadas, com interesses, leis, governos e sistemas de tributação diferentes, foram aglomeradas em uma só nação, com um só governo, um só código de leis, um só interesse nacional de classe, uma só fronteira e uma só tarifa aduaneira.[80]

É possível que, nessa fase do desenvolvimento de Marx, seu universo, que consistia na Europa Ocidental, pudesse dissolver essa contradição por meio da visão de uma formação pan-europeia imanente. É possível que suas ideias demonstrassem uma tensão não resolvida entre sua predileção como um filósofo teórico com formação idealista e seus processos de investigação como um analista social e histórico. Além disso, podia ter já começado nele a tendência, muito mais óbvia em sua obra posterior, de confundir e combinar sua teoria de mudança histórica ao extrapolar da história social francesa um sentido do caráter último da *luta de classes* na sociedade capitalista (apesar do desenvolvimento bastante primitivo do capitalismo industrial na França, do domínio de uma burguesia marítima, da presença de uma aristocracia capitalista e de uma classe trabalhadora mais camponesa e artesã do que o proletariado industrial) enquanto determinava a natureza do *capitalismo* a partir da Inglaterra, a nação mais desenvolvida industrialmente[81]. Por último, como propagandista, ele pôde simplesmente ter se preocupado mais com o impacto político da retórica em seu público do que com a precisão analítica. Qualquer que seja a explicação escolhida, nenhuma realmente concilia a existência nas suas primeiras obras de dois pontos de vista opostos sobre a natureza e o caráter da sociedade burguesa. Com o tempo, Marx trocaria um pelo outro.

Por estranho que pareça, a negação de Marx da gênese do capitalismo na Europa Ocidental como uma "teoria histórico-filosófica" geral é melhor ilustrada por cartas escritas a marxistas russos que, a partir da década de 1870, se envolveram em polêmicas a respeito do processo de industrialização e desenvolvimento social que a Rússia deveria seguir a fim de realizar uma revolução social. Em novembro de 1877, Marx redigiu uma carta (nunca enviada) aos editores do jornal socialista russo *Otechestvenne Zapíski*. Ele queria se opor ao uso que um autor *naródnik*, N.K. Mikhailóvski, fizera de seu trabalho em um ataque contra os simpatizantes de Marx na Rússia. Escreveu Marx:

> O capítulo sobre acumulação primitiva não pretende mais do que traçar o caminho pelo qual, na Europa Ocidental, a ordem econômica capitalista emergiu do ventre da ordem econômica feudal [...] Isso é tudo. Mas é muito pouco para o meu crítico. Ele se sente obrigado a metamorfosear meu esboço histórico da gênese do capitalismo na Europa Ocidental em uma teoria histórico-filosófica do caminho que cada povo está fadado a trilhar, sejam quais forem as circunstâncias históricas em que se encontre, a fim de que possa, no final, chegar à forma de economia que garanta, juntamente com a maior ampliação das potências produtivas do trabalho social, o desenvolvimento mais completo do homem. Mas eu peço o seu perdão. (Ele está, ao mesmo tempo, me honrando e me envergonhando demais.)[82]

Quatro anos depois, em uma carta escrita a Vera Zassúlitch, a revolucionária russa que mais tarde trabalharia com Lênin em Londres, Marx citava a edição francesa de *O Capital* como uma resposta às perguntas de Zassúlitch sobre "a questão agrária" na Rússia: "A 'necessidade histórica' desse movimento é, portanto, explicitamente restrita aos *países da Europa Ocidental*. O motivo para essa restrição é indicado [...] no capítulo xxxii."[83]

Contudo, a figura histórica da nação, concebida em termos de seu papel histórico no desenvolvimento da produção capitalista, permaneceu um aspecto importante da aceitação ou da rejeição dos movimentos nacionalistas por Marx e Engels. O nacionalismo era aceitável se o seu sucesso resultasse na construção de uma nação industrial "viável". Na mesma linha, era inaceitável ("absurdo", "impraticável", "fanático") que movimentos nacionalistas ameaçassem o que Engels chamara de "verdadeiras [ou seja, produtivas] fronteiras nacionais" no "Po und Rhein"[84]. No final de 1888, porém, Engels ainda dava sua bênção ao nacionalismo alemão na seguinte base:

> Pode-se ver a partir de tudo isso que o desejo de uma "Pátria" unida tinha uma grande base material. Não era mais o fraco impulso dos

estudantes da época de Wartburg, quando "a força e a coragem ardiam nas almas alemãs" [...]tampouco era o chamado muito realista por uma unidade defendida pelos advogados e outros ideólogos burgueses do Festival Hambach[85] [...] não, era a demanda decorrente das necessidades comerciais imediatas de empresários e industriais práticos para a eliminação de todo o lixo historicamente desatualizado que obstruía o livre desenvolvimento do comércio e da indústria, para a remoção de todas as irritações desnecessárias que todos os seus concorrentes haviam superado e ao qual o empresário alemão precisava dar fim na terra natal se quisesse participar do mercado mundial.[86]

Embora Marx e Engels concordassem substancialmente sobre os elementos e as características históricas das nações europeias existentes em meados do século XIX, havia algumas diferenças entre eles a respeito do nacionalismo, ou o que eles vieram a chamar de questão nacional (a diferença estava muito provavelmente relacionada com o que quer que estivesse por trás do desprezo de Engels pelos eslavos)[87]. No *Manifesto Comunista* e em *A Ideologia Alemã*, Marx havia enfatizado o internacionalismo proletário em detrimento do nacionalismo, observando, como vimos, que fazia parte da natureza da burguesia ter interesses nacionais e mantê-los, porém era da natureza do capitalismo dissolver os interesses nacionais, quer do ponto de vista político (mediante a formação de uma classe internacional: o proletariado), quer econômico (pela criação de um sistema mundial). Mais tarde, como observado, particularmente em suas considerações sobre a Irlanda[88], Marx começou a lidar com a questão da libertação nacional de forma mais deliberada e, talvez, mais realista. Ele passou a insistir que a libertação nacional era a pré-condição para o internacionalismo proletário e, simultaneamente, para a destruição da hegemonia econômica, política, militar e ideológica da burguesia[89]. Marx, no entanto, não estendeu essa análise para a Índia, o México ou a Itália[90]. Engels, por outro lado, tendia a reconhecer e a enfatizar uma tendência contrarrevolucionária dos movimentos de libertação nacional que havia percebido desde que observara as sublevações sociais de 1848-1849. Referindo-se aos escoceses, bretões e bascos, junto com os eslavos do sul, Engels declarou que esses povos eram "nações não históricas",

> remanescentes de uma nação impiedosamente esmagada, como disse Hegel, ao longo do curso da história, *esses rebotalhos nacionais* são sempre representantes fanáticos da contrarrevolução e assim permanecem até que sejam completamente exterminados ou desnacionalizados, do mesmo modo que toda sua existência é, em si mesma, um protesto contra uma grande revolução histórica[91].

A observação de Michael Löwy, de que a abordagem de Marx da libertação nacional tendia ao economicismo[92], enquanto a de Engels era legalista[93] é um pouco simplista, se não totalmente incorreta. Seus hábitos de pensamento tendiam ao reconhecimento de diferentes forças ou configurações na experiência humana. No caso de Marx, o familiar eram aspectos filosoficamente dialéticos e reflexivos, e no de Engels, o mundano e os instintos práticos do mercado. Enquanto Marx tendia, no plano da épica histórica, a descobrir as forças do Novo Mundo disfarçadas em formas epifenomenais, o compromisso de Engels com a visão revolucionária determinava para ele, em última análise, os usos da história (e da ciência). Com relação ao nacionalismo, era mais provável que Marx reconhecesse que, como ideologia, seu significado histórico era, na pior das hipóteses, ambíguo enquanto para Engels, tal ambiguidade constituía uma ameaça inaceitável.

Como analistas do nacionalismo, o legado de ambos era, pois, ambíguo. Parece que, no que tange aos movimentos nacionalistas reais de seu tempo na Alemanha, Polônia, no Leste ou no Sul Europeu, nem Marx nem Engels alcançaram uma compreensão extraordinária nem escaparam de todo dos paroquialismos da época. Em vez disso, seu método histórico lhes forneceu um meio de apoiar suas predisposições sobre o valor histórico dos povos e as diferentes capacidades dos vários movimentos nacionais europeus. Seu próprio nacionalismo, fosse ou não "inconsciente ou subconsciente", como Davis é forçado a admitir[94], os tornou em geral antipáticos a movimentos de libertação nacional dos povos (por exemplo, os russos e outros eslavos) que historicamente ameaçavam o que Marx e Engels acreditavam ser os interesses nacionais do povo alemão. A oposição a tais movimentos poderia ser racionalizada pelo fracasso deles em anuir com os requisitos práticos de uma economia política viável. Por outro lado, certos povos europeus estavam destinados a serem unificados pelo desenvolvimento estatal e capitalista. Entrementes, para os interesses do socialismo, aconselhava-se o proletariado de tais sociedades a apoiar a sua burguesia. A Alemanha, eles argumentavam, se encaixava nessa circunstância:

> Para alguns outros países, o nacionalismo ainda significava lutar pela unificação nacional, como nos países do Leste Europeu, da Polônia aos Bálcãs; ou lutar pela independência nacional contra as potências imperialistas, como no caso dos irlandeses, os tchecoslovacos e os povos orientais e africanos. O marxismo ainda tinha que responder sobre até que ponto tais movimentos nacionalistas eram justificados, até que ponto constituíam uma preocupação legítima da classe trabalhadora e qual atitude o proletariado de todos os países deveria adotar em relação a eles. Haveria um princípio geral envolvido? O certo é que Marx e Engels não o haviam enunciado claramente.[95]

Marxismo e Nacionalismo

Depois de Marx e Engels, os colaboradores mais importantes para a questão nacional foram os bolcheviques, a esquerda radical (Rosa Luxemburgo, Anton Pannekoek, Josef Strasser e Trótski) e os austro-marxistas (Karl Renner e Otto Bauer). Luxemburgo atacou a ideia do direito de autodeterminação como algo abstrato, metafísico, burguês e utópico[96]. Seu argumento baseava-se em grande parte tanto na tensão economicista no pensamento de Marx, que enfatizava o elemento cultural das divisões nacionais, quanto na caracterização de Engels de "nações não históricas". Pannekoek e Strasser[97] viam a nação como uma ideologia comparável à religião, que desapareceria com o advento do socialismo. Opondo-se à posição de Otto Bauer, que identificava a questão nacional em termos psicoculturais[98], Pannekoek e Strasser rejeitavam a teoria de uma cultura nacional da qual a classe operária poderia se apropriar, para o seu próprio interesse.

As variantes eram (e são) aparentemente infinitas, cada qual, sem dúvida, possuindo seus próprios fundamentos. Na caracterização do nacionalismo pelos teóricos marxistas, princípios presumivelmente gerais de natureza histórica ou objetiva se opunham a fatores de significância especial e de curto prazo; entretanto, cada debate respondia a eventos contemporâneos, tentando englobar as provas de novas ciências, novos acontecimentos e os efeitos de lutas políticas e ideológicas imediatas. E os antagonistas amiúde invertiam suas opiniões com as demonstrações apropriadas de "novo entendimento". Infelizmente, a relegação da consciência na lógica marxista a um reflexo das relações de produção e a preocupação frequente com o capitalismo como um sistema determinado por suas próprias leis objetivas e a força motivadora da mudança histórica levaram à conclusão de que o nacionalismo entre as classes trabalhadoras era contrário ao movimento histórico das sociedades modernas. Nesse sentido, o nacionalismo era uma ideologia retrógrada, muitas vezes um meio de desviar a luta de classes para guerras imperialistas e, em qualquer caso, não se constituía em um tema adequado para um estudo sério por si só, visto que era apenas um canal politicamente conveniente de outras forças e interesses. Responderia Franz Borkenau:

> No campo político, o nacionalismo é o fato contra o qual a teoria marxista se rompe. Aqui está uma força que se provou definitivamente mais forte no mundo moderno do que a luta de classes que, para os marxistas ortodoxos, constitui a essência da história. O resultado natural foi que os marxistas sempre tendiam a subestimar uma força que não se encaixava com facilidade em suas ideias e que, ao mesmo tempo, contrastava claramente com os ideais da luta de classes. Para um marxista ortodoxo, o desprezo a todo sentimento nacionalista tornou-se quase uma marca.[99]

A rejeição da cultura, ou seja, de uma consciência histórica transmitida, como um aspecto da consciência de classe não preparou o movimento marxista para competir com as forças políticas que irromperiam não só na Europa e no Terceiro Mundo, mas também dentro do próprio movimento. Para muitos marxistas, caberia à nova ordem ideológica e política instituída pelo triunfo bolchevique na Revolução Russa, e não à teoria herdada, encontrar uma ortodoxia marxista sobre a questão nacional. Em última análise, a resolução era política, revestida apenas em parte pela teoria. Aqui, é suficiente esboçar sua forma politicamente autorizada, uma vez que voltaremos a inspecionar mais de perto seu desenvolvimento na Parte 3.

Embora tenha se comprometido desde o início com a ideia de que as nações tinham o direito de autodeterminação[100], Trótski também defendia que as "necessidades centralizadoras do desenvolvimento econômico" acabariam por levar à dissolução do Estado-nação: "A nação, divorciada da economia e libertada da velha estrutura do Estado, teria o direito à autodeterminação [...] na esfera do 'desenvolvimento cultural'."[101] As formulações de Trótski pareciam ter sido inteiramente tomadas primeiro de Marx e mais tarde de Lênin.

De fato, Lênin parece ter feito o máximo para estender a teoria marxista sobre a questão nacional. Escreve Löwy:

> Lênin entendeu melhor que seus camaradas da esquerda revolucionária a relação dialética entre o internacionalismo e o direito à autodeterminação nacional. Ele entendeu, em primeiro lugar, que somente a *liberdade* de se separar torna possível a união *livre* e voluntária. Em segundo lugar, que apenas o reconhecimento, por parte do movimento dos trabalhadores na nação opressora, do direito da nação oprimida à autodeterminação pode ajudar a eliminar a hostilidade e a suspeita dos oprimidos e unir o proletariado de ambas as nações na luta internacional contra a burguesia.[102]

Sem dúvida, o prestígio de Lênin como arquiteto da Revolução de Outubro, como líder do Estado soviético e fundador da Terceira Internacional, conferiu às suas opiniões a autoridade necessária para se converterem em dogmas. No entanto, o caráter complexo e bastante volumoso de seus escritos sobre a questão nacional deixou suas ideias vulneráveis à simplificação. No curso das coisas, seria Stálin, sucessor de Lênin, quem forneceria as formulações mais simples e autorizadas sobre a questão nacional. Em 1913, por encargo de Lênin, Stálin escreveu seu famoso panfleto, "O Marxismo e a Questão Nacional".

Nele, Stálin assumiu a responsabilidade de definir o que é uma nação: "Uma nação é uma comunidade estável, historicamente desenvolvida, de língua, território, vida econômica e constituição psicológica, manifestada em uma comunidade de cultura [...] Só quando todas essas características estão presentes podemos dizer que temos uma nação."[103]

Ele também declarou seu apoio ao direito de autodeterminação nacional: "O direito de autodeterminação significa que uma nação pode organizar sua vida de acordo com sua própria vontade. Ela tem o direito de organizar sua vida com base na autonomia. Tem o direito de estabelecer relações federativas com outras nações. Tem direito à secessão completa. As nações são soberanas e todas as nações são iguais."[104]

Foram as formulações de Stálin que dominariam o discurso sobre a questão nacional por pelo menos três décadas após a morte de Lênin. Em particular, é lamentável, dado que foi precisamente durante esse período que a organização e o pensamento socialistas tiveram os encontros mais persistentes com a ideologia do nacionalismo.

Os marxistas não entenderam, quanto ao fenômeno político e ideológico do nacionalismo, que ele não era (e não é) uma aberração histórica (do internacionalismo proletário). Nem é necessariamente o contrário: um estágio do desenvolvimento do internacionalismo. O nacionalismo derrotou o marxismo da Segunda Internacional (na Primeira Guerra Mundial), mas, ironicamente, foi uma das bases do marxismo da Terceira Internacional (as revoluções russas; o socialismo de Stálin em um só país; as condições para a adesão ao Comintern), embora sua importância histórica mundial primária tenha sido negada. Para a maioria dos marxistas do norte, o nacionalismo permaneceu um fenômeno secundário (no tocante à luta de classes). Como indiquei, Lênin via seu caráter como principalmente político, enquanto para Luxemburgo era sobretudo cultural. O erro residia menos no tratamento mítico, analítico ou teórico do nacionalismo do que em "uma compreensão defeituosa da natureza geral e da profundidade do desenvolvimento capitalista"[105].

É à realidade imprevisível e antagônica do crescimento do capitalismo no mundo que o título geral "desenvolvimento desigual" se refere [...].

Na terminologia filosófica tradicional, isso equivale, naturalmente, a uma "contradição". A contradição que encontramos aqui é que o capitalismo, mesmo quando se disseminava implacavelmente em todo o mundo para unir a sociedade humana em um relato da história mais ou menos coerente pela primeira vez, *também* gerava uma nova fragmentação perigosa e convulsiva dessa sociedade. O custo sócio-histórico dessa rápida implantação do capitalismo em uma sociedade mundial foi o "nacionalismo" [...].

O mercado mundial, as indústrias mundiais e a literatura mundial previstas com tanta exultação no *Manifesto Comunista*, conduziram, na verdade, ao mundo do nacionalismo.[106]

As consequências da hegemonia do capitalismo, ou seja, as reações sociais e políticas ao capitalismo, raramente se ativeram àquelas conjecturadas por uma lógica limitada pelas leis do "capitalismo". Não é que tais reações tenham sido ilógicas, mas que falharam em se ajustar ao código político-econômico que emergia da sociedadecapitalista. É esse mesmo código que ainda exerce influência– mantém, por assim dizer –sobre as fronteiras epistemológicas da teoria social radical. "Generaliza o modo econômico de racionalidade sobre toda a extensão da história da humanidade, como o modo genérico do devir humano. Circunscreve toda a história do homem em um modelo de simulação gigantesco. Tenta, de alguma forma, se voltar contra a ordem do capital, usando como instrumento analítico o fantasma ideológico mais sutil que o próprio capital elaborou."[107]

Não é incomum que pensadores marxistas declarem, como o fez Alex Callincos recentemente: "O papel da filosofia é o da reflexão teórica das posições de classe do proletariado."[108] Não parece importar que essa tradição tenha colocado Trótski e Bukhárin no Brooklyn poucas semanas antes da revolução contra a Rússia tsarista[109]. Somos novamente lembrados das advertências de Engels à geração marxista de seus últimos anos de vida:

> Marx e eu somos em parte culpados pelo fato de que os mais jovens às vezes atribuem mais ênfase no aspecto econômico do que é devido [...] Infelizmente, acontece com demasiada frequência que as pessoas pensam terem compreendido totalmente a nova teoria e que podem

aplicá-la sem mais delongas a partir do momento em que dominam seus princípios básicos, e mesmo nem sempre corretamente.[110]

Esse critério poderia muito bem ter sido estendido para os mais maduros e, em última análise, mais responsáveis, membros das gerações posteriores de marxistas. Isso teria que ser aprofundado, no entanto, para compreender a estrutura da teoria marxista.

No que diz respeito ao fracasso do marxismo em determinar a força e o caráter histórico de uma ideologia como nacionalismo, outra observação de Engels é apropriada: "Uma vez que um elemento histórico foi trazido ao mundo por outro, por causas econômicas em última instância, ele reage e pode reagir sobre seu meio ambiente e inclusive modificar as causas que lhe deram origem."[111]

Assim como a expansão do capitalismo resultou na preservação de certos aspectos de modos de produção não ("pré") capitalistas, há também provas de que o nacionalismo assumiu em muitos lugares formas em grande medida organizadas por meio de sistemas ideacionais próprios dos povos explorados pelo mercado mundial. Não é totalmente acurado argumentar, como recentemente o fez Tom Nairn: "O nacionalismo derrotou o socialismo na zona de maior desenvolvimento, forçando-o a sair para sucessivas áreas de atraso nas quais estava fadado a se tornar parte de seu grande impulso compensatório de se atualizar – uma ideologia de desenvolvimento ou industrialização, mais do que de uma sociedade pós-capitalista."[112]

Nairn sugere a transferência de um socialismo criado nas condições históricas do centro do capitalismo industrial. Tratar-se-ia de um socialismo capaz de mudar de lugar sem mudar de caráter! No entanto, nem um único modelo de industrialização ou desenvolvimento socialista resultou das ordens sociais revolucionárias da União Soviética, da República Popular da China, de Cuba, do Vietnã, de Kampuchea, Moçambique ou Angola, porque cada uma dessas ordens revolucionárias baseava-se em pressuposições políticas, morais e ideológicas com prioridades que precediam seu envolvimento no sistema moderno mundial. Uma vez mais, talvez ainda não tenhamos visto "todo o potencial histórico do nacionalismo"[113].

Conclusão

Entre os vários legados singulares e infelizes nas civilizações ocidentais dos séculos mais próximos de nós estão o sistema capitalista e a crença no racionalismo e na ciência. Mas talvez, em certo sentido, o termo "legado" seja inapropriado, principalmente em suas sugestões de fatalidade, pois nenhum deles faleceu. Capitalismo, racionalismo e cientificismo não são meras formas de atividade (produção) e reflexos dessa atividade. Cada qual se converteu em uma força histórica importante, fornecendo substancialmente caráter ao mundo industrial atual – seu caráter, porém não necessariamente sua direção histórica. Isso implicou, é claro, uma decepção frustrante para alguns – em especial para aqueles que acreditavam que no movimento do capitalismo haviam descoberto a natureza, isto é, a base para a mudança histórica. Para eles, talvez, o fenômeno social mais perturbador de nosso tempo foi o "ressurgimento" da ideologia – o que Marx chamou de consciência parcial –com sua proeminência pré-científica e pré-racional nas questões da humanidade. A ideologia, em especial a do século XX, passou a desempenhar um papel divergente no corpo do pensamento social moderno, algo semelhante ao que a escravidão significava nos marcos analíticos racionalistas concomitantes à ascensão do capitalismo. A ideologia é, simplesmente, uma negação das correntes da investigação social contemporânea que se tornaram dominantes. Suas "intrusões" em nosso século e naquele que o precedeu ajudaram a abortar os processos sociais e históricos considerados necessários e inevitáveis; catalisaram rebeliões e revoluções em circunstâncias muitas vezes improváveis e entre povos igualmente inesperados e ajudaram a alcançar realizações históricas extraordinárias cujo fracasso era "objetivamente" imanente. Como aliada de forças históricas precariamente compreendidas, a ideologia expôs o pensamento ocidental tanto em sua forma de marxismo mecânico devido ao seu reducionismo[114] como de uma forma totalmente diferente, de pensamento liberal por causa de suas reificações[115].

Os limites do radicalismo ocidental, conforme demonstrado na teoria marxista, a crítica mais sustentada da era moderna, são endêmicos à civilização ocidental. Essas limitações se relacionam diretamente à "compreensão" da consciência, e a persistência do racialismo no pensamento ocidental é de importância primordial. Teria sido extremamente difícil e muito improvável que tal civilização, em sua ascensão enquanto um poder significativo no mundo, produzisse uma tradição de autoexame crítico o suficiente para expor um de seus termos mais profundos de ordem. O racialismo, como tentei mostrar, correu fundo nas entranhas da cultura ocidental, negando suas variegadas relações sociais de produção e distorcendo suas contradições intrínsecas. O entendimento da configuração particular da ideologia racista e da cultura ocidental deve ser seguido historicamente ao longo de eras sucessivas de dominação violenta e extorsão social que afetaram diretamente os povos europeus durante quase dois milênios. O racismo se infiltrou não só nas estruturas sociais, nas formas de propriedade e nos modos de produção medievais, feudais e capitalistas, mas também nos próprios valores e tradições de consciência por meio dos quais os povos dessas épocas vieram a compreender seu mundo e suas experiências. A cultura ocidental, que constitui a estrutura da qual a consciência europeia se apropriou, a estrutura em que as identidades e percepções sociais se alicerçaram no passado, transmitiu um racialismo que se adaptava às exigências políticas e materiais do momento. Nas ordens sociais medievais e feudais do interior da Europa e no Mediterrâneo, o racialismo foi substanciado por conjuntos específicos de exploração pelos quais determinadas castas ou classes exploraram e expropriaram povos distintos.

Nos primórdios da civilização europeia (significando literalmente o ressurgimento da vida urbana no final do primeiro milênio cristão), a integração dos migrantes germânicos com povos europeus mais antigos resultou em uma ordem social de dominação da qual emergiu uma teoria racial de ordem; da qual se impregnou a nobreza medieval, baseando poder em histórias ficcionais que postulavam origens raciais distintas para dominadores e dominados. A extensão da escravidão e a aplicação do racismo a povos não europeus como uma estrutura organizacional, primeiro pelos estratos feudais dominantes e, em seguida, pelas burguesias dos séculos XIV, XV e XVI, mantiveram esse hábito prático, essa convenção social. E como veremos em breve na Parte

2, a partir do século XVII, o capital mercantil inglês (para citar um exemplo importante) incorporou a mão de obra africana precisamente nesses termos, isto é, os mesmos termos pelos quais havia absorvido antes a mão de obra irlandesa. De mais a mais, o racialismo europeu iria sofrer uma espécie de duplicação de si mesmo, pois entre a era do racismo intraeuropeu que caracterizou o primeiro surgimento da consciência europeia e a era predatória da escravidão africana, está o fenômeno quase inteiramente exógeno do domínio islâmico do Mediterrâneo – a fonte de revitalização e recivilização da Europa. Independentemente dos enredamentos históricos do desenvolvimento europeu, porém o restringindo de modo profundo – primeiro, ao retardar literalmente o desenvolvimento social europeu ao isolá-lo da vida civil, da ciência, do pensamento especulativo e assim por diante, e então, após quatro séculos, acelerando sua recuperação a partir do século XII –, a civilização muçulmana mapeou os contornos do renascimento cultural europeu. Esses acontecimentos deixariam marcas reveladoras na consciência ocidental: o medo e o ódio aos "mouros negros"; a demonização do islã; a transfiguração de Maomé, o Profeta, no Anticristo. Não é de surpreender que os europeus, isto é, a "cristandade", ainda experienciam situações recorrentes de antipatia ao que se tornou sua fantasmagoria compartilhada.

Em suma, houve pelo menos quatro momentos distintos que devem ser apreendidos no racialismo europeu; dois cujas origens se encontram na dialética do desenvolvimento da Europa e dois que não:

1. O ordenamento racial da sociedade europeia desde o seu período formativo, que se estende nas idades medieval e feudal como crenças e lendas raciais e de "sangue".

2. O domínio islâmico (isto é, árabe, persa, turco e africano) da civilização do Mediterrâneo e o consequente retardamento da vida social e cultural europeia: a Idade das Trevas.

3. A incorporação de povos africanos, asiáticos e do Novo Mundo ao sistema mundial que emergiu do feudalismo tardio e do capitalismo mercantil.

4. A dialética do colonialismo, a escravidão das *plantations* e a resistência, do século XVI em diante, bem como a formação da mão de obra industrial e de reservas de trabalho.

Agora convenciona-se começar a análise do racismo nas sociedades ocidentais com o terceiro momento, ignorando inteiramente o primeiro e o segundo e aceitando, gradual e parcialmente, o quarto. Como observaremos na próxima seção deste estudo, os resultados têm sido bastante bizarros: alguns pesquisadores do racismo reiteraram com alegria a premissa de uma espécie de psicologia de massas do trauma cromático em que as reações europeias a pessoas de pele mais escura são vistas como naturais; outros, incluindo os marxistas, optaram por defender um "empirismo" simplista no qual as consequências inevitáveis da escravidão e da dominação são as racionalizações da superioridade e da inferioridade raciais. Em cada caso, a raiz das falhas metodológicas e conceituais é a mesma: a pressuposição de que os processos sociais e históricos que importam, que são determinantes, são europeus. Tudo o mais, ao que parece, é derivado. (Nesse aspecto, a preocupação do radicalismo ocidental com o capitalismo enquanto sistema serviu ao mesmo propósito. Os marxistas têm frequentemente argumentado que os movimentos de libertação nacional no Terceiro Mundo são secundários frente aos interesses do proletariado industrial nas metrópoles capitalistas, ou que eles devem ser entendidos apenas como a consequência social do capitalismo mundial. Esses movimentos necessitam se encaixar nas margens do modelo para a revolução socialista.) O que é menos defensável, no entanto, é quão escassa tem sido a atenção dada ao racialismo intraeuropeu.

Já consideramos o primeiro momento do racialismo europeu; agora é o momento de explorar os outros três. Faremos isso, mas com uma diferença. A história não girará mais em torno de povos europeus nem se originará da Europa como seu centro. Na Parte 2, em particular no que diz respeito aos povos africanos e à sua diáspora, iremos explorar os fundamentos da era moderna tal e qual foram forjados ou reforçados pelas atividades de outros povos. Ao focar na história das lutas dos povos negros por uma ordem social diferente, recordaremos uma vez mais, é claro, as limitações do radicalismo ocidental, porém o mais importante, estaremos nos preparando para uma compreensão mais profunda da tradição radical negra. Quando, por sua vez, tivermos concluído essa preparação, examinaremos os esforços pioneiros de teóricos radicais negros. Isso também nos propiciará alguns *insights* sobre os problemas do radicalismo ocidental. A base da Parte 3 será o pensamento de três ideólogos negros, William Edward Burghardt Du Bois, James e Wright, que se conscientizaram de suas próprias posições e das lutas negras na civilização e no pensamento ocidentais. Suas tentativas de conciliar sua consciência social com as prioridades do "materialismo histórico" os levaram a uma crítica da própria tradição na qual buscavam apoio e, finalmente, a uma consciência negra radical. Mais importante, no entanto, é seu encontro derradeiro com a tradição radical negra. O resultado foi a primeira articulação teórica de uma tradição revolucionária cuja natureza se baseava em um papel histórico da consciência muito diferente do que era previsto no radicalismo ocidental. O objetivo que informa este estudo é sintetizar os elementos dessa tradição negra emergente em um esquema coerente, para que seus *insights* notáveis e seu projeto histórico possam assumir sua significância mais autêntica.

Parte 2

AS RAÍZES DO RADICALISMO NEGRO

4.
O Processo e as Consequências da Transmutação da África

Nos quinhentos anos que nos conduziram em linha reta ao nosso momento, os destinos dos povos africanos foram profundamente afetados pelo desenvolvimento das estruturas econômicas e instituições políticas dos povos europeus. Ademais, devido à natureza dessas relações entre africanos e europeus, tanto a civilização ocidental quanto as culturas dos povos africanos foram cada vez mais distorcidas e pervertidas à medida que passavam os anos. Para o Ocidente, a apropriação dos meios e das forças de reprodução dos africanos teve um significado não intencional e inaceitável. As consequências psíquicas, intelectuais e culturais da intrusão europeia na história africana contribuíram para acelerar a formulação dos mecanismos de autodestruição inerentes à civilização ocidental, exacerbando seu racismo nativo, reforçando ainda mais seus imperativos de poder e sua força totalitária, ao mesmo tempo que subvertiam as possibilidades de racionalização de seus Estados, suas diversas particularidades culturais e suas classes. Para onde quer que se olhe ou se preocupe em olhar, os sinais de um mundo em colapso são evidentes; no centro e na sua periferia, os sistemas do poder ocidental estão se fragmentando. Isso ocorreu com o Império Britânico no início do século xx, com o Império Alemão em meados desse século, e com o Império Estadunidense hoje. Todos eles são simultaneamente prenúncios e testemunhas da história dessa dissolução; e o desenvolvimento de cada qual atesta a tendência característica das sociedades capitalistas de acumular violência para dominação e exploração, com decrescentes rendimentos. "As coisas desmoronam; o centro não pode se manter." Meu tema principal, entretanto, não é o mundo ocidental moderno e suas contorções. Pretendo enfocar aqui os séculos da adolescência do mundo moderno e a formação e surgimento dos povos africanos.

A Diminuição da Diáspora

Antes dos movimentos de libertação negra na África e no Novo Mundo após a Segunda Guerra Mundial, poucos estudiosos ocidentais da experiência africana tinham qualquer concepção da existência de uma tradição histórica do radicalismo negro ideológica ou epistemologicamente coerente. A presença de tal tradição, assim como suas possibilidades e condições de existência, eram literal e formalmente alheias para esses observadores. Dadas as suposições que esses pesquisadores da África e da sua diáspora faziam sobre as bases das identidades, culturas, etnias e formações grupais dos diversos povos africanos, nem espaço nem tempo, nem geografia nem periodicidade os levavam a suspeitar da presença de tal tradição. Ao contrário, esses observadores reconstruíram os movimentos sociais e ideológicos entre os negros de modo a conformá-los às exigências de causas locais específicas e sociais imediatas[1]. Se em suas mentes esses movimentos fossem ocasionalmente autorizados a ter alguma semelhança entre si, isso decorria do fato de uma ordem racial geral compartilhada pela maioria dos negros, fossem eles escravos ou ex-escravos, e não da presença de uma consciência histórica ou política ou de uma tradição social entre os negros. Pressupunha-se um remoto elo de ligação ideológica entre os africanos amotinados no Amistad ou os captores do Diane, os assentamentos quilombolas[2] em Pernambuco, na Flórida, Virgínia, Jamaica, nas Guianas e nas Carolinas, os escravos que protagonizaram a Revolução do Haiti, os escravos insurrectos do Caribe e da América do início do século XIX, os rebeldes negros das regiões dos rios Great Fish, Limpopo e Zambeze na África Austral, os emigrantes negros do período anterior à Guerra Civil estadunidense, as guerras incontáveis em toda a paisagem africana nos anos de 1800 e 1900, e suas sucessoras do século xx na África e na diáspora. Esses acontecimentos eram considerados atos geográfica e historicamente limitados, episódios conectados de forma categórica pela semelhança de seus elementos sociológicos (por exemplo, sociedades escravistas ou coloniais), mas evidentemente não relacionados no sentido de constituir um movimento social emergente inspirado pela experiência histórica e pela ideologia social[3]. Tais pesquisadores, sem dúvida, estavam inspirados ou pelo menos influenciados pela exigência ideológica de que o pensamento ocidental moderno oblitera o africano. Os adeptos dessa corrente ideológica nem sempre eram europeus. Ela permeou a cultura intelectual e inclusive comprometeu a obra de alguns dos descendentes daqueles africanos. O trabalho pioneiro de estudiosos negros como C.L.R. James e W.E.B. Du Bois era, obviamente, inaceitável para o *establishment* acadêmico ortodoxo anglo-estadunidense[4].

A diferença não era de interpretação, mas de compreensão. Os atributos de uma resposta essencialmente africana, dispersa por todo o terreno físico e temporal de sociedades concebidas na civilização ocidental, raramente foram diferenciados. Apenas com o tempo, o cenário desses eventos integrou-se à tradição. O caldeirão social do radicalismo negro é a sociedade ocidental que, mesmo sendo sua localização e sua condição objetiva, não era – exceto talvez de um modo perverso – sua inspiração específica. O radicalismo negro é uma negação da civilização ocidental, mas não no sentido direto de uma simples negação dialética. É certo que a tradição evolutiva do radicalismo negro deve seu impulso peculiar à interdição histórica da vida africana por agentes europeus. Nesse sentido, a experiência africana dos últimos cinco séculos é simplesmente um elemento na trama da história europeia: alguns dos requisitos objetivos para o desenvolvimento industrial da Europa foram satisfeitos pela exploração física e mental de povos asiáticos, africanos e indígenas estadunidenses. Essa experiência, contudo, foi apenas a condição para o radicalismo negro – sua razão imediata e objeto de ser –, mas não o fundamento de sua natureza ou caráter. O radicalismo negro não pode, por conseguinte, ser entendido no contexto particular de sua gênese. Ele não é uma variante do radicalismo ocidental cujos proponentes eram por acaso negros. Trata-se de uma resposta especificamente africana a uma opressão que emergia dos determinantes imediatos do desenvolvimento europeu na era moderna e enquadrada por condições de exploração humana entretecidas nos interstícios da vida social europeia desde o princípio da civilização ocidental:

> A semelhança entre as sobrevivências africanas no Novo Mundo não aponta para peculiaridades tribais, mas para uma unidade essencial da cultura africana. Essa cultura foi o escudo que frustrou os esforços dos europeus para desumanizar os africanos por meio da servidão. O escravo podia aparecer, em uma conta de lucros e perdas, como um "item" e uma "coisa", um pedaço de "propriedade", mas ele enfrentava sua nova situação como africano, como trabalhador e como ser humano. Nesse nível de percepção, é bastante irrelevante perguntar a qual tribo ou região um determinado africano pertencia.[5]

Como veremos, tal significação da cultura africana era acessível na sociedade escravista por razões práticas e ideológicas apenas na forma mais grotesca, isto é, o racismo. Ideólogos racistas observaram que todos os negros eram idênticos e forneceram o conteúdo dessa identidade. Mais importante, porém, poucos dos proponentes das tradições filosóficas, epistemológicas ou históricas da cultura ocidental consideraram fácil entender a realidade autêntica. As tradições eurocêntricas da civilização ocidental equivocaram-se categoricamente por mais tempo do que o tráfico de escravos africanos para o Velho ou Novo Mundo. E embora apareça de modo bastante tardio nesse processo, Hegel, talvez de modo um tanto grosseiro, falava a favor dessas tradições ao declarar: "O verdadeiro teatro da História está, portanto, na zona temperada"; e mais:

> O caráter peculiarmente africano é difícil de compreender, pela própria razão de que, em referência a ele, devemos abandonar por

completo o princípio que naturalmente acompanha todas as *nossas* ideias – a categoria da Universalidade […] Outro fato característico em relação aos negros é a escravidão. Os negros são escravizados pelos europeus e vendidos para a América. Contudo, sua sina em sua própria terra é ainda pior, já que ali também existe uma escravidão tão absoluta; porque o princípio essencial da escravidão é que o homem não alcançou ainda uma consciência de sua liberdade e, consequentemente, converte-se em uma mera Coisa – um objeto sem valor. […].

Nesse momento abandonamos a África, para não mais mencioná-la. Pois não é uma parte histórica do mundo; não tem movimento nem desenvolvimento para exibir. Os movimentos históricos ali – isto é, em sua parte setentrional – pertencem ao mundo asiático ou europeu.[6]

Exceto, talvez, em sua forma de expressão, o eurocentrismo que Hegel mostra nessas passagens não se provou anacrônico nem idiossincrático. Ele seria ecoado por legiões de estudiosos europeus (e seu epígonos não europeus) em uma miríade de formas até o século atual[7]. A tradição persistiu e se readaptou.

Tal era o caráter da consciência mundial que dominava o pensamento na Europa Ocidental. Suas origens, como vimos na Parte 1, eram intraeuropeias, mais que um reflexo de encontros entre europeus e não europeus. Na verdade, a base social para a qual essa concepção foi uma resposta assumiu suas formas sociológicas mais de um milênio antes do advento de um extenso tráfico europeu de trabalhadores africanos e elas não foram facilmente substituídas mesmo no século XVIII[8]. Essa tradição cultural de uma ordem moral e social que se baseava em distinções raciais estava, no entanto, disponível para ser prontamente estendida aos povos asiáticos, africanos e outros não europeus quando fosse apropriado. No tocante ao africano, essa ocasião se apresentou no tráfico que viu sua fruição mais abundante no Novo Mundo.

As Cores Primárias do Pensamento Histórico Estadunidense

No verão de 1856, o argumento apologista da escravidão, baseado na inferioridade dos povos africanos, foi resumido de forma mais eloquente em um artigo publicado na jovem, porém prestigiosa, revista literária estadunidense, *Putnam's Monthly*:

> Os pesquisadores mais minuciosos e cuidadosos falharam, até agora, em descobrir uma história ou qualquer conhecimento dos tempos antigos entre as raças negras. Eles não inventaram nenhum tipo de escrita; nem mesmo a pictografia rude das tribos inferiores. Não têm deuses nem heróis; nenhum poema épico e nenhuma lenda, nem sequer simples tradições. Nunca houve entre eles um governo organizado, uma hierarquia ou uma igreja estabelecida. Só o poder os rege. Eles nunca conheceram as artes; são ignorantes inclusive em agricultura. As cidades da África são grandes acúmulos de cabanas e choupanas; paredes de argila ou sebes espinhosas as rodeiam, e poças de sangue e fileiras de crânios adornam suas melhores casas. As poucas provas de esplendor ou civilização são todas emprestadas da Europa; onde há uma religião ou credo, ela provém dos estrangeiros; todo conhecimento, todo costume, todo progresso chegou até eles do estrangeiro. O negro não tem história – ele não faz história.[9]

A caracterização tortuosamente abrangente da história e da integridade social dos povos negros por parte desse escritor anônimo apareceu impressa no intervalo entre dois atos desesperados na história estadunidense: a promulgação da Lei do Escravo Fugitivo de 1850 por um Congresso que entrou em pânico ao sancionar a lei marcial para defender a escravidão como um direito de propriedade e a resolução desesperada do golpe final sangrento e radical de John Brown contra a escravidão em 1859[10]. Não foi, no entanto, nenhum tipo de média matemática entre sentimentos políticos, interesses econômicos e consciência moral que inspirou esses dois atos públicos mutuamente contraditórios, porém historicamente complementares (cada qual a seu modo, é claro, provou ser uma condição necessária para a subsequente Guerra Civil). A divisão de opiniões entre os brancos e os imigrantes europeus (que talvez também seriam "brancos" algum dia) não poderia ser perfeitamente correlacionada em arranjos de posturas morais emparelhadas e equivalentes: inferioridade negra / pró-escravidão; igualdade negra / antiescravidão. Ao contrário, essa declaração confiante a partir das entranhas branqueadas da *intelligentsia* estadunidense de meados do século XIX, distorcendo a história e a consciência histórica dos povos negros, era a racionalização ideológica dominante da opressão racial nos Estados Unidos[11]. Sua historiografia arrogante e especiosa, ela mesma produto imediato e mutilado de trezentos anos de escravidão africana sistêmica no Novo Mundo, era tanto um imperativo absoluto quanto uma pedra angular para a racionalização de uma sociedade escravocrata[12] e o desenvolvimento lógico de uma civilização errante, servida por tanto tempo por ordens raciais. Em meados do século XIX, a civilização ocidental, tanto nos estratos do pensamento intelectual e científico quanto nos da opinião popular e da mitologia, tinha efetivamente selado o passado africano[13]. A tendência secundária que havia concedido certo reconhecimento à humanidade dos africanos e dos escravos negros e que tinha sido usada para nutrir muito do sentimento e da literatura antiescravistas mais antigos, foi dominada pela tradição mais constante e moralmente profunda do racismo[14].

A negação da ordem social e da história africana não era simplesmente uma questão de ignorância da Europa ou da América colonial sobre a África. David Brion Davis, ao reconstruir o declínio da imagem do africano no pensamento europeu do século XVIII, vasculhou materiais indicativos de que, pelo menos nesse caso, o conhecimento não era cumulativo[15]:

> Era sabido há dois séculos que os negros viviam em sociedades agrícolas estabelecidas; que eles cultivavam uma variedade de plantações, criavam grandes rebanhos de gado e plantavam árvores que lhes propiciavam sombra. Era sabido que eram altamente qualificados no uso do ferro e do cobre, na fabricação de joias e cerâmica e na tecelagem de finos tecidos de algodão.

[…] Era sabido que os africanos viviam em aldeias organizadas e espaçosas que proporcionavam privacidade para o indivíduo, preservando um sistema intrincado de distinções de classe e família […] Livros numerosos falavam dos modos corteses dos negros, de seus padrões de comércio bem estabelecidos, do seu conhecimento dos planetas e das constelações.[16]

Viajantes e mercadores europeus, cujas vidas e fortunas tantas vezes dependiam do conhecimento prático dos povos africanos, haviam publicado com frequência esses relatos bem-informados, detalhando as relações sociais com as quais se familiarizaram. Davis não consegue explicar por que tal compreensão não persistiu no pensamento europeu. Tendo chegado à conclusão de que a escravidão sempre fora problemática para a cultura ocidental[17], Davis, assim como Jordan[18], recorreu ao mistério: "Por razões que talvez nunca possam ser totalmente explicadas, foi a cor da pele do africano que se tornou sua característica definidora e despertou a resposta mais profunda nos europeus."[19] Davis, ao se conformar à convenção racial, herda sua tautologia: as distinções raciais são a base das sensibilidades raciais. Teria sido melhor se ele se dedicasse a uma investigação menos presunçosa das tradições ideológicas presentes na história ocidental. Teria então percebido que, após alguns séculos de indulgências raciais, o substrato do pensamento ocidental estava despreparado para qualquer outra coisa. Mesmo a mudança no pensamento ocidental dos séculos XVIII e XIX, de uma base epistemológica religiosa e filosófica para a da ciência moderna fizera pouca diferença[20]. Na verdade, serviu apenas para estender os termos e os fundamentos lógicos da fantasia de inferioridade racial (para os judeus, irlandeses, eslavos e asiáticos, bem como para os negros)[21]. O pensamento científico ocidental simplesmente assumiu seu lugar como a gramática formal mais recente para a expressão de uma metafísica racial, à qual sua resposta mais natural era a aquiescência. De fato, durante grande parte do século XIX, um dos projetos mais persistentes em que se empregou a ciência ocidental foi a tentativa de demonstrar o que já era entendido como a ordem natural das raças[22].

Na América, a acomodação da consciência histórica ocidental às ideologias raciais criou uma cadeia específica de percepções sociais errôneas e distorções históricas que perdurou até o século atual. Não só o pensamento popular foi afetado, mas os fundamentos próprios do pensamento acadêmico estadunidense, que começou a amadurecer no século XIX, estavam impregnados de pressuposições racistas. A emergente burguesia estadunidense, em seus aspectos mercantis, manufatureiros e plantocráticos, estava alcançando, deliberada e progressivamente, seus primeiros estágios de coerência ideológica. Essa base intelectual veio para absorver o passado daqueles que povoavam a América, bem como seu presente. O resultado foi a construção das lendas históricas que obscureciam as origens e o caráter da república e as relações sociais sobre as quais ela se apoiava[23]. As duras arestas das divisões de classe, enraizadas nas tradições socioeconômicas europeias da pequena nobreza inglesa e das aristocracias europeias continentais e suas classes mais baixas, foram suavizadas e obscurecidas por uma unidade racial mítica. A existência de ricas elites proprietárias de terra, as prerrogativas sociais e políticas do capital mercantil e da propriedade agrária, e inclusive o surgimento de uma aristocracia sulista, tudo isso foi inundado por odes ao iluminismo político que – recolhendo da Europa o "melhor" de suas tradições morais – presumivelmente conduzira o povo à independência, havia construído instrumentos quase perfeitos de governança e proporcionado ao indivíduo direitos garantidos por códigos legais formais[24]. Mesmo a longa, vociferante e às vezes violenta oposição da "Democracia Americana" (o Partido Democrata que tinha dominado a política federal e as repartições federais no segundo quarto do século XIX) à social-democracia ou o "governo da turba" (para seus oponentes) – ambos sintomáticos do caráter mais autêntico da ordem social e uma de suas últimas manifestações abertas – desvaneceu-se e ficou esquecida na esteira de um consenso racial emergente[25]. John Brown, mais próximo das origens artesanais associadas ao radicalismo da classe trabalhadora inglesa um quarto de século antes, é um indício de uma certa camada não totalmente hipnotizada pela ainda nova variante dos sistemas hierárquicos ocidentais.

É evidente que se podia discernir o caráter e a direção da distorção histórica muito mais cedo. Algumas das realidades da América colonial dificilmente eram um material a partir do qual uma lenda nacional pudesse ser construída sem esforço. No século XVIII, os ideólogos estadunidenses, já isentos – pela vitória colonial, pela pacificação e por um sistema escravocrata estabelecido – dos desafios dos povos não ocidentais de cujas narrativas iriam abusar, haviam começado a construir realidades alternativas. Levaria algum tempo até que suas maquinações deixassem de ser ficções toleráveis. Mais recentemente, revisando esses primórdios, Edmund Morgan, ao reconstruir as relações dos primeiros colonos da Virgínia com os povos nativos, resumiu o estado psíquico coletivo que, segundo seu parecer, deve ter acompanhado o ciclo de atrocidades que se estenderia, em última instância, até o século presente:

> Se você fosse um colono, saberia que sua tecnologia era superior à dos indígenas. Você saberia que era civilizado e eles eram selvagens. Isso era evidente em suas armas de fogo, suas roupas, sua moradia, seu governo, sua religião. Supunha-se que os indígenas deveriam ficar cheios de admiração e se juntar a você na extração das riquezas do país. Entretanto, sua tecnologia superior se mostrou insuficiente para extrair qualquer coisa. Os indígenas, isolando-se, riam de seus métodos superiores e viviam da terra com mais abundância e menos trabalho do que você. Inclusive lhe forneciam o alimento que, de alguma forma, você não conseguia cultivar o suficiente por conta própria. Ser tratado com condescendência por selvagens pagãos era algo intolerável. E quando o seu próprio povo começou a desertar para viver com eles, foi demais [...]. Então você matou os indígenas, os torturou, queimou suas aldeias, queimou seus campos de milho. Isso comprovou a sua superioridade.[26]

No entanto, já em 1751, Benjamin Franklin, um intelectual colonial da classe dominante bastante decidido, cuja influência final na sociedade estadunidense se faria sentir em termos ideológicos, financeiros e territoriais, expunha um registro bastante distinto dessas relações:

> Os europeus descobriram que a América estava totalmente povoada por povos caçadores; eles possuíam grandes trilhas, e podiam ser

facilmente persuadidos a dividir porções de território com os recém-
-chegados, que não interferiram muito com os nativos no que diz
respeito à caça e lhes forneceram muitas coisas que eles queriam.[27]

A violenta agressão colonial e seu corolário, a escravidão "indígena", já haviam se convertido no pensamento na mente "americana"
neonativista de Franklin em uma relação de súplica garantida por
uma lógica econômica; na verdade, a dependência dos "recém-chegados" com relação aos nativos já fora revertida. A cortina da ideologia
supremacista já começara a cair sobre o pensamento estadunidense
obscurecendo, desde as gerações historicamente inconscientes dos
descendentes dos colonos e dos imigrantes posteriores, as violências
e explorações opressivas entretecidas na estrutura da república.

Os servos por contrato emigrados, cujas origens costuma-se atribuir com mais frequência à Inglaterra, constituíam outra força de
trabalho da qual dependiam os assentamentos coloniais do século
XVII. Eles se sairiam um pouco melhor do que os indígenas nas tradições configuradas na historiografia estadunidense pelos ideólogos
da classe dominante. Evidentemente, pressupõe-se agora em geral
que o "servo branco", enquanto classe, havia de pronto desaparecido nas colônias continentais inglesas como resultado do comércio
de trabalhadores africanos que começou a atingir números substanciais a partir do final do século XVII[28]. Esse, contudo, não foi o caso.
Richard Hofstadter nos diz: "'O trabalho das colônias', disse Benjamin
Franklin em 1759, 'é realizado principalmente por servos contratados
trazidos da Grã-Bretanha, Irlanda e Alemanha, porque com o alto
preço envolvido não pode ser realizado de outra forma.'"[29] E até os
anos imediatamente anteriores à Revolução Americana, esses servos
ainda constituíam mais ou menos 10% dos 2,5 milhões de pessoas
que viviamnas colônias rebeldes. Como o escravo, legalmente uma
mercadoria suscetível de ser vendida a critério de um senhor, sujeito
amiúde a punições cruéis e desprovido de direitos de propriedade, ou
de se casar sem a permissão do senhor, ou de beber em uma taberna
pública, o servo branco juntou-se à grande maioria excluída da população na jovem república[30]:

Se os ditames lockeanos tivessem sido aplicados a todos os seres humanos na América do Norte britânica às vésperas da Revolução, e se todos tivessem a permissão de desfrutar dos direitos naturais e legais dos homens livres, teria sido necessário alterar o *status* de mais de 85% da população. De direito e de fato, não mais do que 15% da geração revolucionária era livre para desfrutar a vida, a liberdade e a busca da felicidade sem quaisquer restrições, exceto aquelas às quais tinham dado seu consentimento.

Os não livres da América revolucionária podem ser convenientemente divididos em cinco categorias: negros, servos brancos, mulheres, menores e homens brancos adultos sem propriedades.[31]

Os privilégios da democracia eram ilusórios para a maioria[32]. No final do século XVIII, os próprios servos brancos estavam tão longe da libertação quanto seus consternados predecessores, que haviam se unido a Bacon, ambicioso e horrível assassino de indígenas, em uma tentativa desesperada de redesenhar as fronteiras do poder e da riqueza da sociedade colonial no século XVII[33]. Não obstante, as experiências trágicas daquelas gerações de trabalhadores pobres raramente deram lugar a uma saga heroica. Até Abbot E. Smith, cujos estudos se comprovariam tão importantes para a recuperação do papel histórico dessa classe, reconheceu que era difícil construir um instrumento apropriado. Enquanto ele brincava com a ideia de que a importância real da classe servil para aqueles que organizavam os assentamentos poderia ser estimada por sua proporção nas populações coloniais (os servos contratados somavam "pelo menos a metade, e talvez dois terços, de todos os imigrantes nas colônias ao sul de Nova York")[34], Smith acabaria por insistir, em uma perplexa concordância com suas pouco objetivas fontes primárias, de que tais estimativas eram definitivamente inflacionárias:

> Os autores modernos geralmente os viam com tolerância generosa e ampliaram suas virtudes seja por orgulho patriótico, seja pelo desejo de demonstrar como pessoas extremamente dignas eram exploradas por suseranos econômicos nos tempos antigos e ruins. Mas quase de comum acordo, seus próprios contemporâneos, que os conheciam bem, os denunciavam como quase inúteis.

[...] Depois de fazer as devidas concessões para a arrogância da classe média e para as necessidades do argumento, não pode permanecer a menor dúvida de que, aos olhos dos contemporâneos, os servos brancos contratados eram muito mais preguiçosos, irresponsáveis, doentios e imorais do que a maioria dos bons trabalhadores ingleses. O senso comum, sem provas, indicaria de fato a mesma coisa.[35]

Smith demonstrava pouca "tolerância" com a classe dos servos. Assim também Hofstadter. A servidão branca era uma confluência da inevitável profusão de "trabalhadores ocasionais, lumpemproletários e criminosos", vindos de uma Inglaterra caracterizada por Hofstadter como uma "economia atrasada [...] que se movia em direção a métodos industriais e agrícolas mais modernos"[36]. Entendia-se apenas vagamente o fato de que os servos brancos, sobre cujas experiências a maioria dos estudiosos estadunidenses mantinha-se calada[37], foram retirados daqueles setores supérfluos das sociedades inglesas e da Europa continental, cujos deslocamentos econômicos e políticos constituíam a base para o julgamento de "superpopulação". Inclusive ótimos historiadores poderiam ser atraídos pelas prerrogativas ideológicas de seus predecessores de classe.

Como era de se esperar, a classe dos servos brancos atraiu para si as categorias sociais que há muito haviam sido moeda corrente para a cultura ocidental. Smith registrou os pontos de observação dos contemporâneos sobre esses servos "brancos". Ele observou as tentativas feitas para caracterizar a classe baixa colonial em termos raciais e nacionais[38]:

Franklin disse que os alemães eram estúpidos [...] Raramente era feita qualquer crítica de mesmo nível contra os escoceses [...] Ainda que tivessem sido rebeldes ou vagabundos em sua terra natal, eram considerados por todos como ambiciosos, trabalhadores e inteligentes [...] Os irlandeses eram menos preferidos, e algumas colônias tributavam ou mesmo proibiram sua importação. Isso ocorria em parte por causa de sua religião, considerada politicamente perigosa, mas sobretudo devido à sua tendência ao ócio e à fuga. [Christopher] Jefferson escreveu que muitos deles não serviam para "nada além de travessuras"; lemos que eles "vagaram" nas Bermudas, que se revoltaram em Barbados, que nunca se submetiam a uma servidão obediente e satisfatória para seus senhores. Os galeses eram altamente estimados.[39]

O inventário de Smith, no entanto, estava longe de ser completo. Foi, também, um tanto enganoso, uma vez que nem os galeses nem os escoceses eram tão numerosos quanto os irlandeses ou alemães entre os imigrantes dos séculos XVII e XVIII[40]. Não é de surpreender, dada a história da Irlanda desde o século XVI, que os irlandeses fossem a principal fonte de imigrantes forçados com contrato de servidão. No século XVIII, por exemplo, possivelmente até dez mil homens, mulheres e crianças foram "transportados" da Irlanda para o Novo Mundo como condenados[41]. E novamente, entre 1745 e 1775, de acordo com os Registros dos Oficiais da Marinha do porto de Annapolis, em Maryland, 5.835 servos emigraram da Irlanda em comparação com um total 4.725 da Grã-Bretanha (Londres, Bristol e "outros portos"), alguns dos quais eram, sem dúvida, irlandeses[42]. Tão significativo quanto o número é o papel que a colonização da Irlanda desempenhou no desenvolvimento da colonização inglesa no Novo Mundo:

> Os aventureiros que embarcavam para a Irlanda afirmavam que seu objetivo principal era reformar os irlandeses e [...] "reduzir aquele país à civilidade e aos costumes da Inglaterra". É evidente, entretanto, que não se fez nenhum esforço decidido para reformar os irlandeses, mas que, em vez disso, sob o mínimo pretexto – geralmente resistência aos ingleses –, eles eram rejeitados como um "povo perverso e sem fé" que deviam ser submetidos à espada. Essa fórmula se repetiu no tratamento dos indígenas no Novo Mundo [...]. Também ali encontramos as mesmas acusações lançadas contra os irlandeses sendo feitas contra os indígenas e, mais tarde, os negros. Argumentava-se que os indígenas eram um povo instável que não fazia uso adequado de suas terras e, portanto, podiam ser justamente privados delas pelos ingleses, mais empreendedores. Tanto os indígenas quanto os negros, assim como os irlandeses, foram acusados de serem ociosos, preguiçosos, sujos e licenciosos, mas poucos esforços sérios foram feitos para tirá-los de seu suposto estado de degeneração.[43]

Os irlandeses eram, pois, o protótipo do servo branco. E, à medida que seu impressionante número aumentava, e a classe servil era ampliada por imigrantes da Alemanha e por outros refugiados das turbulências políticas da sociedade europeia e seus abalos socioeconômicos no final dos séculos XVII e XVIII, o torno do racialismo intraeuropeu, a opressão religiosa e o desprezo de classe foram erguidos para abranger a maioria deles[44]. Aquela ordem social racial envolvente constituía uma acomodação ideológica para ignorar ou ofuscar as origens reais e as categorias mais autênticas da classe trabalhadora branca em desenvolvimento. Se eram pobres, era porque haviam sido vítimas de roubos em massa pelos Estados e pelas classes dominantes; se eram rudes e indisciplinados, era consequência das violações generalizadas a que haviam sido sujeitados. Pouco disso era conveniente no plano ideológico quando compreendido pela classe colonial capitalista infinitesimalmente pequena, que deveria usá-los como trabalhadores, como assentamentos que protegiam as fronteiras ou como instrumentos de disciplina para as populações africanas. Bastava saber que eles eram "os medíocres e os pobres que emigravam", como disse Crèvecoeur[45]. Esse, evidentemente, era o esboço mais básico da história.

No século XVIII, a névoa racial da civilização europeia havia se assentado sobre a topografia social das colônias inglesas, com seu manto dispersando as realidades da dominação e remixando seus elementos em tons familiares. No entanto, nas ordens inferiores, nas quais a névoa era mais densa e em que a sabedoria convencional nos ensinou a esperar a negritude, o espectro contemporâneo era mais complexo: os nativos do Novo Mundo apareciam tingidos de um vermelho selvagem, os trabalhadores europeus, de um cinza mosqueado. Sobre suas cabeças, a questão era mais simples: as classes dominantes estavam em um relevo dramático e branco. Mas entre nós e o espectro desse passado americano estão as fábulas históricas e raciais que obscurecem as explorações e opressões de povos africanos, europeus, asiáticos e ameríndios durante os duzentos anos intermediários. Como forma de obliterar esses acontecimentos, surgiu o mito da solidariedade branca, que passou a dominar a sensibilidade estadunidense. Em sua maior parte, era uma mentira, porém muito sedutora. No final do século XIX, já havia deslocado substancialmente o passado e mistificado as relações da época. Ela permanece no mesmo lugar.

A Destruição do Passado Africano

Por muitas razões, no entanto, é justo dizer que a mais significativa das obliterações do passado do Novo Mundo foi a que afetou o africano. O africano transformou-se no "inimigo doméstico"[46] mais duradouro e, consequentemente, no objeto em torno do qual uma concepção mais específica, particularista e exclusiva da humanidade foi moldada. O "negro", ou seja, a cor negra, era ao mesmo tempo uma negação do africano e uma unidade de oposição ao branco. O constructo do negro, ao contrário dos termos "africano", "mouro" ou "etíope", sugeria uma ausência de situação no tempo, ou seja, a história ou o espaço, a etnografia ou a geografia política. O negro não tinha civilização, cultura, religião, história, lugar e, finalmente, nenhuma humanidade que pudesse exigir consideração[47]. À semelhança dos seus protótipos do Leste, do Centro e do Oeste Europeus em sua época, e dos camponeses franceses, dos eslavos, dos povos celtas e, mais recentemente, dos "indígenas" americanos, os negros constituíam um grupo humano marginal, uma coleção de coisas de conveniência para uso e/ou erradicação. Esse não era, obviamente, um exercício inútil nos esquemas raciais e morais, uma vez que diretamente relacionado a um *quantum* mais considerável de trabalho disciplinado e aplicado, em grande parte, de maneira extraordinária. A mão de obra escrava no Novo Mundo, como observamos nas sociedades pré-capitalistas da Europa, era um elemento inextricável do desenvolvimento material, comercial e capital que ali ocorria. Deixando pouco espaço para a imaginação, Marx, em uma carta a Pável Vassiliévitch Ánnenkov, argumentou:

> A escravidão direta é tanto o pivô de nosso industrialismo atual quanto o maquinário, o crédito etc. Sem escravidão, não haveria algodão; sem algodão, nenhuma indústria moderna. A escravidão valorizou as colônias; as colônias criaram o comércio mundial;

o comércio mundial é a condição necessária da indústria de máquinas em grande escala [...]. A escravidão é, portanto, uma categoria econômica da maior importância.[48]

Embora a declaração de Marx fosse, mesmo à época, uma simplificação ligeiramente exagerada, ela assinalava o que não apenas perdurou, mas até certo ponto dominou as tentativas de caracterizar a relação do trabalho escravo com a industrialização[49]: a criação do negro, a ficção de um burro de carga estúpido, adequado apenas para a escravidão, estava intimamente associada às necessidades econômicas, técnicas e financeiras do desenvolvimento ocidental a partir do século XVI em diante[50]. O trabalho escravo, o tráfico de escravos e seus fenômenos associados – mercados para mercadorias baratas; construção e equipamento naval; marinhas mercantil e militar; cartografia; silvicultura; sistema bancário; seguro; melhorias tecnológicas nas comunicações; produção industrial (por exemplo, metalurgia) – alteraram profundamente as economias daqueles Estados direta ou indiretamente envolvidos na colonização e na produção por meio do trabalho escravo[51]. E em nenhum outro lugar o comércio entre a Europa, a África e o Novo Mundo era mais importante do que na Inglaterra:

> O comércio triangular [...] deu um estímulo triplo à indústria britânica. Os negros eram comprados com manufaturas britânicas; transportados para as *plantations*, produziam açúcar, algodão, anil, melaço e outros produtos tropicais, cujo processamento criou indústrias na Inglaterra, enquanto a manutenção dos negros e de seus proprietários nas *plantations* forneceu outro mercado para a indústria britânica, a agricultura da Nova Inglaterra e a pesca na Terra Nova. Em 1750, dificilmente havia uma cidade comercial ou industrial na Inglaterra que não estivesse de alguma forma ligada ao comércio colonial triangular ou direto. Os lucros obtidos proporcionavam uma das principais correntes daquela acumulação de capital na Inglaterra que financiou a Revolução Industrial.[52]

Mesmo assim, a Inglaterra não estava sozinha, nem os ingleses eram os únicos a terem chegado a um ponto em que o aparecimento de representantes da "raça negra" era conveniente. Uma medida simples da importância da mão de obra africana que está por trás da construção dessa criatura é que "antes do século xix [...] por trezentos anos, mais africanos do que europeus cruzaram o Atlântico a cada ano"[53]. Somente os interesses acumulados e as atividades mercantis das classes dominantes e das burguesias de Portugal, Espanha, França, Bélgica, Holanda, Itália e Grã-Bretanha poderiam ter realizado uma exploração em tamanha escala.

Esse "negro" era um constructo ideológico totalmente distinto daquelas imagens de africanos que o precederam. Diferia em função e, em última análise, em espécie. Se antes os negros eram um fenômeno assustador para os europeus por causa de sua associação histórica com civilizações superiores, dominantes e/ou antagônicas às sociedades ocidentais (sendo a do islã a mais recente), agora a ideografia dos negros passou a significar uma diferença de espécie, uma fonte explorável de energia (força de trabalho), ao mesmo tempo estúpida para os requisitos organizacionais de produção e insensível às condições subumanas de trabalho. Nos mais de três mil anos decorridos desde o início da primeira concepção do "etíope" e o surgimento do "negro", a relação entre o africano e o europeu havia se invertido.

Relações Pré-Modernas entre África e Europa

Dado que o sentido do passado é amiúde distorcido conceitualmente por uma consciência cujo mundo natural de coisas e relações é o presente, é importante lembrar que as colisões das "raças" negra e branca começaram muito antes dos acontecimentos dos séculos xv e xvi que prefiguraram a escravidão africana moderna[54]. A obliteração do passado africano por parte da consciência europeia foi o ápice de um processo milenar que subjaz na raiz da identidade histórica europeia.

Mais de um milênio antes do início da era cristã, civilizações do leste e do norte do Mediterrâneo haviam encontrado pelo menos uma das "civilizações superiores" da África.

O Mediterrâneo: Egito, Grécia e Roma

O antigo Egito era uma terra povoada fundamentalmente por camponeses e agricultores, cujas principais preocupações se centravam na beneficência do Nilo. Parece bastante provável que o Estado tivesse surgido como resultado direto dos requisitos administrativos envolvidos no planejamento e controle das águas que o Nilo trazia ou não durante seus períodos de cheia. Reservatórios, diques, canais e barragens tornaram-se os meios de preservação da terra durante os frequentes períodos de seca. Uma vez institucionalizado, o Estado passou a ser a base do primeiro sistema mundial, estendendo a civilização egípcia ao longo do Nilo até as terras do leste e do norte do Mediterrâneo[55]. Já na décima nona dinastia egípcia (1320-1200 a.C.), os *lukku* (lícios), os *teresh* (tarsos) e os *akaiawasha* (os aqueus), seja como mercenários ou como aliados dos hititas, haviam sido mencionados na estela de Merneptá (1236-1223 a.C.) como parte dos inimigos do Egito por ele derrotados[56]. As próprias tradições gregas falam da fundação de colônias egípcias (Ática, Argólida) na Grécia nos séculos XV e XIV[57]. Setecentos anos se passaram antes que as provas históricas, conforme atualmente preservadas, revelassem outro encontro. Nos séculos VII e VI a.C., mercenários jônios e cários serviram aos faraós Psamético I (663-609 a.C.) e Psamético II (594-588 a.C.)[58]. Entre outras funções, eles eram usados para a guarnição militar em Dafne de Pelusa (agora o Sinai Ocidental) e, juntamente com os mercadores gregos, encorajados a se estabelecer em Náucratis, perto da capital de Sais, no delta ocidental do Nilo. O assentamento dos gregos em Náucratis é interessante, visto que antes dessa época eles tiveram sua residência proibida no Egito. Essa dependência de mercenários estrangeiros para defender suas fronteiras era um sintoma da fraqueza de um Estado egípcio que sucumbiria aos assírios menos de meio século depois[59]. No século V a.C., Heródoto, o primeiro dos historiadores da Europa, rastreou assentamentos coloniais egípcios até a região norte do Mar Negro. Heródoto descreveu um povo negro, os colquidianos ("eles têm pele negra e cabelos lanosos")[60], que vivia no que é atualmente a Geórgia soviética. Heródoto acreditava que os colquidianos fossem descendentes de um exército egípcio sob o "rei Sesóstris" (cujo nome poderia ser um composto de Seti I, 1313-1301 a.c., e Ramsés II, 1301-1234 a.C.)[61]. Ele também observou a participação de soldados etíopes sob o comando de Xerxes nas guerras persas[62]. As referências de Heródoto a povos negros podem ser tomadas literalmente, já que suas viagens egípcias (por volta de 440 a.c.) o levaram do Nilo até Elefantina (uma ilha em frente à moderna Assuã), familiarizando-o totalmente com o povo a quem chamou de etíope.

A partir do século VII a.C., a lei, a ciência, a religião e a filosofia egípcias começaram a ter impactos dramáticos no desenvolvimento do pensamento jônico e grego[63]. Os Mistérios Egípcios, erradicados da Grécia trezentos ou quatrocentos anos antes na luta contra o imperialismo egípcio, mais uma vez se converteram na base do desenvolvimento grego. Agora os despojos de um Estado em ruínas, os Mistérios dessa vez serviram para promover o desenvolvimento intelectual e científico, em lugar de uma tecnologia estendida para fins de exploração imperialista[64]. Dois séculos depois, Platão, em seu *Timeu*, enquanto reconstruía a lenda da Atlântida (presumivelmente contada a Sólon por sacerdotes egípcios durante a visita do estadista ao Egito), parece ter aceitado como algo natural que os egípcios haviam sido os mentores dos gregos[65]. Como disse Margaret Stefana Drowser, "Os gregos sentiam que sua própria civilização era nova e inexperiente em comparação com as antigas tradições e habilidades daquela antiga terra, em que o passado ainda vivia no presente."[66]

Quanto às origens da civilização egípcia, tanto fontes egípcias quanto não egípcias do período antigo estão de acordo. Chiekh Anta Diop observou que: "Os próprios egípcios – que certamente deveriam ser mais bem qualificados do que qualquer um para falar de sua origem – reconheciam sem ambiguidade que seus ancestrais vieram da Núbia e do coração da África. A terra do Amam, ou a terra dos ancestrais [...]. Todo o território de Kush, ao sul de Egito, era o que eles chamavam de terra dos deuses."[67]

Diodoro Sículo (da Sicília), escrevendo no século I a.C., chegou a uma conclusão semelhante (conclusão essa só recentemente aceita, em sua maior parte, por arqueólogos e egiptólogos ocidentais):

Os civilizados etíopes [...] de acordo com Diodoro, foram os primeiros a honrar os deuses de cujo favor seus [sic] desfrutavam, como evidenciado pelo fato de que eles tinham ficado livres de invasões estrangeiras. Esses etíopes não só foram pioneiros em assuntos de religião, informa Diodoro, mas também os criadores de muitos costumes praticados no Egito, pois os egípcios eram colonizadores dos etíopes. Os egípcios receberam desses etíopes, por exemplo, crenças sobre seus reis, práticas de sepultamento, formatos de estátuas e formatos de letras.[68]

Como se poderia antecipar, durante os mais de três mil anos da história pré-cristã egípcia, a relação entre o Baixo e o Alto Egito nunca foi estável. Um ou outro dos dois reinos costumava ser dominante. Durante os séculos VIII e VII a.c., talvez pela última vez, o sul (Alto Egito, Núbia ou Etiópia) reafirmou seu domínio, conquistando e governando o Baixo Egito até a derrota pelo assírios em 671-661 a.C.[69] Inquestionavelmente, egiptólogos ocidentais dos séculos XVIII, XIX e início do século XX consideraram os dois mil anos seguintes mais agradáveis para suas cosmologias raciais e seu etnocentrismo do que o passado mais antigo do Egito.

Os romanos, como se sabe, sucederam os gregos como a civilização dominante no norte do Mediterrâneo. Como seu império excedia em muito as dimensões da aventura helênica, seu conhecimento da África era muito mais extenso. E de forma muito similar aos gregos, os que mais se integraram ao aparato imperialista de Roma – seu comando militar, seus burocratas administrativos e colonialistas e sua *intelligentsia* responsável pelo treinamento e educação dos herdeiros da classe dominante – foram os que conseguiram maior intimidade com o continente. O conhecimento real dos gregos em relação à África era em grande medida confinado às regiões do Nilo superior (meridional) e inferior (setentrional). Os romanos, no entanto, familiarizaram-se com os povos ao longo do Nilo, mas também estabeleceram relações com povos africanos do noroeste da África (isto é, a Líbia e o oeste da Líbia) e no extremo sul, como Camarões e Sudão[70]. À semelhança dos gregos no Egito, os romanos encontraram no norte da África povos como os garamantes, que eram negros ou miscigenados. (Evidência encontrada em Chipre de um período anterior, o século VI a.C., tende a corroborar o papel dos negros até mesmo na história egípcia tardia)[71]. Os romanos também encontraram soldados negros no exército de Aníbal, o cartaginês, que invadiu a Europa em 218 a.C. Também se sabe que enviaram expedições e estabeleceram postos militares e relações diplomáticas com povos ao sul do Egito. Esses esforços estavam em consonância com a tentativa de proteger as fronteiras meridionais de sua colônia egípcia e de preservar as rotas comerciais para Meroé, o deserto oriental, e a África Central[72]. A paz, no entanto, era elusiva, conforme evidenciado pelas sucessivas guerras travadas contra os exércitos da rainha etíope Candace durante o último terço do primeiro século a.C. Ademais, um povo etíope, os blêmios, travou guerras contínuas com os exércitos romanos de 250 d.C. a 545 d.C.[73] A oeste do delta egípcio, expedições militares romanas em 86 d.C. e alguns anos depois podem ter penetrado até o lago Chade[74]. O objetivo parece ter sido principalmente a defesa das rotas e caravanas comerciais, embora os esforços conjuntos com os garamantes possam estar relacionados diretamente com os interesses de Estado dos aliados africanos de Roma. Contudo, não obstante suas relações pouco cordiais com os africanos, os romanos, como seus predecessores gregos, não desenvolveram preconceitos raciais de cor:

> As relações sociais não deram origem, entre os gregos e romanos, ao preconceito de cor de certas sociedades ocidentais posteriores. Os gregos e romanos não desenvolveram doutrinas de superioridade branca com respaldo em fatos ou justificativas teóricas sobre a base da linha de cor.
>
> A presença de grande número de negros em uma sociedade branca, de acordo com alguns pontos de vista modernos, é que dá origem a um sentimento antinegro. Os etíopes estavam longe de ser atrações raras no mundo greco-romano, em particular no romano. Ainda assim, o intenso preconceito de cor do mundo moderno estava ausente. Embora seja impossível estimar a proporção de negros no mundo clássico em termos de estatísticas precisas, é óbvio que a população negra na Grécia e na Itália era maior do que geralmente se pensava.[75]

A Idade das Trevas: Europa e África

Após a dissolução da administração romana no século v d.C. o conhecimento do período africano antigo ou de períodos mais contemporâneos começou a se dissipar dramaticamente entre os povos europeus. Para os europeus distantes do Mediterrâneo, ele nunca fora extenso de qualquer modo, permanecendo restrito em grande parte àqueles que participavam dos assuntos de Estado e aos poucos envolvidos nas tradições literárias bastante esparsas. Na Europa Ocidental, seus povos isolados dos centros da civilização pela geografia, os rigores da transumância e do reassentamento, a ausência de centros urbanos e o atraso de seu desenvolvimento, o subsequente domínio da área mediterrânea por povos muçulmanos foi catastrófico para seu conhecimento dos povos além das margens orientais da península europeia. Por exemplo, em meados do século XIII, Bartolomeu Anglicus observou com convicção injustificável:

> A Etiópia, terra dos homens azuis, recebeu primeiro esse nome pela cor dos seus habitantes. Porque a proximidade do sol os assava e os tostava. E assim a cor dos homens mostrava a força do astro, pois ali havia um calor considerável [...]. Nessa terra há muitas nações com diversos rostos, maravilhosa e terrivelmente modelados. Existem duas Etiópias, uma no Leste, e a outra é a Mauritânia, no oeste, mais perto da Espanha. E então está a Numídia e a província de Cartago. Depois está Getula e, finalmente, contra o curso do sol, está a terra que é alta Etiópia Adusta, queimada, e as fábulas contam que lá vivem os antípodas, homens que têm os pés contrários aos nossos.[76]

As antigas civilizações do Velho Mundo, na Ásia e na África, converteram-se em lendas, preservadas sobretudo nas histórias obscuras e recônditas da narrativa bíblica. À medida que o conhecimento se tornou cada vez mais um terreno reservado aos monges, as reconstruções seculares assumiram certa raridade devido ao compromisso da Igreja com a interpretação da história de acordo com suas percepções da vontade divina[77]. O etnocentrismo, legitimado pelas autoridades eclesiásticas e pela ignorância, as duas fontes do conhecimento medieval, tornou-se a base para o conhecimento do mundo. Finalmente, com a evolução da ideologia cristã em uma cosmovisão, bastava saber que a humanidade era divisível em duas coletividades: o exército da Luz e o exército das Trevas: "Quer os homens tenham escrito sobre um *imperium christianum*, um *regnum Europae* ou, mais tarde, sobre uma *societas Christiana*, houve o mesmo impulso de separar os valores conhecidos do 'interior' das forças obscuras e ameaçadoras do paganismo, da heresia e do cisma, que ficavam para além do perímetro."[78]

A Europa era o mundo de Deus, o foco da atenção divina; o resto da humanidade pertencia por enquanto a Satanás. Por talvez mil anos ou mais, a consciência histórica mundial da Europa Ocidental foi transformada em teosofia, demonologia e mitologia[79]. E, de fato, em um sentido mais profundo, noções europeias de história, tanto teológicas como pseudoteológicas, negavam a possibilidade da verdadeira existência de civilizações anteriores. A perfectibilidade da humanidade, a visão escatológica, excluía a possibilidade de que uma civilização pré-cristã tivesse alcançado algum desenvolvimento notável na lei moral, na organização social ou na história natural (ciência). Por mais de seiscentos anos, a prescrição do século VI de Cassiodoro para pôr "em fuga o diabo e sua obra" dominou a educação e o conhecimento medievais:

> Permita que nós, que desejamos sinceramente entrar no céu por meio de esforços intelectuais, acreditemos que Deus dispõe todas as coisas de acordo com sua vontade, e nos permita [...] rejeitar e condenar as vaidades da vida presente e investigar cuidadosamente os livros das Escrituras Divinas em sua ordem normal, de modo que, ao nos referirmos a todas as coisas para a glória do Criador, possamos proveitosamente atribuir aos mistérios celestiais aquilo que os homens parecem buscar em vão para o louvor dos mortais. E, portanto, como dizem o abençoado Agostinho e outros padres muito eruditos, os escritos seculares não deveriam ser rejeitados. É adequado, porém, como afirma a Escritura, "meditar na lei (divina) dia e noite", pois, embora um conhecimento digno de alguns assuntos seja ocasionalmente obtido de escritos seculares, essa lei é a fonte da vida eterna.[80]

Islã, África e Europa

Ironicamente, ao sul dos Pireneus, circundando o Mediterrâneo e se estendendo para além do Indo, os estudiosos supostamente descendentes de Ismael, primeiro filho do profeta Abraão, estavam se convertendo nos herdeiros diretos do antigo conhecimento e pensamento. Lerner e Mahdi argumentam que isso foi possível pelo fato de que, no islã, a absorção de "ciências novas e estranhas" era uma questão jurídica e não teológica, sendo assim resolvida pela disputa de advogados perante um jurista. A questão era se essas ciências interferiam ou não em crenças prescritas pela lei, conforme definidas pelos juristas. Havia também, eles observam, uma ausência de autoridade eclesiástica no islã; uma autoridade que pudesse se equiparar à Igreja Cristã medieval em sua preocupação com "heresias" concorrentes[81]. Rodinson acredita que o *éthos* da cultura árabe talvez fosse ainda mais significativo: "Os costumes árabes aceitavam e incentivavam a adoção, em cada clã, de pessoas de todo tipo e nacionalidade, que então se tornavam plenamente árabes [...]. Persas, sírios, egípcios, berberes, godos, gregos e muitos outros juntaram-se aos árabes, considerando a si próprios como árabes e realmente se convertendo em árabes. O número dos que se tornaram muçulmanos foi ainda maior."[82]

Embora as autoridades espirituais e, na maioria das vezes, temporais da cristandade evitassem grande parte do conhecimento acumulado por civilizações pré-cristãs, os estudiosos falantes da língua árabe tomaram esse conhecimento como uma pilhagem legítima das guerras vencidas pelos exércitos muçulmanos. A cultura árabe começava agora a absorver o pensamento científico e filosófico mais desenvolvido que era o dos derrotados, do mesmo modo que as culturas persa e siríaca tinham antes absorvido elementos similares da cultura grega tão logo ela foi final e oficialmente proscrita na Roma cristã do século VI e que os gregos antes deles haviam tomado da produção intelectual das culturas egípcia e babilônica.

Com a proteção e a facilidade decorrentes da expansão dos estados islâmicos, estudiosos árabes entre os séculos VII e X conseguiram acesso às obras de seus predecessores mediterrânicos. O período mais intensivo de tradução para o árabe de textos gregos, sânscritos, persas e siríacos ocorreu entre 750 e 900 d.C.[83] As traduções, contudo, parecem ter sido seletivas, uma vez que obras históricas foram em geral negligenciadas durante o primeiro período de absorção. Os tradutores, entre os quais predominavam os médicos, demonstraram interesse principalmente por obras nas áreas da medicina, da matemática e da astronomia.

No leste islâmico, o centro artístico e intelectual gravitava de Damasco e Bagdá ao Cairo, como impacto das incursões de turcos seljúcidas, cruzados cristãos, berberes, árabes nômades e exércitos mongóis. No oeste, o Magrebe, os centros mais gloriosos da cultura islâmica se encontravam na região da Península Ibérica. Foi na Espanha e particularmente em Toledo (reconquistada pela "cristandade" em 1085 após mais de trezentos anos de domínio muçulmano) que o trabalho de tradução se concentrou. No século XII, seguindo de perto as traduções do século XI, do árabe ao latim, feitas por Constantino, o Africano (falecido em 1087), de textos médicos, os estudiosos europeus ficaram frente a frente, pela primeira vez em quase mil anos, com os conhecimentos do mundo antigo em filosofia, física, matemática, medicina, alquimia e astronomia:

> No início do século XII, o conhecimento grego estava disponível em grego e em árabe, porém mais acessível no último idioma. Além disso, muitos originais das obras gregas foram perdidos, porém estavam disponíveis em traduções para o árabe. Quando o Ocidente se tornou suficientemente maduro para sentir a necessidade de um conhecimento mais profundo, quando quis renovar seus contatos com o pensamento antigo, recorreu às fontes árabes.
>
> Assim, a principal tarefa intelectual dos séculos XII e XIII foi a tradução. Grande parte da energia intelectual dos tempos medievais não foi gasta na criação de novos valores intelectuais, porém na transmissão dos mais antigos. O conhecimento foi obtido não mediante uma investigação nova e independente, mas pelas traduções, principalmente do árabe.[84]

No final do século XII, as universidades de Salerno e Bolonha, na Itália; Paris e Montpellier, na França; e Oxford (e no século XIII,

Cambridge) na Inglaterra foram fundamentadas nesse acontecimento bastante extraordinário[85].

A civilização islâmica, no entanto, fez mais do que simplesmente funcionar como um conduto tardio no desenvolvimento da civilização ocidental. O norte da África como ponto final do comércio de ouro com a África Ocidental ficou sistematicamente proscrito aos mercadores europeus. O propósito, ao que parece, era manter em segredo a localização das minas e das rotas comerciais transsaarianas. No século x, porém, os mercadores árabes começaram a explorar uma riqueza diferente: os escravos. Utilizando portos na costa do Mar Vermelho, ao longo dos próximos novecentos anos, os mercadores árabes de escravos saquearam as sociedades africanas, possivelmente em até dezessete milhões de pessoas[86].

Essa, entretanto, é outra história, talvez outra História. Mais pertinente é o desenho dos seguintes esquemas históricos que traduz alguns dos efeitos mais importantes da civilização islâmica sobre os povos europeus, suas histórias e suas instituições. O que é convincente, é claro, é que o impacto do islã sobre os europeus vai muito além da tradição aceita da civilização muçulmana como um "tesouro para o conhecimento da Antiguidade". Esse foi apenas um petardo importante. O destino europeu confrontava uma força muito maior.

Não era como descendentes de hebreus lendários ou como receptáculos do conhecimento antigo que os muçulmanos passaram a ser representados com mais frequência entre os povos europeus. O islã, uma fé que abraçava uma civilização multirracial, incorporando povos da Arábia, África, Oriente Próximo, Oriente e Sul da Europa, seria conhecido por seus exércitos. E os africanos foram proeminentes nesses exércitos desde o início. Eles haviam lutado nas guerras árabes pré-islâmicas e, no primeiro século da era islâmica (século vii da era cristã), sua presença já havia sido notada nos impérios da Europa[87]. Quatrocentos anos depois, quando a cristandade lançou um contra-ataque furioso ao inimigo cujo próprio ser zombava das crenças da Europa e materialmente diminuía sua vida cotidiana, o islã e os "os mouros negros" já constituíam uma identidade familiar. O encontro cristão com o islã teria, pois, ressonâncias tanto raciais quanto econômicas.

Por conta de seu apetite logístico, as cruzadas cristãs iniciadas no século XI contra os sarracenos em Jerusalém, trouxeram prosperidade para as cidades-Estados mercantis italianas da Idade Média. Esses entrepostos dominaram o comércio do sul e do oeste da Europa com o mundo não europeu até meados do século XIV[88]. No início daquele século, embora as taxas papais e régias para as cruzadas tivessem aumentado em número e frequência, as cruzadas reais tinham quase que inteiramente terminado. Tão logo o entusiasmo e o fanatismo religiosos que revestiram a carnificina das cruzadas diminuiu, e as ambições dos senhores feudais normandos e francos e seus aliados clericais foram saciadas ou oprimidas pelo peso das administrações burocráticas e das seduções da corrupção, o comércio marítimo dos Estados da costa italiana se deslocou da comercialização da guerra, do transporte de exércitos e do financiamento da invasão, concentrando-se nas convenções comerciais e, é claro, na pirataria[89]. A Europa – cuja população fora estimulada por uma maior produtividade alimentícia associada a novas tecnologias de cultivo, ao desmatamento de terras cultiváveis para combustível, concomitante à preparação e ao transporte de seus exércitos invasores e talvez por mudanças climáticas benignas – havia se expandido[90]. A Europa se estendeu tanto horizontalmente, com a criação de novas cidades e o reassentamento das antigas, quanto do ponto de vista geopolítico– a leste, em direção às terras dos prussianos, eslavos e bizantinos cristãos; a oeste para a Inglaterra; e ao sul para as terras das penínsulas ibéricas e italianas[91]. Os grandes mercadores e banqueiros cristãos e judeus de Veneza, Florença e Gênova, já envolvidos pelas oportunidades, associações e investimentos do período anterior, resistiram com sucesso às suas aversões aos muçulmanos infiéis e aos seus negócios nefastos[92]. Seguindo a prática muito mais frequente entre os clérigos de comprar indulgências para legitimar sua prole bastarda, os mercadores compravam indulgências para seu tráfico comercial com os infiéis. (O papa João XXII [1316-1334] também poderia ter aproveitado uma se não tivesse a sorte de ser infalível, quando comprou quarenta peças de tecido de ouro de Damasco.) Enquanto isso, o ouro da África, as sedas, as especiarias e o açúcar do Oriente e da Ásia Menor eram avaliados pelos italianos e seus sócios islâmicos em termos de escravos europeus (eslavos, turcos, búlgaros e circassianos) e bens[93].

A Europa e o Comércio Oriental

Na Europa, porém, o sistema feudal ultrapassara seus limites política, econômica e socialmente. A crise europeia que se seguiu manifestou-se no final do século XIII e amadureceu totalmente nos séculos XIV e XV. Quaisquer que tenham sido suas causas fundamentais – e Wallerstein nos lembra o quão sutil se tornou o debate acadêmico ao recordar que a tese de Edouard Perroy era sobre "uma saturação de população" e os limites da tecnologia agrária, enquanto R.H. Hilton acreditava que a causa principal fosse a despesa exorbitante com as superestruturas feudais infladas pela guerra e filtradas por insurreições camponesas e fomes[94] – a população europeia diminuiu e seus mercados, comércio, cidades, aldeias e áreas cultivadas se contraíram. Não foi, entretanto, uma questão puramente interna, nem de todo dependente de acontecimentos ou elementos englobados pela sociedade humana. Resta assinalar uma dessas forças pelo papel devastador que desempenhou na crise da Europa do século XIV.

Junto com alguns outros historiadores, Trevor-Roper adicionou à sua lista de causas suspeitas por trás do colapso da Europa o Império Mongol e sua dissolução em meados do século XIV. Suas razões incluem a importância ideológica que o movimento mongol assumiu de imediato na mente dos governantes cristãos europeus:

> Ali havia uma segunda frente poderosa contra mamelucos e turcos; ali também havia uma enorme área de livre comércio, de Budapeste a Cantão; e ambas poderiam ser exploradas [...].
>
> Assim, quando a forma de colonização imperialista dos cruzados fracassou, a alternativa de "correspondência pura e amigável" foi bem-sucedida, e no século posterior ao fracasso das Cruzadas, a Europa ainda convivia, com sucesso, com o Oriente [...] o grande, ordenado e tolerante Império Mongol.[95]

No início, ou seja, na década de 1220, os francos haviam confundido as intenções dos mongóis, baseando suas expectativas em relatórios fragmentados dos cristãos orientais: "Esses cristãos orientais criaram um 'rei Davi' cristão a partir do conquistador mongol, que teria destruído os impérios muçulmanos a fim de se dirigir para a Terra Santa e libertar Jerusalém."[96]

Na década de 1240, após uma série de trocas entre capitais e exércitos mongóis e senhores e papas francos, a cristandade havia abandonado o seu equívoco. Aprendeu que: "O programa dos mongóis era total e inteiramente baseado em uma regra ditada por Gengis Khan: 'Há apenas um Deus no céu, e na terra há apenas um soberano, Gengis Khan.'"[97] O Império Mongol ordenou a submissão do papa e dos reis cristãos. Ainda assim, na década de 1260, mongóis e francos concordaram formalmente em se unir nas cruzadas contra os mamelucos muçulmanos e, nas primeiras décadas do século XIV, as "repúblicas mercantis" italianas e os mongóis estabeleceram tratados de comércio. Isso significava que por maior que pudesse ser a importância da estabilidade, do comércio e do intercâmbio tecnológico com os mongóis (por exemplo, pólvora e as técnicas de impressão da China) para uma Europa ainda compelida, pelo dogma cristão, a abominar e a evitar os infiéis do Sul, o ouro, em grande parte trazido da África[98], encontrava seu caminho para o centro e o leste da Ásia apenas para pavimentar, como contrapartida, a rota da Peste Negra para a Europa. Descreve o itinerário da praga em termos menos nefastos William McNeill:

> Muitas pessoas não só percorriam longas distâncias ao longo de fronteiras culturais e epidemiológicas; elas também viajavam por uma rota mais ao norte que até então jamais havia sido tão frequentada. A antiga "rota da seda", entre a China e a Síria, cruzava os desertos da Ásia Central, passando de oásis em oásis. Agora, além dessa rota antiga, caravanas, soldados e mensageiros cavalgavam pelos campos abertos. Eles criaram uma teia humana territorialmente vasta que ligava a sede mongol em Karakorum com Kazan e Astrakhan no Volga, com Caffa na Crimeia, com Khanbaliq na China e com inúmeros outros caravançarais entre eles.[99]

Ao que parece, foi a revolta no extremo oriental do Império Mongol, uma revolta que culminaria no estabelecimento da dinastia Ming, a qual proporcionou as condições caóticas para a que a epidemia se espalhasse. O relato da praga deixado por Ibn al-Ward (que morreu de peste em Alepo em 1349) tem sido geralmente aceito: começou em algum lugar que al-Ward denominou "A Terra das Trevas" (Yunnan--Burma) antes de 1331; então se espalhou para a China e o norte da Ásia, e depois para a Ásia Central e a Europa Oriental – o tempo todo seguindo a rota comercial mongol entre o Mediterrâneo e a China; no final de 1347, cruzou Caffa, no Mar Negro, até o porto siciliano de Messina; estima-se que em três anos, mais de vinte milhões de europeus (entre um terço e a metade da população da Europa) juntaram-se aos mais de sessenta milhões de chineses mortos[100].

O Islã e a Criação de Portugal

Tendo em mente que nosso interesse nos efeitos da civilização muçulmana na Europa está relacionado com a tentativa de reconstruir os processos pelos quais o passado africano foi suprimido da consciência europeia, talvez a maior ironia dessa história diga respeito à fundação do Estado português e à classe dominante que o dirigia. A expansão do Estado português para a África marca, evidentemente, o início da era moderna no desenvolvimento europeu: a "Era dos Descobrimentos". Também marca os primórdios desses encontros entre os povos da península europeia e o continente africano que produziriam o negro.

O surgimento e o desenvolvimento do Estado português foram também resultado de processos direta e indiretamente relacionados com a civilização muçulmana. Embora em muitas abordagens em língua inglesa da história portuguesa (sem dúvidas, em parte atribuíveis à relação clientelar de Portugal com a Grã-Bretanha desde o século XVIII) ainda persistam véus anglo-saxônicos, essas histórias guardam alguma relação com o passado. Por exemplo, em meados do século XII, como lembra Trevor-Roper:

> um grupo de cruzados ingleses e flamengos, navegando em direção ao Mediterrâneo para se juntar à segunda cruzada, chegou à foz do rio Souro. Eles foram facilmente persuadidos de que não havia necessidade de navegar para mais longe. Havia infiéis em Portugal,

e terras tão ricas quanto na Palestina: os cruzados concordaram; ficaram ali. Em lugar de Edessa, capturaram Lisboa; e tendo massacrado os habitantes muçulmanos e se instalado em suas terras, esqueceram-se do reino cristão de Jerusalém e fundaram o de Portugal[101].

Na qualidade de historiador britânico, Trevor-Roper dá o devido peso à intervenção inglesa, porém ignora seus aliados ibéricos e franceses (por exemplo, Henrique de Borgonha). No entanto, é certo que os antigos cruzados desempenharam um papel importante na criação de Portugal durante as guerras coloniais contra os muçulmanos. Declara Américo Castro:

> A frota envolvida na conquista de Lisboa tinha levantado âncora na Inglaterra com 169 navios fornecidos e ocupados por ingleses, alemães, flamengos, franceses e gascões. As torres erguidas para a conquista da cidade foram obra de flamengos, ingleses e de um engenheiro de Pisa. Toda a pilhagem foi para os estrangeiros que, mediante um pacto com os mouros, tomaram para si o ouro, a prata, as roupas, os cavalos, as mulas, e deram a cidade ao rei.[102]

Trezentos anos depois, conforme a lenda dominante continua, não incomodado pelas guerras e pelos conflitos internos que assolavam as principais potências da Europa Ocidental, geograficamente próximo da costa atlântica da África Ocidental[103], com uma experiência direta do comércio marítimo de longa distância e uma experiência aprendida dos mercadores italianos (que haviam iniciado sua própria colonização comercial de Portugal no século XIII)[104], e com um poderoso resíduo do aventureirismo cristão anti-islâmico, o Estado português empreendeu o primeiro dos grandes descobrimentos que se amadureceriam nos sistemas mundiais modernos da Europa e das colônias europeias. No século XV, Portugal e seus parceiros italiano (e ingleses) haviam transferido a produção de açúcar, o sistema de *plantation* e, claro, o sistema de escravidão das ilhas do Mediterrâneo Oriental a todo o Atlântico Oriental. Por volta do século XVI, a Espanha havia herdado os capitalistas italianos e tudo o que os acompanhava – e o mesmo aconteceu com o Novo Mundo[105].

Ainda assim, como havia alertado Castro: "É impossível entender a formação do imenso Império Português apenas em termos de análise econômica ou estatística."[106] Pode-se acrescentar que esse é especialmente o caso quando tal análise é baseada em reconstruções históricas indiferentes. A "tranquilidade" do século XV em Portugal, que C.R. Boxer afirma (e Wallerstein repete)[107], por exemplo, deve ser posta em dúvida quando se aprende de outras fontes que o século foi pontuado por uma guerra marcial e diplomática com Castela, terminando com a supressão homicida de uma luta dinástica[108]. O próprio Castro chegou à conclusão de que muito mais atenção devia ter sido dada ao nacionalismo português:

> Portugal queria e acreditava em uma história própria com tanta intensidade que foi, pouco a pouco, bem-sucedido, incorporando uma história imaginada e a prática de imaginá-la no processo de sua existência autêntica. Os empreendimentos imperiais; a marca duradoura de Portugal no Brasil, nas Índias Orientais e na África; as figuras imponentes de Vasco da Gama, Afonso de Albuquerque, Fernão de Magalhães e outros; as obras de Gil Vicente e Camões – tudo isso e muito mais motivou a recriação das origens de Portugal.[109]

No entanto, não se tratava de um simples "nacionalismo": um *éthos* de massa vinculado a um destino nacional. Os portugueses dos séculos XII, XIII e XIV eram uma mescla extraordinária de povos da Europa Ocidental e do Mediterrâneo. Mais importante, as classes dominantes da nova nação, a nobreza e a burguesia, que teceram a tapeçaria ideológica do nacionalismo e construíram as ideografias que marcaram suas famílias e feitos, provinham das aristocracias com terras e títulos da Espanha (Castela, Aragão e Catalunha), França (Flandres e Borgonha) e Inglaterra[110]. Os fios da identidade nacionalista portuguesa foram tecidos a partir de uma origem europeia. Portugal herdou, consequentemente, não apenas suas casas reais – e seus credores capitalistas italianos –, mas também a migração mercantil e científica procedente do fluxo social e intelectual de Veneza, Gênova, Pisa, Maiorca, Florença, Flandres, Catalunha e Inglaterra. Com esses elementos díspares vieram, também, um certo mal-estar e a resolução de construir um Estado cujo caráter seria distinto das sociedades corruptas, caóticas e mesquinhas das quais haviam fugido ou sido levados:

> Esses europeus achavam a Europa moralmente desagradável, com constantes guerras internas entre os chamados príncipes cristãos; com a heresia abundante, o cisma um fato por quase quarenta anos; com relações confusas sempre aparentes entre as autoridades eclesiástica e secular; com caridade amiúde inexistente; com o casamento transformado em zombaria e o adultério generalizado; com ladroagem e mentiras não dissimuladas por todos os lados.[111]

Foi novamente esse "nacionalismo" e, em particular, o elemento do antagonismo muçulmano, que desempenhou um papel tão crítico no expansionismo português no século xv. Ao narrar o fascínio de Portugal e da Europa por Preste João, registrou Robert Silverberg:

> Em 1411, quando Portugal havia chegado a um estado de paz total a que não estava acostumado, João de Avis adotou uma sugestão de Filipa, sua rainha nascida na Inglaterra: a fim de manter o ímpeto da economia nacional, ele enviaria uma expedição armada para o norte da África. João e Filipa imaginavam conquistar o reino mouro de Fez, abrindo, assim, caminho para uma penetração portuguesa, por terra, no reino de Preste João em algum lugar no coração da África. Com a cooperação de Preste João, uma nova rota das especiarias poderia ser estabelecida, com caravanas cruzando a África, do Marrocos ao Mar Vermelho, e trazendo pimenta e cravo para Lisboa.[112]

Dom Henrique (o Navegador), a quem se atribui a organização das forças de Portugal; dos recursos da Ordem de Cristo; das habilidades e instrumentos da marinha mais desenvolvida da Europa e da sabedoria de navegação dos matemáticos, cartógrafos, astrônomos e geógrafos muçulmanos e italianos, com o propósito de explorar a África e seu litoral, a fim de estabelecer uma rota para as Índias e pra Preste João, era o filho asceta, celibatário e recluso de João e Filipa. Seguindo a conquista portuguesa de Ceuta em 1415, dom Henrique dedicou-se por mais de quarenta anos à realização do sonho de seus pais. Contudo, não se distinguiu nisso. Na realidade, ele era apenas uma versão psicologicamente mais severa de sua família e da classe com cujo destino estava intimamente ligado[113]. Francis Rogers argumentou com bastante eficácia:

> A tradução lusitana dos sonhos europeus no que tange ao Oriente em ação foi precipitada não por Ceuta, mas pelo concomitante Concílio de Constança. Ganhou mais ímpeto com as viagens do irmão Pedro [...] e direção final pelas relações portuguesas com o papa Eugênio IV e o Conselho de Ferrara-Florença-Roma [...].
>
> Estou convencido de que várias manifestações do grande sonho oriental da Europa Ocidental se lhe ocorreram a Pedro enquanto navegava e que, digamos, por volta de 1433 ou 1434 (o início do reinado de Duarte), os irmãos reais, incluindo especialmente Henrique, haviam conversado longamente sobre os relatos empolgados de Pedro após seu retorno.[114]

Gomes Eannes de Zurara, seu historiador contemporâneo, registrou as motivações de dom Henrique:

1. [Henrique] desejava saber quais terras havia para além das Ilhas Canárias e de um cabo chamado Bojador [...].
2. Se naqueles territórios houvesse qualquer população de cristãos, ou quaisquer portos em que os homens pudessem entrar sem perigo, eles poderiam trazer de volta ao reino muitas mercadorias a baixo custo [...].
3. Dizia-se que o poder dos mouros nessa terra da África era muito maior do que geralmente se pensava e que não havia entre eles nem cristãos nem outras raças. E porque todo homem sábio é movido pelo desejo de conhecer a força de seu inimigo [...].
4. Durante 31 anos de batalhas com os mouros, o infante jamais havia encontrado nenhum rei ou senhor feudal cristão fora desse reino que, pelo amor de Nosso Senhor Jesus Cristo, estivesse disposto a ajudá-lo nessa guerra. Ele desejava saber se naquelas regiões poderia haver quaisquer príncipes cristãos nos quais a caridade e o amor de Cristo eram fortes o suficiente para levá-los a ajudá-lo contra esses inimigos da fé.

5. [...]. Almas perdidas devem ser salvas.
6. [A razão astrológica, da qual procedem todas as demais, de que como Henrique havia nascido em 4 de março de 1394, ele estava sob a influência] de Áries, que está na Casa de Marte, com o Sol como ascendente [...]. Isso indicava que esse príncipe estava fadado a se envolver em grandes e nobres conquistas e, acima de tudo, que estava obrigado a tentar descobrir coisas ocultas de outros homens e que são secretas.[115]

Silverberg acrescentou, a fim de sublinhar seu próprio interesse, que Henrique tinha "contado a um de seus companheiros em 1442 que desejava ter conhecimento não só da África e das Índias, mas também 'da terra de Preste João, se pudesse'"[116]. Cem anos mais tarde, no início do século XVI, a busca que tanto obcecara a Casa de Avis desde os seus primórdios (e antes dela a Europa por trezentos anos) foi finalmente concluída. Os sucessores de Pero da Covilhã, emissário do rei português Manuel I (1495-1521) no reino de Preste João, descobriram que ele havia sido retido na Etiópia como um cativo honrado, se bem que relutante, por toda a vida[117]. O islã proporcionara à Europa emergente um poderoso impulso ideológico, econômico e político.

Houve, no entanto, um elemento na civilização islâmica que teve pouco ou nenhum efeito na Europa medieval quando ela se transformava no centro de um sistema mundial dominante: o conceito muçulmano do escravo. Grandes diferenças persistiam entre a escravidão nas sociedades ocidentais e cristãs e a escravidão no islã. Havia proferido o Profeta: "Teme a Deus em relação aos teus escravos. Alimenta-os com o que comes e veste-os com o que vestes e não lhes dê trabalho além da sua capacidade. Aqueles de quem gostas, mantém e aqueles de quem não gostas, vende. Não causes dor à criação de Deus. Ele fez com que tu os possuísses, e se Ele tivesse desejado teria feito com que eles te possuíssem."[118]

O ideal islâmico a respeito da escravidão não tinha paralelo na lei e no dogma cristãos. Os juristas islâmicos haviam codificado tanto as responsabilidades quanto os direitos dos escravos; costumes entre as correntes sunitas, xiitas e maliquitas tinham limitado os direitos dos senhores e ampliado as capacidades legais, religiosas e sociais do escravo.

O *Alcorão* encorajava a alforria como um ato de piedade; em muitos casos, a punição por atos criminosos era menos severa para o escravo do que para o homem livre; os escravos podiam comprar sua liberdade e assumir cargos de segundo escalão na administração estatal e na hierarquia religiosa. Uma vez que a escravidão muçulmana se associava caracteristicamente com um potencial ilimitado de mobilidade social e muito menos racialismo, não é surpreendente encontrar dinastias inteiras na história muçulmana fundadas por escravos (por exemplo, os mamelucos egípcios) ou o surgimento da proeminência de africanos como soldados, poetas, filósofos, escritores e estadistas. Já no século VIII: "Ibrahim, filho de uma concubina negra do califa al-Mahdi (775-785), chegou muito perto de ser califa em 817-819, quando uma facção em Bagdá apoiou sua candidatura contra o sucessor nomeado do califa al-Ma'mun. Apesar de ser 'excessivamente negro e brilhante', alguns leais abássidas o preferiram ao candidato alida de ascendência persa."[119]

Hunwick relata que Al-Mustansir, outro filho, reinou no Egito entre 1036 e 1094. No século XVII, Mulai Ismail, compartilhando a mesma condição, governou o Marrocos. Até mesmo eunucos negros, como Kafur, que governou o Egito por 22 anos, poderiam alcançar um poder enorme.

O fato de a cristandade não ter se impressionado com a lei e os costumes islâmicos nesse assunto é dificilmente surpreendente, dado que as tradições da escravidão europeia já eram bastante antigas e racionalizadas de forma elaborada quando surgiu o islã, no século VII. Ademais, era altamente improvável que o *establishment* cristão da era medieval tolerasse a adaptação dos costumes do que para eles era a heresia cristã última – muitos acreditavam que o islã era baseado na licenciosidade sexual e na conversão forçada[120]; e, finalmente, a xenofobia ocidental – tão decisiva para o caráter da identidade europeia e tão fundamental para os sistemas escravistas cristãos – expressava sua repulsa pelos ideais muçulmanos. "Na cultura homogênea da Europa havia um fundo latente de xenofobia"[121], como afirmou Norman Daniel. Além disso:

> A xenofobia e a histeria se agravaram no início das Cruzadas e é um erro considerá-las como um fenômeno isolável. Não eram mais do

que um aspecto da atividade europeia. Lutar, roubar, matar, negociar, lucrar, obter aluguéis ou tributos, tudo isso estava intimamente ligado à análise filosófica e teológica, à composição da história e da propaganda e inclusive ao amor ao próximo. As Cruzadas renovaram a ideia de que não precisávamos tratar os outros como gostaríamos que nos tratassem. Elas foram também a expressão de uma história de desconfiança muito mais antiga [...]. A expectativa da diferença remonta à intolerância cultural dos "bárbaros", que é um dos legados menos úteis da Grécia.[122]

Isso não equivale a negar que não houvesse diferenças entre cristãos no que tange à escravidão. Elas existiram na cristandade medieval, assim como mais tarde. Porém, não obstante os debates entre os senhores cristãos, segundo David Brion Davis, "a característica distintiva da teologia medieval [consistia em] justificar o mundo existente enquanto proporcionava os meios para escapar dele"[123].

No final da Idade Média, os defensores da escravidão, fosse ela de europeus, infiéis, "indígenas" ou negros, frequentemente recorriam às páginas de Aristóteles para justificá-la como condição natural de algumas partes da humanidade[124]. No início do século XVI, quando frei Bartolomeu de Las Casas se converteu em anticolonialista panfletário, foi Aristóteles que ele foi forçado a confrontar e usar para seus próprios fins:

> Ele descrevia Aristóteles como "um gentio que queimava no Inferno, cuja doutrina não precisamos seguir, exceto na medida em que esteja de acordo com a verdade cristã." [...].
>
> Mas [...] Las Casas aplicou igualmente o modelo aristotélico para "provar" que os indígenas eram seres racionais, nem um pouco inferiores aos espanhóis ou a qualquer europeu, antigo ou moderno, porém em alguns aspectos eram inclusive superiores.[125]

O argumento de Las Casas obteve, no entanto, sucesso apenas limitado, seja em seu próprio tempo, seja mais tarde. Seu *Brevísima Relación de la Destrucción de las Indias* (Breve Relato da Destruição das Índias) foi totalmente denunciado por seus contemporâneos e sucessores. Comprovou-se que a "aristocracia racial" de Aristóteles estava muito mais próxima do cerne da civilização ocidental do que as queixas de Las Casas, seus companheiros os padres Motolinia e de Landa, ou simpatizantes como o governador Castañeda da Nicarágua, e o burocrata anônimo que relatou os excessos brutais do vice-rei de Mendoza, da Nova Espanha. Sugeriu com força polêmica Mavis Campbell:

> Não deveria ser muito fora de propósito nos lembrarmos aqui que esse conceito de raça nunca esteve muito distante da psique europeia, espiando esporadicamente, com olhos azuis e pele branca como o lírio, fosse por meio daquele grotesco Sepúlveda [um dos oponentes mais persistentes de Las Casas], que falou dos espanhóis "superiores" e aplicava a própria palavra grega "bárbaro" aos indígenas, fosse por meio do conde de Gobineau, ou Richard Wagner e seu genro, Houston Stewart Chamberlain, ou Thomas Carlyle, que exerceu muita influência na escravidão do Novo Mundo, culminando nos excessos megalomaníacos de Hitler e nos regimes racistas na África do Sul.[126]

Nesse sentido, Aristóteles foi utilizado até o final do século xix e início do século xx, até que um fundamento mais cientificista pudesse superar as necessidades ideológicas do novo imperialismo. Ainda assim, por meio de Aristóteles, a convergência da resolução moral e da necessidade prática entre as sociedades cristãs dos períodos medieval e moderno e as sociedades escravocratas das eras pré-cristãs foi impressionante:

> A partir do período homérico em diante, a adesão apaixonada dos gregos ao desejo de liberdade política e pessoal lhes dificultava encontrar uma explicação satisfatória de sua própria organização escravista [...]. A reação de Platão assumiu a forma de um protesto moderado, de que os gregos não deveriam escravizar seus companheiros gregos, enquanto, na verdade, os helenos de sua época usavam outros helenos como escravos e sem muitos escrúpulos. A explicação de Aristóteles sobre a origem da escravidão baseava-se racionalmente na teoria então aceita de diferenças congênitas e hereditárias nas capacidades humanas, conforme demonstradas tanto individualmente quanto no nível de grupos nacionais. Sua

definição de escravo em a *Política* não é tão admirável [...]: um escravo é uma ferramenta com alma. Isso é verdade apenas no sentido mais superficial e materialista. O escravo, como ser humano, não é uma ferramenta; e uma ferramenta não tem alma.[127]

Nas sociedades islâmicas, entretanto, a natureza e o impulso da autoridade religiosa deixaram pouca margem de manobra para um uso semelhante de Aristóteles ou de quaisquer outros apologistas não muçulmanos da escravidão.

Islã e Eurocentrismo

A história da Europa durante o milênio seguinte ao século v da era cristã não foi marcadamente unilinear. Esse imenso lapso de tempo tinha uma base fraca, se é que havia alguma, para a certeza teleológica. De fato, houve momentos como o século viii, em que a própria presença da alta cultura ocidental havia sido tênue, preservada em postos avançados dispersos, cujo próprio destino era duplamente incerto devido à invasão bárbara e às patéticas condições sociais e materiais das sociedades pagãs que os cercavam.

> Por volta do ano 700, a sabedoria europeia fugira para os pântanos da Irlanda ou para a costa selvagem da Nortúmbria. Foi nos mosteiros da Irlanda que estudiosos fugitivos preservaram o conhecimento dos clássicos latinos e inclusive dos gregos. Foi em um mosteiro na Nortúmbria que o maior estudioso de seu tempo, o maior historiador de toda a Idade Média, o Venerável Bede, viveu e escreveu. E foi desses mosteiros da Irlanda e da Inglaterra, nos séculos viii e ix, que fugitivos ingleses e irlandeses voltariam para uma Europa devastada.[128]

A cristandade se recuperou lentamente. Durante o que seria chamado de Idade das Trevas, aliada com chefes e reis bárbaros, convertidos ou não, a Igreja se transformou, aos poucos, na base mais madura para a organização feudal que caracterizou o início da Idade Média. Ela adquiriu terras, bem como camponeses e escravos que as tornavam produtivas e valiosas. Sem a menor noção de sua falência moral, aliás, os líderes da Igreja Cristã exploraram sem piedade sua base humana, legitimando a brutalidade da nobreza, seus parentes seculares, compartilhando os lucros laborais extraídos de trabalhadores forçados e de um comércio exterior de mais de oito séculos que entregava escravos europeus (entre outros bens) para mercadores muçulmanos. Não obstante, a Europa feudal demonstrou, por um tempo, ser capaz de se expandir enquanto apodrecia por dentro, mas foi apenas por um tempo.

No século XIII, essa fase do desenvolvimento europeu estava acabando; o sistema entrou em colapso. Às classes dominantes da Europa feudal sucederam-se seus agentes mediterrâneos: mercadores, comerciantes e banqueiros. Eles, por sua vez, geraram ou definiram os papéis para aqueles atores que forneciam capital, perícia técnica e científica e habilidades administrativas aos Estados que lideraram o surgimento da Europa capitalista. Naquela época, contudo, a cultura e a consciência europeias haviam sido profundamente afetadas. A lenda, como vimos, adquiriu a autoridade da história. A autoridade moral continuou a se dissipar. O véu mistificador que as classes dominantes feudais haviam criado para ocultar, ou pelo menos suavizar, a opressão esmagadora que haviam estabelecido, estava em frangalhos. A primeira aparição de Preste João no imaginário europeu do século XII era, consequentemente, compreensível.

A lenda, se de fato se originou do interior da classe dominante, alcançou dois fins muito díspares: por um lado, apresentou à *intelligentsia* da Europa um poderoso contraponto, inspirado pelo idealismo cristão, pelas imagens e pelo esplendor bíblicos, o Direito romano e o artesanato civil greco-egípcio. Ali estava a sociedade cristã ideal, segura em seu corpo político e em sua alma espiritual. Era essa a medida pela qual as falhas e corrupções insidiosas da cristandade real poderiam ser calibradas em detalhes. Um império cristão exemplar que, comparado à Europa, exibia as falhas que tinham contribuído para sua incapacidade de derrotar o islã, espiritual ou militarmente. Essa era a função interna da lenda.

Seu outro significado, no entanto, era ainda mais crítico. A lenda transmutou o mundo mais além da Europa, "as Índias", em termos eurocêntricos[129]. Qualquer que fosse a realidade daquelas terras e de seus povos, ela era cada vez menos importante. Durante trezentos anos, entre os séculos XII e XV, a lenda de Preste João proporcionou aos estudiosos da Europa e seus correligionários menos instruídos um prisma estruturado e *obfuse* através do qual a autenticidade de cada dado, o relato de cada viajante, cada escrutínio de seu comércio exterior, cada fábula de seus poetas e cada falha fática de seus soldados seriam examinados e filtrados. Mesmo a prova direta não estava imune, pois no século seguinte, G.K. Hunter nos diz, esse "quadro de referência" foi mantido:

> As novas informações que os viajantes ingleses do século XVI trouxeram à cultura nacional tinham que ser ajustadas, da melhor maneira possível, a uma imagem tradicional do que era importante. Isso significa que os fatos não eram recebidos exatamente da mesma forma em que teriam sido no século XIX. Os historiadores de então estavam muito fascinados pelas ideias da imaginação elisabetana disponibilizada pelos viajantes. Entretanto, há poucas evidências disso fora da suposição a-histórica, de que "é assim que eu teria reagido". As viagens decerto expandiram o horizonte físico, mas não está claro se expandiram ao mesmo tempo o horizonte cultural [...]. A imagem do homem em seus aspectos teológicos, políticos e sociais não poderia ser muito afetada pela descoberta de terras vazias ou primitivas.[130]

Os arquitetos da consciência europeia haviam começado a construir a visão de mundo que pressupunha que a estrutura básica de outras sociedades distintas das europeias era, fundamentalmente similar à europeia; que o andaime moral, ideológico e espiritual dessas sociedades era, no fundo, o mesmo que podia ser discernido na cultura europeia; que a medida da humanidade era, de fato, a europeia. A lenda de Preste João e de seu reino maravilhoso, a noção formidável desse rei puramente cristão que esperava, com paciência, seus aliados cristãos do outro lado do mundo, tudo isso era a forma do impulso em seu traje medieval apropriado. Por isso, quando o reino milagroso não pôde ser localizado nos desertos e nas estepes da Ásia Central ou mesmo no Catai, seu fascínio não cessou, mas foi transferido para o sul, para além do alto Nilo. A fantasia e sua concomitante resolução de vergar a própria existência e ser de outros povos em formas convenientes foram um começo importante para a destruição do passado africano. Enquanto a vitalidade do islã parecia zombar da fraqueza patética dos eleitos de Cristo, humilhando-os na derrota e frente à ameaça persistente de novas ocupações e invasões, a lenda era convincente. E uma lição básica de propaganda foi aprendida: o destino da Europa era incompatível com o significado autóctone dos mundos não europeus. Um aspecto concomitante cada vez mais destacado do milênio europeu (aproximadamente do século x ao atual) seria a refutação desses termos.

Ao se libertar da colonização muçulmana, a Europa mais uma vez dispunha de uma burguesia vigorosa e de instituições estatais para dar início à construção de seu próprio colonialismo extraeuropeu. A partir do século xv, esse colonialismo abrangeria terras de povos asiáticos, africanos e do Novo Mundo e faria submergir uma fração substancial desses povos nas tradições europeias de trabalho escravo e exploração. A partir desse ponto, os capitalistas não eram mais dependentes das restrições materiais que a Europa apresentava para a acumulação primitiva de capital. O que os capitalistas genoveses, pisanos e judeus conquistaram para Portugal e Espanha nos séculos xiv, xv e xvi, foi transferido para o noroeste da Europa com a sua expulsão da Península Ibérica. Logo depois, uma burguesia inglesa sucedeu à da Bélgica e à da Holanda no domínio do sistema mundial, agora extenso. Nós fomos, no entanto, muito além de nossos interesses imediatos no que tange à participação muçulmana no desenvolvimento da Europa. Aqui devemos concluir, ainda de forma um tanto arbitrária e abrupta, nossa análise da importância do islã na história europeia. Por enquanto, será suficiente que nos lembremos que o islã representou, num determinado momento, uma civilização mais poderosa e, de novo, intimamente identificada, na mente europeia, com povos africanos e negros.

Em retrospecto, o potencial ocidental para a criação do negro havia se aproximado de sua realização. O inventário cultural e ideológico estava à mão. Um racialismo nativo já havia exibido sua utilidade para racionalizar a ordem social e, com o advento da intrusão islâmica na história europeia, provou ainda mais o seu valor por sua transformação em um instrumento de resistência coletiva e a negação de um passado inaceitável. Para que o negro viesse a existir, tudo o que agora se exigia era uma causa imediata, um propósito específico. O tráfico de escravos africanos, ao chegar como uma extensão do capitalismo e da arrogância racial, forneceu tanto um motivo poderoso quanto um objetivo prontamente recebido.

5.
O Tráfico de Escravos no Atlântico e a Mão de Obra Africana

O Portugal do século XV, o agente histórico singularmente ambicioso que encontramos em incontáveis estudos acadêmicos, é uma metáfora. É, como já vimos, em grande parte uma conveniência, um referente categórico apropriadamente enganoso para o que na realidade era uma mescla de forças políticas e econômicas, de origem tanto nacional quanto supranacional. O termo "Portugal", embora designasse uma nação, também obscureceu essas forças e sua importância para o que era uma pequena nação de menos de um milhão de habitantes. Além disso, Portugal iria desempenhar um papel crucial na exploração da transferência da mão de obra africana para o Novo Mundo. Por conseguinte, para aqueles que se preocupam com o tráfico de escravos e sua significação última para os negros, é imperativo um melhor entendimento da nação portuguesa. Isso, como argumentarei, porque os mesmos, se bem que não idênticos, interesses e dinâmicas que lentamente transformaram Portugal em "um peão importante no tabuleiro da história da Europa"[1] também estiveram presentes na transformação da mão de obra africana em capital. Por isso, vale a pena revisar e identificar esses elementos à medida que aparecem na história de Portugal.

Havia várias agências muito reais, cujos interesses e atividades têm sido glorificados como preocupações nacionais de Portugal nas histórias gerais da ciência acadêmica ocidental moderna. Com muita frequência, no entanto, a natureza e as identidades dessas agências têm permanecido inadvertidamente disfarçadas pelos níveis bastante maiores de generalização que acompanharam a busca dirigida à captura do seu *éthos*. Para alguns estudiosos da época, as motivações para a expansão europeia eram materiais e físicas: "O que a Europa Ocidental necessitava nos séculos xiv e xv", escreve Wallerstein, "era alimento [...] e combustível."[2] Braudel, por outro lado, sugeriu que a superpopulação do Mediterrâneo Ocidental teria sido a chave para a expansão[3]. Há também aqueles que argumentaram, como Livermore, que a motivação era sistêmica em termos de organização, que o maquinário militarista da *Reconquista* exigia novos "alvos de oportunidade", a fim de não se voltar para dentro[4]. Outros, como já observamos, mais atentos à ideologia, supõem que o verdadeiro problema era a derrota dos muçulmanos e a revitalização da cristandade[5]. Nenhuma dessas explicações, por si só, parece de todo correta ou suficientemente específica, embora todas tenham sido apresentadas de forma persuasiva. O resultado é que, no grande nível de reconstrução, a análise de Portugal do século xv e do seu papel histórico parece não ter suficiente alcance para destilar essa multiplicidade de necessidades, atores, e forças históricas. Ainda assim, e mesmo que seu número possa induzir a erro, a reconstrução das relações de poder reais entre esses atores pode simplificar a tarefa de sua identificação e avaliação.

Quando falamos em termos estritamente políticos, uma relação em geral não reconhecida, porém crucial, envolvia uma classe dominante feudal nativa, se bem que relativamente fraca e seus mais poderosos aliados extranacionais da classe dominante. Disso resultou em específico uma aliança entre a Casa de Avis portuguesa, sua nobreza e burguesia neodinásticas[6], e uma linhagem da aristocracia capitalista criada na Inglaterra com a guerra civil e a guerra externa, o caos político e a recessão econômica além de uma conexão estreita com uma emergente burguesia britânica. Na Inglaterra do século xv, assinalou Postan:

> A grande época de reprodução do capitalismo inglês coincidiu com as primeiras fases da Guerra dos Cem Anos, época em que

as exigências das finanças reais, os novos experimentos tributários, os empreendimentos especulativos com a lã, o colapso das finanças italianas e o início da nova indústria têxtil, combinaram-se para a criação de uma nova raça de financiadores bélicos e especuladores comerciais, provedores do exército e monopolistas de lã.[7]

Historicamente, a relação entre as classes dominantes em desenvolvimento em Portugal e na Inglaterra havia sido selado no final do século XIV com o Tratado de Windsor (1386), que protegia o trono português das ambições da monarquia de Castela, e que se consagrou com o casamento de João de Avis com Filipa de Lancaster, filha de João de Gante. Os ingleses esperavam que essa aliança conduzisse, no final, à obtenção do trono de Castela[8]. Seus projetos, contudo, nunca se realizaram. A conclusão da Guerra dos Cem Anos, com seus resultados desastrosos para os interesses territoriais ingleses no continente, uma guerra civil na Inglaterra e o próprio vigor nacional da Espanha no final do século extinguiram tais interesses. No entanto, a relação com Portugal se provaria tão valiosa que ainda é celebrada por historiadores ingleses. Em nosso próprio século, por exemplo, Carus Wilson escreveu:

> As relações de Portugal com a Inglaterra foram quase sempre amistosas. Esses dois Estados estavam naturalmente dispostos a serem aliados, uma vez que nenhum deles se dava bem com Castela. Havia também parentesco entre as suas dinastias e em ambos os países abundavam marinheiros e aventureiros nativos [...]. A amizade [...] durou, apesar das rupturas temporárias devidas a atos de violência e mudanças de dinastia na Inglaterra; e ao longo do século XV as disposições estabelecidas nesse tratado de comércio [o Tratado de Windsor] foram respeitadas e os reis de ambos os países se comprometeram a punir as infrações do acordo.[9]

Como diria C.R. Boxer, esses "reis" portugueses eram, é claro, "príncipes meio ingleses". A guerra havia unido essas duas nobrezas. A guerra realmente fora a própria base de sua existência e havia ampliado sua aliança política a tal ponto que atingiu o que poderia parecer proporções históricas, sobrevivendo por vários séculos, não obstante as "rupturas temporárias". De todo modo, no século xv – quando as condições necessárias para o tráfico de escravos no Atlântico estavam sendo estabelecidas –, o vínculo entre as burguesias emergentes residentes (mas nem sempre nativas) nos dois países propiciou a base para um comércio no Atlântico Norte e para os mercantilismos que dominariam suas economias nos trezentos anos seguintes. Isso provaria não ser uma questão menor para as direções nas quais o tráfico de escravos se desenvolveria.

A Burguesia Genovesa e a Era dos Descobrimentos

Ainda mais importantes do que essas relações políticas e, decerto, mais diretamente pertinentes ao nosso interesse pelos portugueses como a força histórica que estabeleceu as bases para o tráfico de escravos no Atlântico, foram os mercadores e banqueiros de origem italiana que colonizaram Portugal (e os reinos espanhóis) durante esse período. Embora o uso feito por Verlinden do termo "nação" seja mais figurativo do que político, sua caracterização da importância histórica desses capitalistas é útil:

> A Itália foi a única nação realmente colonizadora durante a Idade Média. Do início das Cruzadas em diante, Veneza, Pisa, Gênova e, mais tarde, Florença e o sul da Itália, sob os angevinos, bem como sob os aragoneses, estavam interessados no Levante e nas possibilidades econômicas e coloniais ali oferecidas pela decadência gradual do Império Bizantino. Foi também quase ao mesmo tempo que os mercadores italianos apareceram na Península Ibérica e obtiveram uma influência que iria persistir até o período moderno, tanto na economia europeia quanto na colonial.[10]

Observa Virgínia Rau: "as primeiras referências documentais que temos sobre as atividades dos mercadores italianos em Portugal datam do século xiii. Quando os descobrimos, eles já haviam encontrado com audácia o caminho para o mercado monetário português"[11]. De fato, esse "mercadores italianos" eram, por ordem de importância, genoveses e filhos de Piacenza, Milão, Florença e Veneza[12]. Ademais, aprendemos com Rau que, por volta do século XIV, cujos primórdios foram devidamente marcados pela nomeação, pelo rei Diniz, de um genovês (Manuel Pessanha)[13] para o almirantado português em 1317, Lisboa se converteu "no grande centro do comércio genovês"[14]. Tendo Lisboa e Porto como bases de operação, os capitalistas-mercadores genoveses se estabeleceram em toda a estrutura do poder português: atuando como credores da monarquia, financiadores das ambições e aventuras do Estado, monopolistas sob tratados reais de segurança e, finalmente, nobres portugueses por uma série de acontecimentos, inclusive decretos reais, casamentos com a nobreza nativa e participação em projetos militares organizados pelo Estado[15]. Precisamente como sugeriria o exemplo que Rau apresenta da família Lomellini – a começar com o aparecimento de Bartholomeu Lomellini, o mercador, em Portugal em 1424 e terminando com a integração dos seus herdeiros e familiares na aristocracia latifundiária de Madeira e na nobreza peninsular no final do século –, os príncipes mercadores genoveses provaram lograr muito mais êxito em sua adaptação do que seus concorrentes compatriotas (ou seja, italianos). Ao contrário dos arrogantes venezianos, os genoveses se colocaram à disposição de seus anfitriões financeira, intelectual e fraternalmente. Como assinalou Wallerstein:

> Na medida em que [a burguesia portuguesa] carecia de capital, o encontrava com facilidade disponível junto aos genoveses que, por motivações próprias relacionadas à sua rivalidade com Veneza, estavam dispostos a financiar os portugueses. E o potencial conflito entre a burguesia nativa e a estrangeira foi silenciado pela vontade dos genoveses de assimilar a cultura portuguesa ao longo do tempo.[16]

Enquanto os venezianos continuavam a se concentrar no domínio do Mediterrâneo e os florentinos em seus bancos e no comércio de lã continental e no Atlântico Norte, os genoveses se posicionaram para aproveitar o comércio que finalmente iria progredir do Magrebe para o meio do Atlântico e, finalmente, para o transatlântico[17]. Em meados do século xv, era o seu capital que determinava a direção e o ritmo dos "descobrimentos". Observa Verlinden:

> Lagos [Portugal] tornou-se, por volta de 1310, um importante porto na rota dos comboios italianos para o noroeste da Europa. Se lembrarmos que Lagos, muito mais do que Sagres, foi o ponto de partida dos primeiros descobrimentos portuguesas, a importância dos laços ali estabelecidos com marinheiros e empresários italianos, fica evidente.[18]

De mais a mais, foi o *status* favorecido desses italianos em Portugal que facilitou a tramitação das reivindicações portuguesas em Roma, resultando em bulas papais simpáticas ao comércio português e ao imperialismo de Estado[19], e foram os capitalistas genoveses que sustentaram os laços entre as classes dominantes inglesas e portuguesas ao assumirem uma relação com o comércio e o Estado inglês diretamente complementar à sua presença em Portugal[20].

Na Inglaterra, como em Portugal, os genoveses constituíam a maior parte dos mercadores italianos que, por sua vez, compunham a maioria dos mercadores estrangeiros naquele reino durante o século xv[21]. Também ali eles ganharam da realeza isenções de impostos e de restrições comerciais e conseguiram monopolizar bens importados tão diversos quanto os remédios estrangeiros (como o melaço medicamentoso) e outras drogas em voga naquele século[22], assim como cortiça e açúcar portugueses em cujos pontos de origem já haviam acordado monopólios exclusivos[23]. Por fim, também na Inglaterra, como credores de seus reis, como agentes e mercadores dos monopólios reais, passaram a ocupar cargos especiais no comércio inglês:

> Em vão, os ingleses protestaram contra os generosos privilégios obtidos por esses mercadores mediante uma grande soma a reis necessitados, de quem se tornaram financiadores, implorando que pudessem ser restringidos a trazer apenas mercadorias de sua própria manufatura. Incapazes de competir em riqueza com as poderosas cidades italianas, as pequenas cidades inglesas receberam escassa atenção.[24]

Em uma Inglaterra despedaçada pela guerra civil, por intrigas palacianas e uma classe aristocrática turbulenta, o apoio financeiro dos italianos junto com seu comércio e fontes concomitantes de inteligência podia ser decisivo. A monarquia inglesa, com seus colaboradores comerciais e financeiros italianos e de outras procedências, assegurou nesse meio-tempo uma certa independência de suas classes aristocráticas e burguesas nativas.

Foi dessa maneira que os capitalistas italianos se situaram em uma posição para desempenhar um papel crucial na determinação do ritmo, do caráter e da estrutura do tráfico transatlântico inicial de escravos durante o século seguinte. Sem eles e sem a cumplicidade de parte da aristocracia inglesa e das classes mercantis portuguesas e inglesas e, claro, da nobreza clerical de Roma, é duvidoso que teria existido um Império Português. Sem esse império, nada teria sido como é.

O certo é que o Império Português realmente existiu e, desde meados do século xv e dos cem anos seguintes – para a boa sorte de seus patrocinadores nacionais e estrangeiros –, sua combinação de ganância, devoção, selvageria, militarismo, arrogância cultural e arte de governar se espalhou pelo mundo. Não é de surpreender, portanto, dadas as preocupações de longa data dos mercadores medievais de longa distância, que os ventos dos interesses comerciais levassem o império primeiro em direção ao sul e ao leste: Senegâmbia, Elmina e Luanda, ao longo da costa ocidental da África; Safala, Moçambique e Mombaça, na costa oriental; Hormuz no Golfo Pérsico; Goa, na costa do Malabar, na Índia; Malaca, na Malásia, e Ternate, nas Ilhas Molucas. E se suas várias motivações ainda nos deixam perplexos, pelo menos para alguns deles a questão estava clara:

> Quando os portugueses finalmente desembarcaram em Calecute, alguns mercadores tunisianos na multidão se surpreenderam e perguntaram o que diabos os havia trazido tão longe. "Cristãos e especiarias", foi a resposta alegadamente dada pelos homens de Vasco da Gama [...]. Essa estreita associação entre Deus e Mamon foi a marca registrada do império fundado pelos portugueses no Oriente e, também, aliás, na África e no Brasil.[25]

Tão logo os portugueses dobraram o que era para eles o Cabo da Boa Esperança (e talvez mesmo antes de chegarem àquele ponto), esses viajantes se tornaram realmente um análogo dos chineses que os precederam: referimo-nos, é claro, às "sete imensas" frotas expedicionárias imperiais comandadas pelo almirante muçulmano Cheng Ho entre 1405 e 1434 (Cheng Ho morreu naquele ano), que já haviam navegado com segurança nessas águas para comércio e pilhagem[26]. As expedições chinesas, com suas frotas de juncos transportando às vezes até quarenta mil pessoas, equivaliam a comboios de "mísseis intercontinentais impressionantes", de acordo com William Appleman Williams[27]. Com suas frotas, o Império Chinês desafiou com sucesso os mercadores árabes e muçulmanos que já haviam se habituado ao seu próprio domínio no Leste Africano e com as trocas comerciais no Oceano Índico. Isso não agradou os antigos mestres do comércio desses mares, porém isso não parecia importar. Qualquer que tenha sido o peso de sua resistência, ela nunca foi suficiente para ser incluída entre as razões especuladas para fundamentar a decisão imperial, aparentemente repentina, de renunciar a novas aventuras na região[28]. A decisão, ao que parece, se deveu a razões internas do Império Chinês.

Os portugueses, com menos audácia, porém necessariamente mais astúcia[29], conseguiram deslocar os mercadores "residentes" na região no final do século e no início do seguinte. Momentaneamente, os mercados marítimos mais cobiçados pelos europeus estavam nas mãos de portugueses/italianos – o comércio africano e do Atlântico Sul, com seu ouro, sal, pimenta malagueta, goma, cortiça, cereais, açúcar e escravos; e o comércio com o Oriente, com suas especiarias, lãs e corantes[30]. Esse monopólio português não era, contudo, totalmente livre de disputas na Europa[31]. Na região do Atlântico, os estratos comerciais de Castela haviam suplantado os empreendimentos de seu rival ao longo da costa da Guiné pelo menos desde 1453-1454, reivindicando para sua Coroa a Guiné e as Ilhas Canárias[32]. A controvérsia entre os "dois reis católicos" continuou mesmo depois de sua resolução formal pelo Tratado de Toledo (1480) e no século seguinte, pontuada por ataques e incursões mútuos a navios mercantes e entrepostos comerciais e por reivindicações e contrarreivindicações a privilégios antigos ou papais[33]. Apesar de sua derrota ter sido apenas um revés temporário, o caso é que os reclamantes da monarquia espanhola perderam. Com o Atlântico Sul fechado para exploração comercial legítima, à Coroa espanhola e seus parceiros nativos e italianos começaram a explorar as possibilidades de uma rota bem distinta para o Oriente[34].

O Capital Genovês, o Atlântico e uma Lenda

Para a Espanha, a chave para a conquista de uma rota ocidental para o "Oriente" eram, como tinham sido para o Império Português. das Índias, os genoveses. Em 1492, particularmente em Sevilha, a experiência, as energias e as ambições dos genoveses concentraram-se na figura de Cristóvão Colombo. Ainda assim, não foi um acontecimento simples ou direto; havia alguns elementos daquela relação entre espanhóis e italianos que, em retrospecto, parecem quase inteiramente fortuitos.

Embora grande parte dos antecedentes prévios à sua viagem a Sevilha em 1485 venha a permanecer provavelmente sempre obscura, Colombo foi, em muitos aspectos, uma criação burguesa natural, se não típica, do capital, do comércio e da manufatura genoveses. Colombo nasceu por volta de 1451 de pais cujas origens parecem ter sido a República da Ligúria, aos quatorze anos de idade, começou a trabalhar no comércio de seu pai: tecelagem de lã[35]. Apesar das construções ficcionais de seu passado que Colombo, seu filho Fernando e Las Casas iriam elaborar, parece que ele permaneceu um tecelão até os vinte e poucos anos, participando como tal de viagens ocasionais às possessões genovesas no Mediterrâneo[36]. Por volta de 1476, os documentos de seus contemporâneos o situam em uma viagem para a Inglaterra, empreendida pelos banqueiros Giovanni Antonio di Negro e Nicolas Spinola. Essa viagem foi interceptada por piratas franceses e os sobreviventes, entre eles Colombo, encontraram refúgio em Lisboa[37]. Colombo ali se estabeleceu e, como alguns outros membros de uma burguesia genovesa notável, se casou e passou a fazer parte da nobreza portuguesa. No caso dele, Felipa Moniz Perestrello, cuja família possuía bens na ilha de Porto Santo, perto de Madeira, tornou-se sua esposa e sua entrada na corrente ultramarina da expansão portuguesa[38].

Por direito, o crédito pelo redescobrimento de Colombo do "novo mundo" mais além do oceano deveria ter sido atribuído ao trono português. Colombo fixou residência em Lisboa em 1477 e cinco anos depois fez a primeira tentativa de solicitar patrocínio estatal (e concessão de privilégios feudais) à Corte real portuguesa. Por sinal, ainda não está claro o que Colombo tinha em mente naquele momento quanto ao que ele persistiria em descrever como sua missão divina. É muito provável que a primeira petição de Colombo (1482) se referisse às ilhas do Atlântico, mais que à busca por um continente, mas em 1484 uma segunda petição falava de Cipango (Japão) e Catai (China)[39]. Ao que parece, a solicitação de Colombo havia sido elaborada de forma desastrada (Davies acreditava que Colombo não tinha domínio do latim escrito até 1489 e nunca dominou a escrita em italiano ou português), seus cálculos não eram convincentes e seu uso da autoridade cosmográfica, suspeito[40]. A Junta Matemática da Corte, depois de estudar por um ano a proposta de Colombo e consultar Martin Behain[41], o cartógrafo de Nuremberg, convenceu o rei João II a rejeitar o projeto de Colombo sob o argumento de que João tinha "informações mais positivas sobre as terras do Ocidente do que as visões de Colombo"[42]. Se a comissão técnica do rei português agora parece um pouco depreciativa no tocante ao projeto de Colombo, o mesmo poderia ser dito de Castela, dos duques andaluzes mais entusiasmados, porém ainda cautelosos, de Medina-Sidônia e Medinaceli, e da Coroa inglesa (na Inglaterra, Colombo havia sido representado por seu irmão, Bartolomeu) – todos eles rejeitaram os pedidos de apoio do genovês entre 1485-1489.

Os portugueses, no entanto, pareciam pisar em terreno bastante firme, pois pelo menos em 1486 há indícios de que alguns de seus marinheiros haviam avistado terras a oeste dos Açores. Verlinden é confiante o suficiente para concluir: "O certo é que em 1486 a conversa não girava mais sobre uma Ilha das Sete Cidades, mas sobre a possibilidade de um arquipélago ou mesmo de um continente. Está claro, portanto, que o período de uma ilha hipotética ou lendária tinha passado."[43] A rota ocidental através dos mares para Cipango e Catai – uma distância calculada pelo matemático e cosmógrafo florentino Toscanelli em 8000 km e por Colombo em 5500 km – parecia ser uma possibilidade distinta para alguns na Corte[44]. Assim, em 1487, o mesmo ano em que (Verlinden aponta) Pêro da Covilhã e Afonso de Paiva exploravam os interesses portugueses na Índia, na Arábia e na Etiópia, e Bartolomeu Dias dobrava o Cabo da Boa Esperança (três contribuições para o projeto português de estabelecer uma rota africana para o Oriente), a Coroa portuguesa autorizou a sua própria exploração de uma rota ocidental[45]. Visto que a burguesia que dominava a colônia genovesa de Lisboa não estava disposta a mostrar qualquer interesse tangível em uma rota ocidental, a participação da Coroa portuguesa no projeto montado (e pago) pelo açoriano flamengo Fernão D'Ulmo (Bartolomé de Las Casas referir-se-ia a ele como Hernán de Olmos)[46] e o madeirense português João Afonso do Estreito, se limitou à cessão de poderes jurisdicionais e direitos territoriais na nova terra. Ao que parece, a Coroa foi incapaz de ir mais além quando buscou atuar de forma independente de seus grandes parceiros comerciais. Infelizmente, para o monarca português, nem D'Ulmo nem Estreito voltaram de sua expedição de inverno.

Colombo teve um pouco mais de sorte do que qualquer um de seus predecessores no Atlântico, pois contava pelo menos com seu exemplo para se beneficiar. Verlinden estava convencido de que "Colombo deve ter sabido dessa viagem em Sevilha, pois havia comunicação ativa entre a colônia italiana de Lisboa e a do grande porto andaluz."[47] Isso, é claro, implicava que as famílias genovesas, suas sociedades anônimas e seus bancos tinham o hábito de trocar ou compartilhar informações que pudessem ser valiosas para seus interesses comerciais. Seja qual for o caso, Colombo encontrou algo de valor em Sevilha:

> Os banqueiros italianos, cujas atividades foram bloqueadas pelos turcos, foram os financiadores de grande parte do comércio marítimo. Havia uma colônia comercial genovesa em Sevilha e ligações

locais com a casa bancária italiana de Spinola e Di Negri, o antigo empregador de Colombo. Francesco Pinelli, um banqueiro genovês de Sevilha e codiretor da Santa Hermandad, a polícia estatal espanhola, garantiu um empréstimo para o plano de Colombo. O codiretor de polícia de Pinelli era ninguém menos que Luis de Santangel, o tesoureiro real.[48]

Com o apoio, pelo menos, desses dois genoveses que ocupavam altos cargos e com várias formas de auxílio da poderosa família Pinzon, que dominava o porto de Palos de la Frontera[49], Colombo agora tinha um projeto digno do apoio oficial da Coroa espanhola. E se lembrarmos que seu comparecimento perante Fernando e Isabel coincidiu, do ponto de vista histórico, com o momento em que a Coroa espanhola tinha intenções, no âmbito de sua missão autonomeada, de unificar a Espanha, centralizar a autoridade do Estado e derrotar os rivais entre sua própria aristocracia e adquirir uma fonte de capital independente para si, Colombo e seus colaboradores e conterrâneos genoveses eram um instrumento quase perfeito.

> O apoio italiano foi sem dúvidas bem recebido, ao menos pelos governantes. Fernando, o Católico, em particular, compreendeu admiravelmente a contribuição que o capital e as técnicas italianas poderiam, naquele momento crucial, oferecer para o seu reino. Vindo do leste da península, ele estava acostumado a olhar para o Mediterrâneo e a Itália e a considerar as relações econômicas com aquele país óbvias e naturais. Essa atitude mental ditava uma política similar na Andaluzia, nas Ilhas Canárias e na América, quando o destino colocou o controle dessas áreas em suas mãos.[50]

Ali estava uma comunidade cheia de recursos, cuja própria existência se baseava no empenho de sua interdependência com o Estado. O comércio colonial que as comunidades genovesas (e italianas) dominavam, o capital que controlavam, o inventário de ciência e cultura que possuíam, eram todos espanhóis segundo a vontade do Estado – por mais independentemente poderosos e importantes que pudessem parecer. E naquele momento era vontade do Estado empregar os italianos (e também – mas não por muito tempo – os judeus) contra sua própria burguesia e sua aristocracia ainda militarista[51]. A sorte de Colombo se mantinha.

Por conseguinte, com apenas um mínimo de exagero, pode-se dizer que as realizações de Colombo em 1492 – a começar com as concessões extraordinárias que ele obteve de seus sócios da realeza em abril daquele ano em Santa Fé e terminando com a chegada dos navios sob seu comando nas ilhas das Índias Ocidentais em outubro – resultaram em mais um nível no andaime financeiro extraordinário que os genoveses e outras famílias capitalistas italianas estavam construindo na Península Ibérica há quase trezentos anos. Quando Colombo chegou a um acordo com Fernando e Isabel, o caminho havia sido pavimentado para ele por almirantes genoveses que haviam servido a reis portugueses e espanhóis durante séculos; por mercadores genoveses, placentinos e florentinos que haviam assumido os primeiros riscos financeiros na colonização das ilhas portuguesas de Açores e Madeira, e do grupo das Ilhas Canárias da Espanha; por agentes e agiotas italianos que haviam aumentado seu capital, da Argélia e de Ceuta, no norte da África, a Elmina e Luanda, na costa oeste do continente, e no oriente até Molucas e Nagasaki; e por uma burguesia italiana, cujas habilidades financeiras, técnicas e comerciais haviam sido totalmente entretecidas com os interesses dos Estados espanhol e português e suas aristocracias mais aventureiras[52]. Se Colombo era ou não o marinheiro extraordinário que Samuel Eliot Morison insistiu em torná-lo[53], e se sua personalidade obsessiva e zelo religioso eram tão fortes a ponto de enfeitiçar Isabel e seus conselheiros religiosos[54], tudo isso tem importância secundária diante do fato de suas origens e do legado que herdou como genovês. Esse foi o meio estrutural de sua conquista: o apogeu de dois séculos da influência genovesa na Espanha e em Portugal[55]. Assim, quando Colombo e os que o acompanhavam (e aqueles que o seguiram) ficaram frente a frente com os aruaques, os tainos, os astecas, os maias, os quíchuas e todos os demais habitantes do hemisfério ocidental, era essa complexa mescla de autoridade e privilégio feudal, combinada com os apetites do capitalismo mercantil emergente, das ambições nacionais e das compulsões missionárias que lhes dava garantia.

A Mão de Obra Africana Como Capital

O uso de trabalho escravo no Novo Mundo no século XVI pela Coroa espanhola (e logo depois, a portuguesa) e seus concessionários mercantis foi consequentemente um passo muito natural. O trabalho escravo constituíra parte do comércio colonial no Mediterrâneo[56], na África e nas Índias; já era a base da colonização nas Canárias, nos Açores e na Madeira. No início, a relação entre capitalismo, colonização e trabalho escravo parecia quase uma coincidência. Para alguns, ainda é. Por exemplo, dizia Philip Curtin:

> A escolha entre liberdade e escravidão [...] dependia das instituições e dos *hábitos mentais* europeus [...] entre eles, a tradição mediterrânea de preencher as lacunas entre a demanda e a oferta de pessoas por meio da importação de escravos estrangeiros. Os venezianos usaram esse dispositivo em suas colônias do leste do Mediterrâneo, nas quais a mão de obra escrava importada desempenhou um papel importante no desenvolvimento agrícola em Creta, Chipre e Chios. Esse *hábito institucional* foi, sem dúvidas, reforçado pelo fato de Veneza ser uma cidade-Estado, não uma grande unidade territorial com recursos populacionais abundantes a serem mobilizados e enviados para o exterior como colonos.[57]

Não obstante a linguagem bastante casual de Philip Curtin ao descrever o processo, devemos nos lembrar que foi nos assuntos comerciais de Veneza que Oliver Cox situou "o primeiro comércio de seres humanos organizado de forma capitalista"[58]. Ainda assim, no início, como já observamos, o tráfico de escravos havia sido mais significativo para o comércio veneziano do que a utilização do trabalho escravo.

À medida que o capitalismo italiano amadurecia, no entanto, essa ênfase no comércio mudaria por três razões. Em resumo, os motivos foram a expansão do poder dos turcos otomanos no Mediterrâneo Oriental no século XV; a extensão do cultivo da cana-de-açúcar da Ásia Menor a Chipre, Sicília e as ilhas do Atlântico (Madeira, Cabo Verde e Açores) no final daquele século; e a colaboração entre capitalistas genoveses e as classes dominantes da Península Ibérica. Esses eventos transformaram a relação incidental entre capitalismo e trabalho escravo na própria base do empreendimento do Novo Mundo[59].

Madeira, como se viu, era o ponto físico e histórico em que esses processos se concentravam. Observa Sidney Greenfield:

> Com a introdução da cana-de-açúcar e seu sucesso comercial [...] os habitantes das Ilhas Canárias e os mouros – seguidos por africanos – realizavam, como escravos, o trabalho físico necessário que permitiu aos colonos em ascensão da Madeira o desenvolvimento de um estilo de vida derivado da tradição da nobreza continental, porém baseado nos esforços físicos dos escravos que produziam cultivos comerciais para venda nos mercados do continente, que caracterizou a instituição social emergente do escravo de *plantation*.[60]

O "Almirante do Mar Oceano" era o conector corporificado. Colombo, filho de Gênova, agente da Coroa espanhola, um ambicioso comerciante que se casara com a filha de uma das famílias da pequena nobreza portuguesa, que adquirira as suas novas riquezas a partir da colonização precoce de Madeira e do cultivo de açúcar no local, o fundador das colônias caribenhas da Espanha, também trouxe o açúcar para o Novo Mundo[61]. Na Inglaterra, em que a inveja do monopólio espanhol foi freada pelo poder marítimo do Império Espanhol até metade do século seguinte, tudo era dito de forma muito simples. As "Índias Ocidentais" de Colombo passaram a ser conhecidas pelos mercadores ingleses como as "Ilhas do Açúcar"[62].

Contudo, nessa ocasião – isto é, durante a maior parte do século XVI –, o empreendimento ítalo-português dominou o comércio europeu com a costa atlântica da África. Isso significava que a mão de obra africana para as *plantations* coloniais de São Tomé, Cabo Verde, Açores, Madeira e Índias Ocidentais e as minas da Nova Espanha e do Peru era fornecida por esses mercadores. "Até 1570", afirma Leslie B. Rout Jr., em um consenso quase absoluto com outros estudiosos do tráfico, "os portugueses tinham o lucrativo tráfico de escravos inteiramente para si"[63]. E à medida que as colônias cresciam, também crescia o apetite por *piezas de Indias*[64], "cativos de uma guerra justa". Em Angola, já em 1530, Jan Vansina calcula que, "as cifras de exportação foram de quatro a cinco mil escravos por ano – e se não era maior, isso se devia apenas à falta de navios para transportá-los"[65]. Não admira que Afonso, o rei católico do Congo e colaborador no comércio com a Coroa portuguesa, tenha ficado abalado o suficiente para escrever aos seus "sócios" em 1526: "Há muitos mercadores em todos os cantos do país. Todos os dias as pessoas são escravizadas e sequestradas, inclusive nobres, inclusive membros da própria família real."[66] Ao que tudo indica, esse comércio já ultrapassava os limites de suas origens. Nem a conquista de Portugal pela Espanha em 1580 retardou a aceleração do comércio. Na verdade, os espanhóis deixaram o comércio para que seus subordinados portugueses o administrassem[67]. Esse relacionamento persistiu até que os portugueses recuperaram a independência nacional em 1640. Em 1650, estima-se que 500 mil negros viviam na América espanhola. Mais de 220 mil africanos haviam sido transportados para os portos de Cartagena e Veracruz por comerciantes portugueses durante os primeiros 45 anos (1595-1640) do comércio espanhol. Afirma Enriqueta Vila:

> É, sem dúvida, o período português que marca a influência étnica africana no novo continente. Foram os portugueses que, ao criarem uma vasta rede de mercadores, agentes e intermediários e ao lucrarem com a queda na população indígena, alcançaram um mercado capaz de absorver quantidades tão volumosas [...]. Creio que o período português foi uma época especial para o tráfico de escravos, que jamais se repetiu.[68]

"Para o Brasil", escreve Inikori, "o primeiro censo confiável [...] em 1798 [...] mostrou que havia então 1.988.000 negros naquele país."[69] (No século XVIII, é claro, o monopólio português do tráfico atlântico de escravos havia sido substituído primeiro pela Holanda e depois se tornou o negócio dos mercadores das classes dominantes da Inglaterra e da França).

Os Livros-Razão de um Sistema Mundial

A historiografia do tráfico atlântico de escravos é imensa e continua crescendo. Em consequência, pelo menos os contornos gerais do comércio e as características das economias e das sociedades que exigiam mão de obra escrava são bastante conhecidos. De todo modo, mesmo a mais simples revisão da literatura envolveria por si só volumes de livros e talvez nos desviaria de nosso objetivo principal aqui: determinar as bases materiais, sociais e ideológicas para o surgimento de uma tradição radical negra. Nossa atenção, portanto, estará centrada nas obras que mais diretamente se relacionam com esse problema.

A importância da mão de obra africana para o desenvolvimento e a formação dos sistemas capitalistas comerciais e industriais só pode ser medida parcialmente por números. Isso ocorre porque, em primeiro lugar, os números de que dispomos são questionáveis, mas, o que é mais desconcertante, porque a relação entre o crescimento do capitalismo e o trabalho escravo tem estado em constante disputa. Ao menos uma influente "escola" de historiografia negou essa relação, questionando o volume do tráfico de escravos, sua lucratividade e, em alguns casos, inclusive argumentando em favor da benevolência do tráfico e da escravidão. Como afirma Roderick McDonald: "As sombras de Adam Smith e Ulrich B. Phillips se avultam, grandes e sombrias, no que tange à questão da lucratividade, e suas perspectivas continuam a influenciar profundamente o debate."[70] Ainda que não se trate, como afirma McDonald, de que "você paga o seu dinheiro e você escolhe".

Com relação ao volume das *piezas de Indias* transportadas para o Novo Mundo, a obra de Philip Curtin está no olho do furacão. Em 1969, Curtin calculou com autoridade que, entre 1451 e 1870, 9.566.000 trabalhadores africanos foram trazidos para o hemisfério ocidental. Ele concluiu ainda que "é extremamente improvável que o total final acabe sendo inferior a 8 milhões ou superior a 10.500.000"[71]. Isso reduziria significativamente a cifra utilizada com mais frequência, de uns 50 milhões. Em 1976, no entanto, J.E. Inikori publicou uma crítica severa a Curtin pela imprecisão de seus cálculos metodológicos e estatísticos, sua historicidade superficial e, em um debate subsequente, pelas peculiaridades de sua lógica e ideologia[72]. O argumento de Inikori:

> referia-se à população escrava e às cifras de importação de escravos nas Américas; ao contrabando e à imprecisão dos dados oficiais de exportação de escravos nos territórios portugueses da África (Angola e Moçambique); à subavaliação pelos registros alfandegários do volume e valor das mercadorias utilizadas pelos mercadores ingleses na compra de escravos na costa africana, bem como o número ou a tonelagem dos navios utilizados[73].

O tratamento de Inikori dos registros alfandegários, dos censos contemporâneos de populações escravas, das descrições de flutuações populacionais devidas às epidemias e às condições variáveis de trabalho e dos estudos de Eltis, Anstey, Daget, Peytraud e Davis pareceria apoiar uma crescente revisão dos números de Curtin em pelo menos um terço[74]. Uma soma preliminar das cifras de Inikori apenas para os principais períodos do tráfico de escravos chega a 15.399.572[75]. Ainda assim, qualquer que fosse o número real, o volume do tráfico era enorme. As obras de Inikori, McDonald, D.R. Murray e outros, no entanto, servem para ressaltar dramaticamente a observação de Curtin de que antes do século XIX o número de africanos que cruzava o Atlântico a cada ano excedia o de europeus[76]. De mais a mais, como veremos em seguida, a relativa diminuição dos colonos europeus frente às populações africanas a partir do final do século XVII – e, em alguns casos, a redução dos europeus era absoluta – pode ter ajudado a confundir a questão da lucratividade do sistema escravista.

No que diz respeito à importância da mão de obra africana para o desenvolvimento de economias dirigidas por europeus em ambos os lados do Atlântico, a literatura mais uma vez é substancial. Já observamos isso na avaliação de Marx, em sua carta a Annenkov, em 1846, e em seu tratamento posterior do mesmo tema no primeiro volume de *O Capital*. Para Marx, a escravidão tinha sido "o principal momento da acumulação primitiva", "uma categoria econômica da mais elevada importância"[77]. Em primeiro lugar, os trabalhadores africanos haviam sido transmutados em propriedade pelos cânones pervertidos do capitalismo mercantil.

Então, a força de trabalho africana se integrou, como trabalho escravo, na composição orgânica do capitalismo manufatureiro e industrial do século XIX, sustentando, assim, o surgimento de um mercado mundial extraeuropeu dentro do qual a acumulação de capital foi guardada para o desenvolvimento posterior da produção industrial.

Marx, contudo, não foi o primeiro a reconhecer a existência de uma relação entre o crescimento econômico da Grã-Bretanha e o negócio de escravos. Williams nos lembrou que na Liverpool do século XVIII, "a casa de tijolos vermelhos da Alfândega era adornada com cabeças de negros"[78]. Em 1788, para Bristol, que havia precedido Liverpool no comércio de escravos, "o comércio das Índias Ocidentais valia [...] o dobro de todo o seu comércio exterior combinado"[79]. Mesmo os escritores ingleses contemporâneos foram prescientes o bastante para entender os sinais e o léxico das ruas. Em 1839, em Oxford, Herman Merivale havia antecipado Marx quando disse, em uma conferência:

> Falamos do tecido cimentado com o sangue da prosperidade de Nova Orleans ou de Havana: olhemos para nossa casa. O que elevou Liverpool e Manchester de cidades provinciais para cidades gigantescas? O que mantém agora sua indústria sempre ativa e seu rápido acúmulo de riqueza? A troca de seus produtos com aqueles colhidos pelos escravos americanos; e sua opulência atual se deve tanto à labuta e ao sofrimento do negro, como se as mãos do escravo tivessem escavado suas docas e fabricado seus motores a vapor. Cada comerciante que trafica com aqueles países, da grande casa que empresta seu nome e seus fundos para sustentar o crédito do American Bank, até o comerciante de Birmingham que faz uma remessa de algemas a Cuba ou à costa da África, é, a seu modo, um defensor da escravidão: e não vejo como nenhum consumidor que bebe café ou usa algodão pode escapar da mesma acusação abrangente.[80]

Um século depois, Eric Williams, como já observamos, tornou a enfatizar o mesmo ponto. Depois, mais recentemente, também McDonald:

> O trabalho foi a chave para o desenvolvimento das Américas; de início, a terra era abundante, o capital estava disponível para financiar a produção, e a mão de obra era abastecida com escravos

africanos e afro-americanos. A fonte de todo valor é o trabalho; o valor do Novo Mundo, a fabulosa riqueza de São Domingos, Brasil, Jamaica e Cuba, criada por escravos, era usufruída não só pelos proprietários das *plantations* e nas colônias, mas pela metrópole. Foi reinvestida, serviu para adquirir poder e posição e estimulou o desenvolvimento de esferas comerciais e industriais.[81]

Essas afirmações de Merivale, Marx e McDonald, e a análise da economia política de Williams podem receber respaldo de uma infinidade de modos. Um autor indica que, bem cedo, "as colônias da Inglaterra haviam começado a dar frutos e estima-se que, em meados do século XVII, de uma população de cerca de cinco milhões e meio, uns cinquenta mil estavam no mar"[82]. Além disso, a riqueza das *plantations* atraiu a burguesia comercial e o Estado, implicando-os em comportamentos e instituições totalmente dependentes da existência da escravidão e do comércio de longa distância. Na Espanha, em Portugal, na Holanda, França e Inglaterra, a imensidão dos lucros a serem obtidos gerou corrupção extensa como sua marca reveladora. Os colonos e proprietários de *plantations* ingleses e franceses foram mais lentos do que seus contemporâneos espanhóis, portugueses e holandeses para chegar ao negócio do açúcar, mas quando o fizeram – isto é, quando acabou o reinado de riqueza do tabaco[83] –, eles também exibiram sua venalidade. Por um lado, as colônias ajudaram a transformar a Inglaterra em uma democracia burguesa com uma economia capitalista e comercial. No final do século XVII, os membros mercantis daquela nação cristã tinham eludido as proibições religiosas contra a usura, institucionalizando sua liberdade financeira com o estabelecimento oficial do Banco da Inglaterra, em 1694. A ascensão da burguesia inglesa, é claro, ocasionou o início da derrocada da sociedade inglesa. Os principais membros dessa *clique* mercantil haviam sido associados ao "republicanismo, à traição e a conexões holandesas" na década anterior. "Esse era exatamente o plano de fundo", sugere P.G.M. Dickson, "que os contemporâneos esperavam pra contar com um banco nacional"[84]. Na França, a burguesia marítima foi forçada a um jogo muito mais perigoso:

O comércio de escravos e a escravidão foram a base econômica da Revolução Francesa. "Triste ironia da história humana", comenta Jaurès. "As fortunas criadas em Bordeaux ou em Nantes pelo tráfico de escravos, deram à burguesia aquele orgulho que precisava de liberdade e contribuiu para a emancipação humana." Nantes era o centro do tráfico de escravos […]. Quase todas as indústrias que se desenvolveram na França durante o século XVIII tiveram sua origem em bens ou mercadorias destinadas tanto para a costa da Guiné quanto para a América […] tudo o mais dependia do sucesso ou do fracasso do tráfico de escravos.[85]

A evidência da relação entre a escravidão e o desenvolvimento da Europa Ocidental, porém, não precisa terminar aqui.

Outro tipo de prova direta da lucratividade do trabalho escravo pode ser encontrado na obra posterior de Richard Pares, um estudioso que, anteriormente, McDonald nos lembra, havia questionado a relação entre capitalismo e escravidão[86]. Em 1960, ao discutir a riqueza dos próprios proprietários de *plantations*, escreveu Pares:

> Os proprietários de *plantations* de açúcar absentistas foram, com os nababos das Índias Orientais, os homens ricos mais conspícuos de seu tempo. Nenhum outro proprietário absentista podia se comparar a eles. Havia alguns proprietários absentistas de *plantations* de café e índigo na França, mas os de tabaco da Virgínia e mesmo os de arroz da Carolina não podiam se permitir os luxos de que desfrutavam os proprietários de *plantations* de açúcar na Inglaterra. Eles podiam estudar na Inglaterra, mas voltavam para casa quando terminava a sua educação. Pois na Virgínia e em Maryland, diferentemente das ilhas, a vida era tolerável e eles podiam exibir um verdadeiro patriotismo local com maior facilidade; além disso, suas propriedades eram, em grande parte, pequenas demais para sustentar um proprietário absentista por toda a vida. No entanto, eles viviam uma vida luxuosa em casa.[87]

Outra pista, também extraída de Pares, era a origem do capital que levou os proprietários de *plantations* ao endividamento pelo qual eram notórios:

O dinheiro vinha, em última instância, dos próprios proprietários de *plantations* [...]. O dinheiro recebido por um deles era emprestado novamente para ele ou para outro [...]. Assim, era o próprio proprietário de *plantations* quem estava pagando, por assim dizer, por sua própria escravização. Os lucros das *plantations* foram a fonte que alimentou o endividamento cobrado das próprias *plantations*. Nesse sentido, Adam Smith estava equivocado: nem toda a riqueza das Índias Ocidentais britânicas provinha da metrópole; após alguns empréstimos iniciais no período mais antigo, que apenas forneceu o capital inicial, a riqueza das Índias Ocidentais foi criada a partir dosseus próprios lucros e com alguma ajuda dos contribuintes britânicos, a maior parte dos quais encontrou um lar permanente na Grã-Bretanha.[88]

Até mesmo o lendário declínio dos mercadores europeus no Novo Mundo no século XVIII fornece pouco suporte para a tese de que o sistema escravocrata era de importância econômica secundária para o desenvolvimento metropolitano. Aqui, novamente, Pares intervém. Ele afirma que a explicação desse fenômeno subjaz tanto na afirmação de K.G.B. Davies de que os mercadores haviam sido substituídos por proprietários de *plantations* engajados no empreendedorismo quanto no fato de que os europeus estavam sendo substituídos por africanos. "Enquanto as populações brancas diminuíam na maioria das ilhas britânicas e foram substituídas por escravos que dificilmente tinham permissão para consumir alguma coisa, o mercado para produtos europeus deve ter decaído consideravelmente. (Aliás, essa redução no número de seus consumidores ajuda a contabilizar o declínio da classe de mercadores residentes)."[89] Por fim, pode-se adicionar o testemunho dos contemporâneos. Os comentários provêm de momentos muito diferentes nos negócios escravistas, porém suas fontes, suas especificidades e sua sincronização descrevem o entusiasmo com que o sistema de escravidão foi empreendido. Dos arquivos da primeira "introdução em grande escala de africanos" no Novo Mundo, expõe Vila:

> Em um relatório sobre os *asientos* levados à Junta em 1612 afirma-se que, se o comércio fosse perdido, não apenas a receita por

ele produzida seria perdida, mas também o imposto sobre vendas (*alcabala*) e o imposto de exportação e importação (*averia*) sobre o dinheiro que chegava das Índias [...]. Além disso, a compra e venda de escravos era uma das fontes mais importantes e lucrativas das alcavalas.[90]

Quase duzentos anos depois, em 20 de fevereiro de 1793 para sermos precisos, escreveu Bryan Edwards, da Jamaica, a Henry Dundas:

Nossos portos estão cheios de *Guineymen* [navios negreiros africanos], mas o preço continua imensamente alto. O sr. Shirley deu £100 por cabeça por um grupo de vinte *koromantees* de um navio do sr. Lindo, e enquanto continuar a noção de que o tráfico será abolido, as pessoas comprarão a qualquer preço, inclusive às custas de sua própria ruína e a destruição de metade dos negros por falta de mantimentos. (O que significa que os proprietários de *plantations* não dispõem, em geral, de meios suficientes para manter repentinamente um fluxo tão grande de novos negros importados.)[91]

De qualquer ponto de vista que se escolha, a relação entre a mão de obra escrava, o tráfico de escravos e a trama das primeiras economias capitalistas é evidente. Quaisquer que fossem as alternativas, a questão permanece: historicamente, a escravidão foi uma base crucial para o capitalismo.

A Coluna Marcada Como "Capitalismo Britânico"

Podemos agora ter fundamentos suficientes para dizer que, no Novo Mundo, os empreendedores britânicos (e franceses) – seguindo os modelos fornecidos pelos portugueses, espanhóis e holandeses – substituíram de modo substancial as mercadorias pelo capital humano nos séculos XVII e XVIII. Iremos acompanhar esse comércio britânico porque, nesse período, parece ser o mais bem documentado, pois assentou com firmeza a escravidão na transição do capitalismo mercantil ao capitalismo industrial e porque muitos dos traços mais claros de uma tradição radical negra remetem a ele.

Os líderes dos esforços colonizadores da Grã-Bretanha decerto haviam começado exportando membros dos povos colonizados aos quais tinham acesso imediato, ou seja, os irlandeses. Já mencionamos esse fato, bem como os usos colaterais da mão de obra da Alemanha e da própria Grã-Bretanha. Parece que os primeiros investidores nas colônias – lordes proprietários de terras, políticos e mercadores, de acordo com Pares – tinham projetos econômicos que, no princípio, poderiam ser satisfeitos por uma modesta força de trabalho. Como aventureiros independentes, os ricos recém-chegados pareceram com frequência pressentir que suas colônias produziriam uma renda semelhante em forma às taxas senhoriais às quais estavam acostumados na Inglaterra[92]. As empresas conjuntas, pelas quais alguns senhores, mercadores e representantes públicos da burguesia, também se interessavam, estavam mais tipicamente orientadas para o comércio. Essas companhias foram promovidas para o cultivo colonial de algodão, tabaco, índigo, gengibre e a produção de indústrias extrativas como madeira, vidro, ferro e metais preciosos[93]. Assim, até a chegada de açúcar no início da década de 1640 e o desenvolvimento de grandes *plantations*, a mão de obra era adequadamente suprida por europeus: camponeses contratados, párias políticos produzidos em tempos variados por guerras nacionais e civis e mulheres pobres ou órfãs (apenas algumas das quais possuíam "má reputação")[94]. Como Richard B. Moore reitera, seu destino estava sujeito à opressão:

> Um pouco menos oneroso [do que a escravidão africana], mas ainda bastante opressor, era o sistema de escravidão por contrato dos europeus, forçados de uma forma ou de outra a trabalhar nas colônias, seja no continente seja nas ilhas. Ao escrever sobre isso, o padre jesuíta Joseph J. Williams, relata como os camponeses irlandeses eram "perseguidos como se numa caçada e colocados à força a bordo do navio e vendidos aos proprietários de *plantations* de Barbados".[95]

Entre 1624 e 1634, o tabaco se converteu no principal produto das colônias, gerando, lucros que atraíam cada vez mais proprietários de *plantations* ingleses e franceses. No final desse período, uma superabundância de tabaco inundou o mercado e os preços baixaram. A longa depressão resultante do final da década de 1630 e início da de 1640 obrigou a que se buscasse um novo produto básico, apesar das expectativas persistentes de que o tabaco se recuperaria[96]. Na Inglaterra, uma tensão adicional estava sendo gerada: "atormentados pela depressão e a sempre crescente ameaça de guerra civil, os ingleses deixaram sua pátria em tal quantidade durante a década de 1630 que seu êxodo foi chamado de 'A Grande Migração'"[97], conta-nos Batie . Muitos desses recém-chegados se estabeleceram nas Índias Ocidentais e, particularmente, em Barbados, o que apenas fez com que a tentativa de localizar um substituto para o tabaco fosse mais desesperada. A astúcia da história então interveio, cortando o fornecimento de açúcar do Novo Mundo para a Europa como resultado das guerras pela posse do Brasil entre espanhóis, portugueses, holandeses e luso-brasileiros[98].

O cultivo do açúcar nas colônias inglesas começou, pois, no final da década de 1630. Depois que as técnicas de cultivo e refino do açúcar foram aprimoradas, ele rapidamente substituiu nas ilhas as produções menos lucrativas de tabaco, índigo e gengibre. Com a enorme demanda de mão de obra que gerou a produção de açúcar, o apetite por mão de obra para a produção colonial superou cada vez mais a oferta. Tendo já dizimado as populações aborígenes que haviam encontrado nas Índias Ocidentais, a burguesia mercantil e os proprietários de *plantations* ingleses julgaram necessário e conveniente expandir sua estratégia irlandesa (e nacional) para a África Ocidental. Ao fazer isso, a escala de seus empreendimentos cresceu além de qualquer coisa jamais vista na história da Inglaterra.

Durante o século XVII como um todo, afirma Curtin, 60% do tráfico de escravos no Novo Mundo "foi para as colônias hispânicas"[99]. Isso pode ou não ter sido o caso, uma vez que as cifras de Curtin mostraram ter confiabilidade e precisão um tanto erráticas. Aqui, pelo menos, ele manteve consistentemente uma certa cautela (na direção errada)[100] e inclusive admitiu ocasionalmente algum erro (uma vez mais, no sentido de diminuir o número de africanos forçados à escravidão)[101]. A preocupação mais imediata, no entanto, é que, no último quarto do século, os mercadores ingleses que forneciam escravos principalmente para o Caribe britânico haviam superado os portugueses e os holandeses, seus predecessores no tráfico. As estimativas de Curtin revelam que, embora as importações dos mercadores portugueses e holandeses durante a primeira metade do século excedessem o comércio inglês por uma margem substancial (um total de 327 mil para os holandeses e portugueses em comparação com 20,7 mil para os mercadores ingleses), no terceiro quarto do século os territórios ingleses tinham superado as colônias espanholas na importação de mão de obra. Durante os últimos 25 anos do século XVII, os mercadores ingleses tinham mais do que dobrado seu desempenho no tráfico de seres humanos em relação ao quadrimestre anterior (69 mil no período anterior contra 174 mil), superando, assim, seus contemporâneos comerciais[102]. Essa conquista se deve, mais uma vez, em grande parte, às demandas da produção de açúcar.

A partir do final do século XVIII e da abolição legal do comércio de escravos pelos britânicos em 1807, os agentes e comerciantes britânicos foram responsáveis pelo transporte de mais 3.699.572 africanos para o Novo Mundo[103]. Se aceitássemos o argumento de Curtin no que tange aos óbitos em trânsito durante esse período, talvez 400 mil ou mais pessoas jamais chegaram a ver o extremo oeste do Atlântico[104]. Morreram "em trânsito" e, com isso, mostraram de uma maneira profundamente trágica em que medida o desenvolvimento do sistema mundial capitalista dependia de mão de obra que sua metrópole não conseguia produzir.

No entanto, infelizmente, os africanos não foram os únicos a serem tão submetidos ao tráfico de escravos. A ganância dos comerciantes ingleses e europeus superava, com facilidade, suas simpatias raciais e nacionais. Foi assim que as tripulações de seus navios negreiros morreram em uma proporção talvez até mais alta do que suas cargas humanas. Na época, os marinheiros ingleses passaram a cantar sobre seu destino em termos gráficos:

Tenha cautela e tome cuidado
Na baía do Benin:

> Pois para cada um que sai,
> Há quarenta que ali ficam.[105]

Após a década de 1680, a Jamaica começou consistentemente a superar Barbados e as Ilhas Leeward nas exportações de açúcar. No início de 1700, sucedeu o mesmo com a população escrava da Jamaica, refletindo o papel preeminente da ilha no comércio colonial britânico. No final do tráfico inglês de escravos, algo como 38% da força de trabalho escrava transportada por comerciantes ingleses haviam sido realocados na Jamaica[106].

Em partes quase iguais, esses africanos eram oriundos das rotas que alimentavam os portos de escravos na baía de Biafra, Costa do Ouro, África Central, baía de Benin e Serra Leoa. Essa distribuição étnica, contudo, não foi resultado de padrões de recrutamento consistentes ou regulares. De início, Orlando Patterson conclui, os grupos predominantes eram os *koromantees* (Kormantin era um porto cerca de 112 km a oeste de Acra), os povos *akan* e *ga-andangme*. Depois de 1675, e pelo resto do século, o tráfico britânico para a Jamaica mudou para Angola e os povos falantes do jeje de Daomé. Entre 1700 e 1730, a Costa dos Escravos e Gana se tornaram a fonte favorita, apenas para serem sucedidas ao longo dos anos entre 1730 e 1760 pelos deltas do Níger e do Cross. No final do século XVIII, o Congo voltou a ser a região dominante, seguida sucessivamente pelos deltas do Níger e do Cross, a Costa do Ouro e (em uma quantidade muito menor), a Windward Coast (Costa da África Ocidental)[107].

Em muitos sentidos, o tráfico jamaicano seguiu um padrão estabelecido pelos predecessores mercantis europeus dos ingleses. Também eles haviam depositado a maioria de sua mão de obra africana nas Grandes e Pequenas Antilhas. O tabaco e o açúcar tiveram algo a ver com isso, uma vez que essas ilhas possuíam o clima ideal para a sua produção. Os portugueses, com a exuberante fertilidade tropical de seus territórios brasileiros, foram a exceção – uma exceção que Curtin considera próxima a 38% do número total de africanos levados para o Novo Mundo[108].

Pode-se estimar que os comerciantes britânicos enviaram cerca de 20% de suas cargas de escravos no século XVIII para as colônias norte-americanas. Surpreendentemente, talvez, para muitos estadunidenses de hoje, isso equivaleu a menos do que 5% do número total de africanos trazidos para o Novo Mundo por comerciantes europeus. A melhor estimativa de Curtin é que 399 mil africanos foram levados para as colônias inglesas durante todo o período de comércio de escravos (outros 28 mil, ele sugere, chegaram ao continente por meio de comerciantes franceses que abasteciam a região da Louisiana)[109]. Inikori, no entanto, nos adverte que "estimativas significativas de importação para os Estados Unidos precisam ainda ser feitas"[110]. Essa população africana, porém, diferia daquela distribuída na Jamaica, na qual pelo menos um quarto desses povos era originário dos portos angolanos. Quase o mesmo número provinha da baía de Biafra, a metade da Costa do Ouro e da Senegâmbia, seguida por proporções cada vez menores dos portos de Serra Leoa, baía de Benin e África Central[111].

Na Carolina do Sul, os negros representavam 60% da população da colônia no século XVIII. Na Virgínia, cerca de 40%. Eles eram utilizados para trabalhar nas fazendas de tabaco e, mais tarde, nas *plantations* de algodão, mas também trabalhavam "em minas, salinas e cordoarias; eram aprendizes de construtores navais, ferreiros e vários tipos de marceneiros, incluindo carpinteiros, tanoeiros, fabricantes de carroças e serradores"[112]. Aqueles que foram importados diretamente da África eram chamados de *outlandish*, para distingui-los dos que seus mestres chamavam de "novos negros" dos campos e dos escravos artesãos supostamente desenraizados e aculturados, com quem eles se sentiam mais "confortáveis". Como Gerald Mullin demonstrou, essas distinções deviam-se a considerações práticas dos colonos: "Nos exemplares da *Gazette* da Carolina do Sul, havia no início das décadas de 1750 e 1771 evidências claras de cooperação tribal em anúncios para a devolução de quatro 'novos gambianos'; três angolanos, 'todos sujeitos de baixa estatura'; seis outros angolanos [...] e quatro homens do 'país dos fulás'."[113]

A inventividade do negro avançava rapidamente com o crescimento do trabalho escravo. Um tanto de modo paradoxal, quanto mais os africanos e seus descendentes assimilavam materiais culturais da sociedade colonial, menos humanos pareciam na mente dos colonos. Tão instrutivo quanto, os rebeldes dentre esses africanos e os "negros" eram descritos como "fugitivos", termo que tem perdurado na historiografia do período. Deve ser lembrado, entretanto, que foi a partir dos esforços de homens e mulheres como esses que se criaram os assentamentos negros no piemonte da Virgínia e os *afro-creek* "exilados da Flórida" (os seminolas)[114]. Os povos quilombolas do Caribe e da América do Sul formaram-se de maneira similar. Eles também estavam, no final do século XVIII, entre os cerca de 55 mil que fugiram para as forças britânicas e os assentamentos leais, quando comprovaram que os colonos mantinham a mesma lógica escravista[115].

Ainda assim, muitos trabalhadores africanos permaneceram nas colônias da América do Norte e das Índias para desempenhar um papel significativo no desenvolvimento da economia imperial inglesa. O "comércio triangular" de escravos, como afirmou Eric Williams, ampliou o "mercado interno" ao estimular a produção de manufaturas inglesas que os comerciantes trocavam na África por trabalhadores negros. Uma vez transportados, esses trabalhadores constituíam a mão de obra necessária para a produção tropical, o trabalho artesanal e as indústrias extrativas britânicas. O resultado foi a acumulação de capital para o desenvolvimento das forças produtivas na Inglaterra e na Europa (a Revolução Industrial), para o crescimento das indústrias de base na América do Norte (pesca, cultivo de alimentos, madeira etc.), para a construção naval e a indústria têxtil e para a expansão da colonização. No entanto, ao mesmo tempo, ocorreu a degradação desses povos africanos e de suas instituições sociais quando afetados por esse comércio e, como Walter Rodney argumentou, o subdesenvolvimento das economias da África[116].

Esse comércio, esse movimento de trabalhadores negros, porém, não terminou com a abolição legal da escravidão no século XIX. O Congo de Leopoldo, a África Central de Harry Johnston, a África Meridional de Cecil Rhodes, a África Ocidental de Lugard, a África portuguesa e a África francesa, bem como os descendentes de escravos do Novo Mundo, todos contribuíram para o maior desenvolvimento do sistema capitalista mundial. Na qualidade de camponeses, arrendatários, trabalhadores migrantes, diaristas, servos domésticos e trabalhadores assalariados, sua expropriação estendeu-se até o século atual. Mesmo na destruição dos meios de produção, nas guerras que Marx e Engels haviam previsto como inevitáveis no capitalismo, a mão de obra negra foi intensamente utilizada[117]. Não estava isenta de nenhum aspecto da exploração.

6.
A Arqueologia Histórica
da Tradição Radical Negra

O papel da força de trabalho negra na expansão e preservação do capitalismo não era, entretanto, tudo. O descarregamento dos povos negros no Novo Mundo teve ainda outra consequência –totalmente não deliberada nem prevista pelos mercadores e ideólogos da escravidão. Ainda assim, a ingenuidade dos europeus foi substancialmente sua própria criação: a escravidão, como sistema e modo de vida, dificilmente era um cenário propício para muito mais. A ignorância "estruturada", que era um concomitante quase inevitável do uso da força de trabalho escravizada, pesava fortemente no pensamento europeu em geral, independentemente da ideologia social.

Marx havia atribuído a escravidão àquele estágio do desenvolvimento do capitalismo que ele caracterizou como "acumulação primitiva". Ele não pretendia usar o termo em qualquer sentido desagradável, mas simplesmente – em parte –enfatizar que o modo de produção capitalista dominante tinha pouca responsabilidade pela produção e reprodução dos materiais humanos que empregava a esse respeito. Ao falar de acumulação primitiva, ele queria dizer que as *piezas de Indias* haviam sido produzidas, material e intelectualmente, pelas sociedades das quais foram tomadas e não por aquelas que as exploravam. Entretanto, as cargas dos navios negreiros eram seres humanos reais, qualquer que fosse seu meio de transporte; o conhecimento de embarque, os registros dos capitães e os livros de registros contábeis que os designassem de outra forma.

Marx, no entanto, não havia de todo percebido que as cargas de trabalhadores também continham culturas africanas, mesclas e combinações críticas de língua e pensamento, de cosmologia e metafísica, de hábitos, crenças e moralidade. Esses eram os termos reais de sua humanidade. Essas cargas, portanto, não consistiam em negros isolados intelectualmente ou privados de cultura – homens, mulheres e crianças separados de seu universo anterior. A mão de obra africana trazia consigo o passado, um passado que a havia produzido e no qual estavam assentados os primeiros elementos de consciência e compreensão.

Esse era o embrião do demônio que afligiria todo o empreendimento da acumulação primitiva. Seria por intermédio da consciência histórica e social desses africanos que o tráfico de escravos e o sistema de trabalho escravocrata seriam infectados com sua contradição. Muito depois, em meio à luta contra o imperialismo português em Guiné-Bissau no século XX, revelaria a natureza dessa contradição Amílcar Cabral:

> a dominação imperialista, ao negar o desenvolvimento histórico dos povos dominados, também nega necessariamente o seu desenvolvimento cultural. É [...] compreendido porque a dominação imperialista, como todas as demais dominações estrangeiras requer, para sua própria segurança, opressão cultural e a tentativa de liquidação direta ou indireta dos elementos essenciais da cultura do povo dominado[...]. É geralmente nessa cultura que encontramos a semente da oposição[1].

O transporte de mão de obra africana para as minas e *plantations* do Caribe e posteriormente ao que seria conhecido como as Américas significava também a transferência de sistemas ontológicos e cosmológicos africanos; pressuposições africanas da organização e da importância da estrutura social; códigos africanos que incorporavam a consciência histórica e a experiência social; e construções ideológicas e comportamentais africanas para a resolução do conflito inevitável entre o real e o normativo. Assim o entende Michael Craton quando relata que:

suas raízes camponesas africanas claramente predispunham todos os escravos a considerar a agricultura de *plantation* tão antinatural quanto a instituição que a sustentava. Desde os primeiros dias, escravos fugitivos se estabeleceram em torno de áreas de provisão (chamados de *polinks* nas colônias inglesas, e *palenques* nas espanholas) e trabalhavam de uma maneira que recordava, em parte, a agricultura africana, e em parte a agricultura *conuco* dos ameríndios [...].

Com maior profundidade, os escravos mantiveram e desenvolveram conceitos de família e parentesco bastante além da compreensão e do controle de seus senhores, e um conceito de posse de terra que estava em contradição com o da cultura europeia dominante [...]. Eles queriam viver em unidades familiares, ter acesso imediato a terras próprias e serem livres para desenvolver sua própria cultura, em particular sua própria e sincretizada religião. Essas eram as aspirações básicas, que variavam de acordo com as diferentes condições de cada uma das colônias afetadas [pela rebelião].[2]

Esses eram os termos nos quais se fundamentaria a resposta dos escravos ao sistema escravocrata.

A História e o Mero Escravo

Contudo, mesmo para aqueles que não estão familiarizados com as histórias de africanos escravizados, o fato de que esses povos africanos reagiram à escravidão de maneiras diversas não deveria causar nenhuma surpresa. Na experiência escrava estadunidense, em particular no que diz respeito ao século XIX, as tentativas de retratar o "tipo de personalidade do escravo", de identificar um "tipo de *plantation*" – uma noção já firmemente estabelecida quando o sistema produziu seu mais famoso apologista *post hoc*, Ulrich Bonnell Phillips – tiveram como resultado uma verdadeira coleção de personagens. John Blassingame, colaborador recente de uma literatura que abrange desde as observações de viajantes dos séculos XVIII e XIX e, às vezes, igualmente abolicionistas peripatéticos, até registros de *plantations* e *memorabilia*, "testemunhos de escravos", romances contemporâneos e historiografia convencional, se empenhou para organizar suas representações do trabalhador escravo[3]. Ele enumerou as máscaras, as posturas e os afetos mais evidentes que os trabalhadores africanos e seus descendentes exibiam: o vaidoso servo doméstico, que frequentemente adotava os ares e os trajes dos donos da "casa" e fazia afirmações similares sobre os trabalhadores escravos. O "sambo", o indivíduo dócil, submisso, aterrorizado, alquebrado pela onisciência da dor psicológica e física – esses homens e mulheres amiúde ficavam cada vez mais indiferentes ao espectro da punição e do sofrimento, tanto dos demais quanto de si próprios. A separação, o trauma da percepção de que não se tinha o direito nem o poder de resistir ao que deve ter parecido tantas vezes ser o desaparecimento arbitrário ou cruel daqueles que realmente importavam, também registrava suas próprias marcas particulares:

> Irritados, desesperançados e vencidos pela dor, os escravos em geral nunca se recuperavam do choque da separação. Muitos se tornavam taciturnos e indiferentes ao trabalho. Outros enlouqueciam, falavam consigo mesmos e tinham alucinações sobre seus entes queridos. Alguns escravos desenvolveram tendências suicidas.[4]

Outros, indo ainda mais longe no caminho da "distração", passaram a aceitar a afirmação da santidade da brancura e da vergonha da negritude. Mas Blassingame foi convencido, pelos testemunhos e pela observação contemporâneos de que para a maioria dos escravos ("os escravos de eito") a opressão do sistema implicava mais grilhões *sociais* que *psicológicos*. Na maior parte do tempo, os trabalhadores escravos eram "taciturnamente obedientes e hostilmente submissos", de acordo com Blassingame. Ele afirma: "Tendo relacionamentos diversos, além daquele com o seu senhor, o escravo era capaz de preservar sua autoestima apesar do castigo cruel que recebia. A docilidade do escravo era uma farsa, uma máscara para esconder seus verdadeiros sentimentos e traços de personalidade."[5]

Blassingame concluiria – muito casualmente, eu me atreveria a dizer – que "a mesma gama de tipos de personalidade existia tanto nos alojamentos de escravos como na mansão senhorial"[6].

Leslie Howard Owens, outro historiador negro, exibia ainda menos reservas do que Blassingame sobre a *naturalidade* da rebeldia dentro do domínio da estrutura escravista americana. Onde Blassingame se limita, cedendo, ao que parece, às dicotomias frequentemente encontradas na literatura sobre a escravidão estadunidense entre "escravos domésticos" e "escravos de eito"[7], entre o "senhor cruel" (redundância) e o "senhor benevolente"[8] (contradição), afirma simplesmente Owens: "Que os escravos estavam descontentes com sua escravidão é algo bastante documentado por manuscritos e materiais narrativos."[9] Para Owens, então, a rebeldia era situacional e seu contexto, o sistema escravista[10]. Traçando o que ele chamou de "lógica da resistência", Owens observou, entre os trabalhadores escravos, a multiplicidade de suas respostas à dominação: ferramentas quebradas ou perdidas; queima de cultivos; lentidão no trabalho; ajuda e proteção oferecidas aos "fugitivos"; roubos; fugas; a formação de comunidades quilombolas de vida curta; e até mesmo a automutilação e o suicídio[11]. No final das contas, é claro, houve insurreições. A perenidade existencial do sistema escravista, com suas inevitáveis demonstrações e exercícios dos desejos coletivos e individuais da classe senhorial, tinha como resultado a persistência dos ataques contra o sistema. "A supressão de distúrbios leves ou graves por parte do regime escravista não eliminava a desobediência dos escravos por muito tempo"[12], observa Owens. O sistema escravista gerou seu próprio turbilhão. Além dessa dialética, nada mais, ao que parece, era fixo ou estático, menos ainda as personalidades que os escravizados vestiam "publicamente": "algum reconhecimento da identidade cambiante e não estática do escravo é importante para entender por que às vezes pouca coisa separava seus atos menores de desobediência de outros mais graves, como ameaças de rebelião"[13]. O mais perturbador de tudo, talvez, para a classe dos senhores, era o engodo monstruoso por trás da docilidade negra que desejavam de maneira tão desesperada: "Não se pode negar que houvesse certa docilidade entre os escravos. Mas não era a norma. Senhores e autoridades reiteradas vezes vincularam escravos aparentemente dóceis a atos de resistência."[14] Os dividendos psicológicos para aqueles que comandavam o sistema derivavam da vigilância necessária:

medo e paranoia, degeneração moral e, por fim, de acordo com alguns historiadores, falta de vontade[15].

Ainda assim, é útil fazer uma pausa aqui por um momento para considerar o que revisionistas como Blassingame e Owens e vários outros historiadores nos últimos vinte anos, mais ou menos, negros e não negros, acreditavam que fosse o problema[16]. Sem dúvida, eles enfocaram uma afirmação primordial: a de que os escravos, com o tempo, passaram a aceitar os termos da escravidão. Segundo a sabedoria convencional corporificada nas disciplinas estadunidenses da história, da sociologia e da psicologia, a prática da submissão se converteu, para os escravos, em hábitos de inferioridade; para seus descendentes, as "marcas de opressão" psicológica, a cultura dos dominados, as estruturas familiares pervertidas e distorcidas do matriarcado e da matrilocalidade (observe, se quiser, quantas vezes a violação do escravo é descrita como "emasculação", "castração" etc.). Os revisionistas estadunidenses procuraram, em geral, refutar a tradição depositada no registro e na consciência nacionais de que os *negros acabaram se convertendo em escravos*. Eles optaram por chegar a um acordo com a reiterada fantasia pública de que as gerações subsequentes de "filhos nativos" foram fatalmente marcadas, do ponto de vista cultural e emocional, pelas adaptações de seus ancestrais. Os revisionistas estadunidenses tentaram fornecer substância acadêmica à insistência de suas próprias gerações de que as circunstâncias materiais, políticas e sociais dos negros no século XX não são consequências de psicopatologias privadas ou mesmo coletivas entre os negros. Eles transformaram esse povo africano em *seres humanos* com capacidade para discernir, se sentirem injuriados, aptos tanto à acomodação como ao heroísmo. Em suma, um povo que possui, como disse Blassingame, "a mesma diversidade".

Até agora, seu projeto foi concluído com sucesso. A produção acadêmica, as narrativas, os documentos, falam por si só de uma forma agudamente persuasiva. Contudo, esse triunfo "político" foi apenas parcial, pois a defesa dos escravos se dirige a seus antagonistas nos termos deles. Como era de se esperar, em uma sociedade pós-escravista, na qual a vitória histórica do estrato escravizado permanecia incompleta, a questão da humanidade das pessoas escravizadas permanecera protelada. Teria, portanto, de ser abordada. Nós agora "sabemos" o que a classe senhoril decerto sabia, mas por tanto tempo negou publicamente apenas para ser confrontada com a verdade em seus pesadelos, fantasias sexuais e consciência social apodrecida: os escravos eram seres humanos[17]. No entanto, a questão mais autêntica não era se os escravos (e os ex-escravos e seus descendentes) eram humanos e sim que *tipo* de pessoas eles eram... e poderiam ser. A escravidão alterou as condições de seu ser, porém não poderia negá-lo. Muito antes de que a problemática república americana do século XIX pudesse se tornar uma possibilidade, uma parte da resposta começou a se desdobrar. Como veremos em seguida, sua marca histórica ainda é clara.

Vermelhos, Brancos e Negros

A mão de obra africana no hemisfério ocidental tornou-se necessária só quando o trabalho nativo se esgotou e o labor europeu tornou-se evidentemente inadequado.

Ao que parece, bastou o período entre a primeira e a terceira viagens de Colombo (1497) para que o governo espanhol reconhecesse e respondesse aos problemas especiais que enfrentava ao depender de seus nacionais para suplementar o trabalho colonial. Em junho de 1497, "uma ordem geral foi emitida para todos os juízes na Espanha autorizando o transporte de criminosos para Hispaniola – à exceção de hereges, traidores, falsificadores e sodomitas – em comutação da pena de morte ou de prisão"[18]. Quando esse suprimento se mostrou insuficiente, a Coroa recorreu sucessiva e simultaneamente à escravidão branca (1504, 1512, 1521), a imigrantes estrangeiros (1526) e à indução da emigração espanhola não castelhana (1511), à medida que a escassez de mão de obra indígena se tornava mais aguda nas Índias Ocidentais[19]. No entanto, em meados do século XVI, os capitalistas ibéricos conseguiram entender algo que seus sucessores ingleses só precisariam levar a sério cem anos depois: a produção de açúcar exigia uma força de trabalho maior e política e moralmente menos incômoda do que a Europa poderia fornecer[20]. Pelo menos no começo, a alternativa havia sido o "indígena".

Escreveu Eric Williams: "Foi dito que os conquistadores espanhóis primeiro se ajoelharam e depois caíram sobre os aborígenes."[21] Desde o início, ao que parece, Colombo não tinha mais nada em mente para essas "pessoas selvagens". O *repartimiento de Indios* (a divisão dos indígenas para a execução de tarefas necessárias aos assentamentos coloniais) de Colombo e de seu sucessor imediato, Francisco de Bobadilha, tornou-se a *encomienda* nas mãos do terceiro governador das Índias, Nicolau de Ovando. Detalha C.H. Haring:

> Os indígenas eram destinados, em lotes de cinquenta, cem ou mais, por escritura ou patente, a espanhóis para trabalhar em suas fazendas e ranchos ou na mineração para ouro em pó. Às vezes, eles eram dados a funcionários ou párocos em lugar ou como parte de seu salário anual. O efeito foi simplesmente a divisão dos nativos entre os colonos para que com eles fizessem o que bem entendessem.[22]

As consequências de sua exploração foram dramáticas:

> Os resultados podem ser vistos nas melhores estimativas feitas sobre a tendência da população em Hispaniola, que a situam em 1492 entre duzentos e trezentos mil. Em 1508, esse número fora reduzido para sessenta mil; em 1510, Oviedo duvidava se ainda havia quinhentos indígenas de raça pura. Em 1570, sobreviviam apenas duas aldeias daqueles povos sobre os quais Colombo havia assegurado a seus soberanos, menos de oitenta anos antes, que "não há gente melhor nem mais gentil no mundo".[23]

Mesmo assim, as Índias Ocidentais foram apenas o começo.

No México, ou Nova Espanha, como era então chamado, a população nativa foi estimada por Sherburne Cook e Woodrow Borah em 25 milhões ou mais no início do século XVI[24]. Qualquer que fosse a cifra verdadeira, essa população aborígene se tornaria objeto de uma exploração extremamente intensa por parte de seus conquistadores espanhóis. Ao relembrar os dias da pré-Conquista, escreveria Chilam Balam, um nativo de Yucatã:

> Não havia, então, doenças; eles não tinham os ossos doloridos; não tinham febre alta; não tinham varíola; eles não tinham ardor no peito; não tinham dor abdominal; não tinham tuberculose; não tinham dor de cabeça. Naquela época, o curso da humanidade estava ordenado. Os estrangeiros transformaram tudo isso quando chegaram aqui.[25]

O mundo pelo qual Chilam demonstrava tamanha nostalgia poética desapareceu com rapidez. Decorridas nove décadas, "doenças, guerras, realocações e mudanças ecológicas causadas pelo assentamento e controle espanhóis"[26] e (deve-se acrescentar) o trabalho escravo, o número de habitantes indígenas reduziu-se a uma estimativa de 1.075.000[27]. A Conquista teve outro efeito ainda mais insidioso. No censo de 1514, de acordo com C.O. Sauer, os registros do *repartimiento* de nativos em São Domingos, para trabalhar em terras confiscadas para a Coroa, já indicavam uma média de menos de um filho por família. Las Casas havia indicado que no período imediatamente anterior à Conquista as mulheres indígenas tinham, em média, entre três e cinco filhos cada. Alhures, "Jaramillo Uribe comenta que no início do século XVII era comum encontrar que, em Nova Granada, metade dos casais indígenas não tinha filhos. Em média, tinham apenas dois filhos, e a família com quatro descendentes era uma exceção." Conclui Sanchez-Albornoz: "É evidente que o número de indígenas diminuiu não só por causa de mortes, mas também, em parte, porque não garantiram a reposição normal das gerações."[28] Essa dizimação da população "indígena", mais do que os decretos reais polêmicos de 1542 (as *Nuevas Leyes*) que "proibiam a escravização de indígenas, exceto como punição por rebelião contra o domínio espanhol", resultou em uma demanda significativa de trabalho adicional por volta da segunda metade do século XVI[29]. No final, a fonte dessa mão de obra seria a costa ocidental da África.

Como era de se esperar, Las Casas, cujas amargas acusações contra os conquistadores e cujos cálculos do número terrível de mortes de indígenas em muito contribuíram para a obtenção das Novas Leis de Carlos V, assumiu total responsabilidade. Ele escreveu sobre si mesmo em sua *Historia General de las Indias*: "O padre Las Casas foi o primeiro a sugerir que se deveria introduzir africanos nas Índias

Ocidentais. Ele não sabia o que estava fazendo."[30] No entanto, ele continuaria a manter aquele erro, um tanto compreensível:

> Antigamente, antes que houvesse *ingenios*, costumávamos pensar nesta ilha que, se um negro não fosse enforcado, nunca morreria, porque jamais tínhamos visto algum deles morrer de doença e tínhamos a certeza de que, como as laranjas, eles haviam encontrado o seu hábitat, esta ilha sendo mais natural para eles do que a Guiné. Mas depois que eles foram colocados para trabalhar nos *ingenios*, por causa do trabalho excessivo que tiveram de suportar e as bebidas que tomavam, feitas de xarope de cana, a morte e a pestilência foram o resultado, e muitos deles morreram.[31]

Las Casas, é claro, tinha se escalado para o papel errado no drama e na tragédia da escravidão de indígenas e africanos. Essa era uma velha tática sua. Embora não fosse de todo inocente nesse caso, ele era apenas um elo nas correntes presas ao redor do pescoço dos escravos. No entanto, como filho de uma família aristocrática andaluza, ele estava em uma posição melhor do que a maioria para entender que no seu apelo ao imperador em favor dos indígenas teria que bajular o ego imperial, bem como chocar a moralidade do império. Carlos v da Espanha estava muito mais implicado na "devastação das Índias" do que Las Casas julgou prudente rever. Capta a situação de modo preciso, Hans Magnus Enzensberger:

> É claro que Las Casas estava plenamente ciente de que a Coroa espanhola era de todo dependente da renda das colônias. Um ano antes da audiência [1519], a empresa Welser, de Augsburgo, havia financiado a eleição de Carlos v, e sua dependência dos bancos era notória em toda a Europa. Las Casas […] alegou que o comportamento violento dos conquistadores custara ao rei muitas centenas de milhares de coroas, ano após ano […]. Essa linha de argumento […] com certeza deve ter impressionado mais Carlos v do que todas as razões teológicas e legais que Las Casas trouxe à tona.[32]

Las Casas ainda levaria mais vinte anos para conquistar essa vitória para as suas posições. Ao todo, está registrado, ele faria catorze viagens entre o Velho e o Novo Mundo, defendendo sua missão (várias dessas viagens foram contra a sua vontade, uma vez que ele se viu forçado a retornar à Espanha para responder a acusações de traição). No final, sua vitória seria breve e desprovida de sentido. Carlos V revogou as Novas Leis três anos após a sua promulgação[33]. Os nativos das terras conquistadas já estavam desaparecendo. A sobrevivência da economia da Nova Espanha seria transferida para outras mãos[34].

Negros em Lugar de Vermelhos

Argumenta David Davidson: "Agora está bastante claro que no período de 1519-1650 a região [Nova Espanha] recebeu pelo menos 120 mil escravos, ou seja, dois terços de todos os africanos importados para as possessões espanholas na América."[35] Estudos mais recentes de Enriqueta Vila, como já vimos, confirmam as impressões de Davidson enquanto expandem substancialmente o número total de africanos transportados[36]. As indústrias coloniais de açúcar e de produção têxtil e, mais tarde, as minas de prata, foram os principais setores para os quais a mão de obra africana foi destinada. Como o trabalho indígena atrofiou durante a segunda metade do século em decorrência de seu declínio não natural ou de restrições legais[37] e os colonos "esbarraram com as mais ricas minas de prata do mundo"[38], os trabalhadores africanos começaram a ser predominantes nas *plantations* e nas minas. Em 1570, havia no México mais de vinte mil africanos; em 1650, acreditava-se que seu número chegava a 35 mil – o que resultou em um suplemento para mais de cem mil afro-mestiços de ascendência negro-indígena. Novamente, nesse último período, afirma Davidson: entre oito e dez mil africanos poderiam ser encontrados trabalhando nas *plantations* de açúcar e nos ranchos de gado na região leste, ao redor das planícies costeiras entre Veracruz e Pánuco e as encostas da Sierra Madre Oriental; outros quinze mil foram absorvidos nas minas de prata e nos ranchos das regiões norte e oeste da Cidade do México; três a cinco mil foram destinados a indústrias similares localizadas entre Puebla e a costa do Pacífico; e vinte a cinquenta mil empregados em ocupações urbanas na Cidade do México e no vale do México[39]. Segundo afirma Gonzalo Aguirre Beltrán, no início do século XIX, os descendentes desses trabalhadores que, *grosso modo*, eram então classificados como negros, mulatos e *zambos* (afro-índios) perfaziam, pelo censo de 1810, a cifra de 634.461, um pouco mais de um décimo da população mexicana[40].

Há, no entanto, muito mais a ser compreendido sobre sua presença no México e nas colônias espanholas das Índias e da América do Sul do que suas meras cifras. O transporte sistemático de mão de obra negra para o Novo Mundo nem sempre foi uma etapa óbvia ou imprescindível. Por algumas décadas, como vimos, ele não parecia em absoluto necessário. Quando começou, praticamente inverteu por completo a aplicação mais casual das estruturas raciais ibéricas que já haviam sido transferidas para as colônias.

No início, isto é, muito provavelmente na década que encerrou o século XV, porém decerto naquela que iniciou o século XVI, pequenos grupos de africanos escravizados chegaram ao Novo Mundo como "companheiros" dos conquistadores[41]. Quando Nicolau de Ovando assumiu o governo de Hispaniola em 1502, sua companhia incluía "um número desconhecido de servos negros e mulatos"[42]. Eles eram *ladinos*, negros hispanizados, mas naquele mesmo ano Ovando pediu a sua rainha que ela impedisse todas as chegadas futuras dessas pessoas.

> Ele relatou que aqueles que já estavam na ilha haviam sido uma fonte de escândalo para os indígenas, alguns haviam fugido de seus proprietários e estabelecido assentamentos independentes nas montanhas. Preocupado com a possibilidade de os indígenas serem desviados do caminho de retidão cristã, Isabel barrou imediatamente o envio de *ladinos*.[43]

A rainha de Castela, entretanto, havia proporcionado apenas um breve alívio para os trabalhadores *ladinos*. Ela morreu em 1504 e as colônias que antes haviam sido administradas exclusivamente por Castela passaram à direção de seu marido, Fernando de Aragão. Fernando, que em algum momento se convenceu de que "um negro poderia fazer o trabalho de quatro indígenas", informou Ovando que a ameaça de rebelião negra era compensada pela necessidade de mão de obra negra nas minas e *plantations*[44]. De 1505 até 1522, escravos *ladinos* substituíam cada vez mais a força de trabalho nativa, pois esta fora dizimada pela disciplina da *encomienda*, pela doença e pela desmoralização. No último ano, a política que proibia a importação de *ladinos* foi reinstituída. Essa política havia sido reiterada em 1530, 1532, 1543, 1550, e nos vários *assientos* concedidos entre 1595 e 1609. Doravante, apenas *bozales* – africanos obtidos na África – deveriam ser elegíveis para o transporte ao Novo Mundo[45]. Investigaremos as razões por trás dessa mudança de política adiante.

Alguns *ladinos*, entretanto, desempenharam papéis menos anônimos na conquista do Novo Mundo. Leslie Rout os caracteriza como "compatriotas". Um deles, Nuflo de Olano, acompanhou Balboa em 1513[46]. Outro, Juan Garrido (Belo João),

> aparentemente cruzou o Atlântico como um homem livre, participou do cerco de Tenochtitlan [1521] e, em conquistas e explorações subsequentes, tentou ser um empresário (com escravos negros e indígenas próprios) na busca inicial por ouro e ocupou um lugar como cidadão no bairro espanhol da Cidade do México[47].

Garrido, cuja fortuna estava inteiramente vinculada à de seu patrono, Hernán Cortés, morreu na pobreza, uma vítima, acredita-se, da grande praga que assolou a Cidade do México em 1547[48]. Esteban (Estebanico) estava com o menos intrépido Narváez, na Flórida, em 1528. Tendo sobrevivido ao seu senhor, ele completou uma jornada de oito anos da Flórida à Cidade do México com três outros conquistadores, apenas para perecer nas mãos dos zuni em 1538, enquanto servia de guia para outro senhor, frei Marcos de Niza[49]. Juan Valiente acompanhou o exército de [Pedro de] Alvarado em sua marcha da Guatemala ao Peru em 1534. Em 1536 e 1540, Valiente lutou com o exército de [Pedro de] Valdivia contra os indígenas araucanos no Chile. Em 1546, Valdivia lhe concedeu uma propriedade e, em 1548, Valiente foi o primeiro *ladino* a receber uma *encomienda*. Significativamente, quando morreu em 1553 (em uma ação de guerra contra os araucanos), seu antigo senhor, Alonso Valiente, havia iniciado uma ação judicial para dele reivindicar qualquer propriedade que tivesse acumulado[50]. Outros *ladinos* foram encontrados nas comitivas de Ávila (1514), Narváez (durante sua expedição inicial no Novo Mundo em 1520), Alvarado (em sua força expedicionária à Guatemala em 1523), Montejo (em Yucatã, em 1532) e também Pizarro. José Franco nos lembra que "os espanhóis usavam com frequência negros e indígenas como tropas de choque em suas próprias guerras internas"[51]. Ainda assim, ao que parece, eles foram tão historicamente imperceptíveis quanto os escravos brancos[52] que compartilhavam sua condição no Novo Mundo no início do século XVI. Em termos econômicos, no entanto, foi a primeira fase que levaria, em última análise, à alocação de africanos nas Índias, Nova Espanha, Peru, Colômbia, Chile, Venezuela, Argentina e Uruguai como: domésticos; produtores de açúcar, trigo, uvas, azeitonas, cacau; mineiros de ouro e prata; artesãos (ferreiros, sapateiros, pedreiros, carpinteiros, alfaiates); caminhoneiros; vaqueiros; mergulhadores em busca de pérolas; e prostitutas[53].

Suas consequências, porém, não foram só econômicas. O trabalho escravo exigia a elaboração de sistemas de controle e disciplina. Além disso, a relação sexual entre as várias raças existentes nas novas possessões da Espanha precipitou a formação de códigos e codificações raciais bastante complexos. Os resultados foram práticos, embora bárbaros e absurdos:

> Na América espanhola, o chicote, o tronco, a detenção e a privação de alimento eram os meios habituais para manter escravos rebeldes e insolentes na linha. Alguns senhores eram conhecidos por terem chicoteado seus escravos até a morte, enquanto outros continuavam a mutilar suas propriedades escuras a ferro quente, mesmo após a Coroa tê-lo proibido. Os piores eram os sádicos vingativos que faziam com que seus escravos comessem excremento e bebessem urina.[54]

A castração e a mutilação de outros membros eram comuns e legais. Aguirre Beltrán relata que alguns escravos mulatos, que já não eram mais fenotipicamente distintos da classe dominante, tinham que ser marcados:

a ferro quente em lugares nos quais a marca da servidão não poderia ser por nenhum momento ocultada. Os rostos de muitos deles estavam completamente cobertos com legendas marcadas a ferro que diziam: "Eu sou o escravo do senhor Marque del Valle", "Eu sou o escravo de dona Francisca Carrillo de Peralta"[55].

Tal tratamento e as condições quase inevitavelmente repugnantes em que a maioria deles trabalhava reduziam a vida laboral ativa dos escravos em dez a vinte anos[56].

Resistência Negra: O Século XVI

No início, via de regra, a resistência entre os africanos escravizados assumiu a forma de fuga para assentamentos nativos ou "indígenas". O arquivo notarial da cidade mexicana de Puebla de Los Ángeles, por exemplo, que está "praticamente completo de 1540 em diante", está repleto de reações oficiais às "fugas" de meados do século XVI[57]. Os fugitivos chamaram a atenção de Hernán Cortés já em 1523, e se acredita que a primeira revolta geral em Nova Espanha tenha ocorrido em 1537[58]. Alguns desses africanos, porém, não romperam completamente seus contatos com os espanhóis. Uma vez libertados por sua própria inteligência, eles voltavam para atormentar os colonos espanhóis, apropriando-se de comida, roupas, armas, ferramentas e até mesmo de artefatos religiosos nas cidades dos colonos, em suas aldeias e casas de campo, e de viajantes ao longo das estradas que conectavam os portos e os assentamentos. Uma vez armados, os espanhóis se referiam a esses "fugitivos" como *cimarrones*[59]. (Os ingleses incorporariam o termo em sua própria língua como *maroons*.) Em 1503, como dito, Ovando havia observado atividades subversivas entre os *ladinos* da Hispaniola. No último mês de 1522, sua previsão se concretizou. Os escravos se revoltaram na *plantation* de Diego Colombo (filho do almirante), matando cerca de quinze colonos antes de serem capturados e executados[60]. Esse fato marcou a ocasião para que fosse proibido o uso futuro de *ladinos* como mão de obra escrava nas colônias. Revoltas semelhantes ocorreram em Porto Rico (1527), Santa Marta, Colômbia (1529) e Panamá (1531). De volta a Hispaniola, os negros se juntaram à revolta nativa de 1533. A resistência continuou por dez anos[61]. Décadas depois, as autoridades espanholas continuavam preocupadas com tais eventos. O vice-rei Martín Enríquez escreveu a Filipe II:

> Parece, Nossa Majestade, que está chegando a hora em que essas pessoas se tornarão senhores dos indígenas, na medida em que nasceram entre eles e suas donzelas, e são homens que ousam morrer tão bem quanto qualquer espanhol no mundo. Mas se os indígenas se corrompem e se juntam a eles, não sei quem estará em condição de resistir. É evidente que essa maldade ocorrerá dentro de alguns anos.[62]

No entanto, os escravos fugitivos logo se tornaram numerosos o suficiente para iniciarem a formação de seus próprios assentamentos, comunidades que passaram a ser conhecidas no México como *palenques*.

Edgar Love retoma a estimativa de Aguirre Beltrán de que, em 1579, cerca de dois mil negros tinham escapado de seus senhores. Love continua indicando que, "por mais de um século, o escravo fugitivo era um problema sério em muitas partes do México"[63]. Ao escrever sobre o terceiro quarto do século XVI, declara David Davidson:

> Na década de 1560, escravos fugitivos das minas do norte estavam aterrorizando as regiões de Guadalajara a Zacatecas, aliando-se aos indígenas e invadindo fazendas. Em um caso, quilombolas das minas de Guanajuato se uniram aos indígenas chichimecas não pacificados, em uma guerra brutal contra os colonos. O vice-rei foi informado de que estavam atacando viajantes, incendiando fazendas e cometendo "delitos" similares. Ao Leste, escravos das minas de Pachuca refugiaram-se em uma caverna inacessível, da qual saíam periodicamente para intimidar o campo. Negros das minas de Atotonilco e Tonavista juntaram-se a eles com armas e criaram um *palenque* inexpugnável.[64]

A resposta dos representantes do Estado espanhol foi inequívoca. Entre 1571 e 1574, decretos reais detalharam novos sistemas de controle e vigilância, estipulando um tratamento progressivamente mais severo aos fugitivos: cinquenta chibatadas por quatro dias de ausência; cem chibatadas e grilhões de ferro por mais de oito dias de ausência; morte para aqueles que ficassem desaparecidos por seis meses, comutada em alguns casos pela castração.

No entanto, nem o código de 1571 a 1574 nem a promulgação de uma legislação repressiva nas décadas de 1570 e 1580 foram úteis. Uma ordem do vice-reinado de 1579 revelava que o contágio da revolta cobria quase toda a área povoada da colônia fora da Cidade do México, em particular as províncias de Veracruz e Pánuco, a área entre Oaxaca e Gualtuco, na costa do Pacífico, e quase toda a *Gran Chichimeca*. Apenas medidas repressivas de emergência e a contínua importação de africanos mantinham o abastecimento de trabalho escravo no México.[65]

A resistência africana no México, entretanto, continuou a amadurecer em forma e caráter. A luta contra a escravidão estava se convertendo em uma batalha destinada a preservar a identidade coletiva dos povos africanos. No início do século XVII, de acordo com documentos coloniais oficiais, pelo menos uma comunidade negra, San Lorenzo de los Negros, adquiriu seu direito à existência mediante a guerra e um tratado.

Os termos da trégua, conforme preservados nos arquivos, incluíam onze condições estipuladas por Yanga, segundo as quais ele e seu povo cessariam os ataques. O africano exigiu que todo o seu povo que havia fugido antes de setembro do ano anterior (1608) fosse libertado e prometeu que aqueles que escapassem da escravidão após essa data seriam devolvidos aos seus senhores. Ele ainda estipulou que ao *palenque* fosse dado o *status* de cidade livre e que tivesse seu próprio *cabildo* [Prefeitura] e um *justicia mayor* [delegado], que deveria ser um espanhol leigo. Outros espanhóis não poderiam morar na cidade, embora pudessem visitá-la nos dias de mercado [...]. Em troca, Yanga prometeu que, mediante uma taxa, a cidade ajudaria o vice-rei na captura de escravos fugitivos. Os negros, disse ele, ajudariam a Coroa no caso de um ataque externo ao México.[66]

Nas montanhas próximas ao monte Orizaba, os *yanguicos*, liderados por um homem chamado Yanga, "supostamente um chefe congolês de um reino africano banhado pelo rio Nyonga"[67], haviam conquistado o *status* formal de assentamento negro livre. As montanhas, no entanto, pareciam prometer muito mais segurança para alguns *yanguicos* e outros *cimarrones* do que as palavras e os tratados de seus opressores espanhóis. Em toda a Nova Espanha, os *palenques* continuaram a se multiplicar e, com uma frequência ainda indeterminada, a propiciar oportunidade para o estabelecimento de comunidades livres oficialmente reconhecidas[68]. No período entre 1630 e 1635, por exemplo, chegou-se a um acordo com os *cimarrones*, cujos redutos haviam sido estabelecidos nas montanhas de Totula, Palmilla, Tumbacarretas e Totolinga, perto de Veracruz. A cidade de San Lorenzo Cerralvo tornou-se seu assentamento livre. Em 1769, uma história similar precedeu a instauração de Nuestra Señora de Guadalupe de los Morenos de Amapa, próximo ao extremo sul do Estado moderno de Veracruz[69]. Tomamos conhecimento de sua existência por meio de pesquisas bastante recentes sobre o início da história do período colonial da Nova Espanha. Na Colômbia, revoltas são detalhadas em 1530, 1548 e novamente na década de 1550[70]. Em 1552, a Venezuela teve sua primeira grande revolta de escravos. Essa rebelião de escravos que haviam trabalhado nas minas de Buria foi sufocada em 1555. No entanto, no início do século XVII, começaram a surgir comunidades negras independentes, com legitimidade legal aos olhos dos agentes do Estado[71].

Palmares e o Aquilombamento do Século XVII

No Brasil, em que dominava o tráfico português de escravos, os assentamentos quilombolas, que começaram no século XVI se estenderiam no século seguinte. Ernesto Ennes, um estudioso que estava longe de simpatizar com os fugitivos[72], registrou, no entanto, em 1948, a partir de sua revisão de documentos no Arquivo Histórico Colonial em

Lisboa, ter encontrado "vestígios de quilombos em todos os cantos do Brasil"[73]. Arthur Ramos, resumindo seus próprios estudos sobre os negros no Brasil, declarou:

> Desde o início da escravidão, as fugas eram frequentes. Os escravos fugitivos, chamados localmente de quilombolas, muitas vezes se reuniam em grupos organizados, conhecidos no Brasil como quilombos [...]. No início, os proprietários reclamavam das fugas frequentes dos escravos, exigindo proteção e segurança das autoridades públicas. Mais tarde, a situação foi atenuada pela contratação do capitão do mato e por anúncios na imprensa que divulgavam a perda dos escravos e incitavam ações coletivas para recapturá-los.[74]

A análise de Stuart Schwartz sobre a indústria açucareira na Bahia colonial sugere que os escravos tinham bons motivos para se preocupar com sua liberdade, apesar das insossas sugestões de estudiosos como A.J.R. Russell-Wood, de que a única questão problemática era sua "adaptação a uma nova dieta, a um novo ambiente e a novas condições de trabalho"[75]:

> Além dos rigores inerentes ao sistema de produção de açúcar e a ocasionais atos de crueldade individual, os escravos também sofriam com uma política planejada de punição e terror como meio de controle. Os proprietários das *plantations* acreditavam que somente mediante severidade o trabalho poderia ser realizado e a disciplina mantida, sobretudo quando a proporção nos campos era amiúde de quarenta escravos para um meeiro ou feitor branco. Esse tipo de brutalidade institucionalizada, associada ao trabalho árduo, a condições precárias de trabalho e à simples crueldade, contribuiu para as motivações das fugas.[76]

As obras de Ramos, R.K. Kent, Irene Diggs, Donald Pierson, Edison Carneiro, Schwartz e Raymundo Nina Rodrigues indicam que, no Brasil como um todo, a partir do século XVI até o final do século XIX, a resistência, as rebeliões e as conspirações dos escravos eram constantes[77]. Nos séculos XVII e XVIII, entretanto, foram os quilombos que dominaram a reação à escravidão.

Na região de Pernambuco, o maior assentamento de todos, o extraordinário Estado de Palmares duraria de 1605 a 1695. Palmares era um termo plural que designava vários assentamentos (palmares) componentes de uma comunidade que, embora necessariamente agrária, preocupava-se ainda mais com a sua defesa. Oferece-nos a seguinte descrição Diggs:

> O Quilombo dos Palmares estava localizado em uma região montanhosa e íngreme – uma defesa natural dos habitantes –, porém era ao mesmo tempo uma terra virgem cuja exuberância era considerada a melhor do estado de Pernambuco. Muitas árvores frutíferas davam fácil sustento para aqueles que sabiam onde elas estavam. A madeira servia para diversos usos industriais. A mais importante de todas as árvores era a palmeira pindoba, o coco-pindoba, que [...] fornecia comida excelente [...] e uma bebida deliciosa.[78]

Em 1645, Bartolomeu Lintz, atuando como explorador nas expedições que os holandeses buscavam organizar contra Palmares, foi o primeiro europeu hostil a descobrir que o Estado consistia em vários assentamentos (dois grandes palmares de cinco mil habitantes, e várias pequenas unidades totalizando seis mil). Em 1677, havia dez palmares principais, um dos quais era a capital (Cerro dos Macacos), em que o "rei" (Ganga Zumba, do Zanda, que significava governante consensual) residia, com o Estado todo abrangendo mais de 289 km[79]. Estimava-se então que a população fosse de quinze a vinte mil pessoas, uma mescla de crioulos e africanos, em grande parte procedentes das regiões de Angola-Congo. Por quase um século, nem os portugueses, nem os intrusos holandeses, nem os moradores crioulos puderam destruí-lo, embora tivessem tentado fazê-lo por mais de setenta anos. Mesmo no final, diz-nos R.K. Kent: "entre 1672-1694, ele resistia, em média, a uma expedição portuguesa a cada quinze meses"[80]. No entanto, houve um importante desenvolvimento político nesse período. Em 1678, "como tinha feito antes, sempre que um novo governador chegava a Pernambuco, Ganga Zumba fez uma proposta de paz". Citando Nina Rodrigues, afirma Kent que o tratado finalmente assinado "deu uma importância real ao Estado Negro que agora a Colônia tratava como uma nação trataria outra". O tratado, porém, teve pouca relevância para os moradores, que passaram a reivindicar e a distribuir entre si uma porção substancial do "Estado Negro"[81]. A autoridade de Ganga Zumba foi violada: "Em 1679, um 'capitão palmarista chamado Zambi (sobrinho de Ganga Zumba) revoltou-se (com) João Mulato, Canhonga, Gaspar (e) Amaro, tendo provocado a morte de Ganga Zumba'. Em março de 1680, Zambi foi intimado a se render, sem sucesso. A guerra recomeçou."[82]

Zambi (Zumbi), segundo Ramos, "já era um chefe conhecido, cujos feitos causavam admiração até mesmo nos soldados brancos"[83]. Ao que parece, reinou em Nova Palmares até seu fim, quase duas décadas mais tarde. Porém, em sua ascensão a uma figura de autoridade, é possível reconhecer o que Ramos e outros descreveram como "as origens bantu" de Palmares[84]. A percepção da autoridade autêntica como idêntica à integridade social garantida era tipicamente centro-africana[85].

Por fim, Palmares caiu em 1694, como resultado de campanhas lançadas por sucessivos governadores portugueses de Pernambuco (João da Cunha Souto Maior; António Félix Machado da Silva e Castro, 2º marquês de Montebelo; e Caetano de Melo de Castro). A última expedição enviada contra o quilombo consistiu em quase três mil homens e durou vários meses. O cerco final foi estabelecido em 10 de novembro de 1693 e durou até o início de fevereiro do ano seguinte. O custo total da aventura foi estimado por Melo de Castro em cerca de 1,4 millhões de cruzados[86].

Na noite de 5 de fevereiro de 1694, Zumbi, organizador da defesa de Palmares, ao descobrir que sua posição na montanha da Barriga tinha sido quase cercada, procurou uma última oportunidade desesperada para escapar. O resultado foi assim descrito pelo coronel Domingos Jorge Velho, líder das forças portuguesas:

> Durante a segunda vigília daquela noite, entre os dias cinco e seis de fevereiro, [Zumbi], com todo o seu povo e o armamento que podiam carregar, tentou uma saída repentina e tumultuosa. As sentinelas desse posto não os perceberam quase até o último momento. Na retaguarda, o próprio Zumbi fugia e, nesse ponto, foi baleado duas vezes. Como estava escuro, e tudo isso estava acontecendo na beira do penhasco, muitos – cerca de duzentos – caíram

do penhasco. Outros tantos foram mortos. De ambos os sexos e de todas as idades, 519 foram presos.[87]

Em Pernambuco, ainda segundo o governador Melo de Castro, "Essa feliz vitória foi considerada não menos importante do que a expulsão dos holandeses. Por conseguinte, foi comemorada por toda a população, com exibições de luzes durante seis dias e muitas outras demonstrações de alegria, sem que nenhuma ordem lhes fosse dada."Mantendo-se na personagem, Ennes atribuiu esse entusiasmo à "influência moral que isso conferiu às autoridades"[88]. Lembra-nos Ramos: "Palmares não foi, porém, o único caso marcante. Em 1650, os escravos do Rio de Janeiro organizaram uma série de quilombos, o que causou dificuldades incalculáveis às autoridades policiais daquela região, até serem suprimidos pelo capitão Manoel Jordão da Silva."[89]

Nesse mesmo século XVII, os escravos da Jamaica aderiram à tradição dos escravos do Brasil e do México. Resumiu as condições Barbara Kopytoff:

> Durante a era da escravidão, surgiram comunidades de quilombo-las ou de escravos fugitivos em todo o Novo Mundo. Onde quer que houvesse *plantations* escravistas, havia resistência na forma de fugas e revoltas de escravos; e onde quer que montanhas, pânta-nos ou florestas permitissem que os escravos fugidos se reunissem, eles formavam comunidades. Elas variavam em tamanho, indo de Palmares, no Brasil, com mais de dez mil pessoas, aos punhados de fugitivos que se escondiam nas margens das *plantations* na América do Sul. Ainda que a maioria [...] tenha sido destruída [...] algumas não puderam ser reduzidas ou mesmo contidas.[90]

Durante a segunda metade do século XVI explodiram revoltas naquela ilha em 1669, 1672 (duas vezes), 1678, 1682, 1685 e 1690. Na Jamaica, o aquilombamento havia começado durante o período da colonização espanhola (1509-1655)[91]. E nos últimos anos da resistência espanhola (1655-1660) à ocupação britânica da ilha, pelo menos três acampa-mentos de quilombolas desempenharam papel decisivo no apoio à campanha de guerrilha liderada por Christobal de Yassi contra os bri-tânicos[92]. No primeiro mês de 1660, no entanto, os ingleses fizeram as pazes com um dos chefes quilombolas, Juan Lubolo (Juan de Bolas), que prontamente os ajudou na destruição, primeiro, dos principais assentamentos quilombolas restantes e, por último, dos guerrilheiros de Yassi. Pouco mais de três anos depois, Juan de Bolas pagou aquela traição com sua vida. No que parece uma anotação oficial, lê-se: "No primeiro dia de novembro, os negros de regiões mais remotas se reuniram com Juan de Bolas e o cortaram em pedaços; à parte disso, tudo está tranquilo no país."[93] Três séculos depois, com igual simpatia, estimavam sem hesitação David Buisseret e S.A.G. Taylor: "Sua morte nos parece um ato de justiça [...]. Ele foi 'o grande traidor'."[94]

Durante os oitenta anos seguintes, duas grandes sociedades quilombolas foram formadas nas terras altas da Jamaica. Uma, os quilombolas de Windward, estabelecendo-se nas montanhas do leste, tiveram como núcleo os quilombolas espanhóis e aqueles que posteriormente se juntariam a eles fugidos de *plantations* e cidades inglesas. Outra, os quilombolas de Leeward, do interior do centro-ocidental, surgiram em 1673 após a primeira das rebeliões de escravos durante o período inglês[95]. Em 1690, outra grande rebelião, começando na propriedade Sutton, adicionou mais de duzentos refugiados ao complexo de assentamentos de Leeward. Essa foi a forma primária pela qual os assentamentos cresceram e se mantiveram:

> As sociedades quilombolas foram formadas e seu número aumentou, principalmente, em razão de rebeliões de escravos e fugas individuais e em grupo das *plantations*. Além disso, escravos eram capturados por quilombolas durante suas incursões, e os negros, escravos ou livres, enviados para lutar contra os quilombolas, ocasionalmente desertavam.
>
> As rebeliões proporcionavam o maior número, até de várias centenas a cada vez, mas eram apenas uma das diversas ocasiões para fugir [...]. Havia um gotejar constante de fugitivos, e o gotejamento se convertia em riacho sempre que as expedições punitivas inglesas fracassavam em seu propósito.[96]

Ao que tudo indica, as comunidades quilombolas ainda não se autorreproduziam também devido à baixa proporção de mulheres em relação aos homens.

Embora os falantes do acã parecessem predominar entre os quilombolas jamaicanos, a estrutura política dos quilombolas de Leeward seguiu de perto o que foi encontrado entre os palmaristas centro-africanos no Brasil. Cudjoe, que se tornou um grande chefe entre os quilombolas de Leeward na década de 1730, criou uma organização paramilitar que combinava autoridade central com assentamento descentralizado. Por outro lado, observa Kopytoff, "na década de 1730, os quilombolas no Leste haviam se fundido em uma espécie de federação cooperativa"[97]. Uma distinção clara, porém, entre os negros jamaicanos e os brasileiros era a presença de "homens e mulheres *obeah*, praticantes de magia" entre os quilombolas de Windward e Leeward:

> Para os senhores, a *obeah* era simplesmente bruxaria, detestada tanto por seu secretismo quanto por suas supostas habilidades no envenenamento de inimigos. Mesmo para os negros já assimilados, a *obeah* tinha uma aura sinistra devido à sua associação com o lançamento de feitiços, que podiam ser tanto para fazer o mal quanto fazer o bem. Por outro lado, aos não assimilados, a *obeah* era uma religião genuína e uma fonte potente de cura. A *obeah* (como o vodu haitiano, ou sua variante jamaicana, o *myalism* [mialismo] ou o culto trinitino a Xangô) buscava vínculos rituais com o mundo espiritual além das sombras e das árvores sagradas, proporcionando uma sensação mística de continuidade entre os vivos, os mortos e os que ainda não haviam nascido.[98]

Em Palmares, em sintonia com as cosmologias das sociedades congolesas e angolanas, os feiticeiros haviam sido banidos como inimigos da autoridade do rei[99]. Entre aqueles povos, era mais comum que a legitimidade da autoridade e a própria existência da ordem social fossem concomitantes com a erradicação da bruxaria e da magia[100]. Nas Índias Ocidentais britânicas, a eliminação da *obeah* tornara-se uma preocupação oficial[101]. E por uma boa razão, pois seus homens e mulheres eram frequentemente a fonte ideológica das rebeliões de escravos:

> A *obeah* se manifestou amplamente nas inúmeras rebeliões dos escravos. Assim era particularmente no caso dos homens-*obeah* da Costa do Ouro [...]. Na trama dessas rebeliões, eles eram essenciais

na administração dos juramentos de sigilo e, em casos, na distribuição de fetiches que supostamente imunizariam os insurgentes frente às armas dos brancos.[102]

No final, a *obeah* provou ser mais resistente do que seus oponentes. Na verdade, nunca se extinguiu. Continuou sua adaptação e desenvolvimento mutante na Jamaica (e em outros lugares) ao longo dos séculos, manifestando-se sucessivamente nas sociedades do mialismo nos séculos XVIII e XIX, no movimento pocomânico do final do século XIX e no rastafarianismo atual[103]. Como veremos, o mesmo que aconteceu com a *obeah* também aconteceu com os quilombos.

Voltando ao século XVII, os *palenques*, mocambos, quilombos e assentamentos quilombolas que tiveram existência às vezes efêmera, às vezes permanente no México, Brasil e Jamaica, foram replicados em todos os territórios espanhóis e nas novas possessões coloniais que marcaram a expansão dos interesses mercantis, agrários e burocráticos da Inglaterra, França e Holanda. Na Colômbia, perto da cidade de Cartagena, um *palenque* conhecido como San Basilio foi fundado no início do século. Anteriormente, em 1529 e 1550, ocorreram revoltas na costa dessa colônia produtora de ouro, açúcar e cacau. Porém, à medida que as indústrias extrativistas avançavam para o interior e a demanda de mão de obra na Colômbia a tornara uma grande importadora de africanos (duzentos mil), as revoltas e o estabelecimento de assentamentos de refugiados tornaram-se mais frequentes. Não obstante, afirma Aquiles Escalante:

> O movimento insurrecional mais vigoroso na costa caribenha da Colômbia ocorreu em Cartagena das Índias no início do século XVII, durante a administração de Jerónimo de Sanzo Casarola [...]. O impetuoso e ousado Domingo Biohó foi o primeiro escravo a se revoltar publicamente. Alegando ter sido rei de um Estado africano, ele penetrou com trinta homens e mulheres negros nas florestas e áreas pantanosas de Matuna (ao sul da cidade de Tolu) [...]. Domingo, agora conhecido como "rei Benkos" [...] pôs fim ao período de tranquilidade colonial em Cartagena, Tolu, Mompos, Tenerife e assim por diante, ao assaltar e roubar *plantations*, fazendas de gado, granjas [...] inclusive canoas que transportavam

outros negros que haviam sido enviados para derrubar grandes árvores a fim de obter madeira.[104]

Numerosas expedições contra San Basilio fracassaram e, em 1612 e 1613, um tratado que incluía anistia foi oferecido pelo governador Diego Fernández de Valesco. Muitos dos *palenqueros* aceitaram as condições, que incluíam o abandono do assentamento. Mas em 1619, quando outra grande revolta de escravos ocorreu em Cartagena, segundo afirma Rout, um governador subsequente se aproveitou da ocasião para fazer o que ele considerava uma vingança adiada por muito tempo contra os ex-rebeldes[105]. Escalante, porém, insiste: "O governador Garcia Girón [...] descobriu uma nova trama de Benkos e o capturou e, por fim, o enforcou."[106] Contudo, descendentes do *palenque* de San Basilio seriam encontrados no interior até 1790[107]. Nos últimos anos do século XVII (1696), ocorreu na Colômbia a última das grandes rebeliões de escravos do período.

Na Venezuela, o assentamento de Nirgua, a que o barão de Humboldt se referiu aparentemente com algum cinismo como a "república de *zambos* e mulatos", foi fundado em circunstâncias similares em 1601[108]. Como tal, estava em linha direta de descendência das rebeliões que começaram na colônia em 1532 e se repetiram em 1555 com o estabelecimento do *palenque* de Buria, associado ao "rei Miguel"[109]. A Venezuela, cuja economia era uma réplica da economia colombiana, absorveu historicamente um pouco mais do que a metade do número de escravos (121.000). No entanto, por quase trezentos anos, os assentamentos espanhóis da Venezuela sofreriam a vingança combinada de negros, mulatos, indígenas e *zambos*. Em suas terras altas e vales, nos quais se criaram repetidamente *cumbes* rebeldes, as bases sociais dos movimentos de libertação tornaram-se cada vez mais miscigenadas após o século XVII. O mesmo pode ser dito das cidades que se desenvolveram em estreita aproximação com seus portos e mercados internos. Na zona rural, o campesinato em formação tornou-se anárquico. Até onde se sabe, nenhuma visão de um Estado africano foi associada com as fugas ou as rebeliões registradas na Venezuela. Nas cidades, algo mais parecido com guerras de classes tornou-se a regra, colocando negros livres, escravos, brancos pobres, mulatos, *zambos* e às vezes indígenas *ladinos* contra a classe dominante espanhola. Talvez outra consequência do desenraizamento de negros e indígenas tenha sido a de que, nos séculos XVIII e XIX, atingiu-se na Venezuela um nível de violência em suas rebeliões e reações que mal se comparava com outras sociedades escravistas.

Por fim, nas Guianas inglesa e francesa e no Suriname holandês ocorreram os casos mais extraordinários de aquilombamento, a formação do que na literatura se conhece como as "tribos dos bush negros". Esses povos – o saramaka, matawai, kwinti e djuka, aluku e paramaka – constituem os exemplos mais duradouros e antigos de aquilombamento contínuo[110]. Eram povos que, no caso do Suriname, podiam ser descritos, até bem recentemente nesse século, como "Estados dentro do Estado". Sua história também começa no século XVII, em algum lugar perto de seu segundo quarto. Richard Price, um dos pesquisadores mais bem-informados sobre essas comunidades, observou:

> Por cerca de trezentos anos, as Guianas têm sido o cenário clássico para as comunidades quilombolas. Apesar de os quilombolas locais na Guiana francesa e britânica terem sido exterminados no final do século XVIII, os quilombolas do Suriname, conhecidos como "bush negros", há muito tempo constituíam a maior população quilombola do hemisfério. Com exceção, talvez, do Haiti, essas têm sido as sociedades e culturas mais desenvolvidas e independentes na história da Afro-América.[111]

Embora os ancestrais desses povos possam ser traçados a Windward, à Costa do Ouro, à Costa dos Escravos e a Loango/Angola, eles lutaram e conquistaram uma nova identidade: bush negros. Esse passado exige atenção.

As condições que produziram as comunidades quilombolas e, em última instância, a gênese de novos povos nas Guianas e no Suriname foram produto de um sistema escravista *in extremis*. Sua característica mais importante era que, para a mão de obra africana, o Suriname converteu-se na colônia mais letal do Novo Mundo. Como observa Price: "A característica mais notória da história demográfica do Suriname é

o custo extraordinário em vidas humanas de seu sistema escravista."
E exclamou R.D. Simons: "Vimos algumas *plantations* consumirem
até *quatro complementos de escravos* em um período de 25 anos."[112] As
Companhias das Índias Ocidentais holandesas e seus sucessores foram
duramente pressionados a suprir e reabastecer as necessidades da colônia com novos trabalhadores africanos. A população trabalhadora do
Suriname estava, então, sendo constantemente revitalizada em termos
biológicos e, conforme se constatou, também culturais. Em uma colônia
em que a proporção entre negros e brancos chegou a 25:1 (no século
XVIII), e cuja população mantinha menos de 10% de crioulos durante
o primeiro século, na qual o trabalho estava concentrado em grandes
plantations de açúcar, café, cacau e, depois, algodão, parece inteiramente justificado que afirme Price que "o sincretismo inter-*africano*
[...] fosse, em quase toda parte, o processo central"[113]. E continua ele:

> Podemos afirmar com alguma confiança, então, que nas primeiras
> décadas da presença africana no Suriname, desenvolveu-se o núcleo
> de uma nova língua e de uma nova religião; e o século subsequente,
> de novas importações massivas da África, ao que parece, teve o
> efeito apenas de conduzir a elaborações secundárias.[114]

Não demorou muito para que as florestas tropicais que definiam claramente os limites das terras cultiváveis se convertessem também nos
limites para uma resistência de um tipo totalmente diferente.

O aquilombamento, é claro, era concomitante à escravidão. A brutalidade era tanto uma *raison d'être* do primeiro como uma condição
do último. A colonização inglesa do Suriname teve curta duração
(1651-1667), porém inclusive antes da invasão holandesa da colônia e
do Tratado de Breda (1667), que formalmente lhes cedeu a colônia,
os quilombolas já tinham aparecido[115]: "No início do século XVIII,
estima-se que a população quilombola havia atingido a cifra de cinco
a seis mil [...]. Claramente uma cifra inflada, porém indicativa do
medo que os colonos sentiam com relação aos rebeldes."[116]

Recompensas extraordinárias eram prometidas para os caçadores
dos fugitivos, porém ainda mais notáveis são as "recompensas" que se
tornaram habituais para os quilombolas. Price cita um antigo (1718)

informe da época: "Se um escravo fugir para a floresta a fim de escapar do trabalho por algumas semanas, ao ser capturado seu tendão de Aquiles será cortado após o primeiro delito, sendo que na segunda vez, a fim de aumentar a punição, amputa-se a perna direita para impedi-lo de fugir. Eu mesmo fui testemunha de escravos sendo punidos dessa forma."[117]

Outros eram açoitados até a morte com o que foi chamado de *spaanse bok* (chicote espanhol), ou esquartejados ou queimados vivos, decapitados, empalados com um gancho de carne, ou despedaçados nos patíbulos. Price argumenta que a multiplicidade de relatos de viajantes e informes locais atestando a "brutalidade incomum" dos proprietários de *plantations* do Suriname de origem holandesa ou judaico-portuguesa, comprovam plenamente que tais práticas não eram isoladas nem ignoradas pelas autoridades: "o poder judiciário da colônia era frequentemente tão brutal quanto os proprietários de *plantations* individuais"[118]. O relatório de 1796 do mercenário inglês, capitão J.G. Stedman, *Narrative, of a Five Years' Expedition, Against the Revolted Negroes of Surinam, in Guiana, on the Wild Coast of South America; from the Year 1772, to 1777* (Narrativa de uma Expedição de Cinco Anos Contra os Negros Rebeldes do Suriname, na Guiana, na Costa Selvagem da América do Sul; de 1772 a 1777), é um clássico e autêntico relato de uma sociedade escravista extremamente brutal. Conclui Price: "Em suma, os excessos do Suriname colonial – tanto em termos de brutalidade quanto do luxo em que os proprietários de *plantations* viviam – devem ser levados em conta para elaborar de forma gradual uma compreensão sobre a resposta dos escravos."[119]

Esses foram os primórdios dos bush negros daquela terra, sendo o mais antigo o povo saramaka. E no final do século XVIII, após mais de cinco décadas de guerra intensa, eles conseguiram uma paz formal[120]. Entretanto, talvez a última palavra deva ser de um dos seus. Em 1885, Johannes King recordava as tradições orais de seu povo:

> A história de como nossos antepassados honravam a Deus e aos seus primeiros ancestrais quando recebiam os presentes [dados pelo governo aos bush negros como confirmação dos tratados de paz] e depois voltavam para suas aldeias:

Quando voltaram em segurança para suas aldeias, eles atiraram em saudação ao povo que os esperava em casa. Essas pessoas vinham até a margem do rio cantando, para escoltá-los até a costa. Tocavam tambores, dançavam, tocavam trombetas africanas e cantavam, dançavam e festejavam a tarde inteira até a noite e a noite toda até de manhã [...]. E continuavam a tocar tambores! Quando terminavam, traziam uma bebida do mato que faziam do caldo da cana e que se chamava *bush rum*. Eles faziam uma libação no chão para agradecer a Deus e aos ancestrais. Depois tocavam para os *obeahs* e para os outros deuses que os haviam ajudado a lutar.[121]

A luta iniciada no século XVII tinha dado seus frutos entre esses povos africanos longe da terra de seus ancestrais[122].

Resistência Negra nos Estados Unidos

E assim a ladainha de rebeliões e aquilombamentos continuou no século XVIII; nas Guianas de Berbice, Essequibo e Demerara nas décadas de 1730 e 1760; na Jamaica na década de 1780; em Cuba na década de 1780; na Venezuela nas décadas de 1730 e 1780[123]. Enquanto as camadas capitalistas da Europa Ocidental alcançavam maturidade política, social e ideológica, sua disputa pela hegemonia do sistema mundial reduziu a mão de obra africana em suas terras e nas periferias do Novo Mundo a títeres do poder[124]. O banditismo estatal, como E.P. Thompson o denominou, transformou-se no *modus operandi* que eliminou a nobreza proprietária de terras e integrou seus sobreviventes às burguesias em ascensão[125]. A exploração intensiva da força de trabalho tornou-se a base para adquirir novos níveis de dominação intraeuropeia[126]. Nos territórios ultramarinos, nas sociedades escravocratas de Cuba, Brasil, América do Norte, Jamaica e Haiti, elites coloniais inquietas acumulavam riquezas, porém imaginavam quão maior e diversificada essa riqueza poderia se tornar sem o parasitismo e as restrições do Estado e do comércio impostas pelas ordens dominantes nas metrópoles. Também para essas elites "governantes" a mão de obra escravizada africana, ou seja, sua superexploração, tornou-se a chave para a sua libertação[127]. Todos – fossem eles nobres ou colonos proprietários de terras, ou mestres do comércio de longa distância – acreditavam que a brutalidade do sistema escravista era uma necessidade prática. Assentamentos quilombolas como os da Jamaica, Cuba e América do Norte tinham que ser destruídos ou, se isso não fosse logrado, submetidos a quarentena. Não se podia permitir que contaminassem trabalhadores dos quais tanto se dependia. Com frequência – com demasiada frequência para os senhores –, no entanto, isso não parecia ser importante:

> Quem, então, resistiu à escravidão no século XVIII? Os registros relativos à revolta armada indicam que foram principalmente os escravos de *plantations* e os escravos urbanos nascidos na África, incluindo homens e mulheres, jovens e velhos. Essa ênfase nos nascidos na África pode ser devida à simples razão de que os africanos superavam em número os crioulos, por causa da baixa taxa de natalidade nas *plantations* e da grande importação de africanos.[128]

Guerras de repressão, portanto, ainda tinham que ser travadas, uma disciplina severa mantida. Mesmo assim, eram recorrentes os pesadelos dos senhores e suas histerias assumiam periodicamente proporções epidêmicas[129]. Como cristãos, pode-se acrescentar, eles estavam possuídos por uma mitologia do apocalipse que se convertia, com muita facilidade, em visões assustadoras[130]. Em cada oportunidade, como nos lembra o relato de Joshua Giddings sobre a Flórida, a lógica do aquilombamento era manifesta.

> Os esforços dos colonos das Carolinas para escravizar os indígenas trouxeram consigo penalidades naturais e correspondentes. Os indígenas logo começaram a escapar do serviço para as terras indígenas. Esse exemplo foi logo seguido pelos escravos africanos, que também fugiam para as terras indígenas e, a fim de se protegerem da perseguição, continuavam sua jornada para a Flórida.
> Não podemos fixar o momento preciso em que as pessoas assim exiladas fundaram uma comunidade separada. Seu número havia se tornado tão grande em 1736 que constituíram sociedades e recorriam aos colonos da Flórida como aliados para auxiliar na

defesa daquele território. Eles também foram autorizados a ocupar terras nas mesmas condições concedidas aos cidadãos da Espanha; na verdade, em todos os aspectos, eles se converteram em súditos livres da Coroa espanhola.[131]

Na América do Norte, as comunidades quilombolas de meados do século na Flórida, Virgínia e nas Carolinas foram antecipadas pela revolta de escravos na cidade de Nova York em 1712 e pela de Stono, na Carolina do Sul, em 1739[132]. Nos setenta anos finais do século, Gerald Mullin encontrou nos jornais da Virgínia anúncios relativos a cerca de 1,5 mil fugitivos da escravidão[133].

A América do Norte colonial era particularmente vulnerável aos movimentos de libertação de escravos nas regiões em que os negros constituíam a maioria. No início do século, a Carolina do Sul e os condados do leste da Virgínia eram duas dessas áreas. E no início do século XVIII, quando a população africana da Carolina do Sul estava aumentando rapidamente – a um ritmo, na década de 1730, de mais de 1.000 por ano, de acordo com Peter Wood[134]–, como consequência do crescente aumento da produção de arroz na colônia, Harvey Wish escreve que "o sistema de *plantation* havia produzido safras abundantes de levantes e revoltas de escravos"[135]. Em 1713, 1720 e nas décadas de 1730 e de 1740, conspirações e rebeliões reais eram rotineiramente relatadas a Londres. A partir do início da década de 1780, os antiescravistas negros foram ainda mais encorajados pela ação do rei espanhol, Filipe V, que autorizou a concessão de liberdade a eles tão logo chegassem à Flórida[136]. Em 1738, quando 69 escravos fugiram para Santo Agostinho, eles se estabeleceram em Pueblo de Gracia Real de Santa Teresa de Mose, ou "Moose", 4 km ao norte da cidade[137]. Dez meses depois,

Em setembro de 1739, a Carolina do Sul foi abalada por um incidente que se tornou conhecido como a Rebelião de Stono. Um grupo de escravos desferiu um golpe violento por sua libertação, porém foi abortado, resultando na morte de mais de sessenta pessoas. Menos de 25 vidas de brancos foram ceifadas e danos à propriedade foram locais, mas o episódio representou uma nova dimensão na resistência aberta. Colonos livres, cuja ansiedade por controlar os escravos vinha crescendo há algum tempo, viram concretizados seus medos de uma violência aberta, o que, por sua vez, gerou novos temores.[138]

Vários meses se passaram antes que os funcionários da colônia se convencessem de que a rebelião de Stono havia sido sufocada. Então, porém, uma segunda conspiração, em junho de 1740, exigiu sua atenção[139]. Relatos e reações oficiais aos quilombolas continuaram na década de 1740, mas com a formação da Geórgia como uma colônia livre da escravidão negra (até 1750), a rota do sul para a liberdade tornou-se mais perigosa (tanto para os escravos quanto para os colonos que procuravam impedi-los). Ainda assim, Henry Laurens, um "nativo ilustre", teve motivos para mencionar em uma carta datada de 21 de março de 1748[140] "a mais horrível insurreição" na colônia.

Na Virgínia colonial, julgamentos de "rebeldes negros" já começavam a pontilhar os registros dos condados no final do século XVII[141]. Raramente muito abrangentes, os registros do período refletiam com mais frequência a meticulosidade oficial. No condado de James City em 30 de maio de 1688, por exemplo, a decisão do Tribunal Geral sobre um caso reenviado anteriormente pelo condado de Westmoreland (26 de abril) dizia: "Ao que parece, Sam, um servo negro a serviço de Richard Metcalfe tentou várias vezes promover uma insurreição negra nessa colônia." Nunca saberemos o que esse homem disse a seus acusadores, suas razões ou suas realizações. Tomamos conhecimento apenas das ordens para que Sam fosse chicoteado ao redor da cidade e que passasse a usar um colar de ferro com quatro pontas até sua morte. Esperava-se que isso "o dissuadisse e a outros escravos de praticar o mal no futuro"[142]. A eficácia da punição do Tribunal Geral talvez possa ser julgada pelo fato de que nos condados de Surrey, Ilha de Wight, James City, Middlesex e Gloucester, várias conspirações envolvendo primeiro indígenas e negros, e depois apenas negros, foram relatadas em 1709, 1722 e 1723[143]. E em 1727, uma comunidade quilombola de indígenas e negros, que seus habitantes denominaram de Natanapalle, foi traída por um antigo membro[144]. Allan Kulikoff relatou outros casos de quilombos na Virgínia e na vizinha Maryland:

Alguns africanos formaram comunidades em regiões desertas na década de 1720, quando a imigração negra era intensa e a fronteira estava perto da maré [...].

Pelo menos duas comunidades fugitivas remotas foram estabelecidas durante a década de 1720. Quinze escravos criaram um assentamento em 1729 na fronteira perto da atual Lexington, Virgínia. Eles haviam fugido de "uma nova *plantation* na cabeceira do rio James", levando consigo ferramentas, armas, roupas e comida. Quando capturados, "já tinham começado a limpar o terreno". Outra pequena comunidade se desenvolveu na fronteira de Maryland em 1728 e 1729. Harry, um dos fugitivos, voltou ao condado meridional de Prince George para informar sobre o local a seus ex-companheiros de bordo. Ele lhes disse que "havia muitos negros entre os indígenas em Monocosy" e tentou atraí-los para que se juntassem ao grupo, alegando que os indígenas logo iriam atacar os brancos.[145]

Mas a história da quilombos na Virgínia colonial ainda está longe deter se completado. Em um período (1718-1769) durante o qual Philip Curtin calcula que a proporção de africanos trazidos diretamente para a colônia aumentou, a ausência da menção ao aquilombamento nos anos 1750-1780 parece estranha[146]. Em particular, quando Gerald Mullin nos informa que os "fugitivos" denunciados nos jornais eram abundantes, 12% deles sendo descritos como naturais da África ou "estrangeiros", sendo que seus senhores acreditavam que um terço deles iria para o interior da Carolina do Norte[147]. Entretanto, há evidências de tais comunidades no final do século XVIII (1781), no que então já era uma *commonwealth*, bem como referências a comunidades quilombolas estabelecidas em algumas áreas da Carolina do Sul (1765) e da Geórgia (1771, 1772, 1780) nos períodos colonial e pós-colonial[148]. Mais uma vez, foi precisamente nos lugares em que os negros constituíam uma proporção substancial da população – Carolina do Norte, onde o censo[149] de 1790 estimava a população escrava em 26,8%; Maryland, 34,7%; Geórgia, 35,9%; Virgínia, 40,9%; Carolina do Sul, 43,7% – que os registros disponíveis indicam que rebeliões e atividades quilombolas tinham maior probabilidade de ocorrer.

Ademais, foram exatamente essas populações negras as que demonstraram, na oitava década do século, a capacidade de responder às propostas britânicas durante a rebelião americana e à propaganda e à presença de tropas britânicas. Escreve Jack Foner:

> Na mesma época em que o Exército americano pôs fim à prática de recrutar negros, os britânicos a adotaram, na esperança de, dessa forma, superar sua aguda escassez de mão de obra; parali-sar economicamente as colônias rebeldes ao induzir os escravos a abandonarem seus senhores rebeldes e a buscarem refúgio dentro das fileiras britânicas; e convencer os negros, ao lhes oferecer a liberdade em troca do serviço militar, de que sua liberdade dependia do sucesso dos exércitos britânicos.[150]

No entanto, como adverte Jeffrey Crow, a resposta dos escravos às maquinações do general britânico Thomas Gage, e do governador da Virgínia colonial, lorde Dunmore, tinha seu contexto independente:

> A agitação escrava que acompanhou os estágios iniciais da guerra era demasiado generalizada para ter sido obra de uma única conspiração britânica, embora governadores reais e observadores militares tivessem amiúde comentado sobre o potencial de uma insurreição massiva de escravos nas colônias do sul. De Chesapeake à costa da Geórgia, os insurgentes negros entraram em ação antes mesmo que os britânicos lhes oferecessem ajuda.[151]

Os escravos rebeldes sempre haviam estado atentos às crises de seus exploradores, e qualquer vantagem momentânea, seja a ausência do senhor por alguns dias, a guerra franco-indiana, ou uma rebelião nacionalista, provavelmente seria aproveitada[152]. E naquelas raras ocasiões em que os escravos percebiam o surgimento de um poderoso aliado, como no caso dos britânicos durante a década de 1770[153], as consequências podiam ser dramáticas: "Os contemporâneos estimavam que o Sul perdeu até 55 mil escravos", sugere Crow. Muitos evacuaram com os britânicos ou foram emancipados. Outros simplesmente tentaram se passar por negros livres[154]. Em 1775, os líderes do Exército Continental viram-se compelidos a competir com as autoridades britânicas pelos negros, tanto em seus esforços em terra como por mar[155]. E embora algumas frações da classe dominante continuassem a resistir à ampliação da soldadesca escrava – notadamente as legislaturas estaduais da Geórgia e da Carolina do Sul –, no final, mais negros foram alistados como combatentes pelos nacionalistas do que por seus oponentes britânicos[156]. Após a guerra, porém, o exército britânico demonstrou ser o aliado mais fiel dos soldados escravos[157]. Por conseguinte, não é de surpreender que, nas Carolinas, na Geórgia e na Virgínia, as décadas de 1780 e 1790 fossem tempos de rebelião na jovem "república":

> A assertividade negra na Carolina do Norte do pós-guerra revelou uma maior consciência coletiva entre os escravos e uma crescente disposição de fazer uso da violência para libertar não só indivíduos, mas também grupos de escravos. Em 1783, o tribunal do condado de Chowan julgou o escravo Grainge pelo "crime atroz de tentar incitar escravos para o propósito diabólico de assassinar seus senhores e senhoras" […].
>
> No verão de 1795, Wilmington sofreu ataques esporádicos de uma "série de negros fugitivos que durante o dia se escondem nos pântanos e na floresta" e à noite cometem "várias depredações nas *plantations* vizinhas" […]. No condado de Bertie, em 1798, três homens negros foram acusados de liderar uma conspiração de 150 escravos, munidos de "armas de fogo, porretes, espadas e facas".[158]

Não só os escravos estavam insatisfeitos com a questão política da rebelião. Durante os últimos meses da guerra, alguns brancos se juntaram a eles em ataques contra *plantations* nos condados de Goochland e City (anteriormente, King George), na Virgínia[159].

A Revolução Haitiana

O século XVIII terminou com um movimento de escravos similar ao drama do Quilombo dos Palmares no Brasil e à importância dos assentamentos quilombolas na Jamaica e no Suriname durante o século anterior. No Haiti, entre 1791 e 1804, exércitos de escravos conseguiram derrotar os militares franceses, espanhóis e ingleses – os mais sofisticados exércitos à época. O Haiti se tornou, assim, a segunda colônia do Novo Mundo a alcançar a independência política de seu senhor europeu e a primeira sociedade de escravos a conseguir a destruição permanente de um sistema escravista. O Haiti moderno constituía o terço ocidental da ilha que os espanhóis do século XVI haviam conhecido como Hispaniola. Sua história inicial durante a ocupação espanhola já foi narrada aqui. Tendo em grande parte eliminado seus habitantes nativos e esgotado suas fontes de metais preciosos, os conquistadores avançaram rapidamente. Com o despovoamento da Hispaniola e a completa dominação da economia do Novo Mundo pelas minas e *plantations* da Nova Espanha e da Colômbia depois de meados do século XVI, a ilha recuou para páginas mais remotas da história. Apenas as regiões orientais mantiveram qualquer remanescente considerável de sua população colonial enquanto, como T.O. Ott, em uma ligeira imitação da cadência poética, afirma: "os únicos habitantes na parte ocidental da ilha eram os rebanhos errantes de bovinos e suínos, que haviam escapado dos espanhóis"[160]. No século XVII, nas regiões ocidentais do que os franceses chamavam de São Domingos, foram estabelecidos alguns assentamentos baseados nas atividades de marinheiros renegados e piratas de Tortuga. Atraídos de início pela abundância de carne naquela região e posteriormente incentivados por autoridades coloniais francesas (uma das quais, Bertrand d'Ogeron, importou mulheres de Paris na década de 1660), os bucaneiros (assim chamados por sua dieta de carne quase queimada) gradualmente se transformaram em proprietários de *plantations*. Da mesma forma gradual, os assentamentos franceses no oeste da Hispaniola reintroduziram o sistema escravista[161]. O censo de 1681 registrou uma população escrava de dois mil, e o de 1687, de 3,4 mil. Porém, depois do Tratado de Ryswick (1697), em que a Espanha reconheceu oficialmente a São Domingos francesa e Luís XIV restringiu as pilhagens bucaneiras de escravos, a população negra aumentou com bastante rapidez. Em 1701, um informe oficial, destinado aos ministros da Marinha, estimava a população escrava em vinte mil e, em 1754, um documento semelhante situava a cifra em 230 mil[162]. Nas vésperas da revolução, a população escrava foi estimada entre 450 mil e 509 mil; a população branca, em trinta mil; e a população mulata ("colônias francesas sendo o que são"[163], como Norman Stone observou) quase igualando aos brancos. Tudo era perfeitamente compreensível.

Em 1790, o Haiti era talvez a colônia mais produtiva que o mundo moderno havia conhecido. Sua produção de açúcar, café, índigo e tabaco era considerada maior do que o total produzido pela América do Norte britânica. E o que as Índias Ocidentais britânicas fizeram pelas economias de Bristol, Manchester e similares, São Domingos fez por Nantes, Bordeaux, Marselha, Orléans, Dieppe, Bercy-Paris e outras "dezenas de grandes cidades". Comenta C.L.R. James:

> O Haiti recebeu em seus portos 1.587 navios, um número maior do que Marselha, e a França utilizava apenas para o comércio de São Domingos 750 grandes embarcações, que empregavam 24 mil marinheiros. Em 1789, o comércio de exportação da Grã-Bretanha seria de 27 milhões de libras e o da França, de 17 milhões de libras, das quais o comércio de São Domingos representava quase 11 milhões. Todo o comércio colonial da Grã-Bretanha naquele ano foi de apenas cinco milhões de libras.[164]

E tudo isso se baseava na escravidão. "Negros e comida para os negros; essa é a única regra para as colônias", declarou um economista francês do final do século XVIII[165].

A população escrava do Haiti, no entanto, não se autorreproduzia. E mesmo um "negrófobo" tão severo como Lothrop Stoddard teve que admitir o motivo. Pressionado pela sua evocação das racionalizações oficiais para a destruição persistente da população negra – explicações que iam desde as verdades da alimentação imprópria, a exploração de mulheres grávidas, a alta mortalidade infantil e as doenças venéreas ao absurdo de propor a "tensão nervosa" de selvagens submetidos repentinamente a um trabalho contínuo e à suposição de uma analogia do impacto do cativeiro nas capacidades reprodutivas de animais selvagens –, Stoddard foi obrigado a reconhecer: "A opinião geral parece ter sido a de que os negros trabalhavam muito, e [...] que muitas vezes isso era feito deliberadamente, pois muitos senhores consideravam mais barato comprar escravos do que criá-los."[166] Por conseguinte, a colônia foi forçada a importar africanos a um ritmo que, na época da revolução, havia crescido para pelo menos quarenta mil por ano. Stoddard também reconheceu: "Uma das considerações mais importantes para a história da revolução em São Domingos é o fato de que a maioria da população negra havia nascido na África."[167]

Em sua segunda era escravista, portanto, o Haiti acabou recapitulando parte da fenomenologia da primeira. Seu sistema escravocrata era cruel e genocida; sua classe de senhores era constituída de aristocratas sem posses e outros muito desesperados para obter riqueza e títulos de nobreza; sua classe trabalhadora cada vez mais africana; e seus brancos diferenciados entre os poucos que obtinham êxito e depois se ausentavam e os muitos, cuja única realização era serem funcionários de menor escalão. Outra recorrência foi o aquilombamento. Comenta de maneira típica Stoddard:

> sempre houve uma minoria de espíritos indomáveis que rompiam seus laços e buscavam a liberdade de um fora da lei. Em um país montanhoso como São Domingos, isso era fácil, e logo cada trecho da floresta e da selva passou a ter seus habitantes selvagens [...].
>
> Com o passar do tempo, o número de quilombolas aumentou constantemente. Só no decorrer do ano de 1720, mais de mil negros fugiram para a mata, ao passo que em 1751 um alto funcionário estimou o número de refugiados nas montanhas da fronteira espanhola em mais de três mil[168].

A qualificação de "selvagem" fora da lei era a mais respeitosa que os estudiosos da corrente que Stoddard representava poderiam conceder aos quilombolas. Não obstante os reiterados esforços para destruir as comunidades, eles persistiram, "devastando o campo e inspirando medo nos colonos de São Domingos até finais do século XVIII"[169]. Outras, como a famosa le Maniel, fizeram as pazes com as autoridades coloniais apenas na véspera da revolução que finalmente as tornaria supérfluas. Entretanto, sua importância, o significado que tinham para os ideólogos do regime colonial, ia muito além de sua realização objetiva. Assim como a revolução que sua existência previa, eles eram menosprezados por aqueles que os julgavam uma contradição dos mitos da superioridade europeia.

A relação precisa, isto é, histórica, dos quilombolas com a revolução haitiana ainda é uma questão em debate – especialmente entre os historiadores haitianos[170]. Alguns afirmam que os quilombolas não desempenharam nenhum papel na revolução. Outros declaram que os quilombolas foram "a principal origem do levante de 1791"[171]. Se a polêmica não girasse em torno do Haiti, o debate poderia muito bem ter sido resolvido pelas provas disponíveis. Afinal, o vodu, que James chamava de "o veículo da conspiração" (de 1791), também inspirara revoltas quilombolas anteriores, a mais importante das quais havia ocorrido apenas trinta anos antes, sob a liderança de Mackandel; dois dos primeiros líderes revolucionários eram quilombolas: Boukman, "um escravo fugitivo da Jamaica" e Jean François, "que passou os últimos anos antes de 1791 como um quilombola"; e, quando no final de agosto, mulatos da Província Ocidental também se levantaram contra os franceses, sabemos que alistaram quilombolas, a quem denominavam "os suíços" (e a quem acabariam finalmente por trair)[172]. Os quilombolas, ao que parece, eram parte integrante dos elementos díspares que se cristalizaram na Revolução Haitiana. Mas eles haviam sido parte da gênese de uma nação pária, uma república negra que, nos primeiros anos do século XIX, ameaçava as sociedades escravistas vizinhas e confundia os herdeiros da ideologia racial mais recente. Os quilombolas do Haiti formavam parte de uma entidade inaceitável. Sua história e seu caráter histórico tornaram-se joguetes; objetos de disputa entre ideólogos haitianos que representam o que David Nicholls chama de "as lendas negras e mulatas do passado"; relacionados ao desdém da própria revolução por historiadores e estudiosos europeus e estadunidenses[173]:

> As divisões entre os brancos, a estrutura da população, a situação internacional: todos esses são fatores que devem ser levados em consideração ao tentar explicar o curso dos acontecimentos que levaram

à independência do Haiti. Concluir a partir disso que a população escrava negra desempenhou um papel meramente passivo na revolução seria interpretar a situação de forma equivocada. Talvez possamos desculpar o antropólogo Leyburn por uma abordagem um tanto ingênua do passado, quando sugere que "não foi o ressentimento dos escravos contra seus senhores que causou a explosão final; os escravos eram uma isca usada por outros para manter a conflagração acesa". Menos inocente, no entanto, é T.O. Ott em sua obra explicitamente histórica, *The Haitian Revolution*. O autor vê claramente que "não houve uma causa única na rebelião dos escravos", mas ele se compromete com a visão extraordinária de que os brancos e mulatos "entregaram [aos escravos] a colônia por omissão", e "os forçaram a seguir um curso de ação que, de outro modo, não teriam adotado".[174]

Menos confortável com a dialética que James empregou de forma tão eficaz em seu estudo da revolução (e que exploraremos na Parte 3), conclui Nicholls: "o movimento teve sucesso por causa de sua relação estrutural com a situação global. Mas isso não significa que os escravos eram meramente passivos"[175]. Devemos saber, porém, que as críticas moderadas de Nicholls são as expressões mais suaves e recentes de uma tradição acadêmica, da qual alguns de seus elementos apareceram já em outubro de 1791[176]. E entre seus contribuidores estavam aqueles sobre quem James declarou, em 1938, serem constituídos por "uma raça venal de estudiosos, bajuladores aproveitadores da vaidade nacional, [que] conspiraram para obscurecer a verdade"[177].

A verdade da Revolução Haitiana, no entanto, não ficou muito em dúvida nas sociedades escravocratas das outras Índias Ocidentais e das Américas do final do século XVIII e início do século XIX. Por treze anos, os senhores tiveram medo, enquanto os escravos permaneciam esperançosos, testemunhas das lutas entre os exércitos de escravos e as forças da França, Grã-Bretanha, Espanha e depois a França novamente. Eles ouviram alguma versão do gigantesco Boukman, o *Papaloi*, cujo plano para uma revolta massiva fora elaborado nos primeiros meses de 1791 e revelado às autoridades pelo levante abortado dos escravos em Limbe, no início de agosto. Eles entenderam como a arrogância racial dos colonos os havia enganado, desviando sua atenção para a ralé dos *petits blancs* de Le Cap François, cuja ganância mascarada como ideais revolucionários tinha que estar por trás de qualquer insurreição de escravos daquela escala. Eles ficaram fascinados com os detalhes da noite de relâmpagos, vento e chuva, em 22 de agosto, quando Boukman reuniu os escravos das *plantations* de Turpin, Flaville, Clement, Tremes e Noe da planície do norte e começaram a destruição em massa dos bens de seus opressores. Eles ouviram como a rebelião se espalhara rapidamente. De repente, assim parecia, cem mil negros furiosos apenas na Província do Norte haviam varrido da planície os vestígios centenários da escravidão. Na Província Ocidental, as forças mulatas haviam aderido à revolução e, quando lhes foi propício, a traíram. Sua traição para com os insurgentes teve vida breve e a recompensa prometida não chegou. Eles iriam se juntar novamente à revolução – e traí-la mais uma vez. No final de setembro, Boukman estava morto, assim como seus camaradas Gilles e John Baptiste. Os escravos, entretanto, agora iam transformados em exércitos negros, marchando para a batalha "ao som da música marcial africana e com faixas desfraldadas com a inscrição 'morte a todos os brancos'"[178]. A partir desse momento, o grande desfile histórico da Revolução Haitiana avançava. As testemunhas passaram a conhecer os nomes de Toussaint L'Ouverture, o ex-escravo que havia ele próprio adquirido escravos antes de se tornar o primeiro comandante geral da revolução negra; Dessalines, o escravo cujo gênio militar e ódio aos brancos uniria novamente o movimento quando foi ferido pela traição pérfida de Napoleão a Toussaint e o impulsionaria em direção a novas alturas revolucionárias; Henri Christophe, o escravo cuja velha intimidade com a sociedade de Le Cap François iria seduzi-lo a se autoproclamar imperador do Haiti, combinando seu posto com a presença grandiosa de Napoleão. E talvez, se estivessem muito atentos, chegaram a conhecer outros líderes, como Hyacinthe Moïse, Jeannot Bullet, Jean François Papillon e Léger Félicité Sonthonax, da República Francesa, e ouviram, sem dúvidas com o devido anonimato, sobre as misteriosas realizações de homens como Hyacinthe[179].

Os escravos do Haiti não foram, de forma alguma, receptores passivos. O Haiti queimou os ouvidos dos proprietários de escravos no Novo Mundo no início do século XIX. Sussurravam seu nome, conspirando inutilmente para negar sua lenda e sua própria existência em suas propriedades. Mas foram seus ideólogos, seus intelectuais, suas academias que tiveram sucesso na supressão maior do fato. Seu armamento era ridículo enquanto os de seus senhores burgueses era o estrangulamento econômico e diplomático. E nesse século, no devido tempo, quando a memória da revolta havia desvanecido para a maioria dos descendentes das classes de senhores e escravos do Velho e do Novo Mundo, apareceu o estudo ainda clássico e insuperável de James sobre a revolução. Assim, nesse momento, é apropriado lhe darmos a última palavra. Resumiu James sua reconstrução daquela revolução de escravos que havia acontecido no Haiti:

> Ninguém poderia ter adivinhado o poder que neles nasceu quando Boukman conclamou à revolta naquela noite tempestuosa de agosto de 1791. Rebelião, guerra, paz, organização econômica, diplomacia internacional, administração, eles demostraram sua capacidade [...]. A luta nacional contra Bonaparte na Espanha, a queima de Moscou pelos russos que preenchem as histórias do período, foram antecipadas e superadas pelos negros e mulatos da ilha de São Domingos. Os registros estão ali. Por seu sacrifício pessoal e seu heroísmo, os homens, as mulheres e as crianças que expulsaram os franceses não ficam atrás de nenhum combatente pela independência em qualquer lugar ou época. E a razão era simples. Eles viram, finalmente, que sem independência, não poderiam manter sua liberdade.[180]

Contudo, antes mesmo que essa rebelião negra fosse resolvida, seu impacto se deixava sentir em outros lugares. Do Haiti, a revolução se estendeu à Louisiana, em 1795, à Virgínia, em 1800, e à Louisiana, de novo em 1811[181]. Recentemente, comentou Eugene Genovese:

> Gabriel Prosser, em 1800 e Denmark Vesey, em 1822, buscaram conscientemente inspiração e apoio no Haiti, e até 1840, os escravos na Carolina do Sul interpretavam as notícias do Haiti como um prenúncio de sua própria libertação [...]. Os proprietários de escravos [...] compreendiam o potencial do que viam. Referências ao exemplo e à inspiração do Haiti reverberaram pela América

negra. O impacto sobre David Walker pode ser prontamente visto em seu grande *Appeal to the Colored Citizens of the World* [...]. E os proprietários de escravos não se divertiram com as celebrações da independência do Haiti, como a encenada em 1859 pelos pedreiros negros e livres em St. Louis, Missouri – um Estado escravocrata [...]. A revolução em São Domingos impulsionou uma revolução na consciência negra em todo o Novo Mundo.[182]

A partir do Haiti e da "única grande milícia" que W.E.B. Du Bois[183] e Genovese afirmam que constituía o Sul branco, a tradição revolucionária iluminou o horizonte da região baiana do Brasil. De 1807 a 1835, os cronistas baianos registraram revolta após revolta: 1807, 1809, 1813, 1816, 1826, 1827, 1830, e a grande "Revolta Hauçá" em 1835. Uma vez mais, são as obras de Nina Rodrigues, Artur Ramos e, mais recentemente, R.K. Kent e Stuart Schwartz – nem sempre de acordo – que formam o tegumento tanto para a recuperação quanto para a reconstrução desses acontecimentos.

O Brasil Negro e a Resistência

Na segunda década do século XIX, o Brasil tinha acumulado uma população meio livre, meio escrava, de mais ou menos 3.817.000 habitantes[184]. O país estava então imerso no processo de importação de quase dois milhões de africanos, cujos registros evidenciam a chegada entre os anos de 1800 e 1850[185]. De certa forma, toda essa atividade, no que diz respeito ao comércio de escravos, era bastante característica de uma sociedade cuja economia, estrutura social e costumes estavam dominados pela mão de obra africana. O Brasil havia se tornado uma sociedade escravocrata, com um grau de dependência inigualável por qualquer outra. Na verdade, o trabalho escravo era tão onipresente no Brasil nesses anos que seus usos excediam em muito as funções elementares da produção material. A presença de escravos havia começado a invadir as formas mais sutis de "vaidade" e "vício", proporcionando à classe de senhores "certo prazer de comando e autoridade", como Luiz Lacerda, um observador brasileiro de meados do século XIX, afirma[186]. Demonstrou o mesmo de forma mais gráfica Robert Conrad:

> Um baiano, escrevendo em 1887, revelou que, antes de 1850, carroças ou carrinhos de mão não eram quase nunca usados em sua cidade para transportar cargas. Essas eram transportadas sobre a cabeça dos escravos ou "por meio do instrumento mais bárbaro e antieconômico que se possa imaginar – varas e cordas", com as quais oito ou mesmo doze homens às vezes carregavam um único fardo. Os ricos eram transportados pelas cidades brasileiras ou mesmo para o campo em liteiras, palanquins ou redes, fazendo um uso semelhante e luxuoso de pessoal.[187]

Ora, o escravo era mais do que um objeto de luxo, como acreditara Lacerda. O escravo no Brasil do século XIX havia se convertido em um hábito, uma peça de vestimenta social e autorrepresentação, bem como a fonte da energia que produzia a verdadeira riqueza da economia.

Com relação a essa economia, reconstruiu seu caráter Leslie Bethell:

> O açúcar continuava sendo o principal cultivo comercial da colônia e grandes concentrações de escravos ainda podiam ser encontradas nas *plantations* de açúcar do Recôncavo (o litoral fértil na região da Bahia), em Pernambuco, na baixada fluminense (faixa litorânea do que é agora o Estado do Rio de Janeiro) e, mais tarde, em São Paulo. Escravos também trabalhavam nas *plantations* de algodão em Pernambuco e no sudoeste do Maranhão (o algodão representava 20% do valor das exportações do Brasil no início do século XIX) e nas *plantations* de tabaco e cacau na Bahia e em Alagoas. No extremo sul – Rio Grande de São Pedro [...] e Santa Catarina – escravos negros eram empregados na criação de gado [...] na produção de cereais e na agricultura de subsistência. Também havia muitos escravos envolvidos na agricultura de subsistência em Minas Gerais, cujas minas de ouro e diamantes, que floresceram na primeira metade do século XVIII, mas que agora estavam em declínio, serviram para atrair mão de obra escrava para a região. No Rio de Janeiro, capital do vice-reino desde 1763, na Bahia, a antiga capital e, na verdade, em todas as outras grandes cidades, os escravos eram amplamente empregados como servos domésticos, e negros de ganho– escravos individuais que eram contratados por

seus senhores e recebiam salários –trabalhavam como estivadores e carregadores nas docas, transportando água e lixo, e até mesmo como pedreiros e carpinteiros. A Igreja – mosteiros, conventos e hospitais – possuía escravos. O Estado possuía e contratava escravos para a construção e a manutenção de obras públicas.[188]

A escravidão, aparentemente, era onipresente entre a maioria dos brasileiros e dizia respeito a todos. E, por fim, para a consternação de alguns poucos brasileiros, ao que parece, o rótulo da dominação se estendeu para muito além dos limites de raça e cor: "A existência de escravos brancos no Brasil foi atestada em 1827 por um membro da Câmara dos Deputados. 'É uma mancha no sangue', como disse [Robert] Walsh, com incredulidade anglo-saxônica, 'que nenhum lapso de tempo, nenhuma mudança de relação, nenhuma alteração de cor pode obliterar'."[189]

Observa o próprio Conrad: "Se os brancos ou quase brancos às vezes eram mantidos em um estado de escravidão, mulatos ou negros (às vezes eles próprios escravos) também possuíam escravos."[190]

Como era típico no Caribe e na América do Sul, os africanos do Brasil constituíam o que Philip Curtin teve a infelicidade de descrever como "uma população escrava naturalmente decrescente"[191]. "Natural", em tais casos, pode ser a maneira dos demógrafos históricos de indicar a proporção desfavorável entre nascimentos e mortes em uma população, porém seu uso aqui é infeliz e inaceitável por duas razões: primeiro, porque parece direcionar nossa atenção de forma muito estreita para o escravo como um organismo biológico, presumindo um meio ambiente normal; e segundo, porque uma expressão como "naturalmente decrescente" atenua a realidade dolorosa e a trágica experiência da população escrava do Brasil. Bethell, por outro lado, situa essa diminuição em seu contexto histórico:

A população escrava do Brasil exigia reposição regular por meio do tráfico transatlântico de escravos. Uma razão para tal era o alto índice de mortalidade dos escravos. Muitos deles nunca sobreviviam à sua aclimatação e treinamento iniciais; outros morriam como resultado de má alimentação, de condições de vida insalubres e de doenças [...]. Mais importante, visto que era considerado mais econômico fazer os escravos trabalharem excessivamente [...] e depois substituí-los por outros, muitos africanos morreram de maus-tratos e pura exaustão. Ao mesmo tempo, a taxa de reprodução natural entre os escravos era extremamente baixa.[192]

Ademais, ele comenta, "havia, em média, oito homens para cada duas mulheres escravas", e a mortalidade infantil era alta. O resultado, como Bethell já havia concluído: "A população escrava do Brasil exigia reposição regular."

No início do século XIX, uma segunda causa para o aumento de escravos no Brasil foi o rápido crescimento da economia da região durante o período. Nesse sentido, o país respondia às forças políticas, econômicas e financeiras no mercado mundial. Na sua base, o auge da economia brasileira foi consequência da demanda de açúcar e de algodão no mercado: "As guerras revolucionárias americanas, as guerras revolucionárias francesas, as guerras napoleônicas e, não menos importante, a revolta sangrenta na ilha açucareira caribenha de São Domingos, haviam prejudicado muitos dos rivais econômicos do Brasil e elevado os preços mundiais de produtos tropicais."[193] Interesses paralelos no início do século incentivaram também a extensão do cultivo do café no Brasil: "Plantado no Maranhão, no Norte do Brasil, durante a primeira metade do século XVIII, o café foi trazido para o Rio de Janeiro na década de 1770, e nos anos imediatamente posteriores ao estabelecimento do governo real português no Rio (1808), o café tornou-se o mais importante cultivo do sertão montanhoso próximo."[194] O Brasil era agora o mais importante local desse hemisfério para a produção escravista fora dos Estados Unidos. A economia mundial estava se ajustando mais uma vez.

É evidente que novas fontes de capital investido direta e indiretamente no comércio e na produção brasileira subjaziam as importações massivas de escravos no período. E era principalmente uma classe mercantil inglesa (com apoio do comércio português, do transporte americano e de outros interesses)[195], ansiosa em dominar ou monopolizar um mercado mundial, cujos produtos tropicais haviam sido expropriados de seus concorrentes franceses pela Revolução Haitiana, a que subsidiou tanto o esforço pela independência política do Brasil em relação a Portugal quanto a acelerada africanização da economia brasileira[196]. Eric Williams relatou: "Dizia-se que sete décimos dos bens usados pelo Brasil para a compra de escravos eram de manufaturas britânicas, e dizia-se que os britânicos relutavam em destruir os entrepostos de escravos na costa porque assim, iriam destruir os calicôs britânicos. Em 1845, Peel recusou-se a negar o fato de que súditos britânicos estivessem envolvidos no tráfico de escravos."[197] Não obstante a oposição pública e persistente à escravidão por parte do governo britânico e seus esforços para obrigar o Brasil a abolir o tráfico – algo a que todos os historiadores prestaram grande atenção –, observou Williams:

> Os capitalistas britânicos, no entanto, não ficaram impressionados. Em 1857 [30 de janeiro], um editorial no *Times* londrino declarava: "Sabemos que para todos os fins mercantis a Inglaterra é mais um dos Estados e que, na verdade, somos parceiros do proprietário de *plantations* sulista; temos uma nota de venda de seus produtos e bens móveis, seu estoque vivo e morto, e ficamos com a maior parte dos lucros da escravidão; [...] ademais, estamos vestindo não apenas a nós mesmos, mas também todo o mundo com o próprio algodão colhido e limpo pelo 'Tio Tom' e seus companheiros de sofrimento. Esse é o nosso comércio [...]". O capitalismo britânico destruiu a escravidão nas Índias Ocidentais, mas continuou a prosperar com a escravidão brasileira, cubana e americana.[198]

Por esse motivo, relata Alan Manchester, "a supressão do comércio brasileiro era impopular no norte da Inglaterra, e John Bright chamou a atenção para os quatro ou cinco milhões de capital e três milhões de exportação ao Brasil, demonstrando o dano causado aos interesses britânicos pela controvérsia sobre o tráfico de escravos"[199]. E esse vínculo foi a base da acusação de hipocrisia lançada contra a Grã-Bretanha por certos críticos "ianques" e brasileiros[200].

Tais foram, pois, os fundamentos da escala de importação de africanos para o Brasil que ocorreu na primeira metade do século XIX. Em termos sociais, isso significava, se seguirmos os cálculos de Ramos, que dois terços (2.414.000) da população brasileira se tornou negra (*preta*) ou mulata (*parda*), dos quais 1.930.000, escravos[201].

Inevitavelmente, em resposta a esse aumento imenso da população escrava no início do século XIX, os proprietários de *plantations* e colonos brasileiros haviam adquirido uma "sociologia" apropriada do controle escravista. E embora ela aparentasse se desenvolver com uma ignorância quase total da história dos quilombolas do país dos séculos XVII e XVIII e das exigências políticas que moldaram as particularidades do tráfico de escravos na economia mundial (isto é, os diversos acessos às reservas de mão de obra africana), devemos, em algum nível, pressupor que tenham levado isso em consideração, ainda que só de uma maneira mistificada. Ao descrever essa nova e supostamente reconfortante mitologia do controle de escravos, Kent a reconstruiu da forma a mais sucinta possível:

> Por muito tempo, o morador ou o "colono" português no Brasil havia pressuposto que todos os escravos da África fossem "angolas" ou "bantus" e, visto que a agricultura brasileira havia sido desenvolvida pelo agricultor "bantu", sua reputação perdurou até mesmo muito tempo depois que ficou claro que "todos os africanos" não eram "semelhantes". Sobre os "angolas", preferidos no trabalho dos engenhos (usinas de açúcar e complexos de *plantations* no interior imediato da Bahia, chamado Recôncavo), a crença construída em sua "docilidade" e disposição para se assimilar e sua maior "inclinação mecânica", inseriu-se na reputação anterior de excelência agrária. Os "minas" por outro lado, satisfaziam uma demanda totalmente distinta: considerados mais empreendedores e inteligentes que os "angolas" e, ao mesmo tempo, uma pobre mão de obra nas *plantations*, eram valorizados como escravos domésticos e nos ofícios e habilidades.[202]

Em outras palavras, aqueles povos que haviam servido na época mais inicial do desenvolvimento da colônia como fonte de trabalho para uma economia de *plantation* e mineração, foram considerados flexíveis e naturalmente agrários; aqueles cujo recrutamento coincidiu com o início da urbanização e da manufatura secundária na região também eram naturalmente inclinados aos nichos para os quais foram destinados. E, como já sugerimos, o mito coletivo negava a possibilidade de uma resistência africana à escravidão devido à sua confiança em características gerenciáveis: "docilidade" e "iniciativa". Isso foi possível, talvez, pelo fato de que "a forma básica da resistência dos escravos"[203] até aquele momento tinha sido os quilombos, um hábito que fisicamente separava os africanos recalcitrantes da sociedade dos brancos. Apesar de a lenda ainda permanecer em alguns círculos da *intelligentsia* brasileira[204], ela foi estilhaçada no primeiro terço do século XIX. Em meados do século XIX, João Pandiá Calógeras comentou: "Os negros passaram a ser considerados um elemento perigoso para a população, uma ameaça à vida e segurança de seus senhores."[205] Concordava Rollie Poppino, ao assinalar: "O aumento acentuado no número de escravos suscitou o espectro das rebeliões negras" e, de mais a mais, [considerava-se que] "o aumento constante do setor negro da população minava a cultura basicamente europeia do Brasil"[206]. Embora os detalhes dos acontecimentos históricos responsáveis por essa mudança de atitude ainda não estejam totalmente claros, o caráter mais amplo desses eventos é conhecido. Eram, como sugerido, as rebeliões do período de 1808-1835.

Na década de 1820, intermediários baianos e de outras regiões do Brasil haviam se convertido nos atores dominantes no tráfico de escravos da nação recém-independente. Agora, com o controle direto do mercado escravista nas mãos de colaboradores próximos aos proprietários de *plantations*, esperava-se que a distribuição dos africanos se ativesse mais fielmente às regras implícitas pelo código de controle de escravos da sociedade: "minas" para as áreas urbanas, "angolas" para os engenhos e seus *plantations* associados. Na maior parte e por algum tempo, foi isso que aconteceu. No entanto, novas exigências forçaram inevitavelmente uma adaptação que, segundo conjetura um historiador, foi importante tanto para preparar as rebeliões de escravos que se seguiram bem como para a sua reconstrução subsequente.

Kent argumenta que, na África Ocidental, o colapso do antigo Império de Oyó dos iorubás e a longa sucessão de guerras iorubás no início do século XIX proporcionaram à Bahia fácil acesso aos artesãos iorubás, e argumenta que isso pode também ter sido a causa da ida de "um maior número de escravos hauçás para os engenhos no Recôncavo"[207]. Kent acredita que a demografia mais complexa resultante entre os escravos provocou que, primeiro, as autoridades locais da época e, posteriormente, estudiosos como Nina Rodrigues e Ramos, tivessem dificuldade para reconstruir o caráter que poderia ser atribuído aos movimentos específicos de escravos que surgiram durante o período.

As "revoltas hauçás" entre 1808 e 1835, continua Kent, foram consequência em parte de uma tentativa de manipular as autoridades estatais, levada a cabo por proprietários de *plantations* e comerciantes locais, assim como interpretações tendenciosas de provas de envolvimento muçulmano. Os escravos hauçás eram, sem dúvida, bastante propensos à insurreição. José Rodrigues escreveu bastante sobre isso recentemente: "Os negros menos submissos no Brasil foram os hauçás; eles encabeçaram todas as revoltas na Bahia e no Brasil, destacando-se, em especial, nas de 1720, 1806, 1809, 1813, 1814, 1822, 1826, 1835 e 1838."[208] No Recôncavo, por exemplo, para o qual os hauçás haviam sido enviados a fim de aumentar a mão de obra escrava nos engenhos, "os quilombos cresciam em uma velocidade alarmante em toda a província no fim do século XIX. Os escravos fugitivos, além disso, não evitavam sequer as cidades, e às vezes se nelas escondiam e, em outras ocasiões, 'desciam para saqueá-las'"[209]. Os hauçás também estiveram implicados nas revoltas urbanas de setembro de 1808 e de janeiro de 1809 que ocorreram nos municípios de Jaguaripe e Salvador, respectivamente. Escravos hauçás também se envolveram numa rebelião que estourou no final de fevereiro de 1814, em uma *plantation* no subúrbio baiano de Itapuã. Em dezembro de 1826, entretanto, foram os refugiados iorubás (nagôs) que abandonaram a Bahia para estabelecer um quilombo em Urubu. Relata Arthur Ramos: "A figura principal nesse conflito foi uma mulher negra, Zeferina, que acabou subjugada e seus braços decepados. A confissão de alguns dos capturados deixou claro que os negros haviam planejado uma insurreição muito mais elaborada, com repercussões que seriam sentidas no futuro."[210]

Mais uma vez, foram os iorubás que protagonizaram a revolta urbana que eclodiu na Bahia em abril de 1830:

> Vários iorubás invadiram lojas de ferragens, das quais levaram armas e munições, passando então a armar mais algumas centenas de negros e, com esse considerável bando, atacaram o posto de polícia de Soledade,

em um dos subúrbios da cidade. Tomadas completamente de surpresa, as autoridades ficaram vulneráveis. Antes que qualquer ajuda pudesse ser assegurada e uma força organizada, os negros causaram destruição na cidade. Os rebeldes foram finalmente abatidos com uma grande perda de vidas, cerca de cinquenta pereceram e outros tantos foram presos. Os demais fugiram para a segurança da selva.[211]

No entanto, a grande revolta de 1835 na Bahia, continua Ramos, foi principalmente uma revolta hauçá e, por conseguinte, de inspiração islâmica. "A agressividade deles era uma herança social direta das centenárias guerras religiosas que haviam garantido a propagação do islã na África [...]. A causa preponderante, repita-se, era religiosa."[212] Kent argumenta, em contraposição a Ramos (e a Nina Rodrigues), que essa revolta envolveu hauçás e, sobretudo, iorubás, porém foi dirigida por líderes islâmicos, os malês. Contudo, nem esta revolta nem as que a precederam foram guerras santas.

> Não havia dúvida de que "quase todos" os insurgentes sabiam ler e escrever em uma escrita desconhecida, provavelmente árabe e usada entre os *ussas* (hauçás), que pareciam "agora unidos com os nagôs" [...]. Um total de 234 chegaram a ser julgados, mas nas condições do aprisionamento não é realmente possível determinar quantos estiveram de fato envolvidos [...]. No entanto, os nagôs, os hauçás, os nupés (tapas), os jejes e os "bornús" (canúris) totalizavam 213 pessoas das quais catorze eram mulheres.[213]

Kent sugere que Ramos e Nina Rodrigues erraram ao confiar demais nos registros dos julgamentos dos escravos derrotados e nos documentos pessoais e relatórios do chefe de polícia da Bahia, Gonçalves Martins. Ambas as fontes eram tendenciosas devido à pressuposição de que "todo muçulmano era um rebelde e todo rebelde, um muçulmano"[214]. "A revolta de 1835 liderada pelos malês", conclui Kent, "será compreendida em todos os seus aspectos apenas por meio de um estudo mais minucioso dos dados relativos às *relações intra-africanas* dentro da própria Bahia".[215]

Independentemente do "debate" acadêmico, está bastante claro que as rebeliões se basearam no sincretismo de materiais culturais e ideológicos africanos. Ramos, Nina Rodrigues e Kent mencionam a ogbôni, a sociedade secreta iorubá, como fonte da militância desse grupo, e todos parecem concordar que o islã desempenhou um papel tático e estratégico nos movimentos pelos quais os hauçás eram diretamente responsáveis[216]. Na rebelião de 1835 em particular, a advertência de Marcos de Noronha e Brito, 8º conde dos Arcos e ex-governador da Bahia (1810-1818), parece ter se cumprido plenamente:

> A garantia mais poderosa para a segurança das grandes cidades brasileiras é a incompatibilidade de várias nações africanas, pois se algum dia elas superarem a inimizade que naturalmente as desune, os agomés se tornarão irmãos dos nagôs, os jejes dos hauçás, os tapas dos sentys e, dessa forma, o grande e inevitável perigo irá escurecer e devastar o Brasil. E não há dúvida de que o infortúnio pode dar luz à irmandade dos desafortunados.[217]

Na realidade, o "infortúnio" foi a Revolução Industrial e o posterior desenvolvimento do sistema capitalista mundial. Juntos, sua necessidade de acumulação primitiva se traduziu em uma escravidão em grande escala. Na Bahia, em 1835, o resultado inevitável foi "a irmandade dos desafortunados".

Resistência nas Índias Ocidentais Britânicas

Nas mesmas décadas do século XIX, o sistema mundial apresentou uma face muito diferente e aparentemente contraditória nas Índias Ocidentais britânicas. Na Jamaica e nas colônias mais antigas, nenhuma combinação dos acontecimentos que se mostraram tão afortunados para Brasil, Cuba e outras áreas produtoras de açúcar parecia favorecer os produtores coloniais. Tendo perdido o domínio do mercado açucareiro na segunda metade do século anterior, suas fortunas continuaram a despencar, fustigadas por ocorrências tão diversas como o excesso de oferta, a seca, o esgotamento do solo, a superprodução e o redirecionamento do capital. Inclusive o poder dos proprietários de *plantations* das Índias Ocidentais voltou-se contra si próprios:

as restrições mercantilistas ao comércio, que haviam preservado para eles o "mercado doméstico" inglês agora se converteram no limite que estavam obrigados a respeitar. Também a tecnologia se mobilizou contra eles, com o desenvolvimento dos interesses franceses no açúcar de beterraba, frente ao da cana[218]. Relata Eric Williams:

> As falências estavam na ordem do dia. Entre 1799 e 1807, 65 *plantations* na Jamaica foram abandonadas, 32 vendidas por causa de dívidas e, em 1807, havia processos pendentes contra 115 outras. Dívida, doença e morte eram os únicos tópicos de conversa na ilha. Um comitê parlamentar criado em 1807 descobriu que os proprietários de *plantations* britânicos das Índias Ocidentais estavam produzindo com prejuízo [...]. O comitê atribuiu o dano principal à situação desfavorável do mercado externo. Em 1806, o excedente de açúcar na Inglaterra somou seis mil toneladas. A produção teve que ser reduzida.[219]

Mais especificamente, conforme Williams prossegue, fica nítido que, à exceção de Barbados, as colônias mais antigas estavam em declínio. As mais recentes pareciam estar substituindo-as na produção de açúcar.

> Entre 1813 e 1833, a produção da Jamaica diminuiu em quase um sexto; as exportações de Antígua, Neves e Tobago, em mais de um quarto; São Cristóvão, em quase a metade; Santa Lúcia, em dois terços; São Vicente, em um sexto; Granada, em quase um oitavo. As exportações de Dominica mostraram um ligeiro aumento, enquanto Barbados quase dobrou suas exportações. Por outro lado, a produção das novas colônias aumentou: da Guiana Inglesa em duas vezes e meia, e de Trinidade em um terço.[220]

O aumento da produtividade de Trinidade era menos uma indicação das novas oportunidades para o capital britânico do que dos problemas encontrados nas colônias mais antigas. Curaçao, Santo Eustáquio, Saba, São Martinho, Tortola, Tobago, Granada e São Vicente, Williams observa, eram ou estavam se tornando "ilhas estéreis", seu solo devastado pelo cultivo descuidado do açúcar[221]. Os proprietários de *plantations* consideraram necessária e conveniente a transferência de escravos e outras formas de capital para Trinidade[222]. A escassez de mão de obra em Trinidade, um problema agudo o suficiente para impedir a plena utilização de seu solo fértil, só poderia ser abordada dessa forma após a abolição do tráfico de escravos.

A Guiana Inglesa, por outro lado, representou uma ocasião para a reprodução massiva de novos capitais: "A Guiana já havia progredido muito sob o controle holandês, contendo duas vezes mais escravos e produzindo o dobro da tonelagem de açúcar de Trinidade e Maurício combinadas. Mas a Guiana também continha grandes áreas adequadas para cultivo por aqueles que não desejavam trabalhar nas propriedades."[223]

A Jamaica, no entanto, era a chave. Constituindo a metade da população total das Índias Ocidentais britânicas, os proprietários de *plantations* de açúcar da Jamaica reivindicavam um terço do açúcar produzido nas colônias britânicas[224]. Foi a deterioração do papel da Jamaica na economia mundial que definiria as forças do capital industrial contra a economia escravocrata.

Em 1807, de acordo com Higman, a população escrava jamaicana era de cerca de 350 mil pessoas, a população branca, um décimo maior, e os libertos ainda menos numerosos[225]. Em 1832, tanto a população escrava quanto a de brancos diminuiu para 312.876 e 25 mil, respectivamente, enquanto a população de libertos aumentou para 35 mil[226]. Os brancos residentes, no entanto, dificilmente eram a "classe dominante branca" que Mary Reckord supõe[227]. Craton escreve: "O absentismo tornara-se a regra para as propriedades das Índias Ocidentais em meados do século XVIII."[228] Os proprietários de *plantations* mais poderosos – os Beckford, os Hibbert, os Long, os Gladstone, os Codrington, os Warner, os Pinney, os Marryat – voltaram para a Inglaterra assim que sua fortuna lhes permitiu[229]. "Depois disso", sugere Craton, "as *plantations* ficaram nas mãos de supervisores e advogados, os mais medíocres membros da classe média imperial". Eles:

> não tinham mais nada além de sua cor e uma capacidade rudimentar de escrever relatos que os distinguisse dos crioulos negros mais assimilados. Eram uma classe em apuros, uma classe amargurada com poucos recursos internos para resistir às tentações da tirania mesquinha ou ao trauma da alienação [...].

Muitos brancos da *plantation* mergulharam em um torpor moral sem esperança, comendo, bebendo e fornicando em uma tumba precoce. Alguns daqueles mantidos nas propriedades "para salvar a deficiência" eram tão desprezíveis que mesmo Edward Long chegou a registrar que eles eram menosprezados de todo o coração pelo que ele chamava de "o melhor tipo" de escravos[230].

Alguns proprietários de *plantations* permaneceram, vivendo em cidades "ou em uma casa-grande", mas, "na melhor das hipóteses, a sociedade mais educada das Índias Ocidentais era uma imitação pálida e filisteia da vida na metrópole"[231].

Na Inglaterra, o declínio da lucratividade do açúcar das Índias Ocidentais britânicas na segunda metade do século XVIII foi contraposto por um esforço para acabar com o tráfico de escravos. Sem o tráfico, relata Williams, acreditava-se que a economia colonial da França entraria em colapso. O capital inglês, isto é, sua facção industrial emergente não estaria mais obrigada a manter um império colonial. "A independência colonial era mais barata." O livre comércio e a acumulação de capital haviam se convertido nos meios para um maior desenvolvimento capitalista, relegando a acumulação primitiva a um papel secundário. Os capitalistas industriais e seus ideólogos humanitários, inicialmente abrigados pela francofobia nacionalista, estavam preparados no final do século XVIII para satisfazer o interesse das Índias Ocidentais na área:

> O ataque dividiu-se em três fases: contra o tráfico de escravos, contra a escravidão e contra os direitos preferenciais do açúcar. O tráfico de escravos foi abolido em 1807, a escravidão, em 1833, a preferência pelo açúcar em 1846. Os três eventos são inseparáveis. Os direitos adquiridos que haviam sido construídos pelo sistema escravista agora se transformaram e destruíram o sistema. Os humanitários, ao atacarem o sistema em seus aspectos mais fracos e indefensáveis, falavam uma língua que as massas podiam entender. Eles nunca conseguiriam ter logrado êxito cem anos antes, quando todos os interesses capitalistas importantes estavam do lado do sistema colonial.[232]

Essa luta, entretanto, não se limitou a atos parlamentares, nem a discussões públicas nas Ilhas Britânicas. À medida que avançava em direção à captação do público inglês e à dominação da política estatal, seu calor se irradiava para as periferias do império mercantilista britânico. Nas Índias Ocidentais, os jornais coloniais reproduziram a controvérsia, as assembleias coloniais denunciaram histérica e veementemente seus oponentes e o debate público antecipou o que só poderia ser entendido como o fim da ordem colonial. Os escravos africanos nas Índias Ocidentais britânicas também, é claro, ouviam em silêncio, embora seu interesse por essas questões fosse tão profundo quanto por qualquer outro. Tendo pouca ocasião ou oportunidade de articular sua posição, alguns garantiram para si uma forma mais antiga de expressão: a rebelião.

O catalisador imediato das rebeliões de escravos nas Índias Ocidentais britânicas foi o Registro de Escravos. De início, ele havia sido promulgado pelo Colonial Office como um instrumento das reformas escravistas. Em 1812, James Stephens, advogado do Colonial Office, atuando em nome do "círculo interno de emancipadores", argumentou que: "Essa reforma moderada [...] serviria a quatro propósitos: verificar se as importações ilegais de escravos ainda estavam ocorrendo, apesar das leis de abolição; fornecer estatísticas exatas relativas à mortalidade e à fertilidade de escravos (e, ao fazê-lo, tornar ainda mais públicas as condições dos escravos), e assim provocar novas reformas."[233]

Em 1815, uma campanha parlamentar resultou na primeira legislação relacionada ao Registro. O registro de escravos agora poderia prosseguir nas colônias da Coroa (aquelas sem assembleias próprias), e os governadores coloniais encorajariam as assembleias coloniais a promulgarem seus próprios procedimentos de registro. Os proprietários de *plantations*, no entanto, reconheceram o Registro pelo que ele era: uma iniciativa para destruir o sistema escravocrata. "Com a resistência de proprietários de *plantations* mesmo em Trinidade, a implementação foi atrasada nas Guianas e, na Jamaica, categoricamente rejeitada."[234] No quarto mês de 1816, em Barbados, ficou claro que os africanos também reconheceram a importância do Registro:

A rebelião estourou com uma rapidez chocante na noite de domingo de Páscoa, 14 de abril de 1816, no momento em que os escravos estavam livres do trabalho e tinham amplas oportunidades de organização sob o disfarce das festividades autorizadas. Canaviais e armazéns de bagaço de cana foram incendiados como faróis nas paróquias do sudeste, particularmente em São Filipe, uma das áreas mais secas, com a maior proporção de escravos em relação aos brancos. Cerca de setenta propriedades foram afetadas [...]. Apenas dois brancos foram mortos na luta; cem escravos morreram, outros 144 foram executados e 170 deportados, além de inúmeros que foram açoitados. Atirava-se, sem nenhuma advertência, nos escravos errantes tão logo fossem vistos e casas de negros foram queimadas [...]. Os capturados eram torturados com frequência [...]. Os rebeldes condenados foram executados publicamente em diferentes partes da ilha e seus corpos – às vezes apenas suas cabeças – foram, em muitos casos, expostos nas propriedades de origem.[235]

Na mente de alguns proprietários de *plantations* barbadenses, havia poucas dúvidas sobre a causa. Cartas furiosas foram publicadas no *Times* londrino logo após a rebelião: "Temos que agradecer aos idealizadores da lei de registro por isso. Ao que parece, os pobres e iludidos negros pensavam até agora que tinham sido emancipados pelo parlamento britânico, sendo-lhes permitidos três dias livres por semana; e quando seus proprietários se recusaram a cumprir essa exigência, começaram quase imediatamente a queimar as propriedades."

Outro autor antecipava:

Esse é talvez o primeiro exemplo de muitos ainda por vir da tendência fatal para a paz e a segurança nessas ilhas do projeto de lei de registro apresentado na Câmara dos Comuns no ano passado. Tal resultado era naturalmente esperado de qualquer dessas medidas de interferência imprudente por parte do governo da Metrópole entre nossas legislaturas e a população escrava; mas ninguém esperava provar seu fruto amargo tão cedo [...]. Os principais instigadores dessa insurreição, que são negros do pior caráter, mas de compreensão superior, alguns dos quais sabem ler e escrever, valeram-se dessa interferência parlamentar e da ansiedade pública que ocasionou, para instilar nas mentes dos escravos em geral a crença de que eles já haviam sido libertados pelo rei e pelo Parlamento.

E *sir* James Leith, governador da ilha, em um longo e extraordinário "Discurso à População Escrava da Ilha de Barbados", advertia:

> Tomei conhecimento de que uma crença geral se propagou maliciosamente entre vocês: a de que eu estava de posse de suas alforrias e de que, ao regressar a Barbados, eu teria colocado vocês em posse de sua liberdade. Posso lhes assegurar solenemente que minha chegada foi um dos períodos mais dolorosos de minha vida; quando, no desempenho do meu dever, não tive apenas de informá-los do engano cruel que os inimigos do Estado, e ainda mais seus próprios inimigos amargos, praticaram, mas me sentir convocado pelas leis do ofendido para procurar e ainda punir os culpados.[236]

O governador, embora "não pretendesse entrar na origem e natureza da escravidão", assegurou ao seu público que "a escravidão não é a instituição de nenhuma cor, idade ou país em particular", e que "só a Grã-Bretanha exerce seu poder para impedir um aumento da escravidão, e para prestar àqueles que estão agora inevitavelmente nesse estado todos os serviços praticáveis que a benevolência sugere". Os africanos que participaram do que eles chamaram de Rebelião Bussa conheciam a situação de forma diferente da do governador. Eles tinham a revolução "Mingo" (Haiti) como seu modelo, sua fonte de ajuda, e sabiam que sua benfeitora, a Grã-Bretanha, precisava de sua assistência ativa na luta contra a escravidão. Relata Craton:

> Robert, da propriedade de Simmon [...] disse que Nanny Grigg, "uma mulher negra de Simmon que disse que sabia ler", espalhou um boato no final de 1815 de que todos os escravos iriam ser libertados no dia de Ano Novo, e que:
> "ela disse ter lido isso nos jornais, e que seu senhor estava muito incomodado com isso: que ela sempre falava sobre isso com os negros e lhes dizia que eles eram todos malditos idiotas por trabalharem, pois ela não o faria, já que com certeza obteriam a liberdade. Que cerca de quinze dias após o dia de Ano Novo, ela

disse que os negros seriam libertados na segunda-feira da Páscoa, e a única maneira de conseguir a liberdade era lutando por ela; caso contrário, não conseguiriam; e a forma em que deviam agir era ateando fogo, pois foi assim que fizeram em São Domingos".[237]

O Registro, porém, foi apenas a causa imediata; a escravidão era a causa mais duradoura. Lembrem-se de que, quase cem anos antes, na Jamaica, outra Nanny, a líder dos quilombolas de Windward, tinha se distinguido da mesma forma[238]. A primeira Nanny deixou seu nome no mapa da Jamaica, Nanny Town, porém compartilhou suas outras "posses". Entre elas, estava o *éthos* da tradição radical negra que, é óbvio, não lhe pertencia realmente. Na verdade, se essa posse estivesse em questão, seria o contrário. A tradição a tinha produzido, assim como a Nanny de Barbados.

Foi o Registro novamente que serviu de catalisador na grande rebelião seguinte de escravos nas Índias Ocidentais britânicas. Sua implementação atrasou por vários anos e as reformas com as quais estava associado não entraram em vigor em algumas colônias até o início de 1820. Na Guiana, o ferrão da reforma escravista se fez sentir em 1823. A reação dos proprietários de *plantations* foi, como sempre, feroz, desenfreada e pública. Em uma população que consistia em 77 mil escravos, 3,5 mil brancos e 2,5 mil libertos, o debate foi socialmente desastroso[239].

O solo rico da Guiana tinha sido a base para a aplicação intensa de cultivos de açúcar[240]. Para os escravos, isso resultou na subversão apreciável das condições sob as quais trabalhavam[241]. A disciplina, imposta por uma minoria branca sempre vigilante, era severa e amiúde arbitrária. A crueldade que os proprietários de *plantations* consideraram necessária inevitavelmente excedia as latitudes preferidas das frações mais humanitárias da sociedade de *plantations*. Alguns, ao que parece, viam como impossível abster-se de criticar a hostilidade manifesta dos proprietários de *plantations* ao Parlamento britânico e ao Colonial Office e seu desprezo pelos interesses mínimos da população escravizada. Um deles, John Smith, pastor da Sociedade Missionária de Londres, foi particularmente expressivo na caracterização da ganância dos proprietários de *plantations*, que ele percebia como afirmações de traição e atitudes anticristãs em relação à sua propriedade humana[242]. Uma rebelião de escravos eclodiu em agosto de 1823. Cinquenta propriedades e talvez cerca de trinta mil africanos estiveram envolvidos. Em duas semanas, tudo havia terminado: dois brancos e cem escravos mortos, a que se seguiriam execuções de muitos outros. Nos cinco meses seguintes, os rebeldes foram perseguidos, executados e, em alguns casos, julgados. Entre suas vítimas estava John Smith. Smith morreu na prisão de tuberculose. Quamina, um líder rebelde associado a Smith na qualidade de seu diácono principal, "foi perseguido com indígenas e cães, baleado em 10 de setembro e enforcado na beira da estrada em frente à propriedade Success [de Gladstone]"[243]. Os proprietários de *plantations* e o Parlamento britânico culparam o missionário e o Registro pela revolta, mas não a escravidão. Seguindo essa lógica, observa Craton: "O efeito geral foi retardar o ritmo do emancipacionismo."[244]

Por fim, entre as rebeliões que tiveram sua inspiração imediata nas controvérsias abolicionistas e no Registro de Escravos, está a da Jamaica. Três grandes e imponentes volumes, originalmente reunidos pelo Colonial Office a respeito desse evento, estão no Arquivo de Registros Públicos da Grã-Bretanha, em Kew Gardens. Eles contêm os registros oficiais dos julgamentos na Jamaica de 626 homens e mulheres que participaram da "Rebelião de Escravos de 1831"[245]. Nos variados escritos dos registradores coloniais dos vários condados e cortes marciais da ilha, constam acusações, testemunhos, tendências e as particularidades ocupacionais e os vínculos daqueles negros que sobreviveram à aplicação mais imediata da justiça (oficialmente, houve 207 escravos mortos durante a repressão da rebelião)[246]. Visto que a preocupação primordial era a culpabilidade identificável, os registros nos contam mais sobre as redes construídas entre os escravos do que sobre as razões que tinham para tecer essas redes de comunicação. Eles também nos relatam mais sobre a configuração dos escravos aos olhos da "mediocridade" da classe média colonial do que sobre a visão dos próprios escravos, inclusive de si mesmos. Por último, dado que esses documentos foram as fontes primárias para historiadores da rebelião como Craton, Reckord e Patterson, e inclusive desempenharam um papel em relatórios da época como os de Henry Bleby, eles têm igualmente outra importância: a construção dos acontecimentos é aquela legada pelos interrogadores[247]. "Feitores e advogados convertidos em milicianos", como Mary Reckord os caracterizou, com a intenção de "não só restaurar a ordem, mas se vingar de suas perdas e humilhações".[248] Na mesma linha, escreve Craton sobre "a psique dos proprietários de *plantations*" como a fonte de suas reações à rebelião, "sua ênfase no estupro" como motivação entre os escravos e "uma profunda insegurança sexual"[249]. Patterson afirmava que eles eram "egoístas e incompetentes", sua "atitude em relação às revoltas de escravos oscilava entre a histeria extrema e a inacreditável presunção"[250]. Por que, então, seus historiadores abandonariam a identificação das atividades dos escravos na Jamaica em 1831 em tais mãos?

Talvez a resposta esteja na sedução que emerge do relato. Ao todo, os registros dos julgamentos, que resultaram na execução de 312 escravos, afirmam a existência de uma "Rebelião de Natal" em 1831, assim chamada porque eclodiu numa noite de segunda-feira, 27 de dezembro. Era conhecida popularmente como a "Guerra Batista" e as investigações dos vencedores indicavam que seus líderes foram Samuel (Daddy Ruler) Sharpe, George Taylor, George Guthrie e Johnson, Thomas Dove, Robert Gardner, Dehaney e Tharp, do Regimento Negro[251]. O planejamento da rebelião havia começado em agosto e quase foi traído por uma série de incidentes na propriedade de Salt Spring, perto de Montego Bay e em três propriedades na paróquia de Trelawny vários dias antes da sua eclosão. Em seu informe *post mortem*, a comissão de inquérito da assembleia jamaicana atribuiu a rebelião a várias causas: o debate sobre a abolição da escravatura iniciado na Câmara dos Comuns em abril; os missionários batistas, wesleyanos e morávios, ativos especialmente na paróquia de St. James e em Montego Bay, os centros da rebelião; e os rumores de um "decreto de liberdade" emitido pelo rei Guilherme que alforriava os escravos, que acreditavam que fora retido pelos brancos locais ou que chegaria com o retorno do missionário batista Thomas Burchell[252]. Em conjunto, se tratava de um cenário muito bem desenhado. Ampliado posteriormente pela atribuição de elementos milenaristas cristãos, pelo surgimento de uma elite "inteligente" e "relativamente privilegiada" de escravos para liderar tal rebelião e por fatores situacionais ("densidade de escravos", geografia, absenteísmo, por exemplo), as ações dos escravos tornaram-se de todo familiares e compreensíveis[253].

Parece, porém, que havia sido apresentado como uma única rebelião o que foram pelo menos duas e talvez até várias. Por um lado, a rebelião com a qual Sharpe e seus associados batistas foram identificados estava centrada nos arredores de Montego Bay e foi planejada por seus idealizadores como uma forma de greve:

> Sharpe, de acordo com o relato por ele dado ao missionário wesleyano Henry Bleby, que com ele manteve várias conversas quando Sharpe estava na prisão, não planejou uma rebelião armada, porém uma resistência passiva em massa. Depois das festividades do Natal, quando deveria começar a colheita da cana, os escravos deveriam se sentar e se recusar a trabalhar até que os senhores reconhecessem que eram homens livres e concordassem em pagar-lhes salários. Sharpe esperava que os brancos tentassem intimidar os grevistas matando reféns como exemplo; contudo, não esperava que os escravos revidassem, mas simplesmente mantivessem a resistência passiva.[254]

Sharpe, a quem se atribui uma presença quase carismática nas investigações coloniais – Bleby afirmou que Sharpe tinha "os sentimentos e as paixões de seus ouvintes totalmente sob seu comando"[255] –, foi aparentemente incapaz de assegurar adesão completa ao que W.L. Burn de modo apropriado caracterizou como "um plano esquemático para uma greve depois do Natal"[256]. Em parte, isso pôde ter sido uma consequência do fato de ele ter que trabalhar por meio das redes da missão, com as quais apenas alguns escravos se identificavam cultural e ideologicamente. Dado que seu material ideológico, de acordo com Reckord, "era, sem dúvida, a linguagem dos metodistas radicais na Inglaterra", havia muitos escravos nas cinco paróquias em questão que não simpatizavam com essa tradição[257]. Visto da perspectiva das missões cristãs:

Os grupos religiosos entre os escravos se enquadravam em três categorias: grupos constituídos principalmente por membros da missão que se reuniam nas propriedades seguindo os critérios das igrejas missionárias; grupos formados por convertidos das missões, muitas vezes líderes religiosos entre os escravos que não frequentavam igrejas missionárias; e, em terceiro lugar, grupos dirigidos por líderes que eram independentes das missões, ou as repudiavam sem rodeios, ainda que se associassem ao cristianismo – estes últimos costumavam chamar a si próprios de batistas, batistas "nativos" ou "espirituais".[258]

A influência de Sharpe e seus coconspiradores batistas, portanto, limitou-se, em grande medida, àqueles escravos cuja conversão ao cristianismo os havia preparado para a resistência passiva e o sacrifício. Alguns escravos dentro dessa tradição, no entanto, consideraram tal posição inaceitável. Eles optaram pela revolta armada. John Fray era, obviamente, um deles: "Um dia antes que os armazéns fossem incendiados, John Fray disse a John Gardiner [o chefe]: vejo que algumas dessas pessoas estão irritadas, mas se elas não participarem da Liberdade e do Fogo, cortaremos suas cabeças e faremos deles negros."[259]

Outros ainda confiavam na tradição mais antiga entre eles, aquela que havia apoiado a rebelião e o aquilombamento.

No interior do oeste da Jamaica, inspirados pela iniciativa de Sharpe, auxiliados pela agitação e pelas redes criadas por Sharpe e seus colegas, com Johnson operando a partir da propriedade Retrieve e Gardner a partir de Greenwich, Dehany e Tharp organizaram uma revolta armada. Decidiram renunciar à resistência passiva e se uniram para formar o Regimento Negro. Ao que parece, seguiram o modelo dos regimentos das Índias Ocidentais britânicas, organizados entre 1808 e 1815, mas naquele momento em grande parte dissolvidos. Ainda que a maioria dos negros recrutados para os nove regimentos proviesse de Serra Leoa, alguns poucos vieram das Índias Ocidentais, e outros inclusive haviam sido rebeldes mantidos na prisão de escravos em Kingston. Os regimentos das Índias Ocidentais haviam combatido os exércitos napoleônicos nas Índias Ocidentais (em alguns casos, os negros comandaram tropas brancas) e as tropas negras ainda estavam presentes na guarnição jamaicana na época da rebelião[260]. De qualquer modo, alguns escravos entraram no campo de batalha bastante familiarizados com a tradição militar:

> O núcleo militar dos rebeldes era o Regimento Negro, com cerca de 150 homens com cinquenta canhões à sua disposição. O Regimento Negro, sob o comando do coronel Johnson, da propriedade Retrieve, lutou com sucesso no dia 28 de dezembro de 1831 contra a milícia do interior ocidental, que havia se retirado de suas casernas no interior para a propriedade Old Montpelier, perto de Montego Bay. A partir dali, o Regimento Negro forçou uma nova retirada para Montego Bay e colocou todo o território entre Montego Bay, Lucea e Savannala Mar em mãos rebeldes. O Regimento Negro levou então a rebelião para as colinas, invadindo propriedades e alistando novos recrutas, queimando propriedades na fronteira de St. James e desencadeando uma trilha de incêndios ao longo do vale do Great River em Westmoreland e St. Elizabeth.[261]

É evidente que Johnson, Gardner, Dove, Dehany e Tharp– todos eles batistas – estavam entre os comandantes do Regimento Negro. "Seu trabalho foi complementado pela atividade de líderes autonomeados que aproveitaram a oportunidade para percorrer o país, alistando novos recrutas, saqueando, destruindo e intimidando outros escravos, desfrutando de um breve período de autoridade", escreveu Reckord[262]. Um desses homens era John Linton. E de acordo com o testemunho de Angus McCail, o carisma de Linton era simples e direto: "Angus McCail, estou surpreso com você por partir e se juntar ao povo branco; você não quer a liberdade como eu [?]"[263]. Alguns escravos, como corretamente afirma Reckord, "foram intimidados e voltaram ao trabalho". Para milhares de outros, não foi o caso. Decorridas duas semanas, no entanto, sem armas e experiência, a rebelião armada "estava praticamente em seu fim".

Não obstante, dependendo da autoridade consultada, entre vinte e sessenta mil escravos participaram da rebelião[264]. Reckord, que escreveu sobre ela em mais detalhes, afirma ainda: "A maioria das propriedades envolvidas na rebelião não fazia parte da organização militar rudimentar dos rebeldes, nem estava organizada para resistência passiva. Sua rebelião consistiuprincipalmente na destruição de propriedades brancas, e um breve e impetuoso desrespeito pela rotina, combinado com afirmações de liberdade."[265]

Entre eles, unidades quilombolas foram formadas e, por dois meses, muito depois da repressão do Regimento Negro, continuaram a resistir aos militares e à fortalecida nova milícia colonial[266]. Dada a estrutura dos registros judiciais, sabemos muito pouco acerca das atividades desses escravos, além do fato de que muitos deles acabaram como David Atkinson, "O Soprador de Conchas", cuja sentença dizia: "Enforcado pelo pescoço, até que esteja morto, morto, morto."[267] Nunca saberemos quantos terminaram assim. Entretanto, os registros paroquiais são horríveis o suficiente: 626 julgados, 312 executados, trezentos açoitados, condenados à prisão perpétua ou deportados. Nesse trágico registro, contudo, as sociedades escravistas das Índias Ocidentais também escreveram seu próprio fim. Em sua repressão brutal, seus flertes com a traição contra o império e suas campanhas implacáveis contra os missionários, eles se excederam, arruinando sua oportunidade de sucesso, emprestando seus próprios recursos para a causa dos escravos[268]. Em 1838, a escravidão no Império Britânico foi oficialmente abolida por um Parlamento agora "reformado" para aumentar o poder do capital industrial[269]. "Os escravos", relata Mary Reckord, "haviam demonstrado a pelo menos alguns daqueles em posição de autoridade, que poderia ser mais perigoso e caro manter o antigo sistema do que aboli-lo."[270] E momentos semelhantes ocorreriam nos Estados Unidos em 1863 e 25 anos depois no Brasil[271]. Ainda assim, tem razão quando conclui Michael Craton:

> As rebeliões de escravos foram heroicas, mas um heroísmo fracassado. Antonio Gramsci, sem dúvida, apontou as maneiras pelas quais o regime de *plantation* reformou suas fileiras e o capital metropolitano apenas mudou de tom, de modo que continuaram a governar por pelo menos cem anos após 1838. A emancipação formal foi pouco mais do que um truque hegemônico. Novas formas de escravidão foram instituídas pela importação de "cules" asiáticos ou simplesmente mediante a escravidão assalariada.[272]

A lista, é claro, não deveria terminar com a escravidão assalariada. Deve incluir também a peonagem, a meação, os arrendamentos, o trabalho forçado, o trabalho penal e o campesinato moderno. No entanto, devemos também nos lembrar de que quaisquer que fossem as formas de acumulação primitiva assumidas, sua colheita social também incluiu atos de resistência, rebelião e, finalmente, revolução. Nas regiões periféricas e semiperiféricas do sistema mundial moderno, pelo menos, o domínio hegemônico de classe gramsciano nunca foi mais do que uma presença momentânea[273].

África: Rebelião nos Lugares de Origem

Na própria África, a mesma tradição histórica era igualmente manifesta no século XIX. Mas também devemos ter em vista a advertência de C.L.R. James e de George Padmore quando nos dizem que era hábito colonial não manter um registro muito minucioso desses eventos:

> A dificuldade [...] está na obtenção de registros escritos com todos os detalhes. Os britânicos enviavam suas expedições punitivas contra tribos rebeldes e não necessariamente as mencionavam nos relatórios coloniais anuais. Mas se a revolta despertava o interesse público, uma comissão investigava e fazia um relatório. Esse relatório era, com frequência, abertamente discrepante dos relatos dos participantes, das testemunhas oculares, dos correspondentes de jornais, nativos e europeus, e de pessoas que viviam na colônia na época. Os franceses e belgas, no entanto, publicavam poucas coisas desse tipo.[274]

Uma das várias consequências desse hábito e a intenção por trás dele, era produzir uma literatura acadêmica complementar que atuava, nas palavras de B. Magubane, "como uma mistificação poderosa das verdadeiras forças sociais em ação"[275]. Nenhuma "imagem da estrutura social colonial" aparecia nessa literatura, afirma Magubane. Lucy Mair, falando em nome de seus colegas antropólogos que escavaram os campos coloniais britânicos, pensou em uma razão bastante óbvia: "Creio que é preciso responder ao comentário de que nos concentramos 'na aldeia' ou nas 'pessoas' e tomamos como certas as fontes externas das mudanças que documentamos. Creio a razão ser simplesmente que não se pode fazer as duas coisas ao mesmo tempo."[276] No entanto, também admitiu: "Nenhum de nós, é verdade, argumentou que o domínio colonial terminaria de imediato. Quem o fazia naqueles dias?"[277] Para Mair, o centro do trabalho do Comissário Distrital consistia em "garantir uma oferta de trabalho adequada" para os empregadores europeus e a preservação da paz: "Para que não se pensasse que 'a preservação da paz' significava a supressão da rebelião, havia maior preocupação com os ataques mútuos entre os africanos."[278] Estudiosos como Mair, para generalizar a observação de Magubane, dificilmente podiam conceber a ideia de "ver o colonialismo como uma força e um processo social, [ao invés de] um dado, como uma realidade existencial à semelhança de uma paisagem"[279].

A presença europeia na África no início do século tinha sido, em grande parte, confinada a alguns assentamentos na África Austral e a postos comerciais e intermediários nas costas setentrional, ocidental e oriental. Inclusive em meados do século, afirmam James e Padmore: "é improvável que mais de um décimo da África estivesse em mãos europeias"[280]. Mesmo assim, o século começara com resistência. No sul da África, a Guerra dos Cem Anos (1779-1880) dos xhosas com os colonos brancos já estava em sua terceira década. Antes de sua conclusão obviamente provisória, ela levaria esse povo a se aprofundar na tradição histórica como nenhum outro povo negro ousou, nem mesmo os haitianos. O "Nongquase", ou a Matança do Gado de 1856-1857, que resultou na morte de dezenas de milhares de xhosas por inanição autoinfligida, continua escapando da compreensão ocidental[281]. Os zulus também chegaram a organizar uma resistência militar. Desde o surgimento do Estado zulu nas primeiras décadas do século, até as guerras das décadas de 1870 e 1900, o povo zulu lutou contra a destruição de seu ser material e espiritual. Oito mil zulus morreram em batalha apenas em 1879, mesmo ano em que as azagaias derrotaram as armas de fogo no encontro terrível em Isandhlwana. Trinta anos depois, com o início do novo século, os zulus se revoltaram mais uma vez[282]. À medida que o século avançava, a invasão europeia se tornou mais acentuada e as resistências, mais numerosas.

Em Angola, os portugueses travaram guerras de pacificação nas décadas de 1850 e 1880[283]. Na atual Tanzânia, os ajauas e os hehes confrontaram, na década de 1890, os alemães que transgrediam os limites das boas maneiras. Machemba, o chefe dos ajauas, lhes havia escrito em suaíli: "Se é a amizade que desejam, então estou pronto para ela, hoje e sempre; mas ser o seu súdito, isso eu não posso ser."[284] Na década de 1870, no oeste da África, os axântis começaram suas guerras contra os britânicos; na década de 1890, os mendes, de Serra Leoa, fizeram o mesmo. E em 1896, como um complemento à conquista dos escravos haitianos cem anos antes, Menelique II, da Etiópia, montou um exército de cem mil homens para derrotar o invasor italiano. Havia, é claro, muitas outras: os iorubás da África Ocidental; os bagandas da África Oriental; os povos da cordilheira do Atlas no Norte, os xonas, ndebeles, ndlambes e ngqikas no Sul[285]. Muitos deles tiveram que esperar muito tempo para a sua celebração, muitos outros ainda estão esperando.

Entretanto, o padrão, a construção, a forma evolutiva eram e ainda são o mais interessante. A integração histórica que o tráfico de escravos havia conquistado quase instantaneamente no Novo Mundo ocorria agora no continente africano. Sociedades individuais foram lentamente alcançando a organização social que o ataque ao colonialismo exigia. Terence Ranger, embora não totalmente confortável com os elementos "suprarracionais" que temos abordado, pensava que tais movimentos fossem "eminentemente utilitários":

> As resistências eram um desafio a um poder que gozava de grande superioridade tecnológica e começou com uma superioridade moral nela baseada e na confiança em sua capacidade de moldar o mundo. Os líderes religiosos foram capazes de contrapor a isso uma disposição de ânimo que, no momento, era tão confiante, se não mais, com base em *sua* suposta capacidade de configurar o mundo; e foram capazes de opor às armas modernas a única vantagem significativa que os africanos possuíam, a do número. De nenhuma outra forma, os povos africanos do final do século

xix e início do século xx poderiam [...] enfrentar o desafio dos europeus. De mais a mais, as chamadas injunções "supersticiosas" dos líderes religiosos não serviam apenas ao propósito de criar um sentido da nova sociedade, mas também de garantir o mínimo de disciplina essencial em movimentos como aqueles.[286]

Essa conquista, como fenômeno estrutural, foi um concomitante do sistema mundial e da expansão imperialista que ele requeria. Sua coerência, contudo, baseava-se nas identidades africanas de seus povos. Como processo estrutural, sua dinâmica se assentava na própria expansão do imperialismo. Essa era a dialética entre imperialismo e libertação, a discrepância que obrigava o surgimento da resistência e da revolução para além da conjuntura de opressão – até mesmo de sua ideologia. Como escreveu Michael Taussig, tendo em mente a antiga Colômbia colonial:

> Os escassos relatos da cristianização sugerem que a conversão e o estabelecimento da crença permaneceram pouco mais do que uma formalidade durante toda a época da escravidão. De fato [...] os proprietários de escravos consideravam os cristianizados mais rebeldes e piores trabalhadores do que os não doutrinados e pagavam menos por eles [...]. A religião popular negra dificilmente poderia endossar a escravidão e tudo o que ela implicava, nem os escravos poderiam se contentar com a igualdade aos olhos de Deus, mas não aos seus próprios olhos.[287]

Os povos da África e da diáspora africana viveram uma experiência integradora que lhes proporcionou não só uma tarefa comum, mas também uma visão compartilhada.

7.
A Natureza da Tradição Radical Negra

Por fim, isso nos leva ao caráter, ou mais precisamente, à natureza ideológica, filosófica e epistemológica do movimento negro, cuja matriz dialética acreditamos ter sido a escravidão e o imperialismo capitalista. Quais eventos estiveram mais consistentemente presentes em sua fenomenologia? Quais processos sociais têm sido, de forma persistente, por ele reiterados? De quais processos sociais ele está comprovadamente, isto é, sob um olhar histórico, alienado? Como se relaciona com a ordem política? Quais construções ideográficas e códigos semânticos tem exibido com mais frequência? Onde se fixaram seus limites metafísicos? Quais são seus sistemas epistemológicos? Essas são as questões que agora devemos abordar, aliviados dos imperativos paradigmáticos e categóricos que há tanto tempo atormentaram os estudos acadêmicos ocidentais e cuja insistência deriva, em grande parte, de sua aplicação acrítica e da pressuposição incontestada de que, independentemente de suas origens históricas, eles eram universais. Tendo chegado a um momento histórico, a uma conjuntura, a um momento auspicioso no qual as verdades da imitação intelectual e analítica não são mais tão significativas para o ideólogo negro como outrora, no qual as tradições atuais, porém ainda dominantes, do pensamento ocidental revelaram, mais uma vez, uma relação casual mais que sistêmica ou orgânica com a miríade de transformações do desenvolvimento humano e da história, quando – e essa é a questão central – o aparato formidável de dominação e controle físico se desintegrou diante das oposições mais improváveis (Índia, Argélia, Angola, Vietnã, Guiné-Bissau, Irã, Moçambique), a configuração total da experiência humana requer outras formas.

Nosso primeiro passo é relativamente fácil, porque sempre esteve ali, sempre indicado nas histórias da tradição radical. Amiúde, nos relatórios, memórias casuais, relatos oficiais, observações de testemunhas oculares e histórias de cada um dos episódios da tradição, desde o século XVI até os acontecimentos contados na semana passada ou nos jornais do último mês, havia uma observação recorrente: a ausência de violência em massa[1]. Observadores ocidentais, muitas vezes sinceros em seu espanto, comentaram repetidas vezes que, na vasta série de enfrentamentos entre os negros e seus opressores, dos quais mencionamos apenas alguns, os negros raramente empregaram o nível de violência que eles (os ocidentais) compreendiam que a situação exigia[2]. Quando lembramos que, no Novo Mundo do século XIX, os cerca de sessenta brancos assassinados na insurreição de Nat Turner foi uma das maiores cifras daquele século; quando nos lembramos de que, nas revoltas em massa de escravos em 1831 na Jamaica – nas quais trezentos mil escravos viviam sob o domínio de trinta mil brancos –, apenas catorze vítimas brancas foram contabilizadas; quando, revolta após revolta, comparamos as represálias massivas e muitas vezes indiscriminadas da classe senhorial civilizada (o emprego do terror) com a escala de violência dos escravos (e atualmente, de seus descendentes), tem-se a impressão de que essas pessoas violadas de maneira brutal compartilhavam uma ordem de coisas muito diversa[3]. Por que Nat Turner, um homem reconhecidamente violento, poupou os brancos pobres? Por que Toussaint escoltou a família do seu "senhor" ausente para um local seguro antes de se juntar à revolução dos escravos? Por que "nenhum branco morreu em uma rebelião de escravos na Virgínia colonial"?[4] Por que Edmund Morgan ou Gerald Mullin argumentaram que a brutalidade dos escravos estava diretamente relacionada à aculturação, "que quanto mais os escravos se pareciam com homens livres pobres que substituíam, mais perigosos se tornavam"?[5] Em cada século aconteceu o mesmo. O povo liderado por Chilembwe, em

1915, forçou mulheres e as crianças europeias a irem para um assentamento de colonos seguro[6]. E nessa tradição, na década de 1930, James considerou Dessalines ambiguamente ineficaz no que tange às suas transgressões da tradição. Dessalines era um gênio militar, sim. Ele era astuto, ardiloso, mas também era um homem cujo ódio tinha que ser mantido "sob controle"[7].

Houve violência, é claro, mas nessa tradição, na maioria das vezes ela era voltada para dentro: o ativo contra o passivo ou, como no caso do Nongquase de 1856, a comunidade contra seu aspecto material. Não era "selvageria", como os cavaleiros soldados dos exércitos europeus dos séculos XIX e XX costumavam informar com arrogância aos seus queridos públicos no país natal. Tampouco era o "fratricídio" do ampliado freudianismo de Fanon[8]. E apenas raramente foi o devorador "terror revolucionário" da "revolução democrática burguesa internacional" que o neomarxismo de Genovese o levou a reconhecer[9]. Aquela violência não foi inspirada por um objeto externo, não era entendida como parte de um ataque a um sistema, nem um envolvimento com uma abstração de estruturas e relações opressivas. Em vez disso, era o seu "Jonestown", o nosso Nongquase: a substituição do ser real pelo histórico; a preservação da totalidade ontológica outorgada por um sistema metafísico que nunca se mostrara acessível nos planos físico, filosófico, temporal, jurídico, social ou psíquico. Para eles, a derrota ou a vitória era um assunto interno. À semelhança daqueles que, na década de 1950, foram às montanhas e florestas do Quênia, convertendo-se no Exército da Terra e da Liberdade, o poder material ou "objetivo" do inimigo era irrelevante para seu destino. Suas máquinas, que lançavam mísseis de metal, suas embarcações de fumaça, gás, fogo, doenças, tudo isso era de menor relevância do que a totalidade integral do próprio povo. Era isso que Chilembwe queria dizer quando implorou a seu povo para "desferir um golpe e morrer". É isso o que todos os Jakobos, em todos os milhares de Chishawashas e em todas as dezenas de milhares de festas da cerveja que marcam o mundo negro têm dito por dezenas de gerações: "só podíamos culpar a nós mesmos pela derrota"[10]. Era uma consciência revolucionária que surgia de toda a experiência histórica do povo negro e não apenas das formações sociais da escravidão capitalista ou das relações de produção do colonialismo.

Torna-se claro, então, que para o período compreendido entre meados do século XVI e meados do século XIX, era uma tradição africana que fundamentava a resistência coletiva dos negros à escravidão e ao imperialismo colonial. Isso é precisamente o que Gerald Mullin descobriu e expôs em seu estudo sobre os negros na Virgínia do século XVIII, no qual concluiu:

> Qualquer que seja o significado preciso de assenhoramento para o africano como pessoa, seu companheirismo ou afetividade, um núcleo central do comportamento humano, permanecia intacto nele, ainda como escravo. Os africanos, assumindo que a resistência fosse uma atividade de grupo, fugiam com seus próprios compatriotas e com os escravos nascidos nos Estados Unidos, incluídos os mulatos.[11]

Mais adiante, ele insiste novamente, se bem que de forma distinta e mais direta ao nosso ponto: "Os africanos 'estrangeiros' muitas vezes reagiam à sua nova condição tentando fugir, seja para retornar à África ou para formar assentamentos de fugitivos, a fim de recriar sua antiga vida na nova terra. Essas atividades não se baseavam na experiência de vida dos africanos na *plantation*, mas na rejeição total de seu destino."[12] Esse era o material a partir do qual lendas foram criadas entre os africanos, em que se negar a comer sal (o "oceano-mar"?) garantia que fosse mantido o poder de voar, voar de verdade, para casa[13]. Tudo isso fazia parte de uma tradição consideravelmente diferente das motivações individualistas e amiúde espontâneas que estimulavam o fugitivo, o incendiário, o envenenador. Encorajava com maior facilidade o suicídio do que o ataque, e suas moedas ideológicas, psicossociais, culturais e históricas eram mais carismáticas do que políticas. Quando sua realização era frustrada, se convertia em *obeah*, vudu, mialismo, pocomania – as religiões dos oprimidos, como disse Vittorio Lanternari[14]. Quando se tornavam realidade, poderiam se converter em Palmares, nos assentamentos do bush negro e, em seu máximo, no Haiti. Mas seu foco sempre estava nas estruturas da mente. Sua epistemologia outorgava supremacia à metafísica, não ao materialismo.

A mente, a metafísica, a ideologia, a consciência foram a ferramenta de Mackandel em meados do século XVIII no Haiti. Ele persuadiu os negros e seus senhores a sentirem o ódio dos escravos em termos palpáveis. Precauções comuns eram irrelevantes; não importava o que os escravos fossem fisicamente impedidos de realizar. Seu ódio era uma força material, capaz de extinguir a vida dos senhores que haviam ido longe demais, a ponto de importar seus alimentos da França, desembaraçando sua carga preciosa com as próprias mãos. O mesmo pode ser dito sobre Hyacinthe. Seu exército podia se lançar contra o canhão das forças francesas "sem medo ou cuidado com as rajadas", introduzindo seus braços nas bocas dos canhões. Eles sabiam, eles acreditavam que, "se fossem mortos, acordariam de novo na África". Naquele último dia de março de 1792, dois mil deles "morreram", em contraposição a apenas cem de seus inimigos, mas foram duplamente abençoados: ganharam a batalha e inclusive seus mortos ficaram livres[15]. Boukman possuía a mesma verdade. E Romaine também. Nanny, que havia precedido sua irmã haitiana em sessenta anos, foi reconfortada em seu retiro montanhoso na Jamaica por essa mesma consciência. Eles viveram em seus termos, morreram em seus termos, obtiveram sua liberdade em seus termos. Assim foi com os homens e mulheres *obeah* e *papaloi*. Essas eram as regras que os camponeses e lavradores africanos trouxeram consigo ao cativeiro. Esses também eram os únicos termos em que sua liberdade poderia ser obtida. Em Richmond, Virgínia, no verão de 1800, Gabriel Prosser não tinha percebido bem essa visão, mas seu George Smith, sim. Smith acreditava na África e sabia acerca do "povo estranho" com que lidavam. "Bruxas e feiticeiros, assim, [seriam] úteis nos exércitos, para saber quando alguma calamidade estava prestes a acontecer."[16] Em 1822, em Charleston, Carolina do Sul, Denmark Vesey o percebeu, mas seu Gullah Jack sabia muito pouco. E em 1830, o velho Nat concretizou isso: "Apenas Nat Turner, que carregou seu plano com sinais sobrenaturais e uma linguagem sagrada e poética que inspirava a ação, foi capaz de transcender o mundo da *plantation* e a cidade. Apenas Turner liderou uma insurreição 'sustentada'."[17]

Não poderia ser de outra forma. É isso o que a tradição radical negra tornou manifesto. Era uma consciência implicada no que

Amos Tutuola, tantas gerações depois, chamaria de "o bosque dos fantasmas"[18]. No século xx, quando pensadores radicais negros tinham adquirido novos hábitos de pensamento, alguns deles preconcebidos, consonantes com as novas condições de seu povo, sua tarefa se tornou por fim a revelação da tradição mais antiga. Não é de surpreender que a tivessem descoberto primeiro em sua história e, finalmente, em tudo ao seu redor.

A tradição radical negra que eles iriam redescobrir, a partir de uma experiência histórica negra quase fundamentada no peso e na autoridade intelectuais da versão oficial europeia do passado, seria o alicerce sobre o qual eles se baseariam. A partir desse ponto de vista privilegiado, puderam examinar a instrumentação teórica, ideológica e política com a qual o radicalismo ocidental abordava o problema da mudança social revolucionária. A tradição radical negra lançou dúvidas sobre a extensão em que o capitalismo penetrou e reformou a vida social e sobre sua capacidade de criar novas categorias da experiência humana, despojadas da consciência histórica incrustrada na sua cultura. Isso lhes deu motivos para questionar a autoridade de uma *intelligentsia* radical extraída de suas próprias análises de estratos sociais marginais e ambíguos, a fim de construir uma manifestação adequada do poder proletário. E isso os atraiu cada vez mais em direção ao discurso real das massas revolucionárias, o impulso de fazer história em seus próprios termos. E, finalmente, a tradição radical negra os forçou a reavaliar a natureza e o papel histórico da ideologia e da consciência. Afinal, foi como um povo africano emergente e não como escravos que homens e mulheres negros se opuseram à escravização. E muito antes do advento dos "loucos e especialistas" (como Wole Soyinka o expressou), dos ditadores militares e das pequenas burguesias neocoloniais que, em nossa própria época, chegaram a dominar as sociedades negras na África e no Caribe, a tradição radical negra definiu os termos de sua destruição: o desenvolvimento contínuo de uma consciência coletiva impregnada das lutas históricas por libertação e motivada pelo senso compartilhado da obrigação de preservar o ser coletivo, a totalidade ontológica.

PARTE 3

RADICALISMO NEGRO E TEORIA MARXISTA

8
A Formação de uma Intelectualidade

Não é surpreendente que o surgimento de uma *intelligentsia* revolucionária negra mundial no século xx, fosse para a maioria dos observadores, mais que o resultado de um longo processo, um fenômeno único e específico desse século. Várias razões facilmente identificáveis contribuíram para essa pressuposição. Por um lado, como vimos, a história dos povos negros foi consistentemente reformulada, de forma tanto ingênua quanto perversa. Mais em particular, a memória da rebeldia negra frente à escravidão e a outras formas de opressão foi distorcida e suprimida de maneira sistemática, a serviço de historiografias racialistas, eurocêntricas e da classe dominante. Isso resultou na desumanização dos negros. A resposta inata da espécie foi negada aos povos africanos. Essa distorção poderia ter sido um assunto mais simples se fosse apenas uma questão de lacuna no registro, porém o espaço já havia sido preenchido com disparates que se tornaram credíveis pelas convenções do pensamento racista. Para os desprovidos de consciência, nada estava errado. Foi a esse emaranhado que os capítulos anteriores foram dedicados, e uma tentativa feita no sentido de alcançar uma maior consciência do passado dos povos africanos.

Uma segunda base para a compreensão equivocada dos fundamentos sobre os quais os revolucionários negros se desenvolveram, entretanto, foi um conjunto diferente de convenções da historiografia ocidental. Certos hábitos relativos ao enquadramento dos eventos, em especial entre estudiosos e ideólogos acostumados a supor a existência de estágios qualitativamente distintos do desenvolvimento humano, tenderam a trivializar ou a diminuir a importância dos precedentes de um relato muito antigo. Enredados como estavam nas tradições históricas de que se gabavam, digamos, das eras elisabetana e edwardiana, de estruturas jeffersonianas ou jacksonianas etc., pontos de referência bastante singulares e muitas vezes superficiais tornaram-se a regra para marcar o cenário da atividade humana. As divisões do tempo histórico pareciam coisas particularmente fáceis de reconhecer, atribuir, distribuir e declarar. Para esses intelectuais, portanto, o século XX pareceria um texto por direito próprio. Em seguida, iremos investigar quão pobre seria essa preparação para situar de forma adequada os pensadores negros revolucionários.

Para concluir, é claro, havia o espetáculo avassalador do radicalismo e da revolução na Europa, aparentemente desencadeados pela Primeira Guerra Mundial. Fosse qual fosse seu legado ideológico ou teórico, liberal ou não, a alguns parecia que esses acontecimentos estavam vinculados às forças imediatas que dominaram a antiga ordem capitalista no século XX. De mais a mais, os nomes dos revolucionários do século XX – Zapata, Lênin, Trótski, Gandhi, Mao, Fidel, Lumumba, Ho Chi Minh, Amílcar Cabral (e muitos outros) – representavam mais do que Marx e Engels haviam previsto no século XIX e, ao mesmo tempo, muito menos. De qualquer modo, era eminentemente óbvio para eles que o pensamento revolucionário negro ali encontrou o seu início. Havia poucas razões para procurá-lo em outro lugar. Em 1966, o historiador radical Eugene Genovese afirmava com clareza todas as três proposições abaixo, em um ataque à ideia de uma tradição radical negra na América:

> Radicais americanos há muito estão presos pela noção perniciosa de que as massas são necessariamente boas e revolucionárias [...]. Esse ponto de vista é agora dominante no movimento de libertação negra, que tem sido alimentado por décadas por historiadores brancos radicais que, a esse respeito, estabeleceram o ritmo ideológico

para seus colegas liberais. Tornou-se praticamente um sacrilégio – ou pelo menos um chauvinismo branco – sugerir que a escravidão era um sistema social dentro do qual brancos e negros viviam em harmonia, bem como em antagonismo, que há poucas provas de uma oposição massiva e organizada ao regime, que os negros não criaram uma tradição revolucionária de muita importância, e que nosso principal problema é descobrir as razões para a sua acomodação generalizada e, talvez mais importante, para os efeitos de longo prazo tanto dessa acomodação quanto da resistência que efetivamente ocorreu.[1]

Assim, a oposição à escravidão era mínima; na "ausência ou dada a extrema debilidade de tal tradição", o nacionalismo negro *como um movimento* foi um fenômeno do século XX; e a consideração dada à política revolucionária das massas negras tem sua fonte no radicalismo "branco". No presente capítulo, exploraremos em detalhes essa tese final: a suposta relação entre o radicalismo negro e o movimento radical europeu. É de longe a mais importante das três proposições associadas à concepção errônea do radicalismo negro. No entanto, alguma atenção aos hábitos da construção histórica deve ser garantida. Será uma etapa preliminar útil, creio eu, em nosso esforço para reconhecer a continuidade existente entre as rebeliões negras dos séculos anteriores e as primeiras articulações de uma teoria negra revolucionária mundial na atualidade.

Capitalismo, Imperialismo e as Classes Médias Negras

Em "A Arqueologia Histórica da Tradição Radical Negra", dado que estávamos relatando acontecimentos que assumiram suas formas há mais de cem anos, nossa narrativa histórica funcionou com a convenção ocidental de tomar os séculos como um andaime conveniente para os prazos de periodização. Entretanto, os processos sociais, ou seja, seus desenvolvimentos históricos, não são produtos nem ficam significativamente enquadrados por essas periodicidades uniformes. O historiador francês Fernand Braudel, por exemplo, destacou esse ponto ao estender o século XVI – o momento histórico do amanhecer do mundo moderno capitalista no Ocidente – para muito além de sua duração formal de cem anos[2]. De uma maneira diferente, o revolucionário russo Leon Trótski, uma figura igualmente pertinente ao nosso tema aqui, havia antes confrontado essas suposições simplistas, chamando-as de formas de quiliasmo reduzido ou milenarismo[3]. Braudel entendia que cem anos eram, às vezes, um período muito curto para abranger processos históricos; Trótski se divertia com a sugestão de que a atividade humana pudesse terminar ou começar com finais e inícios de séculos. A questão é que a construção dos períodos temporais é apenas uma espécie de instrumento usado para agrupar os acontecimentos. Sua utilidade limitada, porém, é frequentemente excedida quando nos distanciamos da *ordenação* das coisas, ou seja, sequências cronológicas, para passar à *ordem* das coisas, ou seja, a disposição de sua importância, seus significados e suas relações. Os prazos temporais fixados de maneira abstrata raras vezes correspondem aos ritmos da ação humana. É importante ter isso em mente quando procuramos entender os teóricos negros cujos escritos e pensamentos apareceram sobretudo no século XX. Sua era começou com o fim da escravidão. Eles eram, pode-se dizer, os filhos dos escravos. A fenomenologia da escravidão os formou e informou. E no vórtice de seu fim, mais particularmente no despertar das forças sociais que determinaram novas e diferentes situações para os negros e outros povos destinados a servir como força de trabalho, esses teóricos descobriram sua localização social e intelectual compartilhada. Para a maior parte, o século XX, seu entorno biográfico, foi apenas um espaço no âmbito de seu questionamento.

Ainda assim, na ordem mundial posterior à escravidão que era seu cenário, os ideólogos negros que iriam trabalhar no século XX não poderiam ser senão estrangeiros. Esse seria seu quinhão em qualquer parte do mundo negro em que se formaram. C.L.R. James pode ter falado em nome de todos eles quando escreveu sobre o fim de seus dias escolares: "Não havia mundo para o qual eu fosse adequado, muito menos aquele em que eu iria agora entrar."[4] Na África e nas Índias Ocidentais, os impérios e colônias europeus estavam sendo dramaticamente reconfigurados pelos ditames do Estado e do comércio ou gerados em pontos antes menos acessíveis à expansão capitalista[5]. Nos Estados Unidos e no Caribe, uma vez mais, os povos negros não estavam mais convenientemente alojados ou organizados por sistemas escravocratas. Os negros do Novo Mundo não podiam mais ser sujeitados de forma casual ao seu antigo papel de escravos, nem mantidos à margem de tais sistemas como homens livres. Suas sociedades e as subculturas nas quais a *intelligentsia* inevitavelmente se baseava se tornavam cada vez menos autóctones. Os padrões sociais, os hábitos de pensamento, a língua e os costumes que haviam se coagulado nas comunidades de trabalhadores dos sistemas escravistas do hemisfério ocidental, embora em muitos sentidos fundamentalmente conservadores, não eram mais tão impermeáveis às penetrações das culturas ocidentais como haviam sido em suas circunstâncias "nativas". As massas de povos negros no Novo Mundo e em suas pátrias ancestrais – como camponeses, lavradores, peões, trabalhadores rurais, trabalhadores migrantes e imigrantes, trabalhadores domésticos, trabalhadores industriais qualificados, semiqualificados e não qualificados e como reserva de mão de obra – assumiam agora posições mais diversificadas e difusas na ordem econômica. A nova mobilidade, a organização e a adaptabilidade da força de trabalho negro também significavam que as subculturas dentro das quais havia sido historicamente envolta eram suscetíveis, com mais frequência, a intrusões de elementos materiais e ideográficos dos agentes da ordem social econômica determinante. Embora possa ser argumentado corretamente que grande parte dessas intrusões foi, a princípio, acidental, parte delas claramente não foi. A linguagem, isto é, as línguas e a consciência da dominação e das classes dominantes era um exemplo deste último. Essas acumulações teriam efeitos profundos sobre os ideólogos do mundo negro.

Marx e Engels, se nos lembrarmos, haviam concebido a noção de que a burguesia da Europa Ocidental teria sucesso em transformar todas as nações do mundo em sociedades burguesas – reduzidas às ordens sociais das classes dirigentes e das proletárias, como Marx declarou em um de seus prefácios do primeiro volume de *O Capital*. No entanto, a expansão capitalista historicamente teve como resultado apenas uma relação mais aproximada com as divisões sociais previstas por Marx. Nas partes do mundo em que os construtores de um império encontraram classes dominantes indígenas e engenhosas, as colisões foram inevitáveis. Não tão inevitáveis foram os resultados: algumas elites nativas foram vencidas e destruídas, outras, não. Algumas, tendo liderado formidáveis defesas anti-imperialistas, preservaram muito de suas culturas independentes, reduzindo as influências estrangeiras aos intercâmbios mundanos exigidos pela administração colonial. Muitas, porém (e é dentro do Império Britânico que se encontram os melhores exemplos), tornaram-se parte do aparato do "domínio indireto", um sistema cuja lógica só poderia ser exposta de forma tão concisa por um de seus artífices, a antropóloga britânica Margery Perham:

> A dificuldade básica [em realizar o "domínio indireto"] aparecerá em seus diferentes aspectos – educação, posse da terra, produção econômica, direito – em todas as nossas próximas discussões. Trata-se da grande lacuna entre a cultura de governantes e governados (e aqui falo em especial sobre a África). Na administração, reduzida aos seus termos mais simples, significa que, na maioria das vezes, as pessoas não entendem o que queremos que façam ou, se entendem, não querem fazê-lo [...]. Nós nos esforçamos para instruir os líderes do povo acerca dos objetivos de nossa política, na esperança de que sua autoridade natural lhes permita difundir imediatamente as instruções e exigir a obediência necessária.[6]

Por algum tempo, a colaboração das elites nativas foi suficiente para as autoridades imperialistas e coloniais. Nas periferias do sistema mundial, nas quais haviam prevalecido as formas de trabalho coercivo, coexistiam camponeses e trabalhadores agrários, trabalhadores não qualificados e trabalhadores semiqualificados; as reservas de mão de obra estavam direta e indiretamente conectadas com aquelas absorvidas pelos instrumentos políticos de autoridade: exércitos, milícias, polícia nativa. Nas últimas décadas do século XIX, entretanto, foram amadurecendo as forças sociais desencadeadas pelas invasões, guerras, ocupações, administrações e cooptações imperialistas.

Na camada intermediária dessas sociedades repousava a pequena burguesia nativa, encaixada entre as classes trabalhadoras abaixo delas e os administradores estrangeiros e nativos de capital e os funcionários do Estado acima. Suas origens sociais eram complexas e interligadas. Uma de suas bases eram as populações mulatas das antigas sociedades e colônias escravistas. Esse estrato pardo foi, com frequência, a origem natural de sistemas raciais em que o privilégio de posição e educação às vezes era herdado de pais (ou mães) brancos. Em outros casos, foi o resultado de um plano de ação político deliberado. Em seu grande estudo, *Caste, Class, and Race*, explicava Oliver Cox a regra geral:

> Onde os brancos são sobretudo governantes temporários, seu número é relativamente pequeno. Em geral, o "lar" está na Europa ou na América, e eles raras vezes se enraízam na região. Aqui, há pouca esperança de desenvolver uma população branca significativa. A principal necessidade do homem branco não é um lar, mas pessoas satisfeitas e exploráveis para desenvolver os recursos do país. Essa classe dominante adota uma política de "cooperação"; e, em igualdade de condições, os favores são distribuídos aos mestiços com base em seu aparente grau de brancura entre as pessoas de cor. Graus de cor tendem a se converter em um fator determinante do *status* em um gradiente contínuo de classe social, com brancos nos escalões superiores [...]. Quanto mais clara a tez, maiores as oportunidades econômicas e sociais.[7]

Outra base da pequena burguesia era a propriedade. Alguns negros, porém certamente com menos frequência do que ocorreu com o que os colonialistas franceses chamaram de *petits blancs*, haviam transformado em propriedade habilidades particulares, posições tradicionais e conhecimento (incluídos escravos durante o período escravista). Quando a escravidão foi abolida, parte desse capital controlado por negros foi reconvertida em habilidades profissionais nas gerações seguintes[8]. Com frequência, não obstante, as classes médias nativas haviam se formado diretamente como funcionários do Estado – tanto menores como médios – e como agentes do capital fundiário, mercantil ou industrial (amiúde absentista)[9]. E, com certeza, existiam outras vias que permitiam, a esse estrato, acesso a privilégios, alguns menos "legítimos" ou convencionais[10].

Para os administradores coloniais, contudo, a origem mais problemática da pequena burguesia nativa eram as escolas missionárias. No século xv e inclusive antes, as missões sempre haviam servido como parte da fundamentação lógica das aspirações imperialistas e colonialistas europeias. Ainda assim, a correspondência entre as finalidades do trabalho missionário e os objetivos do imperialismo nunca fora de todo exata. Por um lado, os próprios missionários, no caso do imperialismo inglês, eram amiúde recrutados de povos colonizados: isto é, escoceses, irlandeses e galeses[11]. Tais soldados de Cristo podiam ser frequentemente bastante ambivalentes no que tange ao poder colonial. Do mesmo modo, eram preocupantes os conflitos latentes entre a fé e os interesses imperiais. Durante a construção de sistemas escravocratas e depois, o ensino dos princípios da fé cristã incluía, como um dos seus pressupostos, o fato das necessidades dos selvagens ou pagãos. Era, pois, axiomático que a prova do êxito do missionário fosse a criação de cristãos civilizados – nativos cuja familiaridade com culturas e hábitos europeus (ou euro-americanos) era tão íntima quanto sua experiência com Cristo[12]. Isso significava, porém, que os missionários cristãos, em alguns casos, sentiam alguma ambivalência em relação a certas políticas coloniais como o "domínio indireto", especialmente "quando [se] considerava que isso implicava o fortalecimento do animismo ou do islamismo", como afirmou A. Victor Murray[13]. Mais significativas, porém, foram as atitudes que os administradores coloniais desenvolveram em relação às atividades missionárias. A formação de europeus negros era algo demasiado ambicioso a seus olhos. Em 1938, Arthur Mayhew, em um curso de verão da Universidade de Oxford para administradores coloniais, advertiria que "Antes da Grande Guerra, a educação era, sem dúvidas, por demais 'literária'". Em seguida relatou, com satisfação, que "desde 1925, grande ênfase foi colocada na formação profissional"[14]. Quarenta anos depois, Penelope Hetherington perscrutaria as objeções de Mayhew: "No passado, os missionários se consideravam bem-sucedidos se o seu trabalho no campo da educação produzisse ingleses negros, africanos que pareciam ter assimilado a cultura ocidental. Mas esses africanos educados por missionários eram um anátema para muitos administradores e outras pessoas. Eles eram 'atrevidos' e exigiam igualdade social e direitos políticos."[15]

Tornara-se necessário racionalizar a política colonial e a educação missionária. A formação das elites nativas deveria ser mais deliberada. No começo, haveria um contingente apropriado de funcionários e um número limitado de profissionais, intelectuais não nacionalistas; nas Índias Ocidentais, essa foi a política educacional estabelecida em geral no fim do século XIX. Na África, na qual as populações eram maiores e havia relativamente poucas escolas missionárias, a mesma política foi adotada anos após a Primeira Guerra Mundial[16], tornando-se corriqueira na década de 1930. Em 1933, o *Report on African Affairs* dizia:

> Dois objetivos especialmente importantes foram levados em conta na formação da política educacional da Nigéria. O primeiro, difundir entre as massas, do modo o mais amplo possível, uma educação sólida, a fim de produzir, com o tempo, uma população alfabetizada capaz de participar de forma inteligente no desenvolvimento econômico, social e político do país. O segundo ideal é treinar o mais rápido possível um corpo de homens e mulheres que possam realizar algumas tarefas no trabalho governamental e na empresa privada, para o que, sob o primeiro impacto da civilização ocidental, é necessário importar europeus.[17]

Logo ficou evidente, todavia, que os governos coloniais haviam agido muito tarde. O "nacionalismo de elite", uma das primeiras expressões políticas da pequena burguesia negra, já estava impulsionando elementos da sua classe para a tradição mais antiga e profunda do radicalismo. Lembra Elliot Skinner: "Nas décadas de 1920 e 1930, o conflito e a incoerência se estenderam a quase todos os aspectos da vida na África colonial. Surgiu um grupo de africanos que haviam adquirido a cultura dos colonizadores e se consideravam britânicos, franceses e portugueses. Eles haviam aprendido a considerar a Europa como seu lar e adotado a vestimenta, o discurso e os maneirismos europeus."[18]

Esse também foi o caso no Caribe e nos Estados Unidos (em que o surgimento de uma classe média entre os negros pode facilmente ser rastreado desde o século XVIII)[19]. Inclusive no Haiti independente, no qual os exércitos revolucionários negros e mulatos tinham, no início do século XIX, se dividido em facções raciais e de classe, um nacionalismo pequeno-burguês encontrou expressão. O setor exportador de açúcar da economia haitiana havia sido destruído durante as guerras revolucionárias e, posteriormente, seria incapaz de competir com as exportações cubanas e indianas no sistema mundial. Embora uma série de erupções políticas vindas de baixo tenham dividido a terra entre grandes proprietários (negros e mulatos) e camponeses, a maioria dos camponeses era sem-terra e costumava se rebelar. As atividades comerciais e o controle da administração estatal haviam se transformado, cada vez mais, em arenas disputadas pelos grupos negros e mulatos dentro da classe dominante. Mas nesse conflito, afirma Alex Dupuy, "a ampla facção negra proprietária de terras e seus aliados, frustrados pelos mulatos em sua tentativa de controlar o Estado, recorreu a uma ideologia *noiriste* ou nacionalista negra, alegando serem os únicos representantes do povo devido à sua cor de pele em comum"[20]. Durante a segunda metade do século, uma ideologia negra radical foi inevitavelmente articulada pelos renegados dentre a *intelligentsia* negra pequeno-burguesa. No final, ela amadureceria na obra de Jean Price-Mars, Georges Sylvain e Carlos Deambrosis Martins[21]. Em todos os setores do mundo negro, a dialética da exploração iria abalar cada vez mais suas próprias raízes. E com o tempo, à medida que as fraturas e contradições da dominação ocidental se tornaram mais convincentes, sua presença e seu propósito ficaram também cada vez mais arrebatadoramente claros.

A Civilização Ocidental e a Intelectualidade Renegada Negra

Nos territórios anglófonos, francófonos e latinos de ambos os hemisférios, as "classes médias" negras tornaram-se amplamente identificadas pela cultura e pela língua, ou seja, por suas habilidades de absorver as culturas de suas classes dominantes e as línguas europeias, faladas e escritas. O desenraizamento e a alienação social e cultural se transformaram em medidas de sua "civilidade", lealdade e utilidade. E, claro, compartilhavam com a massa de negros o conhecimento de que esses vernizes eram os artifícios históricos da estruturação de autoridade, casta, raça e classe, e que sua adaptabilidade particular era marca de privilégio e *status*. Na qualidade de intermediários entre a mão de obra negra e o sistema mundial na África, no Caribe e na América do Norte, como mediadores entre os trabalhadores negros e a tapeçaria social tecida pelas formas de produção determinadas pelo capitalismo, suas habilidades eram funcionais e a naturalidade com que as obtiveram, apenas aparente. Nas Índias Ocidentais, bem como na África, os sistemas de educação colonial ensinaram esses complementos do imperialismo[22]. Nos Estados Unidos, nas décadas após a Guerra Civil, aparatos simialres podiam ser encontrados nos Estados sulistas. Sobre seu setor da diáspora africana, afirma James: "Em todas as ilhas das Índias Ocidentais, da época de 1900 às décadas de 1920 e 1930, sempre houve uma escola secundária. Sempre uma [...]. Na escola que frequentei havia nove professores, oito dos quais eram de Oxford ou de Cambridge, e um era professor de desenho. Bem, você não precisaria ter ido a Oxford ou a Cambridge para ser professor de desenho."[23]

Ainda assim, para esses estratos médios negros, assim como para a grande maioria dos negros, a classe dominante e os brancos em geral não eram íntimos de forma alguma. No Caribe e na maior parte da África, os brancos eram relativamente poucos. Na América Latina e na América do Norte, nas quais, em termos estatísticos, predominavam as populações europeias, para a maioria dos negros os brancos constituíam uma presença existencialmente distante, amedrontadora e opressora. Os brancos marcavam a paisagem e, de certa forma, os limites da vida negra, de suas vidas, dos seus hábitos, sua própria aparência sendo o legado e o detalhe de uma cruel e inflexível ordem de regulação social e espiritual. Para os ideólogos negros radicais – quase inteiramente circunscritos pelas pequenas burguesias nativas –, não era só inevitável, mas também imperativo que eles primeiro adquirissem a atitude de estrangeiros internos. Aqueles de especial interesse para nós aqui confirmam isso.

De Trinidad vieram George Padmore, C.L.R. James, Eric Williams e Oliver C. Cox. Padmore (nascido Malcolm Ivan Meredith Nurse) e James eram filhos de diretores de escola[24]. Eric Williams, um de seus estudantes mais ilustres, se não pródigos, era produto da mesma pequena burguesia negra – se bem que de nível um pouco inferior[25]. Oliver Cromwell Cox, como seu nome sugere, era filho de pais do estrato médio que, ao que parece, acreditavam na autoridade de seus "superiores" coloniais[26]. Nos Estados Unidos, W.E.B. Du Bois fora criado pelos "negros Burghardt" entre as crianças brancas mais ricas de Great Barrington, Massachusetts. Ao relembrar sua infância em uma de suas autobiografias, *Darkwater*, ele conta que passou algum tempo antes que descobrisse que era "de cor", e até então já havia absorvido o bastante as atitudes desdenhosas de seus pares em relação às poucas famílias de imigrantes do sul da Europa que apareceram em Great Barrington[27]. Apenas Richard Wright, dentre os pensadores negros radicais aos quais daremos ênfase, provinha do substrato negro. Mas inclusive ele, filho de um rendeiro itinerante do Mississippi e trabalhador geral, também era, por parte de sua mãe, herdeiro de uma família com pretensões a pertencer à classe média[28]. Mais uma vez, à exceção de Wright, todos eles haviam começado sua vida adulta destinados a carreiras profissionais. Sua infância fora marcada por uma característica peculiar das classes médias negras – a pressuposição de que ser negro não tinha por que condicionar seu futuro social. Eles chegaram à maturidade, como Wright declararia sobre si mesmo durante um de seus momentos de alienação aguda, como representantes do Ocidente[29]. No final, isso provaria ser a fonte de suas compulsões contraditórias, de seus pontos fortes e fracos.

Entre as ferramentas que fortaleceram a *intelligentsia* radical, a mais crucial, era evidentemente a palavra. As palavras eram seus meios de colocação e significado, os instrumentos de descoberta e revelação. Com palavras, eles poderiam construir, como efetivamente o fizeram, novos significados, novas alternativas, novas realidades para si mesmos e para os demais. Mas a língua, ou seja, a cultura ocidental, era mais do que um artefato jacente que a *intelligentsia* poderia usar conforme julgasse adequado. Seu lugar em suas vidas havia sido estabelecido muito antes de eles encontrarem os meios de dominá-la. Na verdade, eles próprios foram, em parte, definidos pelas línguas de domínio e comércio. Na descrição poética de Frantz Fanon, eles eram peles negras sob máscaras brancas. James captou de forma bastante eficaz essa contradição:

> [Aimé] Césaire e eu estávamos conversando um dia, e eu lhe perguntei: "De onde você é?" Ele respondeu: "Bem, eu cresci na Martinica [e fui para] a escola Victor Schoelscher"[...]. Então eu lhe disse: "O que você estudou lá?" Ele me respondeu: "Latim e grego e literatura francesa." E eu continuei: "E depois?" Ele disse: "Fui para a França e lá, para a École Normale Supérieure." Eu disse: "Sim, conheço essa faculdade. É famosa por produzir estudiosos e comunistas". (Césaire foi um dos pioneiros em cada setor: um dos melhores eruditos e um comunista notável.) E eu perguntei: "O que você estudou por lá?" E ele respondeu: "Literatura grega, latina e francesa." E aí eu perguntei: "Para onde você foi depois?" E ele disse: "Fui para a Sorbonne." E eu disse: "Suponho que lá você continuou com a literatura grega, latina e francesa?" E ele respondeu: "Exatamente". E então acrescentou: "Porém há mais uma coisa." E eu perguntei "O quê?" Ele disse: "Voltei a lecionar na Martinica e fui para a escola Victor Schoelscher, onde ensinei latim, grego e literatura francesa." Então, quando Césaire escreveu seu tremendo ataque à civilização ocidental, *Cahiers d'un retour au pays natal* [Diário de um Retorno ao País Natal], e disse que a negritude era uma afirmação no que tange a alguns conceitos da civilização que as pessoas negras tinham e que seriam importantes em qualquer desenvolvimento da civilização que se distanciasse da sociedade capitalista, ele foi capaz de realizar esse ataque feroz contra a civilização ocidental porque a conhecia de dentro para fora [...]. Passara cerca de vinte anos estudando-a.[30]

Como tinha sido para Césaire, assim foi para todos eles. Todos iriam passar pelas cativantes alegações da ideologia burguesa de superioridade cultural ocidental, com seu único e modesto disfarce. Mas no final sairiam convencidos de que era necessária uma conquista maior e diferente. No início acreditaram que a resposta estava na visão da luta de classes, da guerra entre irmãos, como Julius Nyerere caracterizaria mais tarde a teoria socialista marxista[31]. Essa concepção também se provaria insuficiente. Cox escreveria em suas próprias considerações resumidas sobre Marx e Engels, como a conceituação do capitalismo, por parte deles, representava somente uma percepção parcial das forças históricas que haviam dado lugar aos ideólogos negros e que eles procuraram compreender e derrotar[32]. Inelutavelmente, como veremos, os eventos que mais contribuíram para moldar a sua época – as crises do capitalismo mundial, a dialética destrutiva do imperialismo e as revelações históricas e ideológicas da ingenuidade do socialismo ocidental – os levaram a uma consciência mais profunda. Apropriadamente, o que Padmore considerou necessário fazer em meados da década de 1930, Wright, no início da década de 1940, e James, no final dessa mesma década, mais tarde reverberaria na declaração de Césaire em 1956:

> O que exijo do marxismo e do comunismo é que eles sirvam aos povos negros, não que os povos negros sirvam ao marxismo e ao comunismo. As filosofias e os movimentos devem servir ao povo, não o povo à doutrina e ao movimento [...]. Uma doutrina só tem valor se for concebida por nós, para nós e por nós revisada [...]. Consideramos nosso dever criar uma causa comum com todos aqueles que prezam a verdade e a justiça, a fim de formar organizações capazes de apoiar de modo eficaz os povos negros em sua luta presente e futura – sua luta por justiça, cultura, dignidade, liberdade [...]. Por isso, por favor, aceitem minha renúncia como membro do Partido.[33]

A partir de momentos como esses, cada um deles em sua própria época, deu as costas à tradição histórica da libertação negra e se tornou um radical negro. Eles começaram a realização de sua história e de sua tarefa teórica. Abordaremos agora como isso aconteceu e quais foram seus diversos significados teóricos e ideológicos. Iremos prosseguir historicamente, nos mantendo o mais próximo possível dos processos que englobam o trabalho acadêmico, a prática e a consciência e que, ao fim, perpassaram a historiografia e o desenvolvimento de uma teoria da luta negra. Como iremos descobrir, as contribuições desses intelectuais são enormes e sua produtividade, imensa. Por essas razões, exploraremos necessariamente apenas uma parte de seu trabalho. Esperamos que nossa exposição enfoque as partes mais importantes. No entanto, muito ainda terá de ser dito, entendido e discutido. A obra deles é um legado vivo, porém sempre devemos ter em mente que seu brilho também era um reflexo. O verdadeiro talento estava no meio do povo sobre o qual escreveram. Ali, a luta era mais do que palavras ou ideias, mas a própria vida.

9.
A Historiografia
e a Tradição Radical Negra

Qualquer discussão que tente analisar os primórdios da historiografia radical negra e pretenda avaliar a importância dessa tradição deve levar em conta duas figuras: W.E.B. Du Bois e C.L.R. James. Du Bois, sendo o mais velho (nasceu em 1868), terá o privilégio de ser analisado antes.

Du Bois e os Mitos da História Nacional

William Edward Burghardt Du Bois foi um dos maiores historiadores criados nos Estados Unidos. Seus textos históricos, porém, representam apenas uma parte de suas realizações. Embora terrivelmente tímido, ele combinou a habilidade política e o ativismo com erudição acadêmica. Dessa forma, conseguiu influenciar a vida e o pensamento de legiões. E não obstante os rigores da pesquisa, encontrou tempo para iniciar o desenvolvimento sistemático dos Estudos Negros; para fundar e editar, por mais de vinte anos, o *The Crisis*, o periódico político negro mais influente de seu tempo; para tomar a liderança intelectual do movimento negro estadunidense; catalisar o desenvolvimento do panafricanismo; e no final de seus dias, assumir um papel de liderança no movimento pacifista posterior à Segunda Guerra Mundial. Essas, no entanto, eram apenas as linhas gerais de uma vida complexa que se estendeu por mais de noventa anos[1]. Ele não era, porém, uma figura de todo benévola, nem à sua obra foi concedido, de forma consciente, o respeito que lhe era devido. Pode-se concluir que foi a multiplicidade de atividades de Du Bois que obscureceu sua importância como historiador. Mas, como veremos, não era seu escopo que estava em questão para seus detratores. A oposição a Du Bois baseava-se em ressalvas mais profundas: o reconhecimento de que sua obra teve origens independentes dos impulsos do pensamento liberal e radical do Ocidente. Assim, quando sua contribuição para a tradição histórica estadunidense deveria ter sido celebrada por historiadores e estudiosos, a reação da academia foi, amiúde, de aviltamento e negligência. E quando ele deveria ter sido reconhecido como um dos decanos da historiografia radical – em sua sétima década ele se tornou um dos dois teóricos marxistas mais sofisticados dos Estados Unidos[2] –, os intelectuais ortodoxos e "abalizados" o acusaram de heresias marxistas, chauvinismo racial e conceituação falha. Houve, no entanto, razões muito mais históricas para a intolerância demonstrada em relação às obras de Du Bois. Essas causas só podem ser identificadas e compreendidas mediante uma revisão e análise dos contextos histórico, intelectual e ideológico dos quais surgiram.

Agora já se compreende, de forma geral, que a formação de Estados-nação e de reinados políticos acelera o desenvolvimento de mitos fundadores – mitos de origem, na linguagem dos antropólogos[3]. Embora o processo possa ter sido obscurecido pelo tempo em épocas mais distantes, o auge das burguesias durante os séculos XVIII e XIX o tornaram explícito. Seu uso do prelo e da imprensa, seus apelos às, e seduções das, classes que desejavam dominar, deixaram a fabricação de mitos nacionais bastante evidente. Esses mitos deviam ser reconhecidos nos instrumentos oficiais da hegemonia de classe: crenças nacionais, ideologias sociais, princípios filosóficos, constituições e similares; sua função era legitimar as ordens sociais que haviam recém surgido. Esses mitos converteram a nova ordem em algo necessário, um acontecimento inevitável e benevolente. Eles indicavam à população nacional que as tensões da novidade histórica, as inseguranças e ansiedades que acompanhavam a ruptura com as formas estabelecidas eram temporárias, que a mudança era natural, orgânica e correta. Os mitos fundadores substituíam a história, dando a aparência de narrativa histórica ao que na realidade era, em parte, fato e, em parte, uma lógica a serviço da classe. Elaborados infinitamente, esses mitos foram produzidos por ideólogos que se identificavam com o credo dominante e dependiam daquelas classes sociais que possuíam o poder e a capacidade de estender o privilégio social[4].

A formação dos Estados Unidos não foi uma exceção. A Constituição americana, a Declaração de Independência, as considerações suscitadas pelos Papeis Federalistas eram todas expressões dos interesses e do credo da burguesia estadunidense[5]. Logo a eles seriam adicionados os mitos da Fronteira, da *plantation* paternalista, do capitalismo competitivo dos ianques, da coragem do homem das planícies e, mais tarde, da tragédia da Guerra de Secessão, do Individualismo Rude, da empolgação com a Revolução Industrial americana e da generosidade do crisol de raças. Essas foram as ficções românticas que passaram a constituir a ideologia social da burguesia nacional[6]. Havia, entretanto, uma mitologia ainda mais antiga, que precedeu o desenvolvimento de uma burguesia estadunidense com seus sentimentos nacionalistas e sua guerra de independência. O colonialismo estadunidense havia exigido um fundamento lógico diferente: o do selvagem. Tal como vimos no capítulo anterior, o colonialismo inglês tivera à sua disposição a selvageria dos irlandeses para recorrer e logo essa ideia se difundiu. Quando a necessidade de mão de obra evidenciou-se, os irlandeses, os pobres das cidades da metrópole, os africanos e os povos indígenas foram confortavelmente reunidos em rebanho sob a noção de selvageria. Quando se tratava da desapropriação das terras dos indígenas, havia pouca razão para respeitar as reivindicações dos selvagens ou para compreender sua resistência como qualquer coisa além de selvageria[7]. De fato, o pensamento colonial esperava exatamente o oposto. Os colonos representavam a "civilização avançada". Tais sociedades demonstraram sua importância histórica pela destruição ou dominação de povos selvagens e atrasados.

Finalmente, é claro, as ideologias da pré-burguesia e da burguesia se fundiram. À medida que os sistemas de manufatura, a escravidão da *plantation* e a agricultura se uniram em uma economia nacional integrada que compartilhava a exploração da terra, a mão de obra e os recursos naturais, a ideologia social e a consciência histórica das classes dominantes adquiriram dois inimigos domésticos, o indígena e o negro. No início do século XIX, a destruição do selvagem nativo e o domínio do selvagem importado converteram-se em provas duplas da superioridade da nova nação. E uma vez que os povos indígenas demonstraram incapacidade de resistência, eles foram ainda mais transformados e banalizados, convertendo-se no resíduo romântico de um passado arcaico, peças vivas de museu[8]. No que diz respeito ao negro, porém, a história seria diferente.

Ao longo de grande parte do século XIX, o africano permaneceu como força de trabalho para um maior desenvolvimento do país. Por conseguinte, sua importância política, social e cultural foi mais duradoura. Isso significava, como Craven sugere no seguinte exemplo da Virgínia do século XVII, que os esforços empreendidos para resolver a oposição dos negros no pensamento estadunidense foram tão frequentes, deliberados e constantes que acabaram ficando óbvios e conscientes:

> O humor grosseiro com que os comandantes de navios ou traficantes apelavam à história ou à mitologia antiga para seus nomes, como César, Aníbal, Nero, Júpiter, Plutão ou Minerva; o Primus e o Secundus que encabeçavam uma lista; e o uso frequente de *ape* ou *monkey* para um nome revela em especial a atitude muito prevalente dos brancos frente aos negros.[9]

Durante a época subsequente, quando a manufatura se tornou a forma mais avançada de produção e as instituições democráticas o credo político mais significativo, o africano era representado como um bem móvel em sua imagem econômica, como escravo em sua imagem política e social, como selvagem e, portanto, inacessível a um maior desenvolvimento e, finalmente, como negro, ou seja, sem história. E mais tarde, durante a industrialização da economia do país, quando a individualidade e a perspicácia manipuladora eram valiosas, o negro era um meeiro patético, não qualificado e sem ambições – os "escurinhos felizes", para com quem a sociedade possuía uma obrigação paternalista. Finalmente, em nossa própria época, com o desenvolvimento das estruturas corporativas e o mito da sociedade intensamente racionalizada e racional, o negro se se converteu no irracional, no violento, no criminoso, na besta enjaulada. A jaula era a civilização e a cultura ocidentais, obviamente disponíveis para os negros, porém inexplicavelmente fora de seu alcance[10].

A historiografia negra se desenvolveu em oposição a esse pensamento e sensibilidade clonados na consciência estadunidense. Essa não era a intenção. Nem, em seus primórdios, parecia provável, dado que os primeiros esforços para escrever a história da raça tinham ocorrido algumas décadas após o fim da literatura enobrecedora que havia acompanhado o movimento abolicionista. Com a Emancipação assinada, já não houve mais uma demanda por excursões históricas ao passado africano do negro para substanciar sua humanidade e sua irresistível degradação pela escravidão. O nobre selvagem havia cessado de ter uma função. Mas a Reconstrução reavivou o ataque ideológico contra os negros. Sessenta anos depois de o ataque ter sido renovado, Du Bois assinalaria, sem hesitar, a sua fonte:

> O verdadeiro ataque frontal à Reconstrução, conforme interpretado pelos líderes do pensamento nacional em 1870 e ainda durante um tempo depois, veio das universidades, em particular a de Columbia e a de Johns Hopkins.
>
> O movimento começou na Universidade de Columbia com a nomeação de John W. Burgess do Tenessee e de William A. Dunning de Nova Jersey como professores de ciência política e história.[11]

Seu juízo coletivo sobre os negros, seu "silêncio e desprezo", tal como Du Bois o caracterizou, se converteu na história dos Estados Unidos. E como tais homens também estavam intimamente envolvidos na construção da agenda nacional para os estudos acadêmicos de seus processos e estruturas políticos, suas avaliações compartilhadas dos negros também eram uma prescrição:

> A fim de apresentar o Sul como mártir de seu destino inevitável, fazer do Norte o emancipador magnânimo e ridicularizar o

negro como sendo uma piada em todo o desenvolvimento, durante cinquenta anos, por meio de difamação, insinuações e silêncio, expomos de maneira errônea ou obliteramos a história do negro na América e sua relação com o seu trabalho e o governo a tal ponto que hoje é praticamente desconhecida [...] Isso não é apenas parte da base da nossa atual ausência de lei e perda dos ideais democráticos, porém algo mais: levou o mundo a abraçar e venerar a barreira de cor como salvação social, contribuindo para ordenar a humanidade em níveis de ódio e desprezo mútuos, sob o apelo de um mito falso e barato.[12]

Havia muito em jogo durante as décadas *post bellum*. Conforme Thomas Rainboro observou no convulso século XVII na Inglaterra, a questão postulada nos anos seguintes à Guerra de Secessão era "Ou a pobreza faz uso da democracia para destruir o poder da propriedade, ou a propriedade, temerosa da pobreza, irá destruir a democracia."[13] Como ideólogos tanto do vitorioso capital industrial do Norte quanto do agora humilhado capital agrícola do Sul, a *intelligentsia* branca – acadêmica ou não – teceu novamente as lendas históricas e sociais, a fim de acomodá-las aos projetos exploradores das classes dominantes. A consciência política da mão de obra negra, branca e imigrante devia ser sufocada pela disciplina social implícita nas lendas. Complementados pelo terror das milícias estatais, da polícia e dos agentes de segurança, as ameaças persistentes do controle da imigração, o aumento das reservas de trabalho, o racionalismo adotou novos trajes para que pudesse mais uma vez tomar seu lugar no inventário da disciplina laboral. Impulsionados pela necessidade de responder rapidamente ao ímpeto das mobilizações da classe trabalhadora após a guerra, o capital e seus ideólogos não perderam tempo:

No ano de 1877, foram dados sinais para o resto do século: os negros deveriam ser colocados de volta no seu lugar; as greves de trabalhadores brancos não seriam toleradas; as elites industriais e políticas do Norte e do Sul deveriam tomar o controle do país e organizar a grandiosa marcha para o crescimento econômico na história da humanidade. Eles o fariam com a ajuda da, e às custas

> da, mão de obra negra, branca, chinesa, imigrante europeia, femi-
> nina, recompensando-os de formas diferentes com base em raça,
> sexo, origem nacional e classe social, de modo a criar diferentes
> níveis de opressão – um escalonamento engenhoso para estabilizar
> a pirâmide da riqueza.[14]

Essa nova repressão do trabalho negro foi a causa e a circunstância imediatas da profusão de materiais de protesto produzidos pela *intelligentsia* negra nas últimas décadas do século XIX. E a história negra foi sua invenção desesperada.

Perplexos pela repentina reversão de sua própria sorte e a das massas negras, os porta-vozes mais representativos da pequena burguesia negra responderam com a eloquência jornalística e literária que acreditavam tão bem lhes servira e aos escravos em épocas anteriores. Enquanto as massas negras se organizavam – às vezes em segredo, porém de forma cada vez mais manifesta, para proteger seus direitos políticos e, quando esses direitos foram perdidos, a fim de emigrar ao interior dos Estados Unidos ou para a Libéria – a *intelligentsia* negra permanecia "casada" com as táticas de súplica. Esses representantes de cor, como Painter os caracterizou[15], insistiam na identidade que acreditavam compartilhar com seus homólogos de classe brancos. Como o editor de um jornal negro em São Francisco declarou em 1862, até onde ele podia ver, os negros estadunidenses eram "movidos pelos mesmos impulsos, guiados pelas mesmas motivações e [tinham] o mesmo empreendedorismo ianque[16] dos estadunidenses brancos"[17]. Como muitos outros de sua área, ele pediu indulgencia ao seu público por ser negro obscurecendo, assim, suas intenções verdadeiras. Entretanto, aquele foi um período muito desalentador para muitos deles. Trabalhavam arduamente em seus jornais, seus panfletos, suas palestras públicas e suas aparições no Congresso para deixar patente o seu americanismo, apenas para serem rejeitados de imediato pelos ideólogos dominantes na nação[18].

Inevitavelmente, se lhes ocorreu a alguns membros da pequena burguesia negra que sua desvantagem na briga ideológica residia em parte em seu fracasso de se engajar na lenda americana. Em meio a um país cujos ideólogos tentavam desesperadamente forjar uma identidade nacional historicamente fundamentada, seu destino foi reduzido a uma identificação com o horror pelo qual a escravização havia sido concluída. Em uma América que agora estava sendo reconstituída pelos seus ideólogos sob o manto de um Destino Manifesto presumivelmente herdado de suas origens europeias[19], a *intelligentsia* negra teve uma base histórica demasiado precária para dar respaldo à sua exigência de ser incluída nos destinos da nação. A lenda, assim como a história, lhes negava esse direito, assim como suas capacidades[20]. As aspirações da classe média negra requeriam uma história que, ao mesmo tempo, a absolvesse de sua culpa pelo vínculo com o fim catastrófico da escravidão; que concedesse peso histórico à dignidade que reivindicava como classe; e que sugerisse seu potencial como partícipes do futuro do país. Requeriam uma historiografia negra que desafiasse sua exclusão dos paroquialismos raciais da nação ao mesmo tempo que se conformava a esses mesmos valores. Quando sua historiografia começou, não era tanto uma iniciativa ousada contra as certezas das histórias nacionalistas e racialistas, mas um apelo por simpatia.

A história negra começou, pois, à sombra dos mitos nacionais e como sua negação dialética. Por conseguinte, continha suas próprias contradições (por exemplo, a banalização da ação social) ao mesmo tempo em que incluía aquelas que ocorriam dentro da própria história estadunidense dominante. Gerações mais tarde, isso daria origem a uma oposição mais crítica e autêntica, mas entrementes, ela era equivalente à mesma moeda da história estadunidense; monumento por monumento, civilização por civilização, grande homem por grande homem. George Washington Williams, o primeiro dos principais historiadores afro-americanos, não deixou nenhuma dúvida sobre tais preocupações[21]. Em 1882, Williams havia publicado seu gigantesco clássico, *A History of the Negro Race in America from 1619 to 1880* (Uma História da Raça Negra na América de 1619 a 1880); consistia em dois volumes totalizando cerca de 1.100 páginas. Poder-se-ia pressupor que, apesar dos limites explicitados no título da obra, Williams não se limitou aos eventos que se iniciaram no século XVII. Na verdade, à semelhança de muitos de seus porta-vozes contemporâneos[22], pareceu-lhe apropriado começar sua busca no passado, revendo o papel dos africanos nas eras pré-cristãs, quando a "sociedade ocidental", devendo seu estímulo imediato à cultura egípcia, centrou-se no Mediterrâneo. O contraste entre aquela era, o apogeu do desenvolvimento africano segundo Williams e os séculos da escravização negra que se seguiram dois milênios depois, forneceram a ele a oportunidade de enunciar suas crenças:

> Sua [do negro] posição, é verdade, durante toda a história até os dias presentes, foi acidental, incidental e colateral [...] Seus dias mais brilhantes foram vividos quando a história era uma criança; e desde que ele se separou de Deus, deparou-se com a face fria do ódio e a mão contundente dos brancos. O tipo negro é o resultado da degradação. Não é nada mais do que o estrato mais inferior da raça africana [...] Seu sangue infectado com o veneno da sua pobre habitação, seu corpo consumido pela doença, seu intelecto velado por superstições pagãs, os anseios mais nobres de sua alma estrangulados ao nascer pelas selvagens paixões de uma natureza abandonada à sensualidade – o pobre negro da África merece mais nossa piedade do que nosso desprezo.[23]

A confusão no pensamento de Williams era real. Ele escrevia tanto a partir de uma perspectiva puritana, com seus ecos de eleição divina, como também tendo em conta a natureza racialista da degradação e da opressão de seu povo. No que tange a esse último, ele foi de novo perversamente desviado, já que sua resolução de escrever uma "história verdadeira do homem negro" originou-se do seu desejo de "incitá-lo a um maior esforço na luta por cidadania e virilidade". Não obstante atacasse as formas ideológicas mais extremas que o ódio aos negros haviam assumido ("filhos de Cam", ou a "maldição de Canãa") e embora denunciasse a instituição da escravidão, ele ainda demonstrava uma certa ambivalência. Tácita, porém não explícita, é claro, era a noção que apenas uma elite negra poderia realizar a tarefa da ressurreição dos negros[24].

Nas últimas décadas do século XIX, a construção ideológica da pequena burguesia negra havia atingido sua maturidade. A tendência da *intelligentsia* negra em direção a uma consciência elitista da raça – uma síntese do racismo eurocêntrico e da preocupação com as formas políticas imperiais – alcançara sua mais ampla e articulada expressão. Os processos sociais e concomitantemente psicológicos e intelectuais da formação de uma classe média negra iniciados no século XVIII haviam, então, obtido uma configuração extensa e objetiva[25]. Não mais retardados pela estrutura política e econômica da escravidão e seus envoltórios hegemônicos, livres da compulsão moral da identificação social com camponeses e peões pela falsa liberdade dos escravos[26], as ambições da pequena burguesia negra encontraram sua realização em instituições conscientemente planejadas por ela mesma e por seus patrocinadores, para a manutenção e o aumento da classe[27]. Com sua posição como um estrato intermediário, aparentemente garantido de cima por uma classe dominante que lhe oferecia crescentes privilégios enquanto reprimia implacavelmente a mobilização negra em massa[28], a restrição ideológica que fora uma característica de gerações anteriores dessa classe se tornou menos evidente. A pequena burguesia negra podia agora se permitir a ilusão de ser capaz de desafiar o sistema capitalista mundial no que ela considerava que fossem seus próprios termos: o poder da raça[29]. A ideologia política que emergiu de suas universidades e faculdades "negras", dos púlpitos de suas congregações nominalmente estratificadas, de suas associações profissionais, sua literatura criativa e sua historiografia era persistente e misticamente chauvinista[30], autoritária e paternalista. Do período posterior à Reconstrução ao século seguinte, a lógica da formação da pequena burguesia negra e de sua *intelligentsia* contribuiu para essas conclusões. Como Jeremiah Moses argumentou:

> Foi se tornando aparente para a geração de líderes negros do período *post bellum* que conquistas individuais ofereciam escassa proteção às ameaças e aos abusos do sistema estadunidense de castas. A classe média negra continuaria vítima do preconceito por todo o tempo que as massas continuassem sem orientação, empobrecidas e desmoralizadas. O objetivo de levantar o ânimo dos libertados era similar ao objetivo de elevar o estado de espírito da África e deveria ser levado a cabo para os mesmos propósitos que o antigo civilizacionismo africano *ante bellum*. A construção

de uma cultura afro-americana iria demonstrar a todo o mundo que os negros eram capazes e estavam dispostos a contribuir para a vida estadunidense e eram, portanto, aptos a serem cidadãos dos Estados Unidos. À medida que as massas se erguessem, a burguesia se elevaria de forma correspondente.[31]

Esses eram os propósitos que inspiraram o bispo David A. Payne da AME, African Methodist Episcopal Church (Igreja Episcopal Metodista Africana), a criar a Bethel Literary and Historical Association (Associação Literária e Histórica de Bethel) em 1881[32], que em 1897 foi incorporada à American Negro Academy (Academia Negra Americana) por seu fundador, Alexander Crumell, missionário presbiteriano negro formado em Cambridge[33]; também complementou o estudado feminismo da National Association of Colored Women (Associação Nacional de Mulheres de Cor), anteriormente denominada National Federation of Afro-American Women (Federação Nacional de Mulheres Afro-Americanas), criada por Josephine St. Pierre Ruffin, Mary Church Terrell, Ida B. Wells, Margaret Murray Washington e outras em 1895[34]; e forneceu um caráter marcial específico a algumas faculdades negras[35]. Inevitavelmente, os porta-vozes foram levados ao excesso cosmético: William Ferris declarou que preferia o adjetivo "negrossaxão" ao habitual "negro", enquanto a elite mulata de Boston se apropriou do termo "afro--americano"; anteriormente, William C. Nell já havia falado de "saxões negros"[36], mas Crummell não acreditava que devessem se confundir. Para ele, a identidade, a função e a natureza de sua classe eram óbvias:

> *Quem* serão os agentes para educar e elevar esse povo a um plano superior? A resposta aparecerá de imediato em tua inteligência. Deverão ser afetados (sic) pelos estudiosos e filantropos que saem das escolas nesses dias. *Eles* devem ser gente instruída; pois transformar, estimular e elevar um povo é um trabalho da inteligência. É um trabalho que exige a indução clara de fatos históricos e sua aplicação a novas circunstâncias – um trabalho que exigirá os recursos mais hábeis e a prática sábia de homens superiores.[37]

De acordo com W.J. Moses, foi Crummell quem deu início à síntese dos interesses de sua classe em uma ideologia coerente[38]. Mas foram outros, eu sugeriria, como George W. Williams e Carter G. Woodson que a codificaram em uma expressão historiográfica, negando a lenda nacional[39]. Ainda assim, o que lograram foi apenas uma frágil construção, cuja integridade estava sujeita a desafios sempre que a indulgência capitalista, o fundamento sobre o qual ela repousava, pudesse se dissipar ou ser removida. Afortunadamente, talvez, é também certo que a possibilidade de isso ocorrer estava além da compreensão da maioria deles. Nem o darwinismo social nem seus cômodos evangelhos sugeriam nada além das distrações mais temporárias possíveis. Quando veio a crise e os negros se mobilizaram para lutar contra ela, a pequena burguesia negra estava novamente de todo despreparada para abandonar sua parceria ilusória com o poder. Du Bois, como seus predecessores e contemporâneos William Brown, Carter Woodson, o bispo Henry Turner, George Williams e Edward Wilmot Blyden[40], nascido nas Ilhas Ocidentais Dinamarquesas, haviam estado profundamente implicados na tradição historiográfica da "elevação racial".

> Du Bois estava entre os quarenta intelectuais negros alistados na Academia Negra Americana, da qual Crummell foi o primeiro presidente. Nos *Occasional Papers* da Academia, Du Bois publicou seu ensaio crummelliano, "The Conservation of the Races" [A Conservação das Raças], mostrando que ele dificilmente estava em descompasso com Crummel durante seus anos na Academia Negra Americana [...] As características clássicas do nacionalismo negro de misticismo, autoritarismo, civilizacionismo e coletivismo eram elementos destacados em "A Conservação das Raças". Du Bois apelou à Academia para que exercesse uma liderança firme e se convertesse em "o epítome e a expressão do intelecto do povo de sangue negro da América". Os líderes negros não deviam se organizar para fins mundanos como o roubo de despojos políticos, nem "meramente para contestar e aprovar resoluções". A liderança negra devia estar unida em seus esforços para melhorar as massas negras, lutar contra a vadiagem, os jogos, o crime e a prostituição [...] se empenhar para "criar um ideal de raça na América e África, para a glória de Deus e a elevação do povo negro."[41]

Na fase inicial de sua carreira, sob a influência direta de Crummell, da Academia e da onipresente política organizacional de Booker T. Washington, Du Bois considerou atraente a noção de uma elite, o "décimo talentoso":

> A raça negra, como todas as raças, será salva por seus homens excepcionais. O problema da educação entre os negros deve, pois, lidar antes de tudo com o "décimo talentoso"[42]; esse é o problema de desenvolver os melhores dessa raça para que possam afastar a massa da contaminação e da morte pelo pior, tanto em suas próprias como em outras.[43]

Na época ele via a diferença entre seu projeto e o de Washington como bastante significativa. Com o tempo, mudou de opinião. Em sua última autobiografia, escrita na "última década de seus 95 anos", ele deixou claro que nos anos transcorridos passara a reconhecer que as diferenças entre eles eram insignificantes quando comparadas com o que não compreendiam. Sua disputa não tinha a ver com a ideologia, mas com o poder:

> Eu acreditava na educação superior de um "décimo talentoso" que, graças ao seu conhecimento da cultura moderna poderia guiar o negro estadunidense na direção de uma civilização superior. Eu sabia que, sem isso, o negro teria que aceitar a liderança branca e essa liderança nem sempre era confiável [...] O sr. Washington, por outro lado, acreditava que o negro, como um trabalhador eficiente, poderia acumular riqueza e finalmente, pela sua posse de capital, poderia alcançar um lugar reconhecido na cultura estadunidense [...] Ele propunha colocar a ênfase na capacitação presente em ofícios especializadas e no incentivo à indústria e à mão de obra comum.
>
> Essas duas teorias do progresso negro não eram absolutamente contraditórias. Nem eu, nem Booker Washington entendíamos a natureza da exploração capitalista do trabalho e a necessidade de um ataque direto contra o princípio de exploração como o início da melhoria laboral.[44]

Du Bois se ressentia, cada vez mais, do poder que envolvia Washington e escorria por seus dedos:

Não só os presidentes dos Estados Unidos consultavam Booker T. Washington, mas também governadores e congressistas; filantropos conversavam com ele, estudiosos lhe escreviam. Tuskegee se transformou em um vasto escritório de informação e centro de aconselhamento [...] Depois de um tempo, quase nenhuma instituição negra conseguia arrecadar fundos sem a recomendação ou a aquiescência do sr. Washington. Poucas nomeações políticas de negros eram feitas em qualquer lugar dos Estados Unidos sem o seu consentimento. Inclusive as carreiras dos jovens de cor em ascensão eram frequentemente determinadas por seus conselhos e sua posição era decerto fatal [...]

Ademais, não deve ser esquecido que seu Instituto Tuskegee (a denominada Máquina Tuskegee) não foi somente ideia e fruto dos negros de Tuskegee. Ele era amplamente encorajado e recebia ajuda financeira de certos grupos e indivíduos brancos do Norte, cujos objetivos eram muito claros. Eles eram capitalistas e empregadores de mão de obra [...] Esses negros não deviam ser encorajados como votantes na nova democracia, tampouco deveriam ser deixados à mercê do Sul reacionário. Eles eram bons trabalhadores e poderiam gerar um grande lucro para o Norte. Poderiam se converter em uma grande força de trabalho e, devidamente guiados, restringiriam as exigências desenfreadas do trabalho branco, nascida nos sindicatos do Norte e que agora se espalhavam para o Sul, encorajados pelo socialismo europeu.[45]

Não era de todo certo, como Lawrence Reddick sugeriu em 1937[46], que a tradição "inspiradora" da qual Du Bois acabaria por surgir possuísse uma ingenuidade profundamente arraigada. Parece que a maior parte de sua lenta compreensão provinha das máscaras enganosas por trás das quais se ocultava a luta pelo poder dentro da pequena burguesia negra. Não era apenas a marca das divisões intraclassistas que tornavam o engano necessário[47]. Os interesses materiais em jogo eram altos: em 1903, por exemplo, Andrew Carnegie havia dado um presente de $600,000 para o Tuskegee[48]. O mais significativo, porém, é que a pequena burguesia negra estava amarrada por uma estratégia de classe que reduzia seu alcance político: os protestos das massas de negros não podiam ir além de um estado difuso, mas ao mesmo tempo deveriam oferecer a aparência de uma solidariedade racial. O prêmio pelo qual Du Bois desafiou Washington era o poder e não a liderança. Foi, entretanto, a natureza e o cenário dessa luta que impulsionou Du Bois para além dos parâmetros aceitos dentro do conflito intraclasse. A radicalização de Du Bois teve lugar durante um período histórico caracterizado por uma nova intensificação da repressão dos negros nos Estados Unidos e a subsequente e massiva resposta negra. No Sul e no Centro-Oeste estadunidense, o movimento populista dos anos de 1880 e 1890, estimulado pela crise da transformação do capitalismo mundial e com suas aspirações de terceiro partido, construídas em torno de uma aliança entre fazendeiros/camponeses brancos e negros e entre o trabalho organizado, mais uma vez mobilizou as massas negras[49]. Violência legal e ilegal, corrupção eleitoral e uma renovada ênfase na supremacia branca foram as respostas combinadas das classes dominantes, industrial e dos proprietários de *plantations*, que orquestraram o poder estatal e federal e os instrumentos de propaganda[50]. Restrições eleitorais excluindo negros e brancos pobres do voto eram promulgadas em diversos Estados; aceleraram-se os linchamentos (o número de vítimas negras superou as de brancos em 1889); e o movimento populista acabou em desastre ao dar rédea solta às manobras raciais[51]. A resposta mais dramática das massas negras foi a migração. E quando o ciclo de secas e, depois, de fortes chuvas e pragas que dizimaram a produção de algodão nos anos de 1915 e 1916 se combinou com a indústria bélica e cessação da imigração europeia, a migração das massas negras tornou-se a Grande Migração[52]:

> As primeiras migrações foram ofuscadas pela afluência de negros em direção ao norte depois de 1900 e especialmente depois de 1910. De acordo com várias estimativas contemporâneas, entre 1890 e 1910 cerca de duzentos mil negros sulistas fugiram para o norte; e entre 1910 e 1920 outros trezentos mil a um milhão seguiram o mesmo caminho. O Departamento de Trabalho relatou que em dezoito meses de 1916-1917 a migração foi estimada entre duzentos a setecentos mil pessoas.[53]

A presença negra nos setores industriais do norte do país se tornou um novo fato da experiência estadunidense[54].

A consequência mais importante dessas mobilizações das massas, isto é, ambas, a aliança efêmera com a rebelião agrária do populismo e a migração urbana, foi uma renúncia visível da pequena burguesia negra à "liderança" sobre o campesinato negro. Centenas de milhares de negros demonstraram que não estavam mais dispostos a tolerar as inseguranças sociais e econômicas da vida no Sul rural, trabalhar em um regime de semiescravidão como a mão de obra mais barata da nação, e perecer sob a opressão dupla do patronato racista da classe dominante branca sulina e o oportunismo classista de uma ambiciosa e presunçosa pequena burguesia negra. Não é de surpreender, pois, que nessas circunstâncias alguns membros da classe média negra vislumbrassem nisso uma oportunidade para renegar aqueles que dominavam a visão política e histórica de sua classe. Da mesma forma, esses renegados foram atraídos para a órbita das massas negras e da tradição radical. William Monroe Trotter, colega de classe de Du Bois, o precedeu nessa transformação e dentro do nexo do Movimento Niágara[55], iniciado em 1905, certamente disciplinou Du Bois nessa nova militância. Trotter, mais do que qualquer outro, foi responsável por transformar Du Bois de crítico cauteloso em ativista militante[56]. Foi Du Bois, entretanto, quem por temperamento, formação e experiência seria capaz de trazer essa revolta à fruição; como sua obra certifica, ele a incorporaria lenta e inelutavelmente em seu pensamento. A demonstração de seu desenvolvimento iria se evidenciar em sua evocação da militância de *John Brown*[57], obra publicada em 1909; em seu breve ensaio sobre o movimento socialista[58]; em sua análise da base imperialista da Grande Guerra[59]; nas suas reações à Rússia bolchevique[60]; e nas frustrações e comprometimentos sofridos como defensor da raça que operava em nível nacional e internacional nas arenas da "política democrática burguesa", receptiva apenas a uma consciência racial: a da superioridade branca[61]. No momento em que ocorreu a mais profunda crise do capitalismo mundial, Du Bois havia se divorciado conscientemente da lenda, bem como de suas diversas variantes.

Du Bois e a Reconstrução da História e do Pensamento Político Estadunidense

Em 1935, Du Bois publicou seu terceiro trabalho histórico sobre as forças econômicas e dinâmicas ideológicas que deram aos Estados Unidos seu caráter no século XIX. Diferente de seus dois estudos anteriores, *The Suppression of the African Slave-Trade* (A Supressão do Tráfico de Escravos Africanos) e *John Brown*, que eram mais convencionais em narrativa e análise, *Black Reconstruction in America* (A Reconstrução Negra nos Estados Unidos) expunha uma teoria da história – uma teoria baseada na análise econômica e na luta de classes[62]. Não se tratava apenas de uma simples obra histórica, mas de história sujeita à teoria. A ênfase estava nas relações entre as coisas.

Du Bois, no entanto, não tinha negligenciado o papel da história, seu cenário. Ele pretendia – e conseguiu – traçar a fenomenologia crítica da Guerra Civil estadunidense e sua consequência, a Reconstrução. De sua pesquisa, surgiu uma construção fundamentalmente revisada daqueles períodos que se destacavam como uma crítica da historiografia estadunidense, com seus preconceitos raciais, regionalismos dominadores e compromissos filosóficos distorcidos. Do ponto de vista metodológico, de mais a mais, *Black Reconstruction* exibia um rigor conscientemente planejado designado para combinar e substituir a obra "clássica" anterior de Ulrich B. Phillips sobre a escravidão, *American Negro Slavery* (A Escravidão Negra Americana). Du Bois, na sua tentativa de identificar com rigor o que ele considerava o carácter mais verdadeiro da era da Reconstrução, parece ter percebido a necessidade de retornar à experiência e à formação na pesquisa e na escrita históricas que havia adquirido na Universidade de Harvard e na Universidade de Berlim no fim do século XIX, mas que havia evitado em *John Brown*. Sua interpretação radical, e radicalmente diferente, da guerra e de suas consequências se adaptariam formalmente aos cânones metodológicos da historiografia para que ele pudesse subverter a substância dessa tradição.

Black Reconstruction, entretanto, foi mais o resultado de outro propósito, uma preocupação bem diferente da tarefa de revisão histórica.

Du Bois se comprometeu com o desenvolvimento de uma teoria da história que, por sua ênfase na ação de massa, era tanto uma crítica das ideologias dos movimentos socialistas estadunidenses quanto uma revisão da teoria da revolução e da luta de classes de Marx. A partir do tegumento da Guerra Civil e da Reconstrução, Du Bois tentou identificar o caráter único da práxis de massas, da consciência de classe, da ideologia e da contradição tal como ocorreram na dialética dos desenvolvimentos sociais e históricos nos Estados Unidos. Ao fazer isso, ele estava indo além do argumento do "excepcionalismo" que persistira na ideologia da esquerda marxista estadunidense[63]. Ele procurava identificar, histórica e analiticamente, os processos que durante os anos da Depressão deram à dinâmica social estadunidense seu caráter e suas potencialidades.

Em última análise, o *Black Reconstruction* era uma obra política. No confronto com a *intelligentsia* nacionalista e reacionária estadunidense no nível da historiografia, no confronto com a esquerda política em termos da teoria do capitalismo e da ideologia do socialismo emergente, Du Bois tomou a liberdade de alertar e instruir a liderança revolucionária negra.

No que tange a essas várias preocupações, ele deixara sua posição bastante clara em 1933 – um período coincidente com a redação de *Black Reconstruction* – em uma palestra notável ministrada para os participantes de um seminário patrocinado pelo Fundo Rosenwald na Universidade de Howard. Sobre o papel desempenhado pela elite intelectual estadunidense, Du Bois argumentou:

> Se damos ao sr. Roosevelt o direito de interferir com o dólar, se damos a *Herr* Hitler o direito de expulsar os judeus, se damos a Mussolini o direito de pensar pelos italianos, o fazemos porque não sabemos nada sobre nós mesmos. Somos uma nação ignorante da função e do significado do dinheiro e olhamos, impotentes, ao nosso redor para ver se alguém sabe.
>
> Esse não é, como alguns supõem, o fracasso da democracia – é o fracasso da educação, da justiça e da verdade. Mentimos por tanto tempo sobre dinheiro e negócios que não sabemos agora onde está a verdade.[64]

Inequivocamente, Du Bois estava associando o fracasso da nação estadunidense em alcançar uma política eficaz em meio à Depressão com "o fato de que não dispõe de uma democracia inteligente"… Isso, ele acreditava, era consequência dos enganos e dos conceitos ideológicos errados que caracterizavam o pensamento liberal estadunidense. Ao se dirigir à esquerda estadunidense, Du Bois não era menos crítico. Sobre o Partido Comunista Americano (CPUSA), Du Bois declarou:

> A tarefa que eu recentemente empreendi é fazer com que a cunha que o Partido Comunista está introduzindo em nosso povo perca o gume […] e faço isso não por inimizade ou medo ou desacordo essencial com os comunistas. Se eu estivesse na Rússia, seria um entusiasta comunista. Se o Partido Comunista nos Estados Unidos tivesse a liderança e o conhecimento que a nossa situação urge, eu certamente me afiliaria a ele; mas hoje ele ignora os fatos da história e da cena estadunidenses e está tentando enfatizar em demasia a verdade de que os líderes naturais das pessoas de cor, as classes instruídas e formadas, têm amiúde objetivos e interesses diferentes das massas dos negros.
>
> Existe uma verdade parcial nisso, mas também uma falsidade parcial […] O preconceito racial estadunidense golpeou com tanta intensidade os negros como um todo que eles se dividiram em tais classes econômicas; mas por outro lado, eles sem dúvida possuem ideologia e, se fossem livres, teríamos dentro de nossa raça a mesma configuração exploradora que vemos ao nosso redor.[65]

Imerso em pesquisas sobre a "história do trabalho" posterior à Guerra Civil, Du Bois estava consciente dos problemas que haviam assolado os movimentos de massa que reuniam brancos e negros – problemas que, a seu ver, os porta-vozes do comunismo ignoravam[66]. Embora agora claramente se mostrasse ambivalente em relação à pequena burguesia negra, ele ainda contava com a noção de solidariedade racial (imposta de fora) para defender sua classe dos ataques da esquerda. Mas agora Du Bois havia começado a moderar seu próprio programa de mobilização social, do "décimo talentoso". Na conferência, parecia um pouco angustiado pelo "vanguardismo" com o qual havia se identificado anteriormente. Na verdade, parecia que ele estava invertendo sua posição. A elite negra, a respeito da qual ele fora tão otimista no que tange à sua função "natural" de liderança das massas negras, era agora entendida como ideologicamente reacionária, uma lição que ele estava aprendendo dentro da NAACP, National Association for the Advancement of Colored People (Associação Nacional para o Progresso de Pessoas de Cor)[67]. A questão da ideologia e de seu impacto nas motivações humanas e nas relações sociais se tornaria um tema dominante do *Black Reconstruction*. Mas aqui, sua importância imediata tinha a ver com o custo disso para o pensamento de Du Bois. Isso o forçara a reavaliar as massas negras e sua importância revolucionária. Ele finalmente havia começado a dar uma resposta comprometida à acusação da classe média negra e sua *intelligentsia*, que os eventos recentes do final dos anos de 1920 e início dos anos de 1930 representavam: o surgimento de um movimento de massa, a UNIA, Universal Negro Improvement Association (Associação Universal para o Progresso Negro); a formação dos nacionalistas militantes na ABB, African Blood Brotherhood (Irmandade do Sangue Africano); e o debacle de Scottsboro, que colocou a conservadora NAACP contra a International Labor Defense (Defesa Internacional do Trabalho) do Partido Comunista estadunidense[68]. Em consonância com suas críticas ao Partido Comunista estadunidense, Du Bois estava abordando diretamente o problema da alienação da elite negra em relação às massas negras. Ele fez isso em parte lembrando a essa elite, sutilmente, de sua dependência das massas[69]. Contudo, ele mesmo ainda não havia atingido o nível de compreensão histórica que demonstraria em *Black Reconstrucion*. Ali ele chegaria a constatar as forças históricas emergentes do povo, especificamente, a capacidade das massas negras de dar passos decisivos para sua própria libertação.

Finalmente, na conferência de Rosenwald, descobrimos que a análise de Du Bois da Depressão que o capitalismo internacional estava experimentando na década de 1930, é paralela à sua análise da crise provocada pela escravidão no estágio inicial do desenvolvimento capitalista estadunidense. Tanto do ponto de vista econômico quanto político, a Depressão e a crise da escravidão transformariam fundamentalmente o modo de relações capitalistas. De mais a mais, ambas haviam precipitado movimentos revolucionários e mudanças sociais revolucionárias[70].

A questão de maior importância é que, em vez de enfrentarmos hoje um mundo estável, avançando em um ritmo uniforme de progresso em direção a objetivos bem-definidos, estamos enfrentando uma revolução. Espero que vocês não fiquem tão assustados com essa palavra quanto na quinta-feira [Du Bois se referia à reação do público a um discurso do dr. Broadus Mitchell, da Universidade Johns Hopkins]. Não estou falando de uma revolução que se aproxima, estou tentando impressionar vocês com o fato de que já se encontram em meio a uma revolução; no meio da guerra; de que não houve nenhuma guerra nos tempos modernos que tenha exigido um sacrifício tão grande de vidas humanas e de espírito humano como o período extraordinário pelo qual estamos passando hoje.

Algumas pessoas entendem a revolução principalmente em termos de sangue e armas e dos métodos mais visíveis de força. Mas isso, afinal, é apenas sua manifestação temporária e externa. A verdadeira revolução está dentro. Vem antes ou depois da explosão – é uma questão de longo sofrimento e privação, a morte da coragem e o amargo triunfo do desespero. Esse é o prelúdio inevitável de uma mudança enorme e decisiva, e é isso que está diante de nós agora.

Não se trata de discutir se queremos a revolução ou não. Já estamos nela. Nosso problema é como iremos sair dela.[71]

Em suma, Du Bois comentara a fraqueza da cultura estadunidense e de suas instituições políticas diante de uma profunda crise em sua estrutura econômica. Ele estava preocupado com a incapacidade da esquerda, representada pelo CPUSA – lembre-se de que ele já havia tentado se comunicar com o Partido Socialista Americano e achara que ele era deficiente 21 anos antes de essa palestra ser proferida – de identificar com clareza a força material do racismo em relação à luta da esquerda para destruir o capitalismo e substituí-lo pelo socialismo. Ele expusera a ideologia ahistórica e materialista dominante entre a elite e a liderança negras. E, finalmente, indicara o fracasso dos revolucionários estadunidenses em reconhecer que uma das condições objetivas para a revolução, que vai mais além do ataque violento da crise econômica e da emiseração, é a consciência dos processos sociais da revolução.

Du Bois, no entanto, estava preocupado com o motivo pelo qual essas coisas se tornaram verdade para a sociedade estadunidense na década de 1930. Ele estava interessado em determinar como era possível que a cultura estadunidense e suas instituições tivessem se distanciado tanto do ideal democrático com o qual haviam se identificado estrutural e ideologicamente por tanto tempo. Ademais, como era possível que os socialistas estadunidenses estivessem tão mal equipados para lidar com o trabalhador negro, a comunidade negra e as relações sociais dos negros? Como a elite negra se vinculara ideologicamente com o capitalismo e se tornou alienada e desdenhosa das massas negras? Por que a teoria revolucionária estadunidense do século XX estava tão mal concebida, o movimento revolucionário irreconhecível e a mudança e a transformação revolucionárias transmutadas numa questão de contingência e não de práxis? Ele acreditava que as respostas a essas perguntas residiam na história da República, mais especificamente, ele as buscou nas contradições dessa história.

Escravidão e Capitalismo

No início de *Black Reconstruction*, Du Bois identificou a contradição fundamental na história estadunidense; a contradição que iria subverter a ideologia fundacional dos Estados Unidos, distorcer suas instituições, traumatizar suas relações sociais assim como suas formações classistas e, no século XX, confundir seus rebeldes e revolucionários:

> Desde o dia de seu nascimento, a anomalia da escravidão atormentou uma nação que proclamava a igualdade de todos os seres humanos e procurou derivar poderes de governo do consentimento dos governados. Ao som das vozes daqueles que isso afirmavam, vivia mais de meio milhão de escravos negros, que constituíam quase um quinto da população dessa nova nação. [p. 3][72]

> Foi, portanto, o trabalhador negro, como pedra fundamental de um novo sistema econômico no século XIX e no mundo moderno, quem trouxe a guerra civil nos Estados Unidos. Ele era sua causa subjacente, a despeito de qualquer esforço para basear a contenda na união e no poder nacionais. [p. 15]

Prestemos muita atenção ao que Du Bois dizia: a escravidão era a instituição histórica específica pela qual o *trabalhador* negro fora introduzido no sistema do mundo moderno. Entretanto, não era como *escravos* que se poderia vir a entender a importância que esses homens, mulheres e crianças negros tiveram para o desenvolvimento estadunidense e sim como *força de trabalho*. O primeiro capítulo de *Black Reconstruction* era intitulado "The Black Worker" (O Trabalhador Negro).

Os termos de sua análise eram bastante importantes para Du Bois. Com isso começou sua transformação da historiografia da civilização estadunidense – a nomenclatura das coisas. Ao mudar o nome das coisas, ele buscou prover as bases para uma nova conceitualização das suas relações. Nos primeiros três capítulos de sua obra, Du Bois estabeleceu as regras de sua análise. A instituição do trabalho escravo estadunidense não podia ser efetivamente conceitualizada como uma coisa em si mesma. Foi um desenvolvimento histórico particular do capitalismo mundial que expropriou a mão de obra dos trabalhadores africanos como acumulação primitiva. A escravidão estadunidense era um *subsistema* do capitalismo mundial.

> A força de trabalho negra se tornou a pedra angular não só da estrutura social do Sul, mas da manufatura e do comércio do Norte, do sistema fabril inglês, do comércio europeu, da compra e venda em escala mundial; novas cidades foram construídas sobre a base do trabalho negro e um novo problema laboral, que afetava toda a mão de obra branca, surgiu tanto na Europa como na América. [p. 5]

E a escravidão estadunidense também consistia em relações sociais, cujo caráter era dado pela ideologia da superioridade racial branca.

> Em 1863 a escravidão tinha um significado real diferente daquele que podemos aplicar ao trabalhador dos dias atuais. Era em parte

psicológico, o sentimento pessoal forçado de inferioridade, o chamar o outro de senhor; ficar diante dele com o chapéu na mão. Era a impotência. Era o desamparo da vida familiar. Era a subordinação à vontade arbitrária de qualquer tipo de indivíduo. [p. 9]

Os líderes religiosos subservientes [do Sul] retornaram a "maldição de Canãa"; [seus] pseudocientistas reuniam e suplementavam todas as doutrinas de inferioridade racial disponíveis; [suas] escolas disseminadas e periódicos pedantes repetiam essas lendas [...] estabeleceu-se para a escravidão negra uma base na razão, na filantropia e na ciência. [p. 39]

Tudo isso era necessário para manter a escravidão durante os séculos XVII e XVIII e para seu desenvolvimento meteórico no início do século XIX. A tessitura da nação iria se desenvolver codificada por seu passado escravocrata.

Trabalho, Capitalismo e Escravidão

Du Bois argumentava que quando a escravidão fosse abordada em termos abrangentes, em termos histórico-mundiais, sua verdadeira natureza seria revelada. Por baixo de sua aparência de "agrarianismo feudal" estava a relação real da escravidão com o surgimento do capitalismo moderno. Como os Estados Unidos eram um subsetor crítico desse sistema em desenvolvimento, os conflitos entre o credo e a realidade estadunidenses, as contradições da sua sociedade, as distorções de suas estruturas sociais e instituições políticas derivavam de sua dependência da escravidão e repercutiriam em todo o sistema até o século XX[73]. A escravidão, por conseguinte, não era uma aberração histórica, não foi um "erro" em uma época democrático-burguesa. Foi, e suas marcas continuaram a ser, *sistêmica*.

Aqui está o verdadeiro problema laboral moderno. Aqui está o núcleo do problema da Religião e da Democracia, da Humanidade. Palavras e gestos fúteis de nada valem. Da exploração do proletário escuro vem a mais-valia arrancada dos peitos humanos que, em terras cultivadas, a Máquina e o Poder bem guarnecidos velam e ocultam. A emancipação do homem é a emancipação do trabalho e a emancipação do trabalho é a libertação dessa maioria básica de trabalhadores que são amarelos, pardos e negros. [p. 16][74]

Nos Estados Unidos, o "trabalho livre" – cuja grande maioria era constituída por imigrantes europeus da Irlanda, Inglaterra, Itália e Alemanha – também foi profundamente afetado:

> A nova mão de obra que chegou aos Estados Unidos, embora fosse pobre, acostumada à opressão e a um baixo padrão de vida, não estava disposta, depois de chegar aos Estados Unidos, a se considerar uma classe trabalhadora permanente, e é à luz desse fato que o movimento dos trabalhadores estadunidenses brancos deve ser estudado. A classe trabalhadora estadunidense bem-sucedida e bem paga formou, devido às suas propriedades e ideais, uma pequena burguesia sempre pronta a se juntar ao capital na exploração da mão de obra comum, branca ou negra, estrangeira ou nativa. [p. 17]

Esquivando-se das tradições formadas nos movimentos operários europeus que amadureceriam no socialismo da Primeira e da Segunda Internacionais do século XIX, no sindicalismo e no anarquismo, os trabalhadores europeus transplantados passaram a se preocupar com a possibilidade de acumulação de riqueza e poder, de se tornarem capitalistas.

Foi assim que se manifestou, de uma forma particular, o liberalismo estadunidense no século XIX, com seus ideais de individualismo e seu antagonismo ao socialismo. Seu caráter foi moldado por uma ordem econômica que delimitava severamente o bem-estar material e uma consciência racial que, ao mesmo tempo, eliminava todo um setor da classe trabalhadora, os negros, negando-lhe a possibilidade de acesso a esse bem-estar enquanto também proporcionava uma dimensão fictícia de *status* aos trabalhadores não negros. "Nem os mais sábios dos líderes poderiam prever claramente como o trabalho escravo, em união e concorrência com o trabalho livre, tendia a conduzir toda a força de trabalho à escravidão" [p. 19].

Apenas uma minoria desses trabalhadores não negros se juntaria aos intelectuais liberais e aos homens livres para formar o movimento abolicionista[75]. Du Bois já havia declarado em 1915 que a "aristocracia operária", resultado do sindicalismo de um movimento materialista dos trabalhadores – na Alemanha, Inglaterra e França, assim como nos Estados Unidos – constituía um apoio crucial para o imperialismo e o colonialismo do fim do século XIX[76]. Nos Estados Unidos, a mão de obra negra e não negra se tornaram politicamente opostas "ao invés de se converterem em um grande partido". O movimento da classe trabalhadora não negra do Norte efetivamente excluiu os libertos, os escravos *e* os cinco milhões de brancos pobres do Sul. (Foi ainda mais excludente depois de 1850, quando se concentrou em uma base de trabalhadores industriais e artesãos qualificados.) Contudo, era um antagonismo mais generalizado que envolveria trabalhadores negros e não negros. Durante a Guerra Civil, esse conflito irromperia em guerras raciais contra os negros. Com a promulgação das leis de recrutamento obrigatório (Draft Laws) em 1863, e com o encorajamento das ideias "pró-escravidão e pró-sulistas" dos *copperheads*[77] no Norte, a frustração dos trabalhadores não negros no tocante às suas condições de vida e de trabalho e à guerra, instigada contra os negros. No verão de 1863 centenas de negros foram mortos por turbas organizadas de trabalhadores em Nova York.

> O relatório do Comitê de Comerciantes sobre os distúrbios do recrutamento dizia sobre os negros: "Motivados pelo medo da morte nas mãos das turbas que, na semana anterior, como vocês lembram, haviam assassinado brutalmente vários dos seus, pendurando-os em árvores e postes de iluminação, e roubado muitos outros, queimando e saqueando suas casas e arrastando quase todos para fora das ruas, becos e docas nos quais eles haviam vivido anteriormente uma vida honesta, embora humilde – essas pessoas foram forçadas a se refugiar na ilha de Blackwell, nas delegacias de polícia, nos arredores da cidade, nos pântanos e bosques de Bergen, Nova Jersey, em Weeksville e em celeiros e dependências dos fazendeiros de Long Island e Morrisania" [p. 103]

Mais de uma vez, em *Black Reconstruction*, nos seus editoriais no *The Crisis* e em outras obras, Du Bois retornaria a esse período a fim de identificar as raízes da violência racial no movimento operário do século xx. Isso também fornecia, acreditava ele, uma explicação para a tradição de ceticismo encontrado entre os negros no que diz respeito ao trabalho organizado.

O que era verdade para a corrente principal do movimento operário estadunidense também era um fator nas tradições radicais do país. Embora o socialismo de meados do século xix tenha sido amplamente transferido de áreas da Europa em que as antipatias contra os negros eram irrelevantes, seus adeptos tampouco haviam sido capazes, em geral, de resistir às corrosivas influências da escravidão. Esse foi o caso de muitos socialistas, marxistas e não marxistas. Os precedentes estabelecidos durante esse período não seriam de nenhuma valia substancial aos socialistas do século xx, quer seus programas abordassem, direta ou indiretamente, o "problema negro".

> Mesmo quando as ideias marxistas chegaram, existia uma divisão; os primeiros representantes da filosofia marxista nos Estados Unidos estavam de acordo com o antigo movimento sindicalista, em desaprovar qualquer envolvimento profundo na controvérsia da abolição. Afinal, a abolição representava o capital. O movimento inteiro era baseado no sentimentalismo piegas e não nas demandas dos trabalhadores, pelo menos dos trabalhadores brancos. E assim os primeiros marxistas estadunidenses simplesmente desistiram da ideia de introduzir o trabalhador negro na comunidade socialista naquele momento. [p. 24-25]

Embora houvesse exceções[78], a falta de identidade entre os interesses de trabalhadores negros e não negros era bastante consistente no movimento operário. Para onde quer que se olhasse – entre os que viam o movimento em termos político-eleitorais, os que defendiam a violência revolucionária ou aqueles comprometidos com o sindicalismo economicista – o movimento dos trabalhadores era, na maioria das vezes e na melhor das hipóteses, ambivalente acerca da libertação e do progresso dos negros. A ideologia do racismo, em combinação com interesses pessoais, funcionou para colocar trabalhadores imigrantes e pobres brancos contra o trabalhador negro e o escravo. E depois da

Guerra Civil, a mesma consciência social dividia as classes trabalhadoras – imigrantes e brancas – dos ex-escravos. Mais de vinte anos antes do aparecimento do *Black Reconstruction* e embora sua experiência com o partido socialista ainda estivesse fresca em sua memória, Du Bois tinha reconhecido isso como uma contradição no movimento operário[79]. E durante esses anos intermediários, sua raiva não se dissipou. Quando ressurgiu em *Black Reconstruction*, não era mais simplesmente uma advertência a um movimento operário negligente, mas uma acusação. Nessa altura, o movimento dos trabalhadores e o capitalismo eram mais velhos e se encontravam em profunda crise. Nessa altura, Du Bois falava como um radical negro:

> Na verdade, a situação atual da classe trabalhadora branca no mundo todo pode ser rastreada diretamente até a escravidão negra nos Estados Unidos, na qual o comércio e a indústria modernos foram fundados e continuou a ameaçar o trabalho livre até que foi parcialmente abolida em 1863. A casta de cor resultante, fundamentada e mantida pelo capitalismo foi adotada, impulsionada e aprovada pelos trabalhadores brancos, resultando na subordinação da mão de obra de cor aos lucros brancos em todo o mundo. Assim, a maioria dos trabalhadores do mundo, pela insistência do trabalho branco, converteu-se na base de um sistema de indústria que arruinou a democracia e mostrou seus frutos perfeitos na Guerra Mundial e na Depressão. E este livro procura contar essa história. [p. 30]

Escravidão e Democracia

Já mostramos como a ideia da escravidão, na mente de Du Bois, se opunha aos ideais da democracia. A ideologia necessária para racionalizar a escravidão não permitia um maior desenvolvimento da democracia liberal, exceto como um mito. Du Bois, porém, entendeu que a relação entre escravidão e democracia não era uma questão de choque de ideias. Sua abordagem da história foi similar, nesse aspecto, à de Marx e Engels apresentada em *The German Ideology* (A Ideologia Alemã):

> Essa concepção da história [...] chega à conclusão de que todas as formas e todos os produtos da consciência não podem ser dissolvidos pela crítica intelectual, por sua dissolução na "autoconsciência" ou sua transformação em "fantasmas", "espectros", "fantasias" etc. mas apenas pela derrubada prática das atuais relações sociais que deram origem a essa enganação idealista.[80]

Para Du Bois, a criação de tais instituições e estruturas políticas identificadas com a democracia estadunidense envolvia uma congruência com o caráter econômico do país, ou seja, com o sistema escravagista e o capitalismo. E assim, embora a Constituição dos Estados Unidos refletisse o poder da plantocracia[81] apenas em suas disposições relativas à representação eleitoral, isso foi uma vantagem suficiente para que essa classe dominasse o governo federal durante as primeiras décadas da República. Isso significava o domínio por uma classe que somente constituía 7% da população sulista:

> Na história dos Estados Unidos, ela elegera 11 dos 16 presidentes, 17 dos 28 juízes da Suprema Corte, 14 dos 19 procuradores-gerais, 21 dos 33 presidentes da Câmara, 80 dos 134 ministros das Relações Exteriores. [p. 47]

Consequente ao seu poder, a plantocracia tinha estabelecido uma estrutura legal que, em meados do século XIX, de fato eliminava os direitos civis de nove milhões de trabalhadores negros e brancos pobres do Sul. Essa perversão do aparato da democracia representativa sobreviveu à Guerra Civil e à Reconstrução e persistiu no século posterior, não obstante os desafios do populismo, das organizações trabalhistas, do radicalismo político, da Depressão e do movimento negro em massa promovido pela UNIA[82]. O federalismo evoluiu para os direitos dos Estados, a vestimenta ideológica, primeiro da escravidão e, em seguida, dos Black Codes (Códigos Negros), das leis Jim Crow e formas mais contemporâneas de repressão. Cada mudança no aparato repressivo era associada com as formas cambiantes da exploração à medida que negros passaram de escravos para a meeiros e peões e, finalmente, proletários ou mão de obra reserva.

No Norte, a "ditadura do proprietariado" se manifestara em capital e investimento. Não tão ricos ou poderosos como os plantocratas no início, os comerciantes do norte, manufatureiros e industrialistas haviam se desenvolvido às custas da agricultura sulista e do trabalho europeu. O Norte explorava sua mão de obra de modo mais eficiente, pois não precisava absorver os custos de seu desenvolvimento durante seus anos improdutivos. Esses custos foram cobertos pelos setores socioeconômicos da Irlanda, Alemanha, Itália e Inglaterra. O Norte provia os intermediários entre o Sul e seus mercados domésticos e europeus; fornecia o envio e o transporte da produção sulista. Também estava no processo de desenvolvimento de uma economia nacional de integração total antes da Guerra Civil, enquanto o Sul se tornava incrivelmente dependente.

> No mercado mundial, os comerciantes e fabricantes tinham todos os benefícios de união, conhecimento e propósito e podiam baratear o custo das matérias primas. O proprietário de escravos, portanto, via os comerciantes e fabricantes do Norte se enriquecerem às custas dos produtos da agricultura sulista. [p. 41] Seus rivais capitalistas do Norte eram fanáticos de vida simples que trabalhavam arduamente, dedicavam toda sua energia e inteligência para construir um sistema industrial. De pronto monopolizaram os transportes, as minas e as fábricas e estavam mais do que dispostos a incluir as grandes *plantations* [...] O resultado foi que a indústria do Norte e da Europa fixavam os preços do algodão, do tabaco e do açúcar do Sul, deixando uma estreita margem de lucro para o dono da *plantation*. [p. 37]

O capital, tanto o industrial quanto o financeiro, continuou a crescer até que os industrialistas do Norte puderam desafiar o poder político dos plantocratas. E enquanto ele crescia, também minava as estruturas da democracia:

> O Norte cedeu à democracia, mas apenas porque a democracia era refreada por uma ditadura de propriedade e investimento, que deixava nas mãos dos líderes industriais um poder econômico tal que lhes assegurava seu domínio e seus lucros. Sabiam perfeitamente bem que não podiam ceder e, mais que isso, não o fariam. [p. 46]

Uma vez que a classe industrial se fez dominante na nação, ela possuía não só sua própria base de poder e as relações sociais historicamente relacionadas com esse poder, mas isso também lhe disponibilizou os instrumentos de repressão criados pela classe dominante sulista, agora subordinada. Na sua luta com a mão de obra, ela podia ativar o racismo para dividir o movimento dos trabalhadores em forças antagônicas. De mais a mais, as permutações desse instrumento pareciam infinitas: negros contra brancos; anglo-saxões contra europeus meridionais e orientais; autóctones contra imigrantes; proletários contra meeiros; estadunidense brancos contra asiáticos, negros, latino-americanos e assim por diante.

A Reconstrução e a Elite Negra

Um dos aspectos mais reveladores de *Black Reconstruction* foi a avaliação de Du Bois da pequena burguesia negra, aquele elemento da sociedade negra com a qual ele estivera mais estreitamente associado durante a maior parte de seus 67 anos. Pela primeira vez em seus pronunciamentos públicos, ele decidiu expor até que ponto sua amada elite, seguindo a lógica de seu próprio desenvolvimento, tinha se afastado das massas negras. Segundo ele, o processo de aburguesamento e alienação, que havia começado durante a escravidão, não revelara suas contradições até a Reconstrução. De repente, a pequena burguesia foi confrontada com a expressão política dos trabalhadores negros:

> A diferença que agora surgia era que um número de negros incalculavelmente maior foi emancipado de repente, e que 99% deles pertenciam à classe trabalhadora, ao passo que, por lei, os negros que votavam no início da história do país eram, em sua maioria, proprietários de terras e potenciais, se não atuais, membros da pequena burguesia. [p. 350]

Ainda assim, durante esses primeiros dias inebriantes após a Emancipação e o final da Guerra Civil, a pequena burguesia negra presumia que iria liderar todos os negros. Logo, porém, sua vacuidade ideológica e política começou a ser evidente, sua liderança nominal e, na melhor das hipóteses, uma mera mediação entre as reivindicações das massas negras e o poder das classes dominantes:

> Quando chegou a liberdade, essa massa de mão de obra negra não carecia de uma liderança inteligente, e uma liderança que, devido ao preconceito racial anterior e à atual Linha de Cor não podia ser divorciada das classes trabalhadoras, como havia ocorrido com os brancos pobres [...] Os negros livres do Norte, cuja maioria nascera no Sul e conhecia as condições ali, retornaram em grande número durante a Reconstrução e ocuparam seus lugares como líderes. O resultado foi que os negros já não eram, como algumas vezes retratados, simplesmente uma massa de trabalhadores ignorantes [...]
>
> Essa liderança, contudo, não tinha uma noção econômica clara. No geral, ela acreditava na acumulação de riqueza e na exploração do trabalho como método normal de desenvolvimento econômico. Entretanto, também acreditava no direito ao voto como base e defesa da vida econômica e, de forma gradual, se bem que inquestionável, viu-se forçada, pela pressão da massa de trabalhadores negros, a encarar o problema da terra. Assim, os líderes negros começaram a enfatizar cada vez mais a questão da emancipação econômica. [p. 350-351]

Inevitavelmente, contudo, esses laços tênues que ainda vinculavam a elite com a grande massa dos trabalhadores negros foram se desintegrando. Du Bois agora acreditava que podia entender as forças que haviam transformado em escárnio a solidariedade racial, que fora o evangelismo da elite.

Primeiro havia a ambivalência da pequena burguesia negra:

> Os próprios líderes negros eram naturalmente de muitos tipos. Alguns, como os brancos, eram pequenos burgueses, procurando ascender à riqueza; outros eram homens instruídos, que pretendiam ajudar a desenvolver uma nova nação que superasse as barreiras raciais; num terceiro grupo estavam os idealistas, que tentavam valorizar a raça negra e colocá-la par a par com os brancos [...] Nas mentes de muito poucos deles havia algum plano claro e sólido para o desenvolvimento de uma classe trabalhadora que chegasse a ocupar uma posição de poder e domínio sobre o Estado industrial moderno. [p. 612]

Eles iriam pagar, inclusive com a própria vida, quando a ordem cambiante de privilégios, concomitante ao desenvolvimento contínuo da riqueza industrial do Norte, os deixou vulneráveis:

> A barganha de 1876 [...] outorgou ao capital representado pela antiga classe dos proprietários de *plantations*, pelos novos capitalistas do Norte e pelos capitalistas que começaram a surgir dentre os brancos pobres, um maior controle da força de trabalho que em qualquer Estado industrial moderno em mãos civilizadas [p. 630]. Uma ausência de lei que, em 1865-1868, era ainda espasmódica e episódica, agora se tornava organizada e suas verdadeiras causas industriais subjacentes obscurecidas por desculpas políticas e ódio racial. Usando uma técnica de assassinatos em massa durante a madrugada, o Sul começou uma agressão amplamente organizada contra os negros [...] A guerra promovida pela guerrilha armada matou milhares de negros; motins políticos foram encenados; suas causas ou ocasiões eram sempre obscuras, porém seus resultados sempre certos: eram mortos entre dez a cem vezes mais negros do que brancos. [p. 674]

A violência e o terror que recaíram sobre os negros durante os cinquenta anos que se seguiram à Reconstrução deixaram a elite negra abalada e reduzida a seus oportunistas:

> Os negros não renunciaram imediata ou facilmente à cédula de votação [...], mas foi uma batalha perdida, com a opinião pública, a indústria, a riqueza e a religião contra eles. Seus próprios líderes vituperavam a "política" e pregavam a submissão. Todos os seus esforços para uma autoafirmação foram desviados pelo derrotismo e por conselhos de desencorajamento, respaldados pela poderosa propaganda de uma religião que ensinava mansidão, sacrifício e humildade [p. 692-693]. Isso nos leva ao momento em que Booker T. Washington se converteu no líder da raça negra e os aconselhou a depender da educação e do trabalho industriais mais do que da política. A melhor classe de negros sulistas parou de votar por toda uma geração. [p. 694]

A elite negra sobreviveu graças à sua riqueza e às suas instituições educacionais, afastando-se cada vez mais das massas negras à medida que sua habilidade de se reproduzir se desenvolvia:

Eles evitaram o erro de tentar reagir à força com a força. Eles se submeteram à tempestade de espancamentos, linchamentos e assassinatos, e preservaram suas almas não obstante os insultos públicos e privados de toda espécie; construíram uma cultura interior que o mundo reconhece apesar de ainda estar meio estrangulada e inarticulada. [p. 667]

Nesse relativo isolamento social, sua cultura continuou a adotar as formas dos seus pares de classe dos quais estava separada pela raça. Entretanto, devido ao constante terror, toda a comunidade negra se retraiu; e pela persistência da pobreza, sua estratificação social se consolidou. Porém, os recursos da comunidade negra eram muito escassos para sustentar uma mobilidade de maior importância do que a gradual. Com a migração negra para o Norte e para o Oeste, na virada do século, essa situação mudaria, se bem que não muito[83]. Enquanto isso, embora Du Bois ainda não pudesse admiti-lo, o idealismo da pequena burguesia negra se transformara em uma ideologia que servia para manter a comunidade negra como uma espécie de reserva, de tal modo que suas elites pudessem explorá-la com mais eficiência. Como ele tinha deixado claro na conferência de Rosenwald, a solidariedade racial ainda se esquivava de uma crítica radical de sua classe:

> Devemos nos livrar da persistente ideia de que o avanço da humanidade consiste em descascar as camadas que se incorporam nas classes superiores e dominantes do mundo, deixando sempre abaixo, mortas e inertes, as massas dos mais ignorantes e não instruídos. Nossas classes profissionais não são aristocratas, nem tampouco nossos senhores – eles são e devem ser os mais eficientes de nossos servidores e pensadores, cuja recompensa legítima é o progresso da grande massa dos negros estadunidenses e, com eles, a valorização de todos os homens.[84]

Du Bois, Marx e Marxismo

Há, entretanto, um aspecto final de importância em *Black Reconstruction* que exige muita atenção. Do ponto de vista de uma historiografia radical negra, Du Bois foi um dos primeiros teóricos estadunidenses a confrontar com simpatia o pensamento marxista em termos críticos e independentes. Sem se deixar intimidar pelas preocupações políticas e pessoais dos negros no Partido Comunista estadunidense, que frequentemente se manifestavam como uma busca pela ortodoxia ideológica em suas obras e escritos, Du Bois tinha poucas razões ou consciência para entremear cautelosamente uma posição ideológica entre Ruthenberg, Lovestone e Foster no Partido Comunista estadunidense ou Trótski, Bukhárin e Stálin na Internacional Comunista[85]. Como tal, ele poderia tentar chegar a um acordo com o próprio Marx, sem a mediação de Lênin ou das doutrinas incipientes que seriam conhecidas como marxismo-leninismo[86]. E ao fazê-lo, estava articulando em termos teóricos as intersecções entre a tradição radical negra e o materialismo histórico apenas vagamente insinuadas nas organizações formais de seu tempo. Foi nesses até então inconciliáveis papéis – como um pensador radical negro e como um crítico simpatizante de Marx – que Du Bois faria algumas de suas mais importantes contribuições em relação aos movimentos sociais negros. Porém, a menos que continuemos a evocar a consciência do momento histórico no qual Du Bois trabalhava, temos poucas chances de reconhecer a natureza do pensamento que ele abordava em *Black Reconstruction*.

Desde o seu início, o marxismo significou para alguns um sistema científico crítico, um modo de entender, compreender e influenciar a história[87]. A forma em que Trótski expressou sua própria empolgação pelo marxismo ressalta esse ponto: "O importante [...] é ver com clareza. Pode-se dizer sobre o comunismo, antes de tudo, que ele dá mais clareza. Devemos libertar o homem de tudo o que o impede de ver."[88] A história do pensamento marxista e das organizações marxistas, contudo, tem sido mais ambígua. Em sincronia com essa pressuposta clareza, essa forma de ver, surgiram seus elementos corrosivos, suas oposições. A natureza da mudança argumentada no marxismo, a dialética, levaria a que se antecipasse também a ocorrência dessas oposições no marxismo. Especificamente, com o aparecimento de dogmas políticos, certezas históricas e variações epistemológicas do empirismo, a história dos pensadores marxistas confirmou essa expectativa. Não se trata somente de distinguir os verdadeiros marxistas – isto é, os "fundadores", Marx e Engels – de seus epígonos menos talentosos[89]. Esse não é um problema intelectual ou teórico. Dogma, certeza e facticidade são fenômenos sociais e políticos. No marxismo, eles surgiram de um contexto de demandas organizacionais específicas, de necessidades coletivas e individuais enquadradas por uma dinâmica histórica e política particular. E foi no que tange a esses fenômenos, tal e como haviam se manifestado na organização do Partido Comunista estadunidense no fim dos anos de 1920 e começo dos anos de 1930 que Du Bois focou seu trabalho sobre a teoria revolucionária. Para compreender a importância para o pensamento marxista do que Du Bois estava fazendo, basta lembrar que o Partido Comunista estadunidense dos anos de 1930 estava situado na sociedade capitalista mais avançada do mundo. Por conseguinte, logo seria o segundo partido comunista mais importante do mundo, deslocando o movimento alemão, e só atrás dos bolcheviques. Para os marxistas-comunistas, o papel histórico do CPUSA fora determinado pelos princípios do leninismo: era a vanguarda do movimento proletário mais avançado[90]. Era esse dogma ideológico partido, seu credo existencial e sua ortodoxia teórica em relação aos negros que obrigou Du Bois a fazer uma reavaliação de Marx.

A Primeira Guerra Mundial no início do século XX foi um divisor de águas para aqueles acontecimentos que influenciaram diretamente o caráter especial do movimento comunista estadunidense e as políticas do partido em relação aos negros. Foi durante a guerra, ou devido a ela, ou depois dela que esses acontecimentos tiveram lugar. Primeiro, houve a transformação do socialismo internacional: o Comintern sucedeu à Segunda Internacional como a força dirigente do movimento socialista. Segundo, nos Estados Unidos, a imigração negra do Sul resultou na formação de comunidades urbanas negras no Norte e, subsequentemente, em uma nova forma de consciência racial: o nacionalismo negro. Terceiro, quase de modo simultâneo com a formação do partido estadunidense, houve a intervenção do Comintern: Lênin e depois Stálin sobre a "questão negra". Esses foram os eventos decisivos. É necessário examiná-los agora em mais detalhes.

Bolchevismo e Comunismo Estadunidense

A Segunda Internacional sucumbiu a duas forças: o nacionalismo e o fracasso revolucionário. No tocante ao nacionalismo, a Primeira Guerra Mundial encontrou a maioria dos trabalhadores da Inglaterra, Alemanha, França e Austro-Hungria dispostos a ir para o campo de batalha sob a liderança nacional, a fim de lutar uns contra os outros. A solidariedade internacional dos trabalhadores, na qual socialismo se baseava, se desintegrou. O movimento socialista não foi capaz de manter a dicotomia entre os interesses dos trabalhadores e os interesses das classes dominantes capitalistas. O nacionalismo estatal havia triunfado como a ideologia dominante das classes trabalhadoras. As táticas pacifistas dos socialistas se provaram efetivas apenas nos países não beligerantes ou naqueles que, como os Estados Unidos, demoraram a entrar na rixa[91].

Além disso, os movimentos revolucionários liderados pelos socialistas fracassaram – à exceção de um. O Partido Bolchevique ganhou controle sobre as revoluções na Rússia, mas na Alemanha, Inglaterra, França, Hungria e outros lugares, as revoluções socialistas fracassaram ou foram abortadas[92]. Assim, nas sociedades industrializadas mais avançadas – nas quais a revolução supostamente deveria ocorrer – nenhuma revolução foi provocada, nenhum movimento trabalhador chegou ao poder. Na verdade, as duas únicas revoluções bem-sucedidas do período ocorreram em sociedades cujas populações eram predominantemente camponesas: México e Rússia. Elas não só eram sociedades predominantemente camponesas, porém os movimentos campesinos desempenharam um papel crítico no triunfo dessas revoluções, questionando a pressuposição de que os trabalhadores industriais seriam os "instrumentos da filosofia"[93]. Não é de surpreender, portanto, que a organização do movimento socialista internacional tivesse atrofiado.

A Segunda Internacional também passara a defender ou afirmar cada vez mais que a revolução viria por meio dos instrumentos e das estruturas da sociedade burguesa: reforma política pelas instituições da democracia burguesa[94]. Quando essa Internacional entrou em colapso, o mesmo aconteceu com suas resoluções táticas e ideológicas. O que apareceu para substituí-las foi a Terceira Internacional dominada por Lênin e as políticas de seus quadros bolcheviques. Do ponto de vista tático, um compromisso renovado com a luta violenta se tornou evidente no movimento. Ademais, com a formação da Terceira Internacional, foi imposto que os partidos nacionais membros jurassem sua lealdade ao Comintern, à União Soviética e, em termos práticos, ao Partido Bolchevique. A defesa da União Soviética deveria ser a maior prioridade. A disciplina do partido deveria obedecer aos ditames do Comitê Executivo do Comintern –presidido por Zinoviev, o segundo líder bolchevique mais relevante[95]:

> Cada partido desejoso de se filiar à Internacional Comunista deve ser obrigado a prestar toda assistência possível às Repúblicas Soviéticas em sua luta contra todas as forças contrarrevolucionárias. Os partidos comunistas devem levar a cabo uma propaganda precisa e definitiva para induzir os trabalhadores a que se recusem a transportar qualquer tipo de equipamento militar destinado à luta contra as Repúblicas Soviéticas e deve também, por meios legais ou ilegais, fazer uma propaganda eficaz entre as tropas enviadas contra as repúblicas dos trabalhadores etc.
>
> [...] Todas as resoluções dos congressos da Internacional Comunista, bem como as resoluções do Comitê Executivo, são obrigatórias para todos os partidos pertencentes à Internacional Comunista.[96]

De todo modo, o vigor com que o Comintern buscou e institucionalizou sua hegemonia não teve efeito imediato no movimento comunista estadunidense. A história dos movimentos operários e socialistas revolucionários nos Estados Unidos e suas organizações eram muito díspares para que qualquer autoridade, nacional ou não, impusesse coesão e/ou subordinação.

A base social crucial para os movimentos radicais dos trabalhadores nos Estados Unidos foi proporcionada pela força de trabalho recrutada para a produção industrial. Comentando sobre a primeira década e meia do século xx, Nathan Glazer argumentou:

Um fato central sobre a classe trabalhadora estadunidense nesse período e durante as décadas subsequentes deve ser lembrado: ela era composta em grande parte por imigrantes. A força de trabalho nas siderurgias, nas minas de carvão, nas fábricas têxteis e na confecção era predominantemente estrangeira, e parte dela não estava concentrada em empregos de supervisão e em ocupações qualificadas mais bem pagas.[97]

Anteriormente, como vimos, os trabalhadores rurais africanos e afro-americanos haviam fornecido a mais-valia crítica que permitiu a industrialização da economia e sua transformação, em última instância, em um processo intensivo em capital. Por sua vez, os imigrantes europeus do final do século XIX – expropriados, qualificados, reproduzidos e disciplinados por setores europeus da economia mundial (principalmente na Alemanha, Inglaterra, Irlanda e Itália) – constituíram a força de trabalho desenvolvida e historicamente necessária para a transformação industrial estadunidense. Entretanto, a maior parte desses trabalhadores imigrantes europeus provinha de sociedades em que os movimentos operários já estavam desenvolvidos. De fato, a maioria desses movimentos já havia desenvolvido, em meados do século XIX, complexos únicos e específicos de tática, estratégia e ideologia. Nesses movimentos foram criadas tradições inteiras e oposições a essas mesmas tradições, que formavam parte das culturas políticas, organizacionais e ideológicas que acompanharam os trabalhadores estrangeiros à América. Theodore Draper observa:

> Desde o início, o movimento socialista estadunidense tinha uma dívida particular para com os imigrantes, tanto por seu progresso quanto por seus problemas. A primeira convenção do Partido Socialista dos Trabalhadores em 1877 foi composta por representantes de dezessete seções alemãs, sete inglesas, três boêmias, uma francesa e uma seção feminina geral. Os imigrantes assumiram naturalmente o papel de professores e organizadores, mas estavam principalmente preocupados em ensinar e se organizar.
>
> O Partido Socialista dos Trabalhadores nunca foi mais do que uma cabeça estadunidense em um corpo imigrante.[98]

À medida que esses povos se dispersaram e/ou se concentraram nos Estados Unidos de acordo com vários determinantes sociais e econômicos, suas tradições foram conservadas, adaptadas ou dissipadas. Essa conservação se deu mediante comunidades étnicas e industriais específicas. O movimento operário – fosse ele sindicalista, eleitoral ou revolucionário – se organizou principalmente com base em grupos nacionais, étnicos e industriais:

> No Partido Socialista de 1914, os membros nos Estados do Nordeste e Centro-Oeste eram em grande parte [...] judeus, alemães, poloneses, tchecos e eslovacos, húngaros, eslavos do Sul e muitos outros. [...]
>
> Grupos posteriores de imigrantes, entretanto, formaram partidos ou agrupamentos que ainda estavam relacionados com os partidos socialistas de seus respectivos países, dos quais tantos haviam sido membros. Essas federações de trabalhadores imigrantes desempenharam um papel especial no socialismo estadunidense.[99]

Essa, então, foi uma contradição crítica no início do desenvolvimento socialista estadunidense. O princípio organizador era a origem étnica enquanto, ao mesmo tempo, o nacionalismo – uma conclusão lógica da etnicidade – colocava em perigo e frustrava a unidade socialista. A etnicidade dominava o movimento do ponto de vista organizacional, ideológico, conceitual e teórico. Essa contradição objetiva era uma característica persistente dos movimentos socialistas e trabalhistas e atingiria proporções críticas em resposta aos acontecimentos europeus e estadunidenses (ou seja, a Guerra Franco-Prussiana na década de 1870; a Primeira Guerra Mundial; e a concorrência étnica por empregos e sua subsequente violência)[100]. Inclusive entre as seções minoritárias do movimento socialista – as federações de língua inglesa – havia um conflito básico entre nacionalismo e socialismo. Muitos dos membros dessas federações eram, na verdade, imigrantes de segunda geração. Entre os fatores envolvidos na decisão de se tornarem socialistas e comunistas, Gabriel Almond argumentou, estava o da assimilação. Almond alegava que as federações anglófonas foram influenciadas tanto pela prioridade organizacional da americanização, de modo a exercer influência sobre o desenvolvimento de uma classe trabalhadora estadunidense "nativa", quanto pelas próprias necessidades sociopsicológicas de seus membros[101].

O Partido Comunista estadunidense se formou, portanto, durante uma época de confusões teóricas e ideológicas. Na verdade, o movimento nos Estados Unidos havia se dividido em tantas facções ideológicas concorrentes no início da década de 1920 que foi necessário que o Comintern impusesse ordem, unindo-as em um único partido[102]. O partido resultante estava dominado por federações de línguas estrangeiras, sendo as mais poderosas a russa e a finlandesa. Essas federações, por outro lado, ainda estavam mais preocupadas com o futuro do movimento em seus países de origem do que nos Estados Unidos. O nacionalismo e as rivalidades nacionalistas contribuíram, por conseguinte, para uma parte do caráter histórico do partido[103]. Somando-se a essa situação as disputas herdadas da Segunda Internacional sobre a natureza do capitalismo e a forma que a revolução socialista assumiria, a introdução da hegemonia bolchevique pode ser entendida como uma força adicional para o caos e a ordem. O sucesso do partido bolchevique deu à associação de língua russa a vantagem – por um tempo – de influir na política do partido, mas também intensificou as disputas ideológicas e querelas teóricas, uma vez que os bolcheviques eram uma anomalia histórica em termos marxistas clássicos. No entanto, uma forma de nacionalismo russo se tornou dominante no movimento estadunidense, assim como em todo o Comintern. Embora essa ideia fosse aceitável para muitos no movimento estadunidense, também se poderia esperar que encontrasse oposição, especialmente entre os povos que haviam sido historicamente sujeitos ao imperialismo da Rússia tsarista[104]. Em um movimento dominado por partidos e subpartidos nacionais, o caráter do Comintern e a consequente inflação da influência política dos cidadãos russos nos Estados Unidos estavam fadados a produzir ou a revitalizar contranacionalismos. O crescente poder específico de judeus russos no movimento criou ou exasperou clivagens dentro do movimento comunista que não foram resolvidas nem mesmo no final de 1920[105]. Apesar disso, a influência direta dos bolcheviques no movimento estadunidense que havia começado já no final de 1916 – meses antes de seus próprios sucessos espetaculares e quase três anos antes do primeiro Congresso Mundial da Internacional Comunista – raras vezes seria deveras desafiada nos quarenta ou cinquenta anos seguintes.

Nacionalismo Negro

Para os negros, em termos políticos e sociológicos, um dos mais importantes acontecimentos na história estadunidense na época da Primeira Guerra Mundial foi a migração aos núcleos da indústria urbana, em particular do Norte. Com a eclosão da guerra, a imigração europeia de trabalhadores ficara severamente restrita, tanto pelas exigências da guerra quanto pelos controles impostos pelo Congresso. Ademais, o recrutamento removeu milhares de trabalhadores brancos de seus postos de trabalho enquanto, ao mesmo tempo, a guerra abria mercados para os bens estadunidenses e aumentava a demanda de mão de obra, produzindo, portanto, uma escassez de força de trabalho na indústria. Em tal mercado laboral, os trabalhadores tinham uma vantagem em suas demandas por melhorias salariais; e, à medida que a guerra se prolongava, difundiram-se entre eles, inclusive entre os semiqualificados, diversas táticas laborais de pressão. Os industriais do Nordeste e seus homólogos do Centro-Oeste tentaram resolver o problema do aumento dos custos de mão de obra e da militância dos trabalhadores recrutando negros sulistas e caribenhos.

Como observamos, a grande maioria de negros americanos vivia naquele momento no Sul rural. Não obstante as campanhas de terror e violência dirigidas contra eles, que haviam sido acontecimentos constantes em suas vidas desde a Reconstrução, a maioria ainda relutava em romper seus laços históricos, sociais e culturais emigrando para o Norte, para confrontar novas antipatias. A fim de resolver esse problema, os gerentes empresariais desenvolveram uma sofisticada campanha de propaganda que visava estimular os interesses dos trabalhadores negros do Sul. Foram para lá enviados recrutadores de mão de obra com instruções para encher os vagões de carga vazios que muitas vezes os acompanhavam; jornais negros (alguns subsidiados por industriais do Norte), liderados pelo *Chicago Defender*, publicavam artigos sobre as oportunidades de emprego no Norte justapostos a relatos das atividades antinegras dos brancos do Sul. Robert Abbott, editor do *Defender*, foi implacável:

> Abbott lançou uma "edição nacional" de seu semanário, destinada aos negros sulistas. Trazia em tinta vermelha manchetes como: CEM NEGROS ASSASSINADOS SEMANALMENTE NOS ESTADOS UNIDOS POR AMERICANOS BRANCOS; LINCHAMENTO – UMA DESGRAÇA NACIONAL; e CAVALHEIRO BRANCO ESTUPRA MENINA DE COR. Acompanhando uma história de linchamento estava a foto da cabeça decepada da vítima, com a legenda: NÃO É BÉLGICA – SÃO OS ESTADOS UNIDOS. Poemas intitulados *Land of Hope* [Terra de Esperança] e *Bound for the Promised Land* [Rumo à Terra Prometida] exortavam os negros a irem para o Norte, e os editoriais apontavam Chicago como o melhor lugar. Anúncios ofereciam empregos com salários atraentes em Chicago e seus arredores. Em notícias, anedotas, *cartoons* e fotos, o *Defender* cristalizava as causas econômicas e sociais subjacentes do sofrimento negro, convertendo-as em motivações imediatas para a fuga.[106]

A promessa de integração econômica em alguns dos setores mais avançados da produção estadunidense teve seu impacto. Conforme observado, estima-se que um quarto de milhão a um milhão de trabalhadores negros e suas famílias migraram durante os anos de guerra, aumentando substancialmente as populações das comunidades negras situadas nas áreas industriais críticas a leste do Mississippi.

Essa enxurrada migratória coincidiu com a proveniente das Índias Ocidentais anglófonas. A pobreza e a deterioração do bem-estar dos negros caribenhos eram legados diretos do colonialismo. Dezenas de milhares de habitantes das Índias Ocidentais vieram para os Estados Unidos durante as primeiras décadas do século XX. Era também o trabalho que os atraía e, por isso, eles se estabeleceram precisamente nas mesmas comunidades negras que recebiam a migração interna:

Uma característica incomum e complicada do gueto de Nova York no Harlem era a presença de duas populações não brancas bem diferentes. O grupo nitidamente maior era o de migrantes sulistas, porém uma minoria a não ser ignorada provinha das ilhas do Caribe, principalmente das Índias Ocidentais Britânicas, mas também das Holandesas, de Cuba e Porto Rico. Aos 5.000 negros nascidos no exterior que viviam em Nova York em 1900, foram acrescentados outros 28.000 durante a década da guerra. Em 1917, o *New York Times* estimava que eles constituíam um quarto da população do Harlem.[107]

A aglomeração desses povos, as profundas perturbações que acompanhavam sua translocação e a hostilidade persistente com que eram confrontados os impeliram a que se reunissem, política e socialmente. Como tal, fez-se necessário que desenvolvessem formas sociais e políticas que transcendessem as identidades particularistas devidas às diferenças históricas específicas. Foi nesse ambiente particular que tanto a UNIA quanto a ABB, African Blood Brotherhood, emergiram; e ambas teriam consequências enormes sobre os esforços do Partido Comunista estadunidense na organização dos negros.

Nunca havia sido possível caracterizar a UNIA em termos precisos. Sua ideologia dominante era eclética: incorporava elementos do cristianismo, do socialismo, do nacionalismo revolucionário e da solidariedade racial. Como uma organização, exibia uma gama de estruturas que respondiam às circunstâncias e à personalidade de seus membros. A responsabilidade pela política e pelas tomadas de decisão também variava. Seus membros se uniram em resposta a fatores ideológicos: as circunstâncias de cada indivíduo em situações cruciais; a natureza dos seus problemas; e as venturas momentâneas da organização. A organização mudou ao logo do tempo, respondendo à importância política e social das suas interações com seu entorno político e social. No entanto, os observadores mais frequentemente tipificaram a organização como ideologicamente um movimento de "retorno à África"; ou por razões muito distintas e com caracterizações organizacionais implícitas, como "o movimento Garvey". Contudo, nunca foi tão obviamente simples[108].

O principal impulso da UNIA parecia estar em direção ao desenvolvimento de uma poderosa nação negra economicamente organizada por uma forma modificada de capitalismo[109]. Essa entidade poderosa se tornaria a guardiã dos interesses dos negros na África (onde deveria estar localizada) e daqueles dispersos na diáspora africana. A nação seria fundamentada em uma elite tecnocrata recrutada entre os povos negros do mundo. Essa elite, por sua vez, criaria as estruturas necessárias para a sobrevivência da nação e seu desenvolvimento até que ela fosse forte o suficiente para desempenhar seu papel histórico e absorver e criar gerações subsequentes de nacionalistas treinados e disciplinados. Como vários historiadores têm observado, a UNIA, de diversas formas, tanto direta quanto indiretamente, havia incorporado elementos do movimento de autoajuda identificado com Booker T. Washington; mas, sem as restrições impostas a esse movimento, a UNIA levou o conceito à sua conclusão lógica[110]. Em busca desse ideal, a organização tinha desenvolvido estruturas que antecipavam uma formação nacional. Ela possuía uma burocracia protonacional; forças de segurança com auxiliares do sexo feminino; uma igreja nacional; uma rede internacional de capítulos (ou consulados); e o início de uma base econômica constituída de uma série de pequenas empresas e serviços. Centenas de milhares – talvez milhões – de negros estavam filiados à organização. Embora o recrutamento ocorresse primariamente nos Estados Unidos e nas Índias Ocidentais, a UNIA possuía membros contribuintes na África e América Latina. A amplitude da organização fazia da UNIA, sem sombra de dúvida, a maior organização nacionalista a surgir entre os negros nos Estados Unidos. Nesses termos, sua importância ainda não tem rival na história estadunidense[111].

Dado que a maior parte das histórias sobre a organização foram escritas por seus críticos, distorções sobre a UNIA abundam na literatura. Elas são especialmente marcadas em relação ao seu fundador e principal organizador, Marcus Garvey[112]. Mesmo Du Bois, se bem que participasse da oposição à UNIA, contribuiu com denúncias de suas práticas financeiras e caracterizações amargas de Garvey[113]. Entretanto, a tática predominante dos críticos da UNIA era identificar a organização com Garvey, tendendo, pois, a reduzir os criticismos aos estudos de sua personalidade aberrante ou de seu oportunismo político. Robert Bagnall, um desses críticos, em um artigo no periódico *The Messenger*, de A. Philip Randolph e Chandler Owen, descrevia Garvey como:

> um negro jamaicano de origem sem mistura, atarracado, gordo e elegante, com mandíbulas salientes e bochechas pesadas, olhos pequenos e brilhantes como os de um porco e o rosto um tanto parecido ao de um buldogue. Arrogante, egoísta, tirânico, intolerante, astuto, ardiloso, matreiro, suave e afável, avarento; [...] tão hábil como um choco em obscurecer uma questão que não pudesse enfrentar, prolixo à enésima potência na concepção de novas maquinações para ganhar dinheiro de negros pobres e ignorantes; dotado para a autopromoção, sem vergonha de elogiar a si mesmo, prometendo sempre, mas nunca cumprindo, sem consideração pela veracidade, um amante da pompa e da elegância e da exibição extravagantes, um valentão com seu próprio povo, mas servil na presença da Klan, um mero oportunista e charlatão demagógico[114].

Outros, se bem que mais caridosos, chegavam às mesmas conclusões. Claude McKay escreveria em seu *Harlem: Negro Metropolis*:

> O movimento de Marcus Garvey no Harlem foi glorioso, com emoções românticas e tumultuadas conflitantes. Como os sábios homens do mundo antigo, esse negro que desfilava emproado como um pavão do Novo Mundo, execrado pela "negromancia" da África, seguia uma estrela – uma Estrela Negra[115]. Um tecelão de sonhos, ele traduziu para um fantástico padrão de realidade os fios chamativos dos desejos vicários dos membros submergidos da raça negra.
>
> Nunca houve um líder negro como Garvey. Nenhum jamais desfrutou sequer de uma fração de sua popularidade universal. Ele abriu caminho até o firmamento do mundo branco segurando no alto uma estrela negra e exortando o povo negro a contemplá-la e a segui-la.[116]

Desse modo, a UNIA começou a ser conhecida como "o movimento Garvey". Isso sempre implicou ou evidenciou a presença de uma autoridade autocrática e demagógica. Como principal porta-voz e símbolo da

UNIA, Garvey se converteu no objeto mais estudado do que as massas de pessoas envolvidas na criação da organização. Robert Hill, Tony Martin e Theodore Vincent são três historiadores que recentemente começaram a corrigir essa falha.

> As reivindicações oficiais da UNIA, estabelecidas na Declaração dos Direitos dos Povos Negros do Mundo, incluíam o direito ao voto, uma parte justa do patrocínio político, representação em júris e tribunais, e plena liberdade de imprensa, expressão e assembleia para todos. A UNIA buscava essas liberdades básicas principalmente para criar e fortalecer um mundo negro separado, enquanto grupos como o NAACP utilizaria tais liberdades principalmente para criar um mundo integrado.
>
> Socialmente, a UNIA era um enorme clube e uma ordem fraternal [...]. Para os garveyístas, era a camaradagem fraternal de todo o povo negro do mundo. Os desfiles da UNIA, as festas nas noites de sábados, os almoços para grupos de mulheres etc. tinham uma importância muito além de proporcionar diversão social, sendo planejados para gerar orgulho e confiança na negritude.[117]

Claramente, a UNIA possuía uma estrutura substancial e vários níveis de liderança secundária. Era uma organização complexa que funcionava em vários níveis de forma simultânea. E seus apelos populares e estilo político atraente foram combinados com programas pragmáticos de conquistas raciais. Durante os cinco anos de seu máximo desenvolvimento, de 1918 a 1923, tornou-se o movimento mais formidável na história dos negros estadunidenses.

À semelhança da UNIA, o quadro organizacional da African Blood Brotherhood consistia principalmente de originários das Índias Ocidentais e de afro-americanos que haviam se desenvolvido profissionalmente como agitadores sociais e jornalistas-propagandistas. Seus organizadores fundadores em 1919 foram Cyril Briggs (da Ilha de Neves), Richard B. Moore (de Barbados) e W.A. Domingo (da Jamaica)[118]. Mais tarde, no período entre 1920 e 1922, Otto Huiswoud (do Suriname) e vários radicais afro-americanos importantes juntaram-se ao movimento, incluindo Otto Hall, Haywood Hall (Harry

Haywood), Edward Doty, Grace Campbell, H.V. Phillips, Gordon Owens, Alonzo Isabel e Lovett Fort-Whiteman[119].

> O maior número de membros estava filiado ao escritório central de Nova York, mas existiam contingentes consideráveis em Chicago, Baltimore, Omaha e Virgínia Ocidental [...] A ABB também criou grupos na área caribenha; em Trinidade, no Suriname, na Guiana Inglesa, em São Domingos e nas Ilhas Windward. Em seu apogeu, a ABB tinha apenas entre três e cinco mil membros, a maior parte dos quais ex-militares [...] O número se manteve baixo, em parte deliberadamente, mas os riscos de perigo e a ideologia militante nacionalista e de esquerda da irmandade sem dúvida alienavam e confundiam diversas pessoas. A ABB se via como um grupo coeso, semiclandestino e paramilitar, que esperava atuar por uma "federação mundial" de organizações negras. O programa oficial da irmandade afirmava, em parte: "A fim de construir um movimento forte e eficaz como plataforma de libertação do povo negro, a proteção de seus direitos à vida, à liberdade e à busca da felicidade etc., todas as organizações negras devem se unir em uma federação, criando assim um movimento centralizado unido.[120]

Durante a maior parte de seus doze anos de existência, a ABB foi uma organização paramilitar clandestina, dedicada à "imediata proteção e libertação final dos negros em todos os lugares"[121]. Esse aspecto de sua ideologia, contudo, não era um reflexo verdadeiro de suas origens ou de seu futuro.

Quando a Irmandade foi proposta pela primeira vez na revista mensal de Briggs, *The Crusader*, ela foi denominada The African Blood Brotherhood "para a libertação e a redenção africanas". Mesmo antes, no entanto, o *The Crusader* havia

> se anunciado como o "Publicity Organ of the Hamitic League of the World" (O Órgão de Publicidade da Liga Hamítica do Mundo) (Junho de 1919, p. 1). Essa chamada Liga Hamítica, com sede em Omaha, Nebraska, assumiu a tarefa de unificar os assim chamados povos hamitas, o principal grupo étnico da África do Norte. Um de seus líderes, George Wells Parker, fez contato com

Briggs e eles concordaram em se apoiar mutuamente [...] A referência à Liga Hamítica foi removida do *The Crusader* na edição de janeiro de 1921[122].

O início da Irmandade inadvertidamente expôs um certo grau de confusão de identidade entre seus fundadores. Uma confusão similar marcaria seus apelos e a designação do público ao qual a organização pretendia se dirigir[123]. Na década seguinte, esse público seria transformado de hamitas em africanos, depois negros e finalmente, trabalhadores negros. Por trás das flutuações, no entanto, estava a premissa enunciada por Briggs em 1917:

> Afastando-se do plano de Garvey para um Estado negro na África, ele defendeu a ideia de que o "problema racial" poderia ser resolvido estabelecendo uma nação negra independente no território estadunidense. "Levando em conta que, quanto mais estivermos em desvantagem numérica, mais fracos ficaremos e, quanto mais fracos menos respeito, justiça ou oportunidade iremos obter, não seria a hora de considerar uma existência política separada, com um governo que irá nos representar, nos considerar e nos promover?" ele argumentou.[124]

Briggs, por exemplo, tinha se afastado dos projetos paternalistas de colonização africana e das missões africanas que preocupavam "homens de raça" como Crummell, Turner e Du Bois, assim como Blyden, Garvey e J. Albert Thorne, seus colegas das Índias Ocidentais[125].

Parece justo dizer que a ABB havia começado como uma organização nacionalista revolucionária[126]. Logo, porém, veio a ser influenciada pelo socialismo de Lênin, Trótski, Stálin e do bolchevismo estatal. E quando vários de seus integrantes foram absorvidos pelo Partido Comunista estadunidense, foi aceito que, tanto nos Estados Unidos quanto na África, a ABB atuaria como uma vanguarda ideológica, organizacional e militar. Em sua aproximação com a CPUSA, foi concebida como o cerne da força libertadora desenvolvida no interior da África e como a tropa de choque de um movimento revolucionário negro e branco nos Estados Unidos[127]. Finalmente, a ABB, ou ao menos uma parcela considerável dos seus membros – Briggs, Moore e especialmente Harry Haywood – parece ter proporcionado ao partido o estímulo ideológico imediato para o desenvolvimento da posição do Comintern depois de 1928, de que os negros constituíam uma "questão nacional" nos Estados Unidos[128].

Em um ano ou dois após sua fundação em 1919, a liderança da Brotherhood em Nova York e Chicago atuava em conjunto com membros do movimento comunista, na tentativa de infiltração e/ou de subversão da UNIA. Os líderes da UNIA, tendo encontrado dificuldade em respeitar os nacionalistas negros que haviam admitido os princípios da liderança autônoma e da ação de "raça em primeiro lugar", eram agora os objetos de intrigas, acusações e recriminações públicas, assim como de traições. Embora vários historiadores tenham traçado o antagonismo entre a Brotherhood e a UNIA a supostas diferenças nas questões do papel do socialismo e dos trabalhadores brancos no movimento negro, não parecem ser esse o xis da questão. Muito do rancor entre as organizações era resultado das táticas insidiosas da Brotherhood, sua crescente dependência e dominação pela CPUSA, e suas persistentes tentativas – por Briggs, Domingo, Moore, e outros – de derrubar Garvey e os demais líderes "sionistas negros" da UNIA. De acordo com Tony Martin, os vários ciclos da inversão de postura de Briggs no que tange à UNIA tiveram início em 1921. Em antecipação à Primeira Convenção Internacional da UNIA, Briggs

> ofereceu a Garvey uma proposta – que Garvey (com seu movimento de massas internacional, que talvez contasse com milhões de seguidores) deveria entrar em um programa de ação conjunta com a ABB (uma organização obscura de um ou dois mil membros) pela libertação africana [...] Briggs então aproveitou a oportunidade oferecida pela multidão reunida por Garvey para fazer um pouco de recrutamento para si mesmo e distribuiu cópias do programa da ABB.
>
> O próximo estratagema na tentativa de Briggs de impor uma frente única comunista a Garvey foi fazer com que sua amiga comunista branca Rose Pastor Stokes falasse na convenção. Ela discorreu sobre o desejo russo de libertar a África e sobre a necessidade

da unidade da classe trabalhadora negra e branca. Ela então pediu a Garvey que se posicionasse em relação à sua proposta comunista. Garvey foi educado, mas evasivo. O golpe final na estratégia de Briggs foi fazer com que delegados da ABB presentes na convenção apresentassem uma moção de endosso do programa comunista. A moção foi debatida e adiada. A ABB, irritada com este revés, publicou sem mais delongas o *Negro Congress Bulletin* no dia 24 de agosto, dedicado quase por completo a uma deturpação difamatória da convenção da UNIA[129].

Quaisquer que fossem os motivos de Briggs e seus associados, esse padrão de abordagens contraditórias com relação à UNIA iria caracterizar o relacionamento entre as duas organizações até a extinção da ABB nos anos de 1930. No partido, Briggs, Moore, Haywood, Otto Hall, Fort-Whiteman e outros encontraram um elemento radical complementar e um potencial aliado internacional para a luta contra o colonialismo e o capital mundial. Dentro da UNIA, Garvey por exemplo, sentia muito mais simpatia pelos comunistas russos do que pela ABB e seus colegas comunistas estadunidenses[130].

Os Negros e o Comunismo

Nos seus primórdios, o movimento comunista estadunidense não tinha uma política especial a respeito dos negros. O fato de ter se formado a partir da ala esquerda rebelde do movimento socialista não significava para aqueles comunistas um afastamento da pressuposição de que negros eram simplesmente um segmento das classes trabalhadoras não qualificadas[131]. Ademais, como o movimento socialista estadunidense provinha predominantemente de minorias étnicas e nacionais imigrantes, a noção de solidariedade de classe era de importância substancial, teórica e prática, para o movimento. Isso deu impulso a um tipo de atividade política por meio da qual os diversos elementos sociais do movimento revolucionário – etnias e nacionalidades, trabalhadores e intelectuais – podiam ser conciliados, transcendendo seus vários interesses particulares. A ausência de tal consciência de classe entre os negros e, em seu lugar, a presença de uma consciência racial, era algo que os primeiros comunistas estadunidenses viam como um atraso ideológico e uma ameaça potencial à integridade do próprio movimento socialista[132]. Na medida em que tomaram consciência do nacionalismo negro, isso também lhes era inaceitável. O nacionalismo negro era intolerável para um movimento tão perto de afundar em divisões nacionais e étnicas. Essa preocupação se manifestava na frequência com que as ideologias "de retorno à África" eram descritas como "sionistas" e comparadas com os movimentos "de retorno à Palestina" entre os judeus – uma minoria importante e influente nos primórdios do movimento socialista[133]. O partido se opôs com tenacidade ao nacionalismo negro até que surgiu na União Soviética, em 1928, sua própria variante: a autodeterminação. A UNIA, como a mais forte organização entre os negros de ideologia nacionalista, era caracterizada como um grupo reacionário burguês e se converteu em foco dos ataques contra o nacionalismo negro. O racismo estadunidense não combatia unicamente o programa do nacionalismo negro. Imigrantes europeus de outras origens que não a anglo-saxã também eram alvos de abusos e discriminações racistas. O racismo, portanto, era apenas um elemento da ideologia da classe dominante e o "chauvinismo" branco, sua posição política. Assim, o contexto social dos negros foi adaptado pelos ideólogos do movimento socialista à experiência social dos trabalhadores imigrantes europeus[134].

Os partidos comunistas não recrutaram negros de forma ativa até 1921. Essa mudança na sua política parece ter sido, em grande parte, responsabilidade de Lênin, o que é ainda mais notável quando lembramos que seu nome mal era conhecido por qualquer um dos membros nacionais do movimento estadunidense quatro anos antes[135]. Entretanto, foi Lênin quem levantou a "questão negra" no Segundo Congresso da Internacional Comunista em 1920. E foi ele quem escreveu ao partido nos Estados Unidos, "em algum momento de 1921, expressando surpresa que seus relatórios enviados a Moscou não mencionassem o trabalho do partido entre os negros, insistindo para que eles fossem reconhecidos como um importante elemento estratégico na atividade comunista[136]. O Partido Comunista estadunidense começou então a recrutar negros, se bem que, no início, se tratasse sobretudo de intelectuais negros radicais e organizadores nacionalistas. O núcleo, como já dissemos, era formado por aqueles que compunham a maioria do Conselho Supremo da African Blood Brotherhood. Ainda assim, os antecedentes históricos e teóricos do trabalho do Partido Comunista estadunidense entre os negros e suas posições finais acerca do nacionalismo negro foram substancialmente extraídos das experiências dos revolucionários russos.

No mesmo ano em que Lênin discursou no Segundo Congresso do Comintern, ele havia escrito em *Left-Wing Communism: An Infantile Disorder* (Esquerdismo: Doença Infantil do Comunismo): "Rejeitar compromissos 'por princípio', rejeitar a permissibilidade dos compromissos em geral, qualquer que seja sua natureza, é uma infantilidade, difícil inclusive de ser levada a sério. [...] Existem diferentes tipos de compromissos."[137]

Aqui, Lênin atacava o que ele chamou de "oportunismo da esquerda", isto é, as ações e juízos políticos que usavam os textos de Marx e Engels para criticar e se opor a ele e à liderança do partido bolchevique. O cenário era 1920. Na Rússia, a guerra civil estava não tinha sido decidida; e na Europa, o movimento revolucionário fora "temporariamente" derrotado. Lênin instava uma retirada tática. Esse documento estava destinado a conter as críticas de outros revolucionários russos, que insistiam que a revolução deveria manter uma arena e escopo internacionais e não podia ser assegurada em um território nacional. Por meio do documento e de outras atividades, Lênin esperava desativar os "dissidentes de esquerda" antes que se transformassem em uma força incontrolável e perturbadora no Segundo Congresso e rompessem com o controle do Partido bolchevique e sua direção da Terceira Internacional. Não obstante suas inconsistências lógicas, omissões históricas e distorções e de suas contradições da teoria marxista, seu documento se tornou uma das obras mais significativas da primeira década da Terceira Internacional. Muito disso deveria ser atribuído à autoridade de Lênin no movimento, a do mais poderoso comunista do mundo; mas de igual importância foi a legitimação da acomodação ao capitalismo e ao imperialismo mundial. Propiciou um *modus vivendi* pragmático para os partidos comunistas de outros países para que sobrevivessem enquanto mantinham a ilusão de serem revolucionários em vez de reformistas[138].

O fio do argumento de Lênin, bem como suas declarações políticas, pode ser rastreado estilisticamente em sua crítica aos "comunistas de esquerda" em 1918, quando ao escrever *"Left Wing" Childishness and the Petty-Bourgeois Mentality* (O Infantilismo Esquerdista e a Mentalidade Pequeno-Burguesa) ele fora forçado a defender o desenvolvimento da burocracia capitalista do Estado e o Tratado de Brest-Litovsk com o governo ucraniano. Substancialmente, esse fio poderia ser encontrado em sua caracterização do partido revolucionário como a vanguarda das massas revolucionárias:

> Ao educar o partido operário, o marxismo educa a vanguarda do proletariado, capaz de assumir poder e *conduzir todo o povo* ao socialismo, de dirigir e organizar o novo regime, de ser o mestre, o guia, o dirigente de todos os trabalhadores e povos explorados na organização de sua vida social sem e contra a burguesia.[139]

Para Lênin, o partido era o possessor da verdadeira consciência histórica e o verdadeiro instrumento da história. O partido era a teoria marxista na prática. Fez o que fez porque o proletariado havia demonstrado que possuía uma insuficiente consciência de classe[140]. Deduz-se, portanto, segundo Lênin, que a oposição às tarefas definidas para si pelo partido só poderia vir de duas fontes: a burguesia reacionária na direita, e os oportunistas pseudomarxistas, "intelectuais" da pequena burguesia, na esquerda. Se, a fim de sobreviver, o partido que atuava como Estado, se comprometia com a Alemanha, a Áustro-Hungria, a Bulgária e a Turquia (a Quádrupla Aliança) em Brest-Litovski, ele não poderia ser acusado de transigir *em geral*. A alternativa teria sido a continuação da guerra e da derrota. É preciso distinguir, Lênin argumentou, entre compromissos "obrigatórios" (preservação) e aqueles compromissos que o transformam em "cúmplices do banditismo". O partido bolchevique assumiu apenas compromissos obrigatórios

[...] exceto quando cometeu erros "menores e facilmente corrigíveis". Com um pouco de sofisticação, Lênin declarou:

> O que se aplica aos indivíduos também se aplica – com as devidas modificações – à política e aos partidos. Não é inteligente quem não comete erros. Tais pessoas não existem, nem poderiam existir. O inteligente é aquele cujos erros não são muito graves e ele é capaz de retificá-los com facilidade e rapidez.[141]

Programática e taticamente, Lênin estava estabelecendo as bases para que os partidos membros do Comintern na Europa e em qualquer outro lugar assumissem posições não revolucionárias no momento. Os membros do partido foram instruídos a aderir a partidos, movimentos e organizações e a tentar influenciar a política em relação às demandas reformistas necessariamente intoleráveis ao capitalismo. "Os comunistas não devem se contentar em ensinar seus objetivos finais ao proletariado, mas devem dar ímpeto a cada movimento prático que conduza o proletário a lutar por esses objetivos finais."[142]

Em 1920 e novamente em 1921, Lênin havia mostrado seu desapontamento com a direção e as prioridades organizacionais estabelecidas pelo Partido Comunista estadunidense. Ele sugeriu ainda que os negros deviam desempenhar um papel crítico no partido e na vanguarda do movimento dos trabalhadores, já que constituíam o setor mais oprimido da sociedade estadunidense e era de se esperar que estivessem profundamente irritados. Tudo isso era de alguma forma característico de Lênin quando ele racionalizava o oportunismo básico que dominara a história do movimento bolchevique[143].

No entanto, Lênin não encontrou na delegação dos Estados Unidos ao Segundo Congresso nenhuma base para dar suporte às suas declarações. Na verdade, segundo John Reed, o escritor revolucionário formado em Harvard, a delegação estadunidense, preocupada com a imagem da UNIA, repudiou a posição de Lênin:

> Reed definiu o problema negro estadunidense como "o de um forte movimento racial e social e de um movimento trabalhador proletário que avança muito rápido na consciência de classe". Ele

aludiu ao movimento de Garvey em termos que descartavam todo nacionalismo e separatismo negros: "Os negros não têm reivindicações no que tange a uma independência nacional. Todos os movimentos que visam uma existência nacional separada para os negros fracassam, como ocorreu com o 'Back to Africa Movement' [Movimento de Retorno à África] alguns anos atrás. Eles se consideraram, antes de tudo, estadunidenses em casa. Isso torna tudo muito mais simples para os comunistas."[144]

Entrementes, o Comintern estava satisfeito com o plano vago de convidar revolucionários negros para um congresso futuro.

Duas dessas figuras participaram do Quarto Congresso da Internacional Comunista em 1922: Otto Huiswoud, como delegado oficial, e Claude McKay, como observador não oficial e não comunista. McKay e Huiswoud ("o delegado mulato", como McKay iria se referir a ele em sua autobiografia, *A Long Way From Home*) tendiam a se complementar nas discussões formais e informais sobre a "questão negra".

Quando o delegado negro estadunidense foi convidado a comparecer às reuniões e meu colega mulato apareceu, as pessoas perguntaram: "Mas onde está o *chorny* (o negro)?" O delegado mulato respondeu: "Olha, camarada, você é ótimo para a propaganda. É uma pena que nunca será um membro disciplinado do partido."[145]

Com a ajuda do revolucionário japonês Sen Katayama, que havia passado algum tempo nos Estados Unidos trabalhando como cozinheiro e em outras ocupações nas costas oeste e leste, fora um dos fundadores do partido estadunidense unificado e bolchevizado e agora participava da comissão para questões nacionais e coloniais[146], McKay e Huiswoud apresentaram, com sucesso, uma base mais realista para discussão nas sessões do Comintern. E foi no Quarto Congresso que o Comintern fez sua primeira declaração política formal em relação aos negros estadunidenses: No início do ano seguinte, Rose Pastor Stokes, a esposa radical de J.C. Phelps Stokes e um dos patrocinadores milionários do NAACP, voltou aos Estados Unidos e relatou a seus companheiros do partido:

Um dos desenvolvimentos mais significativos no Quarto Congresso da Internacional Comunista foi a criação de uma Comissão Negra e a adoção das Teses da Comissão sobre a Questão Negra, que conclui com a declaração que "o Quarto Congresso reconhece a necessidade de apoiar todas as formas do movimento negro que tendem a minar o capitalismo e o Imperialismo ou a impedir seu maior progresso", a Internacional Comunista compromete--se a lutar "pela igualdade racial do povo negro com o branco, por igualdade de salários e direitos políticos e sociais", a "envidar todo esforço possível para admitir negros nos sindicatos" e "tomar medidas imediatas para realizar uma conferência ou um congresso geral de negros em Moscou".

Dois negros estadunidenses foram convidados ao Congresso. Um deles poeta, o outro conferencista e organizador, ambos jovens e enérgicos, dedicados à causa da libertação negra e receptivos aos ideais do proletariado revolucionário. Eles encantaram os delegados com sua agradável personalidade.[147]

De acordo com a sra. Stokes, a própria Comissão Negra era internacional, composta por delegados dos Estados Unidos; da Bélgica; França; Inglaterra; de Java; da África do Sul Britânica; do Japão; da Holanda e da Rússia. A perspectiva da Comissão era, pois, internacional, refletindo o internacionalismo da organização marxista, a teoria do capitalismo e a origem de seus membros. Como presidente da Comissão, a camarada Sasha [Stokes] anunciou:

> O movimento mundial negro precisa ser organizado: nos Estados Unidos, enquanto centro da cultura negra e da cristalização do protesto negro; na África, reserva de força de trabalho humana para o maior desenvolvimento do capitalismo; na América Central (Costa Rica, Guatemala, Colômbia, Nicarágua e outras repúblicas "independentes"), na qual domina o imperialismo estadunidense; em Porto Rico, Haiti, São Domingos, e outras ilhas banhadas pelas águas do Caribe [...] na África do Sul e no Congo [...] na África Oriental.[148]

O trabalho entre os negros nos Estados Unidos, seria, portanto, um setor de um movimento mundial contra o colonialismo e o imperialismo como estágios contemporâneos do capitalismo mundial. A Internacional Comunista deveria ser o veículo pelo qual os trabalhadores brancos escravizados da Europa e da América, assim como os "trabalhadores e camponeses revolucionários do mundo inteiro", convergiriam contra o inimigo comum:

> É tarefa da Internacional Comunista assinalar ao povo negro que não são as únicas pessoas que sofrem a opressão do capitalismo e do imperialismo; que os trabalhadores e camponeses da Europa e da Ásia e das Américas também são vítimas do imperialismo; que a luta contra o Imperialismo não é a luta de alguns povos, mas de todos os povos do mundo; que na China e na Índia, na Pérsia e na Turquia, no Egito e no Marrocos os povos de cor oprimidos pelo colonialismo estão se manifestando contra os mesmos males que os negros – opressão e discriminação racial e exploração industrial intensificada; que esses povos lutam pelos mesmos fins que os negros – libertação e igualdade políticas, industriais e sociais.[149]

Não obstante suas contradições e formulações ideológicas, essas Teses Sobre a Questão Negra foram um documento extraordinário. É certo que sua visão tão centrada no Novo Mundo a limitava ao Novo Mundo (por exemplo, a proposição de que o "centro da cultura negra e [...] do protesto" era nos Estados Unidos). A pressuposição de que o povo negro proletarizado nos Estados Unidos fosse o setor mais avançado do mundo negro era certamente mais uma vulgarização de Marx que um produto de análise. Mas, com a mesma certeza, essa declaração foi uma apresentação mais sofisticada do sistema mundial do que aquela desenvolvida no internacionalismo inicial da UNIA. A comissão havia instado com sucesso o Quarto Congresso a reconhecer a relação entra a "Questão Negra" e a "Questão Colonial."

A intenção por trás da Comissão Negra no Quarto Congresso era substituir a consciência sistêmica e de classe por uma consciência de raça entre os negros estadunidenses. Contudo, uma lição duradoura aprendida pela UNIA era de que os negros eram capazes de se organizar em escala internacional. A Comissão Negra sugeriu que a UNIA era apenas uma forma particular de consciência de raça, sendo possível que se transformasse em uma força progressista. Uma consciência racial mundial-histórica, que reconhecesse a exploração dos negros como negros, porém como parte de, e relacionada com, a exploração de outros trabalhadores poderia se desenvolver dessa forma anterior. O problema histórico colocado ao Comintern e seus partidos membros – especialmente o Partido Comunista estadunidense – era se o movimento comunista tinha a capacidade necessária para realizar essa transformação. A começar pelos esforços de Huiswoud, McKay e Katayama, ficou cada vez mais claro para a liderança do Comintern – Radek, Zinoviev, Trótski, Lênin, e mais tarde Stálin – que somente um programa especial poderia atrair muitos trabalhadores negros para o movimento. Depois de 1922, a tutela e a formação de quadros negros na União Soviética foram levadas muito a sério. O mais crítico dos resultados foi a formulação da tese da "nação dentro de uma nação" anunciada pelo Sexto Congresso em 1928.

Haywood Hall (Harry Haywood) foi um dos negros estadunidenses levados à União Soviética para estudar na KUTV – Communist University of the Toilers of the East (Universidade Comunista dos Trabalhadores do Oriente). Quando ali chegou em abril de 1926, se associou a uma pequena colônia de estudantes negros que incluía: seu irmão Otto Hall (John Jones); O.J. e Jane Golden; Harold Williams (Dessalines); Roy Mahoney (Jim Farmer); Maude White (que chegara em dezembro de 1927); e Bankole Awoonor-Renner (da Costa do Ouro)[150]. Desses sete estudantes negros na KUTV[151] e dos negros que chegaram à União Soviética como delegados do Sexto Congresso em 1928, somente Haywood defendia a ideia de "autodeterminação" para os negros estadunidenses. Sua conversão ocorrera no inverno de 1928 quando, durante a preparação para o Congresso, ele havia respondido a um relatório desdenhoso sobre a UNIA de autoria de seu irmão Otto:

> Na discussão, assinalei que a posição de Otto não era meramente uma rejeição do garveyismo, mas também uma negação do nacionalismo como tendência legítima no movimento negro por liberdade. Achei que era como jogar fora a água da banheira

com o bebê junto. Com meu *insight* aguçado por discussões prévias, argumentei ainda que o nacionalismo refletido no movimento de Garvey não era um transplante estrangeiro nem brotara do nada. Pelo contrário, era um produto indígena, brotado do solo da superexploração e opressão dos negros nos Estados Unidos. Expressava os anseios de milhões de negros por uma nação própria.

Ao seguir essa lógica, um pensamento totalmente novo se me ocorreu e para mim foi o fator decisivo. O movimento Garvey está morto, pensei, mas o nacionalismo negro não. O nacionalismo, que Garvey desviou sob o *slogan* "retorno à África" foi uma tendência autêntica, com probabilidade de ressurgir em períodos de crise e tensão. Tal movimento poderia cair novamente sob a liderança de visionários utópicos que procurariam desviá-lo da luta contra o principal inimigo, o imperialismo dos Estados Unidos e conduzi-lo na direção de um caminho separatista reacionário. A única maneira de evitar esse desvio da luta seria apresentar uma alternativa revolucionária aos negros.

[...] Fui o primeiro comunista estadunidense (talvez à exceção de Briggs) a apoiar a tese que os negros dos Estados Unidos constituíam uma nação oprimida.[152]

N. Nasanov (Bob Katz), um representante russo da Liga de Jovens Comunistas, tendo passado algum tempo nos Estados Unidos, já estava convencido de que os negros estadunidenses constituíam uma questão nacional. Katayama também e sugeriu a Haywood que Lênin havia apoiado a ideia. Mas eles, e comunistas soviéticos de mentalidade similar, encontraram dificuldade para localizar qualquer negro estadunidense que apoiasse sua posição[153]. Nasanov ouviu os argumentos de Haywood e prontamente requereu sua colaboração. A partir do momento em que Haywood expressou seu compromisso para com o nacionalismo negro, foi estabelecido o ímpeto para a linha de autodeterminação que se converteria na política oficial do Comintern depois do Congresso. As resoluções e documentos de discussão redigidos por Haywood e Nasanov finalmente culminariam no léxico da "Questão do Negro Estadunidense" incluído no relatório do Congresso, "Teses Sobre o Movimento Revolucionário nas Colônias e Semicolônias", de 12 de dezembro de 1928:

Nas regiões do Sul em que vivem grandes massas de negros, é essencial apresentar o *slogan* do direito de autodeterminação para os negros. Uma transformação radical da estrutura agrária dos Estados sulistas é uma das tarefas básicas da revolução. Os comunistas negros devem explicar aos trabalhadores e camponeses não negros que somente sua estreita união com o proletariado branco e a luta conjunta contra a burguesia estadunidense podem levar à sua libertação da exploração bárbara, e que somente a revolução proletária vitoriosa resolverá completa e permanentemente as questões agrárias e nacionais do Sul dos Estados Unidos no interesse da esmagadora maioria da população negra do país.[154]

A autodeterminação negra foi apresentada ao Partido Comunista estadunidense como um *fait accompli*. E, por anos, a verdadeira origem da orientação seria um mistério para o movimento comunista estadunidense, assim como para seus historiadores[155]. Seu significado, porém, era claro: como Josef Pogany (John Pepper) o caracterizou (ou, como Haywood argumentou, caricaturizou) na primeira exposição estadunidense dessa linha, a lógica da autodeterminação conduziria a uma "República Soviética Negra"[156].

Como estratégia, a autodeterminação negra atendia a várias preocupações dentro do Comintern e do movimento estadunidense. Em primeiro lugar, pelo procedimento mediante o qual fora estabelecida, sublinhou a liderança do Comintern sobre seus partidos nacionais. Além disso, legitimada pela existência de outros movimentos de libertação nacional, bem como pela história anterior dos negros estadunidenses, também aliviou um pouco as decepções de alguns membros da Terceira Internacional causadas pelo fracasso do desenvolvimento de uma revolução mundial imediata – as lutas pela libertação nacional, por sua própria natureza, eram prolongadas. Como um modelo político, foi útil tanto como um meio de expressão para aqueles nacionalismos e chauvinismos de longa duração do Partido Comunista estadunidense: muitos ideólogos no movimento identificaram suas próprias sensibilidades nacionalistas com o nacionalismo negro[157]. Finalmente, acreditava-se que seria uma das formas mais eficientes de abordar um dos povos estadunidenses mais antigos, o "negro", primeiro por intermédio de sua *intelligentsia* nacionalista radical e a seguir por suas massas. Alegava-se que a autodeterminação não só atrairia os negros, como também poderia ser o tornassol para determinar o grau de progressividade entre os militantes não negros do partido, enquanto enfraquecia a classe dominante, sacudindo a pseudoaristocracia bourboniana e a separando de seus patrocinadores capitalistas industriais e financeiros.

Ainda assim, a base teórica para que o partido identificasse os negros como uma nação ainda era um tanto heterodoxa em termos da teoria marxista. Marx e Engels distinguiram "nações" de "nacionalidades", reconhecendo nas primeiras a capacidade de uma existência econômica independente, ao passo que as segundas seriam incapazes disso. Engels o havia expressado de forma muito clara:

> Não há nenhum país na Europa em que não existam diferentes nacionalidades sob o mesmo governo […] Aqui, então, percebemos a diferença entre os "princípios das *nacionalidades*" e o velho princípio democrático e da classe operária quanto ao direito das grandes *nações* europeias a uma existência separada e independente. O "princípio das nacionalidades" deixa inteiramente intocada a grande questão do direito de existência nacional para os povos históricos da Europa; e se a toca, é meramente para perturbá-la. O princípio das nacionalidades suscita dois tipos de questões: em primeiro lugar, questões de fronteiras entre esses grandes povos históricos; e em segundo lugar, questões quanto ao direito de uma existência nacional independente daquelas numerosas pequenas relíquias de povos que, depois de terem figurado por um longo ou curto período no palco da história, foram finalmente absorvidos como parte integral de uma ou outra daquelas nações mais poderosas, cuja maior vitalidade lhes permitiu superar grandes obstáculos.[158]

A extensão lógica de Marx ou de Engels teria sido identificar os negros dos Estados Unidos como uma minoria nacional ou como uma nacionalidade, mas não como uma nação. Para Marx ou Engels, a nação era um fenômeno histórico bastante particular:

Desde o fim da Idade Média, a história tem se movido para uma Europa composta por grandes Estados nacionais. Apenas esses Estados nacionais constituem o marco político normal para a classe burguesa europeia dominante e, ademais, são pré-requisitos indispensáveis [...] sem os quais o domínio do proletário *não pode* existir.[159]

O historicismo de Engels apresentava a nação como um instrumento da burguesia; sua emergência coincidiu com o desenvolvimento de uma sociedade burguesa e capitalista. E dado que a nação e, em seguida, sua extensão transnacional, se tornaram realidade, foi possível que um movimento revolucionário internacional passasse a comandar a sociedade que o produzira. Para Marx, tanto a língua quanto a cultura pareciam fenômenos secundários, a primeira associada à nacionalidade, a segunda, à classe dominante. Infelizmente, ao longo do século XIX e até o século seguinte, grande parte da gramática teórica elaborada por Marx, Engels, Lênin e outros marxistas e aplicada à análise dos fenômenos e processos estadunidenses foi igualmente ingênua. Era ingênua devido à sua ahistoricidade e sua tendência ao uso de conceitos agregativos a ponto do supérfluo. Essencialmente, sua ingenuidade era contraditória: no momento histórico da imigração em massa, a aplicação de raça e classe, as duas categorias mais fundamentais dessa gramática, pressupunha a existência, entre a maioria dos trabalhadores estadunidenses, de uma classe trabalhadora branca; assim, o surgimento final de uma nação negra sugeria um *momentum* histórico oposto[160]. Lênin se mostrou como o grande teórico, a parteira ideológica, mas no Partido Comunista estadunidense e entre seus historiadores acreditava-se que era Stálin quem havia fornecido a base teórica para a posição do partido, de que os negros eram uma nação dentro de uma nação. "Se havia um 'gênio' nesse esquema", Theodore Draper declararia, "foi, sem dúvida, Stálin."[161] No entanto, o contraste entre Stálin e Engels e Marx era dramático. No que seria uma das justificativas mais citadas para o "programa negro do Comintern, Stálin abandonara por completo a sofisticação analítica: "Uma nação é uma comunidade estável de pessoas, historicamente estabelecida, que passa a existir com base em uma comunidade de língua, território, vida econômica e constituição psicológica, que se manifestam em uma comunidade de cultura."[162]

Esse extraordinário trecho talvez seja característico das contribuições teóricas de Stálin ao pensamento marxista e ao conhecimento do mundo. Primeiro, é também ahistórico, já que nenhuma nação contemporânea surgiu dessa maneira; segundo, é abstrato e vago, fazendo uso de expressões tais como "constituição psicológica"; terceiro, é tautológico: a comunidade se manifesta como comunidade; e finalmente, não é marxista, pois tende a um paradigma evolutivo oposto ao do materialismo histórico. Sua única característica apropriada era que estava de acordo com o oportunismo ideológico e programático que caracterizou o predecessor imediato de Stálin. As implicações políticas desse trecho se encaixam muito bem nas racionalizações encontradas no *"Left-Wing" Communism*. Esse é, talvez, outro tipo de prova de que a política foi uma glosa na história dos movimentos negros e não o produto independente da elite política soviética. À semelhança de formulações sobre outras lutas de libertação nacional que se descobrem nas declarações do Comintern, tratava-se de um oportunismo político em busca de justificações teóricas. Representava, pois, a importância crítica para o Partido Soviético de formar alianças com movimentos que surgiam de sociedades teoricamente "pré-capitalistas". Dada a necessidade histórica, o marxismo-leninismo comprometeu-se teoricamente com o nacionalismo e, como tal, institucionalizou a força que levou a Segunda Internacional à sua submissão. Pode-se dizer, na leitura mais simplista da dialética, que a Terceira Internacional foi uma síntese da tese (socialismo) e da antítese (chauvinismo nacional) da Segunda.

Como política oficial do Partido Comunista estadunidense, a autodeterminação – a Tese do Cinturão Negro[163] – sobreviveria a Stálin, mas por pouco tempo. E inclusive enquanto Stálin era a figura dominante no movimento comunista mundial, teria seus altos e baixos, respondendo à dinâmica nacional e internacional do movimento revolucionário.

A política da autodeterminação do negro viveu duas vezes e morreu duas vezes. Depois de derrubar o "revisionismo" de Lovestone, Browder fez da autodeterminação um dos artigos principais da fé em sua liderança. Em novembro de 1943, muito depois de ter deixado de dar qualquer sinal de vida, ele proferiu uma oração fúnebre sobre o cadáver da autodeterminação; explicou que o povo negro já havia exercido o direito histórico de autodeterminação – ao rejeitá-lo. Depois de derrubar o "revisionismo" de Browder, Foster fez da autodeterminação um dos artigos principais da fé em sua liderança. Em 1946, a autodeterminação reencarnou em uma versão ligeiramente diluída – como uma reivindicação programática e não como um *slogan* imediato de ação.

Em 1958, a liderança comunista enterrou novamente o cadáver do direito à autodeterminação. Decidiu que o povo negro estadunidense não era mais uma "comunidade estável"; que a questão nacional negra não era mais "uma questão essencialmente camponesa"; que os negros não possuíam nenhuma "característica psicológica comum" que os distinguisse; que as principais correntes do pensamento e da liderança negros fluíam, "histórica e universalmente na atualidade" em direção à igualdade com os demais estadunidenses; que o povo negro estadunidense não constituía uma nação; e, portanto, que o direito à autodeterminação não se aplicava a eles.[164]

Lênin havia instado ao Partido Comunista estadunidense que considerasse o negro estadunidense um elemento crítico em sua política e organização. Stálin, ele próprio membro de uma minoria nacional russa, fora a autoridade por meio da qual o Comintern e o Partido Comunista estadunidense reconheceram os negros como uma nação oprimida[165]. E, por um tempo, as políticas diretamente influenciadas por esses dois bolcheviques tiveram sucesso: milhares de negros filiaram-se ao CPUSA durante os anos de 1930 em resposta às atenções do partido e suas intenções expressas[166]. No entanto, no plano de fundo estavam a UNIA e a Irmandade. Elas haviam estabelecido as pré-condições políticas e ideológicas para as atividades do partido e seus êxitos. A UNIA personificava a tradição radical negra e dava às massas negras um senso de pertencimento a uma nação. Muitos dos primeiros ativistas negros no partido haviam passado pela UNIA ou pela ABB. E foram a UNIA e a ABB que demonstraram a capacidade dos negros de se organizarem politicamente e responder ideologicamente. O fato de que a importância desses exemplos tivesse que depender da política dirigida pelos soviéticos para ser revelada é um ponto significativo acerca da natureza incipiente do movimento comunista estadunidense.

À luz desse relato da intervenção russa e do Comintern nos assuntos do Partido Comunista estadunidense, parece uma ironia histórica que foi por meio da obra de Du Bois que uma primeira reavaliação da teoria revolucionária marxista foi esboçada. Foi Du Bois quem introduziu no marxismo estadunidense uma interpretação crítica da natureza e da importância da revolução – baseada em grande medida nos desdobramentos da Revolução Russa e no período de Reconstrução estadunidense.

Du Bois e a Teoria Radical

Como negro, Du Bois era sensível às contradições na sociedade estadunidense, em particular à força material do racismo. Era ainda mais *consciente* do racismo, já que nos seus primeiros anos havia sido nele encasulado. Ele era muito jovem quando foi forçado a enfrentar abertamente a cultura racista. Mais tarde, como estudioso negro, teve uma experiência imediata e profunda com as falsas histórias produzidas por essa cultura. Tanto sua formação em Harvard, cujo Departamento de História era bastante influenciado pela historiografia alemã, quanto seus estudos em Berlim, o deixaram com uma aguda sensibilidade para o mito e a propaganda na história. E, como sugerimos antes, na qualidade de crítico de Marx, Du Bois não tinha obrigações para com o dogma marxista ou leninista, nem para com os caprichos da análise e interpretação históricas que caracterizavam o pensamento comunista estadunidense. Esses atributos, envolvidos pelos acontecimentos do período posterior à Primeira Guerra Mundial, propiciaram a Du Bois a habilidade para aproveitar a vantagem criada por essa crise do capitalismo:

> Em cada época, cada um deve deixar claros os fatos, com total indiferença ao seu próprio desejo e crença. O que precisamos saber,

na medida do possível, são as coisas que realmente aconteceram no mundo [...] O historiador não tem o direito, fazendo-se passar por cientista, de ocultar ou distorcer os fatos; e até que possamos distinguir entre essas duas funções do cronista da ação humana, vamos tornar mais fácil que um mundo confuso por pura ignorância cometa o mesmo erro dez vezes. [p. 722]

Ele havia escrito essas palavras tendo em mente a historiografia estadunidense. Mas também podemos pressupor que ele tinha uma aplicação adicional à mão.

Entre as várias verdades que Du Bois se propôs a estabelecer no *Black Reconstruction* muitas estavam diretamente relacionadas com a teoria marxista e leninista. Especificamente, suas ideias diziam respeito ao surgimento do capitalismo; à natureza da consciência revolucionária; e à natureza da organização revolucionária. Como recordamos, Du Bois primeiro insistiria na importância histórico-mundial da escravidão estadunidense no surgimento do capitalismo moderno e do imperialismo. Nisso, ele não foi além de Marx, porém foi simplesmente seu ponto de partida. Em seguida demonstraria, historicamente, a força revolucionária de escravos e camponeses – em oposição a uma classe trabalhadora industrial reacionária. No final, com Lênin em mente, Du Bois questionaria os supostos papéis de uma vanguarda e das massas no desenvolvimento da consciência revolucionária e de uma ação revolucionária eficaz.

Com respeito à primeira questão – a relação entre a destruição da escravidão e o surgimento do capitalismo moderno e do imperialismo – Du Bois argumentou que o período da Reconstrução estadunidense foi *o* momento histórico no sistema mundial em desenvolvimento. Foi o momento em que o capitalismo mundial assumiu o caráter que persistiria no século XX:

A abolição da escravidão estadunidense deu início ao traslado do capital dos países brancos para os negros nos quais a escravidão prevalecia, com as mesmas enormes e terríveis consequências para as classes trabalhadoras do mundo que vemos hoje à nossa volta. Quando matérias-primas não podiam ser obtidas em um país como os Estados Unidos, ela poderia ser obtida nas regiões tropicais e semitropicais sob a ditadura da indústria, do comércio e da manufatura e sem classe campesina livre.

A concorrência entre uma agricultura realizada por escravos nas Índias Ocidentais e na América do Sul, na África e na Ásia, acabou arruinando a eficiência econômica da agricultura nos Estados Unidos e na Europa e precipitou a degradação econômica moderna do fazendeiro branco, enquanto colocava o monopólio das matérias-primas nas mãos dos proprietários das máquinas, de tal forma que seu domínio sobre o trabalho branco era cada vez mais completo. [p. 48]

Segundo Du Bois, esse não foi um desenvolvimento necessário, mas o que se seguiu ao desmantelamento e destruição da "ditadura do trabalho" estabelecida no Sul dos Estados Unidos durante a Reconstrução:

Em 1876, começou a surgir nos Estados Unidos um novo capitalismo e uma nova escravização da força de trabalho [...]

O mundo chorava por que no grupo explorador formado pelos senhores do Novo Mundo, a ganância e o ciúme tornaram-se tão ferozes que eles lutaram pelo comércio, pelos mercados, pelos materiais e escravos do mundo inteiro até que, finalmente, em 1914, eclodiu a guerra mundial. A fantástica estrutura desmoronou, deixando grotescos Lucros e Pobreza, Abundância e Fome, Império e Democracia se encarando durante a Depressão Mundial. [p. 634]

No entanto, ao invés de ver esse processo como inevitável devido à contradição entre os modos de produção e as relações de produção, Du Bois argumentou que ele fora resultado das ideologias do racismo e, em menor medida, do individualismo. Foram essas ideologias, como forças históricas, que impediram o surgimento de um poderoso movimento operário nos Estados Unidos – um movimento cujo núcleo consistiria nos nove milhões de ex-escravos e camponeses brancos do Sul. A força dessas ideologias se manifestou depois da guerra, quando esses trabalhadores não avançaram para o próximo passo lógico: a institucionalização de sua convergência histórica, a fim de dominar a "ditadura do trabalho" da Reconstrução. Sem esse movimento, a revolução iniciada em 1855 com os ataques de John Brown no Kansas não poderia continuar[167]. O fracasso em alcançar uma consciência de si mesmos enquanto classe não foi resultado da ausência da concentração da produção na agricultura, como alguns marxistas poderiam supor, pois no Norte os trabalhadores haviam tido essa experiência, porém seu movimento foi predominantemente sindicalista[168]. Por outro lado, no Sul, no qual o caráter da produção no tocante à concentração do trabalho era mais ambíguo, foram esses trabalhadores, negros e brancos, que causaram a "Greve Geral" decisiva para o fim da Guerra Civil.

A Greve Geral não fora planejada ou organizada de forma consciente. O que Du Bois qualificou como "Greve Geral" foi o impacto total no Sul secessionista de uma série de ações circunstancialmente relacionadas entre si: cerca de duzentos mil trabalhadores negros, a maioria deles escravos, se converteram em parte das forças militares da União. Eles e um número ainda maior de negros, haviam retirado seu trabalho produtivo e seus serviços paramilitares da Confederação, transferindo parte substancial deles para o exército da União. Além disso, dezenas de milhares de escravos e brancos pobres emigraram do Sul. Os primeiros estavam fugindo da escravidão, os segundos, de sua pobreza e das demandas e devastações de uma guerra na qual não tinham interesse pessoal. O resultado foi o enfraquecimento crítico dos secessionistas. A sucessão dessas diversas ações foi, portanto, uma consequência da ordem social à qual reagiam. As contradições dentro da sociedade sulista, mais que uma vanguarda revolucionária, foram as que teceram esses fenômenos, transformando-os em uma força histórica. Depois da guerra, uma ordem diferente seria requerida para integrar esses fenômenos em um movimento político. Isso poderia ser realizado apenas se as ideologias dominantes da sociedade fossem transcendidas. O que não ocorreu.

> O poder do voto negro no Sul decerto iria se deslocar, gradualmente, em direção à reforma.
> Era essa a contingência que os brancos pobres de todas as classes temiam. Para eles, significava um reestabelecimento daquela subordinação ao trabalho negro que haviam sofrido durante a escravidão. Por conseguinte, empregaram todo tipo de violência

para aumentar o antagonismo natural entre a classe dos proprietários de *plantations* sulistas e seus antagonistas do Norte, que representavam tanto a ditadura militar quanto a do capital [...]

Os esforços reformistas, portanto, a princípio amplamente aplaudidos, começaram a enfraquecer um a um, diante de uma nova filosofia que representava um entendimento entre os proprietários de *plantations* e os brancos pobres [...] Ela era acompanhada por [...] ânsia por parte dos brancos pobres de restringir as reivindicações dos negros por qualquer meio, e pela vontade de fazer o trabalho sujo da revolução que se acercava, com seu sangue e terríveis crueldades, suas palavras amargas, sua sublevação e turbulência. Esse foi o nascimento e o desenvolvimento da Ku Klux Klan. [p. 623]

Contudo, não se tratava somente dos antagonismos dos brancos pobres contra os negros, revitalizados pela proeminência assumida por esses últimos durante a Reconstrução. A "profunda fundamentação econômica" para esses antagonismos estava de fato sendo desafiada por propostas com o intuito de alterar radicalmente a posse da terra, apresentadas pelos legisladores negros. Em vez disso, foram os remanescentes da classe dominante sulista que chamaram a atenção dos brancos pobres contra os trabalhadores negros. Essa classe dominante estava tão enfraquecida pela guerra que, pela primeira vez, foi forçada a recrutar agressivamente brancos pobres como seus aliados. "Os senhores temiam seus antigos escravos [...] Eles mentiram sobre os negros [...] evitaram o perigo de um movimento sindical sulista unido apelando para o medo e o ódio dos trabalhadores brancos [...] Eles os encorajaram a ridicularizar os negros e a espancá-los, matar e queimar seus corpos. Os proprietários de *plantations* inclusive deram aos brancos pobres suas filhas em casamento." [p. 623]

Foi desse modo que o vínculo entre os dois setores da classe trabalhadora sulista falhou em se materializar. Por necessidade, pensava Du Bois, os negros estabeleceram alianças de classe com os capitalistas do Norte e os republicanos radicais pequeno-burgueses. Ambas as alianças foram, por natureza, de curta duração. Tão logo o capital do Norte penetrou suficientemente no setor econômico sulista de modo a dominar seu desenvolvimento futuro, ele deixou de depender do eleitorado negro e das legislaturas estatais receptivas aos negros e à pequena burguesia radical. A aliança terminou com a retirada das tropas federais do Sul e a destruição dos governos apoiados pela burocracia da ocupação. Na década de 1880, o caráter subcapitalizado da produção agrária do Sul foi estabelecido e a necessidade de fontes externas de matérias-primas ficou ainda mais visível. No México, nas Filipinas, no Haiti, nas ilhas do Caribe e do Pacífico e em outros lugares, os capitalistas do Norte construíram suas próprias formas de escravidão: aquelas pelas quais não podiam ser facilmente responsabilizados e entre as quais não seriam obrigados a viver.

Retomando agora a questão da consciência e da organização revolucionárias, é novamente a apresentação de Du Bois da Greve Geral que fornece uma crítica ao pensamento marxista. Mas primeiro devemos lembrar o que constituía a teoria marxista nos Estados Unidos naquela época.

Enquanto Du Bois escrevia *Black Reconstruction*, o marxismo chegava em diversas formas, dependendo da tradição revolucionária ou intelectual considerada. Raphael Samuel afirmou que tais "mutações do marxismo" eram esperadas e, de fato, vinham precedidas por mudanças nos próprios escritos de Marx[169]:

> Na Rússia, o marxismo surgiu como uma tendência crítica dentro do populismo; na Itália, sob a forma de um sincretismo com a sociologia positivista; na Áustria – e na Bulgária –, em paralelo com o pensamento de Lassalle. O marxismo da Segunda Internacional era um assunto heterodoxo, com numerosas tendências que competiam por atenção política, e não se parecia em nada a um corpo completo de doutrina. O marxismo sobrepunha-se necessariamente a modos de pensamento preexistentes que incorporou em vez de deslocá-los e que foram considerados intrínsecos à nova perspectiva [...]
>
> Os contornos mudaram radicalmente durante o período da Terceira Internacional, porém o marxismo, apesar de seu caráter cada vez mais submetido ao partido, estava muito longe de ser algo hermeticamente fechado. Na década de 1920, houve um

debate filosófico vigoroso, na verdade furioso, dentro da própria União Soviética, no qual escolas rivais competiam em nome do materialismo dialético.[170]

No entanto, em geral, no que diz respeito ao prestígio no socialismo revolucionário, primeiro estavam as obras disponíveis de Marx e Engels e de seus contemporâneos mais próximos na Europa e na Rússia[171], que constituíam os textos clássicos do marxismo. Em segundo lugar, estavam as obras da *intelligentsia* soviética, Plekhánov, Lênin, Bukhárin, Trótski e Stálin[172].

A partir de 1917, esses escritos tornaram-se mais significativos para o movimento socialista. Com a burocratização da Revolução Russa e a institucionalização do Comintern, Stálin e suas interpretações do pensamento de Lênin acabaram substituindo todos os demais escritores marxistas.

> Todo o trabalho teórico sério cessou na União Soviética após a coletivização. Trótski foi exilado em 1929 e assassinado em 1940; Riazanov foi destituído de seus cargos em 1931 e morreu em um campo de trabalhos forçados em 1939; Bukhárin foi silenciado em 1929 e fuzilado em 1938; Preobrazhenski foi destruído moralmente em 1930 e morreu na prisão em 1938. Quando o governo de Stálin atingiu seu apogeu, o marxismo foi reduzido na Rússia a uma lembrança.[173]

Nos Estados Unidos, podiam ser encontradas dicotomias que refletiam os conflitos na Europa e na Rússia. Mas nos Estados Unidos, os propagandistas do partido tinham muito mais peso do que os teóricos independentes. A presença de teóricos no partido fora substancialmente reduzida pelos eventos do final da década de 1920 e início da de 1930. A expulsão de uma esquerda "trotskista", seguida pela da direita de Lovestone; o espetáculo dos expurgos dos veteranos da Revolução Russa do Partido Bolchevique; os compromissos do período da Frente Popular após 1933; e a prolongada demora da derrota do capitalismo, todos cobraram seu preço, especialmente na teoria revolucionária:

A ênfase de Marx na inevitabilidade histórica da revolução teve importância cada vez mais menor para os membros do Partido e para os intelectuais de esquerda nos anos trinta. Os comunistas podem ter reivindicado o marxismo como seu, porém se tratava simplesmente de uma reivindicação cerimonial depois que a Frente Popular foi anunciada. Na história do PC, no entanto, houve poucas ocasiões em que a teoria marxista foi aplicada em uma análise séria e sustentada da sociedade estadunidense. E inclusive os intelectuais não comunistas [...] faziam pouco uso de tais análises.[74]

A revolução fora relegada a segundo plano, enquanto necessidades mais urgentes – como o apoio ao New Deal; a busca de "segurança coletiva" para a União Soviética; a organização do novo sindicalismo representado pelo CIO – Congress of Industrial Organizations (Congresso de Organizações Industriais); e a luta pela assistência estatal aos desempregados e idosos – assumiram a prioridade. Finalmente, embora o marxismo pudesse continuar a se desenvolver em outros lugares dentro do nexo dos partidos comunistas, na Europa sua elaboração posterior nos anos de 1930 parece ter se confinado à Alemanha, França e Itália. E mesmo assim, como sugere Perry Anderson, a tradição era tensa:

> É de surpreender que, dentro de todo o *corpus* do marxismo ocidental, não haja uma única avaliação séria ou crítica sustentada do trabalho de um teórico importante por outro, que revele conhecimento textual próximo ou um mínimo cuidado analítico em seu tratamento. No máximo, há difamações precipitadas ou elogios casuais, igualmente baseados em leituras rápidas e superficiais. Exemplos típicos desse desleixo mútuo são as poucas e vagas observações dirigidas por Sartre a Lukács; os apartes esparsos e anacrônicos de Adorno sobre Sartre; a virulenta invectiva de Colletti contra Marcuse; a confusão amadora de Althusser entre Gramsci e Colletti; a rejeição peremptória de Althusser por Della Volpe.[75]

Ainda assim, havia muita desordem.

Não obstante a premissa compartilhada de que a emancipação humana seria idêntica à conquista da revolução socialista, os escritos produzidos pelos teóricos marxistas continham sérias discordâncias e diferenças com respeito aos processos históricos e aos elementos estruturais envolvidos no surgimento da revolução. Entre as áreas de disputa havia questões referentes à natureza da consciência de classe; ao papel de um partido revolucionário; e à natureza política do campesinato e de outras classes trabalhadoras "pré-capitalistas". Visto que é impossível sequer resumir o volume de opiniões conflitantes que podem ser encontradas na literatura marxista, nos ocuparemos apenas com aqueles aspectos abordados por Du Bois[176].

Marx e Engels haviam argumentado que a alienação intrínseca ao modo de produção capitalista, as contradições que surgem entre este modo e as relações sociais que o acompanham e a extensão da expropriação poderiam resultar em uma revolução socialista liderada pela classe trabalhadora industrial. Embora a revolução em si não fosse inevitável (isso seria equivalente ao determinismo econômico), o papel desse tipo específico de trabalhador em tal revolução era indiscutível[177]. A dialética histórica identificava o operário industrial – paradigma do proletariado – como a negação da sociedade capitalista; a força produzida pelo capitalismo que poderia finalmente destruí-lo. O capitalismo colocava uma classe, a burguesia, contra outra, o proletariado. Essa era a característica específica da luta de classes na sociedade capitalista. Entretanto, dado que em todas as sociedades do século XIX estudadas por Marx e Engels havia mais que duas classes, fazia-se necessário identificar e atribuir a essas outras classes papéis históricos particulares. A pequena burguesia era, no capitalismo, a intermediária nominal e histórica: seus gerentes, técnicos, pequenos comerciantes e lojistas. Ao contrário da burguesia, a pequena burguesia não possuía nem controlava os meios de produção. Ainda assim, era uma classe cujos membros reconheciam sua dependência da burguesia para a manutenção de seus privilégios sociais. Sua lealdade política era para com a burguesia e, como tal, entendia-se que fosse reacionária, pela sua natureza de classe[178]. Uma quarta classe, o lumpemproletariado, também era reacionária. Ela se caracterizava por se alimentar do proletariado de forma parasitária. O lumpemproletariado consistia em ladrões, bandidos, prostitutas, "pessoas sem ocupação definida e domicílio estável"[179]. Era dessa classe que a sociedade recrutava muitos daqueles que compunham seus instrumentos coercitivos: o exército, as milícias estatais, a polícia. A quinta classe era o campesinato. Era a classe que mais se aproximava dos brancos pobres e dos trabalhadores negros do período anterior à guerra, em termos de sua relação sistêmica com o capitalismo industrial, sua organização social e suas origens históricas[180]. Para Marx e Engels, o campesinato era um resquício da sociedade pré-capitalista. Mas, ao contrário de outros resíduos do feudalismo, por exemplo, o clero, a aristocracia e os artesãos, o campesinato mantinha sua importância na sociedade capitalista. Ambos, o campesinato e a burguesia, haviam sido negações do feudalismo, porém, o interesse próprio "tacanho" do campesinato tinha a intenção de destruir as relações feudais, recuando historicamente para pequenas propriedades de terra individuais e para longe das estruturas econômicas inclusivas, nacionalmente integradas, às quais a burguesia aspirava. No feudalismo, a burguesia havia sido uma contradição historicamente progressista, e o campesinato uma negação historicamente reacionária. Com a destruição do feudalismo pelas forças capitalistas, o campesinato se tornou reacionário de uma forma diferente. Ele era agora um aliado potencial da burguesia ao se posicionar contra a força política do trabalho industrial e da revolução socialista.

Lênin e Trótski, procedentes da Rússia tsarista, uma sociedade dominada por uma economia campesina de subsistência, "atrasada", viam o campesinato diferentemente de Marx ou Engels[181]. Nos territórios rurais da Rússia Central e Ocidental no fim do século XIX, os resquícios do "feudalismo" podiam ser encontrados na aristocracia e no campesinato pobre. Existiam, também, os cúlaques, que consistiam em uma burguesia rural que promovia uma agricultura capitalista e um campesinato médio essencialmente encerrado em formas modificadas de agricultura de subsistência. O campesinato errante, o proletariado rural, de acordo com Lênin, surgiu dos camponeses pobres que trabalharam para os cúlaques, para os latifundiários ou para alguns camponeses médios excepcionais. Lênin e Trótski concordavam que as relações rurais de produção estavam sujeitas a antagonismos "internos" de luta de classes (cúlaques contra camponeses pobres) e, mais importante, que o campesinato poderia ser um aliado do movimento da classe trabalhadora. Em 1901, por exemplo, Lênin observou:

> Nossos trabalhadores rurais ainda estão muito conectados com o campesinato, ainda estão sobrecarregados com os infortúnios que afetam o campesinato em geral, para permitir que o movimento dos trabalhadores rurais assuma uma importância nacional agora ou no futuro imediato [...] toda a essência do nosso programa agrário consiste em que o proletariado rural lute junto com o campesinato rico pela abolição dos resquícios da servidão, das parcelas de terra retidas pelo antigo senhor.[182]

Em 1905, entretanto, depois de vários anos de revoltas camponesas recorrentes, sua visão do "proletariado rural" era mais otimista: "Devemos lhe explicar que seus interesses são antagônicos aos do campesinato burguês; devemos conclamá-lo a lutar pela revolução socialista[183]. Embora Trótski e Lênin se opusessem à "Partilha Negra" (termo marxista para a apreensão extralegal e a divisão da terra em pequenas propriedades individuais), eles a consideravam uma tática para atrair momentaneamente o campesinato à revolução. Tão logo a ditadura do proletariado estivesse assegurada, outros arranjos poderiam ser feitos para os camponeses[184].

Parte da razão para os juízos feitos por Marx ou Engels do campesinato tinha a ver com as condições de trabalho que circunscreviam a produção camponesa e as relações sociais que fixavam os camponeses em vínculos prescritos de intercâmbio. Marx via o campesinato como uma "vasta massa" que consistia em clones funcionais: cultivadores simples, próximos, mas sem relações significativas; carentes de tudo exceto da mais rudimentar organização ou consciência política[185]. Engels também estava impressionado com o "grande espaço" que os camponeses ocupavam e atribuía a eles uma tradição de submissão e lealdade para com senhores específicos[186]. Nenhum dos dois imaginava que o campesinato fosse capaz de uma ação política independente. E se comparássemos as descrições encontradas em Marx e Engels da vida camponesa com as de Du Bois a respeito dos escravos e dos brancos pobres, descobriríamos semelhanças surpreendentes e importantes. Sobre os trabalhadores escravos, Du Bois comentou:

> Antes da guerra, o escravo estava curiosamente isolado; essa era a política. A política efetiva do sistema escravocrata, que tornava a *plantation* o centro de um grupo negro com uma rede de brancos em volta, que mantinha os escravos sem contato uns com os outros. É óbvio que o contato clandestino sempre existia; as andanças de negros para lá e para cá nos afazeres, levando recados; particularmente a semiliberdade e a mistura nas cidades; e mesmo assim, a massa de escravos era curiosamente provinciana e mantida à margem das correntes de informação. [p. 121-122]

Nos domicílios dos senhores, as complexidades das relações entre a força de trabalho e exploradores do trabalho muitas vezes incluíam laços sentimentais, porém, mais importante e persistentemente, os servos domésticos percebiam "que os senhores haviam se colocado entre eles e um mundo em que não tinham proteção legal exceto o senhor" e que "os senhores eram sua fonte de informação" [p. 123]. No início do trabalho, Du Bois havia sugerido: "Qualquer movimento de massas sob tais circunstâncias deveria materializar-se lenta e dolorosamente" [p. 57]. E acerca dos trabalhadores brancos pobres, ignorados como ele acreditava pelo movimento dos trabalhadores, os abolicionistas, os capitalistas do Norte e os proprietários de *plantations* do Sul, Du Bois supunha que juízos igualmente pessimistas poderiam ser feitos. Ele reiterou a descrição sombria de Francis Simkins e Robert Woody de suas condições:

> Uma ou duas deploráveis cabanas de troncos são as únicas habitações à vista. Nelas residem, ou melhor, se abrigam, os miseráveis cultivadores da terra, ou uma classe ainda mais indigente que ganha a vida precariamente como ambulantes, vendendo madeira seca na cidade [...]
> Essas cabanas [...] são antros de imundície [...] Suas faces estão manchadas pela lama acumulada durante semanas [...] Os pobres miseráveis parecem assustados quando você se dirige a eles e respondem às suas perguntas encolhendo-se como culpados. [p. 26]

Du Bois acrescentou que os brancos pobres também estavam vinculados à classe dos seus amos: "Na verdade, os líderes naturais dos brancos pobres, o pequeno agricultor, o comerciante, o profissional, o mecânico branco e o supervisor de escravos, estavam vinculados aos proprietários de *plantations* e distanciados dos escravos. [...] O único paraíso que os atraía era a vida dos grandes proprietários do sul" [p. 27]. Ainda assim, em meio à Guerra Civil, foram esses dois povos, os trabalhadores negros e os brancos pobres, que organizaram as rebeliões, a "Greve Geral", que havia desencadeado a dinâmica revolucionária que Du Bois descreveria como "as experiências mais extraordinárias de marxismo que o mundo, antes da Revolução Russa, tinha visto" [p. 358]. Cem mil brancos pobres desertaram dos exércitos confederados e talvez meio milhão de trabalhadores negros abandonaram as *plantations*. Na verdade, era o mesmo padrão que se concretizaria na Rússia. À semelhança dos escravos estadunidenses e dos brancos pobres, no meio da guerra o campesinato russo abandonaria seus exércitos em campo. Sua rebelião também marcou o início da revolução.

Como a maioria dos homens e mulheres informados de seu tempo, Du Bois ficou profundamente impressionado com a Revolução Russa e acreditava que poderia escrever e falar sobre ela sem ter que "dogmatizar com Marx ou Lênin"[187]. Já em 1917, ele tinha se referido ao que considerava ser um elemento significativo da revolução, quando criticou os ideólogos do Partido Socialista estadunidense por elogiarem o sucesso do campesinato russo enquanto ignoravam as conquistas dos negros estadunidenses: "A Revolução é discutida, mas é a bem-sucedida revolução dos camaradas brancos e não a malsucedida revolução dos soldados negros no Texas. Vocês não param para considerar se o camponês russo teve de suportar mais do que os soldados negros da 24ª Infantaria."[188]

Os processos da Revolução Russa foram um referencial para a interpretação de Du Bois da Reconstrução, porque ela também havia começado entre uma população agrária, camponesa. Essa era uma característica compartilhada por todas as revoluções que Du Bois vinculou em importância à Guerra Civil estadunidense e à sua

Reconstrução: ou seja, França, Espanha, Índia e China [p. 708]. Ademais, ainda antes de sua visita à União Soviética em 1926, ele tinha sido cauteloso sobre a natureza da consciência de classe entre os trabalhadores na Rússia, nos Estados Unidos e em outros lugares. Em 1927, quando retornou da União Soviética, escreveu:

> Isso significa que a Rússia "transmitiu" sua nova psicologia? De forma alguma. Ela está tentando, e com muito esforço, mas existem muitas pessoas na Rússia que ainda odeiam e desprezam as vestimentas do trabalhador e as sandálias de palha do camponês; e muitos trabalhadores que lamentam o falecimento da generosa nobreza russa, que sentem falta da esplêndida pompa dos tsares e que se apegam obstinadamente a dogmas religiosos e superstições.[189]

Não obstante sua nota para o décimo capítulo de *Black Reconstruction*, que explicava por que ele não usava seu título original para aquele capítulo ("The Dictatorship of the Black Proletariat in South Carolina") (A Ditadura do Proletariado Negro na Carolina do Sul)[190], Du Bois sabia que a Revolução Russa havia sido uma ditadura do proletariado, menos democrática e menos dependente da ação consciente dos trabalhadores do que a que se podia encontrar no período posterior à Guerra Civil nos Estados Unidos: "Como o trabalhador [russo] não é hoje tão hábil nem tão inteligente como exigem suas responsabilidades, entre suas fileiras está o Partido Comunista, que dirige o proletariado para sua futura ditadura. Isso não é nada novo."[191] E em 1938, Du Bois declararia:

> Quando agora as realidades da situação foram colocadas aos homens, recorreu-se subitamente a duas soluções radicais: o comunismo russo e o fascismo. Ambos acabaram com a democracia, substituindo-a pelo controle oligárquico de governo e da indústria no pensamento e na ação. O comunismo visava chegar finalmente à democracia e inclusive à eliminação do Estado, porém buscava isso por meio de um programa dogmático, estabelecido há noventa anos por um grande pensador, porém amplamente invalidado por cerca de um século de extraordinária mudança social.[192]

Como Lênin, mas por razões diferentes e de forma diferente, Du Bois percebera que Marx não havia antecipado as transformações históricas do capitalismo, especificamente, o fenômeno complicado do imperialismo. Também era requerida cautela em qualquer aplicação de Marx às situações dos negros estadunidenses:

> Foi uma grande perda para os negros estadunidenses que a grande mente de Marx e seu extraordinário *insight* das condições industriais não pudessem ter sido levados em conta em primeira mão ao longo da história do negro estadunidense entre 1876 e a Primeira Guerra Mundial. O que quer que ele tenha dito e feito a respeito da melhora da classe trabalhadora deve, portanto, ser modificado no que tange aos negros, pelo fato de ele não ter estudado em primeira mão seu problema racial aqui nos Estados Unidos.[193]

Isso deixou uma enorme lacuna na análise do capitalismo e seus desenvolvimentos, atribuindo a própria obra de Marx a um período histórico específico. Du Bois concluiria, enquanto trabalhava em *Black Reconstruction*, que "podemos apenas dizer, ao que me parece, que a filosofia marxista é um diagnóstico verdadeiro da situação na Europa em meados do século XIX, apesar de algumas de suas dificuldades lógicas"[194].

No marxismo estadunidense, no início da década de 1920, Lênin havia substituído, em grande medida, Marx como o pensador revolucionário definitivo. Enquanto Marx antecipara e dependera do surgimento da consciência de classe, Lênin havia colocado o partido em seu lugar. Para Lênin, o partido, um pequeno grupo de revolucionários treinados, disciplinados e profissionais, constituía uma primeira etapa necessária no desenvolvimento da ditadura do proletariado. O partido criaria, deliberada e cientificamente, as condições para a evolução da consciência dos trabalhadores e para o socialismo. Enquanto Marx presumiu que uma sociedade burguesa estabelecida por uma revolução burguesa era uma condição necessária para a evolução de um movimento socialista consciente Lênin, em abril de 1917, declararia que o processo seria concluído na Rússia em menos de três meses[195].

Du Bois tinha sido cético em relação a Marx e Lênin em ambos os aspectos. Em *Black Reconstruction* ele reviu os eventos do pós-guerra estadunidense com um senso hegeliano de "astúcia da Razão". Os escravos se libertaram, pensou Du Bois, não graças a uma consciência objetiva de sua condição, mas pelos ditames do mito religioso:

> A massa de escravos, inclusive os mais inteligentes e certamente o grande grupo de trabalhadores do campo, mantinha um fervor religioso e histérico. Estavam a ponto de receber o advento do Senhor. Com isso se cumpririam todas as profecias e lendas. Era a aurora dourada, depois de correntes de mil anos. Tudo era milagroso e perfeito e promissor. [p. 122]

As demais figuras no drama da emancipação, de Lincoln até os brancos pobres, foram igualmente surpreendidas pelas consequências não intencionais de suas ações:

> Lincoln nunca fora um abolicionista; ele jamais tinha acreditado em uma cidadania negra plena; havia tentado desesperadamente vencer a guerra sem soldados negros e só emancipara os escravos por necessidade militar. [p. 153]
>
> A liberdade para o escravo foi o resultado lógico de uma louca tentativa de fazer a guerra em meio a quatro milhões de escravos negros, tentando de forma sublime ignorar os interesses daqueles escravos no resultado da luta. [p. 121]

Os líderes, então, se conduziam paulatinamente. Os oficiais de campo do Norte que acolheram os escravos fugitivos em suas fileiras não tinham a intenção de libertá-los..., mas o fizeram. A Confederação agiu para preservar a escravidão... o que ajudou a aboli-la. Os grupos se moviam seguindo a lógica do interesse próprio imediato e o paradoxo histórico. A consciência, quando se desenvolveu, veio mais tarde no processo dos eventos. A revolução *causou* a formação da consciência revolucionária e não foi causada por ela. A revolução foi espontânea.

Quanto ao segundo ponto, a condição prévia da sociedade burguesa, Du Bois sustentava que nenhuma sociedade burguesa foi o cenário dessa revolução. A ideologia dominante na sociedade era a da plantocracia, uma ditadura do trabalho e da terra sem pretensões democráticas. Mas, o que é mais significativo, essa ideologia da plantocracia não havia sido a ideologia dos escravos. Os escravos tinham produzido sua própria cultura e sua própria consciência, adaptando as formas da sociedade não negra às conceituações derivadas de suas próprias raízes e condições históricas e sociais. Em alguns casos, de fato, os elementos produzidos pela cultura escrava se tornaram os dominantes na cultura branca sulista. O processo se estendeu por gerações:

> Os períodos contínuos da profecia hebraica e da lenda bíblica forneciam palavras inexatas, porém esplêndidas. O folclore sutil da África, com fantasias e parábolas, desejos velados e sabedoria; e, acima de tudo, o crisma ungido da música escrava, o único dom da arte pura nos Estados Unidos. [p. 14]

Foi dessa experiência humana que surgiu a rebelião. Dela foram extraídos os princípios de "certo e errado, vingança e amor [...] doce Beleza e Verdade", que serviriam de guia aos ex-escravos. Era a tradição crítica para o enquadramento da sobrevivência dessas novas pessoas.

Du Bois, não obstante todas as distrações do intelecto, das origens sociais e ambição que haviam marcado sua longa vida, finalmente chegara à tradição radical negra. Em meio ao turbilhão mais temível que sua época havia visto e com a lamentável reação da oposição supostamente revolucionária em mente, sua deliberada investigação do passado o levara ao espectro oculto dos revolucionários negros. A revolução deles fracassou, é claro. E com seu fracasso havia desaparecido a segunda e mais verdadeira possibilidade de uma democracia estadunidense. Entretanto, até a escrita de *Black Reconstruction*, a única marca na consciência histórica estadunidense deixada por seu movimento foi uma lenda revisada de sua selvageria. Du Bois havia entendido, finalmente, que isso era insuficiente. "Em cada época", escreveu ele, "alguém deve deixar os fatos claros." Com essa declaração, o primeiro livro-razão da historiografia negra radical foi preenchido[196].

Em *Black Reconstruction*, Du Bois se esforçou para enriquecer a crítica do capitalismo e da sociedade burguesa que havia se fundido com as tensões dominantes do radicalismo ocidental. Ele não tinha escolha se quisesse compreender as crises da guerra e a depressão que devastaram o sistema mundial durante sua vida, e as concomitantes rebeliões e revoluções na Ásia, Europa, África e no Novo Mundo. Du Bois passou a crer que a preservação do sistema capitalista mundial, sua própria expansão nos séculos XIX e XX, implicara a absorção de novas fontes de força de trabalho, não por sua conversão em trabalho assalariado, mas por coerção. Caracteristicamente, o imperialismo capitalista havia ampliado a capacidade de acumulação de capital pela força disfarçada de nacionalismo estatal, colonialismo benevolente, destino racial ou missão civilizadora. Exceto em casos esparsos, os camponeses do Terceiro Mundo não se tornaram proletários urbanos nem rurais, mas quase escravos. Para a maioria, seu desenvolvimento social foi efetivamente retardado. O resultado, em relação ao seu próprio passado recente e à situação dos trabalhadores europeus, foi a retardação. Na verdade, populações inteiras haviam sido eliminadas durante a "pacificação" ou por meio de trabalho forçado. A crença de que o capitalismo desenvolveria os camponeses africanos, asiáticos e de outros lugares provou-se em grande parte errada. Além da Europa Ocidental, o sistema capitalista mundial produziu o caos social e econômico. Nenhuma teoria da história que conceitualizasse o capitalismo como uma força histórica progressista, capaz de aumentar qualitativamente o domínio dos seres humanos sobre as bases materiais de sua existência, foi adequada para a tarefa de tornar compreensíveis as experiências do mundo moderno. Para Du Bois, os Estados Unidos da primeira metade do século XIX, uma sociedade na qual o capitalismo manufatureiro e industrial havia sido conjugado com a produção escrava, haviam sido um microcosmo do sistema mundial. Os setores avançados da economia mundial poderiam se expandir sempre que pudessem dominar e racionalizar pela força bruta a exploração da mão de obra essencialmente agrária e não industrial. A expansão da escravidão estadunidense no século XIX não foi um anacronismo, porém uma advertência. Mas nisso, acreditava ele, residia sua derrota.

Também era verdade, como Marx, Engels e outros previram, que havia contradições na economia mundial e nos sistemas de coerção dos quais ela dependia. Du Bois, no entanto, percebeu que não se limitavam às contradições discernidas pela *intelligentsia* ocidental radical. A longo prazo, isto é, no início do século XX, a visão da destruição da sociedade burguesa alimentada pelos socialistas ocidentais tinha se mostrado de relevância apenas parcial. As classes trabalhadoras da Europa e da América haviam efetivamente realizado ataques militantes contra suas classes dominantes. Mas, na sua derrota, também exibiram sua vulnerabilidade frente ao nacionalismo burguês e ao sentimento racista. Em outros lugares, outras realidades também vieram à tona. Os choques com o imperialismo ocidental, que no século anterior pareceram aos radicais europeus algo à margem da revolução mundial, ocupavam o centro do cenário na década de 1930. A Rebelião Indiana, o Levante dos Boxers, as lutas nacionalistas que eclodiram no Sudão, na Argélia, no Marrocos, na Somália, na Abissínia, na África ocidental e meridional se prolongaram até o século XX. As "guerras dos povos" alcançaram grande significado histórico nas revoluções ocorridas no México, na China e na Rússia. E em cada caso, camponeses e trabalhadores agrícolas haviam sido as bases sociais primárias da rebelião e da revolução. Em nenhum lugar, nem mesmo na Rússia, na qual um proletariado urbano rebelde era uma fração das classes trabalhadoras mobilizadas, uma ordem social burguesa constituíra uma pré-condição para a luta revolucionária. A consciência revolucionária se formara no processo de lutas anti-imperialistas e nacionalistas, e os primórdios da resistência amiúde haviam começado partindo de construções ideológicas distantes da consciência proletária, que era um pressuposto da revolução de Marx. O idioma da consciência revolucionária era histórico e cultural, mais do que o "espelho da produção". As oposições que atingiram mais profundamente a dominação capitalista e o imperialismo foram aquelas formadas fora da lógica da hegemonia burguesa. Em *Black Reconstruction*, Du Bois tentou conferir a esses processos uma aparência histórica e concreta. Mais uma vez, ele teve poucas opções a respeito. A ideologia da luta negra, a consciência revolucionária dos escravos, parecia aos seus olhos ocidentalizados parte lenda, parte fantasia, parte arte. Mesmo assim, ele percebeu que fora suficiente para despertá-los à resistência em massa e lhes proveu uma visão do mundo que preferiam. Sua ação coletiva alcançou a força de uma antilógica histórica contra o racismo, a escravidão e o capitalismo.

10
C.L.R James e a Tradição Radical Negra

A Mão de Obra Negra e as Classes Médias Negras em Trinidade

No quente mar do Caribe, em que as colônias de mão de obra africana estavam concentradas nas Antilhas – o arquipélago tropical que serpenteava desde as mandíbulas abertas das penínsulas de Iucatã e Flórida, da América Central e do Norte, até a costa norte da Venezuela e a Colômbia, na América do Sul – a mesma antilógica negra se estendeu até o século xx. No século anterior, ela havia destruído a economia de *plantation* da qual dependia o auge da escravidão africana[1]. Mas a africanização das ilhas – sua transformação de trabalho forçado em economias camponesas nas quais a vida diária era mediada por sincretismos culturais da diáspora – havia sido incompleta. O poder político fora transferido da ordem venal das plantocracias para uma acomodação desconfortável entre a burocracia imperial nas metrópoles e os estratos mais elevados das minorias brancas arraigadas. Mesmo o Haiti, para empregar de novo a linguagem de Rainboro, testemunhava a destruição da democracia pelo medo à pobreza[2]. Nas possessões britânicas, a arrogância racial assumiu a postura de tutela sobre as populações negras das ilhas e determinou que sua estrutura adequada deveria se ajustar ao sistema das colônias da Coroa.

O Colonial Office logo percebeu [...] que as Índias Ocidentais eram bastante inadequadas para o autogoverno. Como se poderia outorgar responsabilidade a assembleias tão flagrantemente não representativas da maioria da população?, questionava o alto funcionário sir Henry Taylor. À medida que as ilhas se convertiam em um fardo financeiro, as antigas constituições representativas tornaram-se um obstáculo ao bom governo. As novas populações livres nunca poderiam ser "representadas" nas condições existentes. Assim, enraizou-se a ideia de que as Índias Ocidentais deveriam ser persuadidas a reconsiderar suas constituições e a se tornarem colônias da Coroa.

Em 1875, todas as colônias caribenhas, à exceção de Barbados (ao qual poderiam ser adicionadas as Bahamas e as Bermudas) concordaram em desistir de suas antigas constituições e se converterem em colônias da Coroa. Em 1868, o secretário colonial anunciou que os todos os novos conselhos legislativos teriam uma característica básica: "que o poder da Coroa no Legislativo, se pressionado ao seu limite, recorreria a todos os meios que estivessem ao seu alcance para vencer todas as resistências que lhe fossem feitas". Em outras palavras, o governo britânico entraria nas Índias Ocidentais para proteger a população do poder da antiga classe escravagista.[3]

A alternativa, conforme demonstrado pela rebelião negra na Jamaica em 1865, seria sofrer o incentivo involuntário, se bem que constante, da oligarquia colonial à militância negra violenta[4]. Isso, podemos supor, era um risco político inaceitável para os arquitetos e guardiões do Império, cuja carga excessivamente ampla já tivera que absorver o motim desastroso no exército sipaio indiano em 1857 (e a subsequente ocupação da Índia pelas tropas britânicas)[5], e que também participava de modo destacado na "correria" europeia pela África e Ásia. Não se poderia esperar que o próprio povo inglês nem as massas de seus súditos imperiais aderissem perpetuamente ao mito imperial da civilização em face das preocupações abertamente egoístas e preocupantes dos colonizadores brancos.

Para os camponeses e trabalhadores negros nas Índias Ocidentais, entretanto, o "novo imperialismo" que deslocou a oligarquia caribenha era de longe o inimigo mais formidável. Enquanto o poder governamental nas ilhas britânicas oscilava entre os partidos liberal e conservador, como aconteceu depois das Leis de Reforma de 1867 e 1884, e a política estatal vacilava entre "livre comércio, livre produção e liberdade de nacionalidades" (isto é, autonomia governamental para irlandeses e galeses), e o anti-imperialismo[6] por um lado, e a alternativa do imperialismo agressivo e jingoísta, por outro lado, o apoio popular a uma presença britânica global era totalmente inconstante. Mesmo um comitê seleto da Câmara dos Comuns, já em 1865, "havia recomendado que se renunciasse à maioria das colônias britânicas o mais rápido possível e que elas fossem preparadas para a independência"[7]. Uma Grã-Bretanha industrializada era praticamente invulnerável frente aos seus rivais europeus e sua economia doméstica refletia seu domínio internacional do comércio. No entanto, nas últimas décadas do século XIX, "a Grã-Bretanha estava, e sabia que estava, sendo ameaçada por outros 'impérios'"[8]. Prensada pelos impulsos diplomáticos e mercantis da Alemanha, França, Rússia e Estados Unidos, endividada por escândalos financeiros e má gestão, a enfraquecida economia britânica e uma opinião pública inquieta encorajaram e compeliram a facção imperialista que, até então, só podia perseguir suas aspirações com moderação. Mesmo o governo liberal do final do século XIX (1892-1895) foi suplantado pelo *éthos* imperialista[9]. Com a fatídica vitória conservadora em 1895, o imperialismo passou a dominar a opinião pública. Com sua oferta de novos mercados para um comércio reduzido, novas terras para a colonização britânica, com sua nova imprensa nacionalista halfpenny[10] e seus literatos e *intelligentsia* imperialistas[11], o imperialismo do Parlamento pró-empresarial, mascarado como interesse e destino nacionais, parecia cumprir a fantasia mais selvagem:

> Sem dúvida [em 1891] a população da Grã-Bretanha mal ultrapassava 38 milhões de habitantes, mas havia quase 2 milhões de súditos britânicos na Colônia do Cabo e de Natal, mais de 600.000 na Nova Zelândia, mais de 3 milhões na Austrália e 5 milhões no Canadá. Adicione a essas cifras os súditos indianos da Grã-Bretanha, quase 300 milhões, e outros 46 milhões nos demais territórios sob alguma forma de domínio ou influência britânica e o total

chegava a 394.600.000. Que outro Estado poderia rivalizar com tal cifra? [...] A área do Império também estava aumentando: em setembro de 1896, um estadista calculou que, em doze anos, 6.700.000 km2 haviam sido acrescentados ao território – ou seja, vinte e quatro vezes a área da Grã-Bretanha. Em 1895, o total era de cerca de 29.000.000 km2. Mais algumas anexações e equivaleria a um quarto de toda a superfície terrestre do globo.

Esse era o objetivo que os imperialistas convictos deliberadamente perseguiam.[12]

Por outras duas gerações, as vidas das massas dos habitantes das Índias Ocidentais e de outros súditos coloniais seriam diretamente afetadas pelas decisões dos representantes de uma classe dominante banhada por sua glória autofabricada e cuja presunção monumental dela ocultava a fonte e a escala dos horrores com os quais seria associada. Como se para satisfazer o desprezo de Marx e aumentar a humilhação de classe de Engels, a burguesia inglesa e seus confederados europeus afundaram no pântano histórico de um imperialismo pretensioso e de nacionalismos emproados, regurgitados na guerra mundial. Provocações imprudentes, inanição diplomática (seguida daquela de gênero militar) e embriaguez imperialista levaram inexoravelmente as classes dominantes da Europa àquela destruição de seus meios de produção e de suas forças de trabalho a que eles se referiam pelo nome de "Guerra Mundial".

Em Trinidade, durante as mais de sete décadas transcorridas entre a abolição formal da escravidão nas possessões britânicas e o massacre de uma geração no início do século XX, a retirada massiva de mão de obra africana e crioula das *plantations*[13] levou a alguns contra-ataques dramáticos por parte das companhias açucareiras e dos proprietários de *plantations*[14]. Enquanto as pretensões morais dos abolicionistas ainda ressoavam no discurso público, os ex-proprietários de mão de obra negra recorreram à retórica pseudocalvinista para obter o apoio do Parlamento para sua próxima investida de exploração laboral. Seu principal porta-voz, William Burnley, lamentou

a escassez da população trabalhadora, o que impede a competição entre eles; e se lhes permite ganhar mais dinheiro do que é bom e vantajoso para eles, o que considero ser a grande causa pela qual, em vez de avançarem no aperfeiçoamento moral, estão retrocedendo no presente período; pois eu sustento que é impossível que qualquer melhora moral ocorra em uma comunidade na qual a falta de bom caráter e de boa reputação não coloquem nenhum obstáculo para que um homem obtenha um emprego lucrativo[15].

Todos concordavam que seriam necessários novos imigrantes. A concorrência da força de trabalho imigrante disciplinaria os negros de Trinidade, fazendo com que aceitassem salários razoáveis e horas regulares de trabalho. Isso, por sua vez, daria aos produtores britânicos de açúcar vantagem com relação ao açúcar proveniente da mão de obra escrava de seus concorrentes estrangeiros no mercado europeu. "O livre comércio, afinal, significava a livre circulação de homens, bem como de mercadorias."[16]

Existiam três fontes possíveis de mão de obra imigrante imediatamente disponíveis: as demais ilhas das Índias Ocidentais; os negros livres dos Estados Unidos, e os africanos libertados pela Marinha Real dos navios escravagistas "ilegais" ao longo da costa oeste africana. Nenhuma dessas fontes, entretanto, era suficiente. Embora cerca de 10.278 habitantes das Índias Ocidentais tenham imigrado para Trinidade entre 1839 e 1849 (no mesmo período outros 7.582 foram para a Guiana Inglesa), e entre 1841 e 1861, 3.581 africanos libertados de Serra Leoa e Santa Helena e um número ainda menor de negros livres vieram de Delaware, Maryland, Nova Jersey, Pensilvânia e Nova York, o atrativo dos campos açucareiros de Trinidade teve vida curta e as fontes de imigração eram irregulares demais[17]. Um tanto tardiamente, de fato, seguindo as orientações do Parlamento, a Companhia das Índias Orientais e os proprietários de *plantations* da Guiana Inglesa, a classe dominante de Trinidade e seus parceiros na metrópole voltaram sua atenção para a Índia[18]. Nos setenta anos seguintes, de 1845 a 1917, a mão de obra indiana com contrato de servidão se tornou a base para as *plantations* de açúcar no oeste de Trinidade[19]. "Os indianos, tanto aqueles com contrato de servidão quanto os livres, haviam se convertido na espinha dorsal da força de trabalho nas *plantations* de Trinidade por volta de 1860."[20]

Cerca de 143.000 indianos vieram a Trinidade até 1917. A imigração havia começado em 1845; houve uma pausa entre 1848 e 1851; então, de 1851 até 1917 os indianos chegavam constantemente a cada ano. Entre 1845 e 1892, vieram 93.569 trabalhadores, principalmente dos portos indianos de Calcutá no Norte e Madras no Sul. A grande maioria, entretanto, vinha de Calcutá e depois de 1872 não houve mais chegadas de Madras.[21]

Eles eram, em sua maioria, camponeses do nordeste da Índia, das Províncias Unidas (hoje Uttar Pradesh) e Bihar, e representavam uma pequena fração das centenas de milhares de indianos que abandonaram a região nas últimas décadas do século XIX em direção às Índias Ocidentais, Fiji, Natal e Nepal.

Essa área, sede de culturas antigas, era superpovoada e estava economicamente debilitada na segunda metade do século XIX. O calor extremo no verão, as enchentes na monção, levando à destruição em larga escala dos cultivos e as fomes recorrentes dificultavam a vida sob o domínio britânico. O endividamento rural era terrível e a agricultura "não era, de forma alguma, um negócio fácil para se ganhar a vida". De mais a mais, o motim-revolta [mutiny-cum-revolt] de 1857 teve um efeito socioeconômico desastroso nessa região.[22]

Impelidos por essas circunstâncias para as extremidades do sistema colonial britânico, eles trouxeram consigo sua cultura: suas línguas, suas castas, sua música e suas religiões[23]. E até a Primeira Guerra Mundial, era aceito que eles serviam em Trinidade como um "contrapeso substancial aos problemas com os negros e vice-versa"[24]. O trabalho dos cules, com certeza, proveu um auxílio momentâneo para a produção de açúcar. E a economia de Trinidade, diversificada pela produção de cacau e, nas últimas décadas do século XIX, pelas indústrias do óleo e do asfalto[25], foi capaz de contornar a depressão que assolou as outras monoculturas das Índias Ocidentais no último quarto desse século. No entanto, sob a aparente antipatia entre o cule e o crioulo estava ocorrendo um processo social mais profundo. Ali onde conviviam, os costumes existenciais do trabalho estavam levando os habitantes das Índias Ocidentais e Orientais a certas aproximações culturais:

> Em 1865, um violento motim sobre a primazia eclodiu entre os indo-caribenhos indianos de Woodford Lodge e a propriedade de Endeavour em Chaguanas. Crioulos e chineses foram ajudar seus companheiros de trabalho; a lealdade à propriedade transcendia a da raça na luta [...]
>
> Elementos turbulentos entre os crioulos se juntaram às celebrações de Hosein na década de 1850. Para eles, era como a Feira de Donnybrook, à qual as pessoas iam buscando uma luta. Entretanto, também os negros começaram a desempenhar um papel mais respeitável na procissão como bateristas, trabalho pelo qual eram pagos em rum ou dinheiro e, como nas Ilhas Maurício na década de 1850, as *tazias* às vezes eram carregadas por negros.[26]

A importância desses acontecimentos deveria ter sido clara, mas os brancos se enganavam com seu discurso de dominação[27]. Esse erro assumiu proporções estratégicas em uma sociedade que, nas primeiras décadas do século seguinte, era constituída de 4% de brancos, 15% de mulatos, 1% de chineses e 80% de origem e ascendência africana e indo-caribenha[28].

O "tempo morto" da resistência coletiva em Trinidade até os primeiros anos do século XX era em parte real e em parte imaginária. Visto que "quase toda a população crioula havia se retirado das propriedades"[29], certamente até o momento em que foi atraída para trabalhar nas docas, ferrovias, obras públicas e nos campos petrolíferos e no asfalto, não contou com uma causa efetiva e circunstâncias objetivas para desafiar abertamente a Coroa e a minoria branca. Enquanto isso, eles reivindicaram sua libertação de outras maneiras:

> Os trabalhadores negros em Trinidade, durante esse período, reagiram à sociedade opressora em que viviam tentando reduzir sua dependência da *plantation*, procurando criar uma área de liberdade para si próprios, por mais limitada que fosse. Tentaram se converter em camponeses ou artesãos; se fracassassem, se dirigiam às cidades. Nas cidades, a agitação urbana constante era reflexo de uma

consciência de opressão. Os bandos lutavam entre si porque não podiam atacar as verdadeiras fontes de sua miséria ou impotência, não porque não estivessem cientes delas.[30]

Assim, os fatores ideológicos e fáticos da tradição radical dos escravos eram preservados pelos crioulos africanos (aos quais se juntavam os africanos libertos) em sua cultura: sua língua, o *patois*, "não compreendida pela maioria dos policiais, magistrados e funcionários"[31]; seus festivais profanos como o Canboulay e o carnaval Jamet, nos quais abundava o desprezo velado pelas moralidades anglicana e católica; suas seitas religiosas sincréticas e velórios ruidosos; sua música e dança[32]. Isso despertava hostilidade e repulsa entre as classes das pessoas de cor anglicizadas, chocava os brancos da classe alta e inspirava desconforto na Trinidade oficial. Em 1868, o *obeah* foi declarado ilegal; em 1833, as danças ao ritmo de tambor (*calenda, belaire*, bongô) foram proibidas como "imorais"; em 1884 e 1895, os festivais ou alguns de seus aspectos (as lutas com bastões, o uso de máscaras) foram suprimidos. Com o tempo, se acreditava e se esperava que a educação primária pública erradicasse o "crioulo". Mas os versos de um calipso sugerem que o espírito de libertação e o senso de dignidade eram inextinguíveis. Neles se encontra uma expressão silenciosa, mas acerada de indignação.

> Não posso tocar o tambor
> Em minha própria terra, em minha terra natal.
> Não podemos ter carnaval
> Em minha própria terra, em minha terra natal.
> Não podemos ter bacanal
> Em minha própria terra, em minha terra natal.
> Em minha própria terra natal.
> Em minha própria terra natal.
> Não posso dançar como eu desejo.[33]

Os trabalhadores indianos contratados, que agora haviam assumido o papel econômico dos escravos (e, aos olhos de muitos, brancos e crioulos, o *status* também)[34], estavam compreensivelmente distantes da resistência coletiva. Vinte anos após a chegada dos primeiros 225 indianos no navio Fatel Rozack em 1845, de acordo com Donald Wood, suas comunidades e vilarejos semissegregados começaram, com bastante sucesso, a replicar grande parte da estratificação social do subcontinente: vastos abismos haviam sido abertos entre os mais prósperos, que obtiveram terras, lojas ou conseguiram se tornar prestamistas e entre as massas de cules[35]. No fim de mais vinte anos, em várias centenas de aldeias criadas em torno do açúcar e seus próprios cultivos de arroz irrigado, milho e ervilhas[36], o manto da sua sociedade transferida abafou sua resposta ao fato de serem enganados, abusados, extorquidos e explorados tanto por brancos quanto por camponeses. Periodicamente, havia greves nas propriedades (uma série delas ocorreu na década de 1880), porém a expressão inicial da consciência indiana era mais liberal que resistente[37]. Os trabalhadores chineses, cuja importação fora reduzida a menos de 2.500 no total, fundiram-se racialmente com uma ou outra das populações negras ou adquiriram sua independência por meio do artesanato, do cultivo e da comercialização de hortaliças ou de novas migrações[38].

Para os brancos, em particular os mais numerosos e culturalmente dominantes "crioulos franceses"[39], a Coroa, seu governador, sua administração colonial e seu Conselho Legislativo eram um aborrecimento. A representação eletiva teria sido preferível, mas a provisão de um suprimento abundante de mão de obra barata na imigração indiana acalmara em grande parte suas preocupações sobre o sistema colonial da Coroa. Ainda assim, as "aves migratórias", isto é, os funcionários coloniais e suas famílias, gozavam de um *status* preferencial entre as classes superiores, em deferência às suas posições. Para a maior parte, nem sua cultura no sentido nacional e de magnitude, nem sua educação ou ascendência os qualificava, de outra forma, para serem aceitos.

> O poder governante era, é claro, "norte-europeu"; e a superestrutura do governo, a lei e a educação, provinham da Grã-Bretanha. Existia, contudo, um importante grupo de elite que apreciava as ideias e os valores latinos e franceses mais que os anglo-saxões. Os crioulos brancos de ascendência francesa e espanhola superavam em

número os crioulos ingleses e os residentes britânicos, e quase certamente eram mais influentes na definição do tom da sociedade.[40]

Somente quando os aristocráticos crioulos franceses foram completamente anglicizados e substancialmente deslocados pelo capital britânico e pelas famílias britânicas da classe alta no final do século XIX, houve qualquer possibilidade de uma recepção calorosa naquela região. A facção britânica (principalmente inglesa e escocesa), que durante o período de declínio das fortunas açucareiras crioulas francesas em meados do século, procurou por um tempo anglicizar e subordinar à força os crioulos "estrangeiros", tinha sido subjugada desde o regime do governador Gordon no fim da década de 1860[41]. Ela se contentou em deixar que o tempo estabelecesse seu lugar na hierarquia branca[42]. Apesar de suas diferenças, a elite branca manteve sua posição em dois assuntos. O primeiro se referia ao governo representativo. A elite levantou essa questão quando suas ambições mais agressivas foram frustradas pelo executivo da Coroa ou pelo Parlamento Britânico. O *Water Riot* (Motim da Água) de 1903 e os problemas surgidos em simultâneo com a Primeira Guerra Mundial foram justamente essas ocasiões[43]. O segundo tinha a ver com as classes médias negras e de cor, cuja presença era cada vez mais difícil ignorar. Elas "representavam uma ameaça maior [que as massas negras e indianas] ao controle branco contínuo da sociedade, embora seu número fosse relativamente pequeno; tinham a chave do futuro político e social de Trinidade, e alguns trinitinos com visão de futuro se deram conta disso[44].

Somente as classes médias negras e de cor, cujo desenvolvimento tinha sido, de certa forma, interrompido apenas para recuperar seu *crescendo* no último quarto do século XIX, estavam intranquilas, como classe, com a prosperidade de Trinidade e incômodas na catacumba das relações raciais e de classe da ilha.

> As classes médias negras e de cor consistiam em dois grupos distintos. Havia um grupo pequeno de famílias de ascendência mista africana e europeia que descendiam dos franceses de cor livres estabelecidos colonialmente em Trinidade desde a década 1780. Em

segundo lugar, estavam as pessoas, tanto negras quanto de cor, que podem ser descritas como vencedoras por conta própria. Elas eram os descendentes dos ex-escravos trinitinos, ou dos imigrantes africanos "libertados", ou de imigrantes do Caribe oriental. E tinham adquirido seu *status* de classe-média principalmente graças ao seu domínio da cultura britânica e de seus empregos de colarinho-branco.[45]

À segunda das classes das pessoas de cor, que surgiu quando Trinidad estava sob a ordem colonial britânica, nunca se permitiu obter o destaque dos Romain, Philip, Angernon, Montrichard, Maresse e os Beaubrun da primeira (o que P.G.L. Borde, o historiador crioulo francês, havia descrito como tendo "formado uma segunda sociedade paralela à primeira; e não menos distinta que ela")[46]. Na Trinidade britânica, as classes médias negras e de cor haviam caído de seus patamares anteriores, sem poder mais clamar por uma participação nas classes mais altas da ilha:

> Provavelmente, a maioria dos homens negros e mestiços [*coloured*] instruídos nesse período eram funcionários públicos. Com o comércio praticamente fechado para eles, o ensino, as profissões e o funcionarismo eram as únicas alternativas viáveis, exceto pelo número relativamente menor de proprietários de cor de *plantations*. Apenas uma pequena minoria poderia esperar obter a educação universitária essencial para a prática do Direito ou da Medicina. Isso lhe deixava o emprego no funcionarismo, incluindo o ensino nas escolas governamentais, como a única fonte aceitável de trabalhos de colarinho-branco.[47]

A distribuição de privilégios e vantagens em uma sociedade racialmente determinada frustrava sua visão mais ampla: a conquista da igualdade com a oligarquia branca, a aquisição de poder. Como suas contrapartes na pequena burguesia negra em outros lugares, eles se ressentiram do julgamento ao qual a crença na inferioridade negra os condenava.

> Um correspondente do *Telegraph* escreveu que nenhuma quantidade de riqueza ou educação permitiria a um homem em Trinidade

desfrutar de prestígio social se lhe faltasse "a tonalidade correta". Os proprietários de *plantations* ricos, com mérito e caráter, sofriam um "tabu" ao carecer de um "passaporte colonial" [...] mais potente que a educação, os hábitos, os princípios, o comportamento, a riqueza, o talento ou inclusive a genialidade natural. As pessoas de fora das Índias Ocidentais não tinham ideia da posição real de um homem educado "de tonalidade *incorreta*". Era especialmente desagradável que homens de cor de "boa" família fossem sujeitos a essa discriminação.[48]

E assim, embora não tivesse sido necessário responder a Anthony Trollope quando, em 1859, publicou seu livro antinegro, *The West Indies and the Spanish Main* (As Índias Ocidentais e a Terra Firme Espanhola) por volta de 1888, quando *The English in the West Indies* (Os Ingleses nas Índias Ocidentais) de James Froude foi lançado, o desafio dos novos elementos da classe média era imperativo[49]. É curioso que ele tivesse vindo de um representante negro e não de cor e fosse fundamentalmente radical. Jacob Thomas[50], em seu *Froudacity: West Indians Fables Explained* (A Froudacidade: As Fábulas das Índias Ocidentais Explicadas), colocou diante de seus leitores um quadro mais amplo do que os "insultos infantis dos negros" com os quais Froude ficaria intelectualmente satisfeito:

> O negro intra-africano é claramente impotente para lutar com êxito contra a escravidão pessoal, a anexação ou se oferecer como voluntário (ou lutar pela) proteção do seu território. O que nos perguntamos é se, nas próximas décadas, continuará sendo a opinião e as atitudes dos extra-africanos: dez milhões no hemisfério ocidental, tão dispersos por toda a superfície do globo, aprendizes aptos em todas as áreas concebíveis da cultura civilizada. Esses homens permanecerão para sempre pobres demais, isolados demais entre si para uma grande combinação racial, ou o berço naturalmente opulento de seu povo, que por muito tempo tem sido um lugar de violência e ganância profana, se tornará finalmente o lema sagrado de uma geração disposta e capaz de conquistar ou perecer sob sua inspiração?[51]

Thomas, cujos pais haviam sido escravos até poucos anos antes de seu nascimento, que crescera e fora educado nas pequenas escolas rurais, pateticamente inadequadas, que o governo havia criado para as massas negras do campo, e cujo domínio do *patois* havia resultado em seu trabalho *Creole Grammar* (A Gramática Crioula) em 1869, não falava em nome da classe média. Ele rejeitou sua ambição e o modelo do qual ela foi copiada. A classe média, contudo, não podia rejeitá-lo. Ele foi o intelectual negro mais importante de Trinidade durante toda a sua vida. Seus "esforços foram importantes para a classe média negra e de cor, pois pareciam mostrar que esse grupo era mais culto do que os brancos dominantes, descartados como sendo grosseiramente materialistas. As atividades literárias de Thomas indicavam que os não brancos eram os líderes culturais"[52]. E embora a maior parte das classes médias negras e de cor se esforçassem para alavancar sua vida, suas famílias e sua reputação distanciando-se da associação com as massas negras, alguns negros letrados, como Samuel Carter e Joseph Lewis (os editores do *New Era*); William Herbert (editor do *Trinidad Press* e, depois, do *Trinidad Colonist*); H.A. Nurse (pai de George Padmore); e o advogado Henry Sylvester Williams, conseguiram, cada um no seu campo, novas abordagens mais próximas da compreensão de Thomas[53]. Williams, é claro, o principal impulsor da Conferência Pan-Africana que se reuniu em Londres em julho de 1900, chegou mais perto[54]. Ele escolheu fazer do ideal de Thomas uma realidade. Ele e Thomas, junto com outras figuras explicitamente políticas das classes médias negras e de cor (Henry Alcazar, Edgar Maresse-Smith e Cyrus Prudhomme David) atuantes nos assuntos oficiais de Trinidade, começaram tentativamente a radicalizar o discurso público da ilha. Foi, entretanto, uma segunda investida das classes médias que deu o tom e conferiu a esse discurso um caráter particular.

A sociedade organizada por essas gerações das classes médias negras e de cor de Trinidad era um *chiaroscuro* das classes altas brancas. Suas prioridades tinham pouco a ver com os elementos da tradição radical reverberados na *Froudacity* de Thomas[55]. Em sua sociedade, as nuances de privilégio e *status*, aceitabilidade e tolerância, o jogo de convenções sociais de pardos com relação a negros eram uma arte social tão sutil quanto poderia ser concebida com os materiais culturais, históricos, políticos, educacionais, familiares e financeiros de que dispunham. Era quase preciso ser um trinitino, com intuição especial, para saber o que era exigido e esperado, quais eram de fato as possibilidades para que qualquer um de seus jovens se lançasse na órbita das relações adultas. Enquanto a elite branca parecia possuir a conveniência de distinções nominais ousadas, as terras ou a fortuna mais facilmente mensuráveis e nomes reconhecíveis nas tradições históricas candidamente elaboradas na literatura e no jornalismo de Trinidade, os desvios habituais entre as classes médias negras e de cor eram muitas vezes de gradação tão minúscula que uma sutileza social instintiva era uma condição *sine qua non*. É verdade que existiam grandes disparidades, mas eram demasiado infrequentes para que o costume ou o hábito fossem guias infalíveis. Em qualquer caso, o lugar altamente estimado da elite de tez clara era alcançado com facilidade ao longo de uma ou duas gerações. Embora seu valor não fosse diminuído sensivelmente por casamentos "mistos", a cor por si só era considerada uma medida tosca e rudimentar, na melhor das hipóteses. Qualquer aspirante negro suficientemente talentoso, ambicioso ou patrocinado pela sua capacitação profissional ou riqueza familiar poderia garantir que seus netos seriam fenotipicamente elegíveis para o pináculo do reconhecimento intraclasse. Havia, porém, um teto além do qual o negro não poderia se elevar. Antecipando esse fechamento, muitos negros, particularmente a *intelligentsia*, buscaram empregar a educação e a literatura como moeda no intercâmbio entre classes. Onde Thomas havia logrado êxito, outros naturalmente lutaram, na esperança de atrair a atenção legitimadora de brancos e de pessoas de cor e, assim, reverter o estigma da casta no que tange a si próprios e, com sorte, beneficiar seus filhos. A moeda mais valiosa, como no caso da própria *intelligentsia* inglesa vitoriana, era a literatura. Era a marca do negro instruído:

> Provavelmente porque a educação era tão importante para sua ascensão de *status*, os membros desse grupo atribuíram grande peso à vida cultural e intelectual. Eles se gabavam de seu domínio da cultura britânica, de sua habilidade de falar e escrever um "bom" inglês, de seu interesse pelas coisas da mente. O que importava era a alfabetização, a familiaridade com os livros, a posse de "cultura", assim como uma ocupação que não envolvesse trabalho

manual. Essas coisas eram critérios mais essenciais para pertencer à classe média do que a riqueza ou a clareza da pele [...] Em certo sentido, eles formavam uma *intelligentsia*, no sentido de se orgulharem de serem o setor mais culto da comunidade, embora não fizessem parte da classe dominante.

Atribuíam tanta importância à cultura porque não tinham nenhum outro bem ou posse valioso ao qual se agarrar...

Não é surpreendente, portanto, que membros da classe média negra e de cor frequentemente assumissem a liderança nas atividades literárias ou intelectuais.[56]

No jornalismo e na crítica literária eram supremos, superando os brancos em sua celebração e mensagem das ideias sociais, formas literárias e preocupações mais avançadas disponíveis para um público de língua inglesa. Assim, quando foi sua vez de articular um desafio ao colonialismo e à dominação racial, sua educação e seu intelecto superiores eram ambas, sua justificativa e sua ferramenta[57]. Essa foi, de fato, a base do nacionalismo que C.L.R. James exibiu em seu primeiro trabalho político, *The Case for West-Indian Self Government* (O Caso do Autogoverno nas Índias Ocidentais):

Ao chegar às Índias Ocidentais [o funcionário colonial] experiencia um choque. Aqui está uma comunidade totalmente civilizada, trajando as mesmas roupas que ele, falando nenhuma outra língua além da sua, com seus melhores homens tão bons quanto, e muito frequentemente, melhores do que ele. Qual é o efeito sobre o inglês colonial quando ele reconhece, como deve reconhecer, a qualidade daqueles sobre os quais exerce autoridade? Os homens têm que se justificar, e ele recorre à "capacidade do anglo-saxão de governar", "a tutela da pátria-mãe até o momento" (sempre em um futuro distante) "em que essas colônias possam se manter sozinhas" etc. etc.[58]

Para uma comunidade como a nossa, em que, embora haja preconceito racial, não há antagonismo racial, em que o povo atingiu seu nível atual de riqueza, educação e cultura geral, o sistema de governo das colônias da Coroa não tem lugar. Foi útil em seus dias, mas esses dias acabaram. É uma fraude, porque se baseia em pressupostos de superioridade que, de fato, não têm fundamento. Por mais admiráveis que sejam seus dons nessa direção, a capacidade administrativa não é monopólio dos ingleses; e mesmo que fosse, a caridade começa em casa, especialmente nesses tempos difíceis.[59]

O Negro Vitoriano se Converte em Negro Jacobino

Cyril Lionel Robert James nasceu em Trinidade em 1901, "filho de um professor escolar trinitino negro, neto, pouco mais de meio século depois da abolição da escravatura, de um caldeireiro de açúcar e de um maquinista"[60]. Passou seus primeiros anos em Tunapuna, um vilarejo de três mil habitantes, segundo ele, situado a meio caminho entre a capital, Porto de Espanha a oeste e Arima ao leste. Foi ao longo da estrada entre esses pontos que os ex-escravos fundaram muitas de suas novas aldeias na década de 1840[61]. Nos vales ao redor de Tunapuna, africanos "libertos" se estabeleceram, plantando seus jardins nas encostas e trinta anos depois, em 1870, esse foi um dos locais em que proliferaram as bandas de dança e luta com seus códigos territoriais e semissecretos. Tunapuna tinha "celebrados grupos denominados Sweet Evening Bells, Tiepins, Greyhounds, Island Builders"[62]. Quando criança, em uma Tunapuna um pouco mais respeitável, James se recorda de ter começado, ainda novo, a absorver muito da ética de sobrevivência que caracterizava a classe média negra da qual fazia parte:

> Eu tinha aproximadamente seis anos de idade quando consegui o exemplar de Shakespeare da minha mãe. Havia 37 peças nele, ou 36, e uma ilustração no começo de cada uma. A ilustração tinha abaixo dela o ato e a cena que ilustrava e eu me lembro da ilustração de *Júlio César*: "Que luz péssima a desta vela!" Bem, eu não podia ler uma obra de Shakespeare, porém me lembro perfeitamente de ter procurado o ato e as cenas mencionados ao pé da ilustração e lido aquela cena em particular. Tenho quase certeza de que antes dos sete anos eu já havia lido todas aquelas cenas.[63]

Não obstante a disponibilidade de histórias de aventura na biblioteca de sua mãe, a leitura da criança dificilmente era o que Richard Small descreveria como "o interesse normal da juventude". James estava aprendendo e exibindo as lições de sua classe. Aquele inventário prescrito continha também a importância puritana da propriedade de classe:

> Eu estava fascinado pelos cantores de calipso e pelas cançonetas às vezes irreverentes que cantavam em suas tendas durante o carnaval. Mas, como a maioria da classe média negra, para a minha mãe um calipso era algo para os desocupados e, na melhor das hipóteses, para a gente comum. Fui levado a entender que o caminho para a tenda do calipso levava ao inferno e sempre havia ali muitos exemplos de habitantes do inferno que ela podia apontar.[64]

Os costumes sexuais e morais das classes baixas negras, apesar de toda a sua vitalidade e atrativo, representavam uma rejeição da sensibilidade burguesa inglesa, eram uma afronta à moralidade do modelo colonial apresentado aos nativos. Inquestionavelmente, em uma família negra que conhecia as regras, essa declaração implicitamente política não tinha lugar no futuro de um jovem negro devidamente instruído. A "boa" sociedade, branca, negra e de cor, conspirava contra o que interpretava como humores dionisíacos e satânicos. O críquete, por outro lado, era celebrado na cultura de classe de James. De fato, ao que tudo indica, sua presença permeava todos os estratos da sociedade trinitina. Richard Small relatou:

> A afiliação a vários clubes era determinada pela ocupação e pela classe social e, naquela época, de forma ainda mais acentuada do que agora, essa discriminação seria praticamente idêntica à diferenciação segundo a cor. Os membros do Queens Park Club, que controlava o críquete na ilha, eram brancos e ricos; os do Shamrock, comerciantes crioulos franceses e plantadores de cacau, católicos; os do Maple, a classe média e de pele parda; os de Shannon, a versão da classe média negra, empregados de colarinho-branco e professores; e os do Stingo, comerciantes, artesãos, trabalhadores [...] Acrescente a isso que quase todos jogavam ou se interessavam pelo críquete e que se jogava por até oito meses durante o

ano e, então, poderá ser apreendida uma certa estimativa do seu potencial para a expressão social sublimada.[65]

O críquete era o jogo do pai de James, o jogo de seu tio Cuffie e de sua tia Judith, o jogo de seu primo Cudjoe; um interesse que podia ser encontrado inclusive em seu avô, o extraordinário Josh Rudder. Era o jogo dos alunos da escola inglesa. "Recreação significava críquete, pois naquela época, à exceção das raras reuniões esportivas atléticas, o críquete era o único jogo. Nossa casa tinha uma localização magnífica, exatamente atrás do postigo."[66] Para James, portanto, era uma obsessão natural; aquela à qual ele se voltaria quando tentasse abrir seu caminho no mundo adulto; e à qual voltaria quando procurasse tornar compreensível sua vida e o modo colonial em que foi criado.

A Trinidade da juventude de James já mostrava sinais de agitação popular. Em 1897, seguindo os modelos da English Workingmen's Association (Associação dos Trabalhadores Ingleses) da década de 1830 e da Leeds Workingmen's Parliamentary Reform Association (Associação Pela Reforma Parlamentar dos Trabalhadores de Leeds) organizada em 1861, foi fundada a Trinidad Workingmen's Association (Associação dos Trabalhadores de Trinidade). Com uma adesão de cinquenta trabalhadores qualificados e não qualificados, que incluíam carpinteiros, pedreiros, alfaiates e pelo menos um farmacêutico e um químico negros, era, de acordo com Brinsley Samaroo, a primeira organização desse tipo nas Índias Ocidentais Britânicas:

A organização de Trinidade surgiu para se ocupar das funções sindicais e como grupo de pressão política. Foi fundada pouco antes da visita da Comissão Real de 1897, enviada às Índias Ocidentais Britânicas para examinar a gravidade da depreciação do açúcar e recomendar medidas para trazer alívio às colônias. O primeiro presidente da associação, Walter Mills, um farmacêutico, prestou depoimento perante a Comissão [...] Mills se queixou das condições insalubres das cidades, moradias e propriedades da colônia [...] pressionou por redução de impostos, principalmente sobre alimentos e implementos agrícolas usados pela população trabalhadora [...] melhores meios de transporte, a criação de indústrias menores, a introdução de bancos de poupança e a adicional abertura de Crown Lands [Terras da Coroa]. Além disso, a associação se opôs com veemência à imigração indiana com auxílio estatal o que, alegou Mills, aumentava a concorrência pelos "salários de fome pagos nas propriedades açucareiras" [...] Acima de tudo, Mills disse, deve-se outorgar à colônia um governo eletivo.[67]

A associação logo se extinguiu, apenas para ser reativada ao se filiar em 1906 ao novo Partido Trabalhista Britânico[68]. Contando então com centenas de membros, começou a funcionar como representante das classes trabalhadoras, fazendo campanha pela reforma trabalhista e agitações exigindo uma redução das horas de trabalho, licença médica e contra a "barreira de cor", expandindo seu âmbito ao atrair o trabalhador "tradicionalmente apolítico" das Índias Orientais. O governo colonial reagiu com surpreendente hostilidade, advertindo o Colonial Office acerca do caráter duvidoso da Associação:

> Seus membros, alguns dos quais de reputação duvidosa, em sua maioria não são trabalhadores e não têm participação econômica na colônia. Adotaram seu título simplesmente com o objetivo de assegurar o reconhecimento do Partido Trabalhista inglês e, assim, obter para si uma importância que de outra forma não teriam.[69]

Entretanto, a Europa e os governos coloniais dos impérios britânico e francês logo se viram envolvidos na Primeira Guerra Mundial. Ela provaria ser uma força histórica da qual os impérios jamais se recuperariam. A guerra em si, além do custo que cobrou da Europa (mas não totalmente europeu), implicou uma contradição fundamental para a *raison d'être* do Império Britânico: a suposição era de que "a defesa das colônias autônomas frente a ataques externos e a manutenção do poder marítimo eram responsabilidades britânicas"[70]. Durante a guerra, a Índia sozinha, com um milhão e meio de homens e mulheres em uniformes britânicos de um tipo ou outro, ou seja, mais tropas que todos os demais domínios e colônias juntos (Canadá, Austrália, Nova Zelândia, África do Sul eram domínios)[71]. E o que a Índia fizera pela Grã-Bretanha, a África fez pela França: "Mais de 545 mil soldados africanos nativos", escreveu George Padmore "estiveram à serviço da França, principalmente como tropas de choque para conter a maré do avanço alemão durante os períodos mais críticos da guerra"[72]. Dezenas de milhares de africanos também serviram com a Alemanha, Bélgica e as forças britânicas na África Oriental, enquanto entre os estadunidenses, dos 342.277 soldados negros incorporadas, 200.000 lutaram com o exército francês, uniformizados como soldados franceses[73]. Foram igualmente mobilizados soldados das Índias Ocidentais, cuja maioria, cerca de vinte mil, serviu no Regimento Britânico. No entanto, houve problemas. Para alguns, certas considerações se antepunham à lealdade à Grã-Bretanha:

> Em Trinidade, a imprensa usava o termo "classe melhor" para descrever os brancos e os mulatos de tez mais clara que constituíam a classe de comerciantes e de proprietários de *plantations*. Em Barbados, o termo empregado era "a melhor classe". Quando teve início o alistamento de recrutas em 1915, os jovens da "classe melhor" das Índias Ocidentais Britânicas recusaram-se a serem alistados, exceto como oficiais, nos mesmos contingentes dos soldados negros. Arthur Andrew Cipriano, um crioulo da Córsega que liderava a campanha de recrutamento, queixou-se de que "nossos jovens da classe melhor estão se esquivando" de se juntar aos contingentes públicos "devido à lamentável questão de cor que subjaz tudo por aqui". [...] Alguns soldados da "melhor classe" viajaram a Londres e se uniram aos regimentos britânicos, a maioria se uniu a soldados da "melhor classe" nas outras colônias, para formar o Merchants' and Planters' Contingent [Contingente de Comerciantes e Proprietários de *Plantations*].[74]

O advento da Primeira Guerra Mundial, entretanto, trouxe à tona um inimigo maior e mais cruel para os interesses coloniais:

> Nem todos estavam preparados para fazer sacrifícios pelo bem geral. Os comerciantes da colônia viram o começo da guerra na Europa como um sinal para um aumento imediato dos preços. No mesmo dia em que o governo anunciou que a guerra havia começado na Europa, a *Porto of Spain Gazette* relatou que os preços haviam subido acentuadamente.[75]

Na economia monetária da ilha, essa inflação de preços recaiu sobre as costas da classe trabalhadora negra e foi a causa primeira das greves que se seguiram: os petroleiros em 1917; ferroviários, catadores de lixo, estivadores, varredores, açucareiros e trabalhadores portuários em 1919; trabalhadores de asfalto e ferroviários novamente em 1920[76]. E a Associação dos Trabalhadores de Trinidad, à qual se filiaram, depois de voltar da guerra, ex-soldados enfurecidos pela discriminação racial que haviam vivenciado no serviço militar[77], estava no centro da agitação. Essa era a base da força social que o capitão Cipriani, ao regressar da mesma guerra, converteria no Partido Trabalhista de Trinidad em 1932:

> O contato com a Europa durante a Primeira Guerra deu aos radicais das Índias Ocidentais uma oportunidade em primeira mão para aprender da Europa e, portanto, o período do pós-guerra foi cada vez mais "socialista", conforme os caribenhos entendiam o termo. Cipriani usava um bóton vermelho em sua lapela e muitos de seus seguidores trajavam camisas vermelhas, imitando os "vermelhos" da revolução bolchevique de 1917.[78]

Nesses anos, Trinidad se tornou parte do movimento negro pós-guerra que, em cerca de vinte anos, separaria todos os impérios:

> Assim como a guerra de 1914-1918 viu os nacionalistas indianos avançarem a passos largos, houve importantes agitações em outros lugares. Em 1915, distúrbios no centro do Ceilão levaram um governador alarmado a proclamar a lei marcial e a encarcerar muitos cingaleses notáveis. Entre eles estava Don Stephen Senanayake (mais tarde primeiro-ministro), que nunca perdoou os britânicos. Em 1918, formou-se o Congresso Nacional do Ceilão, seguindo o precedente indiano. No mesmo ano dos motins do Ceilão, um levante abortado na Niassalândia, liderado pelo reverendo John Chilembwe, demonstrou a crescente paixão do nacionalismo africano [...]
> Na África Ocidental, os nacionalistas indianos tinham admiradores entusiastas. Quando a Índia foi convidada para o Gabinete de Guerra em 1917, eles exclamaram: "Porque não a África Ocidental também?" Quando a Índia e os Domínios foram convidados para a conferência de paz em 1919, o dr. Nanka-Bruce, da Costa

do Ouro, enviou resoluções às potências ocidentais para que "a voz da África Ocidental" também pudesse ser ouvida em Versalhes. O primeiro [sic] Congresso Pan-Africano reuniu-se em Paris em 1919 [...]

Ao mesmo tempo no Quênia, os quicuios começaram a organizar associações políticas. Vidas foram perdidas nos distúrbios de Nairóbi em 1922 [...] Do mesmo modo, alguns movimentos políticos cresciam nas Índias Ocidentais, como a "Representative Government Association" [Associação Para um Governo Representativo] de Granada, fundada em 1914, e a Associação dos Trabalhadores de Trinidade do capitão Cipriani, que floresceu no fim da guerra. Marcus Garvey, da Jamaica, fundou a nacionalista negra "Universal Negro Improvement Association" [Associação Universal Para a Melhora Negra], que teve breve fama internacional no final da guerra.[79]

James, entretanto, embora estivesse ciente desses eventos, se manteve à distância. "Eu me interessava pouco pela política."[80] Ele havia terminado a escola secundária em 1918 e se contentava em cuidar de suas duas paixões, suas duas disciplinas: o críquete e a literatura.

Eu tinha um círculo de amigos (a maioria deles brancos) com os quais trocava ideias, livros, gravações e manuscritos. Publicávamos revistas locais e dávamos palestras ou escrevíamos artigos sobre Wordsworth, o drama inglês e a poesia como crítica da vida. Vivíamos de acordo com os princípios de Matthew Arnold, difundindo doçura, luz e o melhor do que se havia pensado e dito no mundo [...] Sem nunca perder de vista meu plano de viajar para o exterior e escrever, estudei e pratiquei assiduamente a arte da ficção.[81]

Ele tinha, com certeza, feito escolhas, escolhas políticas, com as quais lhe seria cada vez mais difícil viver à medida que as forças do mundo o pressionavam e a tradição radical negra adquiria sua forma revolucionária. Contudo, sua direção inicial foi oposta à de Malcolm Nurse, seu companheiro de infância[82]. Nurse, matriculado no Colégio Católico Romano da Imaculada Conceição e na escola secundaria particular Pamphylian, também se formou em 1918. Por alguns anos trabalharia, à semelhança de James, como repórter (para o *Weekly Guardian*). Em 1925, emigrou para os Estados Unidos e, dois anos depois, se filiou ao Partido Comunista estadunidense. Foi então que Nurse se converteu em George Padmore. Mas inclusive antes de sair de Trinidade, ele havia desenvolvido um antagonismo manifesto ao imperialismo. O *Guardian* lhe havia proporcionado um objetivo:

> O trabalho o entediava, não havia escopo para uma escrita reflexiva e ele detestava seu editor, Edward J. Partridge, um inglês que exigia subserviência de seus funcionários negros. Quando Partridge morreu, Nurse escreveu que ele havia sido "um dos mais arrogantes agentes do imperialismo britânico que já conheci. Eu o via com total desprezo e esperava usar minha caneta para expor seu papel diante dos trabalhadores e camponeses coloniais que ele oprimia por meio de seu sujo jornal, o *Guardian*".[83]

James e Padmore se encontrariam em Londres, em 1932[84]. Nessa época, James recém se tornara um trotskista, e Padmore havia abandonado apenas um ano antes a participação no movimento comunista[85]. A colaboração política deles começaria em 1935.

Ainda em Trinidade, James tinha lecionado na escola, jogado críquete (pelo Maple), e trabalhado como repórter em meio período. Como jornalista negro na ilha no começo da década de 1920, ele testemunhou o amadurecimento das políticas nacionalistas durante o governo de Cipriani. Richard Small, entretanto, sugeriu que: "Não foi até 1924 que James começou a prestar atenção nos discursos [de Cipriani] e até 1931 não havia se tornado um de seus seguidores."[86] Talvez, o processo tenha sido iniciado depois da sua conversa em 1923 com Learie Constantine, o jogador de críquete que o havia enervado:

> Eu estava arengando contra a baixa moral do críquete nas Índias Ocidentais quando Constantine ficou sério, uma expressão quase agressiva no rosto:
> "Você entendeu tudo errado, sabe", disse ele friamente.
> "O que eu entendi errado?"
> "Você entendeu tudo errado. Você acredita em tudo que lê nesses livros. Eles não são melhores do que nós."

Eu me atrapalhei. Não tinha a intenção de dizer que eles eram melhores do que nós. No entanto, muito do que eu estava dizendo era apenas isso.

Constantine retomou um velho tema.

"Eu disse que *venceríamos* aquela partida. Nós *vencemos*."

A conversa foi interrompida, me deixando de alguma forma perplexo.

"Eles não são melhores do que nós." Eu sabia que éramos, de homem para homem, tão bons quanto qualquer um. Eu o sabia desde meus dias de escola. Mas ainda que isso fosse verdade, não era toda a verdade.[87]

A política de James, como a de Cipriani, no entanto, permaneceu dentro dos parâmetros do parlamentarismo. Ele precisaria do marxismo, afirmou mais tarde, para romper com ele[88]. No final da década de 1920, ele era um nacionalista, mas embora tivesse lido *Negro World* (Mundo Negro) de Garvey, entrevistado o próprio Garvey quando este visitou Trinidade após sua expulsão dos Estados Unidos, e também estivesse familiarizado com alguns dos primeiros trabalhos de Du Bois, a visão de James ainda havia progredido apenas parcialmente para além da tradição ideológica na qual ele fora criado: "Eu realmente não tinha a menor ideia sobre a política negra até então, nem se falava sobre nenhuma revolta africana ou negra."[89] Seu compromisso era com a escrita de ficção, um intuito que deu frutos na publicação de alguns de seus contos e o desenvolvimento do manuscrito para o que se tornaria *Minty Alley*[90]. No entanto, seu aprendizado político havia começado e ele se preparava para escrever uma biografia de Cipriani:

Comecei a estudar a história das ilhas. Coletei *Hansards*[91], velhos Livros Brancos, relatórios das Comissões Reais. Havia muitos por ali aos quais ninguém dava atenção. Tudo era muito simples e direto. Como plano de fundo, eu tinha a interpretação *whig* da história e as declarações do Partido Trabalhista britânico. Em primeiro plano havia as massas negras, as classes médias profissionais e de funcionários administrativos pardos, os brancos europeus e locais, Stingo e Shannon, Maple e Queen's Park. Minhas ideias de liberdade, até então vagas, se cristalizaram em torno de uma convicção política: devíamos ser livres para governarmos a nós mesmos.[92]

Foi então que interveio Constantine, a força política mais perturbadora no meio social de James. Constantine queria escrever um livro que, a partir de sua experiência de jogador de críquete na Inglaterra desde 1929, pudesse expressar seus *insights* sobre o jogo e a sociedade inglesa. Ele convidou James para ir à Inglaterra e colaborar com ele no projeto. Em março de 1932, James partiu para a Inglaterra. Ele não voltaria a Trinidade por 26 anos[93].

Socialismo Britânico

As tradições socialistas na metrópole britânica às quais os negros anglófonos da África e do Caribe foram expostos diferiam diretamente das francófonas e estadunidenses. Por um lado, a história do desenvolvimento das ideias e dos movimentos socialistas na Grã-Bretanha havia sido marcada por acontecimentos históricos únicos: a formação da primeira classe operária industrial significativa; a derrota dos movimentos revolucionários; e, logo depois, os movimentos de reforma parlamentar (cartistas) no início do século XIX; a dominação britânica do capital e do comércio internacionais durante a maior parte do século; a ambígua presença de Marx e Engels na Grã-Bretanha de meados do século XIX até suas mortes em 1883 e 1895, respectivamente; a fundação da Primeira Internacional em 1864; o surgimento do novo Império Britânico e a concomitante intensificação do anglo-saxonismo como ideologia nacional. Uma das consequências histórias desses diversos acontecimentos foi a persistência, no século XX, de um movimento da classe trabalhadora com fortes simpatias sindicais:

> [Em 1895] o número total de membros dos sindicatos no Reino Unido, incluindo aqueles que não eram representados no Congresso [dos sindicatos britânicos naquele ano], foi estimado em um milhão e meio – isto é, cerca de um quinto do número de trabalhadores adultos do sexo masculino. Não havia nada igual em

nenhuma outra grande nação. De mais a mais, uma estimativa da força da classe trabalhadora não confinada a uma visão geral do país como um todo, mas distinguindo entre os diferentes distritos e ramos da indústria nacional, produziu resultados ainda mais impressionantes [...] Em Lancashire, Durham e Northumberland, os sindicatos reuniam pelo menos um décimo de toda a população e a metade dos trabalhadores adultos do sexo masculino. Poder-se-ia dizer que, para o fiandeiro ou tecelão de algodão de Lancashire, ou o mineiro de Durham ou Northumberland, a afiliação a um sindicato era praticamente obrigatória.

De fato. O tamanho desse exército de trabalhadores era talvez a melhor garantia de que os sindicatos seguiriam uma política prudente. Em um país altamente civilizado não há um milhão ou um milhão e meio de revolucionários; e dos sindicatos britânicos, por volta do ano de 1895, os mais conservadores e cautelosos eram precisamente aqueles cuja afiliação incluía a maior proporção de pessoas empregadas no comércio.[94]

Esse impulso foi acompanhado pela formação de braços especificamente políticos e eleitorais do movimento socialista: o Independent Labour Party (Partido Trabalhista Independente), fundado em 1893 e o Partido Trabalhista (por volta de 1900). Juntos, os sindicatos e os partidos parlamentares tiveram um efeito decisivo na militância dos trabalhadores:

> Embora haja provas sugestivas de um grau de desconfiança da classe trabalhadora com relação ao Estado nas suas formas cotidianas, o movimento trabalhista britânico tendeu a inserir tanto suas atividades industriais quanto políticas dentro da estrutura política nacional existente; em termos gramscianos, carecia de uma perspectiva hegemônica o suficiente para desafiar as instituições centrais do poder estatal.[95]

Finalmente, o nacionalismo inglês ou anglo-saxônico, um fenômeno ideológico tão poderoso durante o último quarto do século XIX, em certa medida preservou os socialistas britânicos de uma pronta aceitação ou submissão às correntes socialistas originadas no continente[96].

Os impactos políticos e ideológicos de organizações como a Federação Social-Democrata do marxista Henry Hyndman (1883), que exibia a hostilidade de seu fundador ao sindicalismo[97], a Liga Socialista "patrícia" de William Morris (1885) e o Partido Trabalhista Socialista (*circa* 1900), inspirado pelo visionário intelectual estadunidense Daniel DeLeon, foram de importância apenas indireta.

> Antes de 1917, havia apenas duas organizações marxistas de alguma importância, o BSP – British Socialist Party [Partido Socialista Britânico] e o SLP – Socialist Labour Party [Partido Trabalhista Socialista]. O BSP era o descendente direto da SDF – Social Democratic Federation [Federação Social-Democrata], fundada em 1883 sob a liderança de Hyndman, tendo sido formada em 1911 como uma coalizão da SDF., seções não marxistas do ILP; do movimento Clarion e de várias sociedades socialistas locais. A afiliação à SDF durante o século XIX nunca ultrapassou quatro mil integrantes; o número inicial de membros nominais do BSP., de quarenta mil, diminuiu para não mais do que um terço com a eclosão da guerra, e o número de membros ativos era consideravelmente menor. O SLP havia se separado da S.D.F. na virada do século. Era mais puro em doutrina e correspondentemente muito menor; o número de seus membros nunca ultrapassou mil, sua maioria concentrada na Escócia.[98]

Mais conhecida (e afluente) era a Sociedade Fabiana (Sidney e Beatrice Webb; George Bernard Shaw; Annie Besant; Graham Wallas; Sydney Olivier; G.D.H. Cole e Margaret Cole), cujas tendências eram amplas o suficiente para abranger o imperialismo, o socialismo estatal e a anarquia[99]. Sua marca seria mais duradoura no pensamento britânico sobretudo pela criação da London School of Economics[100]. Mas era o "socialismo trabalhista", a resolução antimarxista, reformista, ética e pragmática à guerra de classes que dirigia as políticas dos sindicatos britânicos e do Partido Trabalhista, e do qual mais participavam os trabalhadores britânicos:

> Por sua própria natureza, os "soldados rasos" – os homens e mulheres que compravam e vendiam literatura em vez de escrevê-la e ouviam discursos em vez de proferi-los – produziam muito pouco

material próprio. Precisamos saber mais sobre esses homens e mulheres anônimos que engrossavam as fileiras dos conselhos comerciais, dos partidos constituintes e das filiais do ILP em todo o país. Entretanto, os testemunhos de que dispomos, complementados pela imprensa operária local e outros registros históricos, confirmam a influência penetrante generalizada do Socialismo Trabalhista. Expressões específicas como "uma maior consciência social"; "o organismo social"; "a comunidade socialista"; "vamos chamar o homem que expõe a sujeira [*muck-raker*]; "urnas eleitorais e não balas" etc. são encontradas repetidamente.[101]

Quando, finalmente depois da Revolução Russa e da fundação do CPGB – Communist Party of Great Britain (Partido Comunista da Grã-Bretanha), surgiu um partido marxista revolucionário "intransigente", o marxismo ainda tinha pouco êxito entre as classes trabalhadoras. Como afirma Neal Wood: "O comunismo britânico foi em grande medida configurado pelo seu desenvolvimento à sombra do que se tornaria o maior e mais poderoso partido social-democrata do mundo." Muito da história do CPGB e de suas diferenças com os partidos comunistas de outros lugares talvez possa ser explicada pela força e eficácia gigantescas do Partido Trabalhista[102]. Nem o declínio econômico do pós-guerra da década de 1920, nem sequer a Depressão, que veio na esteira do fiasco do partido na greve geral de 1926[103], poderia recuperar o CPGB como um partido de massas[104].

Em sua maior parte, portanto, após a Depressão, o marxismo inglês se converteu em uma criatura mais dos filhos e filhas das classes média e média-alta do que dos trabalhadores ingleses. O desemprego massivo em suas fileiras; a emergência dos movimentos fascistas na Europa; uma década de demonstração da corrupção e da incompetência da "democracia burguesa"; e as conquistas espetaculares da Revolução Russa haviam feito sua mágica:

> As mudanças na vida intelectual de uma nação podem ser amiúde percebidas desde cedo entre os estudantes universitários. Antes dos anos de 1930, estudantes britânicos jamais haviam exibido o fervor político tão característico do continente. Por conseguinte, deve ter sido com alguma satisfação que Karl Radek pôde anunciar

ao Congresso de Escritores Soviéticos em 1934 que "no coração da burguesa Inglaterra, em Oxford, na qual os filhos da burguesia recebem sua lapidação final, observamos a cristalização de um grupo que vê salvação apenas na união com o proletariado". O começo de uma fermentação política sem precedentes teve lugar em 1931, quando estudantes que haviam retornado da Alemanha criaram organizações comunistas embrionárias nas universidades de Londres e Cambridge [...]. Uma sociedade marxista viu a luz do dia na London School of Economics em 1931 e a radical Cosmopolitan Society substituiu a antiga International Society. O notório Oxford's October Club, fundado em janeiro de 1932, foi banido em novembro do ano seguinte, ostensivamente por suas críticas aos Officers'Training Corps.[105]

No entanto, a arrogância de classe, as divisões amargas entre os trabalhadores e os intelectuais[106], os resíduos de xenofobia (tão central no século anterior para o papel dos trabalhadores irlandeses no movimento trabalhista britânico e, mais tarde, como apoio ao imperialismo), todos trabalharam contra a possibilidade de que o movimento comunista britânico se convertesse em uma força dominante entre o proletariado do país. De fato, forças contrárias ao CPGB e ao bolchevismo já haviam se desenvolvido na década de 1920 entre os trabalhadores britânicos, com o surgimento da "Plebs League; do National Guilds League; de seções do ILP; da South Wales Socialist Society (WSF) e a South Wales Socialist Society (SWSS.)"[107] Na década de 1930, o marxismo britânico – o resíduo intelectual e moral do comunismo britânico – havia logrado sua influência mais duradoura entre os intelectuais universitários[108]; e o socialismo britânico se transformara em um fenômeno eleitoral, com o Partido Trabalhista e o I.L.P. como suas manifestações mais significativas[109].

Radicais Negros na Metrópole

Durante esses mesmos anos, os súditos africanos e caribenhos do Império Britânico não costumavam visitar com frequência a metrópole.

Na realidade, tinham muito menos acesso à Grã-Bretanha do que seus colegas francófonos ao continente europeu. No entanto, os comerciantes africanos viajavam a Londres frequentemente, e com o tempo, estudantes negros das classes médias emergentes ou patrocinados por sociedades missionárias encontraram seu caminho para as Ilhas Britânicas[110]. Ainda assim, muitas das figuras que se destacariam como ideólogos, teóricos e ativistas importantes nos movimentos anti-imperialistas nas colônias britânicas depois da Primeira Guerra Mundial e da Segunda Guerra Mundial foram forçadas a fazer uso de rotas bastante tortuosas para chegar à Grã-Bretanha. Padmore, como Azikiwe da Nigéria, Nkrumah da Costa do Ouro e P.K.I. Seme da África do Sul, vieram dos Estados Unidos para a Grã-Bretanha. Com sua tradição de faculdades e universidades negras, os Estados Unidos eram uma rota muito mais hospitaleira e acessível para a educação superior, mas a experiência na metrópole seguia sendo importante. T. Ras Makonnen (George T.N. Griffith) chegou à Grã-Bretanha via Estados Unidos e Dinamarca. Alguns outros, como Johnstone (Jomo) Kenyatta do Quênia, passaram vários anos penosos na metrópole e no continente, presos entre o funcionalismo colonial, as redes missionárias de recursos limitados e empregos bastante precários[111]. Os administradores do colonialismo britânico, como vimos, particularmente nas colônias nas quais ocorrera um assentamento europeu, eram geralmente hostis aos nativos que adquiriam educação ocidental fora dos auspícios das escolas missionárias ou muito além de um nível elementar. Alguns negros, tanto no século XIX como no início do século XX, foram à Grã-Bretanha para receber uma formação avançada ou para prosseguir em suas carreiras profissionais. Normalmente, os filhos das incipientes classes médias coloniais encontradas em todo o Império permaneceram à margem do que deles era esperado. Entre eles, contudo, havia figuras como: Henry Sylvester Williams (Trinidade), já discutido, Harold Moody (Jamaica), Tafari Ras Makonnen (Guiana Inglesa), Mohamed Ali Duse (Egito) e Cyril Lionel Robert James – que desempenhariam papéis de destaque na política negra na Grã-Bretanha, mas que viajaram para lá com, no mínimo, interesses profissionais em mente. Uma vez ali, eles tiveram algumas mudanças de opinião, aumentando suas intenções originais ou se dedicando por completo à libertação negra. Entre suas realizações estaria a criação de jornais como o *African Times and Orient Review*, de Mohamed Ali Duse (em que Marcus Garvey recebeu sua primeira introdução ao panafricanismo)[112], editoras como a Pan-African Publishing Company de Makonnen e a fundação de uma série de organizações sociais e políticas: a Afro-West Indian Literary Society (1900), a Ethiopian Progressive Association (1906), a Union of Students of African Descent (1917), a West African Students Union (1925) e a League of Coloured People (Liga das Pessoas de Cor, 1931)[113].

Durante o período entreguerras, alguns membros da *intelligentsia* negra colonial que trabalhavam na Grã-Bretanha estavam intimamente associados a movimentos marxistas ou comunistas. Padmore, proeminente na Terceira Internacional até 1933, iria chefiar o ITUC-NW – International Trade Union Committee of Negro Workers (Comitê Sindical Internacional de Trabalhadores Negros), uma seção da RILU ou Profintern – (Internacional Sindical Vermelha); Rajani Palme Dutt, um eurasiano nascido na Inglaterra que estudou em Oxford, se tornaria o principal teórico do CPGB por quarenta anos; Peter Blackman, um barbadiano que havia trabalhado na África Ocidental como missionário, se converteria em um importante porta-voz e jornalista do CPGB (ele fora precedido por dois outros barbadianos, Chris Jones da Colonial Seamen's Association e Arnold Ward); Shapurji Saklatvala, um médico nascido em Bombaim, foi um dos dois primeiros comunistas a se candidatar ao Parlamento, representando North Battersea em 1922; e, é claro, James seria conhecido como escritor e orador do movimento trotskista[114]. Políticos de esquerda, como Willie Gallacher, o membro comunista do Parlamento; Fenner Brockway e o reverendo Reginald Sorenson, da ala esquerda do Partido Trabalhista (e, no caso de Brockway, do Partido Trabalhista Independente); assim como o independente Reginald Reynolds, eram todos associados à facção radical dessa intelectualidade negra na Grã-Bretanha[115]. Porém, assim como alguns eventos, como a depressão mundial do final dos anos de 1920 e 1930, impulsionaram alguns membros dessa intelectualidade para a esquerda, outros os levaram a questionar seriamente o compromisso dos radicais europeus, especialmente dos comunistas europeus, com sua causa. No início e meados da década de 1930, dois desses acontecimentos, a dissolução por parte da Terceira Internacional do Comitê Sindical Internacional de Trabalhadores Negros em 1933, e a revelação na imprensa do comércio de material bélico entre a União Soviética e a Itália durante a Guerra Ítalo-Etíope (em contravenção às sanções da Liga das Nações)[116], provaram serem críticos. Na Grã-Bretanha, os ativistas negros mais radicais em geral se voltaram para o panafricanismo como forma de realizar seu trabalho político, enquanto retinham aspectos do marxismo em sua crítica do capitalismo e do imperialismo.

Nessas primeiras décadas do século, tal como havia sucedido na maior parte do século anterior, a importância da metrópole para os intelectuais negros das colônias residia em seu interesse em se preparar para desempenhar um papel e, para alguns, inclusive conseguir uma participação no Império. Outros – por exemplo, autoridades tribais ou missionários – podiam aparecer em Londres em busca de apoio oficial frente a uma ou outra manifestação de ganância ou injustiça por parte de administradores das colônias ou de certos colonos, mas para os ambiciosos, isso significava um desperdício da sede do Império. Para eles, como James testemunharia sobre sua própria chegada à Grã-Bretanha, muitas vezes apenas se tratava de um "intelectual britânico que viajava para a Grã-Bretanha"[117]. Muitos, é claro, regressaram aos seus países de origem – em especial os da África Ocidental e das ilhas mais populosas do Caribe – porém alguns permaneceram na Inglaterra pelo resto da vida. E à medida que o século avançava, seu número aumentava substancialmente, se bem que de forma intermitente, com a chegada de negros de origens camponesas e integrantes da classe trabalhadora urbana, impulsionados em direção à metrópole pelas forças mais caóticas que catalisavam ou eram o resultado das crises do sistema mundial: isto é, guerras e escassez de trabalho[118]. Finalmente, um número menor desses negros, mas certamente o mais proeminente, vinha às metrópoles ocidentais a fim de seguir carreira no esporte e no entretenimento, carreiras que decerto seriam delimitadas, se não inteiramente proscritas, em sua terra natal[119]. Em alguns lugares, os membros da *intelligentsia* negra residentes na Grã-Bretanha atuaram como mediadores da mão de obra negra entre a metrópole e as colônias. Médicos, como Peter Milliard (Guiana Inglesa), atendiam às necessidades de trabalhadores negros e brancos nos guetos industriais; advogados, como H.S. Williams e Learie Constantine, muitas vezes defendiam os interesses dos apelantes coloniais, ou participavam de atividades por direitos civis e sociais[120]. Outros ainda, como Makonnen em Manchester, e Samuel Opoba ("Sam Okoh") e "Joka" em Liverpool, abriram restaurantes e clubes de dança para estudantes coloniais, marinheiros e trabalhadores imigrantes, negros e brancos. Ainda outros, como Edward G. Sankey, que mais tarde se tornaria um homem de negócios nigeriano, atuavam como secretários e assessores particulares[121]. A Grã-Bretanha estava no "centro de gravidade"[122]. Era a fonte de autoridade do Império, a mais alta sede de apelação frente às devastações às vezes arbitrárias da política e da autoridade coloniais. Era o local persistente e idilicamente imaginado nos textos literários e históricos empregados na "colônia escolar" que circundava o Império, e era o lugar no qual poderiam ampliar suas realizações intelectuais e profissionais e antecipar que se lhes fosse permitido o acesso a seu patrimônio legítimo. A Inglaterra era, em suma, o cenário natural para essa classe média britânica, embora negra, frustrada em casa ao reconhecer que havia "duas Inglaterras – a Inglaterra das colônias e a da metrópole"[123]. A primeira, eles sabiam, era restrita pelos limites de casta da ordem racista; a segunda, eles acreditavam, era imparcial e uma meritocracia virtual.

Apenas alguns poucos vieram para a Grã-Bretanha com propósitos explicitamente políticos, como Makonen e Padmore. Outros, entretanto, como Williams, seu predecessor, e James, seu contemporâneo, aderiram a esses propósitos enquanto viviam na Grã-Bretanha. Juntos, contribuíram para constituir aquela geração de intelectuais negros que – em sua conjuntura histórica – supôs ou talvez tenha entendido que o projeto anti-imperialista deveria estar centrado na metrópole. Depois deles e devido à sua obra, a descolonização e a libertação negra voltariam às suas terras de origem.

Makonnen viera pela primeira vez à Grã-Bretanha em 1935. Retornou dois anos depois e ali fixou residência por vinte anos. Ele já era um panafricanista quando chegou e assim permaneceu, merecendo um posto de honra junto com Du Bois, Kwame Nkrumah e Padmore nesse movimento. Na verdade, ele foi mais responsável do que qualquer outra pessoa por reunir o movimento em Manchester, em 1945, no Quinto Congresso Panafricano – a última vez em que muitos deles se reuniriam como ideólogos sem poder[124]. Como editor, Makonnen havia sido o primeiro a publicar a obra de Eric Williams e alguns dos escritos de Kenyatta e Padmore[125]. Para Makonnen, que viveu por algum tempo nos Estados Unidos, o centro do Império Britânico era uma plataforma muito importante. Ele celebrou o contraste entre seu liberalismo e o de sua própria sociedade na Guiana Inglesa. Não levou muito para que passasse a acreditar que os radicais coloniais poderiam contar com as tradições britânicas de liberdade de expressão e de imprensa livre em seu ataque ao Império.

> Como era ser negro na Grã-Bretanha na década de 1930? Certamente não éramos ricos; longe disso. Mas em geral estávamos felizes com nossa sorte – só de saber que estávamos desafiando um dos maiores impérios do mundo. Imaginem o que significava para nós ir ao Hyde Park e falar a uma raça de pessoas que eram consideradas nossos senhores e dizer-lhes o que sentíamos sobre seu império e sobre eles [...] escrever e distribuir qualquer folheto que quiséssemos; fazer discursos terríveis; tudo isso quando vocês sabiam muito bem que ali, nas colônias, bastava dizer "Deus é amor" para ser perseguido pelas autoridades![126]

Persistentemente anticomunista durante toda a sua vida, era um homem que podia aconselhar seus irmãos: "Se você se interessa pelo comunismo, compre o livro [...] Não entre para o clube!"[127] Makonnen ainda podia apreciar o "nivelamento" na vida política britânica que minimizava as diferenças entre os grupos nacionais e negava o "problema negro" tão prevalente na América.

> Os poucos caribenhos, africanos ocidentais ou somalis que trabalhavam nos portos ou em Londres certamente viviam em condições terríveis, mas elas não eram diferentes das do mineiro galês ou da

área apavorante dos pardieiros de Glasgow [...]. Nós podíamos ver o trabalhador, a luta do proletariado muito mais claramente do que do outro lado do Atlântico.[128]

Mais importante para ele, o mesmo tipo de solidariedade era verdadeiro para os negros. Como os negros eram tão poucos na Grã-Bretanha, acreditava ele, o parentesco prevalecia sobre a classe. Ao contrário dos Estados Unidos, em que uma pretensiosa classe média negra urbana se tornara alienada da maioria dos negros da classe trabalhadora, aqueles na Grã-Bretanha, antes da Segunda Guerra Mundial, formavam uma fraternidade receptiva. Quando na Inglaterra alguns deles ficavam desorientados e se tornavam *shenzi* (selvagens), "em vez de serem desonrados, lhes dávamos dinheiro para pagar sua passagem [para casa]"[129]. A League of Coloured People de Harold Moody e vários membros da esquerda radical também faziam parte dessa rede de serviços. A característica mais central da Inglaterra para Makonnen, entretanto, parecia um resultado de inadvertência imperial. Enquanto na Grã-Bretanha as classes dominantes regiam a sociedade em virtude de uma certa graça hegemônica, nas colônias persistia o maquinário mais brutal de dominação. Aqueles negros que fizeram a viagem entre essas duas polaridades nunca poderiam ser os mesmos:

> Quando você olha os resultados daqueles africanos que estiveram na Inglaterra, você não estaria muito equivocado ao dizer que a Inglaterra foi o carrasco de seu próprio império colonial. No sentido de que ela havia permitido que esses negros sentissem o contraste entre a liberdade na metrópole e a escravidão nas colônias.[130]

Padmore, ao que parece, não obstante sua vigorosa oposição ao imperialismo britânico, compartilhava o entusiasmo de Makonnen pela metrópole. Também estava impressionado com as tradições liberais do que ele, como marxista, aprendeu a identificar como "democracia burguesa". O mesmo homem, somos informados, que em 1931 detalhou a exploração, as "ações sangrentas" e a "hipocrisia" do Império na África e nas Índias Ocidentais em sua obra *The Life and Strugles of Negro*

Toilers (A Vida e as Lutas dos Trabalhadores Negros), também era capaz de exclamar para Makonnen, em admiração quase imprudente:

> Os agentes da segurança sabem que estamos aqui; eles entram em nossos escritórios fingindo estar comprando livros ou revistas e, às vezes, quando voltamos de uma viagem à Rússia, eles nos detêm depois de cruzar o Canal. Mas você pode brincar com eles e dizer: "Acabamos de atravessar para conseguir um pouco de ouro russo e estamos voltando para enriquecer o velho país." Em vez de lhe dar o tratamento de aguilhão como nos Estados Unidos, eles riem com você.[131]

É evidente que tudo era uma delusão. Na década de 1930, havia pouca coisa de pitoresco ou liberal na política britânica ou de generoso no Estado britânico. Embora fosse verdade que em um pequeno nicho da sociedade britânica floresceram a Frente Popular e seus aliados da Terceira Internacional; que escritores e artistas radicais puderam produzir jornais políticos e literários como *Storm*; *Cambridge Left*, *Left*; o *Left Review*; o *New Verse* e outros, que semanários como *The Tribune* ou *The Week*, de Claud Cockburn pudessem ser publicados; que o Left Book Club pudesse ser organizado e que grupos de teatro como o Unity Theatre e o Group Theatre pudessem se apresentar; que era possível organizar mobilizações em massa como os desempregados da Marcha de Jarrow (1936); e que milhares de voluntários se alistassem nas Brigadas Internacionais para combater na Guerra Civil Espanhola (cerca de 2.762 foram para a Espanha, dos quais 1.762 foram feridos e 543 mortos)[132], também era verdade que o poder na sociedade britânica estava sendo empregado para outras coisas. Nas ruas, as dezenas de milhares de membros da União Britânica de Fascistas, de sir Oswald Mosley, cobraram um terrível preço físico aos antifascistas e destruíram lojas como as da Mile End Road de Londres, de propriedade de judeus[133]. Julian Symons lembrou: "As forças policiais, que nunca haviam simpatizado com os movimentos de esquerda, pareciam sempre assumir muito prontamente a tarefa de proteger os fascistas frente à oposição."[134] As faces oficiais da política britânica, entretanto, não eram menos corruptas. Em 1936, na sua conferência em Edimburgo, o Partido Trabalhista "deu as costas às necessidades da Espanha republicana"[135] e, ainda antes, o governo nacional adotou uma atitude "neutra" no que diz respeito aos Estados fascistas e suas vítimas[136]. Ainda assim, o mesmo Estado não tinha pretensões de neutralidade no tocante ao seu Império. Ativistas negros na Grã-Bretanha na década de 1930 estavam sujeitos aos mesmos "métodos duros" – como diriam os caribenhos – de seus predecessores. Assim como na década de 1920, Mohamed Ali Duse era "constantemente seguido" pelo MI5, pela Scotland Yard, e por agentes do Colonial Office[137]. E Claude McKay, que figurava nos arquivos do Serviço Secreto Britânico, foi impedido de retornar à Jamaica por décadas, depois de seu único período (1919-1921) de jornalismo radical na Inglaterra[138]. A inteligência britânica e o Colonial Office haviam tomado conhecimento de Padmore (já em 1931) e passaram a neutralizar seu trabalho na África[139]. No Caribe, em especial durante as greves operárias de 1937-1938, o ativismo negro foi implacavelmente reprimido. E quando começou a Segunda Guerra Mundial, muitos desses "subversivos" foram devidamente detidos[140]. Mas a delusão do liberalismo de que falaram Makonnen e Padmore também foi uma autodelusão, parte de um equívoco maior. Para eles e muitos de seus companheiros, a Inglaterra, a segunda Inglaterra, a meritocrata Inglaterra dos romances e das histórias *whig*, era a personificação do jogo limpo e da regulamentação moral profunda. Era um ideal, portanto, que inclusive os anti-imperialistas mais acirrados achassem difícil abalar. Nem mesmo as imperfeições grosseiras e o racismo que enfrentavam na metrópole os dissuadiram. Era como se tivessem aceitado que, como ingleses negros, uma parte de sua missão política era corrigir a errônea pátria-mãe. De todos eles, foi James quem chegaria mais perto de entender por que isso acontecia. Sem dúvida, foi a sua compreensão da sociedade inglesa que lhe proporcionou uma melhor percepção do imperialismo britânico, do liberalismo britânico e da esquerda britânica. Nesse sentido, ele iria muito além do economicismo de Engels, Marx e de muitos dos marxistas britânicos mais recentes[141].

Talvez um dos motivos da reação menos eufórica de James à sociedade inglesa foi o fato de que sua chegada ao país diferia em aspectos importantes daqueles de Makonnen e Padmore. Vivendo em Lancashire com Learie e Norma Constantine, fisicamente distante dos locais mais típicos do radicalismo de classe média e da política organizada, James foi envolvido por um trabalho mais contemplativo e uma política mais mundana. Por meio de Constantine, sem dúvida, ele obtivera acesso ao *Manchester Guardian* e logo estava substituindo Neville Cardus, o correspondente de críquete do jornal. Mas suas principais preocupações, a colaboração com Constantine em *Cricket and I*, as palestras públicas sobre as Índias Ocidentais, a edição de *The Life of Captain Cipriani* (A Vida do Capitão Cipriani), proporcionaram-lhe a oportunidade de ler Lênin, Stalin e Trótski, de rever a mentira da política trabalhista na Grã-Bretanha e de se reunir com operários britânicos em discussões removidas de circunstâncias acaloradas. Na verdade, ele admitiria mais tarde que o desenvolvimento de sua postura crítica em relação ao Partido Trabalhista (com o qual ele havia se identificado como um nacionalista "ciprianiano") se deveu a discussões com os trabalhadores de Lancashire que desabonavam a liderança do partido: "Minhas ideias trabalhistas e socialistas foram extraídas de livros e eram bastante abstratas. Aqueles trabalhadores cinicamente bem-humorados foram uma revelação e me trouxeram de volta à terra."[142] Aparentemente compartilhando sua desilusão com o Partido Trabalhista, ele logo encontrou uma alternativa:

> Li a *História da Revolução Russa* [de Trótski] porque estava muito interessado em história e o livro parecia oferecer algumas análises da sociedade moderna. No final da leitura, na primavera de 1934, me tornei um trotskista – em minha mente, e depois de fato. Estava claro em minha mente que eu não seria um stalinista.[143]

Foi a partir dessa base política e ideológica que ele escreveria *World Revolution: 1917–1936: The Rise and Fall of the Communist International* (Revolução Mundial 1917-1936: Ascensão e Queda da Internacional Comunista) em 1937 e traduziria o *Stalin* de Boris Souvarine em 1938[144]. Foi como trotskista que James escreveria *The Black Jacobins* (Os Jacobinos Negros), a obra pela qual ele é mais conhecido. Publicado pela primeira vez em 1938 esse estudo, ainda formidável, das revoluções haitiana e francesa e seu significado para o abolicionismo britânico, era ao mesmo tempo uma análise da relação entre as massas revolucionárias e a liderança, e uma tentativa de restabelecer o legado histórico das lutas revolucionárias africanas. Na mesma obra, não é difícil perceber uma crítica do stalinismo, uma expressão do conceito de revolução permanente de Trótski e a reelaboração da teoria de Lênin da ditadura do proletariado – tudo construído sobre a extraordinária concepção de Marx da acumulação primitiva, isto é, a acumulação imperialista, do capital. Foi desde o início reconhecida como uma obra extraordinária. Voltaremos a ela em breve.

No entanto, foi uma segunda mudança de consciência que forneceu a James uma perspectiva da sociedade inglesa. Esse desenvolvimento é recontado em *Beyond a Boundary* (Além de um Limite), a declaração mais primorosa de James sobre o imperialismo britânico e o desenvolvimento da sociedade burguesa inglesa. Publicado em 1963, era uma espécie de estudo autobiográfico – Sylvia Wynter o chamou de "sistema autossociográfico"[145] – ostensivo sobre o jogo do críquete. Nele James descreveu sua entrada na sociedade inglesa como um membro próprio da classe média inglesa, imerso no código da escola pública. Suas lembranças como um menino negro no Queens Royal College em Trinidade caracterizavam a moralidade burguesa e o racionalismo nos quais ele e seus colegas coloniais eram educados:

> Dentro da sala de aula, o código tinha pouco sucesso. Desviar-se dele era um tabu, porém mentíamos e trapaceávamos sem sentir nenhuma vergonha. Sei que eu o fazia [...]
>
> Mas tão logo pisávamos no campo de críquete ou do futebol, mais precisamente no de críquete, tudo mudava. [...] Aprendemos a obedecer à decisão do árbitro sem questioná-la, por mais irracional que fosse. Aprendemos a jogar com o time, o que significava subordinar suas inclinações pessoais e até mesmo interesses próprios, para o bem comum. Mantínhamos a cabeça erguida e não nos queixávamos da má sorte. Não condenávamos o fracasso, mas o que vinha facilmente aos nossos lábios era "boa tentativa" ou "má sorte". Éramos generosos com os adversários e os felicitávamos por suas vitórias, mesmo quando sabíamos que eles não as mereciam [...] No campo fazíamos o que deveria ser feito.[146]

O críquete, escreve ele, tornou-se uma de suas obsessões. Ele jogava, lia sobre ele e, com o tempo, como observamos, chegou a escrever sobre ele. De certa forma, sua juventude foi dominada pelo jogo; o críquete foi o meio de se introduzir na classe média parda da ilha; selecionou seus amigos pessoais; fundamentou suas percepções da masculinidade e os julgamentos que faria de outros homens; e finalmente, por intermédio de Constantine, se tornou a razão para sua vinda à Inglaterra. Sua outra obsessão era a literatura, outra emanação da burguesia inglesa. Para James, havia começado com William Makepeace Thackeray: "Eu ria sem parar das constantes piadas, zombarias e brincadeiras de Tackeray a respeito da aristocracia e de pessoas em cargos importantes. Thackeray, não Marx, foi o maior responsável por minha evolução."[147]

> Depois de Thackeray, houve Dickens, George Eliot e todo o grupo de romancistas ingleses. Seguiram-se os poetas nas antologias de Matthew Arnold, Shelley, Keats e Byron; Milton e Spenser [...] Descobri a crítica: Hazlitt, Lamb e Coleridge, Saintsbury e Gosse [...] Burke me conduziu aos discursos: Canning, lorde Brougham, John Bright.[148]

Mas ambos – o críquete e a literatura inglesa – eram complementares. Eram, como James iria descobrir na Inglaterra, expressões culturais e ideológicas da mesma ordem social, uma ordem burguesa fundamentada no capitalismo, sistematizada no século XIX pela filosofia de Thomas Arnold da escola pública, tutelada pela persuasão moral de Thomas Hughes e encarnada na obra de W.G. Grace, o jogador de críquete[149]. O jogo e seu lugar na história social da Inglaterra diziam tudo:

> Foi criado pelo fazendeiro *yeoman*, pelo guarda-caça, pelo oleiro, pelo funileiro, pelo minerador de carvão de Nottingham, pelo operário da fábrica de Yorkshire. Esses artesãos o fizeram, como homens de mão e olho. Jovens nobres, ricos e inativos, e algumas pessoas importantes da cidade contribuíram com dinheiro, organização e prestígio.
>
> A classe da população que parece ter menos contribuído foi aquela destinada a se apropriar do jogo e convertê-lo em uma instituição nacional, a sólida classe média vitoriana. Estava acumulando

riqueza. Tinha obtido sua primeira vitória política com o projeto da Lei de Reforma de 1832 e conquistaria a segunda com a Revogação das Leis dos Cereais em 1846. Ela estava a caminho. Mais do que a maioria dos recém-chegados, não era lapidada [...] As classes médias vitorianas liam Dickens, amavam Dickens, idolatravam Dickens como poucos escritores antes ou depois dele. É uma suposição muito ousada dizer que eles não entendiam o que Dickens estava dizendo [...] Dickens sempre via a Inglaterra vitoriana com os olhos de um pré-vitoriano. Sua Inglaterra ideal era a Inglaterra de Hazlitt e Pickwick. Homem de gênio que era, os vitorianos eram mais perspicazes do que ele. Eles não olhavam para trás. Queriam uma cultura, um estilo de vida próprio. Eles a encontraram simbolizada na obra de três homens, primeiro em Thomas Arnold, o famoso diretor da escola Rugby; em segundo lugar em Thomas Hughes, autor de *Tom Brown's Schooldays* [Os Dias Escolares de Tom Brown] e por último em W.G. Grace. Esses três homens, mais do que qualquer outro, criaram o vitorianismo, e deixar Grace de fora é interpretar mal os outros dois.[150]

O críquete e o futebol, como jogos organizados, começaram como expressões dos "artísticos instintos" das classes rurais e artesanais inglesas. Se James tivesse à sua disposição o que E.P. Thompson estava formulando simultaneamente em *The Making of the English Working Class* (A Formação da Classe Operária Inglesa), (o que poderia ser confundido como sendo uma coincidência salvo pelo fato de que James e Thompson era historiadores marxistas; ambos estavam respondendo a uma experiência recente de profunda desilusão política; para James, sua derrota nas mãos de Eric Williams em seu retorno a Trinidade[151], para Thompson, sua renúncia ao Partido Comunista Britânico que considerava moral e politicamente colocado em coma pelo stalinismo[152]; e ambos estavam, nas palavras de Thompson, "tentando defender, reexaminar e estender a tradição marxista em um momento de desastre político e teórico")[153], ele não teria razão para hesitar em atribuir esse surgimento dos jogos organizados ao processo de formação da classe trabalhadora na Inglaterra. Esses jogos, mais particularmente sua organização e espírito pré-industrial, "não contaminados por nenhuma corrupção grave", eram um aspecto da mediação cultural construída pela classe trabalhadora como resposta aos processos históricos do deslocamento, da expropriação e da alienação capitalistas cada vez mais profundos. James, no entanto, só poderia insinuar um entendimento desse significado: "Quando as pessoas comuns não estavam no trabalho, uma das únicas coisas que queriam eram esportes e jogos organizados."[154] A lógica reflexiva de seu próprio desenvolvimento chamou sua atenção para outro campo. Ele focou sua análise no que os jogos haviam chegado a significar para as classes dominantes, as classes cuja capacidade de articulação literária e filosófica tanto fizera para formar sua própria consciência.

Para James, o ponto de partida para compreender as classes dominantes da Inglaterra e sua hegemonia sobre as classes trabalhadoras no país e no exterior estava no paralelismo histórico que ele descobrira entre a Grécia antiga e a Grã-Bretanha imperial dos séculos XIX e XX. Foi um lugar natural para ele começar, ele era britânico e "greco-romanos todos nós somos"[155]. Em ambas as sociedades, ele detectou uma relação que fundia poder e jogos organizados; uma obsessão quase fanática pelo atletismo, cimentada (como ele escreveu sobre os gregos) na asserção de "uma unidade nacional da civilização grega e da consciência de si próprios como diferentes dos bárbaros que os cercavam"[156].

A primeira data registrada na história europeia é de 776 a.C., a data dos primeiros Jogo Olímpicos. As cidades-Estados gregas estavam em guerra permanente umas contra as outras. Mas quando os jogos quadrienais se aproximavam, elas declaravam uma trégua nacional, os vários competidores se reuniam em Olímpia, os jogos eram realizados e, tão logo terminavam, a guerra recomeçava [...] A cada cidade e colônia grega (tão longe como Itália, Sicília, África, Egito e Marselha) os enviados iam de Olímpia com seus convites e as comunidades mandavam seus representantes e suas delegações oficiais. Quarenta mil peregrinos se reuniam, incluindo os mais ilustres membros da sociedade grega.[157]

No entanto, insistia James, todo o espetáculo e seu aparente, porém enganoso, paralelo na sociedade britânica exigia uma análise mais detalhada. Tal inspeção revelaria a dialética sutil entre cultura e o exercício de dominação:

> Os jogos *não* foram introduzidos na Grécia pela democracia popular. De fato, quando a democracia chegou ao poder, ela elevou a uma posição de destaque outro tipo de celebração [o drama trágico], deixando os jogos em segundo lugar.
> Os Jogos Olímpicos tinham sido um festival da aristocracia feudal e da burguesia da Grécia. Somente a burguesia tinha dinheiro suficiente para custear os gastos dos competidores [...] Apenas as famílias aristocráticas estavam em condições de participar das corridas de carruagem.[158]

Na Inglaterra, o esporte organizado tinha sido um fenômeno de massa, uma criação espontânea e pública. E então, assim como com a terra e o trabalho, a burguesia em ascensão dele se apropriou para seus próprios fins. Indisciplinada, vulgar e desprovida de autoconfiança[159], ela havia se dado conta de que sua dependência da força nua de suas *personae* como expropriadores, exploradores e imperialistas acabaria por destruí-la se ela não pudesse estabelecer, para sua própria satisfação, seu direito de governar: "Eles queriam uma cultura, uma forma de vida própria."

> Arnold acreditava na religião e no caráter. O papel do intelecto era um pouco menos poderoso em suas concepções [...]. As classes dominantes inglesas aceitaram os objetivos de Arnold e também seus métodos em geral. Mas, com um instinto infalível, separaram dele o cultivo do intelecto e o substituíram pelos jogos organizados, com o críquete no centro do currículo.[160]

A escola pública e seu regime de jogos organizados e atletismo lhes proporcionaram uma forma de vida. John Rae, ele mesmo um diretor, concorda:

> O atletismo era um fenômeno complexo em cujo cerne estava a crença de que os jogos de equipe competitivos e obrigatórios

identificavam e desenvolviam qualidades de caráter que eram admiráveis em si mesmas e essenciais para "os conflitos mais sérios da vida" […] Por cerca de sessenta anos, de 1853 a 1914, essa crença dominou não só o sistema da escola pública como também aquelas áreas da sociedade britânica e imperial nas quais os homens de escolas públicas desempenhavam os papeis principais […]

Em 1900, o fundamento lógico original dos jogos organizados havia sido há muito esquecido e o atletismo tinha desenvolvido sua própria justificação ideológica. Os jogos não só adiariam o tormento mental do sexo. Eles ensinariam uma moralidade. Desenvolveriam a virilidade e a resistência, sem as quais um império em expansão não poderia ser administrado. Encorajariam o patriotismo à medida que a profunda lealdade a lar e à escola fosse transferida para o regimento e ao país.[161]

Embora se possa dizer que "por meio disso a classe dominante se disciplinou e se treinou para o exercício mais flexível e eficaz do poder"[162], James acreditava que tal interpretação era demasiado mecanicista, demasiado parecida com uma manipulação inteligente, a uma tradução literal do que Arnold pretendera. A expressão psicológica da burguesia inglesa emergente tinha sido extraída dos materiais históricos e culturais em que foi gerada. James preferiu ver as formas de sua hegemonia como extraídas de um movimento da cultura nacional; uma renovação da vida inglesa baseada no seu passado puritano, porém universal o suficiente para afetar outros povos muito distantes de suas origens: "Isso significa, como costuma acontecer em qualquer movimento profundamente nacional, que continha elementos de universalidade que iam mais além dos limites de sua nação originária."[163] Seria, no seu parecer, a única contribuição que a educação inglesa poderia fazer para as ideias educativas gerais da civilização ocidental. Ele não estava tão seguro (ou não era tão claro) como poderia ter estado na companhia de Thompson sobre o processo que denominou "civilização moderna", porém revelou uma de suas consequências. A burguesia dominante inglesa, no início, havia exigido uma disciplina para si mesma, para sua própria *raison d'être* e sua reprodução. Encontrou seu instrumento entre os bens culturais produzidos pelas classes trabalhadoras. O que extraíram ou inseriram no atletismo eram regras de classe, valores morais e um racionalismo utilitário. O que compartilhavam no espetáculo social dos jogos se tornou parte do cimento que unia as diversas ordens sociais em uma missão imperial idêntica –que incluiria inclusive aqueles nativos das periferias cujas reivindicações a uma identidade inglesa equivaleriam a um trágico erro. Na ausência de provas mais contundentes, devemos supor que James descobriu esse erro na Inglaterra, trinta anos antes de se sentar para escrever *Beyond a Boundary*.

Quando James e seus contemporâneos chegaram à metrópole nos anos de 1920 e 1930, a Inglaterra na qual haviam estado imersos já deixara de existir. De fato, exceto nas fantasias etéreas fabricadas pelas classes dominantes e sua *intelligentsia*, talvez nunca tivesse existido. Entre os elementos que realmente fizeram diferença, as classes trabalhadoras estavam se distanciando de sua identificação com a burguesia e a nobreza. Os trabalhadores ingleses demonstravam militantemente que não estavam mais convencidos de que seu futuro e o das classes dominantes fossem idênticos. Sua traição pelo capitalismo, manifestada nos milhões de desempregados, fez com que muitos já não estivessem mais dispostos a combater nas guerras imperialistas. Em meados da década de 1930, seus interesses declarados podem ser encontrados em manifestações como a Marcha da Fome de 1934 e a Marcha de Jarrow de 1936; e eles se organizaram em grupos populares militantes como o National Uneployed Workers' Movement (Movimento Nacional de Trabalhadores Desempregados), cujo número superava inclusive o de membros do CPGB (em um ano, 1935-1936, passou de 7.000 para 11.500 membros)[164]. As crises materiais do capital mundial e a incompetência política das classes dominantes, não obstante as repetidas traições por parte das lideranças do Partido Trabalhista e do movimento sindical, propiciaram uma base para uma certa regeneração do movimento formal da classe operária e de seu aspecto eleitoral. A afiliação aos sindicatos aumentou[165], e o Partido Trabalhista, em declínio em 1931, obteve ganhos substanciais (assim como o CPGB) nas eleições municipais de 1932, 1933 e 1934 e nas eleições gerais de 1935[166]. A esquerda organizada, entretanto, não foi muito beneficiada.

Para Padmore, \ e seus camaradas africanos, I.T.A. Wallace-Johnson e Kenyatta, na esquerda anti-imperialista, havia outra diferença. Inevitavelmente, até James percebeu que a ilusão do Império como uma fraternidade global, benevolentemente orquestrada por raças avançadas em benefício das atrasadas, estava, na melhor das hipóteses, muito distante da realidade que encontraram. A Inglaterra, com sua pobreza cada vez maior, suja, sombria, na qual os fascistas "desclassificados" se alinhavam e se identificavam ativamente com facções das classes dominantes, suas exibições vulgares de racismo (que "inexplicavelmente" vitimavam aqueles entre os colonos que mais se orgulhavam de serem britânicos) e sua mediocridade política inspirava desprezo, não confiança. A pura mesquinhez do discurso político e a hipocrisia burocrática traíam o que se esperava da "herança inglesa" ou mesmo de um respeitado inimigo. Essas não eram ações de administradores coloniais pretensiosos, porém manifestações no próprio país. E enquanto podia ser visto o surgimento de movimentos revolucionários de grandeza, escala e visão emergindo entre os povos "atrasados" na Índia, Ceilão, China e África, enquanto inclusive as classes dominantes japonesas estavam montando um enorme império territorial assim como os soviéticos, que racionalizavam o seu, a esquerda britânica exibia seu partidarismo característico, seu servilismo ideológico e uma política desonrosamente distante das classes trabalhadoras e de suas lutas. Abandonados, como Padmore acreditava, pelo seu mais poderoso aliado, o movimento comunista mundial, completamente decepcionados com a duplicidade da política imperial, eles se voltaram para a tradição radical negra.

A Teoria do Jacobino Negro

Os anos de 1930 foram ricos em dramas políticos que poderiam fundamentar os intelectuais radicais negros em suas próprias tradições históricas. Sua indulgência com a retórica militante da esquerda da Europa Ocidental, que evocava imagens de emergentes ordens revolucionárias inferiores próprias, logicamente os teria conduzido a elas no final. Pois, no sentido antigo da palavra, quem era mais proletário do que os negros na ordem imperialista e capitalista? No entanto, era uma lógica histórica diferente, embora relacionada, a que estava amadurecendo. Eles leram *Black Reconstruction* de Du Bois, com sua evocação do brilho do radicalismo negro nos Estados Unidos do século XIX, e reconheceram sua dívida inconfundível para com as massas negras do início do século XX que produziram os Chilembwe, os Garvey, os Lamine Senghor e os Simon Kimbangu[167]. E então, em 1934-1935, quando o exército fascista italiano invadiu a Etiópia, a barragem se rompeu. Makonnen relembrava:

> É muito importante colocar em perspectiva a resposta do mundo negro à guerra da Etiópia, em especial porque é fácil ter a impressão de que o panafricanismo era apenas algum tipo de atividade de protesto trivial – alguns poucos negros que ocasionalmente se encontravam em conferências e enviavam resoluções aqui e ali. As dimensões reais, porém, só podem ser estimadas tendo em vista o grande apoio de que a Etiópia desfrutava entre os negros em todos os lugares. Éramos apenas um centro, os International African Friends of Ethiopia – IAFE [Amigos Internacionais Africanos da Etiópia], mas esse título era muito preciso. Ao nosso escritório chegavam incessantemente cartas de negros de três continentes, perguntando onde poderiam se registrar [...] E o mesmo ocorria na África. Quando os italianos entraram em Adis Abeba, relatou-se que crianças em idade escolar choravam na Costa do Ouro [...]
>
> Essa guerra fez com que muitos negros entendessem a realidade do colonialismo e expôs sua verdadeira natureza. Eles puderam ver que as histórias de Lênin e Trótski, ou de Sun Yat-sen, deviam ter suas contrapartes africanas [...] Estava claro que o imperialismo era uma força a ser considerada porque aqui se estava atacando o último reduto do homem negro.[168]

Entre os Amigos Internacionais Africanos da Etiópia, entretanto, houve discordância quanto ao que deveria ser feito. Makonnen acreditava que a "segurança coletiva" da Liga das Nações (à qual a Itália pertencia e, paradoxalmente, através da Itália, a adesão da Etiópia fora aceita) deveria ser invocada, argumentando que era uma quimera, a menos que a Itália fascista fosse detida. James, no entanto, que presidia a IAFE, era ambivalente. Como socialista internacional, ele aceitava a posição do

Partido Trabalhista Independente, de que todos os capitalistas britânicos e franceses estavam preocupados em usar a Etiópia como pretexto para uma guerra que visava destruir seus rivais[169]. A "defesa" da Etiópia era uma máscara para uma guerra imperialista. Ele se opunha à Liga das Nações e às concessões (em troca de sanções contra a Itália) que seus "diplomatas" haviam extorquido do imperador, ele próprio um senhor feudal reacionário[170]. Como negro, contudo, James tinha outros imperativos. Com Garvey no Hyde Park, denunciando Mussolini como o "arquibárbaro de nossos tempos" e exortando vigorosamente os negros a apoiar a Abissínia, apesar da infame relutância do imperador em se identificar como um homem negro[171], e com a resposta popular dos negros em todo o mundo, a atitude de James foi prescrita:

> Ofereci-me, através da embaixada da Abissínia aqui, para servir ao imperador, militar ou não.
>
> Meus motivos para isso eram simples. O grupo dos Socialistas Internacionais da Grã-Bretanha combatia o imperialismo britânico porque obviamente era mais conveniente fazê-lo do que lutar, por exemplo, contra o imperialismo alemão. Mas o capitalismo italiano é o mesmo inimigo, apenas um pouco mais distante.
>
> Minha esperança era me incorporar ao exército. Isso teria me dado uma oportunidade de fazer contato não só com as massas de abissínios e outros africanos, mas estando em suas fileiras eu teria tido a melhor oportunidade possível de transmitir as ideias a favor do socialista internacional. Também acreditei que poderia ter sido útil ajudando a organizar a propaganda antifascista entre as tropas italianas.
>
> E finalmente, eu teria tido uma oportunidade inestimável de ganhar experiência militar real no campo africano, no qual iria se travar, durante muitos anos, uma das mais selvagens lutas entre o capitalismo e seus adversários [...]
>
> Eu não pretendia passar o resto da minha vida na Abissínia, mas, considerando tudo, pensei, e ainda penso, que valia a pena passar dois ou três anos ali, dado o fato de que sou negro e estou especialmente interessado na revolução africana.[172]

É óbvio que James estava em conflito consigo mesmo. Mas, no começo de 1936, a situação havia se resolvido no momento: a ocupação da

Etiópia era um fato consumado e o imperador estava no exílio na Grã-Bretanha[173]. No final do ano, entretanto, começou a Guerra Civil Espanhola. Agora toda a esquerda internacional estava em guerra[174]. E negros da África, do Caribe e dos Estados Unidos se juntaram às Brigadas Internacionais para lutar contra as forças fascistas da Espanha, Alemanha e Itália[175]. (Alguns negros lutaram pelo fascismo: os soldados marroquinos, as "tropas de choque" do general Franco.) Porém, mesmo antes que as Brigadas Internacionais se retirassem da Espanha em 1938-1939, nas Índias Ocidentais explodiram greves seguidas de repressão brutal[176]. O mundo parecia envolto em lutas e os negros e as lutas negras eram uma parte desse mundo. Para muitos radicais, uma lição inevitável da época era a necessidade de uma resistência armada à opressão e à exploração. Mas para James, o que o exército italiano fizera na Etiópia, o assassinato de dezenas de milhares de camponeses e a cumplicidade da "democracia burguesa", eram elucidativos o suficiente:

> Os africanos e as pessoas de ascendência africana, especialmente aqueles que foram envenenados pela educação imperialista britânica, precisavam de uma lição, e a receberam. Cada dia que passa lhes mostra exatamente os motivos reais que movem o imperialismo em sua relação com a África, mostra a incrível selvageria e a duplicidade do imperialismo europeu em sua busca por mercados e matérias-primas. Que essa lição penetre fundo.[177]

A lição penetrou mais fundo do que ele imaginava. Sua aprendizagem sob a tutoria do pensamento radical europeu havia chegado ao fim. A partir desse momento, seu trabalho iria para além das construções doutrinárias da esquerda antisstalinista e dos próprios Engels e Marx. A força da tradição radical negra se fundiu com as exigências das massas negras em movimento para formar uma nova teoria e uma nova ideologia nos escritos de James.

Na opinião de James, dado que se poderia esperar apenas um apoio esporádico das classes trabalhadoras europeias e da esquerda europeia, a *intelligentsia* radical negra era agora obrigada a buscar a libertação de seus povos por seus próprios meios[178]. Contudo, alguns de seus companheiros, com os quais estaria associada na organização sucessora da IAFE, o International African Service Bureau – IASB (1937), não estavam de acordo. Quando Padmore, por exemplo, expressou suas próprias reservas em *How Britain Rules Africa* (Como a Grã-Bretanha Governa a África), em 1937, James lhe fez uma crítica contundente:

> É com respeito ao futuro da África que o autor, ele mesmo um homem de ascendência africana, decepciona terrivelmente. Ele intitula um dos capítulos, "Will Britain Betray Her Trust?" [A Grã-Bretanha Trairá a Confiança Nela Depositada?], como se fosse algum missionário ou político trabalhista. Na verdadeira tradição de Lênin, ele insiste no direito do povo africano de escolher seu próprio desenvolvimento. Mas, surpreendentemente, acolhe com agrado o apelo de "setores esclarecidos e com visão de futuro das classes dominantes europeias com interesses coloniais na África" de cooperar com os africanos. Isso é loucura. Como o leão pode cooperar com o cordeiro?
>
> Os africanos devem ganhar sua própria liberdade. Ninguém a obterá por eles. Eles precisam de cooperação, mas essa cooperação deve ser com o movimento revolucionário na Europa e na Ásia. Não há outra saída. Cada movimento negligenciará o outro ao se ver em perigo, e não resta muito tempo.[179]

Ele não havia abandonado a perspectiva de uma revolução do proletariado industrial, mas percebera a existência de uma oposição negra mais vigorosa do que aquela com a qual estava familiarizado em sua própria classe[180]. No aniquilamento do povo etíope ele viu a face nua do imperialismo ocidental. E o que é mais importante, na Etiópia, na Espanha e no Caribe ele testemunhou a capacidade de resistência do povo negro comum, a transformação de camponeses e trabalhadores em forças libertárias. Ao contrário de Padmore, cuja permanência no auge do comunismo internacional o deixara incerto quando não podia mais contar com essa fonte, ou Kenyatta e Williams, cujos encontros com as metrópoles imperiais e capitalistas os impressionaram a ponto de aconselhar cautela, James se convenceu de que uma rebelião armada bem-sucedida entre os povos negros era possível. A "luta colonial e a luta metropolitana" eram idênticas nesse aspecto[181]. Por um tempo, esse ponto de vista prevaleceu: a rebelião armada dos negros se converteu na posição oficial do IASB. Entretanto, depois de 1938, com James ausente nos Estados Unidos, em um ciclo de palestras que duraria quinze anos, essa atitude foi modificada por seus companheiros:

> O trabalho do Bureau continuou durante toda a guerra e em 1945 houve uma ruptura brusca com a teoria [...] O Bureau mudou sua postura, de conquista da independência mediante a rebelião armada para a conquista da independência pela ação de massas não violenta. Mas dizer isso é uma coisa, levar a cabo na prática é outra. [...] Arriscar a independência em uma rebelião armada era, portanto, ter como pré-condição o colapso ou a paralisia militar do governo metropolitano. Em outras palavras, era ceder a iniciativa da luta africana ao proletariado europeu [...]
>
> Mas, no final da guerra, os proletariados da Grã-Bretanha e da França não haviam falado.
>
> O imperialismo ainda prevalecia em casa. Somente uma alteração radical na teoria poderia servir de base para a ação. A perspectiva de rebelião armada foi abandonada (se bem que mantida na reserva) e substituída pela ação de massas não violenta.[182]

Enquanto eles depositavam suas esperanças na força desintegradora que a guerra representava para os impérios, na ressurreição da ideologia liberal expressada pelas classes dominantes desesperadas por essa guerra, e nas consequências políticas do apoio prático dados pelos súditos coloniais aos países imperiais durante a guerra, James mergulhou no movimento trotskista estadunidense e nas lutas dos trabalhadores negros[183]. E também ele se reconciliou com a ação não violenta:

> Como consequência da guerra, das revoluções e crises que haviam abalado a sociedade contemporânea em seus alicerces por quase quarenta anos consecutivos, a burguesia perdera sua autoconfiança diante de um movimento de massas unido [...] Afinal, a nova diretriz política, que rompe com as ideias consagradas do período pré-guerra, é uma das grandes conquistas teóricas da atualidade, talvez a primeira ruptura real na direção do que o movimento marxista exige hoje, a aplicação dos princípios tradicionais do

marxismo em completa independência da perversão stalinista. Cabe assinalar que a teoria não rejeitava a rebelião armada, mas a mantinha em reserva no caso de a pressão política e moral concebida não conseguisse influenciar o imperialismo britânico.[184]

Contudo, a "ação de massas não violenta" devolveu a luta negra às mãos da pequena burguesia, ainda que uma pequena burguesia radical. Era ela que serviria de mediadora entre o movimento das massas e os representantes do imperialismo. E nem James nem qualquer um dos outros jamais concordariam com este erro teórico[185]. Por conseguinte, a reivindicação do direito do povo negro de governar a si mesmo (a posição adotada no Quinto Congresso Panafricanista em Manchester em 1945), articulada por uma *intelligentsia* radical que falava em nome dos dominados, teria consequências históricas bastante diferentes daquelas que resultaram do apoderamento das massas negras de sua própria libertação[186].

De todo modo, a intervenção de James foi significativa. Ele deu uma contribuição singular para a historiografia negra radical quando ele e seus camaradas do IASB estavam mapeando suas posições conflitantes nos últimos anos da década de 1930 e durante a quarta década do século. Foi, então, que Padmore escreveu *How Britain Rules Africa*, (*Como a Grã-Bretanha Governa a África*); Eric Williams seu *The Negro in the Caribbean* (O Negro no Caribe), Kenyatta sua *Kenya: Land of Conflict* (Quênia: Terra de Conflito); e James, *The Black Jacobins* (Os Jacobinos Negros). Os três primeiros haviam proposto independência nacional para os povos da África, mas se dirigiam às potências coloniais. O quarto, por outro lado, foi uma declaração de guerra pela libertação. "Esses trabalhadores negros haitianos e os mulatos nos deram um exemplo digno de estudo [...] Os imperialistas vislumbram uma exploração eterna da África: o africano é atrasado, ignorante [...] eles sonham sonhos."[187]

O marco teórico para *Os Jacobinos Negros* era, é claro, as teorias da revolução desenvolvidas por Marx, Engels, Lênin e Trótski. James o afirmava com bastante frequência no texto. Não era, entretanto, inteiramente o caso. De Marx e Engels ele tomou o conceito de uma classe revolucionária e os fundamentos econômicos para seu surgimento histórico. Mas os escravos do Haiti não eram um tipo de proletariado marxista. Para James, o fato de serem ou não proletariados não importava. Os processos de transformação social eram os mesmos:

> Os escravos trabalhavam a terra e, como os camponeses revolucionários em toda parte, visavam o extermínio de seus opressores. Mas trabalhando e vivendo juntos em bandos de centenas de integrantes nas enormes fábricas de açúcar que cobriam a Planície Norte, eles estavam mais próximos de um proletariado moderno do que qualquer grupo de trabalhadores existente na época, e o levante foi, portanto, um movimento de massas preparado e organizado. [p. 85-86]

Ademais, James parecia disposto a desafiar Marx e Engels nas mesmas bases que eles haviam estabelecido para a importância sociológica e política do capitalismo inicial. Enquanto eles haviam se contentado em localizar a formação do proletariado revolucionário moderno no centro da produção industrial capitalista, James insistia que esse escopo fosse expandido. "Coetâneos das [massas] da França, os escravos semisselvagens de São Domingos se mostravam sujeitos às mesmas leis históricas que os trabalhadores avançados da Paris revolucionária" [p. 243]. O capitalismo havia produzido sua negação social e histórica em ambos os polos de sua expropriação: a acumulação capitalista deu luz ao proletário no cerne da manufatura; a "acumulação primitiva" estabeleceu a base social para as massas revolucionárias nas periferias. Mas o que distinguia as formações dessas classes revolucionárias era a fonte de seu desenvolvimento ideológico e cultural. Enquanto o proletariado europeu tinha sido formado mediante e pelas ideias da burguesia ("as ideias dominantes", Marx e Engels sustentavam, "eram sempre as ideias da classe dominante"), no Haiti e presumivelmente em outros lugares, entre as populações escravas, os africanos haviam construído sua própria cultura revolucionária:

> Não é preciso educação ou encorajamento para acalentar um sonho de liberdade. Quando, à meia-noite, celebravam o vodu, seu culto africano, eles geralmente dançavam e cantavam essa canção favorita:

Eh! Eh! Bomba! Heu! Heu!
Canga, bafio te!
Canga, Moune de le!
Canga, do ki la!
Canga, li!
"Juramos destruir os brancos e tudo que eles possuem: melhor morrer em vez de deixar de cumprir esse juramento." Os colonos conheciam essa canção e tentaram erradicá-la e o culto vodu com o qual ela estava relacionada. Em vão. [p. 18]

O vodu era o instrumento da conspiração. Apesar de todas as proibições, os escravos viajavam milhas para cantar, dançar, praticar os ritos e conversar; e agora, desde que a revolução começara, para ouvir as notícias políticas e fazer seus planos. [p. 86]

Isso se desviava totalmente da forma em que Marx e Engels haviam conceitualizado a importância transformadora e racionalizante da burguesia. Isso *implicava* (e James não viu isso) que a cultura, o pensamento e a ideologia burgueses eram irrelevantes para o desenvolvimento da consciência revolucionária entre os negros e outros povos do Terceiro Mundo. Rompia com a cadeia evolucionista, a dialética fechada do materialismo histórico. Mas onde James ainda hesitava, Amílcar Cabral, como observamos antes, avançaria com ousadia:

A libertação nacional é o fenômeno em que um dado conjunto socioeconômico rejeita a negação de seu processo histórico. Em outras palavras, a libertação nacional de um povo é a recuperação da personalidade histórica desse mesmo povo, seu retorno à história mediante a destruição da dominação imperialista a que foi submetido.[188]

Não obstante, o esforço de James para ajustar a teoria marxista aos requisitos da historiografia radical negra não estava concluído. Se bem que ele nutrisse grande respeito pelo trabalho e pelo pensamento de Lênin, também aí ele sugeriu um tratamento mais criativo. Repassando a noção de Lênin de uma organização de revolucionários profissionais, os primórdios do partido de vanguarda em mente, James chegou a ponto de caracterizar um estrato inteiro, descrevendo em termos precisos como ele se formou: "Os líderes de uma revolução são geralmente aqueles que conseguiram lucrar com as vantagens culturais do sistema que atacam" [p. 19]. Essa era uma admissão de orgulho de classe que nem Lênin, nem Marx ou Engels estavam dispostos a fazer[189]. Embora decerto fosse uma admissão não intencional, que revelava as próprias origens de classe de James, também refletia uma certa perspicácia histórica[190]. A *intelligentsia* pequeno-burguesa desempenhara um papel dominante no pensamento marxista, bem como na vitória bolchevique na Rússia. Ela trouxe para o movimento da classe trabalhadora seu "conhecimento superior e os vícios políticos que normalmente o acompanham", como James diria sobre Toussaint [p. 95].

Em São Domingos, as massas revolucionárias encontraram uma figura muito propícia em Toussaint L'Overture. Ele conhecia o inimigo melhor do que elas. Essa tinha sido uma de suas recompensas como funcionário do sistema escravocrata.

> Seu posto de administrador de gado lhe dera experiência em administração, autoridade e relações com os que dirigiam a *plantation*. Homens que, por pura habilidade e caráter, ocupavam posições geralmente reservadas para pessoas de educação, formação e classe diferentes, que em geral desempenhavam essas funções com cuidado excepcional e trabalho dedicado. Além disso [...] [ele tinha] lido os *Caesar's Comentaries* [...] lido e relido o longo livro do abade Raynal [...] Ele tinha uma base sólida no que tange à economia e à política, não só de São Domingos, mas de todos os grandes impérios da Europa [...] Seu esplêndido intelecto teve, portanto, oportunidade de se cultivar nos assuntos nacionais como extranacionais. [p. 91]

Mas, no final, Toussaint também fracassou na revolução. James se mostrou compreensivo no que diz respeito a tais fracassos: "Toussaint conhecia o atraso dos trabalhadores; ele os fazia trabalhar, mas queria vê-los civilizados e avançados em cultura [...] Ele estava ansioso para ver os negros adquirirem o melhor comportamento social dos brancos das melhores classes brancas com seus modos de Versalhes." [p. 246] E também acreditava que Toussaint estava correto ao pensar que os proprietários brancos que permaneceram ou voltaram a São Domingos eram necessários para ajudar os ex-escravos a construir um estado moderno: "Sua atitude irrealista frente aos antigos senhores, em casa e no exterior, não brotava de um humanitarismo abstrato ou de lealdade, mas do reconhecimento de que só eles tinham o que a sociedade de São Domingos precisava." [p. 290] Isso contradiz quase diretamente suas crenças de trinta anos depois: "Os escravos administravam as *plantations*; aquelas enormes *plantations*, a grande fonte de riqueza de tantos aristocratas e comerciantes ingleses, os príncipes mercadores que representavam um estrato de tanto destaque na sociedade inglesa (e na francesa também, mas estamos falando da sociedade inglesa)."[191] Outros, mais recentemente, concordaram com o James anterior[192]. Em 1938, no entanto, James sabia que os ex-escravos, contemporâneos de Toussaint, não estavam de acordo. Quando agiram segundo essas crenças e se rebelaram contra Toussaint porque não estavam mais dispostos a aceitar seus compromissos egoístas com a burguesia colonial e o regime bonapartista na França, Toussaint os perseguiu e os executou [p. 285]. Essa tragédia, argumentou James, ocorreu porque Toussaint "nada explicou, e permitiu que as massas pensassem que seus antigos inimigos estavam sendo favorecidos às suas custas" [p. 284]. Mas o mais importante, James insistia, era que o fracasso de Toussaint tinha sido o resultado de acontecimentos fora de seu controle: "Se ele fracassou, é pela mesma razão que a revolução socialista russa fracassou, mesmo depois de todas as suas conquistas – a derrota da revolução na Europa" [p. 283]. James, no entanto, estava bem ciente de que muito do que estava ao alcance de Toussaint este havia posto a perder. Ele parecia sentir que, apesar de toda a importância que pudesse ser corretamente atribuída à contrarrevolução na Europa e de toda a genialidade que pudesse ser atribuída a Toussaint nos primeiros períodos da revolução, ainda havia algo terrivelmente errado na constituição do homem. De fato, James admitiu, os líderes haitianos com experiência e educação muito mais limitadas do que Toussaint superaram dificuldades que a psicologia dele não pôde enfrentar. E em uma extraordinária serie de parágrafos, ele tentou conciliar sua admiração pelo homem, pelas massas revolucionárias que o haviam construído (como eu argumentaria), com as figuras às quais a história adjudica a conclusão da revolução haitiana. As passagens seguintes, melhor do que outras, revelam as fontes das contradições de James em 1938:

> Entre Toussaint e seu povo não havia diferença essencial de perspectiva ou de objetivos. Consciente de que o problema racial era um problema político e social, ele tentou lidar com ele de uma forma puramente política e social. Isso foi um grave erro. Lênin, em sua tese para o Segundo Congresso da Internacional Comunista, advertiu os revolucionários brancos – uma advertência de que muito precisavam – que o efeito da política imperialista sobre a relação entre os povos avançados e atrasados havia sido de tal magnitude que os comunistas europeus deveriam outorgar amplas concessões aos nativos dos países coloniais, a fim de superar o preconceito justificado que sentem em relação a todas as classes dos países opressores. Toussaint, à medida que seu poder aumentava, se esqueceu disso. Ele ignorou os trabalhadores negros, os desconcertou no exato momento em que mais deles precisava, e desconcertar as massas equivale a desferir o mais mortal de todos os golpes na revolução [...] Os brancos eram brancos do Antigo Regime. Dessalines não se importava com o que eles diziam ou pensavam. Os trabalhadores negros tinham que empunhas as armas – e eram eles que deviam ser tranquilizados. Não que Toussaint tivesse ilusões sobre os brancos. Ele não tinha absolutamente nenhuma...
>
> No entanto, o erro de Toussaint tinha origem nas próprias qualidades que o faziam ser o que era. É fácil ver hoje, como seus generais viram depois que ele morreu, onde ele havia errado. Isso não significa que eles ou qualquer um de nós faria melhor se estivesse no seu lugar. Se Dessalines pôde vê-lo de forma tão clara e simples, era porque os laços que ligavam esse soldado inculto à civilização francesa eram dos mais tênues. Ele via o que estava sob seu nariz tão bem porque não via mais nada além disso. O fracasso de Toussaint foi o fracasso de um iluminismo, não das trevas. [p. 286, 287, 288]

Infelizmente, sabemos pelo próprio James que essa última defesa de Toussaint não carecia de seu elemento de racionalização. Enquanto Toussaint definhava em sua prisão nas montanhas de Jura, escrevendo cartas de súplica para o pequeno imperador, sua visão o denunciou:

"Apesar da traição da França, ele ainda se via como parte da República Francesa 'única e indivisível'. Ele não podia pensar de outra forma […] existia um limite para além do qual não poderia ir" [p. 364]. Nós, é claro, reconhecemos James (e inclusive suas impressões de Padmore) nessas afirmações. Podemos ver a declarada identificação de uma intelectualidade revolucionária negra com as massas; a vontade de prolongar a submissão ao "socialismo científico", negando a força material da ideologia enquanto insinua uma amarga decepção com o movimento comunista; a atitude condescendente para com os líderes orgânicos das massas; e o ambivalente orgulho do lugar pressuposto pelo ideólogo ocidentalizado. Ademais, está claro que James observava criticamente sua própria classe. Ao contrário de seus companheiros, ele se viu compelido a encarar as fronteiras além das quais a pequena burguesia revolucionária não era confiável. Por essa razão, insistiria amiúde que as massas revolucionárias deveriam preservar para si a direção do movimento revolucionário, sem se submeter a revolucionários profissionais, partidos ou intelectuais. Mas retomaremos essa questão em outro momento.

Chegando a um Acordo Com a Tradição Marxista

No ano seguinte à publicação de *Os Jacobinos Negros*, James publicou *A History of Negro Revolt* (Uma História da Revolta Negra). Essa seria sua última declaração explícita sobre o pan-africanismo até o surgimento de *Nkrumah and the Ghana Revolution* (Nkrumah e a Revolução de Gana). Era, no entanto, uma obra menor, que apresentava uma versão histórica abreviada de algumas das rebeliões negras na diáspora e na África nos séculos XVIII, XIX e XX[193]. Provaria ser de alguma utilidade três décadas depois, porém foi escrita casualmente, mais como uma conferência do que um estudo. James estava agora no centro do movimento internacional trotskista[194], e logo estaria imerso no teatro estadunidense, agitando as coisas em Nova York, discutindo com Trótski a Questão Negra[195], organizando meeiros e arrendatários camponeses no sudeste do Missouri[196].

Dez anos depois de *Os Jacobinos Negros*, James escreveu uma segunda obra-prima em meio a uma crise na qual estava profundamente envolvido. E, nessa ocasião, ele considerou necessário atacar diretamente algumas das principais figuras do movimento marxista. *Notes on Dialetics* (Notas Sobre a Dialética) foi escrito no final da década de 1940[197], em um momento no qual as preocupações da Segunda Guerra Mundial haviam ficado para trás, deixando os marxistas estadunidenses livres para refletir acerca das novas circunstâncias que enfrentavam: a importância dos acordos pós-guerra entre a União Soviética e as "potências ocidentais"; as reações da classe trabalhadora do país à dominação das economias mundiais pelo capital estadunidense; as expulsões orquestradas de comunistas do movimento trabalhista estadunidense; as pressões convergentes sobre o movimento comunista exercidas pelos governos dos Estados Unidos e da União Soviética, e – para os trotskistas – o futuro da Quarta Internacional privada de Trótski, seu símbolo unificador[198]. A essa altura, James havia se tornado um proeminente intelectual e organizador no swp – Socialist Workers' Party (Partido dos Trabalhadores Socialistas), a representação estadunidense da Quarta Internacional. Nessa arena restrita é justo dizer que ele estava começando a ser reconhecido pelo que era: um dos principais historiadores/filósofos marxistas do país. Com Max Shachtman, entretanto, ele e outros haviam se retirado do swp. No início dos anos de 1940, eles formaram o Partido dos Trabalhadores com aproximadamente seiscentos membros[199]. Em 1942, ocorreu uma nova cisão, a da tendência Johnson-Forest em torno de James e Raya Dunayevskaya, que havia abandonado os "shachtmanitas"[200]. Mais tarde, por volta de 1949, a tendência Johnson-Forest voltaria ao swp apenas para dois anos depois se tornar de novo resolutamente independente[201]. Eles exigiam mais:

> Tínhamos rompido com a análise de Trótski sobre a natureza do Estado russo desde a morte de Lênin [...] Chegamos à conclusão de que uma investigação fundamental ainda precisava ser feita,

a partir da obra Science of Logic [Ciência da Lógica] de Hegel (que, obviamente deveria se associar a um texto menor, a seção sobre a Lógica da sua *Encyclopedia*).[202]

Notes on Dialetics foi a contribuição de James, sua consideração e reconstrução lógica e filosófica da história do movimento operário com respeito à ação revolucionária, à formação de partidos e do pensamento revolucionário na experiência europeia. A gramática da sua obra, sua estrutura lógica, estava fundamentada na construção da dialética hegeliana. Era ao mesmo tempo uma exposição do método filosófico de Hegel e do movimento histórico das classes trabalhadoras. E quando a escreveu, seu intuito imediato era prover uma razão fundamental e um objetivo histórico para a atividade política de sua pequena organização: preservar para seus camaradas a reivindicação leninista em favor de um socialismo autêntico[203], procurando conter uma catástrofe resgatar o marxismo de suas feridas autoinfligidas (stalinismo e trotskismo), preservando assim seu núcleo teórico e político (materialismo histórico e proletariado revolucionário). A tarefa não era fácil. Não se tratava apenas de uma batalha política a ser travada: uma pequena organização em oposição aos seus antigos companheiros (trotiskstas), ao stalinismo, às burocracias sindicais, aos aparatos estatais estadunidenses e ao capitalismo mundial. Essas forças estavam equilibradas, assim acreditavam, já que as massas proletárias as acompanhavam. A história e os números estavam do seu lado. Mais decisivas eram as contradições que esperavam racionalizar. Como marxistas viram-se obrigados a fazer malabarismos com impulsos conflitantes. Eram intelectuais radicais, desdenhosos da pequena burguesia revolucionária à qual, em certo sentido, eles próprios pertenciam. Eram ideólogos revolucionários acusados por sua tradição de "criticar tudo" enquanto preservavam as figuras de Marx e Lênin. Estavam comprometidos com a abolição dos partidos, mas toda a sua história política tinha se desenvolvido em associação e contenda com os partidos revolucionários. Eram ideólogos burgueses renegados, formados nas ideias dominantes de seu tempo, porém acreditavam no imperativo de penetrar na consciência das classes trabalhadoras, a fim de compreender a atividade histórica do proletariado. E apesar de suas energias às vezes febris, eram essencialmente didatas contemplativos ao mesmo tempo que ativistas revolucionários. James não pôde escapar dessas contradições mais do que Grace Lee (Boggs) ou Dunayevskaya. Nem o *Notes on Dialectics*, que continha uma ideia da qual James não pretendia se separar, mas se viu obrigado a abandonar. Ele supôs que a dialética de Hegel resolveria o dilema.

A premissa delinquente foi reafirmada por James na edição de 1980 da obra: "Qual é então o início do movimento operário? Encontramos seu começo histórico na Revolução Francesa *tal como Marx a viu*" [p. 10; grifo nosso]. Esse era o ponto de partida incontestável: os marxistas tinham de começar onde Marx havia começado e como Marx havia começado. Isso significava que a pressuposição feita por Marx no que diz respeito à história moderna deveria persistir na consideração de James sobre a revolução social: a noção que implicava que o proletariado constituía uma classe como a burguesia. À semelhança da maioria dos marxistas, James não estava disposto a considerar que, como Cornelius Castoriadis deixou mais claro que ninguém, o surgimento da burguesia foi historicamente a origem da categoria de classe, e que seria filosófica e historicamente impossível que o proletariado reproduzisse a experiência social e ideológica da burguesia. Não poderia se tornar uma classe nesses mesmos termos[204]. Contudo, deveria haver limites dentro dos quais a tendência Johnson-Forest pudesse permanecer. Eles perceberam quase tarde demais que os trotskistas, sem o saber, haviam flertado com a desintegração do marxismo: "O pensamento trotskista levava, inevitavelmente, a formular a questão da desintegração da teoria marxista, questionando se não teríamos que nos perguntar se ela era válida" [p. 56]. Sua necessidade de fazer as coisas de modo diferente era uma necessidade disciplinada. E ao repassar os textos de Lênin, Trótski, Stálin e Marx, James fez bom uso de seus predecessores, atendo-se estritamente à tradição. Sua crítica, não obstante sua deferência fundamental, era fiel à forma: internamente coerente, devastadoramente poderosa, erudita e do ponto de vista lógico, quase perfeita. Em seus próprios termos, James levaria o discurso filosófico da tradição marxista à sua mais completa realização nos anos do pós-guerra.

Ele começou assegurando a seus camaradas que sua aparência, seu trabalho e sua política, baseada na evolução do capitalismo de Estado e no impulso proletário na direção de uma forma organizacional que transcendesse o partido revolucionário, podiam ser rastreadas na *Science of Logic* (A Ciência da Lógica) hegeliana: suas "novas ideias" já haviam sido antecipadas por Hegel. A oposição a elas pelos stalinistas, trotskistas e shachtmanitas estava corrompida pelo formalismo e pelo oportunismo. Parafraseando Hegel, James afirmou:

> De forma imperceptível, as novas ideias tornaram-se familiares inclusive para seus oponentes, que delas se apropriaram e – embora menosprezassem e refutassem persistentemente suas fontes e seus princípios – tiveram de aceitar seus resultados.
>
> Podemos ver que esse é todo o nosso desenvolvimento. O exemplo principal, ou um dos mais notáveis, é a nossa aplicação da teoria do valor à economia russa. Hoje, todos esses malditos canalhas aparecem e dizem "é claro"! Mas você pode procurar toda a literatura da Quarta Internacional, página por página, sem encontrá-la. Não me recordo de nenhuma declaração nesse sentido. [p. 13]

Ele os lembrou que Hegel havia distinguido entre o empirismo vulgar, o entendimento e a razão (pensamento dialético), atribuindo a cada um certo valor, um certo limiar de pensamento. A Dialética era a realização máxima da Mente, do Sujeito. Ele sugeriu que Lênin tinha sido claramente capaz de pensar dialeticamente, de transcender, mediante seu pensamento, as velhas categorias (da Segunda Internacional) que ele havia herdado: "A Revolução Russa de fevereiro causou mudanças violentas nas categorias de Lênin. A Primeira Guerra Mundial o obrigou a revisar as categorias da Segunda Internacional" [p. 17]. Por outro lado, Trótski havia se limitado ao Entendimento, um estágio necessário e útil do pensamento, mas que poderia terminar em sua redução a categorias absolutas: "Ele poderia fazer todo um discurso a respeito de mudar de categorias mais profundamente. Falava disso o tempo todo, porém determinações fixas e finitas o subjugaram até o fim" [p. 18]. Trótski relutara em reconhecer o verdadeiro significado do stalinismo: "O stalinismo como uma forma necessária e inevitável do desenvolvimento do movimento operário. Os trabalhadores não se equivocam. Eles não são enganados. Não em qualquer sentido sério dessas palavras. Estão construindo uma experiência que é necessária para seu próprio desenvolvimento" [p. 30]. Trótski estava convencido de que uma burocracia operária (como ocorrera com a velha categoria: a Segunda Internacional) protegeria a propriedade privada; estava comprometido até o fim em vencer o debate com Stalin sobre a revolução permanente *versus* o socialismo em um único país. Enquanto os stalinistas eram práticos e se apoderaram e então preservaram seu poder (e, incidentalmente, a propriedade estatal), Trótski continuou a se defender nos termos mais fixos: lutando com seus fantasmas sobre quem estava mais próximo de Lênin.

> Assim, o debate que começou com o socialismo em um único país se manteve sempre dentro das categorias do leninismo. Stálin disse: tudo o que eu faço é leninismo. Trótski o negou e disse: não é leninismo. Eu sou o autêntico leninista. Esse era o cenário. Stálin não levou as coisas muito a sério. Suas ações eram puro empirismo. Trótski era sério sobre seu leninismo, permaneceu preso nele e foi estrangulado por ele. Ele estava totalmente equivocado em todas as conclusões teóricas e práticas extraídas daquele debate [...] O debate versava sobre se o socialismo *podia* ou não ser construído em um único país. Alguém pensa que Stálin ou qualquer um de seus adeptos acredita que o que há na Rússia é socialismo? Apenas um completo idiota pode pensar assim. O que se discutia era se o sistema de propriedade estatal se manteria sem que houvesse, mais cedo ou mais tarde, uma revolução no Ocidente. [p. 350]

E, claro, enquanto Trótski continuava preocupado, fixo no nível do Entendimento, ele nunca possuiu a energia nem o discernimento para perceber que esse stalinismo [...] só poderia ser entendido se revelasse sua base econômica: "Ele não viu que a Terceira Internacional revolucionária havia sucumbido ao capitalismo de Estado auxiliado pelo imperialismo russo. Ele nunca escreveu sobre as mudanças econômicas, sobre o que pensava a respeito, se é que pensava algo, nunca acreditou que isso tivesse importância suficiente para considerá-lo [...]" "Espantoso, não é?" [p. 37]. Aqueles que desejassem continuar com as lutas do proletariado, compreender o surgimento do stalinismo, já não podiam mais se dar ao luxo de serem condescendentes com Trótski:

> As novas categorias, os impulsos, as ações instintivas, os fortes laços formados, eram observados e comentados, porém sempre incorporados à velha carapaça; capitalismo de Estado ou internacional reformista que destruiria propriedade privada e se recusaria a apoiar a burguesia em uma guerra imperialista, uma burocracia antiproletária que prosperava se aproveitando da propriedade estatal e a defenderia até o fim contra a propriedade privada; eram permitidos todos os laços, impulsos etc. que vinham à Mente, contanto que se adaptassem às categorias formadas e acabadas que Lênin deixou. Por conseguinte, o que foram os resultados da Razão em uma geração se converteram em Entendimento para outra, e a negação, a transcendência das determinações em uma unidade superior não podia ser alcançada. [p. 34]

Trótski havia assim confundido o stalinismo com uma burocracia operária, ele foi incapaz de transcender as categorias outrora poderosas derivadas da experiência da Segunda Internacional [p. 59], a fim de reconhecer o amadurecimento posterior das contradições do movimento operário na sociedade capitalista. Hegel, certamente, havia antecipado o erro de Trótski: a consciência descobre o que "é verdade apenas para a visão, o critério e os padrões particulares com os quais contempla o mundo" [p. 54][205]. A Aparência havia substituído a Realidade:

> Mas você e eu somos dialéticos. Sabemos que o stalinismo hoje é o verdadeiro estado do movimento operário. É revolucionário ao repudiar o parlamentarismo, a propriedade privada, a defesa e as fronteiras nacionais. No entanto, está ligado a um imperialismo como patrono e é burocrático e visa o controle totalitário do trabalho e depois do capital. [p. 43]

> [...] Conhecer a verdadeira realidade, entender o movimento operário, é saber que em cada estágio ele se degenera, mas se divide para restabelecer sua identidade própria, sua unidade, ainda que essa unidade provenha de divisões dentro de si mesmo [...]
>
> O stalinismo é um obstáculo amargo, porém deve ser visto como parte de um processo. Por meio do processo de seu próprio desenvolvimento, da seriedade, do sofrimento, da paciência e do trabalho do negativo, o movimento operário passa por todas as suas experiências e atinge a sua plena realização apenas conquistando-as uma após a outra. E só no final, quando o movimento operário se encontrar plenamente realizado, veremos o que ele é na verdade. [p. 65]

Lênin havia reconhecido os trabalhadores nas discussões de Hegel sobre as Doutrinas do Ser e da Essência. Podia-se ver que sua nota sobre a *Lógica* continha seu programa revolucionário em formação [p. 98-106]. Ele havia discernido o movimento próprio do proletariado, o movimento que era o ser da classe trabalhadora. Ele compreendia que:

> A essência de uma coisa é o fato de que ela deve se mover, refletir a si mesma, negar o reflexo, que não era nada, tornar-se um ser e então voltar a se converter em nada, enquanto a própria coisa deve seguir em frente porque é de sua natureza fazê-lo [...] A essência do proletariado é seu movimento para incorporar em si mesmo a experiência dos males do capitalismo, até que vença o próprio capitalismo. [p. 78]

James insistia que Lênin teria entendido que "a história da Terceira Internacional é a história da substituição do leninismo pelo stalinismo" e que, finalmente, "se a Quarta Internacional irá superar o stalinismo, então ela deverá 'conter' o stalinismo em seu conceito de si mesma. Começa a partir de todas as coisas que o stalinismo arrebatou do leninismo e manteve para si [...] O Outro do stalinismo é uma ordem econômica socialista internacional, que abranja desde o início continentes inteiros" [p. 87]. Porque "esse homem surpreendente, esse homem incrível" [p. 138] tinha entendido os sovietes quando eles se formaram em 1917[206] (se bem que, obviamente, não em 1905); Lênin sabia que, em um movimento dominado pela perversão capitalista do partido revolucionário que ele havia criado,

> *não há mais nada a organizar.* Você pode organizar trabalhadores como trabalhadores. Você pode criar uma organização especial de trabalhadores revolucionários. Mas, uma vez que tenha essas duas, você atingiu o fim. A organização, tal como conhecemos, está chegando ao fim. A tarefa hoje é abolir a organização. A tarefa hoje é chamar, ensinar, ilustrar, desenvolver a espontaneidade – a atividade criativa livre do proletariado. O proletariado encontrará seu método de organização proletária. E nessa etapa, contradição por excelência, a vanguarda pode apenas organizar a si mesma com base na destruição do domínio que as organizações existentes exercem sobre o proletariado, pelo qual o levaram a derrotas tão horríveis [p. 117].

O stalinismo, a contrarrevolução que emergiu do leninismo "aprisionado" [p. 150], encontraria inevitável e espontaneamente a oposição do movimento operário, porque as "grandes massas ou classes" apenas aprendem por meio da "luta contra algo concreto" [p. 93].

> O próprio proletariado destruirá o stalinismo até às cinzas. Essa experiência lhe ensinará sua lição final, que o futuro reside em si mesmo, e não em qualquer coisa que pretenda representá-lo ou dirigi-lo. [p. 92]

James terminou sua obra compilando todos esses materiais. Ele os selecionou a fim de apresentar uma das construções históricas mais excitantes produzidas por um pensador marxista. Paciente, deliberada e sistematicamente, mas sempre mediada por sua lírica e às vezes maliciosa "voz" literária, ele destilou a partir de trezentos anos de história europeia os processos e as linhagens das forças em conflito dentro do movimento proletário: a pequena burguesia revolucionária e as massas trabalhadoras. A primeira, afirmou ele, fez sua primeira aparição na Guerra Civil inglesa do século XVII como democratas radicais; as últimas constituíram a base social para as massas revolucionárias por trás da Revolução Francesa. Entretanto, cada uma sofreu transformações ao longo dos anos entre seu surgimento e o momento em que escrevia (isto é, 1948). Essas mudanças não foram devidas ao passar dos anos, mas à evolução do capitalismo. Essas duas forças históricas opostas haviam por fim alcançado sua articulação final no stalinismo e no fascismo. No stalinismo, a pequena burguesia tinha tentado destruir o proletariado revolucionário. Começou usando os trabalhadores para destruir a burguesia e depois reprimiu o movimento operário. No fascismo, a pequena burguesia tornou-se o instrumento social da burguesia cada vez mais desesperada no esforço para destruir o mesmo sujeito histórico: o movimento operário. Juntos, o fascismo e o stalinismo, constituíam o movimento objetivo (centralização) da organização capitalista [p. 201]. O contínuo desenvolvimento da organização da produção capitalista e a administração burocrática do capitalismo de Estado haviam dado lugar a uma classe pequeno-burguesa de enorme habilidade, responsabilidade e ambições. Nesses mesmos séculos, então, embora fosse possível rastrear o amadurecimento da burguesia e das classes trabalhadoras, *também era necessário reconhecer a transformação da pequena burguesia. Era necessário porque esse estrato havia assumido a liderança do movimento proletário e depois o traiu.* Agora, a *inteligentsia* radical a serviço da revolução proletária – ativistas como os da tendência Johnson-Forest – tinham que responder a esses eventos. Primeiro, tinham que compreendê-los, deixando de identificar a perversão da liderança pequeno-burguesa com as autênticas forças da revolução. Em segundo lugar, a "vanguarda da vanguarda" tinha que ajudar o proletariado na destruição da burocracia "proletária revolucionária". A direção do mundo estava nas mãos dos trabalhadores: "O proletariado decidirá. A questão é dizer ao proletário que decida" [p. 181].

Para o infortúnio de *Notes on Dialetics*, ele não passou de um documento interno. Assim, por duas décadas sua distribuição foi restrita, sobretudo porque o movimento a que se destinava era pequeno. Ele não seria amplamente lido por trinta anos. Contudo, embora James viesse a reconhecê-la como sua obra mais extraordinária, ela continha certas limitações. O problema mais óbvio se devia à fascinação de James pelo modo de argumentação de Hegel: a destilação da história em concentrações ricas, utilizadas exclusivamente para fundamentar o discurso abstrato. Deve ser dito também que essa história era quase que exclusivamente europeia – uma inadvertida, mas natural, prova da própria afirmação de Hegel sobre onde a história poderia acontecer. O estilo de James também era familiar em outro aspecto: a linguagem combativa das exegeses marxistas (herdadas da filosofia alemã) – uma linguagem depreciativa usada para humilhar a oposição. Seus resultados foram corolários previsíveis: o menosprezo absoluto dos "Caídos" (Stálin, Trótski, Shachtman etc.) em contraste à oratória dos "Verdadeiros Pensadores" (Hegel, Marx, Engels, Lênin). James desfrutava dessa forma e a empregou consistentemente até que foi capaz de resgatar o teor de seu argumento no floreio histórico com o qual a concluía. Ainda assim, o *Notes on Dialetics* foi uma conquista notável. Era um exemplo muito raro de um marxismo vivo, ativo e lutador. Suas presunções eram pequenas, dada a sua abrangência. Embora seu autor não tivesse hesitado em assumir o papel de professor dos marxistas ocidentais, seus fundamentos eram substanciais: as questões então suscitadas no movimento marxista foram tão erroneamente interpretadas como para sugerir, inevitavelmente, a abolição da própria tradição. Ele havia conseguido, de muitas maneiras, ancorar o pensamento de Marx no século XX quando, para muitos, parecia que Lênin havia realizado exatamente o oposto: sua aniquilação como referência. Ele havia mostrado uma nova direção quando parecia que todas essas possibilidades tinham acabado.

Nossa abordagem de James deve terminar aqui. No entanto, ele continuou a escrever e a fazer política. Deportado dos Estados Unidos em 1952, retornou à Grã-Bretanha, passou alguns anos em sua casa em Trinidade, apenas para regressar aos Estados Unidos e depois à Grã-Bretanha. Seguindo *Notes on Dialetics*, ele escreveu, em 1950, *State Capitalism and World Revolution* (O Capitalismo de Estado e a Revolução Mundial). Em Ellis Island, enquanto aguardava a decisão do Departamento de Imigração e Naturalização dos Estados Unidos, compôs *Mariners, Renegades and Castaways* (Marinheiros, Renegados e Náufragos), uma crítica político-literária de *Moby-Dick* e *Pierre*, de Herman Melville, que incluía observações sobre a detenção e seu encontro pessoal e conflituoso com prisioneiros comunistas "estadunidenses". Nos dez anos seguintes, publicaria *Facing Reality* (Encarar a Realidade), com Grace Lee e Pierre Chaulieu, em 1958; *Modern Politics* (Política Moderna), suas palestras de 1960 em Trinidade; *Beyond a Boundary*, um apêndice significativo para a reedição de *The Black Jacobins* (1963), e uma série de resenhas, introduções, artigos e documentos, cuja gama é sugerida nas coleções publicadas recentemente: *The Future in the Present* (O Futuro no Presente) e *Spheres of Existence* (As Esferas da Existência). De suas principais obras, foi a primeira que colocaria James na órbita do pensamento radical na década de 1960 e nas décadas seguintes. Foi a diáspora negra, particularmente a pequena burguesia negra militante, impaciente com o *apartheid* estadunidense, que redescobriria *Os Jacobinos Negros*. Primeiro o livro e então o autor ajudaram a confirmar suas lutas ideológicas com a cultura burguesa. O movimento de massas negro forneceu o impulso. James surpreendeu essa nova intelectualidade negra com seu pensamento brilhante, suas análises provocativas e sua compreensão da história negra. Ele se tornou mais uma vez "Nello" para íntimos duas gerações mais jovens que seus contemporâneos, se converteu no professor que podiam homenagear, um elo vivo e absorvente entre eles mesmos e um passado do qual a maioria tinha apenas uma vaga noção (ou, com a mesma frequência, uma profunda expectativa). Mas ele também às vezes os entristecia, empreendendo batalhas divisórias em campos povoados apenas por fantasmas marxistas[207]. Quando o recuperaram, ele se acostumou novamente a se apresentar como um "negro europeu"[208]. Alguns chegaram a entender algo do que ele esperava deles. Mas ele também aprendeu: "Uma grande parte do meu tempo tem sido gasto em ver o quanto não consegui entender quando era jovem e toda a minha vida foi voltada para a literatura europeia, a sociologia europeia. Agora estou começando a ver e isso me ajuda a escrever."[209] Talvez sua tão esperada autobiografia venha a demonstrar, finalmente, o quanto seu dom reflexivo sobre a tradição radical negra o afetou. O que ele nos deixou não é nenhum mistério.

11
Richard Wright e a Crítica à Teoria de Classes

A Teoria Marxista e o Intelectual Radical Negro

Em certo sentido, a primeira sistematização da historiografia radical negra foi elaborada por figuras como G.W. Williams, J.J. Thomas, Du Bois, James e Padmore, precisamente pelas razões complexas sugeridas por James quando escreveu sobre os líderes revolucionários: eles haviam lucrado diretamente das "vantagens culturais" do sistema contra o qual montaram seu ataque ideográfico. Como herdeiros da pequena burguesia negra, desfrutavam, nessa ordem das coisas, do benefício intelectual da ordem dominante que criticavam. Um processo menos óbvio alimentava sua rebelião. Ambiciosos e dotados das mesmas habilidades que, supunha-se, os qualificassem para os papéis de liderança na sociedade burguesa – que separavam "naturalmente" indivíduos extraordinários (dominadores) do populacho comum – sua lealdade à ordem era contingente unicamente em sua coerência. É inevitável que, quando a ordem racial subvertia sua experiência da "universalidade" da civilização ocidental, eles se viam confrontados com apenas duas alternativas: suportar com amargura a ilusão cinicamente indulgente ou tentar sua realização. É óbvio que, quando essas figuras escolhiam a última opção, não era a que caracterizava sua classe. Ainda sujeitos ao que James havia descrito como os "vícios políticos" inerentes associados às suas origens sociais, sua sedução por aqueles aspectos do marxismo devidos às fontes de sua gênese era compreensível. O poder e a linhagem intelectuais do marxismo; sua promessa de uma verdade oculta; sua oposição aberta a uma ordem social insidiosa; seu mapeamento alternativo das origens históricas das classes dominantes, que haviam chegado a desprezar, e sua identificação com as classes inferiores, os convertia em um companheiro quase irresistível. De mais a mais, os marxistas não estavam obrigados a minimizar tudo o que o pensamento burguês foi orquestrado a negar: que a ordem social "natural" tendia à instabilidade e ao caos. Ao contrário, a lógica marxista estabelecia uma ordem histórica a partir das forças sociais anárquicas e angustiantes do sistema capitalista mundial. O marxismo foi (e permanece) uma gramática superior para sintetizar a degradação do trabalho com a crescente desestabilização da produção capitalista e a aceleração do desenvolvimento tecnológico; o crescente recurso à coerção estatal mediada pelo racionalismo burocrático; e o estrangulamento de regiões inteiras (a maioria delas, colônias anteriores) por meio de mecanismos de precificação; manipulação do mercado; monopolização de tecnologia avançada; organização internacional da produção; sistema bancário internacional; assistência militar; e as dependências embrutecedoras da economia da monocultora. O marxismo também implicava que era privilégio particular do intelectual revolucionário compreender essa ordem extraexistencial mais profunda. E na geração desses intelectuais negros, com aparente finalidade, o marxismo viu confirmada sua autoridade histórica pela Revolução Russa.

Essa última identificação, entretanto, provou ser ambígua. Na mente dos intelectuais negros, depois de um quarto de século, a importância da Terceira Internacional havia decrescido substancialmente. Para alguns, como Padmore e, mais tarde, Cox, o comunismo (stalinismo) internacional era simplesmente outra invenção ocidental enganosa; para outros, como James, era sua própria perversão; finalmente, para aqueles que iriam compartilhar a experiência de Du Bois, parecia apenas um meio conveniente de protesto. No entanto, separada do movimento comunista, a teoria marxista poderia manter capacidades importantes. Não obstante suas fraquezas, havia no marxismo um discurso crítico ao qual nenhuma ideologia burguesa respondia adequadamente. No capitalismo, persistiam as regularidades globais de guerra, a expansão da pobreza e da exploração, a concentração da riqueza e a extensão da repressão. Os pensadores burgueses minimizavam esses fenômenos endêmicos com a noção de disfunções conceitualizadas, portanto resolvíveis. Os marxistas declaravam corretamente que não eram tais coisas.

Havia, entretanto, muito mais nesses intelectuais negros radicais do que suas origens de classe e as contradições que experimentavam em consequência das castas raciais da civilização ocidental. De uma forma mais profunda do que o marxismo "científico" poderia sugerir, eles constituíam um elemento de uma força social historicamente emergente, o movimento radical negro. E embora intelectualmente disciplinados para se opor à sua percepção consciente, sua educação ideológica como negros os preparava para seu reconhecimento final. É possível ver, mesmo em intelectuais ocidentalizados como James e Du Bois, que a força histórica do movimento negro foi a influência mais poderosa. Inclusive a descoberta do radicalismo ocidental provou ser insuficiente. Como vimos, tornou-se necessário que ambos tentassem aplicar a teoria marxista a um fenômeno histórico para o qual seu vocabulário analítico era inadequado. A partir do momento daqueles esforços, nem Du Bois, nem James, nem Padmore, nem Cox conseguiram manter um compromisso com o marxismo ortodoxo.

Contudo, havia também outros em cuja obra uma contestação semelhante podia ser discernida; outros procedentes das sociedades negras e em busca de uma oposição articulada ao racismo ocidental e à sociedade burguesa. Um deles, Richard Wright, é de particular interesse. Ao contrário daqueles que já abordamos, Wright pertencia à pequena burguesia. Suas raízes estavam no campesinato negro do Sul dos Estados Unidos. Seu encontro com o marxismo e com o movimento comunista não foi, em grande parte, mediado pelos desvios culturais que acompanharam o despertar intelectual de homens e mulheres negros de classe média. Sua infância e adolescência no Mississippi, sujeitas à exposição mais direta à brutalidade e à brutalização racista, deram-lhe pouco apreço pela, ou expectativas da, sociedade burguesa e sua cultura[1]. Ele chegou ao marxismo por razões fundamentalmente diferentes daquelas de nossos protagonistas anteriores. E quando dele se apartou, suas razões também foram diferentes. Seus *insights* relacionados à sua experiência no movimento comunista e ao pensamento marxista sugerem uma percepção alternativa da relação entre o pensamento radical europeu e as configurações históricas do movimento negro.

A ambiguidade em torno de Wright é, em parte, consequência de sua própria odisseia intelectual. Mais precisamente, de sua honestidade pública a respeito. Foi uma jornada que o tirou do marxismo, o levou primeiro ao existencialismo, até finalmente chegar ao nacionalismo negro – um itinerário que pode ser reconstituído biograficamente, desde sua afiliação ao Partido Comunista estadunidense no início dos anos de 1930 até sua morte na França em 1960.

Outra fonte de igual importância para o caráter indefinido do legado de Wright são as várias e notavelmente extensas campanhas de difamação lançadas contra ele pela esquerda estadunidense, assim como pela *intelligentsia* liberal e pelos burocratas. Essa campanha variava desde ataques literários a Wright por escritores como James Baldwin[2], a ataques políticos de figuras como James Ford[3], Ben Burns[4], então editor da *Ebony*, aos relatórios deliberadamente distorcidos na revista *Time* sobre Wright e outros[5], a maquinações da CIA – Central Intelligence Agency (Agência Central de Inteligência)[6], e às ameaças de anticomunistas outrora poderosos, mas agora quase esquecidos, como David Schine[7]. Parece justo dizer que, embora essas facções políticas distintas e, em alguns casos, opostas tivessem interesses bastante diferentes na destruição da influência de Wright sobre a política e a literatura estadunidenses, elas concordavam sobre a conveniência de erradicar sua obra e suas ideias[8].

Em qualquer caso, o resultado foi o mesmo: o exílio geográfico autoimposto de Wright se transformou em um isolamento intelectual e político. Além disso, algumas dessas mesmas forças trataram de punir ainda mais sua vida na Europa e na Grã-Bretanha com perseguições mesquinhas e aterrorizantes[9]. A intenção era que Wright percebesse todas as consequências de criticar as políticas raciais estadunidenses e de atacar a política externa dos Estados Unidos no Terceiro Mundo.

Ainda assim, não obstante seus detratores e seus patrocinadores, apesar das poderosas e estabelecidas autoridades políticas e culturais da sociedade estadunidense, parte da obra de Wright e suas ideias sobreviveram. O ressurgimento da sua importância no pensamento estadunidense pode parecer irônico à primeira vista, já que muitos de seus críticos são agora sombras bastante tênues na história. Porém, mais precisamente, é o resultado das contradições sociais e históricas do capitalismo estadunidense e de sua ordem social particular.

Em meio à consciência e aos movimentos nacionalistas negros da década de 1960, os ditames aparentemente irresistíveis do mercado obrigaram a reedição de o *Outsider* (O Forasteiro, 1965); *Native Son* (O Filho Nativo, 1966); *Black Boy* (Black Boy: Infância e Juventude de um Negro Americano, 1966); *Eight Men* (Oito Homens, 1969); e, mais tarde, *American Hunger* (A Fome Estadunidense, 1977)[10]. Essas eram obras que falavam a uma geração que Wright não viveu para conhecer, porém que havia antecipado. Significativo também foi o surgimento de escritores e dramaturgos negros mais jovens e igualmente militantes (entre eles John A. Williams, Leroi Jones, Ed Bullins, Melvin Van Peebles e Ishmael Reed). Grande parte de sua obra teria entrado facilmente no que o crítico estadunidense Robert Bone, chamou de "a Escola Wright", ("Para a Escola Wright, a literatura é uma catarse emocional – um meio de dissipar as tensões internas da raça. Seus romances equivalem amiúde a um grito prolongado de angústia e desespero. Esses romancistas, demasiado apegados ao seu material, sentindo-o muito intensamente, carecem de um senso de forma e de linha temática."[11]), exceto pelo fato de que Bone já havia anunciado a morte daquela escola vinte anos antes: "No final dos anos de 1940, o veio do material literário desenterrado por Richard Wright havia quase se esgotado. O mercado de protesto ficou saturado."[12] Ao que parece, Bone foi um pouco prematuro.

Mais notável, no entanto, do que a mera sobrevivência da obra de Wright, é o poder teórico e analítico de suas ideias. Essa conquista de Wright, com o estímulo do materialismo histórico e da psicanálise, o aproximou muito mais de uma literatura europeia emergente (Sartre, Merleau-Ponty, Koestler, Lukács, Marcuse, Kolakowski) no período posterior à Segunda Guerra Mundial do que de qualquer modismo estadunidense. À semelhança de muitos intelectuais europeus de esquerda, Wright se movia para além do marxismo clássico e do marxismo inspirado por Lênin, a fim de chegar a um acordo com um mundo constituído de forças materiais e espirituais historicamente únicas. O alcance de Wright, por conseguinte, pode ser considerado muito mais extenso do que o implicado pelos termos empregados por inúmeros de seus críticos estadunidenses. Ele nunca foi meramente um "romancista racial", um "escritor de protesto" ou um "rebelde literário"[13]. Na verdade, muito de seu trabalho foi um confronto direto com as principais ideias e sistemas ideacionais do pensamento político e social ocidental contemporâneo. Sua arena era a totalidade da civilização ocidental e seus elementos constitutivos: industrialização, urbanização, alienação, classe, racismo, exploração e hegemonia da ideologia burguesa. Seu trabalho constituía, pois, toda uma investigação.

A persistência de Wright em sua investigação da sociedade ocidental foi um fator importante que contribuiu para a obtenção de uma certa coerência em seu trabalho. Como artista, como ensaísta, como crítico, como ativista político, está claro que ele arranjou e rearranjou muitas vezes os elementos que compõem a exibição fenomenológica do desenvolvimento ocidental. Ele conhecia os nomes da experiência ocidental, mas tinha menos certeza do que sabia sobre sua natureza e suas relações sistêmicas e históricas. Havia perguntas para as quais ele ainda precisava encontrar respostas: a classe trabalhadora era uma realidade social? A consciência de classe poderia substituir o racismo como ideologia? O partido era a vanguarda do proletariado? O marxismo era mais do que uma crítica do capitalismo? Essas eram algumas das perguntas para as quais Wright não havia encontrado respostas satisfatórias na política organizada e organizacional. Em última análise, seria por causa de sua habilidade particular para transformar abstrações e construções teóricas em experiência reconhecidamente humana que lhe foi possível fazer aquelas distinções entre dogma e realidade tão importantes para seu desenvolvimento.

Teórica e ideologicamente, Wright chegou a um acordo com o pensamento e a vida ocidentais por meio do nacionalismo negro.

Entretanto, a base de sua crítica da sociedade ocidental foi sua experiência da formação histórica dos povos negros na África e na diáspora, da Costa do Ouro ao delta do Mississippi[14]. Psíquica e intelectualmente, ele foi atraído a responder às mesmas forças que motivaram as indagações críticas de W.E.B. Du Bois, George Padmore e C.L.R. James. Como afirma Michel Fabre:

> A originalidade de Wright é que ele entendeu completamente e muitas vezes reiterou [...] que a situação dos negros no século xx, e em particular durante o período crucial que vai da Depressão ao advento do Poder Negro, era excepcional. Esses anos viram o despertar do Terceiro Mundo e com ele a enorme mutação de nossa civilização. "A libertação dos povos de cor do mundo é o evento mais importante do nosso século", é um refrão que permeia a obra de Wright. A mesma mensagem, transmitida meio século antes por W.E.B. Du Bois, não tinha a mesma dimensão existencialista.[15]

Wright não havia criado essas forças que estavam transformando a sociedade ocidental, mas era sua intenção conferir a esses acontecimentos um significado independente das interpretações limitadas pelos interesses da civilização ocidental, tal e qual as articulavam seus intelectuais e ideólogos.

Contudo, ainda há quem argumente que Wright não chegou a cumprir sua promessa. Harold Cruse, entre eles, escreveu que Wright "estava tão ideologicamente cego pela névoa do nacionalismo judaico-marxista que era incapaz de ver o seu *próprio* nacionalismo com clareza"; que Wright não havia entendido "que os clássicos de Marx e Engels não foram escritos para o proletariado, mas para a *intelligentsia*"[16]; e, finalmente, que "Ele não pôde reunir em si todos os ingredientes do nacionalismo, nem criar valores e moldar conceitos pelos quais sua raça deveria 'lutar, viver e morrer'."[17]

Aqui, então, estão duas das várias interpretações vinculadas à importância de Wright. A primeira o insere em uma tradição de pensadores negros radicais. A segunda o expulsa desse mesmo legado. Nas páginas a seguir, examinaremos qual desses dois resumos da obra de Wright é mais apropriado.

O Romance Como Política

Richard Wright foi, antes de tudo, um romancista. Mas, como romancista envolvido na ação social, seus romances eram mais do que uma queixa ou uma observação da condição humana. Wright pretendia que sua escrita envolvesse e confrontasse a realidade política do movimento. Ele era um romancista que reconhecia que uma parte de sua tarefa era chegar a um acordo com o caráter da mudança social e das agências que surgiam como tentativas de direcionar tal mudança. Seu desenvolvimento inicial refletia conscientemente essa preocupação, a começar por seu ensaio de 1937, "Blueprint for Negro Writing" (Projeto Para uma Escritura Negra). Neste ensaio, vemos as primeiras sugestões de uma independência crítica de pensamento em Wright.

> A perspectiva [...] é aquele ponto fixo no espaço intelectual do qual um escritor se levanta para ver as lutas, as esperanças e os sofrimentos de seu povo [...] De todos os problemas enfrentados por escritores que, como um todo, nunca se aliaram aos movimentos mundiais, a perspectiva *é* a realização mais difícil.[18]

Wright estava declarando abertamente que pretendia que sua obra refletisse um intelecto comprometido, informado por uma intenção política e pelo processo do movimento histórico. Ele também se dedicava à tarefa que o ocuparia pelos restantes 23 anos de sua vida: a localização de sua "perspectiva" no complexo de lutas pela libertação no Terceiro Mundo. Como veremos, o que Wright acabou por descobrir foi um lócus psicológico e intelectual diferente de tudo o que sua experiência do radicalismo e do ativismo ocidental pudesse abranger. Felizmente, grande parte de sua preparação para essa descoberta pode ser encontrada em seus romances.

Quando consideramos a obra ficcional e explicitamente política de Richard Wright, três romances (*Native Son*, *The Outsider* e "Island of Hallucination" (Ilha de Alucinação), este último finalmente publicado sob o título *American Hunger*) e uma coleção de contos, *Uncle Tom's Children* (Os Filhos do Tio Tom) se destacam. Juntas, essas obras narram e interpretam as experiências de Wright com o comunismo e a ação política estadunidenses. Elas também constituem estudos do marxismo como uma teoria da história e da revolução social, do desenvolvimento social e psicológico da classe trabalhadora estadunidense e do desenvolvimento histórico e ideológico dos negros estadunidenses. A atenção séria a essas obras não deve ser defletida pela forma em que Wright procurou articular suas ideias. De fato, deve-se reconhecer que suas obras são singularmente adequadas para essa tarefa. Desse modo, Wright podia reconstruir e examinar cuidadosamente as extraordinárias complexidades e sutilezas da política radical tal como ele e outros a haviam experimentado. Suas personagens podiam conviver com e lutar contra as crises que ele havia encontrado. Elas poderiam "testar" o significado e a importância que ele havia atribuído a essas experiências. Seus romances eram, por conseguinte, documentos muito mais *autênticos* do que as formas convencionais da história, da biografia e do tratado político, pois foram construídos a partir de vidas com as quais ele estava intimamente relacionado. Nesses romances, Wright pôde materializar sua intenção de tecer a consciência viva na impressão da teoria e da ideologia social[19].

Wright ingressou no movimento comunista estadunidense no início dos anos de 1930. Esse foi um período que coincidiu com uma intensificação do trabalho do partido entre os negros depois da "resolução sobre a questão negra" no Sexto Congresso do Comintern em 1928 e do início dos julgamentos de Scottsboro em 1931. Wright abandonou o partido uma década depois. Durante esses anos, trabalhou no movimento nas várias funções de organizador, membro de uma célula do partido negro em Chicago, responsável pelos John Reed Clubs e redator da imprensa comunista. No início, seu trabalho para o partido aconteceria principalmente em Chicago; mais tarde, ele seria transferido para o Harlem[20]. Foi claramente nessa época que seus escritos foram influenciados mais diretamente pelo partido. Ele demonstrou ser muito bom nessa tarefa. Em 1937, ano de publicação do "Blueprint for Negro Writing", ele se tornara, nas palavras de Daniel Aaron, "o mais ilustre autor proletário do partido"[21].

Wright levou muito a sério sua responsabilidade como escritor proletário. Ele estava comprometido com a tarefa de expressar o pensamento, a consciência e a experiência da classe trabalhadora. Uma lembrança desse período é sua primeira impressão do partido: "Os comunistas, pelo que senti, haviam simplificado demais a experiência daqueles a quem procuravam liderar [...] Haviam esquecido o significado da vida das massas."[22] Wright pretendia corrigir isso e, para isso, dever-se-ia permitir que o proletariado tivesse sua própria voz. Era óbvio para ele que tinha uma responsabilidade racial particular para com as classes trabalhadoras negras:

> O escritor negro que busca atuar dentro de sua raça como um agente intencional tem uma responsabilidade séria [...] uma consciência profunda, informada e complexa é necessária; uma consciência que extrai sua força da tradição fluida de um grande povo e molda essa tradição com os conceitos que movem e dirigem as forças da história atualmente [...] O escritor negro [...] está sendo solicitado a fazer nada menos do que criar valores pelos quais sua raça deve lutar, viver e morrer [...] porque sua escrita possui a astúcia potencial para sondar os recessos mais recônditos do coração humano, porque ele pode criar mitos e símbolos que inspirem uma fé na vida.[23]

Como escritor negro, Wright supunha que a *intelligentsia* tinha a obrigação de construir os meios ideológicos e simbólicos pelos quais um movimento negro emergente seria formado. Mas, o trabalho dessa intelectualidade tinha que ser alicerçado na cultura de seu povo.

Trabalhando com essas concepções, Wright refletia claramente uma tradição marxista anterior, segundo a qual Lênin havia transformado uma pequena burguesia "renegada" em uma vanguarda revolucionária[24]. (Wright parece ter sempre se oposto ao anti-intelectualismo stalinista que marcou o movimento comunista em nível nacional e internacional na década de 1930). Wright, entretanto, também estava atento a uma segunda tradição distinta que havia surgido entre os negros nos Estados Unidos no final do século XVIII e meados do século XIX. Naqueles momentos históricos, dentre as fileiras dos negros livres, havia surgido uma elite intelectual, econômica e política que assumira a liderança em nome das massas negras em grande parte escravizadas. Esse núcleo mais tarde contribuiu significativamente para a formação da classe média negra. O *éthos* dessa classe e suas tradições sócio-históricas haviam recebido seu nome mais duradouro por W.E.B. Du Bois: o décimo talentoso[25]. Wright estava, assim, fazendo a fusão de duas tradições distintas e opostas. Porém, mais importante, inclusive aqui, é que enquanto se dirigia ostensivamente aos intelectuais negros, também realizava o trabalho de recriar seu mundo em seus próprios termos ideológicos.

A Teoria Social de Wright

A Wright, por ter construído a personagem de Bigger Thomas em *Native Son*, foi atribuída uma variedade de conquistas, intenções e preocupações. Addison Gayle, reverberando muitos dos predecessores críticos de Wright, argumenta que ele criou o estereótipo arquetípico do homem negro, liberando assim a consciência estadunidense daquele animal de carga específico[26]. Alhures, encontramos *Native Son* entendido como "um complemento daquela lenda monstruosa que tinha que destruir. Bigger Thomas é descendente do Tio Tom, carne de sua carne, exatamente o oposto de um retrato"[27], enquanto um estudo da psicologia do pária[28] e uma declaração das tribulações humanas[29]. Em outras palavras, o trabalho inicial de Wright tem sido caracterizado por uma diversidade de críticos ao longo de um *continuum* que varia desde um protesto racialmente específico até uma declaração universal. Pode ser útil, entretanto, adicionar outra dimensão bastante distinta ao *Native Son* – uma dimensão encontrada na própria consciência de Wright sobre a obra.

Em 1944, após a sua declaração formal de despedida do Partido Comunista estadunidense (a ruptura ocorreu em 1942), Wright deixou várias outras preocupações bem claras. Algumas delas tinham a ver com as razões pelas quais ele se tornou parte do radicalismo estadunidense.

> Não era a economia do comunismo, nem o grande poder dos sindicatos, nem a excitação da política clandestina que me conquistou; minha atenção foi atraída pela similitude da experiência

dos trabalhadores em outros países, pela possibilidade de unir em um todo pessoas dispersas, mas afins [...] Aqui, finalmente, no reino da expressão revolucionária, a experiência negra poderia encontrar um lar, um valor e um papel funcional.[30]

A propaganda marxista sugeriu a ele que os negros não precisam estar sozinhos em sua luta pela libertação e pela dignidade. O espectro de um proletariado mundial, unido e forte, negro e branco, fascinava Wright.

Antes daquela noite de sua conversão intelectual, ele considerava o partido uma organização de homens brancos e, portanto, algo em que não se podia confiar, especialmente em suas pretensões com relação aos negros. Mais importante, até aquele momento ele havia descartado como uma fantasia pessoal, como um sonho doloroso e frustrante, a organização dos pobres e oprimidos. Mais uma vez, naquela mesma noite – durante sua primeira visita a um John Reed Club – Wright comentou: "Eu estava encontrando homens e mulheres que conheceria pelas décadas seguintes, homens e mulheres que seriam as primeiras amizades duradouras em minha vida."[31] Ele descobrira não apenas um panorama histórico importante, mas também alguém com quem poderia compartilhá-lo.

Ainda assim, além da visão social do marxismo e da fraternidade do comunismo estadunidense, a decisão de Wright de se tornar parte desse movimento foi motivada por um outro elemento: a oportunidade de se transformar de vítima "passiva" em defensor ativo.

> Aqui, então, havia algo que eu poderia fazer, revelar, dizer. Os comunistas, a meu ver, haviam simplificado demais a experiência daqueles a quem pretendiam liderar. Em seus esforços para recrutar as massas, perderam o significado da vida dessas mesmas massas, conceberam as pessoas de uma maneira abstrata demais. Eu tentaria recuperar um pouco desse significado, eu diria aos comunistas como as pessoas comuns se sentiam e contaria também às pessoas comuns sobre o autossacrifício dos comunistas que se empenharam em lutar pela unidade entre elas.[32]

Wright percebeu que sua tarefa consistia em proporcionar ao movimento uma linguagem e imagens que dessem sentido ao proletariado abstraído da ideologia do partido. Esse complexo de motivações – visão, fraternidade e tarefa – poderia ser suficiente para explicar aos leitores de *Uncle Tom's Children*; *Lawd Today* e *Native Son* as preocupações políticas e sociológicas das primeiras obras de Wright. No entanto, como veremos, ele teria uma experiência muito diferente, que forneceu outros temas muito distintos para a última dessas três obras.

Wright havia ingressado no partido sem experiência prévia de sua história, seu partidarismo e seu vocabulário purgativo[33]. Como vimos, ele não se convencera antes da sinceridade dos comunistas estadunidenses. Isso é um tanto surpreendente, dada a enorme vitalidade do "trabalho negro" do partido na época, trabalho esse que incluía a defesa dos meninos de Scottsboro; o confronto com organizações negras conservadoras; a organização dos Unemployed Councils (Conselhos dos Desempregados) e das Tenant Leagues (Ligas dos Inquilinos); o desenvolvimento da tese do Cinturão Negro sobre a autodeterminação e a organização da League of Struggle for Negro Rights (Liga de Luta Pelos Direitos dos Negros) e, em nível internacional, do International Trade Union Committee of Negro Workers (Comitê Sindical Internacional dos Trabalhadores Negros)[34]. Embora na época ele trabalhasse em um hospital, ele se identificava como um escritor e, como escritor, foi classificado pelos dirigentes do partido como um "intelectual". Isso significava que Wright seria submetido à desconfiança demonstrada aos intelectuais, porém, mais significativamente entre seus camaradas negros, que ele também seria considerado suspeito por "tendências pequeno-burguesas" – isto é, interesses egoístas – e pior ainda, de trotskismo. O resultado foi inevitável:

> Sucessivas desilusões transformaram sua entusiástica e total dedicação original em cautela. Seu individualismo estava, mais uma vez, contra ele; ele estava à mercê de líderes como Oliver Law e Harry Haywood, condenados ao ostracismo da unidade 205 por certos camaradas negros e até mesmo denegridos.[35]

Convidado para o julgamento, dentro do partido, de outro membro negro (aquele em cuja experiência inicial no Sul Wright baseou seu conto "Big Boy Leaves Home"(Big Boy Sai de Casa), Wright percebeu que o julgamento também era destinado a outra pessoa:

A cegueira de suas vidas limitadas – vidas truncadas e empobrecidas pela opressão que haviam sofrido muito antes de terem ouvido falar do comunismo – os fez pensar que eu estava com seus inimigos. A vida estadunidense havia corrompido sua consciência a tal ponto que eles eram incapazes de reconhecer seus amigos quando os viam. Sei que se tivessem detido o poder do Estado, eu teria sido declarado culpado de traição.[36]

Ele reconheceu entre seus colegas de trabalho negros uma raiva contida até o nível da autodestruição. Não era uma ideologia que estava na base de sua necessidade de violar fisicamente camaradas errantes. Seu dogmatismo era um escudo envolvente contra o egocídio. Seu conformismo era um sintoma de sua mútua necessidade desesperada e coletiva. Wright escreveria mais tarde: "Eles estão cegos [...] Seus inimigos os cegaram com demasiada opressão."[37]

Essa, portanto, foi a crise que deu lugar ao desenvolvimento da personagem Bigger Thomas. *Native Son* foi o resultado da decisão de Wright de expressar sua opinião, sua revisão do marxismo estadunidense tal como emergira das vidas e práticas dos comunistas estadunidenses:

> Eu lançaria com violência palavras contra essa escuridão e esperaria por um eco; e se um eco soasse, não importa o quão fraco, eu lançaria outras palavras para contar, marchar, lutar, criar um sentido da fome pela vida que nos corrói a todos, para manter vivo em nossos corações um senso do inexprimivelmente humano.[38]

Em *Native Son*, Wright procurou exibir uma imagem mais autêntica, mais histórica, mais precisa do proletariado com o qual o partido se comprometera. Ele havia começado essa tarefa em *Lawd Today* e veio a frui-la na forma de Bigger Thomas. Wright, hesitante em lutar com o marxismo em termos teóricos, prosseguiu sua crítica da ideologia da esquerda estadunidense em seus próprios termos: o romance. A falta de consciência de classe de Bigger Thomas – mais precisamente a odisseia do desenvolvimento de sua consciência – é deliberada e intencional. Não era um simples artifício literário, porém um meio de enfrentar a abstração e a romantização do proletariado que havia infectado a ideologia comunista ocidental.

Na época de permanência de Wright no partido (1934-1942), o foco principal do movimento na Europa ocidental e nos Estados Unidos era a derrota do fascismo. Era um princípio fundamental do trabalho partidário que o fascismo era um instrumento da classe dominante, projetado para enfrentar a crise do capitalismo mundial manifestada na Depressão. Como tal, supunha-se que o fascismo como ideologia era estranho à classe trabalhadora. Earl Browder, na qualidade de secretário-geral do Partido Comunista estadunidense, deixara essa posição bastante clara em relatórios, discursos e artigos durante o final dos anos de 1930[39]. Como porta-voz voz oficial do partido, Browder havia argumentado que a luta do movimento era principalmente política:

> Qual é a mensagem que essa poderosa voz do Partido Comunista está transmitindo aos Estados Unidos? Em primeiro lugar, é a mensagem da necessidade da grande massa do povo, os trabalhadores e camponeses, de se organizar para sua própria proteção.[40]

A estratégia de Browder era simples: "O crescimento do Partido Comunista é a maior garantia contra a reação e o fascismo."[41]

A liderança de Browder posicionara o partido em apoio ao New Deal e à administração de Roosevelt, na pressuposição de que os trabalhadores estadunidenses não estavam dispostos a confrontar a questão do socialismo[42]. Com efeito, o partido perseguia os objetivos contraditórios da reforma e da revolução. Isso era em parte uma consequência, como Wilhelm Reich apontou com respeito ao movimento comunista alemão durante a República de Weimar, de não conseguir distinguir entre a abstração da consciência de classe e sua forma histórica específica[43]. Porém, mesmo que a contragosto, o partido se comprometeu, pelas instruções do Comintern, a uma frente unida no tocante aos seus inimigos de classe.

Para Wright, a questão da consciência dos trabalhadores e, consequentemente, da organização política, era mais complexa. Envolvia – como ele iria escrever em defesa de *Native Son* – "os lugares escuros e ocultos da personalidade humana"[44]. No ensaio "How 'Bigger' Was Born" (Como 'Bigger' Nasceu), Wright tinha sido mais explícito:

a civilização que havia dado à luz a Bigger não continha nenhum sustento espiritual, não havia criado nenhuma cultura que pudesse sustentar e reivindicar sua lealdade e fé, o sensibilizara e o deixara desamparado, um agente livre para vagar pelas ruas de nossas cidades, um vórtice ardente e rodopiante de impulsos indisciplinados e não canalizados.

[...] Fiquei fascinado pela semelhança das tensões emocionais de Bigger nos Estados Unidos, na Alemanha nazista e na antiga Rússia. Todos os Bigger Thomas, brancos e negros, sentiam-se tensos, temerosos, nervosos, histéricos e inquietos [...] Certas experiências modernas estavam criando tipos de personalidade cuja existência ignorava as linhas raciais e nacionais de demarcação[45].

Wright estava tentando chegar a um acordo com a consequência psicológica de uma condição histórica da qual a liderança do movimento comunista estava apenas vagamente ciente. Ele insistia na necessidade de compreender a classe trabalhadora nos próprios termos dela. Estava preocupado com a habilidade das massas proletárias de se reproduzirem espiritual e culturalmente. Se elas não pudessem mais recriar as ideologias sociais que as sustentara, não seria possível que cumprissem o papel histórico que a teoria marxista lhes atribuía. Por outro lado, a fragmentação da personalidade, das relações sociais e da ideologia que Wright observou e recriou era tão completa que suas implicações políticas e históricas desafiavam seriamente os pressupostos do movimento comunista:

Senti que Bigger, um produto estadunidense, filho nativo dessa terra, carregava dentro de si as potencialidades do comunismo ou do fascismo [...] Dependia da evolução futura dos eventos nos Estados Unidos que ele seguisse algum líder espalhafatoso e histérico que promete precipitadamente preencher o vazio dentro de si, ou que chegasse a um entendimento com os milhões de seus companheiros de trabalho nos sindicatos ou sob a orientação revolucionária. Mas [...] Bigger Thomas, por mais condicionado que esteja seu organismo, não se converteria em um defensor fervoroso, nem mesmo tépido, do *status quo*.[46]

Ele percebeu que nenhum movimento político que, por razões ideológicas, presumisse o caráter progressista da classe trabalhadora, teria sucesso.

O romance de Wright, subsequentemente, foi uma refutação do dogma radical do ponto de vantagem da experiência negra. Primeiro procurou recriar essa experiência e, ao fazê-lo, forçar um confronto entre ela e a ideologia socialista. A personagem de Bigger Thomas era específica à experiência histórica dos negros nos Estados Unidos, porém sua natureza era proletária, isto é, histórico-mundial. Ao atribuir à consciência de Bigger Thomas um caráter nacionalista, Wright atendia a ambos os aspectos de sua criação. Ele escreveu que foi "confrontado com aquela parte de si mesmo que era de caráter dual [...] uma parte de *todos* os negros e de *todos* os brancos"[47]. Se o movimento revolucionário estadunidense não pudesse aceitar os *atrativos* do fascismo, não poderia começar a compreender a *natureza* imediata da classe trabalhadora[48]. Ele concordava com Marx que o capitalismo, como uma forma de organização, levava à destruição da consciência social fundamentada em ordens sociais não capitalistas. Ele não aceitou, no entanto, a ideia de que esse processo levasse a uma nova síntese ideológica. O resultado mais verdadeiro, o resultado observado, era "um mundo que existia sozinho em um plano de sensação animalesca"[49]. O movimento nazista obteve sucesso porque oferecia, no lugar de um terror existencial, uma nova ordem social inequívoca, "as pressuposições e ideais implícitos, quase inconscientes ou pré-conscientes, sobre os quais nações e raças inteiras agem e vivem"[50].

A análise de Wright, entretanto, não terminava aí. Ele tinha algo mais a dizer sobre a natureza da ação revolucionária. Sua análise ressaltava o caráter absoluto do compromisso revolucionário e também da análise marxista de classe.

> Lembro-me de ter lido uma passagem em um livro sobre a velha Rússia que dizia: "Nós devemos estar preparados a fazer sacrifícios intermináveis se quisermos derrubar o tsar." [...] Ações e sentimentos de homens a dezesseis mil quilômetros de casa me ajudaram a entender os humores e impulsos daqueles que caminham pelas ruas de Chicago e Dixie.[51]

Wright reconheceu nos seus Bigger Thomas o desespero que era a pré-condição para assumir compromissos revolucionários violentos e totais. Ele entendeu que esses compromissos eram menos de escolha do que de compulsão. Quanto mais completa for a degradação do ser humano, mais completa será a reação – "a *necessidade* de uma vida plena e *traduzida em ação* por essa necessidade"[52].

Ele também se recusou a rejeitar os Bigger Thomas como lumpemproletariado ou a distingui-los do proletariado. Na verdade, em *Native Son*, ele antecipou uma tese sobre a violência e o lumpemproletariado que só seria melhor conhecida mais tarde, no pensamento de Frantz Fanon. Para Wright, a violência do lumpemproletariado não era só uma força revolucionária objetiva; a violência não podia ser separada da formação de consciência.

"Eu não queria matar" gritou Bigger. "Mas, pelo que matei, *eu sou.*"[53]

Wright não podia responder pelo que, precisamente, Bigger Thomas teria matado. Ele tinha formulado sua tese e agora cabia à "tendência futura dos eventos" fazer essa determinação, ou seja, a capacidade do movimento radical estadunidense de desenvolver uma teoria política crítica. Isso, é claro, não iria ocorrer[54].

Wright havia saído da Depressão com uma imagem clara e poderosa da sociedade estadunidense e da história mundial. Ao escrever *Uncle Tom's Children* e *Native Son*, ele extraíra da miséria da pobreza e do colapso social iminente uma compreensão de uma integração sistêmica em que o racismo era um fenômeno secundário e residual. Ele não tinha motivos para duvidar que a desintegração do mundo capitalista fosse realmente uma promessa de libertação – uma promessa que envolvia toda a humanidade. Contudo, ele nutria poucas ilusões sobre esse processo de desintegração. Ele sabia, em termos sociais, inclusive em termos humanos, que os custos imediatos seriam violência, brutalidade e vingança sem paralelo. No início, esperava que essa transformação histórica fosse de ordem cirúrgica. Ele acreditava em um movimento operário consciente, deliberado e magnânimo. Na época em que ele estava escrevendo *Native Son*, entretanto, essa revolução ordenada havia sido substituída por um caos que consistia na ação coletiva de uma força humana brutalizada. A destruição do capitalismo se daria nas mãos da força social bruta que havia criado. Ainda assim, Wright via essa massa brutalizada como a *promessa* do futuro. Ao contrário de Marx, Wright antecipou a barbárie *e* o socialismo.

Os Negros Como Negação do Capitalismo

Para Wright, não era suficiente para a libertação negra que seu povo chegasse a um acordo com a crítica da sociedade capitalista. Ele observou: "O marxismo não é mais que o ponto de partida. Nenhuma teoria sobre a vida pode ocupar o lugar da própria vida."[55] Como crítica da sociedade capitalista, o marxismo era necessário, é claro, mas, em última análise, era uma crítica *interna*. A natureza epistemológica do materialismo histórico considerava a sociedade burguesa em seus próprios termos, isto é, pressupondo a primazia das forças e estruturas econômicas[56]. Como tal, o desenvolvimento histórico, desde o feudalismo, da burguesia como classe serviu de modelo lógico para o surgimento do proletariado como uma negação da sociedade capitalista[57]. Wright parecia ter entendido essa tese muito cedo como um erro fundamental no pensamento marxista. Já em 1937, ele começou a argumentar que era necessário que os negros transformassem a crítica marxista em uma expressão de seu próprio surgimento como uma negação do capitalismo ocidental.

Embora imerso no movimento radical estadunidense com sua ideologia eurocêntrica, não levou muito tempo para que Wright chegasse à conclusão de que o desenvolvimento histórico do povo negro nos Estados Unidos constituía a mais total contradição da sociedade capitalista ocidental:

> Os trabalhadores de um povo minoritário, irritados pela exploração, forjam formas organizadas de luta [...]. Carecendo das desvantagens da falsa ambição e da propriedade, eles têm acesso a uma ampla visão social e a uma profunda consciência social [...]. Suas organizações mostram maior força, adaptabilidade e eficiência do que as de qualquer outro grupo ou classe na sociedade.[58]

Wright pressupunha que a alienação dos trabalhadores negros da sociedade estadunidense fosse maior do que a experimentada pelas classes trabalhadoras "brancas" formadas na Europa e nos Estados Unidos. Esse, de fato, era o significado mais profundo do nacionalismo negro, com o qual o intelectual negro tinha que chegar a um acordo:

> A expressão emocional de um sentimento coletivo que desconcerta tanto brancos e os leva a deplorar o que eles chamam de "chauvinismo negro" não é um traço morbidamente inerente ao negro, mas sim a expressão reflexa de uma vida cujas raízes estão incrustadas profundamente no solo do Sul. Escritores negros devem aceitar as implicações nacionalistas de sua vida [...] Eles precisam aceitar o conceito de nacionalismo porque, a fim de transcendê-lo, devem *possuí-lo* e *entendê-lo*. E um espírito nacionalista na escritura negra significa um nacionalismo que carrega o mais alto grau possível de consciência social. Significa um nacionalismo que conhece suas origens, suas limitações, que está ciente dos perigos de sua posição, que sabe que seus objetivos finais são irrealizáveis no contexto estrutural dos Estados Unidos capitalista; um nacionalismo cuja razão de ser reside no simples fato do pleno poder sobre si mesmo e na consciência da interdependência das pessoas na sociedade moderna.[59]

O argumento de Wright e sua linguagem sugerem, inequivocamente, os elementos dentro do partido com os quais ele estava em conflito ideológico. Ao usar a expressão "chauvinismo negro" – seu primeiro elemento sendo um termo usado com mais frequência dentro do partido como uma interpretação mais objetiva do que comumente se denominava nacionalismo – Wright assinalou seu primeiro alvo: ideólogos marxistas brancos. Seu segundo alvo, os intelectuais negros desenraizados, foram tratados como os destinatários de uma nova história. Eles tinham que perceber que o nacionalismo negro era um estágio inicial e historicamente lógico de uma consciência profundamente universal.

Wright argumentou que os negros estadunidenses haviam sido recriados a partir de suas origens africanas por um sistema opressor de exploração capitalista que, ao mesmo tempo, os integrara na organização emergente da produção industrial, enquanto os protegia temporariamente do pleno impacto da ideologia burguesa. Talvez Wright tenha expressado isso de forma mais sucinta vários anos depois em *The Outsider*, quando Ely Houston, um dos dois porta-vozes de Wright no romance, observa:

> O modo em que os negros foram transportados para esse país e vendidos como escravos, depois despojados de sua cultura tribal e mantidos em cativeiro; e então permitidos, de forma tão provocante e por um longo período, a serem absorvidos em nosso modo de vida é algo que se assemelha ao surgimento de todos os homens [...]
> Eles são forâneos e [...] se tornarão autoconscientes disso; serão dotados de uma visão dupla, pois, sendo negros, estarão ao mesmo tempo *dentro* e *fora* da nossa cultura [...]. Os negros desenvolverão tipos psicológicos únicos e especialmente definidos. Eles se converterão em homens psicológicos, como os judeus [...]. Não serão apenas estadunidenses, ou negros; serão centros de conhecimento, por assim dizer [...] As consequências políticas, sociais e psicológicas de tudo isso serão enormes.[60]

Wright acreditava que o racismo, o próprio caráter do sistema pelo qual trabalhadores negros haviam sido explorados, mediara sua internalização das ideias dominantes da sociedade estadunidense. Ele prosseguiu afirmando que, diferentemente dos setores dominantes dos proletariados europeu ou euro-americano, o proletariado negro – historicamente, desde o âmbito legal e político da escravidão até a sua peculiar condição enquanto força de trabalho assalariada livre – havia desenvolvido uma identidade psíquica e cultural independente da ideologia burguesa. Essa construção de Wright levou os *insights* de Du Bois[61] e outros para muito além da crítica da solidariedade trabalhista entre brancos e negros. O que Wright estava sugerindo ia inclusive além da posição mais extrema dos radicais estadunidenses na década de 1930, de que os negros constituíam a vanguarda da classe trabalhadora dos Estados Unidos[62].

Wright afirmava que o movimento revolucionário negro, no processo de transcender um nacionalismo chauvinista, emergia como uma força histórica que desafiaria os próprios alicerces da civilização ocidental:

Reduzido aos seus termos mais simples, o tema para os escritores negros surgirá a partir da compreensão do significado de serem transplantados de uma cultura "selvagem" para uma cultura "civilizada", com todas as suas implicações. Isso significa que os escritores negros devem ter em sua consciência a imagem resumida de *toda* a cultura nutridora da qual foram arrancados na África, e da longa e complexa (e na maior parte, inconsciente) luta para recuperar novamente, de alguma forma e sob condições de vida estranhas, *toda* uma cultura.[63]

Para Wright, era precisamente nesse ponto, na extensão ideacional, conceitual e ideológica da cultura, que o escritor e outros intelectuais eram necessários. Na construção dos mitos e símbolos que surgem da experiência do povo negro, a responsabilidade dos intelectuais era "criar valores mediante os quais [sua] raça irá lutar, viver e morrer". Essa é precisamente a tarefa que Wright assumiria, dezesseis anos depois, em *The Outsider*.

The Outsider Como Crítica do Cristianismo e do Marxismo

The Outsider foi concluído vários anos depois que Wright abandonara o movimento comunista estadunidense. Foi recebido, no entanto, como uma elaboração adicional do motivo de sua ação[64]. No entanto, o tratamento dado pelo romance ao partido respondia menos à tradição da vitriólica *Lonely Crusade* (Uma Cruzada Solitária), de Chester Himes, ou da satírica *The Invisible Man* (O Homem Invisível), de Ralph Ellison, do que à de *Darkness at Noon* (O Zero e o Infinito), de Arthur Koestler[65]. Embora Wright tenha desenvolvido em *The Outsider* uma crítica da política racial da esquerda estadunidense e do stalinismo, sua intenção era muito mais ampla, seu objetivo, muito mais abrangente.

O romance é uma parábola. É um exercício moral, filosófico e político. Como o mito nos grupos fáticos, seu propósito é demonstrar as terríveis consequências para o espírito humano, bem como para a organização social, de um exorcismo total da ideologia social. Em *White Man, Listen!* (Homem Branco, Ouça!), Wright declararia:

> Afirmo que o efeito último da Europa branca sobre a Ásia e África foi lançar milhões em uma espécie de vazio espiritual; afirmo que isso impregnou suas vidas com uma sensação de falta de sentido. Argumento que não foi meramente o sofrimento físico ou a privação econômica que lançou mais de um bilhão e meio de pessoas de cor em um movimento político violento [...]. O conceito dinâmico do vazio que deve ser preenchido, um vazio criado por um impacto brutal e impensado do Ocidente sobre um bilhão e meio de pessoas, é mais poderoso que o conceito de conflito de classes, e mais universal.[66]

Sem mitos, isto é, sem significado, a consciência é deixada à deriva no terror. O desespero, que é a condição desse grau de alienação (ou o *ressentimento* de Max Scheler, ou a "crise" de Husserl)[67] inevitavelmente requer violência. A violência é a forma última, a única possível, que a ação social pode assumir.

Ademais, Wright estava demonstrando tanto a necessidade e a inevitabilidade da ideologia *como* sua arbitrariedade. Sejam quais forem os significados que as ideologias sistematizam, estão sempre sujeitos a abusos de poder. Quando a ideologia é usada para o propósito de dominação, ela deve ser combatida, não por uma contraideologia mas pela negação da ideologia: a teoria. Em suma, ele estava defendendo a necessidade de um compromisso crítico, o tipo de compromisso que atinge seu propósito mediante a extração do legado histórico: a cultura de um povo. Esse compromisso só se torna possível por meio de uma consciência capaz de recriar o significado.

Em *The Outsider*, Wright procurou subverter as duas tradições ideológicas e filosóficas no cerne da cultura ocidental moderna. Primeiro, ele ridicularizou a tradição judaico-cristã ao criar um protagonista cujo próprio nome é uma contradição: Cross Damon – o Cristo demoníaco. Cross Damon escapa da moralidade judaico-cristã por meio do reconhecimento de sua força psíquica operativa: um sentimento de culpa terrível, destrutivo e debilitante. Tal como Marx havia reconhecido anteriormente que a religião (isto é, o judaísmo) "é o suspiro da criatura oprimida, o sentimento de um mundo sem coração e a alma das condições desprovidas de alma"[68], Wright percebeu o significado histórico mais verdadeiro do cristianismo entre os negros não como um instrumento de dominação, mas como uma adaptação filosófica à opressão.

Além disso, ele entendia a resignação do cristianismo negro como apenas um dos elementos na cultura dos negros. Na música negra existia outra voz mais estridente, que se opunha a essa culpa:

> Essa música era o alarde rítmico dos sentimentos de culpa, as efusões sincopadas de alegria assustada que existem sob disfarces proibidos e desprezados por outros [...] Os negros foram feitos para viver na terra em que nasceram, mas não dela. [...] As injunções de um cristianismo estranho e as restrições das leis brancas haviam evocado neles os mesmos anseios e desejos que aquela religião e lei foram concebidas para sufocar. [...] O *Blue-Jazz* era uma arte rebelde que florescia sediciosamente sob as condenações de uma ética protestante [...] O *Blue-Jazz* era o gesto desdenhoso de homens extasiados em seu estado de rejeição [...] as recriações do criminoso inocente.[69]

As forças da ciência e tecnologia e os processos de proletarização dos trabalhadores negros estavam orquestrando a substituição da resignação cristã negra por essa segunda consciência, ironicamente irritada.

Contudo, Wright também criticava o marxismo, a segunda e mais moderna tradição ocidental radical. Também ele estava profundamente limitado do ponto de vista teórico e sujeito aos abusos de interesses políticos restritos. O marxismo falhara em chegar a um acordo com o nacionalismo, com a consciência, com o racismo, com a civilização ocidental, com a industrialização e com a história dos negros. Wright já havia demonstrado algumas das suas limitações em *Native Son*. Daniel Aaron, comentando sobre o advogado comunista de Bigger Thomas, observou: "Mesmo Boris Max nunca entende realmente Bigger e está assustado com a visão que Bigger tem de si mesmo."[70] Wright exibiu esse mesmo ponto de forma ainda mais reveladora em *The Outsider*, ao sustentar que os propósitos do marxismo, conforme empregados no comunismo estadunidense, eram menos analíticos do que políticos. O resultado não era nem teoria nem práxis, mas a conquista do poder. Ironicamente, no segundo romance, foi a personagem de Hilton, também funcionário do partido, que falou por Wright. Hilton, levado à franqueza pelo desespero, trai o rudimentar acordo do qual dependia o apoio do partido à libertação negra: a manipulação. Wright (Cross) então pergunta a si mesmo:

> O estadunidense branco médio suspeitava que existissem homens como Hilton, homens que podiam com facilidade superar o ódio racial da turba e fazer uso cínico das atitudes defensivas inculcadas nos negros como armas em sua amarga luta pelo poder?[71]

Wright, porém, nunca nos induz a esperar revelações como as de Hilton. Ele as ouvira como parte da sua experiência, uma experiência que submeteria à crítica marxista que agora também fazia parte de sua maneira de lidar com a realidade.

O marxismo enquanto ideologia e teoria da história, argumentou Wright, era produto de uma pequena burguesia, em particular dos intelectuais:

> Você deve pressupor que eu sei do que se trata. Não me fale sobre a nobreza do trabalho, do futuro glorioso. Você não acredita nisso. Isso é para os outros e você o sabe muito bem [...] Vocês, rebeldes ciumentos, são intelectuais que conhecem sua história e estão ansiosos para não cometer os erros de seus predecessores nos empreendimentos rebeldes.[72]

Ele não estava mais convencido de que o marxismo como teoria, como teoria da história ou da revolução social, estivesse correto, porém compreendia sua sedução. Ele escreveria em 1960:

> A ideologia marxista em particular não é mais do que um paliativo temporário, que depende de um diagnóstico mais preciso [...] O comunismo pode ser apenas um compromisso doloroso que contém uma definição do homem meramente paradigmática.[73]

Ele suspeitava que o marxismo, da mesma forma que o cristianismo como ideologia, mascarava "complexidades da história e da experiência social". Sua função mais autêntica era a coesão social e intelectual da pequena burguesia – uma classe muito diferente do proletariado:

> Um segmento minoritário da sociedade branca na qual ou sob a qual ele vive oferecerá à elite educada da Ásia e da África ou dos Estados Unidos negro uma interpretação do mundo que impele à ação, amenizando assim seus sentimentos de inferioridade. Nove em cada dez vezes pode ser facilmente apontado que a ideologia oferecida não tem relação com a difícil situação da elite educada negra, parda ou amarela [...] Mas essa ideologia resolve algo [...] Permitiu que o negro, ou o asiático ou o africano encontrasse fragmentos revolucionários da raça hostil em um plano de igualdade.[74]

Ainda assim, em sua crítica mais devastadora ao comunismo, Wright se apoiava em uma noção de luta de classes:

> Esses homens que se erguem para desafiar os governantes são homens ciumentos. Sentem que são tão bons quanto os homens que governam; de fato, suspeitam que são melhores. Eles veem os inúmeros erros que estão sendo cometidos pelos homens que governam e pensam que poderiam fazer um trabalho mais honesto, muito mais limpo e eficiente.[75]

Essa era a tese de Wright sobre o desenvolvimento do marxismo como uma ideologia de classe específica. E, de certa forma, ele reverberava a explicação do marxismo do próprio Marx, porém de forma mais mística:

> Finalmente, em tempos nos quais a luta de classes se aproxima da hora decisiva, o processo de dissolução em curso dentro da classe dominante, na verdade em toda a gama da sociedade, assume um caráter tão violento e estridente que uma pequena parte da classe dominante a deixa à deriva e se une à classe revolucionária, a classe que tem o futuro em suas mãos [...] então agora uma parte da burguesia passa para o proletariado e, em particular, uma porção dos ideólogos burgueses, que se elevaram ao nível de compreender teoricamente o movimento histórico como um todo.[76]

No início dos anos de 1950, Wright havia chegado a uma conclusão semelhante –que, como vimos, manteve durante o resto de sua vida – mas com um significado diferente: a teoria marxista era uma expressão da consciência pequeno-burguesa e sua crítica da sociedade burguesa e do capitalismo estava fundamentalmente dirigida contra a asfixia dessa classe pela autoridade da classe burguesa dominante.

No entanto, a oposição da teoria marxista à sociedade capitalista foi útil para Wright, *teoricamente*. De fato, o papel histórico e revolucionário que Wright atribuiu aos negros tinha como base uma dialética materialista. Como já indicado, Wright reconheceu o nacionalismo negro como um produto, em parte, tanto das necessidades objetivas do desenvolvimento e da acumulação capitalistas quanto de seu sistema de exploração. Ao adotar a ideologia do nacionalismo negro, ele procurou compreender seu surgimento a partir das contradições da experiência cotidiana:

> Todos os dias nesta terra algum homem branco insulta um negro indefeso. Mas esse bastardo branco é demasiado estúpido para perceber que suas ações estão sendo duplicadas um milhão de vezes em outro milhão de lugares por outros brancos que nutrem o mesmo ódio que ele pelos negros. Ele é cego demais para ver que essa onda diária de milhões de pequenos ataques cria um vasto reservatório de ressentimento entre os negros.[77]

Assim, Wright ecoou outra contribuição poderosa para o desenvolvimento do marxismo: a Astúcia da Razão de Hegel.

Mas foi em sua caracterização das forças históricas da ideologia onde Wright mais diferiu de outros que poderiam empregar uma abordagem marxista. A ideologia era o instrumento político especial da pequena burguesia. Wright alegava que os renegados dessa classe, que haviam servido historicamente para produzir as ideias dominantes da burguesia, passaram a desprezar a classe dominante. Os rebeldes ciumentos haviam declarado, como o próprio Marx escreveu: "A burguesia é incapaz de seguir sendo a classe dominante na sociedade e de lhe impor, como lei primordial, as condições de vida de sua classe. Ela é incapaz de governar porque é incompetente."[78]

Em suas críticas ao marxismo, portanto, Wright não o rejeitou por completo, mas tentou delimitá-lo, a fim de propiciar uma noção do alcance de sua autoridade. Como *teoria* da sociedade, ele o achava insatisfatório, na verdade, reducionista. Por si só, era insuficientemente presciente dos vários níveis de consciência coletiva. Como *ideologia*, ele entendia que ele nunca transcendera suas origens. Permaneceu uma ideologia *para* as classes trabalhadoras, em vez de uma ideologia *das* classes trabalhadoras. No entanto, como *método* de análise social, ele o achava convincente. Ele não abandonou a concepção das relações de produção como base para a crítica da sociedade capitalista, nem a importância das relações classistas de produção. Ainda assim, a crítica do capitalismo era só o começo da luta pela libertação.

É a partir dessa perspectiva crítica que Wright se junta a uma das poucas mulheres negras descritas com simpatia, Sarah Hunter. Quando ela bajula seu marido, Bob, o organizador negro assustado e subserviente do partido, está falando por Wright: "em todos os lugares em que eu olhava [...] não vi nada além de gente branca chutando negros que se ajoelhavam". "Eu quero ser um dos que dizem aos *outros* que obedeçam, entendeu? Leia seu Marx e organize."[79]

De sua experiência no Partido Comunista estadunidense e de *sua* leitura de Marx, Wright chegou à conclusão de que a libertação de qualquer povo não pode ser o resultado de sua abjeta rendição ao julgamento crítico. Decerto não era prerrogativa dos intelectuais negros renunciar à herança cultural de seu povo: a consciência revolucionária emergente do nacionalismo negro.

Muito pouco resta então do Wright que Harold Cruse nos apresenta. Talvez, como Baldwin, Cruse também tenha sentido a necessidade "de matar o pai". Sem dúvida, também, a explicação para o erro de Cruse é muito mais complexa. Contudo, independentemente do retrato de Wright apresentado por Cruse, uma leitura mais atenta das obras centrais escritas por Wright ao longo de um período de mais de duas décadas nos revela um pensador negro muito controlado e poderoso. Wright lutou por uma síntese entre o pensamento marxista e o nacionalismo negro equiparável à de seus colegas George Padmore e C.L.R. James. E reunidas, suas várias obras, – junto com as de Du Bois – constituem um legado extraordinário aos negros no hemisfério ocidental e em outros lugares. Nelas, pode-se descobrir uma crítica independente e ricamente sugestiva do mundo moderno – uma crítica cuja voz é o som mais autêntico das profundezas brutais da civilização ocidental e da sua história. Nessas obras residem os primórdios da teoria revolucionária negra. "No momento em que um povo começa a perceber um *significado* em seu sofrimento, a civilização que engendra esse sofrimento está condenada."[80]

12
Um Final

O leitor perseverante, não obstante meus esforços, talvez já tenha compreendido as preocupações que configuraram o presente estudo. Mas é uma convenção importante do contador de histórias e do estudioso resumir a história, ter a última palavra. É a oportunidade final que o narrador tem para deixar as coisas claras, extrair a moral da história ou expor as ironias ocultas. Há, de fato, algo mais a ser dito sobre qual pode ser a importância do argumento e por que ele assume essa forma específica. Como é meu hábito, retomarei agora esses assuntos de trás para a frente.

A obra foi concebida principalmente como um discurso teórico. Isso pode surpreender alguns leitores, pois, na maioria das vezes, evitei propositalmente a linguagem teórica. Em vez disso, me pareceu necessário direcionar a exposição do argumento a materiais históricos. Isso decerto minimizou o risco de uma abstração reducionista. Mais importante, porém, serviu ao propósito de ressuscitar acontecimentos que haviam sido sistematicamente apagados de nossa consciência intelectual. A obra requeria uma certa desconstrução da historiografia estadunidense e ocidental. Pois, para a elaboração de uma nova teoria precisamos de uma nova história. Conforme apontado na maioria das tradições intelectuais do Ocidente, a prática da teoria é sempre informada pela luta. Aqui, os pontos de combate foram três: uma oposição às ideias que têm dominado a literatura europeia, pretendendo colocar em segundo plano os povos africanos; uma crítica da tradição intelectual socialista que, muito raramente, ou de modo casual, questionou suas próprias bases de ser; e uma consideração da importância das ambivalências com as quais a *intelligentsia* radical negra ocidentalizada começou a formulação da teoria radical negra. O terreno não foi escolhido, mas ditado pela herança histórica.

Quando se iniciou a investigação sobre os conflitos existentes entre o radicalismo ocidental e a luta pela libertação negra, já havia a intuição insistente de que algo considerado fundamental para a experiência ocidental estava sendo banalizado pela tradição radical estadunidense. Entre meus colegas, havia a sensação de que algo tão importante quanto o questionamento dos próprios fundamentos da política e do pensamento progressistas estava além das conceitualizações que até então haviam inspirado as formidáveis manifestações de trabalho e atividade progressistas. Algum conhecimento, algum aspecto da consciência negra, não tinha sido avaliado na explicação marxista dos processos históricos e dos fundamentos aos quais foram atribuídas as formações sociais do mundo moderno. Em sua reação conceitualmente formidável contra o poder irresponsável, a destruição social calculada e a exploração sistemática de seres humanos, parecia-nos haver uma relutância perceptível no radicalismo ocidental ou, para colocá-lo de forma mais presente, uma fuga deliberada do reconhecimento de que, na responsabilidade pela "maldade", como afirma Peter Blackman, havia algo além de forças materiais objetivas. Havia a sensação de que algo de natureza mais profunda do que a obsessão com a propriedade estava distorcido em uma civilização que podia organizar e celebrar – em uma escala além da experiência humana anterior – as degradações mais brutais da vida e as violações mais agudas do destino humano. Parecia evidente que o sistema capitalista fazia parte dessa natureza, mas também era sintomático dela. Faltava um nome para designá-la, como diria o filósofo Hobbes. Não era simplesmente uma questão de indignação ou preocupação com a sobrevivência dos negros. Era uma questão de compreensão.

Creio que a indignação foi certamente estruturada pela africanidade de nossa consciência – uma certa medida epistemológica culturalmente inserida em nossas mentes, que nos fazia ver que o capitalismo racial que testemunhamos era um padrão inaceitável de conduta humana. Também a fonte de nossa indignação caracterizava essa conduta como inexplicável. A profundidade em que o comportamento racista corrompeu o Ocidente transgride qualquer consciência mundial enraizada em nosso passado africano. No entanto, a sensação de profunda tristeza diante do espetáculo da opressão racial ocidental é compartilhada por outros povos não ocidentais. Nessas circunstâncias e apenas em certo sentido, a sobrevivência negra deve, é claro, ser entendida como problemática. Mas seu verdadeiro significado já estava determinado pela tradição herdada.

Eu havia dito que a investigação sobre o que subjaz as inadequações da crítica marxista foi compelida pela necessidade de compreensão. O encontro entre africanos e europeus fora abrupto, não tanto em termos históricos como filosóficos. A civilização ocidental que irrompeu de sua quarentena medieval manteve com maior vingança seu sentido racial de ordem social, seus hábitos feudais de dominação. No final da Idade Média, o racialismo era uma manifestação rotineira, encontrando expressão até mesmo nos recessos mentais mais exóticos do maníaco e do histérico. Durante quatrocentos anos, do século XV ao século XIX, enquanto o modo de produção capitalista na Europa engolfava os trabalhadores agrários e artesanais, transformando-os ao longo das gerações em forragem expropriada e dependente de sua concentração nas fábricas, disciplinados aos ritmos e turbulências do processo manufatureiro, os organizadores do sistema capitalista mundial se apropriaram da força de trabalho negra como capital *constante*. Os negros foram arrancados de suas formações sociais por meio de mecanismos que, por desígnio e coincidência histórica, minimizaram a interrupção da produção de trabalho. Enquanto vastas reservas de mão de obra se acumulavam nas Casas de Pobres e nos pardieiros das cidades europeias e nas cidades industriais, no interior africano alguma aparência de vida tradicional continuou a se reproduzir, compartilhando seu produto social – seres humanos – com o sistema escravista atlântico. Era razoável esperar que aqueles homens e mulheres africanos, cujas vidas foram interrompidas pela escravização e pelo tráfico, tentassem, e de certa forma conseguissem, recriar suas vidas. Não foi, entretanto, a compreensão dos europeus que manteve esses africanos nas garras de escravocratas, proprietários de *plantations*, comerciantes e colonizadores. Foi a capacidade de conservar sua consciência nativa do mundo frente à intrusão estrangeira, a capacidade de recriar imaginativamente uma metafísica prévia, ainda estando submetidos à escravidão, à dominação racial e à repressão. Essa foi a matéria-prima da tradição radical negra, os valores, as ideias, as concepções e as construções da realidade a partir dos quais a resistência foi organizada. E em cada caso de resistência, a dinâmica social e psicológica compartilhada por comunidades humanas em longas crises resolveram para os rebeldes o momento particular, a química coletiva e pessoal que solidificou o movimento social. No entanto, foram os materiais construídos a partir de uma filosofia compartilhada, desenvolvida no passado africano e transmitida como cultura, que serviram para construir a consciência revolucionária e formar a ideologia da luta.

Conforme comentamos, embora a rebelião pudesse parecer justificada para os europeus que presenciavam as revoltas dos povos africanos, as formas que a resistência negra assumia eram incompreensíveis. No final das contas, muitas dessas testemunhas recorreram facilmente a qualquer imagem disponível para evocar o mistério: dizia-se que os participantes da resistência negra haviam retornado à selvageria; que estavam sob a influência de loucos satânicos; que tinham passado dos limites da sanidade. Para os europeus encarregados da responsabilidade de preservar as fontes do trabalho negro e de controlar esse trabalho, a única resposta eficaz à rebelião negra era a violência máxima e indiscriminada, seguida pela rotina de brutalidade. Mais frequentemente, a lógica da dominação racial, que já perdurava por séculos, não permitia alternativas. Nesse aspecto, sempre tinha que ser uma disputa desigual, não por causa da superioridade das armas ou do número de combatentes, mas porque essa violência não veio naturalmente aos povos africanos. Nesses termos, as civilizações da Europa e da África também haviam sido muito diferentes. Por muito mais de um milênio, a história da Europa consistira em uma sucessão quase ininterrupta de guerras fratricidas e sua celebração. Os museus da civilização são o testemunho atual dessa preocupação, suas histórias são relatos assustadores. Na África, na qual a ocorrência de formações estatais e imperiais, assim como a guerra total, era mais rara, o conflito podia e era mais frequentemente resolvido pela migração e pelo reassentamento. Por fim, a penetração do islã na África e a organização dos sistemas escravistas do Mar Vermelho e do Mediterrâneo fizeram uma diferença real, mas foram a extensão do tráfico de escravos no Atlântico e a cacofonia do colonialismo europeu que ditariam o ajuste mais profundo à violência. E isso também foi mal interpretado pelos europeus, traduzido, como seria de esperar, no discurso das raças superiores e inferiores. Enquanto as classes dominantes europeias humilhavam seus próprios trabalhadores pela força e hegemonia cultural, os pontos de contato entre europeus e negros ficaram impregnados pela violência.

As primeiras formas de luta na tradição radical negra, entretanto, não foram estruturadas por uma crítica da sociedade ocidental, mas por uma rejeição da escravidão europeia e uma repulsa do racismo em sua totalidade. Mesmo então, o impulso mais fundamental da resistência negra era a preservação de uma consciência histórica e social particular, mais do que a transformação revolucionária da Europa capitalista feudal ou mercantil. Que a patologia da raça fosse uma parte tão dominante da consciência ocidental ou o que poderia ser feito para mudar esse caráter era menos importante do que a forma pela qual os povos negros poderiam sobreviver ao encontro. Isso talvez seja parte da explicação do porquê, com tanta frequência, a resistência dos escravos negros evoluiu de forma natural para o aquilombamento como a manifestação da determinação africana de se desconectar, de se afastar do contato. Para reconstituir sua comunidade, os radicais negros fugiram para o mato, para as montanhas, para o interior.

Assim como na África, até o último quarto do século XIX, a retirada havia sido uma possível resposta dos povos africanos, algo parecido ocorreu nos locais em que fora implantado o trabalho escravo. Nas ilhas do Caribe, bem como na América Latina e nos Estados Unidos, os povos negros encontraram meios de se desconectar. Longe das *plantations*, na segurança dos refúgios montanhosos, no interior, na direção das nascentes dos grandes rios que desaguavam nas costas do oceano, as comunidades negras podiam ser reestabelecidas. E a própria existência de tais assentamentos melhorou o moral daqueles que permaneciam no cativeiro. Ao longo de gerações, as sucessivas chegadas de nova mão de obra, os assentamentos quilombolas e as lendas dessas comunidades enriqueceram ainda mais a tradição radical. E cada geração de escravos contribuía para uma maior ampliação da consciência negra e da ideologia da tradição. E enquanto o tráfico se expandia em resposta às interações de troca, demandas de mercadorias e produção de excedente no sistema mundial, dentro das comunidades escravas um povo negro evoluía. Expressões manifestas do radicalismo negro, como o aquilombamento, incêndios criminosos, destruição de ferramentas de trabalho e até rebeliões manifestas eram complementadas por formas menos evidentes. Quando a separação não era possível, as revoltas declaradas podiam se inflamar; onde a rebelião era imediatamente impraticável, as pessoas se preparavam por meio da *obeah*, do vodu, do islã e do cristianismo negro. Por meio deles, eram induzidas expectativas carismáticas, socializando e fortalecendo adultos e jovens com crenças, mitos e visões messiânicas que lhes permitiriam, algum dia, tentar o impossível. Sua história confirmou esses processos; seu fruto podia ser visto nos *papalois* da revolução haitiana; os homens e mulheres *obeah* que lotam os registros dos julgamentos das rebeliões de escravos no Caribe e em outros lugares; as revoltas muçulmanas no Brasil; os pregadores rebeldes que aparecem no centro da resistência na Jamaica, no Suriname e nos Estados Unidos. Por tudo isso, é claro, as perturbações do sistema mundial constituíam os parâmetros, as condições de ser da resistência negra.

Nos Estados Unidos do século XVII, o aquilombamento, apareceu primeiro. Mas, quando o século XVIII sucedeu ao século XVII, o aquilombamento como forma predominante de resistência negra tornou-se cada vez mais difícil, à medida que os comerciantes e fabricantes capitalistas expandiam a escravidão nas *plantations*, racionalizavam as estruturas de dominação entre as colônias e derrotavam os indígenas estadunidenses. À medida que as comunidades escravas se formavam, o aquilombamento foi finalmente substituído. Em meados do século XVIII, no que tange às massas negras, a constante chegada, via Atlântico, de novos africanos; a genialidade do cristianismo negro; a construção de dialetos crioulos; a fundação das comunidades quilombolas de negros e seminoles; a fuga para bairros negros das cidades do Sul; a conspiração e a realização das rebeliões; e a construção de relações familiares e comunitárias nas senzalas, foram parte de sua preservação como povo africano e como cultivo da tradição radical negra. Por outro lado, a tendência à assimilação aos europeus por uma parte da população negra foi de pouca importância. O racialismo rude que cercava a cultura estadunidense exigia um preço que apenas os mais desesperadamente alienados, nas margens raciais e psicológicas das sociedades negra e branca, poderiam pagar. No final do século, surgiram novas possibilidades para o radicalismo negro, primeiro com a rebelião colonial e depois com a Revolução Haitiana. Os negros lutaram com os ingleses contra os rebeldes e participaram da resistência mais relevante no Haiti. E em meados do século XIX, a experiência absorvida pelos participantes negros na rebelião da classe dominante colonial contra seus superiores ingleses e o exemplo (e a ajuda indireta, se não direta) dos revolucionários haitianos facilitaram a resistência das massas como expressão dominante do radicalismo negro. À semelhança dos escravos haitianos, o desligamento era a moeda ideológica dos rebeldes negros estadunidenses, a rejeição absoluta da sociedade estadunidense e a denúncia persistente do racialismo como base de uma conduta civilizada. Antes da Guerra Civil, com a produção escrava agora mais importante economicamente do que nunca como resultado direto da revolução industrial da manufatura inglesa, o compromisso radical negro encontrou eco nos ideólogos das rebeliões dos escravos e dos refugiados negros fugidos da escravidão. Recebeu expressão popular entre os militantes "abolicionistas" negros, nas assembleias do movimento pela emigração, e entre os negros participantes da Convenção de Chatham que, dirigidos por John Brown, planejavam a derrubada do sistema escravista. A persistência da tradição e da vitalidade ideológica entre as massas de escravos negros pode ser constatada não só nas rebeliões e na clandestinidade, mas também nos cantos, nos *spirituals*, nos sermões e nos próprios textos do cristianismo negro. Depois da Guerra Civil, na esteira dos anos de luta e de vitimização pelo terror e pelas manipulações das classes industriais, financeiras e plantocráticas, fluxos de emigrantes negros buscaram novamente a segurança da distância. No final do século XIX, como outros negros da África do Sul, do Brasil e de Cuba, que buscavam desesperadamente se distanciar dos assentamentos europeus, os negros estadunidenses se convenceram novamente de que sua preservação como povo estava em jogo. No entanto, as possibilidades dessa opção já estavam em retrocesso. Novas condições, novas resoluções e novos estratagemas as estavam superando.

O encerramento formal dos sistemas de produção escravistas no século XIX marcou o início de uma profunda reorganização do sistema capitalista mundial. Na Europa, África, Ásia e nas Américas, por meio da penetração cada vez mais profunda do capitalismo monopolista e das imposições dos colonialismos hegemônicos, os escravos foram deslocados como fonte de mão de obra barata e substituídos por camponeses e trabalhadores migrantes. Na África, em que o tráfico de escravos havia deslocado os ciclos reprodutivos de certas formações sociais ao longo das costas da África Ocidental e Meridional, o "novo imperialismo" do capitalismo monopolista exigia uma forma mais destrutiva de apropriação e exploração. O Estado colonial tirava proveito dos camponeses do interior agrário do continente, transformando setores econômicos tradicionais dedicados à reprodução em fonte e apoio de mão de obra recrutada à força e em áreas de monocultura para o comércio e para a extração de minerais e matérias-primas. À medida que o trabalho assalariado se expandia na África, seu nível de apoio se limitava à manutenção e não à reprodução da força de trabalho. No Novo Mundo também houve mudanças. Os sistemas de reconstituição das comunidades negras se viram também prejudicados por diversas formas de trabalho forçado: peonagem, parceria agrícola e tarefas agrícolas que mal cobriam as necessidades de subsistência. Ademais, os trabalhadores negros viam-se obrigados a abandonar as terras mais produtivas e serem submetidos a campanhas de terror e intimidação organizadas tanto de forma pública quanto privada.

Inelutavelmente, a resistência teve que adotar novas formas, novas consciências e novas ideologias.

As lutas anticoloniais cada vez mais intensas a partir de meados do século XIX foram o início da transformação do radicalismo negro em um confronto declarado com a dominação europeia. De fato, outras contradições humanas, às quais a dominação colonial era intrinsicamente vulnerável, tiveram como catalisador a resistência das massas ao colonialismo. A própria natureza do domínio colonial exigia a adaptação ou a criação de camadas privilegiadas entre os povos dominados. E do conflito inevitável entre a "burguesia" nativa e seus senhores coloniais, brotou uma *intelligentsia* renegada, para a qual a ideia de uma oposição total, de um confronto nacionalista e de crítica à sociedade ocidental era necessária e natural. A experiência das pequenas burguesias negras, sua intimidade com o poder, a cultura, a sociedade e o racismo europeus, e suas relações contraditórias com eles fizeram com que, com o tempo, delas se separassem muitos nacionalistas, inclusive radicais. Enquanto os nacionalistas geralmente limitavam sua atenção às lutas internas, nas quais suas ambições podiam ser realizadas mais de imediato, os nacionalistas radicais eram na verdade internacionalistas, com tendências a diversas variantes do panafricanismo ou do socialismo. Invariavelmente, alguns dos radicais seriam ideologicamente atraídos pelos movimentos de oposição gestados na própria sociedade ocidental. Sua ambivalência em relação às massas negras e suas identificações sociais e psicológicas com a cultura europeia convertiam a autoridade analítica e teórica do socialismo europeu em uma ideologia política quase irresistível. Para alguns, isso era suficiente. Para outros, no entanto, a formação contínua de movimentos militantes nacionalistas e trabalhistas no mundo colonial suscitava questões sobre a amplitude e a acuidade dos socialistas europeus. E à medida que o radicalismo negro de massas optou pela guerra popular como a forma da luta anti-imperialista, sua *intelligentsia* revolucionária deu início à crítica ou ao reposicionamento da teoria socialista. Para eles, as lutas das classes trabalhadoras europeias estavam vinculadas aos movimentos anti-imperialistas do mundo não industrial. O abismo entre a luta de classes e a atividade anti-imperialista e nacionalista começou a se fechar.

No Caribe e nos Estados Unidos (nos quais uma política racial análoga à do colonialismo havia produzido uma *intelligentsia* radical negra complementar), quando durante grande parte da primeira metade do século XX as crises do capitalismo monopolista atingiram o sistema mundial, toda uma geração desses ideólogos já estava formada e pronta para responder às revoltas sociais na Europa, na América e no mundo colonial. Outros aderiram aos movimentos socialistas depois que as rebeliões dos trabalhadores europeus diminuíram e a democracia burguesa, a representação liberal do capitalismo monopolista desde sua infância, deu lugar na Itália, Alemanha e Espanha à faceta mais abertamente repressiva do Estado fascista. Para os radicais negros dos países coloniais e dos Estados Unidos, as objeções suscitadas contra o fascismo por ideólogos liberais e socialistas trouxeram à tona os paralelismos entre o colonialismo e o fascismo, assim como a ambivalência, as hipocrisias e a impotência dos intelectuais nas metrópoles dos impérios europeus. Muitos dos principais ativistas da *intelligentsia* negra, tendo anteriormente se comprometido a tirar suas lutas nacionalistas da órbita do movimento socialista, acharam necessário superar seus camaradas europeus. Era natural e historicamente lógico que alguns ressuscitassem o panafricanismo como uma ideologia radical e reconhecessem seu potencial como uma teoria radical da luta e da história. A partir do início dos anos de 1930, surgiu um panafricanismo radical. E nas obras de Du Bois, James e Wright, de Oliver Cox, Eric Williams e George Padmore, os elementos de sua primeira fase eram discerníveis.

Quando Du Bois e James empreenderam a recuperação da história da luta revolucionária negra, eles foram impelidos de uma crítica implícita a uma crítica explícita do marxismo. À medida que os negros se tornavam sensíveis ao heroísmo cotidiano exigido para a sobrevivência de seu povo, eles se sentiam particularmente preocupados com a aplicação casual de categorias pré-formadas aos movimentos sociais negros. Parecia-lhes que os marxistas ocidentais, inconscientemente limitados por uma perspectiva eurocêntrica, não podiam explicar nem avaliar corretamente as forças revolucionárias que emergiam no Terceiro Mundo. A metafísica racial da consciência ocidental – o legado de toda uma civilização – impedia que seus companheiros socialistas reconhecessem a influência do racialismo no desenvolvimento e nas estruturas do sistema capitalista, e conceitualmente os absolvia de uma investigação mais acurada das categorias de seu próprio pensamento. Sem alguma forma de intervenção, o movimento socialista estaria condenado ao desastre.

A primeira iniciativa de Du Bois, ele próprio amadurecido pelo seu encontro com o nacionalismo negro estadunidense, consistiu em reavaliar o papel histórico das classes operárias industriais. No início, ele pretendera apresentar uma proposta modesta: sem a ajuda das massas negras, nenhum movimento da classe trabalhadora estadunidense poderia derrubar a classe dominante capitalista. Contudo, sua investigação da tradição radical negra de meados do século XIX levou sua análise para mais além dos pressupostos da teoria e da política revolucionária do seu tempo. Antecipando as exposições mais detalhadas de Eric Williams e Oliver Cox, Du Bois se convenceu de que o capitalismo e a escravidão estavam relacionados de forma sistêmica; de que o capitalismo monopolista havia estendido, em vez de interrompido, essa relação; e que as forças implicadas na dissolução do capitalismo poderiam emergir das contradições dessa relação. A história lhe forneceu provas. Na turbulência da Guerra Civil estadunidense e de uma revolução social levada a cabo pelos escravos mobilizados e pelos trabalhadores agrícolas brancos, haviam sido as classes trabalhadoras fabris e industriais que hesitaram, atraídas à contrarrevolução pelo racismo e uma percepção míope dos seus interesses de classe. A luta de classe fora distorcida e uma consciência revolucionária proletária entre os trabalhadores estadunidenses do século XIX efetivamente bloqueada pelo poder ideológico do racismo e pela sedução do mito burguês de mobilidade social. Foram os escravos (na realidade, um campesinato escravizado) e outros trabalhadores agrícolas que empreenderam o ataque contra o capitalismo. Foi, observou Du Bois, da periferia e não do centro que a ameaça mais constante ao capitalismo estadunidense se materializou. Os escravos rebeldes, vitalizados por uma consciência do mundo herdada da tradição africana e transformando sua experiência estadunidense em uma arte rebelde, constituíram uma das principais bases sociais antagônicas à sociedade burguesa. Para Du Bois, a recuperação desse último fato era tão decisiva para a teoria revolucionária quanto o reconhecimento das massas camponesas, cujas revoltas na Rússia, no México e na China haviam abalado as classes dominantes no século xx. Para ele, no entanto, era igualmente importante a percepção de que o racismo das classes trabalhadoras estadunidenses "brancas" e sua imaturidade ideológica geral haviam sacrificado a extensão em que as condições e relações capitalistas de produção por si só poderiam ser consideradas responsáveis pelo desenvolvimento social do proletariado estadunidense. As identidades coletivas e individuais dos trabalhadores estadunidenses haviam respondido tanto à raça quanto à classe. As relações de produção não eram determinantes. Du Bois estudaria esse tema política, mas não teoricamente. Não obstante, tornou-se claro para ele que na teoria marxista permanecia muita incerteza com respeito à importância que se poderia atribuir ao surgimento histórico da classe proletária sob o capitalismo e à evolução da consciência da classe trabalhadora.

Na reconstrução da Revolução Haitiana, James, à sua maneira, aprofundou-se ainda mais na tradição radical negra e na questão de sua resolução dentro do marxismo. Mais internacionalista do que Du Bois, não obstante a vasta experiência deste último e suas amplas preocupações, James tinha absorvido intelectualmente as tradições conflitantes associadas à *raison d'être* cultural do imperialismo vitoriano, as doutrinas do marxismo-leninismo e o nascente nacionalismo radical na Trinidade colonial. Mas, como ideólogo do movimento da Quarta Internacional, ele fora levado a uma crítica rigorosa de todos e à rejeição de qualquer adaptação fácil. Concordando com a intuição de Du Bois de que o radicalismo ocidental havia cedido à tendência de marginalizar as lutas antirracistas e anti-imperialistas, James tentou uma reconciliação teórica das tradições radicais negra e ocidental. Com a Revolução Russa em mente, ele confrontou a Revolução do Haiti com o modelo bolchevique. Mas sua tentativa de conferir autoridade marxista aos escravos revolucionários forçou à superfície uma consideração não intencional. Embora ele pudesse suspender a inquietante percepção de que a revolução ocorrera na ausência dessas condições e da consciência particular que a teoria marxista considerava necessárias para uma revolução social moderna, ele não podia evitar um problema da mesma natureza: a reavaliação da natureza e do papel histórico da *intelligentsia* revolucionária pequeno-burguesa e seus pressupostos. Por uma década após o surgimento de *The Black Jacobins*, James se debateu com a ambivalência social e ideológica dessa camada "renegada", articulando finalmente uma crítica a ela como a fonte de liderança das massas revolucionárias. No Haiti, assim como na Rússia, a teoria de Lênin da "ditadura do proletariado" havia se mostrado insuficiente. Nenhuma estrutura revolucionária, divorciada das massas, abrigada na burocracia estatal e arrogando-se a determinação dos melhores interesses das massas, poderia sustentar a revolução ou a si mesma. James chegaria à conclusão teórica de que, "na hora decisiva", (como Marx e Engels costumavam dizer) apenas a consciência e a atividade das massas revolucionárias poderiam preservar a revolução da transigência, da traição, ou da usurpação mal-intencionada da autoridade revolucionária. Foi seu estudo das massas revolucionárias do Haiti, da França, da Rússia e da África, e seu trabalho na Inglaterra, nos Estados Unidos e em Trinidad, mais que o Estado bolchevique, que o persuadiram da pertinência da máxima de Lênin: "Qualquer cozinheiro pode governar."

Entretanto, foi Richard Wright quem estava em melhor posição do que Du Bois, James, Padmore, Williams ou Cox para articular a consciência revolucionárias das massas negras e analisar a debilitação cultural da política marxista. Wright tinha como posição vantajosa suas origens na classe trabalhadora negra rural e urbana, assim como sua experiência no movimento comunista estadunidense. Ao contrário de Du Bois, que veio para a vida cultural negra a partir de suas margens e se distanciaria no momento de descrever as ideias revolucionarias dos escravos estadunidenses como uma mescla de lenda, fantasia e arte, e ao contrário de James, cuja apreciação da cultura negra era amiúde cerebral ("o *medium*", é como James descreveria a ideologia vodu dos revolucionários haitianos e o calipso das massas das Índias Ocidentais), quando não focado (como no caso do críquete e dos romances de seus coetâneos e companheiros), Wright evocou em seus escritos a linguagem e a experiência de homens e mulheres negros "comuns". Dessa forma, enfatizou o reconhecimento de que, quaisquer que sejam as forças objetivas que impulsionem um povo à luta, à resistência e à revolução, ele viria para essa luta em seus próprios termos culturais. Entre os negros, a cultura de uma massa consciente de si mesma tinha evoluído a partir da civilização africana, dos séculos de resistência à escravização e de oposição a uma ordem social racial. Nas síncopes e nas frases, na malandrice e no ritmo, na letra e na melodia da linguagem, nas crenças e na música negras, nas relações e nos encontros sexuais e sociais, a obra de Wright reconstruiu as ressonâncias da consciência negra estadunidense em seus confrontos com a realidade. As buscas empreendidas em seus romances e ensaios se estabeleceram dentro dos limites da improvisação obtidos nas colisões daquela cultura negra com seus próprios parâmetros e com aqueles prescritos pelas forças do mercado, assim como pelas demandas de trabalho do capitalismo e por uma cultura racial. A partir do discurso comedido da cultura negra, ele ilustrou os limites de um movimento socialista que persistia em muitas abstrações, demasiadamente distanciadas, que era vítima da arrogância do paternalismo racial. Wright deixou claro que as objeções levantadas por Du Bois, Padmore, James, Williams, Cox e outros radicais negros foram alicerçadas na consciência histórica das massas negras. No tempo de Wright, em parte devido aos vários elementos nacionais e étnicos, nativos e imigrantes que a constituíam, a classe trabalhadora "branca" ainda não havia conseguido uma integração histórica e cultural coletiva própria. Como uma classe trazida à existência no fim do século XIX e começo do XX pelo capitalismo racial, a consciência coletiva dos trabalhadores, se é que existia, continuava sendo racial, sujeita às ideologias disciplinares da classe burguesa e sensível ao que fora levada a acreditar que seria a "cultura estadunidense". Embora isso fosse verdade, somente uma pequena fração da classe era capaz de uma aliança com a luta de libertação negra. Nesse ínterim, ficou cada vez mais claro para Wright e seus colegas que o projeto de mudança revolucionária requeria uma reavaliação e uma reconceitualização.

Estamos agora na geração seguinte. Nos anos intermediários, a tradição negra radical amadureceu, assumindo novas formas nos movimentos revolucionários na África, no Caribe e nos Estados Unidos. Nas ideias dos revolucionários, entre eles Patrice Lumumba, Kwame Nkrumah, Amílcar Cabral, Julius Nyerere, Robert Mugabe, Augustinho Neto, Eduardo Mondlane, Marcelino dos Santos, Frantz Fanon, Aimé Césaire, Walter Rodney e Angela Davis, o radicalismo negro permaneceu uma moeda corrente de resistência e revolta. No entanto, a evolução do radicalismo negro ocorreu sem que ele estivesse consciente de si mesmo como tradição. Isso, sem dúvida, tinha suas vantagens. Não havia textos sagrados a serem preservados da devastação da história. Não havia intelectuais ou líderes cuja autoridade assegurasse conformidade ideológica e teórica e protegesse suas ideias da crítica. Não havia nenhuma teoria que imunizasse os movimentos de resistência frente à mudança. Mas também tinha desvantagens; compreensões parciais que agora é imperativo transcender. O fracionamento dos povos africanos é disfuncional.

Enquanto isso, o relógio dos "tempos modernos" está ficando sem corda. Dentro da cultura ocidental, isto é, a própria civilização que nos últimos séculos dominou um quarto do mundo e adquiriu tão pouca consciência em sua experiência com o resto, o que antes eram somente leves sinais de colapso agora se evidenciam com força. Nem mesmo a magia brilhante dos grandes avanços tecnológicos pode silenciar os estrondos da degeneração do mecanismo. É no momento da oposição e da contradição que surgem oportunidades. Isso porque os tempos que marcam a dissolução das civilizações intensificam o amadurecimento dos processos internos e externos.

Física e ideologicamente, e por razões históricas bastante singulares, os povos africanos fazem a ponte entre o declínio de uma ordem mundial e o surgimento (podemos supor) de outra. É um espaço assustador e incerto de existência. Se quisermos sobreviver, devemos renunciar a tudo que esteja morto e escolher sabiamente entre o que está moribundo.

As nações industrializadas estão se autodestruindo. Outras, sem dúvida, também serão afetadas. Porém, a mitologia racial que acompanhou a formação industrial capitalista e forneceu suas estruturas sociais não engendrou alternativas verdadeiramente profundas. As oposições sociais, ideológicas e políticas geradas nas sociedades ocidentais têm se mostrado incapazes para a tarefa. Elas adquiriram importância histórica apenas ao receber consolo na consciência dos povos do Terceiro Mundo. Ali, elas se mesclaram com outras culturas, tomando seu lugar entre as prioridades sociais e as visões históricas em grande medida alheias aos seus lugares de origem. Assim ocorreu com as revoluções socialistas agrárias entre os camponeses indígenas do México no início do século passado; os contíguos levantes nacionalistas e revoluções sociais dentro do Império Russo; os movimentos camponeses revolucionários na China e na Índia; e no período posterior à Segunda Guerra Mundial, os movimentos de libertação nacional de Madagascar e Cuba e nos continentes da África, da América Central e do Sul. A crítica ao sistema mundial capitalista não adquiriu força determinante dos movimentos operários industriais nas metrópoles, mas daqueles dos povos "atrasados" do mundo. Só uma arrogância racial herdada, se bem que racionalizada, e um romantismo endurecido pela pseudociência poderiam legitimar uma negação dessas ocorrências. O marxismo ocidental, em qualquer uma de suas duas variantes – crítico-humanista ou científica – provou ser insuficientemente radical para expor e erradicar a ordem racialista que contamina suas aplicações analíticas e filosóficas, ou para chegar a um acordo efetivo com as repercussões de suas próprias origens de classe. Por conseguinte, foi confundido com algo que não é: uma teoria *total* da libertação. Os erros resultantes às vezes foram horrendos, induzindo em seu rastro dogmas de certeza caracterizados pelo desespero.

A tradição radical negra sugere uma contradição ainda mais completa. Na sua prática social e política, adquiriu seu ímpeto imediato da necessidade de responder às ameaças persistentes aos povos africanos, características do moderno sistema mundial. Ao longo de muitas gerações, a especificidade da resistência que, na melhor das hipóteses, garantia apenas uma trégua momentânea, deu lugar aos imperativos de coletividades mais amplas. Línguas, culturas e sensibilidades sociais particulares evoluíram para uma consciência histórico-mundial. As distinções do espaço político e do tempo histórico desapareceram, de modo a formar uma identidade coletiva negra única que impregna os nacionalismos. Abrigada na diáspora africana, há uma identidade histórica única que se opõe às privações sistêmicas do capitalismo racial. Ideologicamente, cimenta a dor ao propósito, a experiência à expectativa, a consciência à ação coletiva. Ela se aprofunda a cada decepção com a falsa mediação e reconciliação e é cristalizada em núcleos cada vez maiores pela traição e repressão. A determinação da tradição radical negra avança à medida que cada geração reúne os dados de sua experiência em uma ideologia de libertação. A experimentação com inventários políticos ocidentais de mudança, especificamente com o nacionalismo e a luta de classes, está chegando ao fim. O radicalismo negro está transcendendo essas tradições, a fim de aderir à sua própria autoridade. Chegará a pontos de resistência aqui, de rebelião ali e de movimentos revolucionários de massas ainda em outros lugares. Porém, cada caso será formado pela tradição radical negra, consciente de que não resta nada para a qual ela possa retornar. Moldada por uma experiência longa e brutal e enraizada em um desenvolvimento especificamente africano, a tradição não proporcionará nenhum meio-termo entre a libertação e a aniquilação.

Os movimentos nacionalistas radicais de nossa época na África e na diáspora africana chegaram a um momento histórico em que um número substancial dos povos negros do mundo está sob a ameaça de aniquilação física ou da promessa de uma debilitação prolongada e assustadora. A escassez extrema de víveres que sempre acompanhou a penetração do sistema mundial capitalista nas suas sociedades aumentou em intensidade e frequência. O aparecimento de literalmente milhões de refugiados negros, vagando impotentes para além do limiar da sensibilidade humana, seus corpos emaciados se alimentando de seus próprios tecidos, tornou-se corriqueiro. O ataque sistemático contra as políticas radicais negras e a manipulação de fantoches políticos venais são agora ocorrências rotineiras. Ali onde antes se assegurava aos negros alguma espécie de existência mínima como fonte de mão de obra barata, agora prevalecem o desemprego em massa e condições de moradia e saúde de proporções quase genocidas. As farsas do neocolonialismo e das relações raciais se desgastaram. Nas metrópoles, o encarceramento, o estupor das drogas, o uso de força letal por autoridades públicas e cidadãos privados e as humilhações mais mesquinhas da discriminação racial tornaram-se epidêmicas. E sobre as cabeças de todos, porém principalmente dos habitantes do Terceiro Mundo, paira a disciplina da força nuclear massiva. Sequer um dia se passa sem a confirmação da disponibilidade e da vontade de fazer uso da força no Terceiro Mundo. Não cabe a um só povo ser a solução do problema. Contudo, uma civilização enlouquecida por suas próprias pressuposições e contradições perversas está solta no mundo. Uma tradição radical negra formada em oposição a essa civilização e consciente de si mesma é parte da solução. É ainda problemático se as demais oposições geradas dentro e fora da sociedade ocidental irão amadurecer ou não. Mas, por enquanto, devemos agir conjuntamente.

NOTAS

Prólogo

1. Tradução livre: O Blues veio primeiro do Preto-Vermelho, do último, saindo para voltar. O ciclo o círculo. O Vermelho que lendo fez re-adicionando reprodução revolução, vermelho, velho saindo em preto e voltando através do triste Mood Indigo. (N. da T.) Amiri Baraka, The "Blues Aesthetic" and the "Black Aesthetic": Aesthetics as the Continuing Political History of a Culture, *Black Music Research Journal*, v. 11, n. 2, Autumn 1991, p. 107.

2. Prólogo à obra de C.J. Robinson, *Black Marxism: The Making of the Black Radical Tradition*, Chapel Hill: University of North Carolina Press, 2000, p. xxiii.

3. Bertram Gross, *Friendly Fascism: The New Face of Power in America*, New York: M.E. Evans, 1980. Desde sua publicação, o livro foi revisado, atualizado e reimpresso algumas vezes – mais recentemente em 2016 pela Open Road Media.

4. C.J. Robinson, Fascism and the Intersections of Capitalism, Racialism, and Historical Consciousness, *Humanities in Society*, v. 3, n. 1, Autumn 1983, p. 325.

5. Existem muitos exemplos a serem citados, mas alguns textos-chave que direta ou indiretamente demonstram as formas pelas quais esses movimentos adotaram uma estrutura de "capitalismo racial" ou se alinharam ou se autoidentificaram com a tradição radical negra incluem: Barbara Ransby, *All Black Lives Matter. Reimagining Freedom in the 21st Century*, Oakland: University of California Press, 2018; Keeanga-Yamahtta Taylor, *From #BlackLivesMatter to Black Liberation*, Chicago: Haymarket Books, 2016; Leith Mullings, Neoliberal Racism and the Movement for Black Lives in the United States, em Juliet Hooker (ed.), *Black and Indigenous Resistance in the Americas: From Multiculturalism to Racist Backlash*, Lanham: Lexington Books, 2020, p. 249-283; Siddhant Issar, Listening to Black Lives Matter: Racial Capitalism and the Critique of Neoliberalism, *Contemporary Political Theory*, 2020, disponível em: <https://doi.org>.

6. Alunos e professores da Universidade da Califórnia em Santa Bárbara organizaram simpósios sobre o trabalho de Cedric Robinson sobre a Tradição Radical Negra em novembro de 2004, e em março de 2005 sobre seu pensamento radical. Em janeiro de 2017, organizaram uma conferência de homenagem para celebrar sua vida e obra. Outros eventos incluem: "The Idea of a Black Radical Tradition", da Columbia University, em 22-23 abr. 2011. (Uma versão editada das apresentações e com introdução de David Scott foi publicada na revista acadêmica *Small Axe*, v. 17, n. 1, mar. 2013); "Confronting Racial Capitalism: The Black Radical Tradition and Cultures of Liberation", City University Graduate Center, New York, 20 nov. 2014; "Social Movements and the Black Radical Tradition": Tufts University, 20 nov. 2015; "Reclaiming Our Future, the Black Radical Tradition in Our Time", Temple University, 9 jan. 2016 (relação de mais conferências disponível em: <https://www.prisonradio.org>.); "The Life and Thought of Cedric J. Robinson", Sawyer Seminar, University of Illinois Chicago Circle, mar. 2017; "The Black Radical Tradition from Toussaint to Biko and Beyond", Unit for the Humanities in Rhodes University (UHURU) and the Steve Biko Foundation, Rhodes University, Grahamstown: South Africa, 4 jul. 2017; "The Black Radical Tradition", African American Intellectual History Society, 6-7 mar. 2020 (disponível em: <https://www.aaihs.org>; e "Racial Capitalism and Crisis", Plenarry Session, Socialism 2020 Conference, 4 jul. 2020.

7. Ver, por exemplo, Gaye Theresa Johnson; Alex Lubin (eds.), *Futures of Black Radicalism*, New York: Verso, 2017; Gregory Meyerson, Rethinking Black Marxism: Reflections on Cedric Robinson and Others, *Cultural Logic*, v. 3, n. 2, Spring 2000, p. 1-45; Charles Peterson, "Blowing the Cobwebs Out of Student Minds": An Assessment of Cedric Robinson's *Black Marxism: The Making of the Black Radical Tradition*, *APA Newsletter on Philosophy and the Black Experience*, v. 3, n. 1, 2003, p. 46-52; e os artigos em "Cedric Robinson and the Philosophy of Black Resistance", ed. Darryl C. Thomas, special issue, *Race & Class*, v. 47, n. 2, out. 2005. Entre as homenagens e as avaliações mais recentes incluem-se: Joshua Myers, The Scholarship of Cedric J. Robinson: Methodological Considerations for Africana Studies, *Journal of Pan African Studies*, v. 5, n. 4, jun. 2012, p. 46-82; Darryl C. Thomas, Cedric Robinson and Racial Capitalism, *African Identities*, v. 11, n. 2, 2013, p. 133-147; W. Santiago-Valles, Tribute to Cedric Robinson: Constructing a History of the Future, *Black Scholar*, v. 46, n. 4, out. 2016. p. 5-10; Robin D.G. Kelley, Births of a Nation: Surveying Trumpland with Cedric Robinson, *Boston*

Review, 12 jan. 2017, disponível em: <http://bostonreview.net>; Alberto Toscano, Black Sansculottes and Ambitious Marionettes: Cedric J. Robinson, C.L.R. James and the Critique of Political Leadership, *Viewpoint Magazine*, 16 fev. 2017, disponível em: <https://www.viewpointmag.com>; Yousuf Al-Bulushi, Thinking Racial Capitalism and Black Radicalism from Africa: An Intellectual Geography of Cedric Robinson's World-System, *Geoforum*, jan. 2020, disponível em: <https://doi.org>.

Ha também uma produção acadêmica brilhante baseada na noção da Tradição Radical Negra apresentada por Cedric. A seguir, alguns exemplos: Fred Moten, *In The Break: The Aesthetics Of The Black Radical Tradition*, Minneapolis: University of Minnesota Press, 2003; Greg Thomas, Sex/Sexuality & Sylvia Wynter's "Beyond…": Anti-Colonial Ideas in 'Black Radical Tradition', *Journal of West Indian Literature*, v. 10, n. 1/2, 2001, p. 92-118; Reiland Rabaka, *Africana Critical Theory: Reconstructing the Black Radical Tradition, from W.E.B. Du Bois and C.L.R. James to Frantz Fanon and Amilcar Cabral*, Lanham: Lexington Books, 2010; Erin Grey; Asad Haider; Ben Mabie (eds.), *The Black Radical Tradition Reader*, New York: Verso, 2021; Marlon A. Smith, *Reshaping Beloved Community: The Experiences of Black Male Felons and Their Impact on Black Radical Traditions*, Lanham: Lexington Books, 2020; Chandan Reddy, Neoliberalism Then and Now: Race, Sexuality, and the Black Radical Tradition: Gay Lesbian Quarterly, *GLQ*, v. 25, n. 1, 2019, p. 150-155; Tiffany Willoughby-Herard; Omar Badsha; Nadine Hutton, Revolt at the Source: The Black Radical Tradition in the Social Documentary Photography of Omar Badsha and Nadine Hutton, *African Identities*, v. 11, n. 2, 2013, p. 200-226; Neil Roberts, Theorizing Freedom, Radicalizing the Black Radical Tradition: On Freedom as Marronage between Past and Future, *Theory & Event*, v. 20, n. 1, 2017, p. 212-230; Kim Gallon, Radically Reading between the Lines: Print Culture and the Black Radical Tradition, *Journal of Civil and Human Rights*, v. 5, n. 2, 2019, p. 93-96; Roderick A. Ferguson, Óde to the Black Bouquinistes: Bibliomaniacs of the Black Radical Tradition, *CLA Journal*, v. 60, n. 4, 2017, p. 399-413; Sandra Richards; Sidney J. Lemelle, Pedagogy, Politics, and Power: Antinomies of the Black Radical Tradition, *Counterpoints*, v. 237, 2005, p. 5-31; David Austin, All Roads Led to Montreal: Black Power, the Caribbean, and the Black Radical Tradition in Canada, *Journal of African American History*, v. 92, n. 4, 2007, p. 516-539; Manning Marable, Marxism, Memory, and the Black Radical Tradition, *Souls*, v. 13, n. 1, jan. 2011, p. 1-16; Ashley D. Farmer, 'All the Progress to be Made Will Be Made by Maladjusted Negroes': Mae Mallory, Black Women's Activism, and the Making of the Black Radical Tradition, *Journal of Social History*, v. 53, n. 2, Winter 2019, p. 508-530; Daniel Robert McClure, 'Who Will Survive in America?': Gil Scott-Heron, the Black Radical Tradition,

and the Critique of Neoliberalism, *National Political Science Review*, v. 17, n. 2, 2015, p. 3-26; Konstantina Karageorgos, Toni Morrison and the Black Radical Tradition, *Jacobin*, 22 ago. 2019, disponível em: <https://www.jacobinmag.com>; Eric Shieh, After Eric Garner: Invoking the Black Radical Tradition in Practice and in Theory #BlackLivesMatter, *Action, Criticism, and Theory for Music Education*, v. 15, n. 2, 2016, p. 126-145; Carmen Kynard, 'I Want to Be African': In Search of a Black Radical Tradition/African-American-Vernacularized Paradigm for 'Students' Right to Their Own Language,' Critical Literacy, and 'Class Politics', *College English*, v. 69, n. 4, 2007, p. 360-390; Minkah Makalani, *In the Cause of Freedom: Radical Black Internationalism from Harlem to London, 1917-1939*, Chapel Hill: University of North Carolina Press, 2011; Dayo F. Gore, *Radicalism at the Crossroads: African American Women Activists in the Cold War*, New York: New York University Press, 2011; Erik S. McDuffie, *Sojourning for Freedom: Black Women, American Communism, and the Making of Black Left Feminism*, Durham: Duke University Press, 2011.

8. "A Vision for Black Lives: Policy Demands for Black Power, Freedom & Justice", disponível em: <https://m4bl.org>; Robin D.G. Kelley, What Does Black Lives Matter Want?, *Boston Review*, 17 ago. 2016, disponível em: <http://bostonreview.net>.

9. S. Issar, Listening to Black Lives Matter, *Contemporary Political Theory*, v. 20, n. 1, 2021, p. 48-71.

10. Martin Legassick; David Hemson, *Foreign Investment and the Reproduction of Racial Capitalism in South Africa*, Johannesburg: Foreign Investment in South Africa – A Discussion Series, n. 2, 1976; Ruth Milkman, Apartheid, Economic Growth, and U.S. Foreign Policy in South Africa, *Berkeley Journal of Sociology*, v. 22, 1977, p. 45-100; Peter James Hudson, Racial Capitalism and the Dark Proletariat, *Boston Review*, 20 fev. 2018, disponível em: <http://bostonreview.net>; ver também Andy Clarno, *Neoliberal Apartheid: Palestine, Israel and South Africa after 1994*, Chicago: University of Chicago Press, 2017.

11. Ver Nancy Leong, Racial Capitalism, *Harvard Law Review*, v. 126, n. 8, jun. 2013, p. 2151-2226; Ruth Wilson Gilmore, Abolition Geography and the Problem of Innocence, em G.T. Johnson; A. Lubin (eds.), op. cit., p. 225-240; Jodi Melamed, Racial Capitalism, *Critical Ethnic Studies*, v. 1, n. 1, Spring 2015, p. 76-85; Gargi Bhattacharyya, *Rethinking Racial Capitalism: Questions of Reproduction and Survival*, New York: Rowman & Littlefield International, 2018; A. Clarno, op. cit.; Charisse Burden-Stelly, Modern U.S. Racial Capitalism: Some Theoretical Insights, *Monthly Review*, 1 jul. 2020, disponível em: <https://monthlyreview.org>; Laura Pulido, Flint, Environmental Racism, and Racial Capitalism, *Capitalism, Nature, Socialism*, v. 27, n. 3, 2016, p. 1-16; Sarah Haley, *No Mercy Here: Gender, Punishment and the Making of Jim Crow Modernity*,

Chapel Hill: University of North Carolina Press, 2016; David Roediger, *Class, Race, and Marxism*, New York: Verso, 2017; Robert Nichols, *Theft Is Property! Dispossession and Critical Theory*, Durham: Duke University Press, 2020; Peter James Hudson, *Bankers and Empire: How Wall Street Colonized the Caribbean*, Chicago: University of Chicago Press, 2017; Michael Dawson, Hidden in Plain Sight: A Note on Legitimation Crises and the Racial Order, *Critical Historical Studies*, v. 3, n. 1, 2016, p. 143-161; Nancy Fraser, Expropriation and Exploitation in Racialized Capitalism, *Critical Historical Studies*, v. 3, n. 1, 2016, p. 163-178; Alys Weinbaum, *The Afterlife of Reproductive Slavery: Biocapitalism and Black Feminism's Philosophy of History*, Durham: Duke University Press, 2019; Nikhil Pal Singh, *Race and America's Long War*, Oakland: University of California Press, 2017; Jordanna Matlon, Black Masculinity under Racial Capitalism, *Boston Review*, 16 jul. 2019, disponível em: <http://bostonreview.net>; Robin D.G. Kelley, What Did Cedric Robinson Mean By Racial Capitalism?, *Boston Review*, 12 jan. 2017, disponível em: <http://bostonreview.net>; Walter Johnson, To Remake the World: Slavery, Racial Capitalism, and Justice, *Boston Review*, 20 fev. 2018, disponível em: <https://bostonreview.net>; Jovan Scott Lewis, Subject to Labor: Racial Capitalism and Ontology in the Post-emancipation Caribbean, *Geoforum*, jun. 2020; Matt Birkhold, Racial Capitalism and the Structural Roots of White Nationalism, *Praxis Center*, 6 mar. 2019, disponível em: <https://www.kzoo.edu>; Loubna Qutami, Moving Beyond the Apartheid Analogy in Palestine and South Africa, *Middle East Report Online*, 3 fev. 2020, disponível em: <https://merip.org>; Keith P. Feldman, *A Shadow over Palestine: The Imperial Life of Race in America*, Minneapolis: University of Minnesota Press, 2015; Alex Lubin, Black Panther Palestine, *Studies in American Jewish Literature*, v. 35, n. 1, 2016, p. 77-97; Ida Danewid, Race, Capital, and the Politics of Solidarity: Radical Internationalism in the 21st Century (Tese de doutorado, London School of Economics, 2018); Jaime A. Alves; Tathagatan Ravindran, Racial Capitalism, the Free Trade Zone of Pacific Alliance, and Colombian Utopic Spatialities of Antiblackness, *ACME: An International Journal for Critical Geographies*, v. 19, n. 1, 2020, p. 187-209; a série de artigos de Rhaysa Ruasm, Brazil's Racial Capitalism at a Turning Point, *International Marxist Humanist*, 2 fev. 2018, disponível em: <https://imhojournal.org>; idem, 6 ago. 2018, disponível em: <https://imhojournal.org>. Uma edição especial do *Social Text* intitulada "Economies of Dispossession: Indigeneity, Race, Capitalism" (v. 36, n. 2, jun. 2018) foi recentemente publicada, e o UCLA Institute on Inequality and Democracy realizou um grande simpósio em out. 2017 que enfatizou o caráter transnacional e global do capitalismo racial. Ver Race and Capitalism: Global Territories, Transnational Histories, disponível em: <https://challengeinequality.luskin.ucla.edu>; e o filme apresentando Ruth Wilson Gilmore, *Geographies of Racial Capitalism with Ruth Wilson Gilmore: An Antipode Film*, 2019, disponível em: <https://www.youtube.com>. Sobre uma crítica do conceito de capitalismo racial, ver Michael Ralph; Maya Singhal, Racial Capitalism, *Theory and Society*, v. 48, n. 6, 2019, p. 851-881.

Os institutos, centros, conferências e simpósios são numerosos demais para serem citados. Três importantes centros dedicados ao estudo do capitalismo racial são o Center for Place, Culture and Politics do CUNY Graduate Center, dirigido por Ruth Wilson Gilmore, disponível em: <https://pcp.gc.cuny.edu>; o projeto Race and Capitalism, iniciado pelo Center for the Study of Race, Politics and Culture, dirigido por Michael C. Dawson e Megan Ming Francis, disponível em: <https://csrpc.uchicago.edu>; e o Institute On Inequality and Democracy na UCLA, dirigido por Ananya Roy, disponível em: <https://luskin.ucla.edu>. É claro que o capitalismo racial também é suscetível de se tornar o último modismo acadêmico. Tal como acontece com o neoliberalismo, devemos esperar trabalhos que invoquem a linguagem do capitalismo racial sem a análise.

12. Michael Walzer, A Note on Racial Capitalism, *Dissent*, 29 jul. 2020, disponível em: <https://www.dissentmagazine. org>; Olúfémi O. Táíwò; Liam Kofi Bright, A Response to Michael Walzer, *Dissent*, 7 ago. 2020, disponível em: <https://www.dissentmagazine.org>; Michael Walzer, A Reply to Olúfémi O. Táíwò and Liam Kofi Bright, *Dissent*, 7 ago. 2020, disponível em: <https://www.dissentmagazine.org>. Walzer manteve sua posição, argumentando que a estrutura do capitalismo racial é *politicamente* inútil em um mundo no qual o racismo é apenas uma das muitas fontes de opressão, e ridicularizando a derrubada de estátuas e demandas para retirar fundos da polícia, sugerindo que esses atos não fazem nada para desmantelar o capitalismo. Previsivelmente, ele terminou sua resposta com uma lista de demandas "universais" – saúde, reforma policial, equidade de gênero – sem nunca considerar como o racismo determina os resultados da saúde, a natureza dos encontros com a violência do Estado e o sistema de justiça criminal e o valor diferencial atribuído às mulheres negras e pardas em oposição às mulheres brancas.

13. Apud S. Issar, op. cit.; L. Mullings, op. cit., p. 250. Para a polêmica completa, ver Alex Dubilet, Response: Dispossession, Uselessness, and the Limits of Humanism, *Syndicate*, 1 abr. 2015, disponível em: <https://syndicate.network>.

14. Walter Benn Michaels, What Is the Left Without Identity Politics?, *The Nation*, 16 dez. 2016, disponível em: <https://www.thenation.com>. Este não é o lugar para mergulhar nas águas lamacentas do debate "reducionista de raça" versus "reducionista de classe". Esse debate tem efervescido sob diferentes nomes por pelo menos um século, mais recentemente e de forma mais

visível em debates dentro da organização Socialistas Democráticos da América. Os argumentos apresentados por Cedric Robinson em *Black Marxism*, a meu ver, vão além desse impasse. Para algumas das contribuições mais meticulosas de ambos os lados do debate, ver Asad Haider, *Mistaken Identity: Race and Class in the Age of Trump*, New York: Verso, 2018; Louis Proyect, *Counterpunch*, 28 ago. 2020, disponível em: <https://www.counterpunch.org>; Sarah Garnham, Against Reductionism: Marxism and Oppression, *Monthly Review*, 23 jul. 2018, disponível em: <https://mronline.org>; Touré F. Reed, *Toward Freedom: The Case against Race Reductionism*, New York: Verso, 2020; Adolph Reed, Socialism and the Argument against Race Reductionism, *New Labor Forum*, v. 29, n. 2, May 2020, p. 36-43; Andrew Stewart, Adolph Reed Jr. and the Essence of Class Essentialism: In Which We Essentially Examine This with Class, *Counterpunch*, 17 jul. 2020, disponível em: <https://www.counterpunch.org>; Tatiana Cozzarelli, Class Reductionism Is Real, and It's Coming from the Jacobin Wing of the DSA, *Left Voice*, 16 jun. 2020, disponível em: <https://www.leftvoice.org>; David Fields, Marxism and the Race Problem, *Radical Political Economy* (blog), 3 jan. 2019, disponível em: <https://urpe.wordpress.com>.

15. Ver, por exemplo, Whitney N. Laster Pirtle, Racial Capitalism: A Fundamental Cause of Novel Coronavirus (COVID-19) Pandemic Inequities in the United States, *Health Education & Behavior*, v. 47, n. 4, ago. 2020, p. 504-508.

16. Além do capítulo 1 de *Black Marxism*, Robinson faz uma conexão mais explícita com Cox no capítulo 4, n. 47, e desenvolve ainda mais sua análise da contribuição de Cox para uma crítica da historiografia marxista em C.J. Robinson, Oliver Cromwell Cox and the Historiography of the West, *Cultural Critique*, n. 17, Winter 1990/1991, p. 5-20; ver também O.C. Cox, *Capitalism as a System*, New York: Monthly Review, 1964.

17. Sistema de produção agrícola voltada à exportação e caracterizado pelo latifúndio, pelo escravismo e pela monocultura. No Brasil, seu principal representante no período colonial foram os engenhos de cana-de-açúcar. (N. da T.)

18. Perto do fim de sua vida, Marx começou a reconsiderar as rebeliões agrárias e anticoloniais ao embarcar em estudos mais concentrados da Rússia e da Argélia. Parece que ele estava se movendo em direção a uma compreensão mais global do capitalismo e da formação de classes, embora não estivesse preparado para destronar o proletariado industrial de seu lugar exaltado como classe revolucionária. Ver Kevin B. Anderson, *Marx at the Margins: On Nationalism, Ethnicity, and Non-Western Societies*, Chicago: University of Chicago Press, 2010, p. 218-236.

19. Cedric criticara Marx seis anos antes em um pequeno e magnífico ensaio sobre o *Black Reconstruction* de Du Bois. Caracterizando Du Bois como um "estudioso marxista independente" que "não possuía obrigações com o dogma marxista-leninista", Robinson escreveu: "Em *Black Reconstruction*, Du Bois insistiria no significado histórico mundial da escravidão estadunidense no surgimento do capitalismo moderno e do imperialismo. Ele também demonstraria historicamente a força revolucionária dos trabalhadores escravos e camponeses em oposição a uma classe trabalhadora industrial reacionária. Finalmente, Du Bois questionaria os pressupostos papéis de uma vanguarda e das massas no desenvolvimento da consciência revolucionária e da ação revolucionária efetiva." C.J. Robinson, A Critique of W.E.B. Du Bois's *Black Reconstruction*, *Black Scholar*, v. 8, n. 7, maio 1977, p. 45.

20. H.L.T. Quan, Geniuses of Resistance: Feminist Consciousness and the Black Radical Tradition, *Race & Class*, v. 47, n. 2, 2005, p. 48.

21. Entrevista de Elizabeth Robinson pelo autor, 2 ago. 2016.

22. William Thornton, More than 300 African-Americans Lynched in Alabama in 66 Years, *AL.com*, 6 mar. 2019, disponível em: <https://www.al.com>; Glenn Feldman, Lynching in Alabama, 1889-1921, *Alabama Review*, v. 48, n. 2, abr. 1995, 114-141.

23. C.J. Robinson, *Black Movements in America*, New York: Routledge, 1997, p. 116. Para uma biografia mais extensa de Winston e Cecilia Whiteside, ver Robin D.G. Kelley, Winston Whiteside and the Politics of the Possible, em G.T. Johnson; A. Lubin (eds.), op. cit., p. 255-262.

24. C.J. Robinson, Remarks at Critical Ethnic Studies Conference, 20 set. 2013, gravação em áudio em posse do autor.

25. Césaire introduz o conceito de "coisificação" em *Discourse on Colonialism* (1950; reimpressão, New York: Monthly Review Press, 2000, p. 62.

26. *Olla Podrida, Spring 1958: Berkeley High School Year Book* (Berkeley, 1958). O primeiro presidente do Modern Jazz Club foi Carl Mack Jr., que receberia seu doutorado em sociologia pela UC Berkeley e se tornaria o primeiro presidente do Departamento de Estudos Étnicos durante a Third World Strike.

27. Entrevista de Elizabeth Robinson, ago. 2016.

28. *Look'n M' Face and Hear M' Story': An Oral History with Professor J. Herman Blake*, entrevista e organização de Cameron Vanderscoff, Santa Cruz: University of California, Santa Cruz, 2014, p. 62-66. Estranhamente, Blake não menciona Cedric Robinson.

29. Apud Donna Jean Murch, *Living for the City: Migration, Education, and the Rise of the Black Panther Party in Oakland, California*, Chapel Hill: University of North Carolina Press, 2010, p. 82. Sobre Robert Williams, ver Timothy B. Tyson, *Radio Free Dixie: Robert Williams and the Roots of Black Power*, Chapel Hill: University of North Carolina Press, 1999.

30. Entrevista de Elizabeth Robinson pelo autor, 12 jun. 2016.

31. Cedric described the incident his address to the SLATE conference in 1961, "Campus Civil Rights Groups and the Administration", SLATE Summer Conference, 28-30 jul. 1961, disponível em: <http://www.oac.cdlib.org>; and by J. Herman Blake in his oral history, "'Look'n M' Face and Hear M' Story'", 62-66. Vale a pena salientar que uma das primeiras publicações acadêmicas de Robinson foi um estudo sobre Malcolm X, Malcolm Little as a Charismatic Leader, *Afro-American Studies*, 3, 1972, p. 81-96, reimpresso em H.L.T. Quan (ed.), *Cedric J. Robinson, On Racial Capitalism, Black Internationalism, and Cultures of Resistance*, London: Pluto Press, 2019.

32. Robin D.G. Kelley, *Freedom Dreams: The Black Radical Imagination*, Boston: Beacon Press, 2002, p. 75; Donald Warden, The California Revolt, *Liberator*, v. 3, n. 3, mar. 1963, p. 14-15; Ernest Allen, entrevista pelo autor, 8 jun. 1997; Huey P. Newton, *Revolutionary Suicide*, New York: Harcourt, Brace, Jovanovich, 1973, p. 71-72.

33. C.J. Robinson, "Campus Civil Rights Groups and the Administration".

34. Dick Campbell, The 'Crossroaders' of Africa, *Crisis*, May 1965, p. 299-302, 324-325; Martha Biondi, *To Stand and Fight: The Struggle for Civil Rights in Postwar New York City*, Cambridge: Harvard University Press, 2003, p. 180-181; Brenda Gayle Plummer, *In Search of Power: African Americans in the Era of Decolonization, 1956-1974*, New York: Cambridge University Press, 2013, p. 95.

35. U.S. Volunteers Build Schools for Africans, *Bulawayo Chronicle*, 3 jul. 1962; "Central Africa Journal, Summer 1962 [compiled April 1, 1963]", p. 1-3, 5, Cedric J. Robinson Personal Papers, em posse de Elizabeth Robinson. O documento é uma coleção de verbetes por todos os delegados. Mostra quanta energia o Departamento de Estado investiu na tentativa de convencer os participantes da Operação Crossroads acerca dos benefícios dos investimentos e da educação dos EUA para combater o comunismo e melhorar a vida dos africanos. A propaganda começou com seus *briefings* em Washington, D.C., que estão bem documentados aqui.

36. Alois S. Mlambo, *A History of Zimbabwe*, New York: Cambridge University Press, 2014, p. 145-147; David Martin; Phyllis Johnson, *The Struggle for Zimbabwe: The Chimurenga War*, New York: Monthly Review Press, 1981, p. 67-68; N.M. Shamuyarira, The Coming Showdown in Central Africa, *Foreign Affairs*, v. 39, n. 2 , jan. 1961, p. 291-298.

37. "Central Africa Journal, Summer 1962", p. 1-3, 5.

38. "Central Africa Journal, Summer 1962". Ver Terrence Ranger falar foi muito importante para Cedric. Ranger era um historiador branco que apoiou o movimento de libertação no Zimbábue e mais tarde escreveria ou editaria histórias que documentavam a luta. Ngwabi Bhebe; Terence Ranger (eds.), *Society in Zimbabwe's Liberation War and Soldiers in Zimbabwe's Liberation War*, Portsmouth: Heinemann, 1995; T. Ranger, *Voices from the Rocks: Nature, Culture, and History of the Matopos Hills of Zimbabwe*, Bloomington: Indiana University Press, 1999; Jocelyn Alexander; Jo Ann McGregor; Terence Ranger, *Violence and Memory: One Hundred Years in the "Dark Forests" of Matabeleland*, Portsmouth: Heinemann, 2000.

39. "Central Africa Journal, Summer 1962", p. 24.

40. City Anger over 'Crossroads' Team's Attitude, *Bulawayo Chronicle*, 26 jul. 1962.

41. Cedric Robinson, How Is It in Southern Rhodesia?, *Sun-Reporter*, 8 dez. 1962; Cedric Robinson to Mr. and Mrs. William Kea, 9 ago. 1962, Cedric J. Robinson Personal Papers, em posse de Elizabeth Robinson.

42. Memo: Lt. Kay P. Maroot, Infantry Asst., Adjutant, First Brigade Training, For Ord, California, Individual Scores in Familiarization/Qualification in Arms, 12 December 1963; Memo re: Robinson, Cedric J., OCS Application, October 1964; Request for Tuition Assistance, General Educational Development Pro- gram, AR 621-5; Application for Appointment, Officer Candidate School; Certificate of Clearance and/or Security Determination Under EO 10450; Cedric J. Robinson to Commanding General U.S. Army Artillery and Missile Center, "Statement of Declination", August 16, 1965, Cedric J. Robinson Personal Papers, em posse de Elizabeth Robinson. Cedric provavelmente não foi mobilizado porque os militares retiveram sua autorização de segurança. Elizabeth Robinson acredita que sua atividade política e sua amizade com seu colega de Berkeley Douglas Wachter, um membro proeminente do Partido Comunista que havia sido intimado pelo Comitê de Atividades Antiamericanas da Câmara em 1961, são as razões. Também creio que isso seja verdade, mas não há evidências em seus registros militares existentes, que não estão completos. De qualquer forma, quando a autorização de segurança foi concedida, ele tinha apenas seis meses restantes de sua jornada. Entrevista de Elizabeth Robinson, 12 jun. 2016.

43. Entrevista de Elizabeth Robinson, 12 jun. 2016; Cedric J. Robinson and Elizabeth Peters, Married August 17, 1967, Alameda City, California Marriage Index, 1960-1985, disponível em: <https://search.ancestry.com>.

44. C.J. Robinson, African Politics – Progression or Regression, Political Science 48, Stanford University (artigo não publicado), Cedric J. Robinson Personal Papers em posse de Elizabeth Robinson.

45. Ibidem.

46. C.J. Robinson, "Leadership: A Mythic Paradigm" (Tese de doutorado), Stanford University, 1975, p. 311.

47. Ibidem.

48. *The Terms of Order: Political Science and the Myth of Leadership* foi publicado originalmente pela State University of New York Press. Comparei o texto do livro com o da sua tese, e ambos são totalmente idênticos.

49. C.J. Robinson; Elizabeth Robinson, prefácio ao livro de G.T. Johnson; A. Lubin (eds.), op. cit., p. 7.

50. Clyde Woods, *Development Arrested: The Blues and Plantation Power in the Mississippi Delta*, New York: Verso, 1998.

51. Uri Gordon, Prefigurative Politics, Catastrophe, and Hope, *CrimethInc*, 6 jun. 2018, disponível em: <https://crimethinc.com>.

Prefácio: Perspicácia Inquieta

1. Os autores agradecem a Elizabeth Robinson e a Najda Robinson-Mayer por anos de amizade e de generosidade. Elas estenderam essas práticas carinhosas de construir vidas habitáveis para nós lendo este ensaio várias vezes e fornecendo *feedback*, comentários e verificação de fatos.

2. Robinson não era fã de poesia, mas como é o idioma de muitos de nós para quem o inglês é nossa segunda língua, e a palavra escrita ou o grito são nossas primeiras línguas, nós o envolvemos por meio do tipo de montagem e análise texturizada que as respostas poéticas convidam.

3. Damien M. Sojoyner, *First Strike: Educational Enclosures in Black Los Angeles*, Minneapolis: University of Minnesota Press, 2016.

4. Black Feminism and Afro-Pessimism, ed. M. Shadee Malaklou; Tiffany Willoughby-Herard, special issue, *Theory & Event*, v. 21, n. 1, jan. 2018, p. 2-318.

5. Tiffany Willoughby-Herard, *Waste of a White Skin: The Carnegie Corporation and the Racial Logic of White Vulnerability*, Berkeley: University of California Press, 2015.

6. Charles Self, *Bulawayo Journal*, 29 jun. 1962.

7. Somos gratos aos estudos sobre vidas negras e práticas associativas existentes em espaços intersticiais, especialmente os escritos de Hortense Spillers e Nahum Chandler, entre outros.

8. Zenzele Isoke, *Urban Black Women and the Politics of Resistance*, New York: Palgrave Macmillan, 2013.

9. Hoje, apesar de haver mais de quinhentos cientistas políticos titulares e com experiência no sistema universitário de dez *campi* na Califórnia, em que Robinson lecionou por quase quatro décadas, apenas seis são de ascendência africana. As porcentagens são muito piores na California State University e nos distritos de faculdades comunitárias no Estado. E, no entanto, as ideias políticas que encorajaram o *Marxismo Negro* ainda conseguem fazer reivindicações fervorosas e testemunhar contra a ilegitimidade deste aspecto desse sistema de ensino superior amplamente colonizado. Tais ideias emergem, geração após geração, exigindo um acerto de contas com a Tradição Radical Negra.

10. Tradução livre: O trabalho da minha vida se tornou uma maldição / e um cântico / e uma canção de Pequenas meninas batendo palmas / Para interromper esses momentos de / Violência / Que separam os anseios e desejos / Para receber educação básica com minhas irmãs. (N. da T.) Ver Tiffany Willoughby-Herard, "Little Black Girls Handclapping, Hand Cursing, Hand Chanting – The Worlds We Make with Our Black Hands", 9 mar. 2018.

11. Robin Kelley: Revisiting Black Marxism in the Wake of Black Lives Matter, 23 out. 2016, disponível em: <https://www.youtube.com.>, acesso em: 8 ago. 2020. Em uma série de ensaios sobre campanhas de sindicalização, a história do Chicano Student Movement (Movimento Estudantil Chicano), do ativismo antiguerra e pela paz, das críticas ao encarceramento de crianças e um arquivo digital online da história afro-americana, os estudiosos atestam o legado de um século de organização feminista transnacional com picos cada vez mais longos no fascismo e no capitalismo financeiro e imobiliário. Ver Cedric Robinson (diretor), com Ricky Green e o Department of Black Studies, Black Santa Barbara Historical Calendar Project 1994-1997, Guide to the Santa Barbara African American Local History Collection, CEMA 99, UC Santa Barbara Special Research Collections, online archive of California, disponível em: <https://oac.cdlib.org.>; Jeanne Scheper, Visualize Academic Labor in the 1990s: Inventing an Activist Archive in Santa Barbara, *Feminist Studies*, v. 31, n. 3, 2005, p. 557; Y.L. Marquez, La Universidad con la Promesa del Futuro: A Case Study of the University of California, Santa Barbara Department of Chicano Studies, 1965-1980, (2007) (Order n. 3285837), disponível em: <https://search.proquest.com>. Georgia Pinkel, Branch Action News, *Peace and Freedom*, v. 69, n. 1, 2009, p. 22; Marisol Moreno, "Of the Community, for the Community": The Chicana/o Student Movement in California's Public Higher Education, 1967-1973 (Order n. 3379535), disponível em: <https://search.proquest.com>; G. Pinkel, Branch Action News, *Peace and Freedom*, v. 71, n. 1, 2011, p. 30; Elizabeth Currans; Mark Schuller; Tiffany Willoughby-Herard, Negotiating Treacherous Terrain: Disciplinary Power, Security Cultures, and Affective Ties in a Local Antiwar Movement, *Social Justice*, v. 38, n. 3 (125), Autumn 2011, p. 60-85; Zachary Price, The Odyssey Project: A Martial Arts Journey toward Recovery and Liberation, *Theatre Topics*, v. 24, n. 1, 2014, p. 39-50.

12. Tradução livre: Uniformes em xadrez marrom / Freiras-professoras católicas que vieram à minha casa na terceira série / Para discutir a política mundial / O centro do mundo sendo o Haiti depois de Duvalier – para elas e para nós. / Regras sobre decoro e sapatos sem riscos / Responsável pela caligrafia e pelo autorrespeito / Catecismo e exclusões – às vezes certas, muitas vezes erradas / Mas sempre múltiplas formas de saber / Mundos seculares nunca os únicos / Conduzidos 45 minutos por dia para bairros totalmente brancos / cruéis e feios / A única coisa que minha mãe disse foi / Vale a pena ser instruído / Internato com bolsa de estudos aos 12 anos / O que significava uma deferência agradecida a cada / Passo / Professoras latinas com bocas de castigo eficaz / Passando-nos peças, *quesadillas* e chá, atendendo ao intelecto / E nos acolhendo em pequenos apartamentos com alcovas cheias de livros / Eu me preocupo com você por seus professores correrem menos riscos em sua / Educação e que ninguém corre o risco de te educar. (N. da T.) Ver Tiffany Willoughby-Herard, "Poem about Your Education", 2013.

13. Dani McClain, *We Live for the We: The Political Power of Black Motherhood*, New York: Bold Type Books, 2019.

14. Jennifer L. Eberhardt; Paul G. Davies; Valerie J. Purdie-Vaughns; Sheri Lynn Johnson, Looking Deathworthy: Perceived Stereotypicality of Black Defendants Predicts Capital-Sentencing Outcomes, *Psychological Science*, v. 17, n. 5, 2006, p. 383-386.

15. Lembro-me do ativista dos direitos civis e pastor, reverendo Fred Shuttlesworth, apontando o dedo aos policiais que provocavam tumulto contra manifestantes pacíficos, tudo amplamente registrado no documentário *Eyes on the Prize* (1987-1990). Em Birmingham, Alabama, Shuttlesworth acusa a polícia de "zombar da democracia". Ver episódio 4, "No Easy Walk (1961-1963)". Segundo o narrador do filme, "Em vez de fugir da explosão [o bombardeio de sua casa e igreja enquanto ele dormia], Shuttlesworth disse 'aos Klansmen, aos policiais Klansmen que vieram [para colher o seu relatório do incidente] […] voltem e digam a seus irmãos do Klan, Se Deus pôde me proteger disso tudo, então estou aqui enquanto sobreviver. Acho que foi isso que deu às pessoas a sensação de que eu não fugiria, que não fugi e que Deus tinha que estar ali.'" Da mesma forma, em um painel em sala de aula em 18 ago. 2020, com a participação do cineasta Kevin Wilson Jr., sobre seu filme de 2017 *My Nephew Emmett*, Wilson falou extensivamente com a professora LaShonda Carter sobre como corrigir a caricatura das pessoas no movimento sulista dos direitos civis, apresentadas como covardes ou temerosas. Wilson afirmou que sua descrição de Mose Wright, tio de Emmett Till, tinha como intenção enfatizar a bravura de Wright diante da morte. Tal bravura era exigida dos negros no passado e hoje. Robinson foi um modelo exemplar de dignidade em face do implacável e nocivo assédio.

16. Tradução livre: Deixem-me falar sobre esfarrapados!!!!!! Quero dizer, o que os negros têm que fazer hoje para obter uma educação faria com que Monroe Trotter e Mary McLeod Bethune e Nannie gritassem de suas tumbas. Que suas correntes cheguem ao estrangulamento. Recusa miserável violenta estúpida excessiva em deixar os negros simplesmente serem a escola. § Eu vou incomodá-la. Perguntei também ao editor da faculdade e ao editor da imprensa. Vocês devem se sentir livres para fazer o mesmo, a fim de obter cópias em pdf de qualquer parte de que precisarem. § Da África Esfarrapada à Diáspora Africana Esfarrapada e de volta, então § Olhem para o manto que nos fazem trajar – o manto de carne quebrada § Que nos dizem é igual a nós § Quem jamais concebemos tais trapos § Enquanto nos dirigimos para o nosso dia escolar § nossos pais pavimentaram o caminho e o tornaram suave § E nos vestiram em suas esperanças § E quando descemos do micro-ônibus § E nos sentamos em nossos lugares § Um policial nos pegou e nos jogou do outro lado da sala § Porque fizemos uma pergunta § E esse voo no espaço e no tempo fez com que nos tornássemos o próprio significado de esfarrapado § Por nossas listras – a tira de pano do que resta de nossos sonhos de liberdade – que as próximas § gerações § Conheçam a autoposse. (N. da T.)

Ver Tiffany Willoughby-Herard, "We are Made Raggedy: Trying to Get Copies of Our Own Published Work" (poema escrito em conversa com uma colega negra *queer*), 2018.

17. H.L.T. Quan, Geniuses of Resistance: Feminist Consciousness and the Black Radical Tradition, *Race & Class*, v. 47, n. 2, 2005, p. 39-53.

18. Conversação e entrevista de história oral com Joanne Madison, 10 ago. 2020.

19. C.J. Robinson; Brent Edwards; Penny Von Eschen; Nikhil Pal Singh, "Rethinking Black Marxism", Politics and Languages of Contemporary Marxism panel discussion, University of Massachusetts, Amherst, 6 dez. 1996. Disponível em: <https://www.youtube.com>, acesso em: 8 ago. 2020.

Prefácio à Edição de 2000

1. Ver meu próximo estudo sobre a história do socialismo ocidental, *The Anthropology of Marxism*, Hanover: University Press of New England; Cynthia Farrar, *The Origins of Democratic Thinking*, New York: Cambridge University Press, 1988.

2. Ver Robert I. Moore, *The Formation of a Persecuting*

Society: Power and Deviance in Western Europe, 950–1250, New York: Blackwell, 1987; e a obra clássica de Norman Cohn, *Pursuit of the Millennium*, New York: Oxford University Press, 1961.

3. C.J. Robinson, *Black Movements in America*, New York: Routledge, 1997.

4. Michel Foucault, *The Order of Things*, London: Tavistock Publications, 1970, p. 255s.

5. Leo Rauch (ed.), *Hegel and the Human Spirit*, Detroit: Wayne State University Press, 1983, p. 166.

6. Karl Marx, Towards a Critique of Hegel's Philosophy of Right: Introduction, em David McLellan (ed.), *Karl Marx: Selected Writings*, New York: Oxford University Press, 1977, p. 69.

7. Sheldon Wolin, *The Politics and Vision*, Boston: Little, Brown, 1960.

8. Ver os comentários um tanto superficiais de Marx sobre mulheres e crianças em *O Capital*, onde Marx sugere que elas constituem parte do exército de reserva empregado periodicamente para frear a queda na taxa de lucro, e compara sua investigação com as dos comitês parlamentares no que diz respeito ao trabalho infantil, denunciando uma exploração mais constante das crianças trabalhadoras. Antes, em *The German Ideology* (1984), Marx afirmara que o controle da reprodução feminina na sociedade tribal havia inaugurado a divisão do trabalho na história humana.

9. André Gunder Frank, *Re-Orient: Global Economy in the Asian Age*, Berkeley: University of California Press, 1998. Nessa obra, ele comenta: "[Joseph] Needham enumera não só as conhecidas invenções chinesas da pólvora, do papel e da imprensa e da bússola. Também examina a cofusão e a oxigenação do ferro e a tecnologia do aço, os relógios mecânicos e dispositivos de engenharia, tais como correias de transmissão e outros métodos para converter um movimento rotatório em retilíneo, arcos segmentares e pontes suspensas de ferro, equipamentos de perfuração profunda; e barcos com rodas de pás, traquetes e velas de popa, compartimentos estanques e cadastes para a navegação, e muitas outras." [p. 193] Continua afirmando que "a matemática e a astronomia indianas eram avançadas o suficiente para que os europeus importassem da Índia suas tábuas astronômicas e outros dispositivos relacionados durante os séculos XVII e XVIII. Na medicina, a teoria e a prática da inoculação contra a varíola vieram da Índia". Frank prossegue analisando estudos mais recentes "sobre a exportação de ciência e tecnologia indianas relacionadas com a construção naval, os têxteis e a metalurgia" [p. 194].

10. Ibidem, p. 336.

11. Aristóteles, *Politics*, 1255b12.

12. Karl Marx, capítulo VI de *O Capital*, em David McLellan (ed.), op. cit., p. 512.

13. Sobre a dívida de Marx para com Aristóteles, ver os capítulos 1 e 2 em G.E.M. de Ste. Croix, *The Class Struggle in the Ancient Greek World*, Ithaca: Cornell University Press, 1981; Scott Meikle, *Aristotle's Economic Thought*, Oxford: Clarendon, 1995.

14. Sobre alguns aristotélicos recentes, ver Thomas K. Lindsay, Was Aristotle Racist, Sexist, and Anti-Democratic?, *The Review of Politics*, v. 56, Winter 1994, p. 127-151; Peter Garnsay, *Ideas of Slavery from Aristotle to Augustine*, New York: Cambridge University Press, 1996, que mostra a influência de Aristóteles durante os primeiros quatrocentos anos do cristianismo; e sir Moses Finley, *Ancient Slavery and Modern Ideology*, London: Penguin, 1986, que rastreia os vestígios de Aristóteles na Idade Moderna.

15. C.J. Robinson, op. cit., p. 32-36.

16. Idem, In the Year 1915: D.W. Griffith and the Whitening of America, *Social Identities*, v. 3, n. 2, jun.1997, p. 161-192.

1. Capitalismo Racial

1. Uma das expressões mais extraordinárias das expectativas associadas ao surgimento do capitalismo foi a avaliação cáustica de Marx e Engels do significado histórico-mundial da burguesia: "A burguesia, onde quer que tenha conquistado o poder, acabou com todas as relações feudais, patriarcais, idílicas. Ela despedaçou impiedosamente todos os variegados laços feudais que ligavam o homem a seus 'superiores naturais' sem deixar subsistir entre eles nenhum outro vínculo além do puro interesse próprio, o insensível 'pagamento à vista' [...] A burguesia despiu de seu halo todas as ocupações até então honradas [...] A burguesia arrancou o véu do sentimentalismo que cobria as relações familiares [...] A burguesia não pode existir sem revolucionar constantemente os instrumentos de produção e, por conseguinte, as relações de produção e, com elas, todas as relações sociais [...] A burguesia, por meio de sua exploração do mercado mundial, deu um caráter cosmopolita à produção e ao consumo em todos os países." (K. Marx; F. Engels, *The Communist Manifest*, em R. Tucker [ed.], *The Marx-Engels Reader*, p. 337-338).

Uma versão mais recente dessa visão do capitalismo – que reflete tanto as visões de seus autores quanto as dos diretores de corporações multinacionais (ou globais) – é muito menos poética, mas igualmente correta. "O poder das corporações globais deriva de sua capacidade única de usar finanças, tecnologia e habilidades avançadas de marketing para integrar a produção em escala mundial e, assim, realizar o antigo sonho capitalista de Um Grande Mercado." R. Barnet; R. Muller, *Global Reach*, p. 18.

2. Ver P. Sweezy et al., *The Transition from Feudalism to Capitalism*; K. Marx, *Pre-Capitalist Economic Formations*.

3. F. Braudel, *Capitalism and Material Life*, p. xii-xv.

4. K. Marx; F. Engels, *The German Ideology*, em R. Tucker, op. cit., p. 158-161.

5. R. Latouche, *The Birth of Western Economy*, p. 309.

6. P. Kropotkin, *Mutual Aid*, p. 117-118; H. Pirenne, *Mohammed and Charlemagne*, p. 17-19, 184-185; W.C. Bark, *Origins of the Medieval World*, p. 26-27. Denys Hay nos lembra: "A Europa não significava muito nem para os gregos nem para os romanos. O medo da Pérsia deu cor à atitude grega quanto aos continentes, mas o império de Alexandre, o Grande, estava na Ásia, não na Europa, enquanto os remanescentes dele foram conquistados por uma Roma que obteve seus maiores avanços no Norte e no Oeste da Europa. O que consolidou o mundo grego, e depois dele o mundo romano, foi o mar interior, que ligava todas as províncias, exceto as mais remotas, que era literalmente o berço da civilização grega e que mesmo os romanos, avessos como eram a aventuras marítimas, anexaram como '*Mare nostrum*'. Mais além da serenidade do Mediterrâneo (como o chamariam em épocas posteriores) e dos postos militares estabelecidos pelos conquistadores mediterrâneos, gregos ou romanos, estava o barbarismo. Os bárbaros, como os romanos bem sabiam, não estavam confinados a nenhum continente específico e eram particularmente problemáticos na própria Europa." D. Hay, *Europe: The Emergence of an Idea*, p. 4.

7. O. Halecki, *The Millennium of Europe*, p. 50.

8. D. de Rougemont, *The Idea of Europe*, p. 47-49, 53; D. McMillan, verbete Charlemagne Legends, *Encyclopaedia Britannica*, v. 5, p. 291-292.

9. H.M. Chadwick, *The Nationalities of Europe and the Growth of National Ideologies*, p. 50-75.

10. Juntamente com a itálica, a helênica, a indo-ariana, a iraniana e a armênia, estas são às vezes consideradas como constituintes das línguas indo-europeias; ver G.L. Brook, *A History of the English Language*, p. 30-60.

11. H.M. Chadwick, op. cit., p. 14-49.

12. De acordo com Chadwick, o basco presumivelmente "representa a língua, ou uma das línguas, dos antigos ibéricos"; ibidem, p. 49. G.L. Brook, op. cit., p. 36-37, argumenta que há evidências, que remontam ao século VI a.C., do etrusco, do osco e do umbro serem falados na Itália.

13. H. Pirenne, op. cit., p. 17-71.

14. Ibidem, p. 36-37

15. Ibidem, p. 28, 32.

16. Ibidem, p. 37. Pirenne relata que Gautier calculava o número de africanos romanos em sete a oito milhões

no século V, e que Doren, para o mesmo século, estima que a população da Itália variava entre cinco e seis milhões.

17. R. Latouche, op. cit., p. 70.

18. Ibidem, p. 59-60, 71; H. Pirenne, op. cit., p. 75-79.

19. F. Snowden, *Blacks in Antiquity*, p. 170-171.

20. Tanto Pirenne quanto Latouche argumentam que muito antes do aumento crescente das pressões políticas sobre as tribos germânicas pelos subsequentes povos "bárbaros" – os iranianos, mongóis, eslavos e húngaros – os godos eram motivados por razões essencialmente econômicas a se integrarem aos povos mais produtivos do Império. H. Pirenne, op. cit., p. 37-39; R. Latouche, op. cit., p. 42-45.

21. D.B. Davis, *The Problem of Slavery in Western Culture*, p. 29-61. A ruptura na continuidade histórica e cultural que ocorreu entre a desintegração da civilização greco-romana e a ascensão da civilização germânica teve, ao mesmo tempo, um significado imenso para os intelectuais da Europa Ocidental. Depois de *Germania*, escrita no final século I pelo historiador romano Tácito, que contrastava a decadência de Roma com a virilidade marcial das tribos germânicas, eles construíram mitos de origem que distinguiam culturas e raças superiores das inferiores. Mais adiante, do século XVI ao XX, estudiosos ingleses, alemães e franceses geralmente diferenciavam "suas" próprias raízes culturais, raciais e filológicas germânicas de outras anteriores (por exemplo, celtas, greco-romanas) e supostamente posteriores (normandas). Ver R. Horsman, *Race and Manifest Destiny*, p. 9-42. George Mosse nos lembra que trechos da *Germania* faziam parte do currículo padrão "para o ensino de história constitucional inglesa até bem depois da Segunda Guerra Mundial". G. Mosse, *Toward the Final Solution*, p. 48.

22. Sobre a escravidão entre gregos e romanos, ver W.L. Westermann, *The Slave Systems of Greek and Roman Antiquity*; F. Snowden, op. cit.; sobre o período feudal, ver R.W. Finn, *An Introduction to Domesday Book*, p. 118-121, conforme citado por D.B. Davis, op. cit., p. 38-39; I. Origo, *The Domestic Enemy*, *Speculum*, v. 30, n. 3, p. 321-366; R. Latouche, op. cit., p. 123-125; sobre o comércio genovês e veneziano, ver H. Pirenne, *Economic and Social History of Medieval Europe*, p. 16-20; D.B. Davis, op. cit., p. 43, 52; F. Braudel, *The Mediterranean and the Mediterranean World in the Age of Philip II*, v. 1, p. 290-293 e v. 2., p. 754-755. Ambos, Davis e Braudel, se baseiam na obra de C. Verlinden, *L'Esclavage dans l'Europe médiévale*, v. 1; sobre a era moderna, ver E. Williams, *Capitalism and Slavery*.

23. D.B. Davis, op. cit., p. 33, 37.

24. I. Wallerstein, *The Modern World System I*, p. 86-90. Wallerstein deseja distinguir entre as condições econômicas e jurídico-políticas da escravidão no Novo Mundo e uma "servidão" capitalista ("trabalho forçado para safra comercial") na Europa Oriental e entre os

"nativos" do Novo Mundo (a *encomienda*) do século XVI. Sua definição de "trabalho forçado para safra comercial" ("um sistema de controle do trabalho agrícola em que os camponeses são obrigados, por meio de algum processo legal aplicado pelo Estado, a trabalharem pelo menos parte do tempo em uma grande propriedade, que produz algo para venda no mercado mundial", p. 91), parece servir igualmentepara descrever a escravidão. A questão é que, por si só, essa descrição não distingue as formas presumivelmente distintas de trabalho forçado. David Brion Davis observa que, pelo menos durante a era medieval, as diferenças não eram tão nítidas na vida diária como sugeriam os estudiosos modernos. D.B. Davis, op. cit., p. 33.

25. H. Pirenne, *Mohammed and Charlemagne*, p. 140. Em uma nota no texto, Pirenne observa: "Essas coisas foram mantidas: a língua, a moeda, a escrita (papiro), os pesos e medidas, os tipos de alimentos de uso comum, as classes sociais, a religião – o papel do arianismo tem sido exagerado –, a arte, a lei, a administração, os impostos, a organização econômica."

26. R. Latouche, op. cit., p. 97-116; H. Pirenne, *Economic and Social History of Medieval Europe*, p. 39-40.

27. D. Jellema, Frisian Trade in the Dark Ages, *Speculum*, v. 30, n. 1, p. 15-36; R. Latouche, op. cit., p. 120-23. O declínio do comércio na Europa merovíngia é um aspecto importante da tentativa de desafiar a "tese" de Henri Pirenne de que a invasão muçulmana da Europa, ao acabar com o comércio europeu mediterrânico com seus concomitantes sociais e culturais, antecipou o início de uma "nova" civilização europeia, inaugurada pelo império de Carlos Magno. Ver H. Pirenne, *Mohammed and Charlemagne*, p. 162-185; R. Latouche, op. cit., p. 117-188; W.C. Bark, op. cit., p. 6-28; A. Havighurst, *The Pirenne Thesis*.

28. R. Latouche, op. cit., p. 139.

29. H. Pirenne, *Mohammed and Charlemagne*, p. 184-185; F. Braudel, *The Mediterranean and the Mediterranean World in the Age of Philip II*, v. 1, p. 222.

30. R. Latouche, op. cit., p. 173-74.

31. Ibidem, p. 297-298. Mesmo no final do século XVI, ainda era grande o contraste na vida urbana entre o interior da Europa e o Mediterrâneo, escreve Braudel: "A região do Mediterrâneo no século XVI (e deve ser estendida ao máximo quando falamos de cidades) era única em sua imensidão. No século XVI, nenhuma outra região do mundo tinha uma rede urbana tão desenvolvida. Paris e Londres estavam apenas no limiar de sua história moderna. As cidades dos Países Baixos e do sul da Alemanha (esta banhada na glória refletida do Mediterrâneo, enquanto aquelas estimuladas economicamente por mercadores e marinheiros do Sul) e, mais ao norte, as industriosas, se bem que pequenas cidades da Liga Hanseática, por mais prósperas e belas que fossem, não constituíam uma rede tão intimamente unida e complexa quanto a do Mediterrâneo, em que cada cidade seguia uma à outra ininterruptamente, intercalando-se entre elas as grandes cidades: Veneza, Gênova, Florença, Milão, Barcelona, Sevilha, Argel, Nápoles, Constantinopla, Cairo." F. Braudel, *The Mediterranean...*, p. 277-278.

32. "Raoul Glaber descreveu com uma insistência que beirava ao sadismo a terrível fome que antecedeu o ano de 1033. Ele observa, por exemplo, que na feira de Tournus, na Borgonha, um homem vendia carne humana, pronta e cozida, em uma barraca de açougue." R. Latouche, op. cit., p. 298.

33. W.C. Bark, op. cit., p. 70-82.

34. H. Pirenne, *The Economic and Social History of Medieval Europe*, p. 44-49; R.S. Lopez; I. Raymond, *Medieval Trade in the Mediterranean World*, p. 87-104.

35. H. Pirenne, *Medieval Cities, Their Origins and the Revival of Trade*, p. 140.

36. Idem, *Economic and Social History of Medieval Europe*, p. 44.

37. Idem, *Medieval Cities...*, p. 6.

38. Idem, *Economic and Social History of Medieval Europe*, p. 40.

39. Idem, *Medieval Cities...*, p. 114-115. Denys Hay, embora discorde da interpretação de Pirenne sobre as origens desses mercadores, não cita especificamente a base comprobatória de sua visão. D. Hay, *Europe in the Fourteenth and Fifteenth Centuries*, p. 71.

40. Ibidem, p. 126. Alhures, Pirenne explicou: "É incontestável que o comércio e a indústria originalmente recrutaram homens sem-terra que viviam, por assim dizer, à margem de uma sociedade na qual a terra sozinha era a base da existência." *Economic and Social History of Medieval Europe*, p. 45.

41. Idem, *Medieval Cities...*, p. 143-144. Na Europa Oriental, as coisas eram bastante diferentes, já que os poderes políticos e econômicos das cidades eram quixotescos e de curta duração: "As cidades se viram obrigadas a renunciar a seus antigos direitos de abrigar servos; elas foram compelidas a abandonar alianças com outras cidades; e os senhores até mesmo conseguiram evitar o uso das cidades como mercados para seus grãos, vendendo-os diretamente aos exportadores." D. Hay, *Europe in the Fourteenth and Fifteenth Centuries*, p. 41.

42. H. Pirenne, *Medieval Cities...*, p. 81.

43. Ibidem, p. 100-101.

44. Ibidem, p. 155; idem, *Economic and Social History of Medieval Europe*, p. 35-36.

45. K. Polanyi, *The Great Transformation*, p. 64.

46. Ibidem; H. Pirenne, *The Economic and Social History of Medieval Europe*, p. 160-166.

47. H. Pirenne, *Medieval Cities...*, p. 154-156.

48. Idem, *The Economic and Social History of Medieval Europe*, p. 57-58; D. Hay, *Europe in the Fourteenth and Fifteenth Centuries*, p. 77.

49. Idem, *Medieval Cities...*, p. 193. Ver também M. Tigar; M. Levy, *Law and the Rise of Capitalism*, p. 80-96; alhures, Tigar e Levy resumem sua revisão das primeiras investidas da burguesia contra a ordem feudal: "A grande conquista da burguesia nesse período [1000 a 1200] foi arrancar dos senhores, em centenas de localidades separadas, o reconhecimento de um *status* independente dentro da hierarquia feudal. O movimento urbano [...] exigia uma grande concessão do senhor: uma carta [...] o *status* de *bourgeois, burgher* ou *burgess*" [p. 111].

50. D. Hay, *Europe in the Fourteenth and Fifteenth Centuries*, p. 39, 370.

51. Ibidem, p. 373-374.

52. I. Origo, op. cit., p. 326.

53. Ibidem, p. 328, 336; D.B. Davis, op. cit., p. 43; D. Hay, *Europe in the Fourteenth and Fifteenth Centuries*, p. 75-76.

54. Ibidem, p. 336.

55. D. Hay, *Europe in the Fourteenth and Fifteenth Centuries*, p. 76. Hay observa que: "Nessas comunidades proprietárias de escravos do Mediterrâneo cristão, não há muitas provas de que os escravos eram usados na agricultura" (ibidem). Charles Verlinden não concorda: "Na Espanha, as escravas eram geralmente mais baratas do que os homens, embora o oposto fosse verdadeiro na maior parte da Itália. Isso acontecia porque grande parte da mão de obra escrava na Espanha era usada na agricultura e na indústria, enquanto na Itália a escrava doméstica predominava nas cidades e, portanto, mais mulheres eram necessárias." C. Verlinden, The Transfer of Colonial Techniques from the Mediterranean to the Atlantic, *The Beginnings of Modern Colonization*, p. 29.

56. Charles Verlinden observa: "A palavra latina *sclavus*, origem comum das palavras *esclave, esclavo, escravo, schiavo, Sklave* e *slave* não criou raízes durante aquele período inicial [pré-Idade Média], quando a escravidão era comum em toda a Europa [...] Foi só quando os escravos passaram a ser recrutados de novas fontes que outros termos apareceram para indicar o não livre, e entre estes estava o *sclavus*, derivado do nome étnico do povo eslavo e que se popularizou. O termo apareceu pela primeira vez em sua forma latina em terras germânicas do século X." C. Verlinden, Medieval Slavery in Europeand Colonial Slavery in America, *The Beginnings of Modern Colonization*, p. 35-36.

57. Idem, The Transfer of Colonial Techniques from the Mediterranean to the Atlantic, *The Beginnings of Modern Colonization*, p. 31-32.

58. G. Procacci, *The History of the Italian People*, p. 44-45.

59. R.H. Tawney comentou as diversas formas de capitalismo na história europeia. A ocasião para suas observações foi a revisão da obra *Studies in the Development of Capitalism*, de Maurice Dobb (1946): "A

limitação do sr. Dobb do termo 'capitalismo' a um sistema particular de produção, sob o qual a mão de obra é empregada com base em um contrato salarial, a fim de produzir mais-valia para o proprietário do capital, parece, à primeira vista, evitar algumas das ambiguidades inerentes a interpretações menos restritas; mas ela também tem seus problemas. Isso não significa, como ele concordaria, que o capitalismo financeiro e comercial foi altamente desenvolvido em circunstâncias nas quais a instituição, conforme por ele interpretada, tinha uma base débil, e que excluir essas variedades pelo fato de que elas não se enquadram nos quatro ângulos da definição do século XIX é pressupor de antemão a veracidade do argumento. É que, como mostra seu trabalho, as origens e o crescimento das espécies industriais requerem que se considere sua relação com a história de outros membros da família, alguns dos quais estavam entre seus progenitores. O capitalismo de nossos dias, é óbvio, se baseia predominantemente em um sistema salarial, e este último é tão familiar que é tentador tratá-lo como uma constante histórica." R.H. Tawney, A History of Capitalism, *Economic History Review*, v. 2, n. 3, p. 310-311.

60. M. Malowist, The Economic and Social Development of the Baltic Countries from the Fifteenth to the Seventeenth Centuries, *Economic History Review*, v. 12, n. 2, p. 177-178; I. Wallerstein, op. cit., p. 21-26.

61. D. Hay, *Europe in the Fourteenth and Fifteenth Centuries*, p. 34.

62. Ibidem, p. 34-35.

63. N. Cohn, *The Pursuit of the Millennium*, p. 198-199; D. Hay, *Europe in the Fourteenth and Fifteenth Centuries*, p. 35-37; G. Procacci, op. cit., p. 46.

64. E.M. Carus-Wilson; O. Coleman, *England's Export Trade*, p. 201-207.

65. D. Hay, *Europe in the Fourteenth and Fifteenth Centuries*, p. 387.

66. Ibidem, p. 389.

67. P. Ramsey, The European Economy in the Sixteenth Century, *Economic History Review*, v. 12, n. 3, p. 458.

68. D. Hay, *Europe in the Fourteenth and Fifteenth Centuries*, p. 389.

69. Ibidem; I. Wallerstein, op. cit., p. 148.

70. H. Inalcik, *The Ottoman Empire*, p. 133-139.

71. K.G. Davies, The Mess of the Middle Class, *Past and Present*, v. 22, n. 1, p. 82.

72. Apud I. Wallerstein, op. cit., p. 124, nota.

73. K.G. Davies, op. cit., p. 79.

74. Em seu estudo importante, mas falho, do mercantilismo, Eli Heckscher destacou a conceitualização do capitalismo relacionada à de Davies, citada acima no texto. Heckscher comentou "que o método de tratar todos os tipos de tendências desconectadas, pavimentando o caminho para as condições

75. Essa expressão é de I. Wallerstein, op. cit., p. 133; ver também P. Anderson, *Lineages of the Absolute State*, p. 40-41.

76. V.G. Kiernan, State and Nation in Western Europe, *Past and Present*, v. 31, n. 1, p. 34.

77. Ibidem, p. 25-26.

78. Designação dos condados que rodeiam Londres. (N. da T.)

79. "A guerra [para a monarquia] não era uma política opcional, porém uma necessidade orgânica [...] Todo o aparato estatal que os governantes montavam aos poucos foi, em grande parte, um subproduto da guerra. Durante sua adolescência, nos séculos XVI e XVII, a luta era quase contínua; mais tarde se tornou um pouco mais intermitente." Ibidem, p. 31.

80. I. Wallerstein, op. cit., p. 136-139. Para uma discussão extensa das associações estatais e mercantis, ver E. Heckscher, op. cit., v. 1, p. 340-455.

81. F. Braudel, *The Mediterranean...*, v. 1, p. 344, e v. 2, p. 695.

82. Ver D.C. Coleman, Eli Heckscher and the Idea of Mercantilism, *Scandinavian Economic History Review*, v. 5, n. 1, p. 3-4.

83. I. Wallerstein, op. cit., p. 146-147.

84. D.C. Coleman, op. cit., p. 18-19; ver também C. Bucher, *Industrial Evolution*, p. 136-139.

85. E. Heckscher, op. cit., v. 2, p. 14-15. Wallerstein aparentemente tem alguns problemas com essa atribuição particular à burguesia do século XVI. Ainda que se baseie em Kiernan para sua própria caracterização – um tanto vaga –, Wallerstein apresenta uma interpretação que é inconsistente no que diz respeito às distinções a serem feitas entre estatismo e nacionalismo: "Foi apenas no final dos séculos XVII e XVIII, no contexto do mercantilismo, que o nacionalismo encontraria seus primeiros e verdadeiros defensores na burguesia. Porém, no século XVI, os interesses da burguesia ainda não estavam fixados com firmeza no Estado. Uma parte bastante grande dela estava mais interessada em economias abertas do que fechadas. E no que tange aos construtores do Estado, o nacionalismo prematuro corria o risco de se cristalizar em uma entidade étnico-territorial demasiado pequena. Em um ponto inicial, o estatismo quase poderia ser considerado antinacionalista, uma vez que os limites do sentimento 'nacionalista' eram amiúde mais estreitos do que as fronteiras do Estado do monarca." I. Wallerstein, op. cit., p. 146; ver também V.G. Kiernan, op. cit., p. 29-30.

86. Ver D.C. Coleman, op. cit., p. 21.

87. E. Heckscher, op. cit., v. 2, p. 18.

88. Ibidem, p. 18-23; ver também I. Wallerstein, op. cit., p. 196-197.

89. F. Braudel: "A partir do século XVI e com mais força nesse século de renovação, os Estados – pelo menos aqueles que viveriam, prosperariam e, principalmente, resistiriam às despesas exaustivas das guerras terrestres e marítimas – dominam e deformam a vida econômica, submetem-na a uma rede de restrições; capturam-na em suas malhas [...] a parte da vida econômica que era naquele momento mais moderna, aquela que nós prontamente designaríamos como operante no marco do capitalismo mercantil em larga escala, estava ligada a esses altos e baixos financeiros do Estado." Apud I. Wallerstein, op. cit., p. 138, nota.

90. F. Hertz, *Race and Civilization*, p. 4; ver também H. Arendt, *The Origins of Totalitarianism*, p. 161-165, H. Peyre, *Historical and Political Essays*, p. 29-30. (Peyre reconhece sua dívida para com Jacques Barzun; ver *The French Race*). Deve-se também mencionar que, com respeito à lenda de Cam e suas origens como uma racionalização da escravidão africana nos Estados Unidos, Winthrop Jordan, em seu conceituado estudo *White Over Black*, juntamente com a maioria dos acadêmicos estadunidenses, praticamente ignorou o fenômeno das atitudes racistas entre os europeus com relação a outros europeus – apesar da alegação de estar familiarizado com a literatura relevante (ver seu apêndice, "Essay on Sources").

91. F. Hertz, op. cit., p. 6.

92. E. Heckscher, op. cit., v. 2, p. 18.

93. V.B. Kiernan, Foreign Mercenaries and Absolute Monarchy, *Past and Present*, v. 11, n. 1, p. 76-77.

94. Ibidem, p. 68; ver também F. Braudel, *The Mediterranean...*, p. 739-743.

95. V.G. Kiernan, Foreign Mercenaries and Absolute Monarchy, *Past and Present*, v. 11, n. 1, p. 74.

96. Ibidem, p. 78.

97. Ibidem, p. 69.

98. Ibidem, p. 72.

99. F. Braudel (*The Mediterranean...*, v. 2) assinala que havia outros aspectos na relação entre o Estado e os mercenários: "Cidades poderosas auxiliavam e estimulavam a pirataria marítima. Piratas terrestres e bandidos recebiam apoio regular dos nobres. Bandos de ladrões eram com frequência liderados, ou mais ou menos dirigidos de perto, por alguns nobres genuínos" [p. 749]; "o banditismo teve outras origens além da crise nas fortunas dos nobres: originou-se tanto do campesinato quanto do populaço. Foi um vagalhão social – "uma enchente", como denominada por um historiador do século XVIII, que agitou as águas mais diversas. Como reação política e social (embora não religiosa), ela tinha componentes aristocráticos e populares (os "reis da montanha" na Campagna romana e nos arredores de Nápoles eram

mais frequentemente camponeses e pessoas humildes)" [p. 751].

100. Os exércitos da Europa imperialista do século XIX mantiveram a tradição de contar com recrutamentos substanciais de minorias étnicas, "ralés", párias, estrangeiros e camponeses: aos milhões de servos do exército russo foram adicionados basquires, calmucos, ingushes e ossétios asiáticos; aos corsos e bretões do exército francês juntou-se a legião baseada em espadachins cabilas, suíços e outros mercenários europeus, porém em meados do século no próprio exército predominavam os africanos ocidentais; nas Filipinas, o exército espanhol era nativo, assim como o exército holandês das Índias Orientais. Na Índia, a Companhia das Índias Orientais e o exército de Bengala (1842) empregavam em conjunto mais de setenta mil nativos em seus regimentos de sipaios. Na própria Grã-Bretanha, em 1832, os irlandeses representavam 42% do exército. Ver V.G. Kiernan, *European Empires from Conquest to Collapse*, p. 17-32.

101. C. Bucher, op. cit., p. 346; I. Wallerstein, op. cit., p. 117; ver também S. Castles; G. Kosack, *Immigrant Workers and Class Structure in Western Europe*, p. 15-25; Braudel o explica da melhor forma: "Esses imigrantes indispensáveis nem sempre eram trabalhadores não qualificados ou homens de pouca aptidão. Muitas vezes, traziam consigo novas técnicas, tão indispensáveis quanto a sua própria pessoa, para a vida urbana. Os judeus, perseguidos por suas crenças religiosas e não por sua pobreza, desempenharam um papel excepcional nessas transferências de tecnologia [...] Havia outros imigrantes valiosos, como artistas itinerantes atraídos por cidades em expansão que estavam ampliando seus edifícios públicos; ou mercadores, particularmente os mercadores e banqueiros italianos, que ativaram e criaram cidades como Lisboa, Sevilha, Medina del Campo, Lyon e Antuérpia. Uma comunidade urbana precisa de todos os tipos de homens e, não menos importante, de homens ricos. As cidades atraíam os ricos da mesma forma que atraíam o proletariado, embora por razões muito diferentes." F. Braudel, *The Mediterranean...*, p. 336-337.

102. I. Wallerstein, op. cit., p. 118-119; C. Bucher faz um comentário similar, op. cit., p. 353.

103. C. Bermant, *London's East End*, p. 30-31.

104. Ibidem, p. 43; ver E.P. Thompson, op. cit., p. 469-485; S. Castles; G. Kosack, *Immigrant Workers and Class Structure in Western Europe*, p. 16-17.

105. Ver P. Lazarsfeld; A. Oberschall, Max Weber and Empirical Social Research, *American Sociological Review*, v. 30, n. 2, p. 185-188.

106. Ver S. Castles; G. Kosack, The Function of Labour Immigration in Western European Capitalism, *New Left Review*, n. 73, p. 6; C. Bucher, op. cit., p. 367-368.

107. Ver D. Brody, *Steel workers in America*, p. 96-99.

108. Ver H.B. Melendy, *The Oriental Americans*; M.R. Coolidge, *Chinese Immigration*; S. Miller, *The Unwelcome Immigrant*.

109. "Uma 'nação' é etimologicamente um 'nascimento' ou um 'ser nascido' e, portanto, uma raça, um parentesco ou gente que tem uma origem comum ou, mais vagamente, uma língua comum e outras instituições [...] Não existe apenas um nascimento original e individual para cada sistema, mas um nascimento contínuo de novas instituições dentro dele, uma transformação contínua de antigas instituições e inclusive um renascimento da nação após a morte." Max Fisch, Introdução, *The New Science of Giambattista Vico*, p. 23; ver também F. Hertz, op. cit., p. 5, para um exemplo da extensão que a monarquia estava disposta a percorrer a fim de criar a ilusão apropriada: "A teoria já apresentada por Bodin, de que os francos eram um povo de ascendência gaulesa que peregrinara pela Alemanha e de lá retornou mais tarde como libertador de seus irmãos do jugo romano, e caiu nas graças de Luís XIV. No povo francês não havia, portanto, nenhuma diferença racial, mas uma unidade nacional do tipo tão desejado pela monarquia absolutista. Essa teoria, muito convenientemente, deu suporte ao desejo de anexação do Reno, cuja restauração, como antigo território franco, ele decidiu exigir."

110. V.G. Kiernan, State and Nation in Western Europe, *Past and Present*, v. 31, n. 1, p. 27.

111. R.S. Lopez, *The Birth of Europe*, p. 103-104.

112. R.S. Lopez; I. Raymond (eds.), op. cit., p. 79-80; 87-107.

113. F. Braudel, *The Mediterranean...*, v. 1, p. 321.

114. Ibidem, v. 2, p. 695.

115. H. Inalcik, op. cit., p. 133-139.

116. F. Braudel, *The Mediterranean...*, v. 1, p. 336-337.

117. Ibidem, p. 322.

118. Ibidem, p. 344.

119. Ibidem, p. 334.

120. Ibidem, p. 334-336.

121. Ver C. Verlinden, op. cit.; E. Williams, op. cit.; D.B. Davis, op. cit.

122. Ver K. Mannhein, *Ideology and Utopia*, p. 121-124; F. Hertz, op. cit., p. 6, 10.

123. T.K. Derry; M.G. Blakeway, *The Making of Pre-Industrial Britain*, passim.

124. Ver H. Arendt, op. cit., p. 165-167; F. Hertz, op. cit., p. 1-19.

125. R. Horsman, op. cit., p. 14-15.

126. Ibidem, capítulo 2.

127. L. Snyder, *The Idea of Racialism*, p. 39-40 (ver também p. 20-23; 39-53); idem, *Race*, p. 93-95; M. Hirschfield, *Racism*. (Hirschfield, curiosamente, rastreia o uso do termo "raça" desde a sua introdução na literatura

científica pelo conde de Buffon em 1749, até seu aparecimento nos prolegômenos do curso de verão de Immanuel Kant, em 1775, em Königsberg, na forma de raça branca, raça negra, raça huna, raça hindu e raças mestiças, p. 51-54.)

128. Ver E. Hobsbawm, Some Reflections on Nationalism, em T.J. Nossiter et al. (eds.), *Imagination and Precision in the Social Sciences*, p. 385-406.

129. Ver K. Marx; F. Engels, *The Communist Manifesto*, em R. Tucker (ed.), op. cit., p. 342-343.

130. Ver L. Snyder, *The Idea of Racialism*, p. 155-165 para excertos de vários pensadores nacional-socialistas, incluindo Adolf Hitler; Alfred Rosenberg; Ernst Hauer; Felix Fischer-Dodeleben;Wilhelm Klesserow; Ernst Krieck; Walter Darre; Herman Gauch, bem como seleções apropriadas das Leis de Nuremberg (1935); ver também K. Mannheim, *Ideology and Utopia*, p. 134-146; M.N. Roy, *Fascism*, p. 33-43; R. de Felice, *Interpretations of Fascism*, p. 176-178.

131. Ver W. Styron, Hell Reconsidered, *New York Review of Books*, p. 10-12, 14.

2. A Classe Trabalhadora Inglesa Como Espelho da Produção

1. E.P. Thompson, *The Making of the English Working Class*, p. 9.

2. O próprio Thompson, se bem me lembro, menciona os negros em seu estudo das classes trabalhadoras inglesas no final do século XVIII e início do século XIX apenas em duas ocasiões! Uma delas é sua referência a um artesão negro; a outra é o aparecimento de um homem negro como representação de Satanás em um pesadelo contado por um pastor dissidente.

3. Trechos das introduções de dois dos muitos estudos da história socialista serão suficientes para demonstrar a persistência da identificação do socialismo com as duas "revoluções". George Lichtheim, em seu prefácio a *The Origins of Socialism*, p. vii, escreve: "O objetivo do presente trabalho é [...] esclarecer as origens do socialismo, tanto como uma visão de mundo quanto uma resposta específica dos trabalhadores e intelectuais à dupla revolta: a Revolução Francesa e a Revolução Industrial." G.D.H. Cole, embora um tanto desconfortável com a periodização e a definitividade da Revolução Industrial, sucumbe, no entanto, à conveniência da frase e de seus significados populares. Ele observa: "É agora comum dizer que, de 1789 em diante, a Europa se encontrava no auge de três tipos de mudanças revolucionárias – *política* e *social*, simbolizada pelos acontecimentos na França e suas repercussões em outros países; *industrial*, marcada pelo advento da energia a vapor e pela ampla aplicação de técnicas científicas na manufatura e na engenharia civil e mecânica; e *agrária*, envolvendo grandes mudanças nos métodos de cultivo da terra, da criação de gado e no caráter da vida rural." *A History of Socialist Thought: The Forerunners, 1789-1850*, v. 1, p. 10.

4. A. Briggs, The Language of "Class" in Early Nineteenth Century England, em A. Briggs; J. Saville (eds.),*Essays in Labor History*, p. 43; ver também M. Kranzberg, verbete Industrial Revolution, *Encyclopaedia Britannica*, v. 12, p. 210-215.

5. A.E. Musson, Continental Influences on the Industrial Revolution in Great Britain, em B. Ratcliffe (ed.), *Great Britain and Her World, 1750-1914*, p. 73. Sobre a industrialização na França no início do século XIX,

ver W.O. Henderson, *The Industrial Revolution in Europe*, p. 86-88.

6. Musson, por exemplo, observa que: "Na fundição e refino de minérios metálicos [...] a habilidade e o capital alemães [...] foram extremamente importantes. A tecnologia hidráulica e as operações de mineração se desenvolveram ainda mais [...] a partir das experiências holandesa e alemã. Foi a partir do continente, aliás, que o alto-forno e a fundição de ferro foram introduzidos na Inglaterra no século XVI, seguidos pelos laminadores e moinhos de corte para os produtos da forja." Ibidem.

7. E.J. Hobsbawm, Economic Fluctuations and Some Social Movements Since 1800, *Economic History Review*, v. 5, n. 1, p. 17, 19.

8. Hobsbawm adverte: "Nossos melhores índices são as taxas de mortalidade (expectativa de vida média, mortalidade infantil, mortalidade por tuberculose etc.), as taxas de morbidade e os dados antropométricos. Infelizmente, na Grã-Bretanha, carecemos de dados antropométricos confiáveis como os franceses, e nenhum índice de saúde, como a porcentagem de recrutas rejeitados. Tampouco temos cifras úteis de morbidade." The British Standard of Living 1790-1850, *Labouring Men*, p. 71. Os comentários de Hobsbawm ocorrem no contexto de um debate com as interpretações "otimistas" das consequências sociais do aparecimento de formas industriais de produção; Hobsbawm está do lado dos "pessimistas". "Hoje é heterodoxo acreditar que a industrialização inicial foi uma catástrofe para os trabalhadores pobres [...] e ainda mais que seu padrão de vida decaiu. Esse artigo se propõe a mostrar que a visão atualmente aceita é baseada em provas insuficientes [...] É perigoso rejeitar o consenso de teóricos contemporâneos informados e inteligentes da industrialização, a maioria dos quais, como inclusive os críticos admitem, tinha uma visão sombria [...] Em benefício da conveniência, a visão dos clássicos (Ricardo-Malthus-Marx-Toynbee- -Hammond) será chamada de *pessimista*, enquanto a dos modernos (Clapham-Ashton-Hayek) de escola *otimista*." Ibidem, p. 64.

9. Workhouse era um lugar em que as pessoas pobres, que não tinham com que subsistir, podiam viver e trabalhar. (N. da T.)

10. N. Longmate, *The Workhouse*, p. 45s.; para mais provas da hostilidade das classes dominantes em relação aos pobres e o uso punitivo das casas de trabalho, ver E.P. Thompson, op. cit., p. 266-268.

11. E. Hobsbawm, The British Standard, *Labouring Men*, p. 73.

12. Ver N. Longmate, op. cit., p. 44; E.P. Thompson, op. cit., p. 217-224.

13. Ver a discussão de Hobsbawm sobre os padrões de desemprego, as erupções sociais e a maneira em que elas foram afetadas pelas confluências no século XIX de depressões na agricultura com os menores padrões sazonais de ciclos econômicos industriais. Economic Fluctuations, *Economic History Review*, v. 5, n. 1, p. 4-9.

14. Ibidem, p. 10-11; E.P. Thompson, op. cit., p. 219-221.

15. E. Hobsbawm, The British Standard, *Labouring Men*, p. 74.

16. E.P. Thompson, op. cit., p. 250.

17. Apud E.P. Thompson, op. cit.

18. E. Hobsbawm, The British Standard, *Labouring Men*, p. 73.

19. Ver E.P. Thompson, op. cit., p. 247-248. Thompson comenta que "as recompensas da 'marcha do progresso' sempre pareciam ser colhidas por outra pessoa [...] pois essas inseguranças particulares eram apenas uma faceta da insegurança geral de todas as profissões durante esse período" [p. 248].

20. Ver B. Inglis, *Poverty and the Industrial Revolution*, passim; A.J. Taylor, Progress and Poverty in Britain, *History*, v. 45, n. 153, p. 16-31.

21. E.P. Thompson, op. cit., p. 320-321.

22. Hobsbawm sugere: "O hábito da solidariedade industrial deve ser aprendido, como o do trabalho em uma semana regular; assim também o bom senso de exigir concessões quando as condições são favoráveis, não quando a fome as sugere. Há, portanto, um lapso de tempo natural antes que os novos trabalhadores se tornem um movimento laboral 'eficaz' [...] Vários fatores podem acelerar a entrada artificialmente tardia dos trabalhadores na atividade laboral organizada. A notícia de agitações trabalhistas em outros lugares, uma vez que penetre na nova área, pode desencadeá-la. Nesse sentido, o mesmo ocorre às vezes com tensões e acontecimentos políticos, como as eleições gerais francesas de 1936 ou a criação de governos provinciais do Congresso Nacional Indiano em 1937." Economic Fluctuations..., *Economic History Review*, v. 5, n. 1, p. 21.

23. J.L. Hammond, The Industrial Revolution and Discontent, *Economic History Review*, v. 2, n. 2, p. 224-225.

24. Ibidem, p. 221, 223.

25. A. Briggs, op. cit., p. 64. É interessante observar que o filho mais velho de Mill, John Stuart Mill, mantinha uma opinião parecida sobre as classes trabalhadoras. Nicholas Mansergh relata que "Tendo notado em seu Governo Representativo que o Partido Conservador era, pela lei de sua composição, o partido mais estúpido, Mill observou em um panfleto que as classes trabalhadoras inglesas, embora se diferenciassem das de alguns outros países por terem vergonha disso, ainda eram geralmente mentirosas." *The Irish Question, 1840-1921*, p. 117.

26. Ver E. Hobsbawm, The Machine Breakers, *Labouring Men*, p. 5-22; o ensaio de George Rude sobre o "Ludismo", *The Crowd in History*, p. 79-92.

27. E. Hobsbawm, The Machine Breakers, *Labouring Men*, p. 10-11.

28. Ibidem; idem, Economic Fluctuations..., *Economic History Review*, v. 5, n. 1, p. 5-9; E.P. Thompson, op. cit., p. 225-228.

29. E. Hobsbawm, The Machine Breakers, *Labouring Men*, p. 13.

30. Ver a curiosa transição que Marx e Engels fazem em *O Manifesto Comunista* ao passar de sua discussão sobre a burguesia ao relato sobre o surgimento do proletariado na história. A distinção concreta e filosófica entre a classe determinada pela história das burguesias e a classe relacionada ao proletariado é enfatizada por Cornelius Castoriadis: "A história do movimento trabalhista é a história da atividade de sujeitos humanos pertencentes a uma categoria socioeconômica criada pelo capitalismo. Por meio de sua atividade e da de outros que lutaram ao seu lado, essa categoria se transformou em uma classe de um tipo para o qual a história não oferece analogias." On the History of the Workers' Movement, *Telos*, n. 30, p. 38.

31. G. Rude, op. cit., p. 230; ver também L.P. Curtis Jr., *Anglo-Saxons and Celts*, p. 31-33.

32. Ver J.L. Hammond, op. cit., p. 215-226; E. Hobsbawm, History and "The Dark Satanic Mills"; The Standard of Living Debate: A Postscript, *Labouring Men*, para mais informações sobre as vicissitudes da historiografia do movimento trabalhista inglês.

33. Pelo menos uma das consequências do reconhecimento de que a classe trabalhadora industrial do início do século XIX era uma classe minoritária é sugerida na concessão que Hammond faz a J.H. Clapham: "O dr. Clapham [...] tem o direito de assinalar que, em 1831, mais chefes de família eram empregados na construção do que na indústria algodoeira e que os empregados domésticos superavam em grande número os trabalhadores no algodão. Certas calamidades ou perdas que acompanharam a Revolução Industrial recaíram apenas sobre parte da classe trabalhadora, e essa não foi a maior parte." J.L. Hammond, op. cit., p. 216. Como vimos no texto, Hammond não concorda com Clapham, porém admite certa legitimidade para as afirmações deste último; de modo semelhante, deve-se levar em

conta que Hobsbawm, Mayhew e Thompson se opõem aos otimistas no âmbito estatístico da confiabilidade e da validade dos dados.

34. E.P. Thompson, op. cit., p. 828-829.

35. Ibidem, p. 831; R.A. Huttenback, *Racism and Empire*, p. 15-22.

36. Ver R. Harrison, The British Labour Movement and the International in 1864, em R. Miliband; J. Saville (eds.), *The Socialist Register 1964*, p. 293-308.

37. Ibidem, p. 306; W.H. Fraser, Trade Unionism, em J.T. Ward (ed.), *Popular Movements c. 1830-1850*, p. 113. Sobre o papel da "questão irlandesa" no distanciamento dos trabalhadores ingleses da práxis de classe, ver N. Mansergh, op. cit., p. 113-121.

38. E.P. Thompson, op. cit., p. 828-829.

39. E. Williams, *Capitalism and Slavery*; M. Dobb, *Studies in the Development of Capitalism*; R.H. Tawney, A History of Capitalism, *Economic History Review*, v. 2, n. 3.

40. Ver E. Norman, *A History of Modern Ireland*, p. 33-44.

41. T.W. Heyck, *The Dimensions of British Radicalism*, p. ix.

42. J.A. Froude, *The English in Ireland*, v. 3, p. 11-17.

43. M. Hechter, *Internal Colonialism*, p. 72-73.

44. Para uma abordagem bastante sucinta do anglo-saxonismo como ideologia, ver L.P. Curtis, Jr., op. cit., p. 10-14. Em resumo, Curtis identifica essa ideologia com "1. Uma raça ou indivíduos, identificável e historicamente comprovada, conhecida como anglo-saxões, que compartilhavam laços comuns de sangue, língua, origem geográfica e cultura [...] que remonta aos jutos, anglos e saxões [...] entre o Báltico e a Floresta Negra; 2. Liberdades civis e religiosas desfrutadas [...] em sociedades predominantemente anglo-saxônicas [...] atribuíveis à genialidade peculiar dos anglo--saxões em assuntos políticos; 3. Uma combinação de virtudes e talentos que os tornava superiores, em todos os aspectos importantes, a qualquer outro grupo racial ou cultural comparável no mundo; 4. Tais atributos especificamente anglo-saxões como raciocínio, moderação, autocontrole, amor à liberdade e ódio à anarquia, respeito pela lei e desconfiança em relação ao entusiasmo eram, na verdade, transmissíveis de uma geração [...] a outra em uma espécie de herança biologicamente determinada; 5. Ameaças [...] de deterioração racial devida às tensões e pressões de uma sociedade altamente urbanizada e industrializada, ou de 'suicídio racial' por uma limitação deliberada do tamanho da família, ou da adulteração e contaminação do sangue anglo-saxão pela mistura com sangue 'estrangeiro', seja o de irlandeses, judeus, italianos, franceses, e assim por diante." [p. 11-12].

45. J.A. Froude, op. cit., p. 1-14.

46. Ibidem. Os comentários de Froude têm alguma semelhança com os de Karl Marx. Ver Outline of a Report on the Irish Question to the Communist Educational Association of German Workers in London, em K. Marx: F. Engels, *Ireland and the Irish Question*, p. 127.

47. Ibidem, p. 16.

48. Ibidem, p. 24-25.

49. Ibidem, p. 35; ver também M. Hechter, op. cit., p. 72.

50. M. Hechter, op. cit., p. 72. Hechter é um pouco negligente com datas (ele afirma que o Ato de União Irlandesa foi em 1801 quando sua data oficial foi 1 ago. 1800) e periodizações. A política de *plantations* da Irlanda começa com Elizabeth I, não Jaime I. Ver J.A. Froude, op. cit., p. 49-51; N. Mansergh, op. cit., p. 40.

51. J.A. Froude, op. cit., p. 52-65. O'Neill é um título irlandês de autoridade anterior à Conquista, usado "como símbolo da soberania independente irlandesa" [p. 59].

52. Contribuição de R.D. Edwards sobre "The Tudors", no verbete Ireland, *Encyclopaedia Britannica*, v. 12, p. 556-557.

53. N. Mansergh, op. cit., p. 40.

54. Froude cita as cifras de Petty que constam na obra *Political Arithmetick* (1699); J.A. Froude, op. cit., v. 1, p. 133. Marx, um pouco antes, qualificava Petty como "o pai da economia política inglesa", mas também o chamava de "apenas um aventureiro frívolo, ganancioso e sem princípios"; ver K. Marx, *A Contribution to the Critique of Political Economy*, p. 53 e 55, respectivamente. Sobre o interesse de Petty na Irlanda, ver E. Strauss, *Irish Nationalism and British Democracy*, p. 13-16.

55. J.A. Froude, op. cit., p. 219-285.

56. Hechter afirma: "Não foi até o Acordo Cromwelliano que as diferenças religiosas se tornaram a clivagem política dominante na sociedade irlandesa. As políticas de Cromwell em relação aos adeptos do catolicismo foram duras. Por um tempo, clérigos católicos eram assassinados onde quer que fossem encontrados. De importância mais duradoura é o fato de que proprietários de terras católicos, de ascendência anglo-normanda ou irlandesa, foram, em grande parte, despojados de suas terras; essas terras desapropriadas foram então usadas como pagamento para os tenentes militares de Cromwell na campanha irlandesa. Em 1688, quase 80% das terras irlandesas estavam nas mãos de ingleses e protestantes escoceses." M. Hechter, op. cit., p. 103. Marx observa que outra forma de retribuição durante o governo de Cromwell foi "a venda de muitos irlandeses como escravos nas Índias Ocidentais"; K. Marx, Outline of a Report..., *Ireland and the Irish Question*, p. 128.

57. M. Hechter, op. cit., p. 84, 93-94.

58. Ibidem, p. 92. Engels teve a oportunidade de enfrentar "os proprietários de terras irlandeses e os burgueses ingleses" que viam a condição da Irlanda no século XIX como um fenômeno natural: "Comparada com a Inglaterra, a Irlanda é mais adequada para a criação de gado em geral; mas se a Inglaterra é comparada com a França, ela também é mais adequada para a criação de gado. Deveríamos concluir que toda a Inglaterra

teria que ser transformada em pastagens para o gado, e toda a população agrária enviada para as cidades industriais ou para a América?", F. Engels, *History of Ireland*, em K. Marx; F. Engels, *Ireland and the Irish Question*, p. 190. Para mais informações sobre os efeitos do livre comércio na indústria irlandesa, ver E. Strauss, op. cit., p. 120.

59. E.P. Thompson, op. cit., p. 429.

60. Ibidem, p. 432.

61. Ibidem, p. 432-433. Para mais informações sobre os "ritmos de trabalho" e um enfoque muito mais satisfatório do "temperamento puritano" dos trabalhadores ingleses, ver o ensaio de E.P. Thompson, *Time, Work-Discipline, and Industrial Capitalism, Past and Present*, v. 38, n. 1, p. 56-97.

62. F. Engels, *The Condition of the Working Class in England in 1844*, p. 92. Strauss apoia as concepções de Thompson sobre "a experiência incapacitante do trabalho em fábricas e minas" dos trabalhadores ingleses como a razão da força superior dos trabalhadores irlandeses; ver E. Strauss, op. cit., p. 122. Sua avaliação final, no entanto, está de acordo com a de Engels [p. 124].

63. E.P. Thompson, *The Making of the English Working Class*, p. 424-425.

64. E. Strauss, op. cit., p. 126-127; J.T. Ward, *Chartism*, p. 64-65, 77.

65. E. Strauss, op. cit., p. 72, 127-131; E.P. Thompson, *The Making of the English Working Class*, p. 443.

66. F. Engels, *The Condition of the Working Class*, p. 124. Como muitos outros autores europeus do século XIX, Engels tendia a usar o termo "raça" tanto em seu sentido biológico quanto no de classe. As confusões que surgiram para Engels e seus leitores são evidentes nas passagens seguintes ao texto citado: "O egoísmo grosseiro da burguesia inglesa teria mantido seu domínio sobre a classe trabalhadora com maior firmeza se a natureza irlandesa, generosa demais e governada principalmente pelo sentimento, não interviesse e suavizasse o caráter frio e racional inglês, em parte por uma mistura das raças e em parte pelo contato comum da vida. Em vista de tudo isso, não é surpreendente que a classe trabalhadora tenha gradualmente se convertido em uma raça de todo separada da burguesia inglesa [...] Assim, são duas nações radicalmente dissimilares, tão distintas quanto a diferença de raça poderia torná-las, das quais nós, no Continente, conhecemos apenas uma, a burguesia" (ibidem).

67. E.P. Thompson, *The Making of the English Working Class*, p. 443.

68. J.T. Ward, *Chartism*, p. 239-243; E.P. Thompson, *The Making of the English Working Class*, p. 441; E. Strauss, op. cit., p. 126-127.

69. E.P. Thompson, *The Making of the English Working Class*, p. 226; o "transporte" era, é claro, para colônias penais, como New South Wales ou Botany Bay na Austrália, e necessariamente pressupunha sentenças de muitos anos. Ver também F. Engels, *The Condition of the Working Class*, p. 212-227.

70. W.E.B. Du Bois, The African Roots of the War, *Atlantic Monthly*, v. 115, p. 707-714. Du Bois usou a expressão "aristocracia trabalhadora" para se referir à participação material dos operários industriais europeus frente às condições degradantes dos camponeses e trabalhadores agrícolas na África, Ásia e América Latina. Seu uso do termo é anterior ao de Lênin (*Imperialism, the Highest Stage of Capitalism*, que ele transmitiu a seu editor em forma manuscrita em junho de 1916; ver V.L. Lenin, *Selected Works*, v. 1, p. 859, nota 317) e é significativamente diferente da referência de Lênin aos líderes dos sindicatos.

71. Os comentários de Marx sobre essa emigração da Irlanda são interessantes: "Um país – a Irlanda – tem sido salvo da extinção, quase até o último homem, pela emigração a esse país [os EUA]; a emigração, diz da mesma forma o *London Times*, 'impediu que canhões fossem colocados nas ruas de Londres'; mas o Império Indiano está longe demais para que possamos socorrê-lo". Parliamentary Debate on India, *New York Daily Tribune*, 25 jun. 1853, conforme reimpresso em S. Avineri (ed.), *Karl Marx on Colonialism and Modernization*, p. 87.

72. E. Strauss, op. cit., p. 158-169. A escolarização geral, outra força que poderia ter desempenhado um papel importante na "socialização" da classe trabalhadora inglesa, não apareceu até quase meados do século. Na verdade, o apoio estatal às escolas só começou em 1833, quando foram concedidos subsídios equivalentes às duas sociedades mais significativamente envolvidas na tutoria "moral" de crianças da classe trabalhadora, a British and Foreign School Society, e a National Society. Ainda assim, até as décadas de 1850 e 1860, não haviam sido estabelecidas escolas estatais obrigatórias. Os livros didáticos desse período atestam a preocupação com o anglo-saxonismo na educação da classe trabalhadora. Ver W. Lazonick, The Subjection of Labor to Capital, *Review of Radical Political Economics*, v. 10, n. 1, p. 10-14; R. Webb, *The British Working Class Reader*, capítulos 2 e 3.

73. Carta de Marx a Engels, 10 dez. 1869, em *Ireland and The Irish Question*, p. 284. A profundidade do sentimento entre os trabalhadores irlandeses e ingleses claramente decepcionou Marx: "Todo centro industrial e comercial da Inglaterra agora possui uma classe trabalhadora *dividida* em dois campos *hostis*, proletários ingleses e proletários irlandeses. O trabalhador inglês comum odeia o trabalhador irlandês como um concorrente que baixa seu padrão de vida. Em relação ao trabalhador irlandês, ele se sente um membro da *nação governante* e então se converte em uma ferramenta dos aristocratas e dos capitalistas de seu país contra a Irlanda, fortalecendo, assim, o domínio

569

deles sobre *si mesmo*. Ele preza preconceitos religiosos, sociais e nacionais contra o trabalhador irlandês. Sua atitude em relação a ele é muito semelhante à dos 'brancos pobres' para com os 'negros' nos antigos Estados escravistas dos EUA. O irlandês retribui com juros na mesma moeda. Ele vê no trabalhador inglês um cúmplice e, ao mesmo tempo, a ferramenta estúpida do *domínio inglês na Irlanda*." Marx para Sigfrid Meyer e August Vogt, 9 abr. 1870, ibidem, p. 293-294.

74. Movimento pelo autogoverno. (N. da T.)

75. Ver E. Strauss, op. cit., p. 142-169.

76. Ibidem, p. 119-121.

77. Ver S. Castles; G. Kosack, The Function of Labor Immigration in Western European Capitalism, *New Left Review*, n. 73, p. 5-10. Uma tese complementar, que enfatiza a importância das divisões étnicas e nacionais na classe trabalhadora inglesa, foi apresentada por William Lazonick. Focando as divisões do trabalho baseadas no sexo, Lazonick registra como essa outra tradição "pré-capitalista" afetou a organização e a consciência da classe trabalhadora: "A aceitação da divisão do trabalho com base no sexo pelos sindicatos dominados por homens criou a possibilidade, e talvez inclusive a necessidade, de políticas patriarcais da classe trabalhadora" [p. 9]. Mais adiante, ele afirma: "A integração da cultura patriarcal pré-capitalista no âmbito da produção capitalista e da política da classe trabalhadora serviu para perpetuar a desigualdade econômica entre os sexos, mantendo as mulheres da classe trabalhadora materialmente dependentes do salário dos homens." W. Lazonick, op. cit., p. 10.

78. Ver a discussão de S. Avineri sobre Max e o proletariado, *The Social and Political Thought of Karl Marx*, p. 52-64.

79. Ver o trecho da "Confidential Communication" enviada por Marx ao Executivo do Partido Social-Democrata dos Trabalhadores da Alemanha, 28 mar. 1870, como uma resposta às críticas de Bakunin sobre o uso feito da Questão Irlandesa nas lutas de facções na International Workingmen's Association

(I.W.M.A., Associação Internacional dos Trabalhadores), em K. Marx; F. Engels, *Ireland and the Irish Question*, p. 160-16; P.B. Ellis, *A History of the Irish Working Class*, p. 122-151.

80. S. Avineri, *The Social and Political Thought of Karl Marx*, p. 61; ver também I. Berlin, Historical Materialism, em T. Bottomore (ed.), *Karl Marx*, p. 64-65.

81. F. Engels para Joseph Bloch, em 21-22 set. 1890, em R. Tucker (ed.), *The Marx-Engels Reader*, p. 642.

82. Engels escreveu, em certa ocasião, que "a história é [...] simplesmente destinada a abranger todas as esferas – política, jurídica, filosófica, teológica – pertencentes à *sociedade* e não apenas à natureza". Engels para Franz Mehring, 14 jul. 1893, ibidem, p. 649.

83. Em uma carta a Conrad Schmidt, em outubro de 1890, Engels escreveu: "A filosofia de cada época, sendo uma esfera definida da divisão do trabalho, tem como pressuposto um determinado material de pensamento, transmitido a ela por seus antecessores, e que toma como ponto de partida." Ibidem, p. 646-647.

84. Engels para Joseph Bloch, op. cit., p. 641. Engels está parafraseando a declaração de abertura de Marx em *The Eighteenth Brumaire of Louis Bonaparte* (O 18 de Brumário de Luís Bonaparte): "Os homens fazem sua própria história, mas não a fazem conforme seu livre-arbítrio; não a fazem sob circunstâncias por eles escolhidas, mas sob circunstâncias diretamente encontradas, que existem e que lhes foram legadas pelo passado. A tradição de todas as gerações mortas é como um pesadelo no cérebro dos vivos." R. Tucker (ed.), op. cit., p. 437. György Lukács, por outro lado, tinha uma visão muito diferente das possibilidades do conhecimento crítico (posição idêntica à dos dois jovens que haviam colaborado no *Manifesto Comunista*): "Na medida em que o capitalismo realizou a socialização de todas as relações, tornou-se possível o autoconhecimento, o autoconhecimento verdadeiro e concreto do homem como *ser social*." G. Lukács, *History and Class Consciousness*, p. 237.

85. I. Berlin, op. cit., p. 67.

3. Teoria Socialista e Nacionalismo

1. N. MacKenzie, *Socialism: A Short History*, p. 20; G.D.H. Cole, *A History of Socialist Thought: The Forerunners*, v. 1, p. 8-9. Lichtheim gostaria que começássemos (como ele o faz) a história do socialismo com o surgimento do termo "por volta de 1830", por exemplo, porque "ao lidar com uma importante corrente política e ideológica não se pode desconsiderar a forma em que ela se definia" [p. 3]. Mas é preciso lembrar que ele pertence àquela escola de estudiosos que pode escrever sobre a história socialista que "é, em parte, a história de um movimento que teve que se emancipar das ilusões herdadas antes que pudesse atingir uma consciência de sua verdadeira natureza"

[p. vii]. Certos hábitos mentais – presumivelmente herdados do legado hegeliano – traem as melhores intenções. G. Lichtheim, *The Origins of Socialism*.

2. N. Cohn, *The Pursuit of the Millennium*, p. 187.

3. Ibidem, p. 191-199.

4. Ibidem, p. 195.

5. Ibidem, p. 198-280; F. Engels, The Peasant War in Germany, em L. Krieger (ed.), *The German Revolutions*, p. 35-52.

6. Ver G.D.H Cole, op. cit., p 14-16, para ver Rousseau como um exemplo; K. Marx; F. Engels, *The German Ideology*, em R.C. Tucker (ed.), *The Marx-Engels*

Reader, como outro exemplo, para o surgimento da categoria histórica do "comunismo primitivo".

7. F. Engels, *Socialism: Utopian and Scientific*, em R.C. Tucker (ed.), op. cit., p. 607; ver também K. Marx, *On the Jewish Question*, ibidem, p. 49. Engels declarou que: "A oposição revolucionária ao feudalismo esteve viva durante toda a Idade Média. De acordo com as condições da época, ela aparecia seja na forma de misticismo, como heresia declarada, seja como insurreição armada. Como misticismo, é de conhecimento o quão indispensável essa oposição era para os reformadores do século XVI [...] Nas outras duas formas de heresia medieval, encontramos, já no século XII, os precursores da grande divisão entre a classe média e a oposição de camponeses plebeus que causou o colapso da guerra camponesa. Essa divisão se manifesta ao longo do final da Idade Média." F. Engels, *The Peasant War in Germany*, em L. Krieger (ed.), op. cit., p. 35.

8. Ver, por exemplo, E.J. Hobsbawm, *Trends in the British Labour Movement since 1850*, *Labouring Men*, especialmente p. 323-325; T.J. Nossiter, *Shopkeeper Radicalism in the 19th Century*, em T.J. Nossiter et al. (eds.), *Imagination and Precision in the Social Sciences*, p. 407-408; A. Soboul, *The French Revolution: 1787-1799*, p. 3-31; E.J. Hobsbawm, *The Age of Revolution: 1789-1848*, p. 285-290, 357-358.

9. A. Fried; R. Sanders (eds.), *Socialist Thought*, p. 15-16. Morelly, um escritor do século XVIII de origens obscuras, influenciou muito Babeuf, o francês radical do qual falaremos infra.

10. As últimas duas frases são de G.D.H. Cole, op. cit., p. 14; ver também K. Marx; F. Engels, *The Communist Manifesto*, em R.C. Tucker (ed.), op. cit., p. 346.

11. Ver H. Marcuse, *Reason and Revolution*, p. 323-328.

12. K. Marx, *Theses on Feuerbach*, em R.C. Tucker (ed.), op. cit., p. 109; J. Passmore, *The Perfectibility of Man*, p. 212-238.

13. J.A. Schumpeter, *Capitalism, Socialism and Democracy*, p. 12-13.

14. G. Lichtheim, op. cit., p. 3, 9.

15. David McLellan, por exemplo, indica que "em geral, os membros da Internacional costumavam ser mais artesãos do que por proletários industriais". *Karl Marx: His Life and Thought*, p. 387.

16. Idem, *Marx Before Marxism*, p. 13.

17. K. Marx; F. Engels, *The Holy Family*, apud G. Lukács, *History and Class Consciousness*, p. 46.

18. Lênin escreveu em 1901-1902: "Dissemos que *não poderia ter havido* uma consciência social-democrata entre os trabalhadores, que teria de ser trazida a eles de fora. A história de todos os países mostra que a classe trabalhadora, exclusivamente por seu próprio esforço, é capaz de desenvolver apenas a consciência sindical, ou seja, a convicção de que é necessário se unir em sindicatos, lutar contra os empregadores e se

empenhar para obrigar o governo a aprovar a legislação trabalhista necessária etc. A teoria do socialismo, no entanto, brotou a partir de teorias filosóficas, históricas e econômicas elaboradas por representantes letrados das classes proprietárias, por intelectuais. Por seu *status* social, os fundadores do socialismo científico moderno, e Engels, pertenciam, eles próprios, à *intelligentsia* burguesa." V.I. Lenin, *What Is To Be Done?*, *Lenin, Selected Works*, v. 1, p. 122. Marx reconheceu suas origens de classe no *Manifesto Comunista*: "Finalmente, em tempos nos quais a luta de classes se aproxima do seu desenlace [...] uma parte da burguesia passa para o proletariado, em particular, essa parte dos ideólogos burgueses, que se elevaram até o nível da compreensão teórica do movimento histórico como um todo." R.C. Tucker (ed.), op. cit., p. 343. Algum tempo depois, em 1867, Marx deixou perfeitamente clara a percepção de seu papel no movimento dos trabalhadores em uma carta dirigida a Engels: "E na próxima revolução, que talvez esteja mais próxima do que parece, *nós* (ou seja, você e eu) teremos esse poderoso motor [a Internacional] em nossas mãos" (em vez de estar nas mãos "desses tolos proudhonistas" ou dos "porcos dentre os sindicalistas do comércio inglês"). Apud W. Lazonick, The Subjection of Labour to Capital, *Review of Radical Political Economics*, v. 10, n. 1, p. 23 (para uma versão mais completa da carta, ver D. McLellan, *Karl Marx*, p. 378).

19. K. Marx, *The Eighteenth Brumaire of Louis Bonaparte*, em R.C. Tucker (ed.), op. cit., p. 462, 464.

20. K. Marx; F. Engels, *The Communist Manifesto*, ibidem, p. 345.

21. Sobre a Inglaterra, ver E.P. Thompson, *The Making of the English Working Class*, p. 213; G. Rude, *The Crowd in History*, p. 84; sobre a França, ver K. Marx, *The Eighteenth Brumaire of Louis Bonaparte*, em R.C. Tucker (ed.), op. cit., p. 515; G. Rude, op. cit., p. 164, 176; G.D.H. Cole, op. cit., p. 1-18.

22. A. Soboul, op. cit., p. 46-47, 52.

23. G. Rude, op. cit., p. 240-241.

24. A. Soboul, op. cit., p. 18, 488-492.

25. G.D.H. Cole, op. cit., p. 20. G. Lichtheim, op. cit., p. 22, afirma que "pode-se dizer que a ala extrema da Revolução Francesa deu origem a um conjunto de noções que, embora nunca tenham sido desenvolvidas com sucesso na França, estavam destinadas a se tornarem politicamente eficazes na Rússia. O fator crucial é a crença de que a abolição da pobreza exige uma ditadura temporária que irá despojar os ricos, que também são os detentores efetivos do poder. A ditadura será exercida em nome do povo (ou do proletariado) e chegará ao fim quando seus inimigos forem removidos à força ou tornados inofensivos". Ver também D. Caute, *Communism and the French Intellectuals, 1914-1960*, p. 13, 286, 290.

26. G. Lichtheim, op. cit., p. 21.

27. A. Soboul, op. cit., p. 14-18.

28. Ver D. Caute, op. cit., p. 292; A. Soboul, op. cit., p. 410-438.

29. A. Soboul, op. cit., p. 438.

30. Ibidem, p. 491.

31. G.D.H. Cole, op. cit., p. 20-21.

32. Ibidem, p. 18. Soboul comenta: "A organização política da Conspiração marcou uma ruptura com os métodos usados até então pelo movimento popular. No centro da organização se encontrava o grupo dirigente, apoiado por um pequeno número de militantes endurecidos; então vinha a ala de simpatizantes, composta por patriotas e democratas (no sentido da palavra no Ano II), que não estavam envolvidos no sigilo e, ao que parece, não compartilhavam o novo ideal revolucionário; finalmente, havia as próprias massas, que deviam ser persuadidas a participar. Em suma, a de Babeuf foi uma conspiração organizacional por excelência, mas na qual o problema dos vínculos necessários com as massas parece ter sido em grande medida não resolvido." A. Soboul, op. cit., p. 490-491.

33. D. Caute, op. cit., p. 290.

34. R.C. Tucker, *Philosophy and Myth in Karl Marx*, p. 73-105; F. Mehring, *Karl Marx, The Story of His Life*, p. 15-57; D. McLellan, *Karl Marx*, p. 16-77.

35. K. Marx, *A Contribution to the Critique of Political Economy*, p. 20.

36. Ver K. Marx e F. Engels, *The German Ideology*, em R.C. Tucker (ed.), op. cit., p. 113-157.

37. Ver as cartas de Marx para Kugelmann, de 12 e 16 de abril de 1871, em K. Marx e F. Engels, *Karl Marx and Friedrich Engels, Selected Works*; F. Engels, Introduction to Karl Marx's Work, em *The Class Struggles in France 1848 to 1850, Selected Works*, ibidem, p. 651; e F. Mehring, op. cit., p. 156-159, 215, 447-454.

38. D. McLellan, *Karl Marx*, p. 290-359; e F. Mehring, op. cit., p. 208-224.

39. Sobre a discussão com Vogt, ver D. McLellan, *Karl Marx*, p. 310-315; F. Mehring, op. cit, p. 280-297; sobre Lassalle, ver D. McLellan, *Karl Marx*, p. 315-325; F. Mehring, op. cit., p. 265-278; sobre Mazzini, ver D. McLellan, *Karl Marx*, p. 258-261; F. Mehring, op. cit., p. 241-242; sobre Engels, ver D. McLellan, *Karl Marx*, p. 278-280, 331-332; F. Mehring, op. cit., p. 303-305.

40. Em uma carta a Ferdinand Freiligrath, Marx escreveu: "Depois que a'Liga' foi dissolvida em novembro de 1852 por sugestão minha, deixei de pertencer a nenhuma Sociedade, fosse ela secreta ou pública; assim, o partido, nesse sentido completamente efêmero, deixou de existir para mim há oito anos [...] Portanto, não sei nada sobre o partido, no sentido de sua carta, desde 1852." Apud D. McLellan, *Karl Marx*, p. 313-314.

41. F. Mehring, op. cit., p. 276.

42. Ver G.O. Griffith, *Mazzini, Prophet of Modern Europe*, p. 64, 235-236; e S. Barr, *Mazzini, Portrait of an Exile*,

p. 238-240.

43. R.R. Palmer; J. Colton, *A History of the Modern World*, p. 514.

44. L. Case, *Franco-Italian Relations, 1860-1865*, p. 3-31.

45. F. Mehring, op. cit., p. 268-269; ver também A.W. Ward, *Germany, 1815-1890*, sobre o desenvolvimento do movimento *Nationalverein* e a participação alemã na guerra italiana.

46. G. Barraclough, *The Origins of Modern Germany*, p. 414; J. Joll, The German Confederation, 1815-1866, *Encyclopaedia Britannica*, v. 10, 1965.

47. G. Barraclough, op. cit., p. 412.

48. G. Lichtheim, *Marxism: An Historical and Critical Study*, p. 69-70.

49. W.O. Henderson, *The Industrial Revolution in Europe*, p. 21-22; F. Engels, Germany: Revolution and Counter-Revolution, em L. Krieger (ed.), op. cit., p. 126-129.

50. Barraclough, op. cit., p. 414. Embora Barraclough considere algumas das observações de Engels sobre o fracasso das classes médias em promover uma revolução democrática um pouco precipitada, ele endossa (aparentemente) observações como as seguintes, escritas por Engels: "É tão evidente, e igualmente corroborado pela história de todos os países modernos, que a população agrícola, devido à sua dispersão em um grande espaço e à dificuldade de chegar a um acordo entre qualquer parte considerável dela, nunca pode tentar ser um movimento independente bem-sucedido; isso requer o impulso inicial das pessoas mais atentas, mais esclarecidas e mais facilmente deslocadas das cidades." F. Engels, Germany: Revolution and Counter-Revolution, em L. Krieger (ed.), op. cit., p. 131.

51. G. Barraclough, op. cit., p. 414-416.

52. Ibidem; F. Engels, Germany: Revolution and Counter-Revolution, em L. Krieger (ed.), op. cit., p. 168-177.

53. G. Lichtheim, *Marxism*, p. 78. Em outro lugar, Lichtheim afirma: "É pertinente lembrar que, em 1848, os homens podiam se associar pública e privadamente à causa da unificação nacional alemã, ao mesmo tempo que permaneciam fiéis aos princípios estabelecidos nas publicações da Liga Comunista. Nas condições alemãs, o nacionalismo era parte integral do programa democrático com o qual o grupo comunista estava comprometido, já que representava a ala de extrema-esquerda do movimento democrático." Ibidem, p. 72.

54. G. Barraclough, op. cit., p. 417-418.

55. Ibidem, p. 421.

56. D. McLellan, *Karl Marx*, p. 316-317; F. Mehring, op. cit., p. 270-271.

57. W.O. Henderson observa que "Em 1861, quando Marx visitava Lassalle em Berlim, escreveu a Engels que havia uma crença nos círculos militares mais exaltados de que *Po und Rhein* havia sido escrito por um general prussiano." *The Life of Friedrich Engels*, v. 1, p. 209.

58. F. Mehring, op. cit., p. 274-275.

59. Apud A. Smith, *Theories of Nationalism*, p. 73.

60. F. Mehring, op. cit., p. 272.

61. A. Schirokauer, *Lassalle: The Power of Illusion and the Illusion of Power*, p. 202-203. É irônico que a sensibilidade de Lassalle no que tange à mentalidade da multidão relacionada ao nacionalismo o tenha aproximado da demagogia aos olhos de alguns de seus contemporâneos e colegas. Nesse caso particular, seus instintos analíticos estavam corretos, o nacionalismo alemão estava em oposição à consciência revolucionária. Ver G. Brandes, *Ferdinand Lassalle*, p. 190; e F. Mehring, op. cit., p. 276.

62. D. McLellan, *Karl Marx*, p. 317.

63. F. Mehring, op. cit., p. 271.

64. D. McLellan, *Karl Marx*, p. 317.

65. G.D.H. Cole explica parcialmente as diferenças entre Marx/Engels e Lassalle em termos programáticos: "Sem dúvida, tinham muito em comum no plano teórico; e as questões que os separaram pareciam sem importância para a maioria de seus seguidores. Entretanto, na política prática, eram polos opostos, porque Marx era a favor da burguesia contra o Estado prussiano, enquanto Lassalle estava totalmente disposto a ficar do lado do Estado prussiano contra a burguesia." G.D.H. Cole, *A History of Socialist Thought: Marxism and Anarchism, 1850-1890*, v. 2, p. 72.

66. F. Mehring, op. cit., p. 271-272.

67. Ver H. Davis, Nations, Colonies and Social Classes, *Science and Society*, v. 29, n. 1, p. 42; A. Smith, op. cit., p. 301; S. Bloom, *The World of Nations*, p. 194. (Bloom prefere ver Marx como uma personalidade "ciumenta" em suas diferenças com Lassalle a atribuí-las ao nacionalismo de Marx, embora as provas de Bloom – como sugere Davis – apoiem a última interpretação.)

68. Para mais informações sobre as ambições políticas de Marx, ver D. McLellan, *Karl Marx*, p. 378; e G.H.D. Cole, *A History of Socialist Thought: Marxism and Anarchism, 1850-1890*, v. 2, p. 74.

69. K. Marx, *Capital*, v. 1, p. 737.

70. Ibidem, p. 747-748.

71. Ibidem, p. 754.

72. Ibidem, p. 757.

73. Em 1887-1888, Engels escreveria: "Desde o final da Idade Média, a história caminha em direção a uma Europa formada por grandes Estados nacionais. Apenas esses Estados nacionais constituem o marco político normal para a classe burguesa europeia dominante [...] e, além disso, são o pré-requisito indispensável para o estabelecimento de uma colaboração internacional e harmoniosa das nações, sem a qual o domínio do proletariado não pode existir." F. Engels, *The Role of Force in History*, p. 29-30.

74. Em maio de 1875, Marx escreveu à facção Eisenach do Movimento Social-Democrata alemão: "O partido alemão dos trabalhadores [...] mostra que suas ideias socialistas não são sequer superficiais; já que, em vez de tomar a sociedade existente [...] como base do Estado existente [...] considera o Estado mais como [uma] entidade independente que possui seus próprios fundamentos intelectuais, éticos e liberais. 'A sociedade atual' é a sociedade capitalista, que existe em todos os países civilizados, mais ou menos livre de aditamentos medievais, mais ou menos modificada pelo desenvolvimento histórico específico de cada país, mais ou menos desenvolvida." K. Marx, *Critique of the Gotha Program*, em R.C. Tucker (ed.), op. cit., p. 394.

75. "O período burguês da história deve criar a base material do novo mundo – por um lado, o intercâmbio universal baseado na dependência mútua da humanidade, e os meios desse intercâmbio; por outro lado, o desenvolvimento dos poderes produtivos do homem e a transformação da produção material em um domínio científico das agências naturais." K. Marx, The Future Results of British Rule in India, em S. Avineri (ed.), *Karl Marx on Colonialism and Modernization*, p. 138.

76. K. Marx, *The Class Struggles in France, 1848-50*, em S. Padover (ed.), *Karl Marx: On Revolution*, p. 162.

77. K. Marx; F. Engels, *The Communist Manifesto*, em R.C. Tucker (ed.), op. cit., p. 339. Sobre Lichtheim, ver *Marxism: An Historical and Critical Study*, p. 86.

78. "A burguesia, graças ao rápido aperfeiçoamento de todos os instrumentos de produção e aos meios de comunicação imensamente facilitados, atrai todas as nações, mesmo as mais bárbaras, para a civilização." K. Marx; F. Engels, *The Communist Manifesto*, em R.C. Tucker (ed.), op. cit., p. 339.

79. "A burguesia se encontra em uma batalha constante. No início, contra a aristocracia; mais tarde, contra os setores da própria burguesia cujos interesses se tornaram antagônicos ao progresso da indústria; e, em todos os momentos, com a burguesia de países estrangeiros." Ibidem, p. 343.

80. Ibidem, p. 339.

81. Lichtheim conjetura que: "Ao contrário da maioria dos teóricos políticos alemães de sua época, notavelmente os liberais, Marx considerava a Inglaterra, e não a França, a exceção do domínio geral europeu. A França era o caso 'clássico': assim como nos tempos medievais ela tinha sido o centro do feudalismo, agora sua vida nacional fornecia a visão mais clara possível dos conflitos de classe que dividiam a sociedade, emboraa Grã-Bretanha estivesse economicamente mais avançada. Mas a França também era o 'modelo', na medida em que suas instituições políticas haviam sido reconfiguradas pela maior e mais bem-sucedida das 'revoluções burguesas'." G. Lichtheim, *Marxism: An Historical and Critical Study*, p. 86-87.

82. S. Avineri (ed.), op. cit., p. 469; ver também P. Blackstock; B. Hoselitz (eds.), *The Russian Menace to Europe*, p. 216-218, 274-275.

573

83. P. Blackstock; B. Hoselitz (eds.), op. cit., p. 278; ver ibidem, p. 280, para a tradução inglesa das edições alemãs de 1867 e 1872.

84. Lichtheim faz a interessante observação de que: "Tendo, com alguma relutância, adotado a opinião de que a emancipação nacional na Irlanda devia preceder a revolução democrática na Inglaterra, e não o contrário, Marx continuou a defender uma relação federal entre os dois países em vez de uma separação completa. Mais tarde, essa se tornou a abordagem social-democrata padrão das questões de nacionalidade e inclusive encontrou um eco tênue no leninismo." G. Lichtheim, *Marxism: An Historical and Critical Study*, p. 84.

85. O Festival de Hambach foi um festival nacional democrático alemão, disfarçado de feira local não política, celebrado entre 27 e 30 maio 1832 no castelo de Hambach. Foi também uma das primeiras demonstrações públicas de apoio à emancipação nacional, isto é, à unidade alemã, à liberdade e à democracia no período Vormärz (antes de março). (N. da T.)

86. F. Engels, *The Role of Force in History*, p. 34-35. Sobre uma discussão de Marx e Engels como nacionalistas alemães (e particularmente a transformação do jovem nacionalista Engels em um internacionalista), ver H. Davis, op. cit., p. 44-51.

87. Ver G. Lichtheim, *Marxism: An Historical and Critical Study*, p. 85; H. Davis, *Nationalism and Socialism*, p. 3, 22-23, 218; M. Makovic, Stalinism and Marxism, em R.C. Tucker, *Stalinism*, p. 315-317. (Makovic sugere que esse ressentimento de Engels provinha das revoluções de 1848/1849, quando os exércitos contrarrevolucionários foram organizados entre os eslavos para reprimir os movimentos sociais na Europa Central e Oriental.)

88. Ver K. Marx; F. Engels, *Ireland and the Irish Question*.

89. Ver M. Löwy, Marxists and the National Question, *New Left Review*, n. 96, p. 82-83.

90. Ver H. Davis, Nations, Colonies and Social Classes, *Science and Society*, v. 29, n. 1, p. 28-31.

91. F. Engels, The Magyar Struggle, em K. Marx, *The Revolutions of 1848*, p. 221-223.

92. "Havia uma tendência ao economicismo em sua ideia de que a 'padronização da produção industrial e as correspondentes condições de vida' contribuíam para dissolver as barreiras nacionais [...] e os antagonismos, como se diferenças nacionais pudessem ser simplesmente equiparadas a diferenças no processo de produção." M. Löwy, op. cit., p. 82.

93. "Tal argumento deveu-se mais aos princípios conservadores da escola histórica do Direito (Savigny etc.) do que às ideias revolucionárias do materialismo histórico." Ibidem, p. 84.

94. H. Davis, *Nationalism and Socialism*, p. 50-51.

95. Ibidem, p. 57.

96. Ver "The National Question", um apêndice ao livro de P. Nettl, *Rosa Luxemburg*, p. 500-519.

97. Ver M. Löwy, op. cit., p. 91; G. Haupt et al., *Les Marxistes et la question nationale*, p. 50-52.

98. M. Löwy, op. cit., p. 93-94; G. Haupt et al., op. cit., p. 23, 30, 45-50; ver também J.V. Stalin, Marxism and the National Question, *Works*, v. 11.

99. F. Borkenau, *World Communism*, p. 94.

100. M. Löwy, op. cit., p. 89-91.

101. Ibidem, p. 90.

102. Ibidem, p. 96; G. Haupt et al., op. cit., p. 52-61.

103. J.V. Stalin, op. cit., p. 307. Löwy, op. cit., erroneamente argumenta que Lênin teve várias ocasiões para se referir à obra de Stálin, mas nunca o fez com demasiado entusiasmo. A atitude de Lênin pode ser ilustrada pelas observações encontradas em J.V. Stalin, op. cit., p. 417-418, nota 130.

104. Ibidem, p. 321.

105. T. Nairn, The Modern Janus, *New Left Review*, n. 94, p. 21.

106. Ibidem, p. 10, 12, 13.

107. J. Baudrillard, *The Mirror of Production*, p. 33.

108. A. Callinicos, *Althusser's Marxism*, p. 87.

109. T. Draper, *The Roots of American Communism*, capítulo 5.

110. Carta a Joseph Bloch, 21-22 set. 1890, em R.C. Tucker (ed.), op. cit., p. 642.

111. Carta a Franz Mehring, 14 jul. 1893, ibidem, p. 650.

112. T. Nairn, op. cit., p. 25.

113. Ibidem, p. 17.

114. Raymond Williams escreveu: "A razão para a [...] fragilidade no marxismo não é difícil de encontrar: reside na fórmula recebida de base e superestrutura que, em mãos ordinárias, converteu muito rapidamente um simples reflexo, uma expressão ideológica, em uma interpretação da superestrutura." R. Williams, Literature and Sociology, *New Left Review*, n. 67, p. 9.

115. G. Lukács, op. cit., p. 110-149.

4. Os Processos e as Consequências da Transmutação da África

1. Por exemplo, E.D. Cronon comenta, ainda em 1972: "Garvey apareceu fortuitamente em um momento no qual as massas negras estavam esperando por um Moisés negro, e se converteu no instrumento pelo qual puderam expressar seus anseios e seu profundo descontentamento. A corrente do nacionalismo negro que ele ajudou a colocar em movimento ainda nãocompletara seu desenvolvimento pois, como um de seus

seguidores uma vez se gabou, Marcus Garvey abriu janelas na mente dos negros." (Afterword: An Enduring Legacy, em E.D. Cronon (ed.), *Marcus Garvey*, p. 168.). Cronon sustenta essa interpretação de Garvey como uma entidade histórica única a partir de seu estudo anterior: *Black Moses: The Story of Marcus Garvey and the Universal Negro Improvement Association*. Ao distinguir Garvey dessa forma, Cronon construiu uma personalidade e caracterizou uma ideologia social apartada das raízes históricas sugeridas por um de seus próprios colaboradores, George Shepperson (Garvey as Pan-Africanist, em E.D. Cronon [ed.], *Marcus Garvey*, p. 144-147). Mais significativamente, ele ignorou a visão histórica mais ampla, articulada por C.L.R. James já em 1938: "Embora muitas vezes obstruída e às vezes desviada, a corrente da história, observada a partir de um ponto de eminência, pode ser vista como a união de afluentes estranhos e diversos em sua própria lógica abrangente. Os revolucionários de São Domingos, o braço negro na Guerra Civil, foram alavancas inconscientes, mas potentes, de duas grandes propulsões à frente da civilização moderna [...] Isso é o que é extraído da desolação e investe de significado um registro de fracasso quase incessante. O africano se machuca e se despedaça contra suas grades no interesse de liberdades mais amplas do que a sua." C.L.R. James, *A History of Pan-African Revolt*, p. 99-100.

2. No original inglês, *maroon*, traduzida ao longo do livro como "quilombo" ou "quilombola". (N. da E.)

3. Embora Theodore Draper (*The Rediscovery of Black Nationalism*) tenha sido um dos primeiros historiadores do pós-guerra a "descobrir" uma tradição nacionalista – ele rastreou o início do nacionalismo negro até o "migracionismo" ou "emigracionismo" [p. 4] do final do século XVIII e início do século XIX –, seu trabalho foi um pouco polêmico. Postulando a existência de duas manifestações opostas do nacionalismo negro, "emigracionismo" e "estatismo interno", Draper argumentava que o nacionalismo negro sempre teve uma importância limitada entre os negros. O cuidado com que sua investigação foi conduzida pode ser mais bem constatado a partir da revisão da sua abordagem do movimento de emigração do século XIX. Em geral, sua análise sofre de uma ênfase desproporcional das opiniões e ações dos homens negros livres e de "amostras" um tanto questionáveis da opinião de massas: "A grande maioria dos negros estadunidenses preferiu travar uma batalha árdua para se tornar parte do nacionalismo em que havia nas cido, ao invés de correr o risco de perder o que tinha sem ganhar o que lhe fora prometido" [p. 12]. A "grande massa" à qual Draper se refere era, claro, os quase meio milhão de negros livres no período anterior à guerra. Sua "amostragem" parece ter sido confinada aos sucessos limitados da American Society for Colonizing the Free People of Color in the United States [Sociedade Americana de Colonização das Pessoas de Cor nos Estados Unidos] (aproximadamente doze mil colonos negros nos primeiros cinquenta anos desde seu início, em 1817); um punhado de declarações pela anticolonização; a ambivalência de Martin Delaney [p. 21-41]; e as ressalvas pragmáticas de pró-colonizadores como Henry Turner, James T. Holly e Henry H. Garnet [p. 42-47]. Embora Draper reconheça que pelo menos dez mil negros tenham emigrado para o Haiti no início do século XIX e um número semelhante para o Canadá [p. 19], essa oposição à colonização era às vezes tática (para manter a pressão contra a escravidão), às vezes baseada em imagens distorcidas da África [p. 18] ou em interesses específicos de uma "classe média" negra emergente [p. 45-46], de alguma forma, algumas dezenas de exemplos de declarações anticolonização e uma abordagem dos movimentos emigracionistas dominada por uma reconstrução da atividade política de Delaney (20 de 33 páginas) recebem mais peso do que as dezenas de milhares que emigraram no início do século XIX e os incontáveis números que disseram adeus aos Estados Unidos (e às vezes ao Novo Mundo), ambos anteriormente. Ver I. Geiss, *The Pan-African Movement*, p. 52-57; F. Miller, *The Search for a Black Nationality* e, posteriormente, W. Bittle; G. Geis, *The Longest Way Home*; E. Redkey, *Black Exodus*. A ênfase de Draper na oposição à Colonization Society não explica a proliferação de sociedades e movimentos de emigração negras, nem a distinção então feita entre a colonização africana e os interesses no Haiti, Canadá, América Latina, Ohio e na Fronteira Ocidental como locais de futura colonização. Se Delaney era um defensor ambivalente da emigração, James Forten e Richard Allen a rejeitavam com ambivalência (ver F. Miller, op. cit.). Draper se ancora em L. Mehlinger, The Attitudes of the Free Negro toward African Colonization, *Journal of Negro History*, v. 1, n. 3, p. 276-301, para evidenciar a rejeição massiva à Colonization Society. Ele poderia ter indicado que a fonte básica de Mehlinger era *Thoughts on African Colonization*, de W.L. Garrison, que registrava protestos em parte influenciados por Garrison: "William Lloyd Garrison orquestrou várias reuniões de protesto negro anunciando que os negros não abandonariam os Estados Unidos" (F. Miller, op. cit., p. 55). Garrison, por sua vez, estava convencido da duplicidade supostamente racista da Colonization Society por Forten e Allen, ex-apoiadores negros da colonização; ver W.L. Katz, Earliest Responses of American Negroes and Whites to African Colonization, introdução ao *Thoughts on African Colonization*, de Garrison, sobre a colonização africana, p. x-xi. Mesmo assim, Mehlinger cita vários exemplos de apoio de negros do Sul e do Norte à colonização, embora ele se esqueça de mencionar os efeitos (negativos) da malsucedida emigração haitiana na década de 1820 (ibidem, p. 74-82) ou seu papel no deslocamento dos abolicionistas de posições gradualistas

575

sobre a escravidão ao "imediatismo" (ibidem, p. 90; J.L. Thomas, *The Liberator: William Lloyd Garrison*, p. 465, nota 26). Draper parece também estar convencido de que os méritos da emigração, da colonização e do estatismo interno poderiam ser determinados identificando-os originalmente como "fantasias brancas" (T. Draper, op. cit., p. 13, 14, 48, 57). O exemplo de Draper é aparentemente contagioso: ver, por exemplo, R. Hall, *Black Separatism in the United States*, p. 21, 33-37. Como Draper, Hall não faz grande esforço para desvelar os sentimentos daqueles negros (escravos ou homens livres) que estavam além das camadas das elites que, consequentemente, dominavam o registro histórico. O estudo de Redkey sobre o período de 1890-1910 é uma tentativa de estender essa questão: "Quer ele soubesse ou não, Garvey fazia parte de uma longa tradição de nacionalismo negro nos Estados Unidos. Os seguidores de Garvey, ademais, eram os mesmos agricultores marginais negros do Sul que haviam respondido aos apelos de emigração do bispo Turner e seus adeptos uma geração antes [...] Dentro do padrão dos anteriores movimentos africanos de emigração, os negros da classe baixa responderam ansiosamente quando era o extravagante *Marcus Garvey* quem apontava o caminho. Não mais isolados em fazendas dispersas e restringidos pelas condições do Sul como os seguidores de Turner tinham sido, o proletariado negro, aglomerado em guetos urbanos e desiludido com seus novos lares, difundiu o nacionalismo rapidamente. O próprio Garvey pode ter sido um estrangeiro, mas seus milhões de seguidores manifestavam uma velha resposta americana do nacionalismo negro." E. Redkey, op. cit., p. 294.

4. Em uma obra notável, *Black Nationalism*, p. 17-19, E.U. Essien-Udom, em seu estudo sobre o movimento muçulmano negro estadunidense, que traça suas raízes nacionalistas negras ao "racionalismo negro" do início do século XIX (Paul Cuffe e o movimento de emigração), distinguia o nacionalismo negro como uma preocupação exclusiva com o bem-estar dos negros estadunidenses. O próprio Cuffe declarava seu interesse de forma diferente: "Tendo sido informado de que havia um assentamento de pessoas de cor em Serra Leoa, sob a tutela imediata de uma potência civilizada, durante muitos anos senti um vivo interesse por elas, desejando que os habitantes da colônia realmente se estabelecessem e, assim, ajudassem à sua promoção inter nossos irmãos africanos"; mesmo fazendo um esforço durante essa visita (1810-1811) à colônia para dissuadir a "tribo dos mandingas" de um maior envolvimento no tráfico de escravos: "Como eles próprios não estavam dispostos a se submeter aos grilhões da escravidão, me esforcei para manter isso como uma luz para convencê-los de seu erro. Mas o preconceito da educação havia se apoderado muito de suas mentes para admitir o efeito da razão sobre esse tema." P. Cuffe, A Brief Account of the Settlement

and Present Situation of the Colony of Sierra Leone in Africa, em A.C. Hill; M. Kilson (eds.), *Apropos of Africa*, p. 14, 17-18. No que tange à negligência da tradição histórica do radicalismo negro, ver os ensaios bibliográficos de E. Redkey, op. cit., p. 312; F. Miller, op. cit., p. 28.

5. W. Rodney, Upper Guinea and the Significance of the Origins of Africans Enslaved in the New World, *Journal of Negro History*, v. 54, n. 4, p. 345.

6. G.W.F. Hegel, *The Philosophy of History*, p. 80, 93, 96, 99. Curiosamente, Johann Gottfried von Herder, o pensador alemão do século XVIII cuja obra Hegel bem conhecia (somos informados de que Hegel nunca reconheceu a influência de Herder), foi um dos raros filósofos europeus que tentou entender as tradições nacionais para além da Europa: "Raramente um europeu ouve de um nativo de qualquer país o elogio 'ele é um homem racional como nós!'" E mais: "O europeu não tem ideia das paixões e da imaginação em ebulição que brilham no peito do negro; e o hindu não tem concepção dos desejos inquietos que afugentam o europeu de um fim de mundo para o outro." J.G. Herder, *Reflections on the Philosophy of the History of Mankind*, p. 32 e 75, respectivamente. No que diz respeito ao relacionamento de Hegel com Herder, ver a introdução de Frank Manuel, ibidem, p. 17.

7. Winthrop Jordan nos lembra da antiguidade dessas noções ao tratar da "valorização da cor" de David Hume: "Hume estava convencido de que os povos próximos aos polos e nos trópicos eram essencialmente inferiores aos das zonas temperadas, uma convicção que, no pensamento europeu, podia ser rastreada historicamente aos gregos – que também viviam em um clima temperado. O que Hume fez em 1748, porém, foi ir além dos filósofos da antiguidade ao vincular a superioridade à compleição." Jordan então cita Hume diretamente: "Estou apto a suspeitar de que os negros e, em geral, todas as demais espécies de homens (pois há quatro ou cinco tipos diferentes) sejam naturalmente inferiores aos brancos. Nunca houve uma nação civilizada de qualquer outra compleição que não a branca, nem mesmo qualquer indivíduo eminente, seja em ação ou especulação. Não há nenhuma manufatura engenhosa entre eles, nenhuma arte, nenhuma ciência." W. Jordan, *White Over Black*, p. 253. (M.I. Finley e F. Snowden não concordariam com a interpretação de Jordan do pensamento racial entre os "antigos". Ambos argumentam que a consciência racial dos gregos e romanos tendia a ser mais objetiva do que irracional. Quanto a Finley, ver Between Slavery and Freedom, *Comparative Studies in Society and History*, v. 6, n. 3, p. 246; sobre F. Snowden, ver *Blacks in Antiquity*, p. 176-195. (A visão de Jordan corresponde à de Friedrich Hertz de acordo com L. Ruchames, *Racial Thought in America*, p. 1-2.). Já que uma demonstração completa da frequência com que historiadores e analistas sociais europeus se

baseiam em uma cosmovisão eurocêntrica como base de seu trabalho seria tediosa devido à própria natureza de suas dimensões, alguns exemplos extraídos das obras de estudiosos eminentes devem ser suficientes. Avançando de Hegel e Hume, está a coleção amplamente elogiada de palestras em Cambridge de E.H. Carr, *What Is History?*. Em sua palestra final, Carr observou: "É apenas nos últimos duzentos anos, no máximo, mesmo em alguns países avançados, que essa consciência social, política e histórica começou a se difundir para algo como a maioria da população. Só hoje se tornou possível, pela primeira vez, inclusive imaginar um mundo inteiro formado de povos que, no sentido mais amplo, entraram na história e se tornaram a preocupação não mais do administrador colonial ou do antropólogo, mas do historiador" [p. 199]. Em 1969, Boniface Obichere, um professor de história nigeriano, lembrou que: "O presente Professor Regius de História Moderna em Oxford, Hugh Trevor-Roper, expressou a opinião de que não acreditava que a África e a Ásia tivessem qualquer história, exceto aquela que começou com os empreendimentos europeus nesses lugares." E de mais a mais, "que toda a história africana era, nas palavras dos professores R. Robinson e J.A. Gallagher em *Africa and the Victorian*s, 'uma nota de rodapé gigantesca'; para algo que a Grã-Bretanha estava fazendo na Ásia ou na Inglaterra, e sucessivamente." B. Obichere, African History and Western Civilization, em A. Robinson et al. (eds.), *Black Studies in the University*, p. 87, 88, respectivamente. Um exame da palestra de Trevor-Roper indica que a acusação de Obichere foi um tanto generosa: "Talvez, no futuro, haja um pouco de história africana a ser ensinada. Entretanto, no momento, não há nenhuma: existe apenas a história dos europeus na África. O resto é obscuridade, como a história da América pré-europeia e pré-colombiana. E a obscuridade não é um tema da história. Por favor, não me entendam mal. Não nego que tenham existido homens, inclusive em países obscuros e séculos obscuros, nem que tiveram vida política e cultura interessantes para sociólogos e antropólogos; porém a história, acredito, é essencialmente uma forma de movimento e também um movimento intencional. Não é uma mera fantasmagoria de formas e costumes cambiantes, de batalhas e conquistas, dinastias e usurpações, formas sociais e desintegração social.Podemos negligenciar nossa própria história e nos divertirmos com os giros desagradáveis de tribos bárbaras em rincões pitorescos, mas irrelevantes, do globo: tribos cuja principal função na história, em minha opinião, é mostrar até o presente uma imagem do passado da qual escapou, graças à história; ou devo procurar evitar a indignação dos medievalistas ao dizer em que isso mudou?" H. Trevor-Roper,The Rise of Christian Europe: The Great Recovery, *The Listener*, 28 nov. 1963, p. 871. Para um resumo do desenvolvimento do pensamento europeu sobre os povos não ocidentais, ver Introduction: Imperialism as Intellectual

History, em P. Curtin (ed.), *Imperialism*, p. xii-xvii. Para exemplos específicos das ciências sociais, ver B. Magubane, A Critical Look at Indices Used in the Study of Social Change in Colonial Africa, *Current Anthropology*, v. 12, n. 4-5, p. 419-431.

8. Em certo sentido, mesmo os estudiosos mais cuidadosos ainda relutam em reconhecer os precedentes europeus do sistema escravista da mão de obra africana. Edmund Morgan, por exemplo, em seu estudo da Virgínia colonial, ao resumir o caráter da "iniciativa privada" na colônia, conjectura: "Também podemos ver como os virginianos começando a se mover em direção a um sistema de trabalho que tratava os homens como coisas." Embora pareça que Morgan esteja descrevendo os *primórdios* desse sistema, isso é difícil de conciliar com as evidências que ele mesmo acumulou, o que o levou (um parágrafo antes) a observar: "Um servo, ao ir para a Virgínia, tornava-se por vários anos uma coisa, uma mercadoria com um preço." Ademais, Morgan já havia encontrado esse sistema na metrópole: "Na própria Inglaterra, depois que a força de trabalho se tornou mais valiosa, a demanda produziu uma certa quantidade de compra e venda de aprendizes industriais." E.S. Morgan, *American Slavery, American Freedom*, p. 129 e 128, respectivamente. O imprimátur da ordem racial que havia se desenvolvido durante séculos na Europa estava decididamente na mente de Benjamin Franklin quando escreveu: "O número de pessoas puramente brancas no mundo é proporcionalmente muito pequeno. Toda a África é negra ou fulva. A Ásia, principalmente fulva. A América (excluindo os recém-chegados), totalmente. E na Europa, os espanhóis, italianos, franceses, russos e suecos são geralmente o que chamamos de uma tez morena; como também os alemães, exceto os saxões que, com os ingleses, formam o principal corpo de pessoas brancas sobre a face da Terra. Eu gostaria que seus números aumentassem." Apud W. Jordan, op. cit., p. 254. Como Jordan comentou, "se os europeus eram brancos, alguns eram mais brancos que outros" (ibidem).

9. "Uncle Tom at Home", contribuição anônima, *Putnam's Monthly*, v. 8, n. 43, p. 4-5. O artigo é um exemplo clássico de erudição equivocada, cujo autor se apoiaem grande medida nos relatos de exploradores científicos(por exemplo, H. Barth,*Travels and Discoveries in North and Central Africa*), e militares aventureiros (D. Dunham; H. Clapperton, *Narratives of Travels and Discoveries in Northern and Central Africain the Years 1822, 1823 and 1824*). Na curta carreira do*Putnam's Monthly* (1853-1858 antes de ser absorvido pelo *Emerson's United States Magazine*; e uma segunda série, 1958-1971, antes de ser comprado pelo*Scribner's Monthly*), ele desafiou efetivamente a nata das revistas literárias produzidas em Nova York (sua própria base de operação) e em Boston (ver A. Tassin, *The Magazine in America*, p. 205-231, 315). Ironicamente,

577

não obstante sua simpatia editorial pela negrofobia e a frequência com que publicava contribuições de autores dos "Estados escravistas", não escapou ao desprezo dos literatos sulistas. (Ver F.L. Mott, *A History of American Magazines, 1741-1850*, v. 1, p. 648; Special Editorial Note for the People South of Mason and Dixon's Line, *Putnam's Monthly*, v. 3, n. 15, p. 343-344; A. Tassin, op. cit., p. 186.)

10. Sobre os antecedentes e o caráter geral da reação à Lei do Escravo Fugitivo, de 1850, ver M.F. Berry, *Black Resistance, White Law*, p. 72-77; J.H. Franklin, *From Slavery to Freedom*, p. 260-266, 367-370. Para outro interessante relato, ver W.Z. Foster, *The Negro People in American History*, p. 167-171. Foster enfatiza particularmente a violência que acompanhou a aprovação e a implementação da lei; violência que era ao mesmo tempo resistente e complacente com a causa. Baseando-se na primeira edição do *New York Times* (18 set. 1851), Foster, infelizmente, confunde os eventos em Christiana, Pensilvânia, envolvendo William Parker. Foster identificou Parker como um "negro livre" quando, na verdade, ele era um escravo fugitivo de Maryland. Além disso, foi Parker quem ajudou a formar uma organização de justiceiros contra a captura de escravos na região de Christiana. Foi esse grupo que organizou a resistência às tentativas dos Gorsuches de recuperar seus escravos-propriedades, matando os Gorsuches (Edward e Dickinson, pai e filho foram mortos; o sobrinho Joshua, ferido) no processo. Ver o relato de W. Parker, Fugitives Resist Kidnapping, em C. Nichols (ed.), *Black Men in Chains*, p. 281-315. Sobre John Brown, ver S. Oates, *To Purge This Land with Blood*.

11. Milton Cantor, em seu ensaio sobre a América do século XVII, conclui que "O negro estava então permanentemente preso por correntes biológicas e antropológicas. Os escritores favoráveis à escravidão fizeram de tudo para garantir a viabilidade de sua degradação. A escravidão era justificada pelo clima e por necessidades econômicas; pela confiança na história, na *Bíblia*, no desígnio da Providência. Argumentava-se, no período colonial, que a América inglesa não poderia se desenvolver sem essa instituição peculiar. Homens brancos eram fisiologicamente incapazes de trabalhar em climas quentes; só os negros tinham esse poder." Essas opiniões tampouco se limitavam aos que simpatizavam com a escravidão: "Essa convicção de desigualdade era tão difundida que muitos autores antiescravistas a admitiam." M. Cantor, The Image of the Negro in Colonial Literature, em S. Gross; J.E. Hardy (eds.), *Images of The Negro in American Literature*, p. 43 e 31, respectivamente. Ver também M. Mellon, *Early American Views on Negro Slavery*; W. Jordan, op. cit., p. 253-255, 286, 305-307.

12. D.B. Davis, *The Problem of Slavery in Western Culture*, p. 453.

13. "A fim de manter sua renda sem sacrifício ou esforço, o Sul recorreu a uma doutrina de diferenças raciais que afirmava que uma maior inteligência e uma maior eficiência eram impossíveis para a mão de obra negra. Desejando tal desculpa para a indulgência preguiçosa, o proprietário da *plantation* facilmente a encontrou, a inventou e a comprovou. Seus líderes religiosos subservientes voltaram a 'Maldição de Canaã'; seus pseudocientistas reuniram e complementaram todas as doutrinas disponíveis sobre a inferioridade racial; suas escolas dispersas e periódicos pedantes repetiam essas lendas, de modo que até para o proprietário da *plantation* médio, nascido depois de 1840, era impossível não acreditar que todas as leis válidas na psicologia, na economia e na política deixavam de sê-las no que se referia à raça negra." W.E.B. Du Bois, *Black Reconstruction na América, 1860-1880*, p. 30-39. Benita Parry descobriu que a comunidade inglesa na Índia e sua *intelligentsia* britânica produziram "lendas" semelhantes a respeito do indiano; ver *Delusions and Discoveries*, p. 1-70.

14. D.B. Davis, op. cit., p. 464-482; M. Cantor, op. cit., p. 53; W. Jordan, op. cit., capítulo 13.

15. Davis comenta que "um dos estudos modernos mais abrangentes de uma cultura da África Ocidental apresenta uma imagem muito semelhante à dos reinos do século XVIII". D.B. Davis, op. cit., p. 465. Davis está se referindo, no primeiro, ao trabalho de Melville e Frances Herskovitts (ver ibidem, nota 47).

16. Ibidem.

17. Em seu prefácio, Davis afirmava: "Espero demonstrar que a escravidão sempre tem sido uma fonte de tensão social e psicológica, mas que na cultura ocidental estava associada a certas doutrinas religiosas e filosóficas que lhe deram maior sanção. A contradição subjacente à escravidão tornou-se mais manifesta quando a instituição se vinculou intimamente com a colonização americana, que também era vista como uma forma de proporcionar à humanidade a oportunidade de criar uma sociedade mais perfeita." Ibidem, p. 9.

18. "O historiador, como o estudioso moderno da consciência racial em crianças muito pequenas, deve permanecer atento e, de fato, perplexo quanto à questão se os homens brancos originalmente responderam de forma negativa à cor do negro por causa da valorização cultural anterior estritamente acidental da negritude *per se*, à repulsão instintiva fundamentada em processos fisiológicos ou talvez ao medo da noite que pode ter tido valor adaptativo na evolução humana, da associação de sujeira e pele escura com as classes mais baixas na Europa, ou da associação da negritude com negros que eram inferiores em cultura ou *status*." W. Jordan, op. cit., p. 257.

19. D.B. Davis, op. cit., p. 447.

20. Ibidem, p. 455-459.

21. Brian Street, em sua reconstrução da história da relação entre o pensamento científico e as teorias raciais

que perpassaram a literatura inglesa do período vitoriano, conclui: "Com o estabelecimento do vínculo entre raça e cultura, qualidades físicas e mentais, quaisquer sentimentos subjetivos relacionados ao 'caráter' de outras raças pode receber respaldo científico. Se os critérios para distinguir as raças dos homens dependessem de tais considerações subjetivas, Voltaire e Rousseau poderiam afirmar que os negros eram naturalmente inferiores aos europeus em capacidade mental e Hume, que 'nunca houve uma nação civilizada de qualquer outra compleição que não a branca' [...] com tanta justificativa quanto Blumenbach poderia afirmar que o caucasiano era o mais bonito [...] o chauvinismo era traduzido em termos 'científicos' no final do século XIX. "*The Savage in Literature*, p. 54-55. Em 1894, sir Harry Johnston, o primeiro comissário da África Central Britânica, rompeu uma barreira particular da teoria racial ao apresentar uma solução ou futuro sem esperança das raças inferiores: "No geral, penso que a mescla de amarelo que o negro requer deveria vir da Índia, e que a África Oriental e a África Central Britânica deveriam se tornar a América dos hindus. A mistura das duas raças daria ao indiano o desenvolvimento físico que lhe falta e ele, por sua vez, transmitiria aos seus descendentes meio negros a diligência, a ambição e a aspiração a uma vida civilizada de que o negro carece de forma tão marcante." Apud H.A. Cairns, *Prelude to Imperialism*, p. 207.

22. Ver M. Banton; J. Harwood, *The Race Concept*, p. 13-42. Philip Curtin nos lembra de que a "mortalidade aborígine" foi tomada pelos cientistas britânicos do século XIX como uma prova da ordem racial natural: "As pessoas exterminadas eram todas de 'raças de cor', enquanto os exterminadores sempre pareciam ser europeus. Parecia óbvio que alguma lei natural das relações raciais estava em ação, que a extinção dos não europeus era parte da evolução natural do mundo." P. Curtin, *The Image of Africa*, p. 374.

23. Ver W.F. Craven, *The Legend of the Founding Fathers*, p. 39-44, 56-85.

24. Ainda é possível descobrir exemplos ou variações da lenda da fundação das colônias americanas em livros didáticos contemporâneos. Quando Milton Cummings e David Wise, sob o subtítulo "O paradoxo da democracia colonial", afirmam que "a América colonial não era um lugar muito democrático pelos padrões contemporâneos", a sugestão é que existe uma defesa da sociedade colonial em seus próprios termos (sem mencionar a implicação de que os padrões mais contemporâneos de democracia foram alcançados). Ver M. Cummings; D. Wise, *Democracy Under Pressure*, p. 38. O que quer que Cummings e Wise imaginam que sejam os padrões do século XVII, dificilmente poderiam ser descritos como democráticos ou como a base para o paradoxo: "Os virginianos podiam ser tão fortemente explorados, legal e ilegalmente,

em parte porque foram selecionados para isso: foram trazidos à colônia para serem explorados. Desde o início, os ingleses haviam pensado em suas possessões no Novo Mundo como um lugar no qual poderiam fazer uso de pessoas que eram inúteis em suas terras natais."E.S. Morgan, op. cit., p. 235. "Nossos primeiros colonos trouxeram consigo, através do oceano, as distinções de classe do Velho Mundo. A natureza selvagem estadunidense modificou e complicou essas distinções, porém não as eliminou. E quanto mais a população crescia – quanto maior era a riqueza e mais complexa a sociedade – mais nítidas se tornaram as diferenças entre as classes superiores e inferiores. O servo branco contratado fornecia a mão de obra básica da classe baixa no século XVII, o escravo negro, no século XVIII, ambos complementados por trabalhadores urbanos de vários tipos." H. Zinn, *The Politics of History*, p. 60.

25. Roy Nichols nos diz que na década de 1850 "31 desses partidos estaduais, com alguns grupos mais ou menos fluidos nos territórios, se reconheciam como democratas, e nas convenções nacionais se autodenominaram a 'Democracia Estadunidense'". Não obstante suas pretensões informais, tratava-se de partidos minoritários, representando interesses específicos e regiões particulares. As tensões das disputas setoriais sobre a organização de novos territórios romperam esse compromisso na década de 1850. "Os oponentes dos democratas estavam começando a se organizar. Eram ouvidos apelos para a aceitação do princípio democrático como forma de substituir o negativismo rebelde das minorias pelo jogo limpo; não havia regra mais justa do que a vontade da maioria. Essas palavras razoáveis, no entanto, não fizeram com que os sulistas se esquecessem da advertência do censo. Se a voz da maioria se tornasse a vontade da República, eles poderiam muito bem ficar à mercê de seus vizinhos de Estados livres. Temiam a tirania dos números. Claramente, o esforço de porta-vozes do Norte para fazer da democracia uma fórmula coesa teria apenas um pouco mais de chance de sucesso do que o trabalho de seus antagonistas do Sul para garantir a aceitação do regionalismo e o reconhecimento do direito do veto da minoria." Parece que por menor que fosse, essa "chance" era um risco grande demais para a classe dominante sulista, convertendo-se em um fator que levou à Guerra Civil. R. Nichols, *The Disruption of American Democracy*, p. 20, 52, respectivamente.

26. E.S. Morgan, op. cit., p. 90. Um pouco mais tarde, Morgan situaria essas atitudes em termos mais políticos e raciais: "A justificativa modelar da escravidão no século XVII era a de que os cativos capturados na guerra haviam perdido a vida e poderiam ser escravizados. No entanto, os ingleses não pensaram em escravizar prisioneiros nas guerras europeias [...] Havia algo diferente com relação aos indígenas. Qualquer que fosse a nação ou tribo ou grupo a que

pertencessem, eles não eram civis, não eram cristãos; talvez não fossem exatamente humanos como os europeus cristãos brancos. Não adiantava tentar dar a eles um lugar na sociedade – eles ficaram fora dela." Ibidem, p. 233.

27. B. Franklin, Observations concerning the increase of Mankind, Peopling of Countries etc., em L.W. Labaree (ed.), *The Papers of Benjamin Franklin*, p. 228. Franklin concluiu esse ensaio como a seguir: "E enquanto estamos, como posso chamá-lo, Polindo nosso Planeta, limpando a América dos Bosques, e fazendo com que este Lado do nosso Globo reflita uma luz mais brilhante aos olhos dos habitantes de Marte ou Vênus, por que deveríamos, à vista dos Seres Superiores, escurecer seu Povo? Por que aumentar os Filhos da África Plantando-os na América, na qual temos uma Oportunidade tão justa, ao excluir todos os Negros e Pardos, aumentando os encantadores Brancos e Vermelhos? Mas talvez eu seja parcial no tocante à Compleição do meu País, pois tal Espécie de Parcialidade é natural à Humanidade." Ibidem, p. 234.

28. Ver E.S. Morgan, op. cit., p. 327-337, 305-315. Analisando os registros do tribunal do condado de Lancaster, Virgínia, Smith conclui: "Em 1757 não houve casos de servos, nem em 1764, do que se pode inferir que os escravos haviam praticamente substituído os criados brancos [...] Essas cifras são bastante típicas, tanto quanto pude descobrir, de qualquer condado colonial naquelas regiões." A.E. Smith, *Colonists in Bondage*, p. 278.

29. R. Hofstadter, *America at 1750*, p. 34.

30. Ver A.E. Smith, op. cit., capítulos 11 e 12; R. Hofstadter, op. cit., p. 49-58. Em sua tentativa de avaliar até que ponto a classe dominante era excludente durante o período culminante da era revolucionária, Linda Grant De Pauw observou um conservadorismo extraordinário entre seus predecessores acadêmicos que haviam estudado o período: "A estimativa mais extrema da falta de liberdade na América colonial que encontrei é a de Howard Zinn, que avalia que a proporção da população em 'escravidão física ou econômica' era de 'aproximadamente um terço do total'"; H. Zinn, op. cit., p. 60. L. De Pauw, *Land of the Unfree, Maryland Historical Magazine*, v. 68, n. 4, p. 356. Como a citação acima indica, De Pauw era muito menos otimista.

31. L. De Pauw, op. cit., p. 356. F. Lundberg, *Cracks in the Constitution*, p. 18.

32. "Se 'democracia' implica governo por consentimento dos governados ou pelo menos por consentimento de uma maioria daqueles governados e não apenas de uma elite masculina branca adulta, então os historiadores que, desde Bancroft a Brown têm descrito a sociedade estadunidense de meados do século XVIII como 'democrática' estão simplesmente equivocados." L. De Pauw, op. cit., p. 368.

33. Ver E.S. Morgan, op. cit., p. 250-270.

34. A.E. Smith, op. cit., p. 285; R. Hofstadter, op. cit., p. 34.

35. A.E. Smith, op. cit., p. 286-288.

36. R. Hofstadter, op. cit., p. 34.

37. "A grande maioria deles trabalhava exaustivamente sem sofrer crueldade ou carência excessivas, recebia seus direitos de liberdade sem demandá-los judicialmente e não deixou provas a partir das quais pudéssemos contar as histórias de suas trajetórias. Esses pontos precisam ser enfatizados, pois quase todos os relatos de servidão branca são principalmente baseados nos autos dos tribunais de justiça." A.E. Smith, op. cit., p. 278.

38. Morgan está disposto a argumentar que "aos olhos dos ingleses menos pobres, os pobres carregavam muitas das marcas de uma raça estrangeira". E.S. Morgan, op. cit., p. 325-326. Logo em seguida, no entanto, ele declara: "Na verdade, a pobreza não era geneticamente hereditária [...] Os pobres não nasciam de outra cor que o restante da população, mas a legislação poderia oferecer um substituto para a cor" (ibidem). Ele parece vincular especificamente o preconceito racial a diferenças de cor; ou seja, mesmo sem cor, pode surgir um preconceito que só se assemelha ao racismo: "Não é fácil distinguir o desprezo que está por trás dessas propostas [a escravização dos pobres] e por trás de muitos dos esquemas das casas de trabalho do tipo de desprezo que hoje chamamos de racismo" (ibidem, p. 325). Os paralelos que ele contempla entre a dominação inglesa dos irlandeses no século XVI e a dos nativos americanos do século XVII em diante, entretanto, sugerem o contrário; ver ibidem, p. 20. Aqui, uma vez mais, há um exemplo em que a existência do racismo europeu em relação a outros europeus é simplesmente negada tanto em termos analíticos quanto históricos.

39. A.E. Smith, op. cit., p. 288-289.

40. "Em 1728, teve início um movimento muito maior a partir da Irlanda e, de longe, a maioria de servos e redentores vinha daquele país durante o século XVIII [...] A migração alemã, perdendo apenas em volume para a irlandesa, começou também por volta de 1720, atingiu seu auge em meados do século e, como a dos ingleses e irlandeses, não aumentou durante a década de 1770." Ibidem, p. 336. Ver também R. Hofstadter, op. cit., p. 17-30.

41. A.E. Smith, op. cit., p. 134.

42. Ibidem, p. 325.

43. N. Canny, The Ideology of English Colonization, *William and Mary Quarterly*, v. 30, n. 4, p. 596-597.

44. R. Hofstadter, op. cit., p. 19-24.

45. Apud R. Hofstadter, op. cit., p. 32.

46. Samuel Krislov registrou um episódio interessante que confirma a crescente preocupação com a resistência

negra no final do século XVIII e início do século XIX: "Em 1802, em uma carta confidencial ao presidente de um comitê do Senado, o diretor geral dos Correios, general Gideon Granger, encorajou [a sanção de uma provisão dos Correios que proibia o emprego de negros], sugerindo que havia objeções aos carteiros negros 'de natureza muito delicada para ser incluída em um relatório que pode se tornar público, porém muito importante para ser omitido ou preterida sem plena consideração'. Uma função como a de distribuir a correspondência poderia ensinar aos negros a doutrina perniciosa 'de que os direitos do homem não dependem de sua cor'. O diretor geral dos Correios advertia contra 'tudo o que tende a aumentar seu conhecimento dos direitos naturais dos homens e das coisas, ou que lhes dê a oportunidade de se associar, adquirir e permutar sentimentos, e de estabelecer uma cadeia ou linha de inteligência." S. Krislov, *The Negro in Federal Employment*, p. 9. A provisão foi aprovada e permaneceu como lei (se não na prática) até 1865. Ver também M.F. Berry, op. cit., p. 1-17.

47. Roger Taney, presidente da Suprema Corte dos Estados Unidos, na sentença da maioria tornada pública em 1857 sobre o caso *Dred Scott v. Sanford*, estabeleceu essa posição como a lei do país até sua revogação efetiva pelas Emendas da Guerra Civil. Taney, ao resumir "a história pública de cada nação europeia", argumentou que a Constituição dos Estados Unidos não poderia ter abrangido direitos para os negros: "Há mais de um século eles haviam sido considerados seres de uma ordem inferior e totalmente incapazes de se associar com a raça branca, seja nas relações sociais, seja nas relações políticas; e tão inferiores que não tinham os direitos que o homem branco era obrigado a respeitar; e que o negro poderia ser justa e legalmente reduzido à escravidão em seu benefício." Ademais, "se a linguagem, tal como entendida então, os abrangesse, a conduta dos homens distintos que formularam a Declaração da Independência teria sido completa e flagrantemente inconsistente com os princípios que afirmavam; e em vez da simpatia da humanidade, à qual eles apelavam com confiança, teriam merecido e recebido repreensão e reprovação universais. Contudo, os homens que redigiram essa Declaração eram grandes homens – ricos em conhecimentos literários –, elevados em seu senso de honra e incapazes de afirmar princípios inconsistentes com aqueles segundo os quais estavam agindo. Eles compreendiam perfeitamente o significado da linguagem que usavam e como seria entendida por outros; e sabiam que, em nenhuma parte do mundo civilizado, se supunha que ela devesse incluir a raça negra que, de comum acordo, fora excluída dos governos civilizados e da família das nações e condenada à escravidão".L. Ruchames, op. cit., p. 398-400. Dada sua predileção pela "história pública", se o tema da igualdade social lhe tivesse sido apresentado, Taney

poderia ter chegado a conclusões semelhantes sobre a maioria daqueles que estavam se tornando membros da "raça branca". Antes de forjar o consenso racial, tanto na Europa quanto no Novo Mundo, as inferioridades "raciais" da maioria daqueles protobrancos tinham sido bem estabelecidas pelas classes letradas e intelectuais. Na verdade, alguns dos contemporâneos de Taney temiam que sua decisão sugerisse "que havia inibições constitucionais federais ou estaduais sobre o poder dos Estados do Norte de preservar seu *status* livre, de proteger suas populações negras e brancas dentro ou fora de seu domicílio".W. Wiecek, Slavery and Abolition Before the United States Supreme Court, 1820-1860, *Journal of American History*, v. 65, n. 1, p. 55. De forma bastante informativa e, às vezes, curiosa, em um artigo sobre a história jurídica da escravidão nos Estados Unidos, A.E. Keir Nash lembra a seus leitores que os tribunais da nação não distinguiam consistentemente os direitos dos brancos dos direitos dos escravos negros e dos homens negros livres. A.E.K. Nash, Reason of Slavery, *Vanderbilt Law Review*, v. 32, n. 1. Como tal, pareceria apropriado pressupor que os sistemas estaduais de justiça durante a primeira metade do século XIX não estavam preocupados exclusivamente com a "dominância branca", como um dos críticos de Nash, Michael Hindus, sugeriu. Ver M. Hindus, Black Justice Under White Law, *Journal of American History*, p. 63, n. 3, p. 599. Nash, no entanto, enquanto reconhece que há algo na noção de que a história do direito penal nas sociedades ocidentais "reflete" as origens dessa lei nas punições (presumivelmente europeus escravizados) e a extensão dessas penas "das classes mais baixas em diante através dos estratos sociais" (op. cit., p. 51, sugestão que provém de J.T. Sellin, em seu *Slavery and the Penal System*, p. viii), nunca aceita plenamente a sugestão de Hindus de que outra característica dos códigos penais do século XIX era a dominação de classe. Ver M. Hindus, op. cit., p. 575-576, nota 30. O fato de Nashse opor a essa possibilidade interpretativa é talvez mais dramaticamente exibido em uma das curiosidades de seu ensaio: a construção de um oponente empirista historicamente ingênuo (Nash chama essa figura de "*whig* melhorado" e, em outras ocasiões, de um "sulista silencioso"), para seus críticos e concorrentes acadêmicos (op. cit., p. 30-70). Uma vez que o *alter ego* de Nash está amplamente satisfeito em confrontar os oponentes de Nash com conjuntos estatísticos de "provas" alternativas, as formas estruturais e os processos históricos transferidos do Velho Mundo e emergentes no Novo, que proporcionaram à América do século XIX sua economia política e a configuração de seus sistemas jurídicos, são amplamente ignorados. O "*Whiggery*" de Nash, por exemplo, ao atribuir integridade estatística ao número de condenações, absolvições, indiciamentos, durações de sentenças e similares, deixa de levar em consideração as peculiaridades da "criminalização da fala" (*crimes of speech*)

581

pelos quais escravos e homens negros livres eram considerados responsáveis (M. Hindus, op. cit., p. 587-589); o fato de que os escravos eram açoitados com base em comportamento impróprio *após* absolvições de acusações criminais contra eles (ibidem, p. 593); que os números de execuções de escravos infratores eram provavelmente reduzidos pela probabilidade de pedidos de indenização de seus proprietários (ibidem, p. 596); e que as evidências do julgamento podiam ser significativamente distorcidas por restrições impostas ao testemunho do escravo (ibidem, p. 578).

48. Marx para P.V. Annenkov, Bruxelas, 28 dez. 1846, reimpressa em K. Marx, *The Poverty of Philosophy*, p. 188. Pode-se encontrar um tratamento mais frequentemente reproduzido da escravidão e do capitalismo industrial no capítulo 31, p. 751 de *O Capital*, em que Marx argumenta: "A descoberta de ouro e prata na América, a extirpação, a escravização e o sepultamento da população aborígine nas minas, o início da conquista e da pilhagem das Índias Orientais [,] a transformação da África em uma reserva para a caça comercial de peles negras, sinalizaram o alvorecer róseo da era da produção capitalista. Esses processos idílicos constituem os principais momentos da acumulação primitiva." Há muita verdade aqui, mas também muito não é verdade. Cem anos depois da descrição de Marx da acumulação primitiva, situando-o a entre as fases do feudalismo e do capitalismo, o teórico negro Oliver C. Cox tentou corrigir o erro de Marx: "[Marx] começa sua análise da natureza do capitalismo quase onde ele poderia tê-la concluído; e como é comumente o caso na economia clássica, ele relega como subsidiárias exatamente as coisas que deveriam ter sido o centro de seu estudo [...] Sua 'acumulação primitiva' não é senão a acumulação fundamentalmente capitalista; e presumir que a sociedade feudal se dissolveu antes que a sociedade capitalista começasse a existir é superestimar a fragilidade do feudalismo e descartar seu uso no desenvolvimento do capitalismo". O.C. Cox, *Capitalism as a System*, p. 213-214. Entre muitos marxistas contemporâneos, entretanto, ainda há uma tendência de interpretar erroneamente a importância e a aplicação do conceito de acumulação primitiva. Charles Post, por exemplo, em um artigo recente sobre o capitalismo na América do século XIX, parece contente em conceitualizar a força de trabalho escravo em termos de acumulação primitiva, enquanto ignora totalmente sua aplicação à "força de trabalho imigrante". Ver C. Post, The American Road to Capitalism, *New Left Review*, v. 133, p. 31-35, 44-45.

49. Eugene Genovese e Elizabeth Fox-Genovese, dois dos mais proeminentes historiadores estadunidenses que identificam seu trabalho com as relações e as categorias analíticas associadas com Marx, parecem muito ambíguos no que tange à relação entre produção escravista e a industrialização. Suas observações distinguem de forma consistente partes de um sistema econômico internacional ou mundial de outras partes, de acordo com os modos de produção. Assim, recentemente, eles diferenciaram "as economias escravistas do Novo Mundo" das "economias de força de trabalho livre" dos Estados Unidos e da Europa. A tônica lógica de seu argumento transforma essas distinções em oposições entre escravidão ("pré-capitalista" ou "relações arcaicas de produção") e industrialização no âmbito de uma "economia" particular (por exemplo, o Sul dos Estados Unidos). A consequência, na obra dos Genoveses, é um projeto abortado do sistema mundial dos séculos XVIII e XIX, substanciado por um sentido escorçado do desenvolvimento histórico do sistema e das formas de suas integrações. Compare-se, por exemplo, as seguintes duas afirmações, que se sucedem no mesmo ensaio: "[As economias coloniais e de *plantation* modernas] surgiram do modo de produção capitalista mundial e têm, desde o início e virtualmente por definição, funcionado dentro de um mercado mundial. Porém, elas se basearam simultaneamente em sistemas de trabalho escravo ou de outras forças de trabalho dependente que as privaram das melhores vantagens sociais e ideológicas, bem como econômicas de um mercado de mão de obra, em contradição com o próprio mercado de trabalho que a capitalização escravista da mão de obra tornava possível". E: "A expansão colonial do capitalismo não só absorveu os sistemas econômicos pré-capitalistas; ela os criou. A servidão dos camponeses russos durante e após o século XVI, a segunda servidão na Europa Oriental, a exploração econômica das comunidades indígenas das terras altas do México e Peru e o surgimento de regimes escravocratas baseados no *plantation* nas terras baixas estadunidenses podem, desse ponto de vista, serem vistos como expressões variegadas da expansão capitalista colonial. Eles representam nada mais do que o poder do capital comercial de ajustar os sistemas de trabalho não livres à crescente demanda dos mercados de massa da Europa Ocidental que, por si só, embora paradoxalmente, surgissem do trabalho livre, representaram um grande avanço sobre as alternativas quase senhoriais, pois permitiam uma maior racionalização econômica e um mercado de trabalho mais flexível." E. Genovese; E.F. Genovese, The Slave Economies in Political Perspective, *Journal of American History*, v. 66, n. 1, p. 22. O paradoxo dificilmente é um termo analítico, decerto não para os marxistas, e aqui é claramente impreciso. Também é difícil entender como o capitalismo podia "criar" formas de trabalho pré-capitalistas.

50. Ver E. Williams, *Capitalism and Slavery*, p. 98-107; W. Rodney, *How Europe Underdeveloped Africa*, p. 92-101.

51. O.C. Cox, op. cit., p. 165-166.

52. E. Williams, op. cit., p. 52.

53. P. Curtin, The Atlantic Slave Trade, 1600-1800, em J.F.A. Ajayi; M. Crowder (eds.), History of West Africa, v. 1, p. 240.

54. A esse respeito, é interessante lembrar as impressões do conde Constantin de Volney após sua viagem ao Egito em 1783-1785: "Mas, voltando ao Egito, a lição que ele ensina à história contém muitas reflexões para a filosofia. Que tema para a meditação, para ver a barbárie e a ignorância atuais dos coptas, descendentes da aliança entre a genialidade profunda dos egípcios e a mente brilhante dos gregos! Basta pensar que essa raça de homens negros, hoje nossos escravos e objeto de nosso desprezo, é a própria raça à qual devemos nossas artes, ciências e até mesmo o uso da palavra! Imaginemos, finalmente, que é em meio dos povos que se autodenominam os maiores amigos da liberdade e da humanidade que se comprovou a mais bárbara escravidão e se questionou se os homens negros têm o mesmo tipo de inteligência que os brancos!" Apud C.A. Diop, The African Origin of Civilization, p. 27-28.

55. H. Kees, Ancient Egypt, p. 52-53, 100-101.

56. M.S. Drowser, Egypt: Archaeology and History, Encyclopaedia Britannica, v. 8, p. 37.

57. C.A. Diop, op. cit., p. 110.

58. F. Snowden, op. cit., p. 103-104

59. Ibidem; M.S. Drowser, op. cit., p. 40; G. Thomson, The First Philosophers, p. 191-193.

60. Ver F. Snowden, op. cit., p. 286-287, nota 55.

61. "A história do rei Sesóstris na Europa e de alguns de seus soldados que se estabeleceram perto do rio Fásistem sido relacionada ao relato de Heródoto sobre os cólquidos de pele negra e cabelos lanosos, e interpretada como evidência de uma tradição clássica de que havia etíopes entre as tropas do egípcio Sesóstris." F. Snowden, op. cit., p. 121.

62. Ibidem, p. 104-105.

63. Ver a extraordinária obra de George James, Stolen Legacy (republicada por Julian Richardson, San Francisco, 1976), capítulos I-III. Já que o livro de James às vezes é difícil de ser obtido, o leitor é avisado de que as fontes (além das obras primárias) nas quais James normalmente se baseia são The Ancient Egyptian Religion, de Henri Frankfort, e The Mediterranean World in Ancient Times, de E.M. Sandford. Yosef ben-Jochannan, por sua vez, baseou-se em James para sua própria exposição dessa época em, por exemplo, Africa: Mother of Western Civilization, p. 375-440. Ver também C.A. Diop, op. cit., p. 45. Ver também E. Zeller, Outlines of the History of Greek Philosophy, p. 8, 23, 26-93; T. Gomperz, Greek Thinkers, v. 1, p. 5-16, 43; M. Murray, The Splendour That Was Egypt; e H. Olela, The African Foundations of Greek Philosophy, e L. Keita, The African Philosophical Tradition, em R.A. Wright (ed.), African Philosophy.

64. "As tradições gregas situam a instalação de colônias egípcias na Grécia aproximadamente [em meados do segundo milênio, a.C.]: Cécropese estabeleceu na Ática; Danaus, irmão de Egito, na Argólida; ele ensinou a agricultura aos gregos, bem como a metalurgia (ferro)." C.A. Diop, op. cit., p. 110. Ver também o Timeu, de Platão, para a sugestão de que as relações entre gregos e africanos já eram simples memórias vagas no século IV a.C. George James observa: "Uma das políticas militares adotadas pelas autoridades militares gregas em Alexandria foi a emissão de ordens aos principais sacerdotes egípcios para obter informações sobre a história, a filosofia e a religião egípcias [...] Assim, somos informados de que Ptolomeu I Sóter, a fim de obter os segredos da sabedoria ou do sistema de mistérios egípcios, ordenou Mâneto, o sumo sacerdote do templo de Ísis, em Sebenito, no Baixo Egito, a que escrevesse a filosofia e a história da religião dos egípcios. Em seguida, Mâneto publicou vários volumes sobre esses respectivos campos, e Ptolomeu emitiu uma ordem que proibia a tradução desses livros, que deveriam ser mantidos em reserva na Biblioteca, para a instrução dos gregos pelos sacerdotes egípcios." G. James, op. cit., p. 49-50. Drowser nos informa: "O sacerdote Mâneto talvez tivesse melhores fontes [do que Heródoto] quando escreveu seu Aegyptiaca por volta de 240 a.C.; os extratos desse trabalho que subsistiram, mal copiados por autores clássicos posteriores que os citavam para seus próprios fins polêmicos, mostram que havia sido perdida uma obra valiosa. Sendo assim, a lista de Mâneto das trinta dinastias de reis do Egito faraônico, apesar das formas confusas dos nomes e da cópia incorreta das figuras, subsistiu triunfantemente ao teste da arqueologia e ainda é considerada pelos egiptólogos como a base da história reconstruída do Egito." M.S. Drowser, op. cit., p. 31. Lembrem-se, Mâneto escreveu duzentos anos depois de Heródoto!

65. A.E. Taylor contestou o caráter histórico do Timeu, porém sua interpretação dessa parte do diálogo o transforma em um absurdo sem propósito; ver A.E. Taylor, Plato, The Man and His Work, p. 438-440; M. Murray, op. cit., p. 53.

66. M.S. Drowser, op. cit., p. 31.

67. C.A. Diop, op. cit., p. 150.

68. F. Snowden, op. cit., p. 109, 289-290; C.A. Diop, op. cit., p. 85-98; B. Rensberger, Nubian Monarchy Called Oldest, New York Times, 1 mar. 1979, p. A1 e A16, que começa: "Evidências da mais antiga monarquia reconhecível na história humana, que precedeu a ascensão dos reis egípcios mais antigos em várias gerações, foram descobertas em artefatos da antiga Núbia, na África [...] As novas descobertas sugerem que os antigos núbios podem ter alcançado aquele estágio de desenvolvimento político já em 3300 a.C., várias gerações antes do primeiro rei egípcio documentado." Sobre a visão predominante – aquela que presumia que a relação fosse inversa, ver C.C. Seligman, Egypt and Negro Africa.

583

69. Ver H. Kees, op. cit., p. 334-35.

70. Ver F. Snowden, op. cit., p. 112, 126; K. Irvine, *The Rise of the Colored Races*, p. 16-17.

71. "A explicação mais convincente das figuras negroides de pedra encontradas em Chipre é que as esculturas eram retratos de etíopes no serviço civil e militar dos egípcios durante a ocupação egípcia da ilha sob comando de Amósis (568-525 a.C.). As esculturas em questão foram descobertas em Ayla Irini e, segundo E. Gjerstad, com base no estilo, não podem ser datadas como posteriores a 560 a.C." F. Snowden, op. cit., p. 122-123.

72. Ibidem, p. 131-132.

73. Ibidem, p. 136-141.

74. Ibidem, p. 141-142.

75. Ibidem, p. 183.

76. K. Irvine, op. cit., p. 22-23. "Na Europa Ocidental, na qual a maioria da população vivia em aldeias e lugarejos e estava preocupada com os problemas de sobrevivência em um mundo em que viviam gigantes como Gog e Magog, homens sem cabeça, com olhos no estômago, e os trogloditas de um só pé da Líbia – que se protegiam do calor do sol deitando-se de costas e usando seus enormes pés como sombrinhas –, o fato de que algumas variações da cor da pele também foram relatadas entre os estrangeiros deve ter parecido um pequeno detalhe." Ibidem.

77. Ver W. Ullmann, *The Growth of Papal Government in the Middle Ages*, p. 88.

78. Ver S. Wolin, *The Politics of Vision*, p. 105.

79. Considerando a importância do século XVI para a Europa Ocidental, Herbert Butterfield escreveu: "Até um período não muito anterior ao Renascimento, a liderança intelectual das civilizações existentes nesse quadrante do globo havia permanecido nas terras da metade oriental do Mediterrâneo ou em impérios que se estendiam ainda mais além do que chamamos de Oriente Médio. Enquanto nossos antepassados anglo-saxões fossem semibárbaros, Constantinopla e Bagdá eram cidades fabulosamente ricas, que desprezavam o atraso do Ocidente cristão." Ele continua: "Por dois mil anos, a aparência geral do mundo e as atividades humanas tinham variado surpreendentemente pouco [para os europeus ocidentais] – a linha do horizonte era sempre a mesma –, tanto que os homens não estavam conscientes dos progressos ou dos processos na história, exceto que uma cidade ou Estado poderia se elevar por esforço ou boa sorte, enquanto outra decaía [...] Agora [no século XVII], no entanto, a mudança tornou-se tão rápida a ponto de ser perceptível a olho nu, e a face da terra e as atividades humanas iriam mudar mais em um século do que haviam feito antes em mil anos." *The Origins of Modern Science*, p. 187-188, 199. Sobre o século XVII, especialmente na Inglaterra, ver M.B. Hall, Scientific

Thought, em A. Nicoll (ed.), *Shakespeare in His Own Age*, p. 138-151. Mesmo a diplomacia internacional foi marcada por concepções medievais; ver F.L. Baumer, England, the Turk, and the Common Corps of Christendom, *American Historical Review*, v. 50, n. 1, p. 26-48. William Carroll Bark, embora relutante em aceitar os matizes mais sombrios da "Idade das Trevas", admite que um "desvio significativo da ciência-filosofia à teologia-filosofia" ocorreu durante a Patrística e nos anos seguintes ao período feudal. Ver *The Origins of the Medieval World*, p. 72. Ver também R. Poole, *Illustrations of the History of Medieval Thought and Learning*, p. 198-245; e o excelente estudo de F.A. Yates, *The Occult Philosophy in the Elizabethan Age*.

80. N. Cantor (ed.), *The Medieval World, 300-1300*, p. 111. Ver também H. Trevor-Roper, The Rise of Christian Europe: The Dark Ages, *The Listener*, 12 dez. 1963, p. 975-979. Trevor-Roper, de forma um tanto dramática, afirma: "Os antigos ultraconservadores acreditavam que a literatura pagã fosse, por definição, suspeita: pelo menos, só poderia se tornar segura depois de excisões prudentes: não era um israelita proibido de se casar com uma cativa pagã, por mais desejável que fosse, a menos que ele primeiro raspasse a cabeça e cortasse as unhas dela?" (*Deuteronômio*, 21:12). The Rise of Christian Europe: The Medieval Renaissance, *The Listener*, 26 dez. 1963, p. 1062.

81. R. Lerner e M. Mahdi (eds.), *Medieval Political Philosophy*, p. 13. Sobre a preocupação com a heresia na Europa medieval, ver N. Cohn, *The Pursuit of the Millennium*; H. Trevor-Roper, The Rise of Christian Europe:The Medieval Renaissance, *The Listener*, 26 dez. 1963, p. 1064-1065.

82. M. Rodinson, *Mohammed*, p. 297.

83. E.A. Myers, *Arabic Thought and the Western World in the Golden Age of Islam*, p. 76-77.

84. Ibidem, p. 132-133. "A descoberta de que os árabes, como também os bizantinos, possuíam a chave dessa nova aprendizagem, logo agitou a Europa, e a cada contato os novos 'mestres' [eram] enviados para trazê-la." H. Trevor-Roper, The Rise of Christian Europe: The Medieval Renaissance, *The Listener*, 26 dez. 1963, p. 1062.

85. E.A. Myers, op. cit, p. 96; H. Trevor-Roper, The Rise of Christian Europe: The Medieval Renaissance, *The Listener*, 26 dez. 1963, p. 1063-1064.

86. R. Austen, The Islamic Slave Trade Out of Africa (Red Sea and Indian Ocean), em H. Gemery; J. Hogendorn (eds.), *The Uncommon Market*.

87. D. Pipes, Black Soldiers in Early Muslim Armies, *The International Journal of African Historical Studies*, v. 13, n. 1, p. 87-94.

88. M. Tigar; M. Levy, *Law and the Rise of Capitalism*, p. 55, 61; E.R. Chamberlin, *Everyday Life in Renaissance Times*, p. 64-65; H. Trevor-Roper, The Rise of

Christian Europe: The Crusades, *The Listener*, 19 dez. 1963, p. 1022.

89. Ver F. Braudel, *The Mediterranean and the Mediterranean World in the Age of Philip II*, v.2, p. 743-744.

90. M. Bloch, *French Rural History*, p. 7-8; F. Braudel, op. cit., p. 142-143; I. Wallerstein, op. cit., p. 44-45. William McNeill, seguindo o trabalho de Emmanuel Le Roy Ladurie e H.H. Lamb, conclui que: "Na Europa, uma 'Pequena Idade do Gelo', iniciada aproximadamente em 1300, atingiu o clímax entre 1550 e 1850 e foi sucedida por temperaturas mais quentes no século XX." W. McNeill, *Plagues and People*, p. 297. I. Wallerstein, referindo-se ao trabalho de Gustaf Utterstrom, faz uma observação semelhante: "Utterstrom nos lembra que a mudança climática pode ter tido uma influência especial sobre a transformação da Europa nos períodos anteriores. 'A agricultura primitiva da Idade Média devia ter sido muito mais dependente do clima favorável do que a agricultura moderna com seus altos padrões técnicos'." I. Wallerstein, op. cit., p. 34.

91. H. Trevor-Roper o dizia de forma mais dramática: "Creio que as Cruzadas não foram apenas um movimento religioso [...] Elas nem mesmo foram, por si só, a causa do avanço europeu. Fizeram parte de um processo muito maior e mais amplo: um processo que pode ser visto em toda a Europa e em todas as fronteiras da cristandade ocidental: além dos Pirineus, além do Elba, na fronteira com a Escócia, *na* Irlanda. Esse processo afetou essencialmente o norte da Europa. É baseado em um novo crescimento populacional e nas novas técnicas agrícolas, sociais, militares [...] Talvez, como escreveu Edward Gibbon, as Cruzadas fossem um desvio dessa grande expansão para as margens do imperialismo não lucrativo; talvez o imperialismo fosse inseparável da expansão." *The Rise of Christian Europe*, p. 127-128.

92. "Os mercadores pagavam regularmente multas por violarem todas as leis que diziam respeito aos seus negócios e continuavam com o comércio. A riqueza de Veneza e Gênova foi construída com base no comércio com os infiéis da Síria e do Egito, não obstante a proibição papal. Antes do século XIV, como se dizia, os homens 'dificilmente poderiam conceber o cofre do comerciante/mercador sem imaginar o diabo agachado na tampa'. É difícil conjecturar se o comerciante/mercador também via o diabo enquanto ele contava as moedas, ou se vivia com um sentimento de culpa." B. Tuchman, *A Distant Mirror*, p. 38. Ver também I. Origo, *The Merchant of Prato*, p. 80, 123; M. Tigar; M. Levy, op. cit., p. 74-75.

93. "Nos primeiros séculos, a Europa Central e Oriental era uma fonte fecunda e o comércio dos chamados 'eslavos' (*Saqaliba*) estava nas mãos de cristãos e judeus até que eram vendidos para mercadores muçulmanos nas costas do Mediterrâneo ou do Mar Cáspio. A partir do século XI, quando políticas mais poderosas começaram a surgir na Europa, essa fonte começou a secar, porém escravos de origem europeia ainda eram obtidos por meio de ataques e pirataria no Mediterrâneo e ao longo da costa atlântica. As potências cristãs europeias da região não tinham escrúpulos em pagar aos muçulmanos com sua própria moeda. Outra grande fonte de escravos era a Ásia Central, lar de diversas tribos nômades que falavam línguas túrquicas." J.O. Hunwick, Black Africans in the Islamic World, *Tarikh*, v. 5, n. 4, p. 23. Sobre o comércio intraeuropeu de escravos, ver I. Origo: "Foi a escassez de mão de obra depois da Peste Negra de 1348 que fez repentinamente renascer a demanda por escravos domésticos e os levou para a Itália não só da Espanha e da África, como também dos Bálcãs, Constantinopla, Chipre e Creta e, sobretudo, das costas do Mar Negro [...] Muitos deles eram apenas crianças de nove ou dez anos e pertenciam a uma grande variedade de raças diferentes: tártaros de pele amarela e olhos esbugalhados; belos circassianos, gregos, russos, georgianos, alanos e lesguianos de pele clara. Vendidas por seus pais por um pedaço de pão, ou sequestradas por invasores tártaros e marinheiros italianos, elas foram trazidas dos mercados de escravos de Tana e Caffa, de Constantinopla, Chipre e Creta aos cais veneziano e genovês, nos quais eram compradas por distribuidores e encaminhadas aos clientes do interior." I. Origo, op. cit., p. 90. Sobre o papa João XXII, ver ibidem, p. 8.

94. I. Wallerstein, op. cit., p. 21-24. B. Tuchman, op. cit., p. 24-48, prefere conciliar dados demográficos, climáticos, tecnológicos e bases sociopolíticas da crise.

95. H. Trevor-Roper, *The Rise of Christian Europe*, p. 177.

96. J. Richard, The Mongols and the Franks, *Journal of Asian History*, v. 3, n. 1, p. 45. Peter Forbath nos conta um pouco mais da história: "Em 1221, com a Quinta Cruzada derrotada no Cairo, Jacques de Vitry, bispo de Acre, o último dos Estados cruzados a sobreviver, escreveu ao papa Honório III que 'Um novo e poderoso protetor do cristianismo surgiu. Ele é o rei Davi da Índia, que entrou no campo de batalha contra os incrédulos, à frente de um exército de tamanho incomparável.' Acreditava-se que esse rei Davi, que de acordo com o bispo Jacques era comumente chamado de Preste João, fosse o filho ou neto do Preste João aguardado na época da Segunda Cruzada [...] Esse rei, no fim das contas, foi Gêngis Khan." P. Forbath, *The River Congo*, p. 28.

97. J. Richard, op. cit., p. 48.

98. Ver R.S. Lopez et al., England to Egypt, 1350-1500, em M.A. Cook (ed.), *Studies in the Economic History of the Middle East from the Rise of Islam to the Present Day*, apud I. Wallerstein, op. cit., p. 40 n. 85.

99. W. McNeill, op. cit., p. 133-134.

100. Ibidem, capítulo 4; B. Tuchman, op. cit., p. 92-102.

101. H. Trevor-Roper, *The Rise of Christian Europe*, p. 119-120.

585

102. A. Castro, *The Structure of Spanish History*, p. 670. Para mais detalhes sobre o papel dos ingleses – com base nos Contemporary Accounts of an Englishman and two Germans (ibidem) – ver V. Shillington, The Beginnings of the Anglo-Portuguese Alliance, *Transactions of the Royal Historical Society*, v. 20, p. 109-132; E. Prestage, The Anglo-Portuguese Alliance, *Transactions of the Royal Historical Society Transactions*, v. 17, p. 69-100.

103. I. Wallerstein, op. cit., p. 49.

104. Ver C. Verlinden, The Italian Colony of Lisbon and the Development of Portuguese Metropolitan and Colonial Economy, na coleção de ensaios de Verlinden, *The Beginnings of Modern Colonization*, p. 98-112. Um vislumbre da importância dos mercadores italianos na Europa e no comércio mediterrâneo e as estruturas de suas casas comerciais e bancos pode ser encontrado no estudo detalhado de Origo sobre Datini. I. Origo, op. cit., p. 70-73.

105. Ver C. Verlinden, Some Aspects of Slavery in Medieval Italian Colonies, *The Beginnings of Modern Colonization*, p. 79-97.

106. A. Castro, op. cit., p. 668.

107. Ver C.R. Boxer, *Four Centuries of Portuguese Expansion, 1415-1825*, p. 6 (apud I. Wallerstein, op. cit., p. 50, nota 133).

108. Ver H.V. Livermore, Portugal, *Encyclopaedia Britannica*, v. 18, p. 276-277; e C.R. Beazley, Prince Henry of Portugal and His Political, Commercial and Colonizing Work, *American Historical Review*, v. 17, n. 2, p. 253-254. Também é de interesse A.J.R. Russell-Wood, *Fidalgos and Philanthropists*, p. 6-7.

109. A. Castro, op. cit., p. 668-669. Aqui, Castro também reconhece suas diferenças com os acadêmicos portugueses: "É óbvio […] que o ímpeto militante e o apoio […] à vivissecção peninsular não poderiam surgir espontaneamente […]. A motivação inicial dessa rebelião não está no caráter dos proto-portugueses daquele país […] É por isso que duas maneiras aparentemente contraditórias de entender a origem de Portugal – a minha e a de historiadores portugueses que se opuseram a ela – podem ser ambas verdadeiras." Ibidem, p. 669.

110. Ver H.V. Livermore, op. cit., p. 275-276.

111. F.M. Rogers, The Attraction of the East and Early Portuguese Discoveries, *Luso-Brazilian Review*, v. 1, n. 1, p. 46. Rogers prossegue nos lembrando do rico utopismo contido na carta supostamente escrita por Preste João em 1165 e sua grande aceitação popular pelos próximos trezentos anos ou mais. A carta, qualquer que seja a sua origem (alguns estudiosos argumentaram que foi escrita por um sob a ordem de Frederico Barbarossa; outros, que seu autor foi um monge cristão levantino anônimo), descrevia o reino de Preste João em termos que envergonhavam a Europa de sua época, tanto no nível material como no social. A carta era, consequentemente, uma crítica à Europa, à sua decadência, ao seu caos, à sua corrupção e à sua dissolução moral. Ver também V. Slessarev, *Prester John: The Letter and the Legend*; R. Silverberg, *The Realm of Prester John*, p. 40-73.

112. R. Silverberg, op. cit., p. 194.

113. Pode-se pressupor, a partir das seguintes linhas extraídas do seu cronista contemporâneo da corte, Gomes Eannes de Zurara, que o príncipe era um homem de personalidade incomum: "Nem luxo nem avareza jamais encontrou nele um lar, pois quanto ao primeiro era ele tão moderado que passou toda a sua vida na mais pura castidade e, como uma virgem, a terra o recebeu novamente com a sua morte […] Seria difícil dizer quantas noites ele passou nas quais seus olhos não conseguiram dormir; e seu corpo estava tão transformado pelo uso da abstinência que parecia que dom Henrique havia tornado sua natureza diferente da de outros homens […] O infante bebeu vinho apenas por uma pequena parte de sua vida e na juventude, mas depois se absteve por completo dele […] Passava quase metade do ano em jejum, e as mãos dos pobres nunca saíram vazias quando de sua presença." G.E. de Zurara, *The Chronicle of the Discovery and Conquest of Guinea*, C.R. Beazley et al. (eds.), v. 1, capítulo 4, p. 12-15.

114. F. Rogers, op. cit., p. 50.

115. G.E. Zurara, op. cit., capítulo 7, p. 27-30.

116. R. Silverberg, op. cit., p. 197.

117. Ibidem, p. 200-205. Pero da Covilhã foi enviado, em 1487, pelo rei João II (1495-1521) numa missão para "descobrir e aprender sobre Preste João". Covilhã e seu companheiro, Alfonso de Paiva, passaram por Barcelona, Nápoles, Rodes, Alexandria e Cairo. De lá, rumaram para Tor, Suakin e Aden com caravanas de muçulmanos. Em Aden se separaram, Covilhã avançando para o leste em direção a Calicute, Goa e Ormuz e Paiva supostamente para a Etiópia. Ao retornar ao Cairo, Covilhã soube da morte de Paiva (no Cairo ou na Etiópia, os relatos variam). Disfarçando-se de muçulmano, Covilhã foi primeiro a Gidá, Meca e Medina, e finalmente chegou à Abissínia por volta de 1490. Trinta anos depois, em 1520, ele relatou sua missão a Rodrigo de Lima e Francisco Alvarez. Covilhã permaneceu na Abissínia após a partida deles, como convidado de honra de seu anfitrião, "Preste João". Ver também F. Alvares, *Narrative of the Portuguese Embassy to Abyssinia During the Years 1520-1527*, lorde Stanley of Alderley (ed.), p. 12; C.R. Boxer, op. cit., p. 12.

118. J.O. Hunwick, op. cit., p. 22. William McKee Evans afirmou que: "Em vista das atitudes étnicas e sociais generosas do Profeta, bem como do mais nobre de seus seguidores, é irônico que as terras do islã se converteram no berço da estratificação racial moderna e de muitas das ideias ainda usadas para justificar privilégios especiais definidos pela cor da pele e outras características raciais. Os muçulmanos aspiravam a

uma irmandade universal de crentes. Contudo, entre suas conquistas reais destacava-se a formação de novas ligações entre a negritude e a degradação. Foi sob os muçulmanos que a escravidão se tornou, em grande parte, uma instituição racial." From the Land of Canaan to the Land of Guinea, *American Historical Review*, v. 85, n. 1, p. 28. A lógica do argumento de Evans baseia-se em várias suposições: 1. "A ascensão do islã eliminou do comércio de escravos do Mediterrâneo uma fonte importante de escravos de pele clara [...] [porque] [...] a lei islâmica [...] sustentava que nenhum muçulmano nascido livre poderia ser vendido como escravo" (ibidem); 2. "Durante o final da Idade Média, se desenvolveram vários Estados europeus, com organizações militares sofisticadas que podiam responder ao desafio do islã golpe por golpe [...] Poucos escravos europeus estavam disponíveis para compra durante o final da Idade Média por causa das condições políticas mais estáveis na França, Inglaterra, no Império Alemão e em outros países [...] O fornecimento por parte da Europa foi reduzido ao mínimo, e os escravos vinham principalmente das terras eslavas" (ibidem, p. 28-29); 3. "A maioria dos africanos negros vivia em sociedades etnicamente fragmentadas, muitas vezes mutuamente antagônicas, que podiam oferecer pouca resistência aos ataques dos sudaneses ou de outros estados muçulmanos" (ibidem, p. 29). Em última análise, Evans argumenta, surgiram mitos raciais para justificar e racionalizar as relações de poder existentes, porémo modo como os mitos da estratificação racial abriu caminho para a cosmologia cristã europeia não fica muito claro no relato de Evans. O único caso por ele citado provem do relato de Zurara sobre um "nobre mouro" que negociou com sucesso sua própria libertação de seus captores cristãos em troca de dez "mouros negros". A justificativa para a troca, no entanto, não era dos mouros – seja lá o que fosse –, mas de Zurara, que se referia ao mito judaico-cristão dos filhos de Noé (Zurara erroneamente identificou Cam, o "pai de Canaã", com Caim). Contudo, Evans está certo de que: "A medida que os acontecimentos históricos redirecionaram o comércio de escravos e que a escravidão europeia entrou no que a principal autoridade [Charles Verlinden] sobre a escravidão medieval chamou de seu período 'negro', os cristãos começaram a olhar os negros de uma maneira que antes havia sido característica dos países muçulmanos racialmente estratificados por cerca de sete séculos." (ibidem, p. 38-39)

Evans reconhece que sua "autoridade principal no que diz respeito às relações e atitudes raciais muçulmanas" é a dissertação não publicada de Gernot Rotter "Die Stellung des Negers in der islamischen-arabischen Gesellschaft bis XVI Jahrhundert", de 1967. Outras fontes importantes são B. Lewis, *Race and Color in Islam* e A. Mez, *The Renaissance of Islam*. O trabalho inédito de Rotter apareceu inicialmente com igual importância na obra de Bernard Lewis. Ver

Race and Color, p. 2 nota 1. Sobre um tratamento das correntes ideológicas entre as quais Lewis se move, ver E. Said, *Orientalism*, p. 315-321; M. Rodinson, The Western Image and Western Studies of Islam, em J. Schacht; C.E. Bosworth (eds.), *The Legacy of Islam*, p. 9-62. O uso que Evans de suas fontes é, no entanto, às vezes bastante curioso. Por exemplo, ele usa a obra de Iris Origo como uma confirmação para sua alegação de que a Europa cristã e seus governantes negaram escravos cristãos ao comércio muçulmano. Precisamente na mesma página citada por Evans, Origo diz algo bem diferente: "Entretanto, é bastante claro que muitos dos mercadores genoveses e venezianos no Mar Negro davam pouca atenção se as mercadorias humanas que carregavam tinham ou não sido santificadas pelo batismo. As escrituras de venda em Caffa e Pera em 1289 mostram que muitos dos escravos que ali foram vendidos pertenciam a povos que professavam a fé católica ou ortodoxa, uma vez que incluíam circassianos, gregos, russos, georgianos, alanos e lesguianos [...] Isso não impediu sua venda." O. Origo, The Domestic Enemy, *Speculum*, v. 30, n. 3, p. 328. A citação que Evans faz de Mez é igualmente displicente. Ele usa Mez para confirmar: "Que os escravos no Egito durante o período por volta de 950-1250 eram predominantemente negros." W.M. Evans, op. cit., p. 26, nota 28; que a estratificação racial islâmica levou a que escravos brancos não treinados fossem avaliados em até 1.000 dinares, ao passo que pelos escravos negros "não se pagava mais do que 25-30 dinares"; ibidem, p. 29 e nota 41; que a única expressão de desprezo muçulmano pelos negros era a crença de que "os negros eram 'instáveis e emocionais'. A hora da dança e da batida musical está arraigada em sua natureza. Eles dizem: se o negro caísse do céu, ele cairia marcando o ritmo todo o tempo'"; ibidem, p. 32. O que Mez realmente escreveu é interessante em comparação. Sobre escravos no Egito, ele disse: "Entre os séculos IV e X, Egito, Arábia do Sul e Norte da África eram os *principais mercados* para escravos negros" (ênfase nossa). A. Mez, op. cit., p. 157. Sobre os preços dos escravos, Mez comentou: "A semelhança do criado negro de hoje, o escravo negro doméstico era empregado principalmente como guardião da porta. Numa sociedade que, acima de tudo, valorizava boa poesia e boa música, meninos e meninas artisticamente talentosos e treinados teriam inevitavelmente uma grande demanda [...] E para essas meninas assim treinadas, o preço era de 10 a 20.000 marcos [...] Tal como acontece conosco, cantores e artistas femininas famosos tinham preços exorbitantes. Por volta de 300/912, uma cantora foi vendida em um círculo aristocrático por 13.000 dinares (130.000 marcos), sendo que o intermediário ganhou com a venda 1.000 dinares"; ibidem, p. 157-158. Mez também apresentou uma interpretação um tanto diferente sobre a dança negra. Adicionando suas próprias cores às observações do médico cristão

Ibn Botlan (por volta do início do século XI), a quem Evans recorre para uma caracterização das atitudes muçulmanas em relação aos negros e à dança, Mez observou: "O negro precisa sempre dançar. Como o alemão que, depois de concluir seu dia de trabalho, sente uma paixão indomável para cantar"; ibidem, p. 161, nota 2. Evans parece tão hábil no tocante à reconstrução histórica quanto às suas referências eruditas. Ver seu comentário: "Dezenas de milhares de africanos negros, por exemplo, trabalhavam em projetos de recuperação de terras no Iraque. Os negros também foram usados nas minas de cobre e sal do Saara. Onde quer que o trabalho fosse exigente e as condições difíceis, era provável encontrar escravos negros" [p. 30]. J.O. Hunwick fornece uma descrição um pouco mais completa. "Em um número limitado de casos, a mão de obra escrava africana foi utilizada em trabalhos agrícolas em grande escala, assim como também, em menor escala, na mineração e na indústria. O mais conhecido e mais bem documentado exemplo de tal 'escravidão de *plantation*' é o uso que se deu a um grande número de escravos da África Oriental – Zanjes – na drenagem dos sapais na foz dos rios Tigre e Eufrates ao redor de Bassorá [...] Os zanjes entraram na história apenas em 868, quando começaram sua revolta que durou quinze anos e abalou as fundações do 'califado abássida'." Hunwick continua: "Uma vez que o movimento obteve sucesso, alguns soldados das tropas negras da guarda do califado, enviada para combatê-lo e alguns beduínos e árabes dos pântanos começaram a participar. Os zanjes construíram sua própria capital, al-Mukhtara, e outra cidade fortificada, al-Mani'a. Em 870, capturaram o florescente porto marítimo de Ubulla e em 871 saquearam Bassorá com uma enorme matança [...] Não foi até 880 que o irmão do califa, livre de outras preocupações militares urgentes, foi capaz de tomar medidas sérias contra os zanjes. Mesmo assim, foram necessários três anos de uma campanha muito dura para esmagar o movimento e tomar suas cidades [...] O maior experimento da 'escravidão de *plantation*' no mundo islâmico terminou em desastre". J.O. Hunwick, op. cit., p. 33-34. Hunwick também menciona a enorme variedade de ocupações dos escravos negros na sociedade islâmica: escravos domésticos, funcionários de impostos, poetas, músicos, soldados profissionais, eunucos, governantes e administradores coloniais, eruditos e concubinas, para sugerir a extensão. (Ver também R. Austen, op. cit.).

119. A contradição final na tese de Evans é apresentada, na totalidade, em suas próprias palavras. Encaixando a discussão de vários governantes islâmicos negros com as queixas raciais de uma série de poetas muçulmanos proeminentes que também eram negros, Evans faz as seguintes observações: "Apesar da polarização geral da sociedade muçulmana entre negros de baixo *status* e brancos de alto *status*, nenhuma linha de cor claramente definida emergiu". W.M. Evans, op. cit., p. 31. Deve-se também assinalar que Evans havia escrito anteriormente: "Em certos contextos, especialmente quando comparados a povos mais ao norte, os árabes desse período se consideravam 'negros'" [p. 24n23]. Ainda assim, ele insiste que os termos "mameluco" e "*abd*" passaram a distinguir, respectivamente, europeus de outros escravos, enquanto David Ayalon comenta o uso variável do termo "mameluco" em Studies on the Structure of the Mamluk Army, *Bulletin of the School of Oriental and African Studies*, v. 15, p. 466; e em Studies in Al-Jabarti, em *Studies on the Mamluks in Egypt*, p. 316-317. E, finalmente, "as atitudes muçulmanas em relação aos negros eram confusas, porém em meio à sua ambivalência se pode detectar aqui e ali a maioria das noções que compõe esse conjunto de ideias reconhecidas como preconceito racial ocidental moderno" [p. 31-32]. Evans, entretanto, não esclarece como uma "pigmentocracia" estratificada racialmente (termos de Evans) conseguiu evitar a formação de uma barreira de cor. Em suma, sua tese é analiticamente falha, sem respaldo em suas próprias 'evidências' e suspeitamente conveniente nesse momento de renovada hostilidade ocidental para com os povos islâmicos. Além disso, ele tampouco chega a explicar por que ou como os ideólogos de uma sociedade tão ideologicamente hostil às crenças islâmicas e com uma consciência racial própria bastante antiga e sofisticada se incomodariam ou precisariam se preocupar em tomar emprestado uma ideologia social tão ambivalente.

120. J.O. Hunwick, op. cit., p. 28.

121. Norman Daniel argumentou: "Dos pontos que resumi, a maioria teve vida longa. O caráter 'fraudulento' ou 'hipócrita' do poder de profetizar de Maomé, quando, na realidade, ele era um conspirador ambicioso, um bandido e um libertino; a ênfase no islã com inferior ao cristianismo, uma soma de heresias, particularmente em conexão com a Trindade; a preocupação com o ensino corânico de Cristo; as linhas gerais, se não todos os detalhes, da biografia menos lisonjeira de Maomé, e particularmente o peso dado à influência de Sergius Bahirae outros guias espirituais sobre ele; a enorme importância atribuída a duas questões morais, a dependência pública da força e a suposta lassidão privada em questões sexuais; o ridículo e o desprezo do paraíso corânico; a suspeita de uma ética determinista e predestinadora; o interesse nas práticas religiosas islâmicas, a admissão de algumas práticas islâmicas como um bom exemplo a seguir, mas o tratamento do culto geralmente em vão; tudo isso, com algumas diferenças de ênfase, porém com grande continuidade na postura do desprezo intelectual, dominou por muito tempo o pensamento cristão e europeu. N. Daniel, *Islam and the West*, p. 276. Ver também p. 144-146.

122. Idem, *The Arabs and Medieval Europe*, p. 115.

123. Ibidem, p. 327-328.
124. D.B. Davis, op. cit., p. 94.
125. "A filosofia de Aristóteles tinha tal autoridade na Espanha dos séculos XVI e XVII que qualquer ataque a ele 'era considerado uma heresia perigosa', e a *Política* desfrutava de um *respecto casi supersticioso.*" M. Campbell, Aristotle and Black Slavery, *Race*, v. 15, n. 3, p. 285-286.
126. Ibidem, p. 286.
127. Ibidem, p. 290-291.
128. W. Westermann, *The Slave Systems of Greek and Roman Antiquity*, p. 156.
129. H. Trevor-Roper, *The Rise of Christian Europe*, p. 88-89.
130. Abbas Hamdani nos recorda: "'A palavra Índia na Idade Média', diz Charles Nowell, 'não tinha significado geográfico exato para os europeus; era uma expressão conveniente para denotar o Oriente mais além do mundo maometano'." Columbus and the Recovery of Jerusalem, *Journal of the American Oriental Society*, v. 99, n. 1, p. 39. Mais adiante, Hamdani assinala "George Kimble, em sua *Geography in the Middle Ages*, observa que o termo 'Índias' é um termo vago, pois na Idade Média havia pelo menos três Índias, isto é, Índia Menor, Índia Maior e Índia Tertia, ou seja, Sind, Hind e Zinj dos árabes. As duas primeiras estavam localizadas na Ásia, a última na África (Etiópia)'." Ibidem, p. 46, nota 11.
131. G.K. Hunter, Elizabethans and Foreigners, em A. Nicoll (ed.), op. cit., p. 40.

5. O Tráfico de Escravos no Atlântico e a Mão de Obra Africana

1. A.K. Manchester, *British Preeminence in Brazil*, p. 1.
2. I. Wallerstein, *The Modern World-System 1*, p. 42; ver também C.R. Boxer, *Four Centuries of Portuguese Expansion*, p. 9.
3. I. Wallerstein, ibidem, p. 47.
4. "Segundo os cronistas, a ideia de estender a Reconquista no Norte da África foi sugerida pela necessidade de encontrar emprego útil para aqueles que haviam vivido das incursões fronteiriças por quase um quarto de século e pelo desejo dos filhos de João II de serem armados cavaleiros em um conflito real, como a geração mais velha havia conhecido." H.V. Livermore, Portuguese History, em H.V. Livermore (ed.), *Portugal and Brazil*, p. 59. Parcialmente citado em I. Wallerstein, op. cit., p. 46.
5. Ver p. 118s., capítulo 4; e especialmente F. Rogers, The Attraction of the East and Early Portuguese Discoveries, *Luso-Brazilian Review*, v. 1, n. 1, p. 54.
6. Livermore declara: "Com a extinção da dinastia anterior, alguns dos nobres mais antigos mantiveram-se fiéis a Castela e desapareceram de Portugal. Seu lugar foi ocupado por uma nova nobreza, formada pelos seguidores de João de Avis, quase todos homens novos, recentemente enriquecidos, ambiciosos e leais." H.V. Livermore, op. cit., p. 60. Wallerstein fornece uma caracterização interessante da burguesia portuguesa: "Pela primeira vez, os interesses da burguesia não entraram em conflito com os da nobreza. Preparada para o capitalismo moderno por um longo aprendizado no comércio de longa distância e pela experiência de viver em uma das áreas mais monetizadas da Europa (devido ao envolvimento econômico com o mundo islâmico mediterrânico), a burguesia também procurou escapar dos confins dos pequenos mercados portugueses." I. Wallerstein, op. cit., p. 51-52. Sua interpretação da relação entre essa burguesia e seus colegas genoveses difere da minha (ver texto infra) e, de forma inusual, carece de citações de fontes abalizadas.
7. M. Postan, The Fifteenth Century, *Economic History Review*, v. 9, n. 2, p. 165. Nesse breve ensaio, Postan relata a deterioração da produção doméstica inglesa – tanto a agrícola quanto a manufatureira – e do comércio exterior no século XV.
8. H.V. Livermore, op. cit., p. 58-59. Livermore está provavelmente se referindo ao Tratado de Windsor, não de Westminster. Ver A.K. Manchester, op. cit., p. 2; ver também C. Wilson, The Overseas Trade of Bristol, em E. Power e M.M. Postan (eds.), *Studies in English Trade in the Fifteenth Century*, p. 220.
9. C. Wilson, op. cit., p. 220. Alan Manchester observa que no século XVII "mercadores britânicos em Lisboa [submeteram] uma reclamação contra o não exercício de privilégios que consideravam seus por justiça, com certos documentos que mostram a natureza desses privilégios. Organizados cronologicamente, esses documentos eram: uma carta patente datada de 10 de agosto de 1400, pela qual d. João I concedia aos ingleses os mesmos privilégios que haviam sido outorgados aos genoveses; uma carta patente de 29 de outubro de 1450, pela qual d. Afonso V concedia aos ingleses o direito a um juiz especial em todas as querelas comerciais que surgissem entre eles e os portugueses; uma carta patente de 28 de março de 1451, de Afonso V, que conferia aos ingleses o direito de viver e circular livremente dentro do reino português; e a carta patente, de 7 de fevereiro de 1495, pela qual d. Manuel outorgava privilégios especiais para mercadores de certas cidades alemãs." A.K. Manchester, op. cit., p. 5. Ao contrário de Manchester, Wilson não faz nenhuma tentativa de conciliar essa ligação entre os dois "Estados" com

589

sua preferência acentuada pela nação como unidade de análise histórica. Entretanto, isso lhe presta um desserviço quando, em algumas páginas adiante (op. cit., p. 222-224), ele deve lidar com a pirataria entre "portugueses e ingleses". Ele deveria ter pensado que estava tratando com diferentes facções empresariais, algumas bastante compatíveis, com colaborações mútuas e interesses compartilhados, e outras não afetadas por tratados de aliança e que podiam ser, apesar de tudo, bastante antagônicas e mutuamente competitivas na pirataria.

10. C. Verlinden, Italian Influence in Iberian Colonization, *Hispanic American Historical Review*, v. 33, n. 2, p. 199; e I. Wallerstein, op. cit., p. 49.

11. V. Rau, A Family of Italian Merchants in Portugal in the XVth Century, *Studi in Onore di Armando Sapori*, v. I, p. 717.

12. Verlinden comenta: "Depois do aparecimento dos florentinos nos registros portugueses em 1338 [...] só milaneses, placentinos e lombardos e, com maior frequência, genoveses, são mencionados. Porém, não se deve pensar que os venezianos não desempenharam um papel ativo em Portugal. Mesmo assim, a posição dos mercadores genoveses e placentinos parece ter sido mais importante, especialmente em Lisboa." C.Verlinden, The Italian Colony of Lisbon and the Development of Portuguese Metropolitan and Colonial Economy", em C. Verlinden, *The Beginnings of Modern Colonization*, p. 101.

13. Sobre a família Pezagno (Pessagno), Verlinden escreve: "O comerciante/mercador Salveto Pessagno, membro de uma família genovesa que desempenhou um grande papel no comércio do Atlântico – particularmente com a Inglaterra – e que forneceu a Portugal uma série de almirantes a partir de 1317, morreu em Famagusta, no final do século." C. Verlinden, Some Aspects of Slavery in Medieval Italian Colonies, em C. Verlinden, *The Beginnings of Modern Colonization*, p. 89; ver também C. Verlinden, The Italian Colony of Lisbon..., ibidem, p. 98-99.

14. V. Rau, op. cit., p. 718.

15. Ver H.V. Livermore, Portuguese History, op. cit., p. 60-61; V. Rau, op. cit., passim; C. Verlinden, The Italian Colony of Lisbon..., em C. Verlinden, *The Beginnings of Modern Colonization*, p. 110.

16. I. Wallerstein, op. cit., p. 52.

17. Ver C. Verlinden, "O mais frequentemente mencionado dos mercadores italianos em Portugal é Bartolomeo Marchionni. O que figurava em 1511 entre os construtores do navio Bretoa é outro Bartolomeo Marchionni, provavelmente parente do homem encontrado por volta de 1443 em conexão com o contrato de pesca do coral. Foi sem dúvida o segundo desses homônimos quem recebeu a tarefa de fornecer dinheiro a Pero da Covilhã e Afonso de Paiva durante sua viagem em busca da Índia e de Preste João. The Italian Colony in Lisbon..., em C. Verlinden, *The Beginnings of Modern Colonization*, p. 107.

18. Idem, Italian Influence in Iberian Colonization, *Hispanic American Historical Review*, v. 33, n. 2, p. 202-203.

19. C. Verlinden, Navigateurs, marchands et colons italiens au service de la découverte et de la colonisation portugaise sous Henri le Navigateur, *Le Moyen Âge*, v. 64, n. 4, p. 468-470.

20. Ver M. Guiseppi, Alien Merchants in England in the Fifteenth Century, *Transactions of the Royal Historical Society*, v. 9, p. 88-90; W.I. Haward, The Financial Transactions between the Lancastrian Government and the Merchants of the Staple from 1449 to 1461, em E. Power; M.M. Postan (eds.), op. cit., p. 315; M. Holmes, Evil May-Day, 1517, *History Today*, v. 15, n. 9, p. 642-643.

21. M. Guiseppi, op. cit., p. 94.

22. S. Thrupp, The Grocers of London, em E. Power; M.M. Postan (eds.), op. cit., p. 250, 290.

23. V. Rau, op. cit., p. 723; C. Wilson, op. cit., p. 221; C. Verlinden, The Italian Colony of Lisbon..., em C. Verlinden, *The Beginnings of Modern Colonization*, p. 104-105.

24. C. Wilson, op. cit., p. 225; ver também M. Guiseppi, op. cit., p. 90, 93; C. Verlinden, The Italian Colony of Lisbon..., em C. Verlinden, *The Beginnings of Modern Colonization*, p. 111.

25. C. Boxer, op. cit., p. 14.

26. C.A. Curwen registra: "No terceiro ano do reinado [de Yung Lo] (1405) teve início aquela notável série de sete expedições marítimas que figuram entre as grandes feitos da marinharia de todos os tempos. Elas foram comandadas por um muçulmano chinês, um eunuco da corte chamado Cheng Ho. Na primeira viagem, sua frota consistia em 63 navios, construídos com compartimentos estanques, o maior dos quais teria mais de 121 metros de comprimento e 54 metros de largura, com quatro deques. A tripulação total era de 27.560 homens, incluindo tropas, funcionários e oficiais e 180 médicos. Essa expedição chegou à Índia. Em viagens subsequentes, os navios de Cheng Ho visitaram mais de trinta países no Oceano Índico e no arquipélago, no Golfo Pérsico, em Aden e na costa leste da África." C.A. Curwen, China, em D. Johnson (ed.), *The Making of the Modern World*, v. I, p. 341-342. Ver também a discussão de Wallerstein sobre o comércio de longa distância do império chinês em I. Wallerstein, op. cit., p. 52s.

27. W.A. Williams, Empire as a Way of Life, *The Nation*, 2-9 ago., p. 104.

28. É interessante contrastar o uso que Williams faz do exemplo chinês com a defesa de Wallerstein do que ele denomina "argumentos materialistas". Williams escreve: "Os chineses vieram, negociaram, observaram. Não fizeram nenhum esforço para criar um império ou sequer uma esfera de influência imperial. Ao voltar

para casa, seus relatórios geraram um grande debate. Foi tomada a decisão de queimar ou de destruir as grandes frotas [...] A questão não é apresentar os chineses como imaculadamente desinteressados ou mais brancos do que os brancos. É simplesmente assinalar que agora sabemos que a capacidade de ser um império não leva irresistível ou inevitavelmente à realidade do império." W.A. Williams, op. cit., p. 104. Wallerstein, por outro lado, parece totalmente convencido de que a explicação voluntarista é, ao mesmo tempo, suficiente *e* muito indeterminada. Seu argumento parece ser que a estrutura imperial chinesa atuou como uma restrição política, tecnológica e ideológica ao desenvolvimento de uma burguesia – desenvolvida prematuramente? ele se pergunta em voz alta – identificada com o desenvolvimento posterior do capitalismo na China e a expansão colonial. Ele conclui: "Então à China, de todo modo aparentemente melhor situada *prima facie* ·para avançar rumo ao capitalismo em termos de já ter uma extensa burocracia estatal, estar mais adiantada em termos da monetização da economia e, possivelmente, também da tecnologia, estava, apesar de tudo, menos bem colocada. Estava sobrecarregada por uma estrutura política imperial. Estava sobrecarregada pela "racionalidade" de seu sistema de valores, que negava ao Estado a alavanca para a mudança (se desejasse usá-la) que os monarcas europeus encontraram na mística das lealdades feudais europeias." I. Wallerstein, op. cit., p. 63.

29. C.R. Boxer relata que: "Depois de dobrar o Cabo da Boa Esperança e fazer escala em vários portos árabe-suaílis ao longo da costa leste da África, [Vasco] da Gama chegou a Malmdi e ali recebeu a ajuda de Ahmad-Ibn-Madjid, o navegador árabe mais famoso de sua época e que conhecia o Oceano Índico melhor do que qualquer outro homem. Graças à sua orientação, os portugueses puderam chegar a Calicute, o maior empório do comércio de pimenta [...] Naturalmente, a memória de Ibn Madjid ainda é execrada pela maioria de seus compatriotas e correligionários; e ele mesmo lamentou amargamente em sua velhice o que havia feito." C.R. Boxer, op. cit., p. 13-14.

30. Sobre o século XVI, Fernand Braudel escreveu:"A atividade comercial marítima, concentrando-se cada vez mais no Oeste, desequilibrou a balança, tendo como consequência o inevitável declínio da bacia oriental, que por tanto tempo fora a fonte de riqueza. A mudança trouxe pouca alegria a Milão, porém colocou Gênova e Florença em destaque. Gênova, por sua parte, ficou com o comércio da Espanha e da América, ou seja, com o maior parte [...] Na segunda metade do século, Gênova assumiu a liderança [...] a captação estrangeira era a mais importante, e foi por esse meio que Florença e Gênova ganharam o controle de todas as regiões economicamente atrasadas, seja na Europa Oriental ou no sul da Itália, nos Bálcãs,

na França ou na Península Ibérica." F. Braudel, *The Mediterranean and the Mediterranean World in the Age Of Philip II*, v.1, p. 393.

31. É preciso estar ciente, como nos lembra Robert Knecht, de que nas "Índias [...] a superioridade dos europeus estava confinada ao mar". R. Knecht, The Discoveries, em D. Johnson (ed.), op. cit., v. 1, p. 27.

32. John William Blake, em sua documentada história, *Europeans in West Africa, 1450-1460*,v. 1, afirma que os registros que reuniu "mostram que entre 1453 e 1480 marinheiros e mercadores andaluzes enviaram muitos navios para a costa da África Ocidental e que o governo de Castela reivindicou posse exclusiva da Guiné" [p. 186; ver também p. 189].

33. Ibidem, p. 191; ver também E. Prestage, Vasco da Gama and the Way to the Indies, em A.P. Newton (ed.), *The Great Age of Discovery*, p. 49.

34. H. Koning,*Columbus: His Enterprise*, p. 13-14.

35. A.P. Newton, Christopher Columbus and his First Voyage, em A.P. Newton (ed.), op. cit., p. 76s.

36. Ibidem, p. 77; H. Koning, op. cit., p. 22.

37. A.P. Newton, op. cit., p. 78.

38. Koning acredita que a família de Felipa fosse de origem italiana, op. cit., p. 25. Por outro lado, a reconstrução de Newton da história da família de Felipa, op. cit., p. 79, deixa muito claro que sua genealogia continha elementos italianos bem como da nobreza menor portuguesa.

39. A. Davies, Origins of Columbian Cosmography, *Studi Colombiani*, v. 2, p. 59-62.

40. Ibidem, p. 61.

41. Ibidem, p. 62. Martin Behain (ou Behaim) é descrito por Verlinden como um cavaleiro alemão que, pelo menos em 1486, vivia em Faial, nos Açores. Nessa época, ele teria sido recrutado pela corte portuguesa em uma tentativa malfadada de cruzar o Atlântico (ver texto infra). Behain, como se viu, perdeu a oportunidade. Ver C. Verlinden, A Precursor of Columbus, em C. Verlinden, *The Beginnings of Modern Colonization*, p. 190-191; ver também A.P. Newton, op. cit., p. 90-91.

42. A. Davies, op. cit., p. 63.

43. C. Verlinden, A Precursor of Columbus, em C. Verlinden, *The Beginnings of Modern Colonization*, p. 189.

44. Ver A. Davies, op. cit., p. 62-64; R. Knecht, op. cit., p. 29-30.

45. C. Verlinden, A Precursor of Columbus, em C. Verlinden, *The Beginnings of Modern Colonization*, p. 194.

46. Ibidem, p. 193.

47. Ibidem.

48. H. Koning, op. cit., p. 39-40.

49. Os irmãos Martín, Francisco e Vicente Pinzón, eram, de acordo com Las Casas, a força dominante em Palos de la Frontera (ver A.P. Newton, op. cit., p. 87-88).

Martín, depois de uma viagem de negócios a Roma, que incluiu uma visita à Corte Papal em 1491, havia retornado a Palos com informações detalhadas sobre uma rota atlântica que recolhera da biblioteca papal. Ele compartilhou esse material com Colombo e ajudou a organizar, com Pinelli e Santangel, uma multa policial contra Palos, que seria empregada para apoiar o projeto de Colombo. Martin e Vicente navegaram com Colombo como capitães da Pinta e da Nina. Martín, no entanto, morreu durante essa primeira viagem. A família posteriormente entrou em uma prolongada tentativa legal de obter de Colombo o que presumia fosse sua parte na riqueza que ele obteve no Novo Mundo.

50. C. Verlinden, Italian Influence on Spanish Economy and Colonization during the Reign of Ferdinand of Castile, em C. Verlinden, *The Beginnings of Modern Colonization*, p. 130.

51. Ibidem, p. 114-120. Américo Castro concluiu: "A forma de vida 'dos italianos' tinha mais pontos de contato com os judeus do que com os cristãos espanhóis. Na Idade Média, houve dinastias de grandes mercadores genoveses [...] Os genoveses continuaram a se envolver em negociações bancárias entre a Espanha e seus domínios territoriais americanos quando não havia judeus para fazer isso." A. Castro, *The Structure of Spanish History*, p. 513, nota 98.

52. C. Verlinden, Italian Influence in Iberian Colonization, em C. Verlinden, *The Beginnings of Modern Colonization*, p. 210; F. Braudel, op. cit., v. 1, p. 364-365.

53. S.E. Morison, Columbus as a Navigator, em *Studi Colombiani*, v. 2, p. 39-48; idem, *Admiral of the Ocean Sea*.

54. A.P. Newton, op. cit., p. 88-89.

55. "Gênova [...] operou o maquinário de crédito mais sofisticado da Idade Média. Um estudo detalhado demonstra que a cidade já era moderna no século XV, à frente de seu tempo, lidando diariamente com o endosso de letras de câmbio e acordos de *ricorsa*, uma das primeiras formas de obter dinheiro em espécie por meio de letras de câmbio falsas ou de cheques sem fundo. O papel inicial de Gênova como intermediária entre Sevilha e o Novo Mundo, sua aliança oficial com a Espanha em 1523, deu conta do resto: tornou-se a principal cidade financeira do mundo no período de crescente inflação e prosperidade que caracterizou a segunda metade do século XVI – o século de Gênova, a cidade em que o comércio estava começando a parecer uma atividade bastante inferior." F. Braudel, op. cit., v. 1, p. 321.

56. Jacob Streider concluiu: "As cidades-Estados italianas desenvolveram um sistema colonial no Mediterrâneo, um sistema que foi precursor e protótipo para Espanha e Portugal nos séculos XV e XVI, e inclusive para a Holanda no século XVII." Apud O.C. Cox, *The Foundations of Capitalism*, p. 85, nota 36.

57. P. Curtin, Slavery and Empire, *Annals of the New York Academy of Sciences*, v. 292, p. 3.

58. O.C. Cox, op. cit., p. 70.

59. S.M. Greenfield, Madeira and the Beginnings of New World Sugar Cane Cultivation and Plantation Slavery, *Annals of the New York Academy of Sciences*, v. 292, p. 545.

60. Ibidem, p. 541-542.

61. Ibidem, p. 548.

62. J.H. Parry, *The Establishment of the European Hegemony: 1415-1715*, p. 73.

63. L.B. Rout, Jr., *The African Experience in Spanish America*, p. 28.

64. O termo "pieza de Indias" (peça das Índias) tornou-se uma medida comum ou padronizada de escravos no final do século XVI. Não está claro quando foi padronizada, mas o seu significado e uso gerais foram esclarecidos por Enriqueta Vila e C.R. Boxer. Vila escreve: "Pode-se ver nos livros contábeis dos funcionários do Tesouro Real [da Espanha] que às vezes, ao contabilizar os negros menores de doze anos, conhecidos como 'moleques', era costume contar dois deles como um só no momento do pagamento de taxas. Também os lactentes, conhecidos como *crias* ou *bambos*, eram considerados isentos de taxas e formavam uma única 'peça' com sua mãe. Tudo isso era aplicado de forma arbitrária, sem padrões fixos. O decreto real mais antigo encontrado até agora, que regulamenta o pagamento de impostos por esses negros, é uma *cedula* de 12 de julho de 1624, dirigida por Felipe IV a todas as autoridades das Índias, na qual estão inclusas algumas regras básicas de aplicação geral: um 'moleque' de sete anos deve ser contado como meio escravo, e taxas não devem ser cobradas no caso de menores dessa idade." E. Vila, The Large Scale Introduction of Africans em Veracruz e Cartagena, *Annals of the New York Academy of Sciences*, v. 292, p. 270. Por outro lado, Boxer afirma: "A *peça das Índias* [...] foi definida em 1678 como "um negro de 15 a 25 anos de idade; de 8 a 15 anos e de 25 a 35 anos, três passam por dois; menores de 8 anos, e de 35 a 45 anos, dois passam por um; bebês lactentes acompanham suas mães sem que sejam contabilizados; todos os maiores de 45 anos, assim como os doentes, devem ser avaliados pelos árbitros." C.R. Boxer, *The Golden Age of Brazil, 1695-1750*, p. 5.

65. J. Vansina, *Kingdoms of the Savanna*, p. 53. Apud J.E. Inikori, Measuring the Atlantic Slave Trade: A Rejoiner, *Journal of African History*, v. 17, n. 4, p. 613.

66. Ibidem, p. 52.

67. K.G. Davies, *The Royal African Company*, p. 13; E. Vila, op. cit., passim.

68. E. Vila, op. cit., p. 275; Walter Rodney relatou que "a maioria dos escravos importados para o México e a América Central durante o século XVI e início do século XVII eram da costa da Alta Guiné." W.

Rodney, Portuguese Attempts at Monopoly on the Upper Guinea Coast, 1580-1650, *Journal of African History*, v. 6, n. 3, p. 309.

69. J.E. Inikori, Measuring the Atlantic Slave Trade: An Assessment of Curtin and Anstey, *Journal of African History*, v. 17, n. 2, p. 204-205.

70. R. McDonald, The Williams Thesis, *Caribbean Quarterly*, v. 25, n. 3, p. 63.

71. P. Curtin, *The Atlantic Slave Trade: A Census*, p. 87.

72. As críticas de Inikori são importantes o suficiente para justificar uma citação. Sobre as estatísticas de Curtin, Inikori escreve: "Todos os cálculos exigidos pela fórmula empregam apenas duas cifras da população escrava – as cifras no início e no final do período determinado. Se bem que isso não represente nenhum problema para o cálculo dos juros compostos [...] não ocorre o mesmo para uma população escrava que estava sujeita a riscos consideráveis (que podiam não ter tido um padrão regular), que afetavam a diferença anual da população total e as cifras de importação." Measuring the Atlantic Slave Trade: An Assessment..., *Journal of African History*, v. 17, n. 2, p. 198. Respeitando as sensibilidades históricas de Curtin, Inikori afirma: "A quantidade de provas históricas que, nesse aspecto, dão respaldo ao argumento no meu artigo original é realmente tão substancial que apenas a ignorância de Curtin sobre os dados históricos pode levá-lo a escrever da maneira que o faz. A teoria estatística geral do erro aleatório não tem precedência sobre os dados históricos [...] Argumentos sobre a imprecisão dos registros oficiais com base em uma grande quantidade de dados históricos só podem ser corrigidos com dados históricos opostos, não com teorias vagas sobre o erro aleatório. Na verdade, todas as declarações feitas por funcionários do governo que citei em meu artigo original baseavam-se em investigações reais." Measuring the Atlantic Slave Trade: A Rejoinder, *Journal of African History*, v. 17, n. 4, p. 617. Finalmente, no tocante à lógica da defesa de Curtin, Inikori adverte: "A chave para uma compreensão adequada dos comentários de Curtin é sua afirmação de que o que eu disse falsificava deliberadamente as estimativas, a fim de minimizar as dimensões do comércio. O erro comum sem um viés político ou outro seria mais aleatório; [...] Com essa concepção errônea, aparentemente se converteu em uma questão emocional para Curtin defender sua 'honra' a todo custo [...] A lógica que percorre o artigo de Curtin é que apenas 'um viés político ou outro' pode distorcer a frequência do erro em um conjunto de estimativas para uma direção. A ingenuidade dessa lógica é óbvia demais para justificar muitos comentários. Basta dizer que a frequência do erro em um conjunto de estimativas pode ser distorcida em qualquer direção por várias razões que nada têm a ver com 'um viés político ou outro'.

E, a propósito, um homem pode ter uma motivação política e ainda assim produzir uma estimativa precisa." Ibidem, p. 609-610.

73. J.E. Inikori, Measuring the Atlantic Slave Trade: A Rejoinder, *Journal of African History*, v. 17, n. 4, p. 615.

74. D. Eltis, The Direction and Fluctuation of the Trans-Atlantic Slave Trade, 1821-1843, artigo não publicado, apresentado no Mathematical Social Science Board Seminar on the Economics of the Slave Trade, em 1975; R. Anstey, *The Atlantic Slave Trade and British Abolition, 1760-1810*; idem, The Volume and Profitability of the British Slave Trade, 1761-1807, em S.; E. Genovese (eds.), *Race and Slavery in the Western Hemisphere*, p. 3-31; S. Daget, La Répression britannique sur les négriers français du traffic illegal, artigo não publicado apresentado em Maine, 20-22 ago. 1975; L. Peytraud, *L'Esclavage aux Antilles Françaises avant 1789 d'après des documents inédits des Archives Coloniales*; R. Davis, *The Rise of the Atlantic Economies*.

75. Inikori não apresenta uma cifra total para o tráfico de escravos no Atlântico. Ela foi obtida somando-se as quantidades para as Índias Ocidentais Francesas, Brasil e as colônias inglesas que figuram nos seus dois ensaios e interpolando uma quantidade para a América espanhola consistente com sua avaliação da população escrava no Brasil antes do século XIX. Do primeiro ensaio de Inikori, Measuring the Atlantic Slave Trade: As Assessment of Curtin and Anstey, *Journal of African History*, v. 17, n. 2, os números para as Índias Ocidentais Francesas são 3.000.000. Para as colônias inglesas no século XVIII e o Brasil na primeira metade do século XIX, os números são 3.699.572 e 3.700.000, respectivamente. Measuring the Atlantic Slave Trade: A Rejoinder, *Journal of African History*, v. 17, n. 4, p. 623-624.

76. Sobre a declaração de Curtin, ver nota 52, capítulo 4. Sobre a crítica de I. ou D.R. Murray referente às cifras de Curtin, ver Statistics of the Slave Trade in Cuba, 1790-1867, *Journal of Latin American Studies*, v. 3, n. 2, p. 131-149. Richard Pares concorda com Curtin nessa questão: "M. Debien observou que o gotejamento de camponeses contratados [...] secou várias vezes na segunda metade do século XVII: depois de 1666 foram poucos os servos enviados a St. Christopher francesa; depois de 1685, poucos mais para Guadalupe. O mesmo contraste pode ser visto entre as colônias açucareiras mais antigas, como Barbados, que logo deixaram de demandar os serviços de qualquer homem branco da Europa salvo de trabalhadores especializados, e os assentamentos mais recentes, como a Jamaica, que ainda por um tempo acolheram trabalhadores brancos não qualificados. Trabalhadores especializados – mercadores, cocheiros, refinadores, tutores particulares – ainda foram enviados para as *plantations* por mais um século; mas o camponês, com suas duas mãos e nada mais, já não tinha demanda. Seu lugar havia sido ocupado por um africano". R. Pares, *Merchants and Planters*, p. 19.

77. Ver nota 47 do capítulo anterior.

78. E. Williams, *Capitalism and Slavery*, p. 63.

79. Ibidem, p. 61.

80. H. Merivale, *Lectures on Colonization and Colonies*, p. 302.

81. R. McDonald, Measuring the British Slave Trade to Jamaica, 1789-1808, *Economic History Review*, v. 33, n. 2, p. 65-66.

82. J. Burke, *Connections*, p. 192.

83. R.C. Batie, Why Sugar, Economic Cycles and the Changing Staples on the English and French Antilles, 1624-54, *Journal of Caribbean History*, v. 8, p. 4-13.

84. P.G.M. Dickson, *The Financial Revolution in England*, p. 55-56.

85. C.L.R. James, *The Black Jacobins*, p. 47-48.

86. R. McDonald, op. cit., p. 63-64.

87. R. Pares, op. cit., p. 38.

88. Ibidem, p. 50.

89. Ibidem, p. 53. O texto de Davies a que Pares se refere é: K.G.B. Davies, The Origin of the Commission System in the West India Trade, em *Transactions of the Royal Historical Society*, v. 2, p. 89-107.

90. E. Vila, op. cit., p. 277, nota 9.

91. Apud R. McDonald, Measuring the British Slave Trade to Jamaica, 1789-1808, *Economic History Review*, v. 33, n. 2, p. 257-258.

92. R. Pares, op. cit., p. 2-6.

93. Ibidem, p. 11, 63, nota 54; R.C. Batie, op. cit., p. 1.

94. R. Pares, op. cit., p. 16.

95. R.B. Moore, On Barbadians and Minding Other People's Business, *New World Quarterly*, v. 3, n. 1-2, p. 69.

96. R.C. Batie, op. cit., p. 4-13; R.S. Dunn, *Sugar and Slaves*, p. 203.

97. R.C. Batie, op. cit., p. 16.

98. Ibidem, p. 15, 19.

99. P. Curtin, The Atlantic Slave Trade, 1600-1800, em J.F.A. Ajayi; M. Crowder (eds.), *History of West Africa*, v. 1, p. 126.

100. Ibidem, p. 118-126.

101. Ver J.E. Inikori, Measuring the Atlantic Slave Trade: A Rejoinder, *Journal of African History*, v. 17, n. 4, p. 619.

102. As cifras de Curtin são usadas aqui não por sua precisão, mas por seu peso relativo. P. Curtin, The Atlantic Slave Trade, p. 119.

103. J.E. Inikori, Measuring the Atlantic Slave Trade: A Rejoinder, *Journal of African History*, v. 17, n. 4, p. 612-615.

104. P. Curtin, *The Atlantic Slave Trade: A Census*, capítulo 10. Essa cifra, devemos lembrar, é apenas uma "estimativa" do número de mortes associadas ao tráfico britânico de escravos no século XVIII. No tocante à França, durante o mesmo século, Robert Stein, que (sem referência) estima o tráfico francês de escravos em 1.150.000, também afirma que "não menos que 150.000 morreram antes de chegar ao Novo Mundo, e muitos mais morreram depois de um ou dois anos de chegada." R. Stein, Mortality in the Eighteenth-Century French Slave Trade, *Journal of African History*, v. 21, n. 1, p. 35.

105. P. Curtin, *The Atlantic Slave Trade: A Census*, p. 282. Para o período de 1714-1778, Stein coloca a "taxa" de mortalidade das tripulações no tráfico francês de escravos em 13% e argumenta: "a mortalidade da tripulação era, em média, maior do que a mortalidade dos escravos, pelo menos ao longo da costa e na Passagem do Meio". R. Stein, op. cit., p. 36-37.

106. P. Curtin, *The Atlantic Slave Trade: A Census*, p. 139-140.

107. O. Patterson, *The Sociology of Slavery*, p. 134-144.

108. P. Curtin, *The Atlantic Slave Trade: A Census*, p. 91-92.

109. Ibidem, p. 83, 268.

110. J.E. Inikori, Measuring the Atlantic Slave Trade: An Assessment of Curtin and Anstey, *Journal of African History*, v. 17, n. 2, p. 222.

111. P. Curtin, *The Atlantic Slave Trade: A Census*, p. 144, 156-158.

112. G. Mullin, *Flight and Rebellion*, p. 7.

113. Ibidem, p. 43.

114. Sobre o plano de fundo dos assentamentos quilombolas negros da Virgínia do século XVII e dos assentamentos afro-indígenas (seminoles) da Flórida do século XVIII, ver o capítulo 7. Um primeiro relato dos seminoles foi feito por Josh Giddings (1858).

115. See N.F. Okoye, Chattel Slavery as the Nightmare of the American Revolutionaries, *William and Mary Quarterly*, v. 37, n. 1, p. 3-5; J.J. Crow, Slave Rebelliousness and Social Conflict in North Carolina, 1775-1802, *William and Mary Quarterly*, v. 37, n. 1, p. 89; C.L.R. James, The Atlantic Slave Trade, em C.L.R. James, *The Future in the Present*, p. 246.

116. W. Rodney, *How Europe Underdeveloped Africa*.

117. K. Marx; F. Engels, *The Communist Manifesto*, em R.C. Tucker (ed.), *The Marx-Engels Reader*, p. 478.

6. A Arqueologia Histórica da Tradição Radical Negra

1. A. Cabral, National Liberation and Culture, *Return to the Source*, p. 42-43.

2. M. Craton, Proto-Peasant Revolts?, *Past and Present*, v. 85, n. 1, p. 120-121. A obra de Robert Lacert

esobre as primeiras quatro décadas da independência do Haiti, apesar de ter uma tendência para afirmações e pressuposições questionáveis (ele persiste em designar a França como "pátria-mãe" do Haiti e declara que a presença de "brancos" era essencial para a sua recuperação econômica pós-revolucionária), apoia a caracterização de Craton das predisposições do camponês africano quanto à agricultura de *plantation* e à posse da terra. Ver R. Lacerte, The First Land Reform in América Latina, *Inter-American Economic Affairs*, v. 28, n. 4, p. 77-85; e idem, Xenophobia and Economic Decline, *The Americas*, v. 37, n. 4, p. 499-515.

3. J. Blassingame, *The Slave Community*, p. 189-216.

4. Ibidem, p. 197.

5. Ibidem, p. 201.

6. Ibidem, p. 213.

7. Em mais de uma ocasião, Blassingame afirma que: "Não é por acaso que o Sambo dos romances e peças do Sul fosse em geral um escravo doméstico. Uma vez que os proprietários de *plantations* frequentemente tinham pouco contato com os escravos de eito, nas autobiografias brancas quase sempre é o escravo doméstico o retratado como o epítome da lealdade [...] Um reflexo da lealdade dos escravos domésticos e do baixo nível de contato entre os brancos e os escravos de eito é que, na esmagadora maioria dos casos em que os senhores alforriavam escravos individuais, eles eram os domésticos." (Ibidem, p. 200-201.) Por outro lado, Owens nos lembra que: "Os senhores torturavam e assassinavam alguns escravos domésticos, e estes às vezes matavam seus senhores. Muitos atos contra os domésticos ficaram impunes [...] Não é fácil fazer generalizações sobre os escravos domésticos. Eles eram uma classe diversa que ajudava a moldar e remodelar o caráter de sua servidão na Casa Grande. Em alguns aspectos, a sua era uma espécie especial de escravidão, marcada por privilégios que a maioria dos escravos de eito nunca experimentou, pelo menos não do mesmo jeito. No entanto, nem todos se submetiam." L.H. Owens, *This Species of Property*, p. 120. Ademais, Kenneth Stampp em *The Peculiar Institution*, afirma que pelo menos um quarto da população escrava estadunidense no século XIX era reivindicada por proprietários de escravos "que tinham sob seu comando apenas meia dúzia de escravos de eito. Com a falta de artesãos habilidosos em suas pequenas forças de trabalho escravas, eles ainda achavam necessária a realização de certas tarefas especializadas, como carpintaria e conserto de ferramentas; e em caso de emergência (uma colheita raramente ia do plantio na primavera à colheita no outono sem algum tipo de crise), esqueciam temporariamente seu orgulho [...] um senhor frequentemente tinha que escolher entre perder sua colheita e trabalhar com seus escravos" [p. 35].

8. J. Blassingame, op. cit., p. 190.

9. L.H. Owens, op. cit., p. 78.

10. "No cerne de tal comportamento estava a falta de acomodação do escravo a muitas coisas que o confrontavam na escravidão. A escravidão trabalhava continuamente contra o escravizado, ainda assim ele nunca deixaria que ela funcionasse sem moderação. A frustração era enorme." Ibidem, p. 93.

11. Ibidem, p. 79-96.

12. Ibidem, p. 103.

13. Ibidem, p. 96.

14. Ibidem, p. 103.

15. "O proprietário de *plantations* sulista sofria não apenas por seus erros econômicos – o efeito psicológico da escravidão sobre ele era fatal. O mero fato de que um homem pudesse ser, segundo a lei, o verdadeiro senhor da mente e do corpo de outros seres humanos tinha que ter efeitos desastrosos. Tendia a inflar o ego da maioria dos proprietários para além do limite razoável; eles se tornavam régulos arrogantes, pomposos e briguentos; davam comandos; faziam leis; gritavam suas ordens; esperavam deferência e auto-humilhação; eram coléricos e se ofendiam com facilidade. Sua "honra" se converteu em algo vasto e terrível, que exigia uma ampla e insistente deferência. Os mais fracos e ineficientes eram os que se enfureciam com mais facilidade, demonstrando inveja e ressentimento; os poucos que eram superiores, física ou mentalmente, não concebiam limites para seu poder e prestígio pessoal. Como o mundo há muito aprendeu, nada é mais fácil para arruinar a natureza humana quanto o poder absoluto sobre os seres humanos." W.E.B. Du Bois, *Black Reconstruction in America*, p. 52-53. Antes, na mesma obra, Du Bois havia assinalado: "Há provas de que as necessidades de sua organização econômica mudavam e deterioravam continuamente sua moral e promoviam o avanço de elementos mais rudes, barulhentos e menos cultivados que caracterizavam o cavalheiro sulista dos tempos anteriores. O certo é que os jogadores que xingavam, brigavam e puteavam e que representavam em grande medida o Sul no final dos anos de 1850, evidenciavam a deterioração inevitável que afeta os homens quando seu desejo por renda e extravagância supera seu respeito pelos seres humanos" [p. 43]. James Roark, combinando o desespero dos ideólogos dos proprietários de *plantations* separatistas do período que antecedeu a guerra com os sentimentos como os de Mary Ann Whittle, uma proprietária ("temos um inimigo em nosso seio que irá atirar em nós em nossas camas"), e com os de William Kirkland, de Mississipi (que declarou que preferia "'ser exterminado' a ser forçado a viver na mesma sociedade 'com os escravos libertos'"), concluiu: "Ao misturar a realidade com fantasia, os proprietários de *plantations* temiam que John Bull, Billy Yank, Johnny Poor White e Nat Turner estivessem todos à espreita nas sombras. Essa visão dava

595

um nó no estômago não só dos covardes." J. Roark, *Masters Without Slaves*, p. 4, 10, 16.

16. Entre os revisionistas podem ser incluídos os nomes de I. Berlin (*Slaves Without Masters*); D. Daniels (*Pioneer Urbanites*); E. Foner (*Free Soil, Free Labor, Free Men*); G.M. Frederickson (*The Black Image in the White Mind*); E. Genovese (*Roll, Jordan, Roll*; *From Rebellion to Revolution*); H. Gutman (*The Black Family in Slavery and Freedom*); N. Huggins (*John Brown*); L. Levine (*Black Culture and Black Consciousness*); L. Litwack (*Been in the Storm So Long*); S. Oates (*To Purge This Land with Blood*); N.I. Painter (*Exodusters*); A. Raboteau (*The Slave Religion*); G. Rawick (*From Sundown to Sunup*); W.L. Rose (*Rehearsal For Reconstruction*); R. Starobin (*Industrial Slavery in the Old South*).

17. Thomas Jefferson, um dos principais proprietários de escravos no final do século XVIII e início do XIX e presidente dos Estados Unidos durante seu republicanismo incipiente, teve uma importância e um significado especiais para as suas próprias e posteriores gerações de literatos estadunidenses que fizeram de sua vida uma excelente ilustração das intuições e forças sociais contraditórias que afligiam a classe dos senhores (e seus subsequentes apologistas). Winthrop Jordan afirma que, para Jefferson, a humanidade dos escravos nunca esteve sob questionamento: "Sem dúvida, os negros eram membros dessa classe. Jefferson, portanto, nem por um momento considerou a possibilidade de que pudessem ser escravizados por direito." *White Over Black*, p. 432. Ainda assim, a sensibilidade racial de Jefferson misturava sua crença na identidade moral entre negros e brancos com sua resistência a qualquer consideração de igualdade de paixões, capacidades mentais ou senso de beleza humana entre eles. Jordan exclama: "A confusão de Jefferson às vezes se tornava monumental" [p. 453]. Talvez essa confusão fosse produto de seu suposto relacionamento com sua mucama, Sally Hemings. Essa relação certamente influenciou alguns de seus biógrafos. Por exemplo: John Chester Miller, em *The Wolf by the Ears*, começa a refutar as acusações, primeiramente formuladas pelo contemporâneo de Jefferson, James Callender, garantindo ao seu leitor que a sra. Hemings não era "negra", como às vezes era chamada, mas na verdade tinha só um quarto de sangue negro. Miller então afirma que Sally Hemings foi a última de quatorze filhos ("de vários tons de cor"), nascidos da escrava Betty Hemings e de John Wayles, um rico fazendeiro da Virgínia. Wayles era, é claro, também o pai de Martha Skelton Wayles, noiva de Jefferson em 1772. Em 1773, Wayles morreu e seus filhos escravos e sua amante tornaram-se propriedade de Jefferson em Monticello [p. 162]. Miller sugere: "O tratamento especial dispensado a Betty Hemings e seus descendentes por Jefferson pode ter amenizado, porém dificilmente eliminado, a sensação angustiante de culpa que Jefferson vivenciou por manter os meios-irmãos e as meias-irmãs de sua falecida esposa [ela morreu em 1782] na servidão, principalmente porque podia ver nesses mulatos os traços de sua própria esposa. Não admira, portanto, que ele tenha concebido uma antipatia avassaladora pela miscigenação, que o levou a favorecer de colocar todos os afro-americanos para além da possibilidade de se misturarem com os brancos. Se, como indicam as provas, sua atitude em relação aos mulatos sofreu uma mudança radical em 1772-1773, isso provavelmente se deve à descoberta surpreendente que fez naquela época sobre as práticas sexuais de seu falecido sogro" [p. 163]. Mais tarde, Miller argumenta: "O fato de Jefferson ter mantido uma relação amorosa clandestina com uma escrava e criado seus filhos como escravos é algo que está em desacordo completo com seu caráter, na medida em que este pode ser determinado por seus atos e palavras" [p. 177]. Por isso, "Jefferson pediu para ser julgado por seus atos, e não por suas palavras. Mas no que tange à escravidão nos Estados Unidos, ele emerge com maior brilho se é julgado por suas palavras e não pelos seus atos, pois aqui ele deixou de cumprir seus próprios preceitos". "Jefferson claramente compartilhava o preconceito racial que agravou o problema de livrar os Estados Unidos do que ele chamou de esse 'grande mal político e moral', 'essa mancha em nosso país'. Contudo, ele conseguiu ocultar de si mesmo esse preconceito ao imaginar que estava agindo em resposta aos decretos divinos" [p. 277, 178]. Uma ironia final na defesa de Miller acerca da moralidade sexual de Jefferson é seu argumento de que a prova de que Jefferson não tinha nenhum relacionamento especial com sua mucama é que, em seu testamento, ele alforriou cinco escravos, todos da família Hemings. "Mas Sally Hemings não estava entre os alforriados: seu nome apareceu no inventário de escravos de sua propriedade e seu valor foi fixado em cinquenta dólares" [p. 168], o que dificilmente pode ser considerado o ato de um homem destruído pela culpa ao ver a "linhagem" de sua falecida esposa. Entretanto, temos o precedente do escravista brasileiro, Pedro Domingues, "que, consumido pelo ciúme ao pensar em sua concubina se casando [...] concedeu a ela a liberdade, a propriedade de sua casa e três escravos, na condição de que permanecesse solteira para o resto da vida". C.R. Boxer, *Women in Iberian Expansion*, p. 59.

18. E. Williams, *From Columbus to Castro*, p. 37-38. Uma indicação da atitude oficial em relação à mão de obra europeia foi a aparente disposição das autoridades de suspender as hierarquias raciais na Península Ibérica em troca da geração de assentamentos coloniais viáveis. C.R. Boxer relata que, não obstante o vigor do "preconceito racial" durante esse período da história ibérica ("concentrado contra os 'mouros', isto é, os muçulmanos; os judeus, principalmente por motivos religiosos"; e os africanos, por sua associação com a escravidão), instruções e ordens reais foram enviadas

às colônias em 1503 e 1514, encorajando casamentos interraciais entre europeus e mulheres indígenas. Op. cit., p. 35-37.

19. Ibidem, p. 37-41.

20. Richard Hart cita o historiador espanhol Oviedo que, em 1546, escreveu que a capitalização de uma *plantation* de açúcar nas Índias Ocidentais "amiúde requer um investimento de dez ou doze mil ducados de ouro antes de estar completa e pronta para funcionar. E se eu dissesse quinze mil ducados, não estaria exagerando, pois se exigem pelo menos 80 ou 100 negros trabalhando o tempo todo, e mesmo 120 ou mais para serem bem supridas; e aproximadamente um ou dois bons rebanhos de mil ou dois ou três mil cabeças de gado para alimentar os escravos; além dos caros trabalhadores treinados e capatazes para a produção do açúcar e veículos para transportar a cana até a usina e trazer lenha." R. Hart, *Slaves Who Abolished Slavery*, v. 1, *Blacks in Bondage*, p. 17.

21. E. Williams, op. cit., p. 30.

22. C.H. Haring, *The Spanish Empire in America*, p. 41.

23. Ibidem, p. 33. Nicolas Sanchez-Albornoz discorda dos números, porém chega à mesma conclusão. "O declínio foi, sem dúvidas, de proporções desastrosas. Mesmo aceitando estimativas conservadoras, a população pré-colombiana de Hispaniola deve ter sido reduzida de cerca de cem mil para apenas alguns poucos mil em 1570. Para compensar a falta de nativos, escravos negros e índios das Bahamas foram introduzidosem um período anterior. Essa medida por si só prova que o despovoamento ali foi pior do que no continente." N. Sanchez-Albornoz, *The Population of Latin America*, p. 42.

24. S. Cook; W. Borah, *The Aboriginal Population of Central Mexico on the Eve of the Spanish Conquest*, p. 72-88.

25. Apud A.W. Crosby Jr., *The Columbian Exchange*, p. 36. Ver também Sanchez-Albornoz, op. cit., pp. 60-66.

26. D. Davidson, Negro Slave Control and Resistance in Colonial Mexico, 1519-1650, *Hispanic American Historical Review*, v. 46, n. 3, p. 236. Alfred Crosby contesta o papel da "brutalidade" na destruição dos povos nativos. Ele argumenta: "A destruição dos aruaques tem sido, em grande parte, atribuída à crueldade espanhola, não só pelos historiadores protestantes posteriores da escola "Lenda Negra", mas também por escritores espanhóis da época, como Oviedo e Bartolomeu de Las Casas. Sem dúvida, os primeiros espanhóis exploraram brutalmente os indígenas. Mas obviamente não era para matá-los, pois os primeiros colonos tiveram que lidar com uma escassez crônica de mão de obra e precisavam dos indígenas. A doença parece ser uma explicação mais lógica." A.W. Crosby, op. cit., p. 45. Tanto os impulsos de ganância quanto a dialética de dominação reivindicaram como vítima a lógica da necessidade.

27. D. Davidson, op. cit., p. 236; para uma avaliação crítica do cálculo originalmente desenvolvido por S. Cook; W. Borah e Lesley Byrd Simpson, ver R.A. Zambardino, Mexico's Population in the Sixteenth Century, *Journal of Interdisciplinary History*, v. 11, n. 1, p. 1-27; sobre o Novo Mundo em geral, ver N. Sanchez-Albornoz, op. cit., p. 32-36.

28. As obras de C.O. Sauer (*The Early Spanish Main*) e de J.J. Uribe (La poblacion indígena de Colombia em el momento de la Conquista y sus transformaciones posteriores, *Anuario Colombiano de Historia Social y de la Cultura*, v. 1, n. 2, p. 239-293) são citados por N. Sanchez-Albornoz, op. cit., p. 54. Jaramillo Uribe também é citado no seguinte trecho de *El Orinoco Ilustrado y Defendido*, do padre Jose Gumilla: "Observadores experientes notaram que em áreas nas quais a população indígena havia sido visivelmente reduzida, muitas mulheres indígenas não têm filhos e são completamente estéreis [...]; nesses mesmos lugares e áreas, mulheres indígenas casadas com europeus e com *cuaterones* [mestiços], mulatos, zambos, e negros são muito férteis e produzem tantos filhos que podem rivalizar com as mulheres judias nesse aspecto [...] A diferença é que uma indígena com um marido indígena produz filhos indígenas humildes [...] As crianças indígenas estão sujeitas à depressão, são desanimadas e medrosas e obrigadas a pagar tributos que, embora não excessivos, são considerados um fardo e um estigma [...]; a maioria das indígenas tem apenas um filho, para satisfazer seus instintos criativos e depois bebem ervas para evitara chegada de outros." N. Sanchez-Albornoz, op. cit., p. 56.

29. P. Boyd-Bowman, Negro Slaves in Early Colonial Mexico, *The Americas*, v. 26, n. 2, p. 136.

30. B. de Las Casas, *The Devastation of the Indies*, p. 27.

31. Apud E. Williams, op. cit., p. 43.

32. Introdução de Hans Magnus Enzensberger a Las Casas, op. cit., p. 26.

33. Ibidem, p. 29-30.

34. "Mas por que os africanos foram os novos escravos? Por causa do esgotamento da oferta de trabalhadores indígenas na região das *plantations*, porque a Europa precisava de uma fonte de trabalho de uma região razoavelmente bem povoada que fosse acessível e relativamente próxima da região em que deveria ser utilizada. Mas tinha que ser de uma região que estivesse fora de sua economia mundial, a fim de que a Europa não se preocupasse com as consequências econômicas para a região de reprodução com a remoção em larga escala de escravos como mão de obra. A África Ocidental foi a que melhor atendia a essas condições." I. Wallerstein, *The Modern World System 1*, p. 89. Ver também N. Sanchez-Albornoz, op. cit., p. 72.

35. D. Davidson, op. cit., p. 236.

36. Ver o capítulo 5, nota 68 e o texto.

597

37. A.V. de Espinosa relata algumas das medidas tomadas pelos colonos espanhóis para retardar a perda da mão de obra indígena: "Embora o Conselho Real das Índias [...] tentasse remediar esse mal com garantias e a melhoria desse grande sofrimento da escravidão dos índios, e o vice-rei da Nova Espanha nomeasse inspetores de engenhos [...] uma vez que a maioria daqueles que partiram para tais incumbências visam antes o seu próprio enriquecimento [...] e como os donos dos engenhos lhes pagam bem, eles deixam os miseráveis índios na mesma escravidão [...] Os proprietários de engenhos mantêm lugares abastecidos nos moinhos, nos quais escondem os miseráveis índios contra a sua vontade, para que não os vejam nem os encontrem, e os pobres coitados não podem se queixar de seus males." *Compendium and Description of the West Indies*, p. 134.

38. J.H. Parry, *Cambridge Economic History of Europe*, apud I. Wallerstein, op. cit., p. 187, nota 109.

39. D. Davidson, op. cit., p. 237.

40. Aguirre Beltran é citado por L.B. Rout Jr., *The African Experience in Spanish America*, p. 279. Edgar Love e Rout chamam a atenção para o fato de que o barão Alexander de Humboldt, o demógrafo prussiano do final do século XVIII, em seu estudo do México (*Political Essay on the Kingdom of New Spain*, 1793), havia observado que "parece que em toda a Nova Espanha não há seis mil negros, e não mais do que nove ou dez mil escravos, dos quais o maior número pertence aos portos de Acapulco e Veracruz." Ver E. Love, Negro Resistance to Spanish Rule in Colonial Mexico, *Journal of Negro History*, v. 52, n. 2, p. 89. Rout comentou: "Um quadro contraditório é apresentado por Sherburne I. Cook, que provavelmente foi o primeiro pesquisador a fazer uma análise cuidadosa do censo de 1793. Cook revela que as autoridades espanholas estimavam que os zambos, negros e mulatos constituíam de 12 a 15% dos 5.200.000 habitantes do vice-reino." L.B. Rout Jr., op. cit.

41. R.R. Wright, o historiador negro, escreveu no início deste século: "Foi durante o ano de 1501 que Colombo foi deposto do governo das Índias, e ele provavelmente estava ciente do fato de que escravos negros haviam sido introduzidos nas novas possessões espanholas." "O ano de 1501 é a data de referência mais antiga na história americana de negros vindos da Espanha para a América. Sir Arthur Helps, em sua obra *The Spanish Conquest in America, and its Relation to the History of Slavery and the Government of Colonies*, afirma que, no ano mencionado, as instruções dadas às autoridades diziam que, embora judeus, mouros ou novos convertidos não estivessem autorizados a irem para as Índias ou ali permanecerem, 'negros nascidos sob o poder dos cristãos deviam ser autorizados". R.R. Wright, Negro Companions of the Spanish Explorers, *American Anthropologist*, v. 4, n. 2, p. 218. (O artigo de Wright trazia a seguinte nota do editor do periódico:

"O interesse por este artigo é aumentado pelo fato de ser resultado da pesquisa de um nativo da raça que teve um papel tão proeminente na descoberta e colonização do Novo Mundo." Ibidem, p. 217.)

42. L.B. Rout Jr., op. cit., p. 22.

43. Ibidem, p. 22-23.

44. Ibidem; R.R. Wright, op. cit., p. 218-219.

45. L.B. Rout Jr., op. cit., p. 24.

46. Ibidem, p. 75.

47. P. Gerhard, A Black Conquistador in Mexico, *Hispanic American Historical Review*, v. 58, n. 3, p. 452.

48. Ibidem, p. 459. Gerhard observa: "Talvez Garrido tenha morrido na grande praga que assolava a região em 1547. Por outro lado, alguém chamado Juan Garrido estava vivo em Cuernavaca, em março de 1552." Ibidem.

49. Ver R.R. Wright, op. cit., p. 223-228.

50. P. Boyd-Bowman, op. cit., p. 150-151, reproduz a reivindicação formal de Alonso Valiente sobre Juan Valiente a partir dos arquivos de Puebla.

51. J.L. Franco, Maroons and Slave Rebellions in the Spanish Territories, em R. Price (ed.), *Maroon Societies*, p. 36; ver também R.R. Wright, op. cit., p. 220-221; e L.B. Rout Jr., op. cit., p. 75.

52. Ver G. Scelle, The Slave-Trade in the Spanish Colonies of America: The Assiento, *American Journal of International Law*, v. 4, n. 3, p. 619.

53. Ver L.B. Rout Jr., op. cit., p. 77-79.

54. Ibidem, p. 99. C.H. Haring comentou: "Nos primeiros dias nas colônias, quando o medo da insurreição dos servos era generalizado, parte da legislação local relacionada aos escravos negros era muito bárbara." Op. cit., p. 202.

55. G.A. Beltran, Races in 17th Century Mexico, *Phylon*, v. 6, n. 3, p. 215.

56. C. Palmer, Religion and Magic in Mexican Slave Society, 1570-1650, em S.L. Engerman; E.D. Genovese (eds.), *Race and Slavery in the Western Hemisphere*, p. 311.

57. P. Boyd-Bowman, op. cit., p. 134.

58. Ver C.H. Haring, op. cit., p. 206; L.R. Rout, op. cit., p. 104-105; R.R. Wright, op. cit., p. 222. David Davidson relembra: "Em 1523, os primeiros escravos que se revoltaram na colônia ergueram cruzes para celebrar sua liberdade 'e para que soubessem que eles eram cristãos'." D. Davidson, op. cit., p. 242.

59. L.B. Rout Jr., op. cit., p. 101.

60. Ibidem, p. 104-105.

61. G. Scelle, *Histoire Politique de La Traite Negriere aux Indes de Castille*, p. 167; J.L. Franco, op. cit., p. 35.

62. Apud E. Love, op. cit., p. 96.

63. Ibidem, p. 93, 95.

598 NOTAS

64. D. Davidson, op. cit., p. 244.

65. Ibidem, p. 145-146; ver também E. Love, op. cit., p. 94.

66. D. Davidson, op. cit., p. 249-250.

67. E. Love, op. cit., p. 97. Davidson concorda com o jesuíta Juan Laurencio ao descrever Yanga como um membro da nação "bron" (isto é, brong), um povo de língua acã da atual Gana. Laurencio participou da expedição liderada pelo capitão Pedro Gonzalo de Herrera, que conseguiu levar o assentamento de Yanga a uma trégua com as autoridades espanholas nos primeiros meses de 1609. D. Davidson, op. cit., p. 247. Rout afirma que Yanga "alegava ser um príncipe congolês". Op. cit., p. 106. Ver L.B. Rout Jr., op. cit., p. 30, 336, notas 1 e 2 para uma discussão da confusão em torno do uso dos termos "bron" e "brarn" na historiografia mexicana.

68. Love escreve: "Durante a última parte do século XVI, os espanhóis tiveram que reprimir as insurreições de escravos em Pachuca, Guanajuato, Juaspaltopic, Alvarado, Coatzacoalcos, Misantla, Jalapa, Huatulco, Tlalixcoyan, Zongolicia, Riconada, Huatusco, Orizaba, Rio Blanco, Anton Lizardo, Medellin e Cuernavaca." Op. cit., p. 98. Love também descreve a rebelião de escravos que ocorreu na Cidade do México em 1612, ibidem, p. 98-99. Rout observou: "Mais de um século depois, na mesma região do Estado de Veracruz, levantes de escravos nos engenhos de açúcar ao redor da cidade de Córdoba (1725 e 1735) culminaram na fuga em massa de escravos e no repentino florescimento da atividade *cimarron* [...] Enquanto isso, na outra costa, especialmente durante os séculos XVII e XVIII; escravos que fugiram dos portos de Guatulco e Acapulco no Oceano Pacífico estabeleceram *palenques* nas terras altas costeiras da *costa chica*." L.B. Rout Jr., op. cit., p. 106-107.

69. Ver W.B. Taylor, The Foundation of Nuestra Señora de Guadalupe de los Morenos de Amapa, *The Americas*, v. 26, n. 4, p. 439-46.

70. Ver A. Escalante, Palenques in Colombia, em R. Price (ed.), op. cit., p. 76-77; L.B. Rout Jr., op. cit., p. 109.

71. Ver M.A. Saignes, Life in a Venezuelan Cumbe, em R. Price (ed.), op. cit., p. 64-73; L.B. Rout Jr., op. cit., p. 111.

72. Ennes aceita a racionalização de que a escravidão dos negros era necessária, uma vez que "os europeus não suportavam o sol [...] O indígena tampouco se submetia ao trabalho intensivo e contínuo tão essencial para o progresso dessas indústrias". Ele continua suas construções racialistas ao elogiar "a estirpe paulista que definitivamente assumiu a liderança, graças ao espírito heroico e aventureiro [*sic*] que herdou de sua origem portuguesa".E. Ennes, The Palmares "Republic" of Pernambuco, *The Americas*, v. 5, n. 2, p. 200.

73. Ibidem, p. 201.

74. A. Ramos, *The Negro in Brazil*, p. 39-40. Stuart Schwartz afirma: "Ao longo dos três primeiros séculos da história brasileira corre um fio de resistência dos escravos e de medo do colono." The Moçambo: Slave Resistance in Colonial Bahia, *Journal of Social History*, v. 3, n. 4, p. 313.

75. A.J.R. Russell-Wood, Black and Mulatto Brotherhoods in Colonial Brazil, *Hispanic American Historical Review*, v. 54, n. 4, p. 571. Nas páginas 573-574 no mesmo artigo, Russell-Wood afirma: "A presença de grupos de escravos fugidos (quilombos) e os levantes de negros e mulatos (infinitamente mais raros do poderia sugerir a correspondência 'assustada' dos governadores e conselhos da cidade) pode ser apresentada como prova da coesão psicossocial entre essas pessoas. Na verdade, tais alianças podem ter se mostrado temporárias e frágeis demais para sustentar o desafio por um longo período."Esse comentário e outros semelhantes, bem como as revisões dos materiais bibliográficos e de referência para esse artigo e seu estudo anterior (*Fidalgos and Philanthropists*, 1968), sugerem que Russell-Wood optou por ignorar ou descartar a maioria dos estudos sobre negros no Brasil que haviam focado nos quilombos.

76. S. Schwartz, op. cit., p. 317.

77. Obras representativas não citadas em outras partes deste livro são: *O Quilombo dos Palmares* (1947; *Guerras de Los Palmares*, 1946) e *Ladinos e Crioulos: Estudos Sobre o Negro no Brasil* (1964), de Edison Carneiro; *Negroes in Brazil: A Study of Race Contact at Bahia* (1942), de Donald Pierson; e *Os Africanos no Brasil*, de Raymundo Nina Rodrigues (1935).

78. I. Diggs, Zumbi and the Republic of Os Palmares, *Phylon*, v. 14, n. 1, p. 62.

79. R.K. Kent, Palmares: An African State in Brazil, *Journal of African History*, v. 6, n. 2, p. 167-169.

80. Ibidem, p. 162.

81. Ibidem, p. 172.

82. Ibidem, p. 172-173.

83. A. Ramos, op. cit., p. 61; ver também I.Diggs, op. cit., p. 62-70.

84. Ramos escreve: "Os costumes e usos de Palmares se modelaram nos de origem bantu, com mudanças e adaptações conforme as necessidades de uma comunidade no novo mundo exigiam. Sobre isso, assim como sobre muitos outros pontos, nossas fontes de informação são inadequadas." Ibidem, p. 65. Kent, quase um quarto de século mais tarde, concorda: "Supondo que Luanda fosse o principal ponto de embarque para os escravos de Pernambuco, o que é confirmado pela evidência linguística, o modelo para Palmares não poderia ter vindo de outro lugar que não fosse a África Central. Isso pode ser determinado com exatidão? [...] A resposta mais provável é que o sistema político não derivou de um modelo particular da África Central, mas de vários. Só um estudo muito mais detalhado de Palmares por meio de fontes adicionais

nos arquivos de Angola e da Torre do Tombo poderia refinar a resposta." R.K. Kent, op. cit., p. 175.

85. Georges Balandier escreveu: "O procedimento de investidura envolve [...] a tentativa de reforço. Assim, no antigo reino do Congo, estabelece um retorno simbólico às origens, mediante um cerimonial que associa o novo rei, os anciãos e o povo, e invoca os pais fundadores: o descendente do fundador e os representantes dos antigos ocupantes da região correspondente à província real, que se tornaram os 'aliados' dos reis do Congo. Invoca os espíritos dos primeiros reis [...] Retorna ao tempo de uma história que se converteu em mito e revela o soberano como o 'forjador' e guardião da unidade do Congo. A entronização do rei garante não só a legitimidade do poder mantido, mas também o rejuvenescimento da realeza. Isso dá às pessoas (por um tempo) a sensação de um novo começo." G. Balandier, *Political Anthropology*, p. 114. Ver também idem, *Daily Life in the Kingdom of the Kongo*, capítulo 1.

86. E. Ennes, op. cit., p. 213; ver também R.K. Kent, op. cit., p. 173.

87. Ibidem, p. 209-210; ibidem p. 173-174.

88. Alguns indícios da moralidade a que Ennes se refere com aprovação são os sentimentos expressos pelo coronel Domingos Jorge Velho ao justificar o recrutamento forçado dos indígenas em seu exército: "Aumentamos nossas tropas e com elas fazemos a guerra aos obstinados que se recusam a se render; e se depois nos aproveitarmos deles para o nosso arado, não lhes faremos injustiça, porque é para que possamos sustentá-los e também seus filhos, não menos do a que nós e aos nossos; e isso está muito longe de escravizá-los, pois lhes prestamos um favor inestimável, já que os ensinamos a arar, plantar, colher e trabalhar para seu próprio sustento – algo que, antes que os brancos lhes ensinassem, eles não sabiam fazer." E. Ennes, op. cit., p. 207.

89. A. Ramos, op. cit., p. 40.

90. B.K. Kopytoff, The Early Development of Jamaican Maroon Societies, *William and Mary Quarterly*, v. 35, n. 2, p. 287.

91. Ver I. Wright, The Spanish Resistance to the English Occupation of Jamaica 1655-1660, *Transactions of the Royal Historical Society*, v. 12, p. 111-147 (apud B.K. Kopytoff, op. cit., p. 289, nota 4).

92. Ver H.O. Patterson, Slavery and Slave Revolts, em R. Price (ed.), op. cit., p. 253-255.

93. D. Buisseret; S.A.G. Taylor, Juan de Bolas and His Pelinco, *Caribbean Quarterly*, v. 24, n. 1-2, p. 5.

94. Ibidem, p. 6.

95. B.K. Kopytoff, op. cit., p. 288-292; H.O. Patterson, The Sociology of Slavery, p. 267-269.

96. Ibidem, p. 293; ibidem, p. 258.

97. B.K. Kopytoff, op. cit., p. 299.

98. M. Craton, *Sinews of Empire*, p. 218; H.O. Patterson, The Sociology of Slavery, p. 185-195.

99. A. Ramos, relembrando os relatórios sobre Palmares de meados do século XVII, escreve: "A população incluía numerosos artesãos e um rei governava com justiça e sem ostentação, não permitindo curandeiros ou bruxos entre seu povo." A. Ramos, op. cit., p. 57.

100. Ver M. Douglas, *Purity and Danger*, p. 94-108.

101. Ver, por exemplo, Return of Trials of Slaves: Jamaica, 1814-1818, Colonial Office 137-147.

102. H.O. Patterson, *Sociology of Slavery*, p. 192.

103. Ver M. Schuler, *Alas, Alas, Kongo*, p. 46, 136-137, nota 9; M. Craton, *Sinews of Empire*, p. 366, nota 67.

104. A. Escalante, op. cit., p. 77-78. T.L. Smith sugere: "Materiais como a carta datada de 24 de julho de 1545, que o Licenciado Miguel Diez Armendariz enviou ao Rei, indicam que não só já existiam muitos negros na colônia, mas também que não poucos haviam ficado completamente fora de controle. Esse oficial formulou graves acusações contra o governo de Cartagena, alegando que, por mais de nove anos, negros fugitivos haviam estado fora de controle, forçando os indígenas a trabalhar para eles, saqueando fazendas e roubando mulheres. Quando escrevia isso, os negros fugitivos tinham acabado de completar um ataque ao Pueblo de Tafeme, em que mataram mais de vinte pessoas, roubaram ouro e outros objetos de valor, destruíram os campos de milho e levaram mais de 250 indígenas." T.L. Smith, The Racial Composition of the Population of Colombia, *Journal of Inter-American Studies*, v. 8, n. 2, p. 229. Sobre a economia da região de depósitos de plácer de ouro, ver W.F. Sharp, The Profitability of Slavery in the Colombian Choco, 1680-1810, *Hispanic American Historical Review*, v. 55 n. 3, p. 468-495.

105. L.B. Rout Jr., op. cit., p. 110, argumenta que Benkos foi "arbitrariamente preso e enforcado".

106. A. Escalante, op. cit., p. 79.

107. "Por volta de 1790, um certo capitão Latorre estava tentando fazer a inspeção de uma estrada que cruzava as terras altas de Cartagena para o interior quando entrou em contato com negroides, muitos dos quais descendentes de *palenqueros* de San Basilio que não haviam aceitado a anistia em 1612 ou 1613. Uma série de batalhas sangrentas ocorreram antes de se chegar a um acordo [...] Ao todo, os *palenqueros* do assentamento original de San Basilio haviam permanecido completamente independentes por quase dois séculos." L.B. Rout Jr., op. cit., p. 110. William Sharp mantém uma avaliação histórica diferente de Rout e Smith. Sharp declara: "*Cimarrones* (fugitivos) representavam um problema contínuo, e praticamente todo inventário de escravos enumera um ou mais deles como fugidos. No entanto, exceto em 1728, não houve fugas em massa, e a maioria dos escravos que fugiu

em 1728 foi rapidamente recapturada." W. Sharp, op. cit., p. 480. Uma vez que Sharp se fundamenta em arquivos oficiais, ele pode ter usado de forma construtiva o ceticismo do Licenciado Amendariz em relação às fontes oficiais (ver nota 104). Tal como estão as coisas, Sharp não tem como explicar o apoio independente de Smith ao relatório de Amendariz: "É interessante observar que essa parte do que agora é o Departamento de Bolívar é um dos poucos lugares na Colômbia dos quais saem relatórios de comunidades negras em que línguas, danças e costumes africanos ainda são preservados. Diz-se que esses pequenos grupos de negros insistem absolutamente no casamento endogâmico." T.L. Smith, op. cit., p. 229, nota 23.

108. L.B. Rout Jr., op. cit., p. 112. O seguinte relato das rebeliões de escravos na Venezuela acompanha de perto o de Rout.

109. Ver J.L. Franco, op. cit., p. 36.

110. "Hoje, existem seis tribos de bush negros: os djuka e os saramaka (cada qual com quinze a vinte mil pessoas); os matawai; alukus e paramakas (cada qual com cerca de dois mil) e os kwinti (menos de quinhentas)." R. Price, *The Guiana Maroons*, p. 3-4.

111. Ibidem, p. 2.

112. Ambas as citações foram extraídas de R.Price, *The Guiana Maroons*, p. 9.

113. Ibidem, p. 21. Monica Schuler, ao escrever sobre as revoltas que ocorreram no Suriname até o final do século XVIII, insiste na persistência da etnicidade na região, porém é ambígua no que diz respeito às comunidades quilombolas: "Em 1757 e novamente em 1772, eclodiram no Suriname rebeliões de escravos em grande escala. Os acãs parecem ter desempenhado um papel importante nisso, e os bush negros eram indispensáveis para eles. A última revolta se arrastou por vários anos, e a liderança finalmente foi passada para um quilombola nascido livre." M. Schuler, Ethnic Slave Rebellions in the Caribbean and the Guianas, *Journal of Social History*, v. 3, n. 4, p. 379.

114. R. Price, *The Guiana Maroons*, p. 21.

115. Ibidem, p. 22-23.

116. Ibidem, p. 24. Price está se referindo a um relatório escrito em 1770 por Jan Jacob Hartsinck.

117. Ibidem; a citação é de L.D. Herlein, 1718.

118. Ibidem, p. 26.

119. Ibidem, p. 27.

120. Ibidem, p. 3.

121. J. King, Guerrilla Warfare, em R. Price (ed.), *Maroon Societies*, p. 302-304.

122. Bem recentemente, a história dos bush negros teve um encerramento interessante: "Várias vezes, os Chefes Tribais [ou Primordiais] (*Granmans*) dos bush negros haviam expressado o desejo de viajar para a África Ocidental, terra de sua origem, a fim de restabelecer o contato [...] A viagem [descrita aqui] lhes foi oferecida pelo governo do Suriname e realizada durante três semanas, em novembro de 1970." S.W. de Groot, The Bush Negro Chiefs Visit Africa, em R. Price (ed.), *Maroon Societies*, p. 388. De Groot registrou a seguinte observação de um dos chefes em sua visita a um rei ganês: "Granman Gazon, falando sob a forma de uma parábola, comentou: 'Um cão é expulso de seu quintal. Seu dono não o percebe ou, pelo menos, dá pouca atenção a isso e não vai procurá-lo para trazê-lo de volta. Quando o cão finalmente tem fome, ele tenta encontrar o caminho de volta para casa.' Como ele explicou seu significado, 'Tanto o cão quanto seu dono (aqui o rei) haviam adormecido por trezentos anos. Agora o cão está acordado e despertou seu dono'" [p. 394].

123. Ver L.B. Rout Jr., op. cit., p. 119-120; M. Schuler, Ethnic Slave Rebellions in the Caribbean and the Guianas, *Journal of Social History*, v. 3, n. 4, p. 378-382; F.P. de la Riva, Cuban Palenques, em R. Price (ed.), *Maroon Societies*, p. 49-59; e J.L. Franco, op. cit., p. 41-43.

124. "O período de 1600 a 1750 foi dominado pelos esforços da Inglaterra e da França, primeiro para destruir a hegemonia holandesa e, em seguida, alcançar a posição superior. Nesse longo período de relativa estagnação [...] as áreas periféricas sofreram uma exploração muito exacerbada dos produtores diretos e reduziram as vantagens dos estratos exploradores indígenas (isto é, reduziram em comparação com estratos semelhantes nos países centrais)." I. Wallerstein, *The Modern World-System II*, p. 241.

125. E.P. Thompson foi o primeiro a utilizar o termo "banditismo" para descrever esse fenômeno. Em 1965, ao descrever como o poder assumiu sua forma na Inglaterra conforme na segunda metade do século XVIII, ele escreveu: "Deveria ser visto menos como o governo de uma aristocracia [...] do que como um parasitismo – uma trama da qual o próprio rei não podia participar, exceto se convertendo em crupiê. Não era de todo um parasitismo: os negócios da nação tinham de ser mantidos, a pequena nobreza 'independente' – e seus representantes no parlamento – apaziguade tempos em tempos. Houve inclusive ocasiões (embora, uma após a outra, elas fossem questionadas uma vez que os discípulos de Namier invadem os arquivos do último dos grandes mafiosos) em que se consultavam mais os interesses da nação ou da classe do que os da família ou da facção. Nem era apenas um parasitismo: sendo conduzido em escala tão gigantesca, a partir de bases de tal magnitude da riqueza pública e privada, e exercendo a influência que atingia, pelos meios mais diretos, o Exército, a Marinha, as companhias fretadas, a Igreja, a Lei, que estava fadado a se solidificar num algo que quase parecia um Estado; cercar-se em um casulo de apologética ideológica; e nutrir um estilo de vida de consumo conspícuo – na

verdade, espetacular – associado a uma verdadeira aristocracia." E.P. Thompson, The Peculiarities of the English, *The Poverty of Theory*, p. 258-259. Sobre o banditismo estatal, ver o trabalho posterior de E.P. Thompson, *Whigs and Hunters*, p. 294.

126. "No comércio com o Ocidente na primeira metade do século XVIII, o açúcar ocupava o primeiro lugar, seguido pelos escravos que tornavam o açúcar possível. A Grã-Bretanha dominou claramente o comércio mundial de açúcar a partir de 1700, mas em 1750 a primazia havia passado para a França". I. Wallerstein, *The Modern World-System II* [p. 269-270].

127. Ver F.N. Okoye, Chattel Slavery as the Nightmare of the American Revolutionaries, *William and Mary Quarterly*, v. 37, n. 1, p. 3-28, para uma discussão mais aguçada dos paradoxos que confundiram os nacionalistas estadunidenses, cuja indignação "resultava da convicção de que apenas os negros na América mereciam um *status* servil" [p. 3].

128. M. Schuler, Ethnic Slave Rebellions in the Caribbean and the Guianas, *Journal of Social History*, v. 3, n. 4, p. 379.

129. Ver F. Wood, *Black Scare*.

130. John Nelson, um pregador metodista inglês do final do século XVIII, relembrou um de seus pesadelos: "Sonhei que estava em Yorkshire, indo de Gomersal-Hill-Top a Cleckheaton; e mais ou menos no meio do caminho, pensei ter visto Satanás vindo ao meu encontro sob a forma de um homem alto e negro, o cabelo de sua cabeça como serpentes; [...] Mas eu continuei, arranquei minhas roupas e mostrei a ele meu peito nu, dizendo: 'Veja, aqui está o sangue de Cristo'. Depois me pareceu que ele fugia de mim tão rápido quanto uma lebre." Apud E.P. Thompson, *The Making of the English Working Class*, p. 39.

131. J. Giddings, *The Exiles of Florida*, p. 2.

132. "A rebeldia dos escravos era uma realidade familiar nos Estados Unidos do século XVIII. Isso pode explicar por que a maioria dos historiadores que estudaram os negros nos períodos colonial e revolucionário nunca foram atraídos pelo debate sobre a criação de dóceis Sambos, que absorveram estudiosos da escravidão do século XIX por tanto tempo." J.J. Crow, Slave Rebelliousness and Social Conflict in North Carolina, *1775-1802, William e Mary Quarterly*, v. 37, n. 1, p. 80. Ver também H. Aptheker, *American Negro Slave Revolts*, p. 172, e Negro Slave Revolts in the United States, *1526-1860, Essays in the History of the American Negro*, p. 19, sobre a revolta de 1712 em Nova York; sobre o levante de Stono, ver P. Wood, *Black Majority*.

133. G. (Michael) Mullin, *Flight and Rebellion*, p. 89-103. O total de Mullin provém do estudo dos anúncios publicados no período (1736-1801). Como tal, a cifra de 1.500 não pode ser considerada um cálculo verdadeiro do número de fugitivos durante esse período. Vários historiadores da escravidão, em contextos bastante

diferentes, indicaram razões para isso: "Nem todos os proprietários de *plantations* anunciavam seus fugitivos nos jornais locais. Um anúncio poderia colocar sequestradores de escravos implacáveis na trilha." L. Owens, op. cit., p. 87; "Levantes parecem ter sido tentados ou planejados repetidamente por escravos. Por razões óbvias, as fontes publicadas são irregulares sobre tais assuntos – o *South Carolina Gazette* absteve-se de mencionar o incidente de Stono, que ocorreu a 32 km de Charlestown." P. Wood, op. cit., p. 298; H. Aptheker assinalou: "o *South Carolina Gazette*, em 31 de maio de 1760, observou: 'Boas Razões nos foram sugeridas para que não inseríssemos neste Jornal qualquer Relato sobre Insurreições, especialmente nesse momento.'" H. Aptheker, *American Negro Slave Revolts*, p. 197, nota 98.

134. "Precisamente durante aquelas duas décadas *após* 1695, quando a produção de arroz tomou posse permanente na Carolina do Sul, a parcela africana da população se igualou e depois superou a europeia. Os habitantes negros provavelmente não superaram os brancos até cerca de 1708. Mas seja qual for o ano exato em que uma maioria negra foi estabelecida, o desenvolvimento não teve precedentes nas colônias norte-americanas da Inglaterra e totalmente reconhecido muito antes de que a Coroa inglesa assumisse o controle proprietário do assentamento em 1720." P. Wood, op. cit., p. 36. Em outro lugar, Wood comentou: "O pensamento de que os recém-chegados da África seriam os escravos mais propensos a se rebelarem não parece ter sido uma especulação ociosa, pois o final da década de 1730, uma época de inquietação conspícua, também foi período de importação massiva. De fato, em nenhuma data anterior ou posterior os africanos recém-chegados (que podemos arbitrariamente definir como todos aqueles imigrantes escravos que haviam estado na colônia há menos de uma década) constituíram uma proporção tão grande da população negra da Carolina do Sul. Em 1740, os habitantes negros da colônia perfaziam cerca de 39.000." Ibidem, p. 301-302. Ver também M.F. Berry, *Black Resistance, White Law*, p. 3.

135. H. Wish, American Slave Insurrections before 1861, em W. Chace; P. Collier (eds.), *Justice Denied*, p. 84.

136. Sobre revoltas anteriores, ver H. Aptheker, *American Negro Slave Revolts*, p. 173-174, p. 182-191. Sobre a iniciativa espanhola na década de 1730, ver P. Wood, op. cit., p. 306-307.

137. P. Wood, op. cit., p. 306.

138. Ibidem, p. 308. Ver também J. Coffin et al., An Account of Some of the Principal Slave Insurrections, *Slave Insurrections, Selected Documents*, p. 14.

139. Ibidem, p. 308-309, p. 322-323.

140. H. Aptheker, *American Negro Slave Revolts*, p. 195-196. Laurens era um rico comerciante de Charleston.

141. Ibidem, p. 17-18. Ver também Virginia Writers' Project, *The Negro in Virginia*, p. 174-187.

142. Ver Punishment for a Negro Rebel, Documents, *William and Mary Quarterly*, v. 10, n. 3, p. 178.

143. H. Aptheker, *American Negro Slave Revolts*, p. 169-178; Virginia Writers' Project, op. cit., p. 126-127, 140-141.

144. Ibidem, p. 179.

145. A. Kulikoff, The Origins of Afro-American Society in Tidewater Maryland and Virginia, 1700-1790, *William and Mary Quarterly*, v. 35, n. 2, p. 238-239.

146. P. Curtin, *The Atlantic Slave Trade: A Census*, p. 143.

147. Ver G. Mullin, op. cit., p. 110-112, 129.

148. Ver H. Aptheker, *American Negro Slave Revolts*, p. 197, 199-200.

149. Os números do censo de 1790 são citados por I. Berlin, op. cit., p. 23.

150. J.D. Foner, *Blacks and the Military in American History*, p. 8. Mullin afirma: "George Washington advertiu que 'se os virginianos são sábios, aquele arquitraidor [...] Dunmore deveria ser imediatamente esmagado, ainda que fosse necessária a força de todo o exército parafazê-lo; caso contrário, como uma bola de neve rolando, seu exército aumentará.'" G. Mullin, op. cit., p. 132.

151. J.J. Crow, op. cit., p. 83.

152. H. Aptheker, *American Negro Slave Revolts*, p. 19-20.

153. "Os administradores britânicos e os escravos da Virgínia haviam estado bem cientes uns dos outros ao longo do século XVIII. À medida que a Revolução se aproximava, tornou-se cada vez mais evidente para os escravos que os britânicos eram homens brancos com uma perspectiva da escravidão significativamente diferente da de seus senhores. Rumores sobre o caso Somerset, por exemplo, encorajaram escravos até mesmo das áreas mais remotas a fugirem e tentarem uma passagem segura para a Inglaterra. (Notícias da decisão do lorde Mansfield, que de fato libertou todos os negros trazidos para a Inglaterra como escravos, chegaram à colônia no verão de 1772.)" G. Mullin, op. cit., p. 130-131.

154. J.J. Crow, op. cit., p. 89.

155. Ver B. Quarles, *The Negro in the American Revolution*, p. 51-67; W. Jordan, op. cit., p. 302-303; J.D. Foner, op. cit., p. 3-19, p. 264; S. Kaplan, *The Black Presence in the Era of the American Revolution, 1770-1800*, p. 31-71.

156. Ver B. Quarles, Lord Dunmore as Liberator, *William and Mary Quarterly*, v. 15, n. 4, p. 494-507; J.D. Foner, op. cit., p. 15.

157. "A Revolução Americana trouxe alguns ganhos específicos para os negros. Alguns escravos de fato obtiveram a liberdade prometida em troca do serviço militar. Contudo, nem todos os escravos que lutaram pela causa patriota foram libertados. Em 1782, a Virgínia vendeu quase todos os escravos de propriedade estatal pertencentes à sua Marinha. Os negros em outros lugares tiveram que resistir a tentativas de reescravização por parte de seus senhores

após o término de seu período de alistamento [...] Ironicamente, parece que mais negros obtiveram sua liberdade servindo com os britânicos do que com os patriotas." J.D. Foner, op. cit., p. 17-18.

158. J.J. Crow, op. cit., p. 93-94. Ver também H. Aptheker, Maroons Within the Present Limits of the United States, em R. Price (ed.), *Maroon Societies*, p. 153-154.

159. Ver H. Aptheker, *American Negro Slave Revolts*, p. 106-107.

160. T.O. Ott, *The Haitian Revolution*, p. 4. "Aproximadamente do final do século XVI ao final do século XVII (1697) quando, na assinatura do Tratado de Ryswick, a França adquiriu o controle decisivo da parte ocidental de Hispaniola, o Haiti, a colônia experimentou o que poderia ser chamado de 'era das trevas'." A. Dupuy, Spanish Colonialism and the Origin of Under-development in Haiti, *Latin American Perspectives*, v. 3, n. 2, p. 27.

161. Ibidem, p. 5; T.L. Stoddard, *The French Revolution in San Domingo*, capítulos 4 e 5.

162. T.L. Stoddard, op. cit., p. 50-52; D. Nicholls, *From Dessalines to Duvalier*, p. 19-24.

163. N. Stone, The Many Tragedies of Haiti, *Times Literary Supplement*, 15 fev. 1980, p. 161.

164. C.L.R. James, *The Black Jacobins*, p. 50.

165. A citação é extraída de T.L. Stoddard, op. cit., p. 50.

166. Ibidem, p. 51.

167. Ibidem, p. 53.

168. Ibidem, p. 62-63.

169. Y. Debbasch, Le Maniel, em R. Price (ed.), *Maroon Societies*, p. 145; sobre outras contribuições sobre os quilombolas no Caribe francês; ver G. Debien, Marronage in the French Caribbean, em R. Price (ed.), *Maroon Societies*, p. 107-134; M.L.E. Moreau de Saint-Mery, The Border Maroons of Saint-Domingue, em R. Price (ed.), *Maroon Societies*, p. 135-142; D. Nicholls, op. cit., p. 24, 31-32.

170. Ver D. Nicholls, op. cit., p. 24, 261-262; e T.O. Ott, op. cit., p. 18.

171. D. Nicholls, op. cit.; C.L.R. James, op. cit., p. 20-22.

172. Sobre os "suíços", ver C.L.R. James, op. cit., p. 98-100; T.O. Ott, op. cit., p. 51-52.

173. Ver D. Nicholls, A Work of Combat, *Journal of Interamerican Studies and World Affairs*, v. 16, n. 1, p. 15-38.

174. D. Nicholls, *From Dessalines to Duvalier*, p. 31. Nicholls se refere a *The Haitian People*, de J.G. Leyburn, p. 15.

175. Ibidem.

176. T.L. Stoddard diz: "Quando chegaram à França os primeiros rumores sobre a grande insurreição negra de agosto de 1791, um oficial aposentado do *maréchaussée* escreveu uma carta aberta a um dos jornais diários, alertando contra o exagero. Ele acredita que os relatórios então atuais poderiam estar baseados

em algum acesso repentino do aquilombamento crônico, e esboçava suas próprias experiências que retratam um estado de genuína guerra de guerrilhas. Op. cit., p. 64.

177. C.L.R. James, op. cit., p. 51. James estava se referindo diretamente aos historiadores britânicos que se ocuparam especialmente com a abolição britânica e cuja obra foi especificamente abordada por E. Williams em seu *Capitalism and Slavery*.

178. Esse resumo dos primeiros dias da Revolução Haitiana foi extraído de T.O. Ott, op. cit., p. 47s; ver C.L.R. James, op. cit., p. 85. A citação final é de T.O. Ott, op. cit., p. 51.

179. Ver C.L.R. James, op. cit., passim.

180. Ibidem, p. 356-357.

181. Ver J.D.L. Holmes, The Abortive Slave Revolt at Pointe Coupee, Louisiana, 1795, *Louisiana History*, v. 11, n. 4, p. 341-361.

182. E. Genovese, *From Rebellion to Revolution*, p. 95-96.

183. W.E.B. Du Bois, op. cit., p. 12.

184. Ver R. Conrad, *The Destruction of Brazilian Slavery, 1850-1888*, p. 281-283; a fonte original da cifra é A.M.P. Malheiro, *A Escravidão no Brasil*.

185. Ver R.K. Kent, African Revolt in Bahia, *Journal of Social History*, v. 3, n. 4, p. 335; R. Conrad, op. cit., p. 6-9.

186. Apud R. Conrad, op. cit., p. 13.

187. Ibidem, p. 7.

188. L. Bethell, The Independence of Brazil and the Abolition of the Brazilian Slave Trade, *Latin American Studies*, v. 1, n. 2, p. 117. João Pandiá Calógeras comentou: "Durante três séculos os escravos haviam constituído a única força de trabalho e sido a base do progresso material do Brasil. A mão de obra branca [...] era quase inexistente." *A History of Brazil*, p. 146.

189. R. Conrad, op. cit., p. 12.

190. Ibidem, p. 13.

191. P. Curtin, op. cit., p. 29.

192. L. Bethell, op. cit., p. 117-118. Sobre os antecedentes do século XVIII no que tange ao fracasso da população escrava do Brasil em se reproduzir, ver C.R. Boxer, *The Golden Age of Brazil*, p. 173-175.

193. L. Bethell, op. cit., p. 118; M. Craton, *Sinews of Empire*, p. 244.

194. R. Conrad, op. cit., p. 4.

195. "À medida que a repressão [ao tráfico de escravos pelo governo britânico] se endurecia, a bandeira brasileira deixou de ser usada e foi cada vez mais substituída pela portuguesa, espanhola e, finalmente, estadunidense. Os últimos exemplos do tráfico foram os da escuna Mary E. Smith, apreendida no porto de São Mateus, Espírito Santo, e da Vickery, ambas em 1855." J.H. Rodrigues, *Brazil and Africa*, p. 174. Rodrigues continua: "Capitalistas estadunidenses, construtores de navios em Nova York, Providence, Boston, Salem e Portland, ou Filadélfia e Baltimore, lucraram muito com a venda de seus navios, construídos – e eles sabiam disso – para o tráfico e vendidos deliberadamente para viagens à costa da África" [p. 176].

196. Sobre o papel da Grã-Bretanha na independência brasileira, ver L. Bethell, op. cit., passim. Sobre o papel do capital inglês no tráfico de escravos no Brasil, ver E. Williams, *Capitalism and Slavery*, p. 132, 172, 176; J.H. Rodrigues, op. cit., p. 165, 168, 181; L. Bethell, op. cit., p. 121, 136; R. Conrad, op. cit., p. 14; A.K. Manchester, *British Pre-eminence in Brazil*, p. 258n23.

197. E. Williams, *Capitalism and Slavery*, p. 172. Williams relatou: "O Brasil absorvia um vigésimo do total das exportações britânicas em 1821, um duodécimo em 1832; as exportações aumentaram duas vezes e meia." Ibidem, p. 132.

198. Ibidem, p. 176.

199. A.K. Manchester, op. cit., p. 258, nota 23.

200. Em 1827, o legislador brasileiro Cunha Matos havia observado: "A Inglaterra aspira a dominar toda a Ásia e, por meio dos assentamentos e guerras que está empreendendo na África, deve-se supor que também aspire ao domínio completo sobre aquela grande região. Os países de ambas as regiões têm as mesmas mercadorias e os mesmos produtos que o Brasil e, como os britânicos devem preferir seus próprios territórios, buscarão por todos os meios estabelecer obstáculos para nós; e para conseguir isso não há melhor maneira do que privar o Brasil de mão de obra adicional: essa é a verdadeira política britânica. Acredito de todo o coração que o Brasil irá receber algodão e arroz de Bengala, cera da China, e açúcar de Tonkim: se isso não ocorrer no meu tempo, acontecerão tempo dos meus filhos, que talvez se lembrem da minha profecia." Apud J.H. Rodrigues, op. cit., p. 154-155. Lawrence F. Hill relatou: "Alguns críticos ianques juravam que os britânicos estavam mais interessados em garantir para os seus mercadores um monopólio do comércio africano do que no bem-estar dos negros. Essa foi a explicação para a recusa britânica em destruir as fábricas ao longo da costa africana, nas quais todos os suprimentos usados na compra e no transporte dos escravos eram armazenados; essa foi a explicação para os numerosos tratados, em grande parte de natureza comercial, negociados pelo governo de Londres com os líderes tribais africanos; isso dava respaldo à alegação de que os cruzadores britânicos se apoderavam com mais frequência dos navios escravistas depois de os negros terem sido levados a bordo do que antes. Outros críticos atacaram a prática britânica que permitia aos negros libertados pelos tribunais se vincularem aos proprietários de *plantations* britânicos na Guiana e nas Índias Ocidentais por períodos de três a sete anos. Era difícil ver como esse sistema

de aprendizagem, que ocasionalmente era estendido para três períodos consecutivos, diferira da escravidão direta." L.F. Hill, The Abolition of the African Slave Trade to Brazil, *Hispanic American Historical Review*, v. 11, n. 2, p. 196-197.

201. Apud R.K. Kent, African Revolt in Bahia, *Journal of Social History*, v. 3., n. 4, p. 335. Ver também R. Conrad, op. cit., p. 283; J.V.D. Saunders, The Brazilian Negro, *The Americas*, v. 15, n. 3, p. 271.

202. R.K. Kent, African Revolt in Bahia, *Journal of Social History*, v. 3., n. 4, p. 339. Lembrem-se, porém, que os "angolas", povos recrutados em uma área delimitada pelo rio Zaire (Congo) ao norte, pelo Atlântico a oeste, pelos rios Dande ao sul e Cubango a leste, tinham sido responsáveis por alguns dos principais quilombos dos séculos XVII e XVIII que Boxer identificou: "A maior parte dos escravos classificados como 'minas' eram evidentemente do grupo linguístico iorubá, sendo nagôs e jejes; no entanto, o termo também incluía os fantis-axàntis de falatwi, mais ao oeste, e os calabares ou iefiques, mais a leste." Ver C.R. Boxer, *The Golden Age of Brazil*, p. 176. Kent mantém que "nagô é conhecido por ter sido a língua geral dos africanos da Bahia desde a virada do século até 1860, quando perdeu para o português brasileiro." R.K. Kent, African Revolt in Bahia, *Journal of Social History*, v. 3, n. 4, p. 339.

203. S. Schwartz, op. cit., p. 333.

204. Escrevendo em meados da década de 1960, José Honório Rodrigues parece ter confundido a tradição e a realidade brasileiras: "Não obstante a variedade de tribos representadas no Brasil, os bantus sempre foram preferidos porque eram menos independentes, mais submissos, mais discretos no comportamento e loquazes na fala e mais adaptáveis. Eles aceitavam a religião, o cristianismo, e as formas sociais que lhes eram impostas. O tipo bantu mais característico era o angolano. Mais altos do que outros negros e menos robustos, eles eram comunicativos, falantes e cordiais. Menos obedientes eram as tribos daomeanas (jejes), as mais importantes das quais era os nagôs e os maometanos, que vinham principalmente do norte da Nigéria e eram chamados de malês. Os negros menos submissos no Brasil eram os hauçás." J.H.Rodrigues, op. cit., p. 44-45.

205. J.P. Calógeras, op. cit., p. 156.

206. R. Poppino, *Brazil, the Land and People*, p. 167.

207. R.K. Kent, African Revolt in Bahia, *Journal of Social History*, v. 3, n. 4, p. 340.

208. J.H. Rodrigues, op. cit., p. 45. Rodrigues, como veremos em breve, não foi totalmente preciso. Os hauçás haviam participado de apenas alguns desses movimentos.

209. R.K. Kent, African Revolt in Bahia, *Journal of Social History*, v. 3, n. 4, p. 343.

210. A. Ramos, op. cit., p. 47. Sobre mais informações a respeito das mulheres africanas no Brasil, ver M. Karasch, Black Worlds in the Tropics: Gilberto Freyre and the Women of Color in Brazil, *Proceedings of the Pacific Coast Council on Latin American Studies*, v. 3, p. 19-29.

211. A. Ramos, op. cit., p. 48.

212. Ibidem, p. 44.

213. R.K. Kent, African Revolt in Bahia, *Journal of Social History*, v. 3, n. 4, p.351-352.

214. Ibidem, p. 355.

215. Ibidem, p. 356.

216. Ramos parece ter identificado erroneamente a sociedade obgoni dos iorubás com os hauçás: "É importante lembrar que, no planejamento das revoltas dos negros, as sociedades secretas hauçás, chamadas Obgoni ou Ohogobo, desempenharam um papel muito significativo." A. Ramos, op. cit., p. 46.

217. Apud R.K. Kent, African Revolt in Bahia, *Journal of Social History*, v. 3, n. 4, p. 344.

218. "Em 1747, exatamente o ano em que Beckford chamou o açúcar de trigo do Caribe, um químico prussiano, Marggraf, em uma comunicação à Real Academia de Ciências e Literatura de Berlim, mostrou que vários tipos de beterraba, cujo sabor adocicado já era conhecido, continham açúcar que poderia ser extraído e cristalizado de maneira bastante simples. Onde os Welsers e o Eleitor de Brandemburgo-Prússia tinham falhado na tentativa de obter para a Alemanha um lugar no sol caribenho, o açúcar de beterraba indicava que, afinal, o lugar era desnecessário." E. Williams, *From Columbus to Castro*, p. 135. Williams também assinala: "Thomas Jefferson, por sua vez, em 1790, considerou o açúcar de bordo, produzido por mão de obra infantil, como substituto da cana cultivada por escravos." Ibidem, p. 134-135. Na França, depois das guerras revolucionárias e napoleônicas e a perda de suas colônias açucareiras mais importantes, a indústria da beterraba substituiu com sucesso a cana. Ver W.O. Henderson, *The Industrial Revolution in Europe*, p. 91, 96-97; E. Williams, *Capitalism and Slavery*, p. 145-149.

219. E. Williams, *Capitalism and Slavery*, p. 149.

220. Ibidem, p. 150-151.

221. E. Williams, *From Columbus to Castro*, p. 305; M. Craton, *Sinews of Empire*, p. 244.

222. "Na verdade, entre 1808 e 1830, não menos que 22.000 escravos foram transportados às colônias das Índias Ocidentais Britânicas mais ou menos legalmente." M. Craton, *Sinews of Empire*, p. 271.

223. Ibidem, p. 282.

224. M. Craton, Proto-Peasant Revolts?, *Past and Present*, v. 85, n. 1, p. 109; E. Williams, *Capitalism and Slavery*, p. 54.

225. B.W. Higman, Slavery Remembered, *Journal of Caribbean History*, v. 12, p. 55-56; P. Curtin, op. cit., p. 52-59.

226. M. Craton, Proto-Peasant Revolts?, *Past and Present*, v. 85, n. 1, p. 109, nota 30.

227. M. Reckord, The Jamaican Slave Rebellion of 1831, *Past and Present*, v. 40, n. 1, p. 108.

228. M. Craton, *Sinews of Empire*, p. 201; ver também E. Williams, *Capitalism and Slavery*, p. 86-87.

229. E. Williams, *Capitalism and Slavery*, p. 87-91.

230. M. Craton, *Sinews of Empire*, p. 201-202, 205-206.

231. Ibidem, p. 201.

232. E. Williams, *Capitalism and Slavery*, p. 1345-1346, 142-143. C.L.R. James tinha reconhecido muito antes a mesma transferência de lealdade: "Os britânicos descobriram que, com a abolição do sistema mercantil com a América, eles ganhariam em vez de perderem. Essa foi a primeira grande lição sobre as vantagens do livre comércio. Mas se a Grã-Bretanha ganhou, as Índias Ocidentais Britânicas sofreram. A crescente burguesia industrial, tateando seu caminho para o livre comércio e uma maior exploração da Índia, começou a abusar das Índias Ocidentais Britânicas, chamou-as de "rochas estéreis" e questionou se o interesse e a independência da nação deveriam ser sacrificados por 72.000 senhores e 400.000 escravos." *The Black Jacobins*, p. 51-52.

233. M. Craton, *Sinews of Empire*, op. cit., p. 270.

234. Ibidem, p. 270-271.

235. M. Craton, Proto-Peasant Revolts?, *Past and Present*, v. 85, n. 1, p. 101-102.

236. Cartas particulares publicadas sob o título "Negro Insurrection", *London Times*, 5 jun. 1816.

237. M. Craton, Proto-Peasant Revolts?, *Past and Present*, v. 85, n. 1, p. 117.

238. B.K. Kopytoff, op. cit., p. 300.

239. M. Craton, Proto-Peasant Revolts?, *Past and Present*, v. 85, n. 1, p. 105, nota 23.

240. E. Williams, *From Columbus to Castro*, p. 304-306.

241. "Em seu discurso na Câmara em 15 de abril de 1831, [Thomas Fowell] Buxton fez uma comparação reveladora entre o declínio contínuo da população escrava e o aumento dos negros livres. Ele apontou que, nos últimos dez anos, o número de escravos nas colônias das Índias Ocidentais, excluindo as alforrias, tinha diminuído em 45.800. Os negros livres do Haiti, por outro lado, aumentaram em cerca de 500.000 ou mais, o dobro em 20 anos." R. Hart, op. cit., v. 1, p. 221.

242. Ver Proceedings of a General Court Martial held at the Colony House in George Town on Monday the 13th Day of October 1823, *Edinburgh Review*, xl, LXXXIX, p. 244-245, 250-253. Também citado por M. Craton, Proto-Peasant Revolts?, *Past and Present*, v. 85, n. 1, p. 105, nota 23.

243. M. Craton, *Past and Present*, v. 85, n. 1, p.106. Sobre a morte de Smith, ver Proceedings of a General Court Martial..., p. 268s.

244. "A resposta geral no Parlamento foi de choque pela rebelião dos escravos de Demerara, que parecia vir em resposta a medidas de melhoria e ocorrer no que eram consideradas as propriedades governadas de forma mais benevolente." Ibidem, p. 109. Omissões no relatório oficial sobre a rebelião tiveram importância na orquestração da opinião pública; ver Proceedings of a General Court Martial..., p. 258-259.

245. Slave Rebellion Trials: Jamaica, 1832, Colonial Office 137-185.

246. Mary Reckord acredita que várias das provas apresentadas durante os julgamentos "lançaram sérias dúvidas sobre o número oficial de escravos mortos na rebelião." M. Reckord, op. cit., p. 121. Ela está inclinada, aparentemente, para um número superior. William Law Mathieson, anteriormente, havia calculado o número em "cerca de 400". W.L. Mathieson, *British Slavery and Its Abolition*, p. 214. Burn concordou com o cálculo de Mathieson. W.L. Burn, *Emancipation and Apprenticeship in the British West Indies*, p. 94.

247. H.Bleby, *Death Struggles of Slavery*, 1853.

248. M. Reckord, op. cit., p. 120.

249. M. Craton, Proto-Peasant Revolts?, *Past and Present*, v. 85, n. 1, p. 114. Mathieson observou: "Não foram muitos os brancos que perderam a vida nesse conflito – dez mortos, dois assassinados e um ou dois queimados em casa. Quando consideramos que cerca de cinquenta mil escravos haviam se libertado, os atos de crueldade ou de maus-tratos foram extremamente raros; e não havia verdade, ou pouca verdade, nas histórias de violação de mulheres." W.L. Mathieson, op. cit., p. 214. Sobre a Jamaica em um período anterior, Patterson escrevera: "O pensamento insuflador de mulheres brancas sendo estupradas por escravos negros rebeldes em busca de vingança racial raramente estimulava os homens a atos valentes. Na verdade, não há sequer um caso registrado de estupro durante as revoltas, embora várias mulheres brancas tenham sido mortas." H.O. Patterson, Slavery and Slave Revolts, em R. Price (ed.), *Maroon Societies*, p. 286. Kent e Schwartz fizeram observações semelhantes com relação ao Brasil. Ver R.K. Kent, Palmares: An African State in Brazil, *Journal of African History*, v. 6, n. 2, p. 170; S. Schwartz, op. cit., p. 328.

250. H.O. Patterson, *The Sociology of Slavery*, p. 282, 276.

251. M. Reckord, op. cit., p. 113, 117.

252. Ibidem, p. 109-113, 124-125.

253. A tese da elite é a reconsideração por Craton de seu argumento anterior em *Sinews of Empire*; M. Craton, Proto-Peasant Revolts?, *Past and Present*, v. 85, n. 1, p. 116-125. Os fatores situacionais estão entre aqueles nomeados por H.O. Patterson, *Sociology of Slavery*, p. 274-279.

254. M. Reckord, op. cit., p. 113; H. Bleby, op. cit., p. 125-130. Mavis Campbell argumenta: "Descobriu-se mais

tarde que muitos dos brancos encorajaram ativamente os escravos a acreditarem que haviam recebido sua liberdade." M. Campbell, *The Dynamics of Change in a Slave Society*, p. 171. James Stephen, o advogado do Colonial Office, havia feito comentários semelhantes, declarando em um memorando de 22 de março de 1832, que "a acusação de ter fomentado o descontentamento entre os escravos por uma série de deturpações deliberadas, sistemáticas e públicas dos propósitos do governo inglês, mediante uma agitação buscada em desafio ao perigo mais evidente e a ocultação por parte das autoridades das indicações da calamidade que se aproxima, é preferível por motivos que parecem impossíveis de contestar." Apud W.L. Burn, op. cit., p. 92.

255. H. Bleby, op. cit., p. 127.

256. W.L. Burn, op. cit., p. 93.

257. M. Reckord, op. cit., p. 114.

258. Ibidem, p. 112.

259. Slave Rebellion Trials..., op. cit., v.i., p. 467.

260. R.N. Buckley, *Slaves in Red Coats*, p. 10.

261. M. Reckord, op. cit., p. 117; H. Bleby, op. cit., p. 13-15.

262. Ibidem, p. 118. Após o fim das rebeliões, o aquilombamento parecido ter crescido. Ver H. Bleby, op. cit., p. 102.

263. Slave Rebellion Trials..., op. cit., v.i., p. 540.

264. H.O. Patterson, *The Sociology of Slavery*, p. 273, utiliza a cifra menor; M. Craton, Proto-Peasant Revolts?, *Past and Present*, v. 85, n. 1, p. 110, emprega a cifra maior.

265. M. Reckord, op. cit., p. 119. Ela também observa: "Uma conspiração independente foi formada entre os chefes de um pequeno grupo de propriedades em Portland, e os escravos das propriedades em St. Thomas, ao leste, perto de Manchioneal, planejaram fugir para o mato, onde construíram uma aldeia escondida." Ibidem, p. 109, nota 3. W.L. Mathieson também assinala: "Uma espécie de cidade de refúgio foi posteriormente descoberta nas regiões mais profundos das matas, consistindo em 21 casas, 'completamente prontas para ocupação'". Op. cit., p. 212, nota 1.

266. M. Craton, Proto-Peasant Revolts?, *Past and Present*, v. 85, n. 1, p. 110.

267. Slave Rebellion Trials..., op. cit., v. i, p. 618.

268. "O acontecimento que tornou impossível o adiamento do problema da emancipação foi a rebelião que assolou o oeste da Jamaica desde o final de dezembro de 1831, finalmente reprimida no início de abril de 1832. Ao destruir propriedades que valiam bem mais de um milhão de libras e vir como veio, na esteira de inúmeras outras revoltas e conspirações em outras colônias açucareiras durante a década anterior, a rebelião jamaicana foi uma indicação certa de que se a escravidão não fosse abolida logo a partir de cima, seria destruída a partir de baixo." R. Hart, op. cit.,

p. 223. M. Reckord argumenta que a repressão brutal diminuiu a escravidão; op. cit., p. 124-125.

269. R. Hart, ibidem; sobre o projeto de reforma de 1832, ver E.P. Thompson, *The Making of the English Working Class*, p. 807-812, 818-819; I. Gross, The Abolition of Negro Slavery and British Parliamentary Politics, 1832-1833, *Historical Journal*, v. 23, n. 1, p. 65-66, 79-85.

270. M. Reckord, op. cit., p. 125.

271. W.E.B. Du Bois, op. cit., capítulo 4; R. Conrad, op. cit., p. 184-186, 267-270.

272. M. Craton, The Passion to Exist, *Journal of Caribbean History*, v. 13, p. 19.

273. Talvez o emprego mais familiar da noção de hegemonia de Gramsci aplicada à escravidão seja o de Eugene Genovese em seu *Roll, Jordan, Roll*. Seu tratamento da escravidão nas *plantations* estadunidenses como um exemplo em que a classe senhorial alcançou o "comando da cultura" [p. 658] foi efetivamente questionado por H. Gutman, op. cit., capítulo 2, e L. Levine, op. cit. Alan Dawley observou: "Se a ideia de hegemonia não pode ser reduzida apenas a seu caráter ideológico ou a seus elementos culturais, poderia haver também algo de errado na tentativa de Genovese de se apropriar disso para explicar o domínio dos senhores de escravos em termos de 'comando da cultura?' Durante a longa história da escravidão nos Estados Unidos, o domínio dos grandes proprietários de *plantations* foi mantido por meio da propriedade: primeiro da terra, com a propriedade e a herança limitadas aos homens livres e, em segundo lugar, dos próprios escravos, que eram bens móveis, livremente comprados e vendidos [...] Subjugados pela raça, bem como relegados à dependência econômica, eles dificilmente podiam se aliar aos brancos pobres. Acima de tudo, estavam sujeitos ao açoite, ao capitão do mato, à gargalheira, a serem acorrentados uns aos outros. Os senhores haviam se dado bem com esses métodos por 150 anos, antes que o paternalismo florescesse na *plantation*. Devemos acreditar que, para a geração nascida após 1830, esses modos severos, autoritários e econômicos de dominação desapareceram? Pelo contrário, a escravidão na *plantation* é o último lugar para procurar um exemplo estadunidense de uma cultura hegemônica como base para o domínio de classe." A. Dawley, E.P. Thompson and the Peculiarities of the Americans, *Radical History Review*, v. 1978-1979, n. 19, p. 49-50.

274. C.L.R. James; G. Padmore, Revolts in Africa, em C.L.R. James, *The Future in the Present*, p. 79. Muito desse ensaio – bem como as observações citadas – apareceu pela primeira vez em C.L.R James, *A History of Negro Revolt* (1938), posteriormente publicado como *A History of Pan-African Revolt*, p. 58-59. Observações semelhantes foram mencionadas aqui: ver Proceedings of a General Court Martial..., p. 258-259; H. Bleby, op. cit., passim.

275. B. Magubane, A Critical Look at Indices Used in the Study of Social Change in Colonial Africa, *Current Anthropology*, v. 12, n. 4-5, p. 420. Ver também, na mesma edição, as respostas a Magubane e seus próprios comentários finais.

276. L. Mair, Anthropology and Colonial Policy, *African Affairs*, p. 194. Para mais informações sobre a antropologia social britânica e a administração colonial, ver D. Goddard (ed.), *Ideology in Social Science*, p. 61-75; e E.E. Evans-Pritchard; M. Douglas; E. Leach; L. Mair; R. Needham, Articles on British Social Anthropology and Colonial Administration, em *The Times Literary Supplement*, 6 jul.1973; ver também Wendy James, The Anthropologist as Reluctant Imperialist; Stephen Feuchtwang, The Discipline and Its Sponsors; Abdel Ghaffar M. Ahmed, Some Remarks from the Third World on Anthropology and Colonialism, todos em T. Asad (ed.), *Anthropology and the Colonial Encounter*, especialmente Feuchtwang.

277. L. Mair, op. cit., p. 192.

278. Ibidem, p. 191.

279. B. Magubane, op. cit., p. 440.

280. C.L.R. James; G. Padmore, op. cit., p. 70; ver também G. Padmore, *Pan-Africanism or Communism*.

281. Ver B. Keller, Millenarianism and Resistance, *Journal of Asian and African Studies*, v. 13, n. 1-2, p. 94-111. A narrativa dos "eventos" começa com as visões de uma jovem xhosa, Nongqause, seu tio, o adivinho Mhlakaza, e outros: "Os meios para garantir a chegada da idade de ouro estavam certamente entre os mais drásticos já solicitados a qualquer povo. Rebanhos inteiros de gado, seu bem mais precioso, que simbolizava para os xhosas a continuidade, a vitalidade e a riqueza dos grupos de patrilinearidade, deveriam ser completamente aniquilados. Aos relutantes era assegurado que a destruição dos rebanhos vivos pouco importava, uma vez que eles, e todos os seus ancestrais, voltariam para repovoar a terra. Os crentes foram instruídos a consumir todo o milho armazenado em suas tulhas, pois na manhã da renovação eles encontrariam as tulhas reabastecidas. Os xhosas não deviam cultivar os campos, mas sacrificar todas as aves e outros animais pequenos" [p. 105]. Ver também E. Roux, *Time Longer Than Rope*, p. 32-44; E. Canetti, *Crowds and Power*, p. 193-200; e também J.B. Peires, Nxele, Ntsikana and the Origins of the Xhosa Religious Reaction, *Journal of African History*, v. 20, n. 1, p. 51-61.

282. Ver D. Clammer, *The Zulu War*. G.H.L. Le May, *Black and White in South Africa*, p. 45-53, 87-100; R. Roux, op. cit.; C.L.R. James, *A History of Pan-African Revolt*, p. 6371; J. Stuart, *A History of the Zulu Rebellion*; G. Shepperson; T. Price, *Independent African*, p. 419; S. Marks, The Zulu Disturbances in Natal, em R. Rotberg (ed.), *Rebellion in Black Africa*, p. 24-59.

283. G. Bender, *Angola Under the Portuguese*, p. 138; R. Chilcote, *Emerging Nationalism in Portuguese Africa*.

284. B. Davidson, *The African Past*, p. 357-358.

285. Ver I. Wilks, *Asante in the Nineteenth Century*; D. Kimble, *A Political History of Ghana*; R.H. Kofi Darkwah, *Shewa, Menilek and the Ethiopian Empire, 1813-1889*; H. Marcus, *The Life and Times of Menelik II*; O. Ikime, Colonial Conquest and African Resistance in the Niger Delta States, *Tarikh*, v. 4, n. 3, p. 1-13; J.A. Atanda, British Rule in Buganda, *Tarikh*, v. 4, n. 4, p. 37-54; E. Hopkins, The Nyabingi Cult of Southwestern Uganda, em R. Rotberg (ed.), op. cit., p. 60-132; I. Clegg, *Workers' Self-Management in Algeria*; T.O. Ranger, *Revolt in Southern Rhodesia*; D.N. Beach, 'Chimurenga', *Journal of African History*, v. 20, n. 3, p. 395-420; M. Adas, *Prophets of Rebellion*; T.O. Ranger, The People in African Resistance, *Journal of Southern African Studies*, v. 4, n. 1, p. 125-146, para uma amostragem da literatura sobre a resistência africana.

286. T.O. Ranger, *Revolt in Southern Rhodesia*, p. 352.

287. M. Taussig, Black Religion and Resistance in Colombia, *Marxist Perspectives*, v. 2, n. 2, p. 88-89.

7. A Natureza da Tradição Radical Negra

1. "As atrocidades cometidas por escravos rebeldes nos Estados Unidos não eram frequentes. Os rebeldes mataram brancos, mas raramente os torturaram ou mutilaram, isto é, raras vezes cometiam contra os brancos os ultrajes que os brancos regularmente cometiam contra eles. Em outras partes do hemisfério, nas quais guerras quilombolas e rebeliões em grande escala encorajaram ações, reações e represálias duras, o nível de violência e atrocidade aumentou. Mas em toda parte é muito maior a quantidade de evidências contra os regimes escravocratas por incontáveis crimes, incluindo a maioria das torturas sádicas por cada ato de barbárie dos escravos." E. Genovese, *From Rebellion to Revolution*, p. 109.

2. Duas observações de Henry Bleby durante sua investigação da rebelião jamaicana em 1831 são bastante típicas: "O advogado contratado pelos escravistas, sr. Bortwick, em suas palestras de 1833, que foram concebidas para defender e apoiar o sistema e encobrir ou deturpar suas crueldades e opressões, colocou demasiada ênfase nos assassinatos, estupros e outros ultrajes supostamente cometidos pelos escravos na Jamaica durante a insurreição; e o povo da Grã-Bretanha se referia a eles de maneira triunfal, como exemplos do que se poderia esperar dos escravos como resultado de sua emancipação. Entretanto, muitos poucos exemplos de tais barbáries foram apresentados ao público de forma adequada e autêntica." E em outro lugar:

"Confesso que sempre considerei como um traço singular na história daquele período que ocorressem tão poucos casos de crueldade contra os brancos, sejam homens ou mulheres que, em momentos diferentes, caíram nas mãos dos negros. Cinquenta mil escravos estavam, provavelmente, envolvidos na insurreição; e entre eles, pode ser que vinte – certamente não mais – foram diretamente cúmplices de atos de atrocidade como os que descrevemos." H. Bleby, *Death Struggles of Slavery*, p. 43 e 47, respectivamente.

3. Voltando à rebelião jamaicana de 1831 e à revolta anterior (1816) de Barbados, somos lembrados da descrição de Michael Craton sobre as repressões que se seguiram. A respeito de Barbados, ele escreveu: "Escravos errantes eram fuzilados à queima roupa e casas de negros, queimadas [...] Os cativos eram comumente torturados [...] Rebeldes condenados foram executados em praça pública em diferentes partes da ilha e seus corpos – às vezes apenas suas cabeças –, eram, em muitos casos, expostos em suas propriedades" [p. 102]. As coisas aconteceram de forma semelhante na Jamaica quinze anos depois: "Muitos escravos, incluídas mulheres e crianças, foram fuzilados ao serem avistados, cabanas de escravos e terrenos de provisões sistematicamente queimados, e houve várias condenações judiciais à morte por cortes marciais sumárias" [p. 110]. M. Craton, Proto-Peasant Revolts?, *Past and Present*, v. 85, n. 1. A literatura sobre a resistência e a repressão dos escravos é copiosa em tanta crueldade. Sobre a reação do público inglês, ver B. Semmel, *Jamaican Blood and Victorian Conscience*.

4. E.S. Morgan, *American Slavery, American Freedom*, p. 309.

5. Ibidem.

6. Ver G. Shepperson; T. Price, *Independent African*, p. 272-273, 296-297.

7. C.L.R. James, *The Black Jacobins*, p. 256; ver também E. Genovese, op. cit., p. 109-110.

8. F. Fanon, *The Wretched of the Earth*.

9. E. Genovese, op. cit., p. 9-11. Grande parte do argumento de Genovese (capítulo 3) baseia-se na ideologia de Toussaint L'Ouverture. Toussaint, no entanto, não foi o iniciador, o organizador, nem o ideólogo final e dominante dos escravos revolucionários ou dos revolucionários de cor (ver D. Nicholls, *From Dessalines to Duvalier*, p. 11, 171). E se é verdade que Toussaint tinha alcançado o *status* de proprietário de escravos antes da revolução (D. Geggus, Haitian Divorce,

Times Literary Supplement, 5 dez. 1980), isso fornece uma parte da base para sua atração pela ideologia burguesa revolucionária francesa (ver C.L.R. James, op. cit., p. 91-93). No presente século, Amílcar Cabral chegou mais perto de desenvolver uma compreensão desse fenômeno: ver C.J. Robinson, Amilcar Cabral and the Dialectic of Portuguese Colonialism, *Radical America*, v. 15, n. 3, p. 39-57.

10. "Os dois volumes de reminiscências de Lawrence Vambe [*From Rhodesia to Zimbabwe*, 1976], dedicados 'A todos os meus companheiros que morreram pela causa da Liberdade' [...] [se baseiam] em suas próprias memórias de vida na aldeia de Chishawasha, quando ele era uma criança na década de 1920, para representar uma sociedade dominada por lembranças das resistências [...] Ele descreve como os homens da aldeia discutiam regularmente suas lembranças de 1896 sempre que um problema geral sério confrontava a comunidade [...] As revoltas de 1896 e a prontidão trágica de muitas pessoas a ficarem desencorajadas e passarem para o lado do inimigo formam os temas da poesia xona." T.O. Ranger, The People in African Resistance, *Journal of Southern African Studies*, v. 4, n. 1, p. 126-127.

11. G. Mullin, *Flight and Rebellion*, p. 42.

12. Ibidem, p. 18.

13. "Os africanos [que] não comem sal, eles dizem que se tornam como uma bruxa [...] aqueles africanos que não comem sal e interpretam todas as coisas. E se você ouve dizer que eles voam para longe [é porque] não podiam suportar o trabalho quando o feitor os açoitava; e eles se levantam e cantam em sua língua, e batem palmas – então – eles apenas se esticam, e eles – então – vão embora. E eles nunca voltam: Ishmael Webster. Minha avó tinha uma tia-avó de dezessete anos, e um dia ela estava na cozinha, soprou em sua mão – *toot, toot* – e desapareceu. Ela não comeu sal e voltou para África: Elizabeth Spence." M. Schuler, *Alas, Alas, Kongo*, p. 93.

14. V. Lanternari, *The Religions of the Oppressed*; sobre carisma, ver C.J. Robinson, *The Terms of Order*, p. 152-159.

15. C.L.R. James, op. cit., p. 20-21, 108-109.

16. G. Mullin, op. cit., p. 159.

17. Ibidem, p. 160; ver também a discussão sobre religião e resistência em O. Alho, *The Religion of the Slaves*, p. 224-234.

18. A. Tutuola, *My Life in the Bush of the Ghosts*.

8. A Formação de uma Intelectualidade

1. E. Genovese, The Legacy of Slavery and the Roots of Black Nationalism, em E. Greer (ed.), *Black Liberation Politics*, p. 43. De acordo com George Rawick,

Genovese fora membro do Partido Comunista Americano em sua juventude. Entrevista com Rawick, 1976. O original do artigo de Genovese apareceu em

609

Studies on the Left (v. 6, n. 6 [nov.-dez. 1966]). No mesmo número, Herbert Aptheker, um dos principais intelectuais do Partido Comunista Americano e um importante contribuinte da história negra, criticou Genovese, insistindo em que ele se lembrasse de que "os historiadores radicais brancos haviam acompanhado os historiadores negros e deles aprendido" e que: "Não existe uma 'lenda de resistência armada negra à escravidão'. Não é uma lenda, embora o uso do termo 'armada' seja desarmante. Existe o fato da resistência negra à escravidão – armada e desarmada, esse é o grande fato e não é lendário de forma alguma." E. Greer, op. cit., p. 65-66. Genovese depois se corrigiu em parte (Genovese, 1974 e 1979), porém suas pressuposições teóricas ainda permanecem suspeitas. Ver J.D. Anderson, Aunt Jemima in Dialectics, *Journal of Negro History*, v. 61, n. 1, p. 99-114; E. Royce, Genovese on Slave Revolts and Weiner on the Postbellum South, *Insurgent Sociologist*, v. 10, n. 2, p. 109-117; D. Gerber, Can You Keep 'Em Down on the Plantation after They've Read Rousseau, *Radical America*, v. 15, n. 6, p. 47-56.

2. Ver F. Braudel, *The Mediterranean and the Mediterranean World in the Age of Philip II*.

3. Ver comentários de Isaac Deutscher sobre "On Optimism and Pessimism, the Twentieth Century, and Other Things", de Leon Trotsky, em seu *The Prophet Armed*, p. 53-54.

4. C.L.R. James, *Beyond a Boundary*, p. 43.

5. Sobre as dimensões globais dos impulsos imperialistas das classes dominantes da Europa, ver E.J. Hobsbawm, *Industry and Empire*; M.B. Brown, *The Economics of Imperialism*. Hobsbawm observa: "Com certas exceções, o capitalismo estava apenas começando a dominar o mundo subdesenvolvido de meados do século XIX adiante e a se envolver em um intensivo investimento capitalista ali. Uma parte muito pequena do mundo havia sido realmente colonizada, ocupada e governada do exterior, as principais exceções sendo a Índia e o que hoje é a Indonésia [...] Na história mundial, essa época, que se estende desde a derrota de Napoleão até a década de 1870, talvez até o final do século, se você preferir, pode ser descrita como a era do poder britânico [...] Em todo caso, o momento em que o capitalismo mundial foi inteiramente bem-sucedido, confiante e seguro, foi comparativamente breve, o período de meados da era vitoriana, que poderia ser prolongado até o final do século XIX." The Crisis of Capitalism in Historical Perspective, *Socialist Revolution*, n. 30, p. 81. No que tange à África nesse processo, ver G. Padmore, *Africa and World Peace* (original de 1937); R.E. Robinson; J.A. Gallagher (com A. Denny), *Africa and the Victorians*.

6. M. Perham, British Native Administration, *Oxford University Summer School on Colonial Administration*, p. 50.

7. O.C. Cox, *Caste, Class, and Race*, p. 360. Ver também G. Beckford, *Persistent Poverty*, p. 39s., 71s.

8. Para exemplos, ver W. Bell, Inequality in Independent Jamaica, *Revista/Review Interamericana*, v. 7, n. 2, p. 294-308; C. Stone, *Class, Race and Political Behavior in Urban Jamaica*; C.L.R. James, The West Indian Middle Classes, *Spheres of Existence*, p. 131-140, e *The Black Jacobins*, p. 36-44; N. Painter, *Exodusters*, p. 15s, 40s; D. Nicholls, *From Dessalines to Duvalier*.

9. Para exemplos, ver J.-L. Miège, The Colonial Past in the Present; R. Cruise-O'Brien, Factors of Dependence, em W.H. Morris-Jones; G. Fischer (eds.), *Decolonisation and After*, p. 43-44 e p. 283-309, respectivamente; I. Scott, Middle Class Politics in Zambia, *African Affairs*, v. 77, n. 308, p. 321-334; L. Sanderson, Education and Administrative Control in Colonial Sudan and Northern Nigeria, *African Affairs*, v. 74, n. 297, p. 433; C.J. Robinson, Amilcar Cabral and the Dialectic of Portuguese Colonialism, *Radical America*, v. 15, n. 3, p. 39-57; R. Makonnen, *Pan-Africanism from Within*, p. 126-127; C.L.R. James, The West Indian Middle Classes, *Spheres of Existence*, p. 131-140.

10. Um inventário dos meios ilegítimos ou "sombrios" pelos quais os negros acumularam riqueza pode ser encontrado em E.F. Frazier, *The Black Bourgeoisie* e em Human, All Too Human, *Survey Graphic*, p. 79-81.

11. Ver G. Shepperson; T. Price, *Independent African*, p. 242-255, 422-437.

12. Isso parece ter acontecido inclusive com os missionários negros. Ao escrever sobre Alexander Crummell, um proeminente missionário afro-americano ativo na Libéria no terceiro quarto do século XIX, Wilson Moses observa: "Para Crummell, assim como para a maioria das pessoas afetadas pela anglofilia, a cultura de língua inglesa era um sinônimo perfeitamente adequado de civilização. A língua inglesa era evidentemente superior, a seu ver, a qualquer uma das línguas nativas da África Ocidental. Em pelo menos duas ocasiões Crummell estava pronto a assinalar que 'entre os outros eventos providenciais, o fato é que o exílio de nossos pais de suas casas africanas para os Estados Unidos, deu a nós, seus filhos, pelo menos uma compensação, isto é, a posse da língua anglo-saxã [...] E era impossível estimar em demasia as prerrogativas e a elevação que o Todo-Poderoso nos concedeu, ao termos como nosso o idioma de Chaucer e Shakespeare, de Milton e Wordsworth, de Bacon e Burke, de Franklin e Webster.'" W.J. Moses, *The Golden Age of Black Nationalism, 1850-1925*, p. 66.

13. A.V. Murray, Missions and Indirect Administration, *Oxford University Summer School on Colonial Administration*, p. 53.

14. A. Mayhew, Education in the Colonies, *Oxford University Summer School on Colonial Administration*, p. 84-85.

15. P. Hetherington, *British Paternalism and Africa, 1920-1940*, p. 111.

16. L. Mair, *Native Policies in Africa*, p. 168-169.

17. O. Clough (ed.), *Report on African Affairs for the Year 1933*, p. 15. "Durante o período do colonialismo, em particular entre 1920 e 1950, foram implementadas políticas que atraíram um pequeno segmento da população africana para a órbita não africana. Grandes esforços foram empreendidos para treinar um quadro de médicos, advogados, jornalistas, líderes religiosos e intelectuais, como professores e pessoal universitários". P. Gutkind, *The Emergent African Urban Proletariat*, p. 55.

18. E. Skinner, The Persistence of Psychological and Structural Dependence After Colonialism, em A. Yansane (ed.), *Decolonization and Dependence*, p. 74; ver também H. Grimal, *Decolonization*, p. 37-39. P.B. Harris sugeriu: "O que as potências coloniais experimentaram (e em grande parte não gostaram) foi o nacionalismo de *elite*, isto é, um nacionalismo construído em torno de alguma poderosa figura africana ocidentalizada, um Nkrumah, um Kenyatta, um Leopold Senghor." *The Withdrawal of the Major European Powers from Africa*, p. 4.

19. Ver B. Quarles, *The Negro in the American Revolution*; L. Bennett, *Before the Mayflower*; I. Geiss, *The Pan-African Movement*, p. 32-35.

No Brasil e em Cuba, a formação de pequenas burguesias negras foi retardada por uma série de fatores intervenientes. No Brasil, depois da abolição da escravatura e a organização de um governo republicano no final do século XIX, trabalhadores europeus foram importados, a fim de fornecer a base social para a industrialização, em parte como uma resposta ao fracasso dos negros em apreciar as vantagens de trocar a liberdade pela proletarização. O sociólogo liberal brasileiro Florestan Fernandes lamentou: "Vendo-se e sentindo-se livres, os negros queriam ser tratados como homens ou, a seu ver, como senhores de suas próprias vidas. Disso resultou uma fatal ausência de adaptação por parte dos negros e mulatos. A atitude e o comportamento dos ex-escravos, que concebiam sua liberdade como sendo absoluta, irritava os empregadores brancos. Os negros supunham que, sendo 'livres', podiam trabalhar quando e onde quisessem. Eles tendiam a não se apresentar ao trabalho sempre que tinham dinheiro suficiente para viver algum tempo sem trabalhar; não gostavam especialmente de serem repreendidos, advertidos ou punidos." F. Fernandes, The Weight of the Past, *Daedalus*, v. 96, n. 2, p. 563. Ainda assim, em lugares como Bahia e São Paulo, uma pequena burguesia negra surgiu na virada do século. No entanto, o trabalho negro já estava se convertendo em algo fortuito para os capitalistas brasileiros, essa classe média não foi incentivada ou sistematicamente cultivada. Quando surgiram organizações reformistas como a Frente Negra Brasileira, como ocorreu entre 1925 e 1935, essas organizações foram cruelmente reprimidas. Só

depois da Segunda Guerra Mundial ressurgiria uma intelectualidade negra militante. Ver F. Fernandes, *The Negro in Brazilian Society*, p. 210-223; A. Dzidzienyo, The Position of Blacks in Brazilian Society, *Minority Rights Group*, n. 7, p. 2-11. Em Cuba, as bases sociais e políticas da *intelligentsia* pequeno-burguesa negra foram minadas, em grande parte, pelas contradições introduzidas pela guerra revolucionária contra a Espanha no final do século XIX. Os militares estadunidenses cooptaram a revolução na Guerra Hispano-Americana. E durante a ocupação militar estadunidense de Cuba, que começou em 1898, o Ejercito Libertador [Exército de Libertação], três quartos do qual consistia em cubanos negros, foi destruído. Ver L. Casal, Race Relations in Contemporary Cuba, *Minority Rights Group*, n. 7, p. 13-14; L.A. Perez, *Army Politics in Cuba, 1898-1958*, p. 3-9. Revendo os censos cubanos do século XIX e o declínio da população negra e mulata entre 1887 e 1899, Kenneth Kiple não pôde deixar de se perguntar se outra guerra ainda estava em andamento: "Os resultados infelizes da política de reconcentração da Espanha recaíram em grande medida sobre os negros? A guerra em si foi mais uma guerra racial do que tem sido retratada, com negros competindo contra brancos? Os negros de fato carregaram o impacto da luta?" K. Kiple, *Blacks in Colonial Cuba, 1774-1899*, p. 81. Lourdes Casal tem menos dúvidas sobre um acontecimento posterior na história cubana, que permaneceu igualmente obscuro. Em 1912, o movimento antinegro, em parte inspirado pela influência estadunidense em Cuba, atingiu o ponto culminante. A repressão de uma associação de eleitores negros, o Partido de los Independientes de Color, levou à revolta armada e "a guerra racial que se seguiu, ainda insuficientemente estudada, provocou um extermínio nacional de negros de proporções quase genocidas." L. Casal, op. cit., p. 14. Essa foi a "pequena guerra de 1912". Casal se lembra de ouvir as histórias de sua família quando criança: "Um tio-avô meu foi assassinado, supostamente por ordem de Monteagudo, o oficial da guarda rural que aterrorizava os negros em toda a ilha. Eu sentia calafrios quando ouvia histórias sobre negros sendo caçados dia e noite; negros pendurados pelos órgãos genitais em postes de luz nas praças centrais de pequenas cidades cubanas." Ibidem, p. 12. Ver também T.T. Orum, *The Politics of Color* (apud L. Casal, op. cit.).

20. A. Dupuy, Class Formation and Underdevelopment in Nineteenth-Century Haiti, *Race and Class*, v. 24, n. 1, p. 24.

21. Ver D. Nicholls, op. cit., passim; I. Geis, op. cit., p. 316.

22. Sobre a fundação e os primeiros anos dessas instituições, ver L. Fishel Jr.; B. Quarles (eds.), *The Black American*, p. 160s; A. Bontemps, *100 Years of Negro Freedom*, passim. Cerca de 75 anos após a fundação do primeiro "Negro College", o reitor Kelly Miller, da Howard University, fez a seguinte avaliação de suas

611

relações políticas: "O reitor Miller dividiu os *colleges* [faculdades] para negros em três tipos, com base na sua composição racial. Lincoln (Pensilvânia) e Hampton foram colocadas na categoria de controle exclusivo dos brancos. Aquelas com diretores e professores mistos incluíam Fisk e Howard, e as que contavam com o apoio e a gestão majoritários de negros foram identificadas como Morehouse, Wilberforce e Tuskegee." Apud R. Brisbane, *The Black Vanguard*, p. 103. A análise do reitor Miller logo se provaria um pouco ingênua. No ano anterior à sua queixa (1926), greves e manifestações de estudantes nas universidades Fisk e Howard levaram à criação de administrações negras. Lincoln também sofreu algumas mudanças administrativas durante aquele ano em resposta às reclamações de estudantes e professores negros, embora em Hampton, em 1927, os resultados fossem menos satisfatórios. R. Brisbane, op. cit., p. 101-111. Apesar dessas concessões, é claro que alguns anos depois, quando ocorreu uma investigação do Congresso sobre o comunismo na Universidade de Howard, o controle dessa instituição (e provavelmente de seus *colleges* e universidades irmãs) ainda estava firme nas mãos de seus benfeitores políticos e financeiros, ou seja, representantes e funcionários do capital estadunidense. Ver M. Wreszin, The Dies Committee, em A. Schlesinger, Jr.; R. Burns (eds.), *Congress Investigates*; A. Ogden, *The Dies Committee*, p. 87.

23. Entrevista com C.L.R. James, Binghamton, Nova York, primavera de 1974.

24. Ver R. Hooker, *Black Revolutionary*, p. 2-3; C.L.R. James, *Beyond a Boundary*, p. 17-18.

25. E. Williams, *Inward Hunger*, p. 26-30.

26. Ver G.D. Morgan, In Memoriam: Oliver C. Cox, 1901-1974, *Monthly Review*, v. 28, n. 1, p. 34-40.

27. "Para mim estava tudo em ordem e o aceitei filosoficamente. Eu desprezava com cordialidade os pobres irlandeses e os alemães sulistas que trabalhavam como escravos nas fábricas e a incluía os ricos e abastados como meus companheiros naturais." W.E.B. Du Bois, *Darkwater*, p. 10. Ver também F. Broderick, *W.E.B. Du Bois: Negro Leader in a Time of Crisis*, p. 2-6, sobre a precoce ambivalência racial de Du Bois.

28. Ver M. Fabre, *The Unfinished Quest of Richard Wright*, p. 430; A. Gayle, *Richard Wright: Ordeal of a Native Son*, p. 2-5.

29. No verão de 1953, Wright viajou para a colônia da Costa do Ouro (agora Gana) para observar o início do autogoverno programado para julho daquele ano. Suas lembranças dessa viagem foram publicadas como *Black Power* (1954). Nesse registro, ele se recordava de uma conversa com o *Efiduasihene*, Nana KwameDuaAware II, na qual havia declarado: "Sou negro, Nana, mas sou ocidental; e você nunca deve esquecer que nós, do Ocidente, o trouxemos a essa situação. Invadimos seu país e destruímos sua cultura em nome da conquista e do progresso. E não sabíamos bem o que estávamos

fazendo quando o fizemos. Se o Ocidente ousasse fazer as coisas do jeito que deseja no que diz respeito a vocês, voltariam a se aproveitar do seu povo para resolver seus próprios problemas [...] Não é a mim, Nana, que você deve pedir conselhos" [p. 288]. Comentei sobre a crise de identidade de Wright na Costa do Ouro em "A Case of Mistaken Identity", artigo apresentado à African Studies Association Conference, em 1979. Ver também A. Gayle, op. cit., p. 238-244, para as reações de Wright ao seu primeiro encontro com a África.

30. Entrevista com C.L.R. James, Binghamton, Nova York, primavera de 1974.

31. "O socialismo europeu nasceu da Revolução Agrária e da Revolução Industrial que se seguiu [...] Essas duas revoluções plantaram as sementes do conflito dentro da sociedade, e o socialismo europeu não só nasceu desse conflito, mas seus apóstolos santificaram o próprio conflito em uma filosofia [...] O verdadeiro socialista africano não considera uma classe de homens como seus irmãos e outra como seus inimigos naturais. Ele não forma uma aliança com os 'irmãos' para o extermínio dos 'não irmãos'." J. Nyerere, Ujamaa – The Basis of African Socialism, *Ujamaa: Essays on Socialism*, p. 11.

32. "A classe trabalhadora em uma nação líder tem, portanto, motivos suficientes para caminhar de braços dados com sua oligarquia contra o mundo. Em questões imperialistas, deveríamos normalmente esperar que essa classe fosse nacionalista, visto que uma ameaça à posição imperial da nação tende a se tornar uma ameaça ao seu próprio bem-estar. A luta de classes prossegue, assim, em casa, como indiquei, por uma parcela maior da renda nacional. Mas é uma luta que permanece interna, a partir de onde começamos antagonismos com imperialistas rivais e com os povos atrasados explorados. Os trabalhadores de uma nação capitalista líder provavelmente se enfureçam contra companheiros que neguem as ações imperialistas do governo, considerando-os traidores." O.C. Cox, *Capitalism as a System*, p. 194. Sobre os marxistas, Cox declarou: "Tendo aceitado os postulados marxistas fundamentais sobre a natureza da sociedade capitalista, os marxistas não podem voltar ao imperialismo veneziano, hanseático, holandês ou mesmo inglês para os conceitos essenciais dos componentes desse fenômeno. Desse modo, se converte em uma posição crucialmente limitante, que envolve operações procustianas no manejo dos fatos da mudança social moderna à medida que implacavelmente se impõem sobre nós. As ideias rígidas sobre o papel dos trabalhadores industriais nos movimentos revolucionários modernos e as previsões marxistas anteriores, que davam primazia às nações capitalistas mais avançadas na sucessão de revoluções socialistas, são todas derivadas da mesma teoria." Ibidem, p. 218.

33. Apud D. Caute, *Communism and the French Intellectuals*, 1914-1960, p. 211.

612   NOTAS

9. A Historiografia e a Tradição Radical Negra

1. Para ter uma ideia da gama de interesses e atividades de Du Bois, ver os panegíricos publicados por J.H. Clarke et al., (eds.), *Black Titan*; os ensaios em R. Logan (ed.), *W.E.B. Du Bois: A Profile*; D. Walden (ed.), *W.E.B. Du Bois: The Crisis Writings*, e claro, F. Broderick, *W.E.B. Du Bois: Negro Leader in a Time of Crisis*.

2. O segundo intelectual estadunidense nativo cujo nome deve ser incluído em qualquer estudo sobre os teóricos marxistas estadunidenses é Sidney Hook. Aparentemente sob a influência de György Lukács em seus primeiros anos, Hook publicou *From Hegel to Marx* na década de 1930. Além disso, contribuiu com alguns ensaios úteis na tentativa de ampliar o conhecimento do pensamento marxista nos Estados Unidos (ver "Materialism", *Encyclopedia of Social Sciences*, v. 10). No entanto, ele é mais conhecido pelas gerações posteriores por seu anticomunismo. Ver C. Camporesi, The Marxism of Sidney Hook, *Telos*, v. 12, n. 3, p. 115-128; C.L.R. James, The Philosophy of History and Necessity, *Spheres of Existence*, p. 49-58; para obter algumas pistas sobre o descontentamento político de Hook, ver D. Bell, *Marxian Socialism in the United States*, p. 139-140. Uns quinze anos antes, Lênin havia destacado Daniel DeLeon em uma menção especial; ver *New York World*, 4 fev. 1919, p. 2; A. Liebman, *Jews and the Left*, p. 449-451. Oficialmente, na década de 1930, o pensador marxista estadunidense mais proeminente foi Earl Browder, secretário-geral do Partido Comunista Estadunidense de 1930 a 1945: "Durante sua liderança do CP estadunidense, meu amigo mais próximo em Moscou, Georgi Dimitrott, então secretário-geral da Internacional Comunista, descreveu Browder como o principal marxista anglófono no mundo. De 1935 a 1945, Browder foi elogiado e reverenciado pela esquerda nos Estados Unidos quase com tanto fervor quanto Stálin na União Soviética. Sua produção publicada totaliza talvez dois milhões de palavras." P. Jaffe, *The Rise and Fall of American Communism*, p. 17. Para outra visão interna de Browder, ver J. Starobin, *American Communism in Crisis, 1943-1957*, passim. Jaffe e Starobin simpatizavam com Browder (e escreveram depois de sua expulsão da liderança e sua subsequente descanonização) e, assim, demonstram de forma muito mais convincente, embora inadvertida, o argumento sobre sua superficialidade teórica.

3. Uma vez que o fenômeno do mito coletivo precede em milênios o surgimento do Estado moderno, e dado que o pensamento ocidental tem exposto esse fenômeno como uma das suas preocupações permanentes, a literatura relevante é vasta. No entanto, há uma série de obras que abrangem uma gama de disciplinas, tradições intelectuais e inclusive epistemologias às quais se pode recorrer, algumas são analíticas, enquanto outras são ideológicas. Cada uma é uma tentativa de fornecer provas ou pelo menos uma demonstração da tese de que as ordens sociais são acompanhadas por racionalizações fabulosas. Entre as analíticas estão Ernst Cassirer, *The Myth of the State*; Murray Jacob Edelman, *The Symbolic Uses of Politics*; Sigmund Freud, *Group Psychology and the Analysis of the Ego*; o ensaio de Petr Kropotkin, The State: Its Historic Role; K. Marx; F. Engels, *The German Ideology*; Wilhelm Reich, *The Mass Psychology of Fascism*; C.J. Robinson, *The Terms of Order*; Max Weber, *Economy and Society*. Entre as menos analíticas e mais ideológicas estão: Robert Dahl, *Pluralist Democracy in the United States*; G.W.F. Hegel, *Philosophy of Right*; Samuel P. Huntington, *Social Order in Changing Societies*; Seymour Martin Lipset, *The First New Nation*; Platão, *Republic*.

4. A cultura do imperialismo é um interessante estudo de caso da relação entre o poder e os criadores de mitos. No que diz respeito ao imperialismo britânico, os seguintes estudos são úteis; B. Street, *The Savage in Literature*; J. Raskin, *The Mythology of Imperialism*; L.P. Curtis, Jr., *Anglo-Saxons and Celts*. Street, ao resumir a exposição de Curtis sobre o anglo-saxonismo, assinala que Curtis mostrou "como os historiadores da época (John Mitchell Kemble, John Richard Green, William Stubbs, Edward Augustus Freeman, Charles Kingsley e James Anthony Froude) se referiam constantemente a essa herança racial para explicar a história atual e criar genealogias da realeza inglesa, as famílias inglesas e os costumes ingleses para dar respaldo às suas afirmações. A ficção popular foi capaz de dar vida dramática a essas declarações, apresentando-as em termos de personagens concretas, cujas habilidades e ações mostravam ao leitor o que significava exatamente ser inglês. Essas qualidades são trazidas em contraste vívido com as ações e qualidades 'vulgares' das raças 'inferiores' do mundo." B. Street, op. cit., p. 19. Ver também D.A. Offiong, The Cheerful School and the Myth of the Civilizing Mission of Colonial Imperialism, *Pan-African Journal*, v. 9, n. 1, p. 35-54.

5. F. Lundberg, *Cracks in the Constitution*, é a mais recente contribuição à literatura que examina os "Pais Fundadores" estadunidenses. Em sua resenha de Lundberg, Gore Vidal observou: "As legislaturas estaduais credenciaram 74 homens na convenção; 55 apareceram naquele verão. Quase metade se afastou. Finalmente, 'não mais do que 5 homens protagonizaram a maior parte da discussão, enquanto 7 outros desempenharam papéis de coadjuvantes intermitentes'; 33 legisladores eram advogados (a praga já tinha começado); 44 eram membros atuais ou anteriores do Congresso; 21 foram classificados como ricos a muito ricos – Washington e o banqueiro Robert Morris (que logo iria para a cadeia, onde Washington o visitaria)

613

eram os mais abastados; 'outros 13 eram de afluentes a muito afluentes'; 19 eram proprietários de escravos; 25 haviam ido à universidade (entre aqueles que *não* se matricularam estavam Washington, Hamilton, Robert Morris, George Mason (Hamilton havia abandonado Columbia); 27 haviam sido oficiais na guerra; um era um cristão renascido – os demais tendiam ao deísmo, um eufemismo do século XVIII para agnosticismo ou ateísmo." G. Vidal, *The Second American Revolution?*, *The New York Review of Books*, 5 fev. 1981, p. 37-38. Quanto à Constituição, Vidal afirma: "Os legisladores não queriam partidos políticos – ou facções. Sua opinião era de que todos os homens sensatos com propriedades pensariam da mesma forma no tocante a questões relativas à propriedade. Até certo ponto, isso era – e é – verdade." Ibidem, p. 41. Ver também C. Beard, Neglected Aspects of Political Science, *American Political Science Review*, v. 43, p. 222.

6. Ver F. Fitzgerald, *America Revised*.

7. "A remoção dos indígenas foi explicada por Lewis Cass – secretário de Guerra, governador do território de Michigan, ministro na França, candidato presidencial: 'Um princípio de melhoria progressiva parece quase inerente à natureza humana [...] Todos nós nos esforçamos na carreira da vida para adquirir riquezas de honra, poder, ou algum outro objeto cuja posse permite realizar os sonhos de nossa imaginação; e o conjunto desses esforços constitui o avanço da sociedade. Mas há pouco disso na constituição de nossos selvagens.'" H. Zinn, *A People's History of the United States*, p. 130. Cass, como seu antecessor, no que foi denominado na época "remoção dos indígenas", era responsável pela expropriação de milhões de acres dos nativos americanos, promovendo, assim, "os interesses deles contra sua inclinação". De mais a mais, "Cass – pomposo, pretensioso, honrado (Harvard lhe outorgou um diploma honorário de doutor em Direito em 1836, no auge da remoção dos indígenas) – alegava ser um especialista em questões indígenas. No entanto, ele demonstrou repetidas vezes, nas palavras de Richard Drinnon (*Violence in the American Experience: Winning the West*), uma "ignorância bastante assombrosa da vida indígena'" (ibidem). A respeito da lenda oficial em torno de Andrew Jackson, um dos predecessores de Cass, Zinn escreve: "Os principais livros sobre o período jacksoniano, escritos por historiadores respeitados (*The Age of Jackson*, de Arthur Schlesinger; *The Jacksonian Persuasion*, de Marvin Mayers), não mencionam a política indígena de Jackson, porém muito se fala nessas obras de tarifas, bancos, partidos políticos, retórica política. Se você der uma olhada nos livros de história do ensino primário e secundário nos Estados Unidos, encontrará Jackson, o homem da fronteira, soldado, democrata, homem do povo – não o Jackson proprietário de escravos, especulador de terras, executor de soldados dissidentes, exterminador de índios". Ibidem, p. 128-129.

8. Ver D. Brown, *Bury My Heart at Wounded Knee*; V. Deloria, Jr., *Custer Died for Your Sins*; D. Bidney, The Idea of the Savage in North American Ethnohistory, *Journal of the History of Ideas*, v. 15, n. 2, p. 322-327.

9. W.F. Craven, *White, Red, and Black*, p. 84.

10. Para uma excelente exposição da indústria contemporânea do racismo pseudocientífico, ver Racism, Intelligence and the Working Class, publicado pelo Progressive Labor Party; e T. Gossett, *Race: The History of an Idea in America*.

11. W.E.B. Du Bois, *Black Reconstruction in America, 1860-1880*, (original de 1935), p. 718. Trinta anos depois de Du Bois, a polêmica em torno da "escola de Dunning" ainda não estava resolvida. Em 1967, Gerald Grob e George Billas declarariam: "Subjacentes à interpretação da escola de Dunning existiam duas suposições importantes. A primeira era que o Sul deveria ter sido reintegrado à União rapidamente e sem ser exposto à vingança do Norte [...] Em segundo lugar, a responsabilidade pelos libertos deveria ter sido confiada aos brancos do sul. O negro, acreditavam esses historiadores, nunca poderia se integrar em uma sociedade estadunidense em nível de igualdade com os brancos devido ao seu *status* anterior de escravo e suas características raciais inferiores." G.N. Grob; G.A. Billias (eds.), *Interpretations of American History*, v. 1, p. 472. Por outro lado, Dunning e seus adeptos ainda tinham seus apologistas. Stephenson sugeriu: "Entusiastas sulistas apresentaram a história seccional em melhor equilíbrio, mas eles, como seus predecessores ['do norte-leste'], negaram o papel do negro e fecharam suas mentes para uma erudição antropológica logo no início de suas carreiras." W.H. Stephenson, *Southern History in the Making*, p. 250.

12. W.E.B. Du Bois, op. cit., p. 723. Em 1939, Francis Simpkins faria eco à opinião de Du Bois: "Uma interpretação tendenciosa da Reconstrução resultou em um dos mais importantes acontecimentos políticos na história recente do Sul, a privação dos direitos dos negros. A fraude e violência pelas quais esse objetivo foi inicialmente obtido eram justificadas por um único motivo: a memória dos horrores alegados da Reconstrução. Mais tarde, em meio a uma avalanche de oratória relacionada a essa memória, os governantes brancos do Sul, nas convenções de 1890 e 1900, planejaram meios legais para eliminar o voto negro. 'A Reconstrução', afirmava o principal justificador desse ato, 'foi essa vilania, anarquia, desgoverno e roubo, e não posso, em quaisquer palavras que conheço, descrevê-lo'. Essas palavras de Ben Tillman foram endossadas por todos as nuances da opinião branca, de Carter Glass, Henry W. Grady e Charles B. Aycock a Tom Watson, Hoke Smith e James K. Vardaman." F. Simpkins em G.N. Grob; G.A. Billias (eds.), op. cit., p. 499. Sobre as contribuições de Dunning e Burgess ao desenvolvimento da ciência política estadunidense,

614   NOTAS

ver B. Crick, *The American Science of Politics*, p. 26-31, 135-137; A. Somit; J. Tannenhaus, *The Development of (American) Political Science*, capítulo 3. Para uma idolatria anterior de Dunning, ver C. Merriam, William Archibald Dunning, em H.W. Odum (ed.), *American Masters of Social Science*, p. 131-145.

13. Apud R. Samuel, British Marxist Historians, *New Left Review*, n. 120, p. 28. Rainboro também é grafado Rainborough.

14. H. Zinn, op. cit., p. 247.

15. N.I. Painter, *Exodusters*, p. 15s.

16. O uso do termo "ianque" (*yankee*), popularizado pelos Confederados durante a Guerra Civil, foi e ainda é usado como referência às atitudes dos nortistas durante o conflito, caracterizados (pejorativamente) como: grosseiros, arruaceiros, arrogantes, mesquinhos etc. (N. da T.)

17. D. Daniels, *Pioneer Urbanites*, p. 44.

18. "A nova causa era definida como 'supremacia branca' – o que, na prática permitia que os sulistas brancos reduzissem os libertos a uma casta inferior, como haviam tentado fazê-lo ao implantar os Códigos Negros de 1865. Para promover essa causa em 1868, John Van Evrie simplesmente reimprimiu seu livro *Negroes and Negro 'Slavery'* com uma introdução temática e sob o novo título de *White Supremacy and Negro Subordination*. [Josiah] Nott também entrou na controvérsia da 'Reconstrução'. Em um panfleto de 1866 ele reafirmou o argumento 'científico' da inferioridade negra intrínseca como parte de um ataque ao Freedmen Bureau e outros empenhos do Norte para lidar com a questão racial do Sul" em seus por diante. G. Frederickson, *The Black Image in the White Mind*, p. 187. Sem dúvida a nova causa não foi inteiramente monopolizada pelos "brancos sulistas", como a frase ambígua dá a entender; ver L. Cox; J.H. Cox, Negro Suffrage and Republican Politics, em F.O. Gatell; A. Weinstein (eds.), *American Themes*, p. 232-260. Forrest Wood também deixa isso claro em seu estudo do período pós-Guerra Civil, *Black Scare*, p. 30-36, embora ele também seja capaz de ofuscar a si mesmo: "A exploração política do racismo nos Estados Unidos não se originou durante a década de 1860. Mas existia uma diferença entre a intolerância anterior à guerra e a que seguiu à proclamação da emancipação. Antes da guerra existiam poucas razões para despertar o ódio contra negros, porque a maioria deles havia sido escrava. Dado que, por lei, eles eram subordinados aos brancos, havia pouca necessidade de lançar cruzadas com o propósito de mantê-los em seu 'lugar'" [p. 16]. Implícito no absurdo casual de Wood está a suposição da passividade negra à opressão e mais, a excisão das contradições incorporadas na exploração da mão de obra africana e europeia; a rejeição do confronto político entre o capital manufatureiro e o capital agrário no final do século XVIII; o desconhecimento do extenso período de racionalização do tráfico negreiro; e a exclusão da história do movimento abolicionista. Não se tratava, como sugere Wood, que a "autoimagem anglo-saxã fosse um gigante adormecido que precisava apenas ser despertado". Ibidem., p. 16.

19. "Muitos dos mais influentes de nossos primeiros professores universitários de história americana foram formados na Alemanha, e de seus professores alemães haviam assumido muito da visão teutônica da história [...] Era, é claro, um conceito racista de história e deve-se dizer que nem todos os nossos historiadores o aceitaram, mas muitos deles o fizeram." W.F. Craven, *The Legend of the Founding Fathers*, p. 175. "Na virada do século, o público estadunidense ver a comunidade acadêmica em geral, movidos por tendências sociais internacionais e domésticas que enfatizavam o progresso do teutonismo ocidental em oposição ao atraso das raças de cor, passaram a acreditar nas teorias extremistas de inferioridade negra, e aceitaram a privação de direitos e a arregimentação social dos negros sulistas. O espetáculo supostamente sórdido da participação negra na Reconstrução foi apresentado como uma prova pública de que os negros eram incapazes de sofisticação política; cientistas sociais e escritores de ficção apresentaram uma gama formidável de material racista que convenceu os receptivos Estados Unidos brancos no que tange à inferioridade cultural e moral inata dos negros." W.C. Harris em sua introdução a J.R. Lynch, *The Facts of Reconstruction*, p. vi–vii.

20. Sobre as primeiras reações da pequena burguesia negra à fantasia racial e à Reconstrução ver a discussão de Charlotte Forten, Robert G. Fitzgerald, T. Thomas Fortune, John Wallace, and John Lynch em D.S. Gray, Bibliographic Essay: Black Views on Reconstruction, *Journal of Negro History*, v. 58, n. 1, p. 73-85; A.W. Jones, The Black Press in the "New South", *Journal of Negro History*, v. 64, n. 3, p. 215-228. Duke, editor do jornal negro *Herald* em Montgomery, não hesitou em atacar o apêndice mais vulnerável dos homens brancos racistas. Em um de seus últimos editoriais em Montgomery, ele atacou um linchamento recente de um homem negro, sugerindo que os linchadores se perguntassem: "Por que as mulheres brancas atraem homens negros agora mais do que antigamente? [...] Não há segredo nisso, e suspeitamos muito que seja a crescente valorização da Julieta branca pelo Romeu de cor, à medida que ele se torna mais inteligente e refinado." Ibidem, p. 221. Depois de defender seu ponto de vista, ele imediatamente deixou a cidade.

21. W.A. Low afirma que William C. Nell, escrevendo em meados do século XIX, foi o primeiro afro-americano a produzir relatos históricos "não relacionados a escravos", mas George W. Williams "foi considerado o 'historiador negro mais eminente no mundo' em seus dias. Seu livro *A History of the Negro Troops in the War of Rebellion, 1861-1865* (1888), por exemplo, por

615

muito tempo permaneceu distintivamente em uma categoria própria." W.A. Low, Historians, em W.A. Low; V. Clift (eds.), *Encyclopedia of Black America*, p. 440. Williams também é discutido em mais detalhes em E.E. Thorpe, *Black Historians*. I. Geiss, *The Pan-African Movement*, p. 107-108, discorre sobre o trabalho inicial de William Wells Brown.

22. John E. Bruce, por exemplo, em seu discurso na Filadélfia em outubro de 1877, Reasons Why the Colored American Should Go to Africa, falou como um jornalista comprometido: "Por séculos, a raça de cor não tem sido muito instruída. Isso nem sempre foi assim, e a história que mostra o que foi feito prova o que ainda pode ser. Os africanos tinham a posse do sul do Egito quando Isaías escreveu: 'A Etiópia estenderá as mãos para Deus.' Quando a rainha de Sabá trouxe riqueza adicional aos tesouros de Salomão, e quando um principesco e erudito etíope tornou-se um arauto de Cristo antes que Paulo – o hebreu – Cornélio ou os soldados europeus fossem convertidos. A raça à qual fora dado o maravilhoso continente africano, pode ser educada e elevada à riqueza, poder e posição entre as nações da terra." P.S. Foner (ed.), *The Voice of Black America*, v. 1., p. 490. Ver também W.J. Moses, *The Golden Age of Black Nationalism, 1850-1925*, p. 198.

23. Ver G.W. Williams, *A History of the Negro Race in America*.

24. Esse paradigma já estava sendo abordado publicamente a respeito do continente africano; ver as discussões de Alexander Crummell em W.J. Moses, op. cit., p. 59-82; D. McBride, Africa's Elevation and Changing Racial Thought at Lincoln University, 1854-1886, *Journal of Negro History*, v. 62, n. 4, p. 363-377.

25. Em um ensaio publicado em 1903 intitulado "The Talented Tenth" [O Décimo Talentoso], Du Bois se esforçou para estabelecer o fato da existência de uma elite negra educada e proprietária nos Estados Unidos. Nele, descreveu sucintamente a história dos 34 colleges (faculdades) e universidades negras que existiam na época e deu alguma indicação do *status* de seus currículos; relatou o número total de graduados negros em faculdades brancas e negras de 1876 a 1899 e ofereceu uma amostra representativa de suas ocupações e uma estimativa de suas propriedades. Ver J. Lester (ed.), *The Seventh Son*, v. 1, p. 391-395; sobre o início de uma classe empresarial negra no sul pós--reconstrução, ver M. Marable, *Blackwater*, p. 53-68; W.J. Moses, op. cit., p. 89-90.

26. Um exemplo útil que demonstra a distância psicológica percorrida pela classe média negra é dado por W.J. Moses, op. cit., p. 105, em sua discussão do movimento dos clubes de mulheres negras do fim do século XIX: "O movimento dos clubes entre as mulheres afro--americanas [*sic*] teve seu início no começo dos anos de 1800 com a formação de grupos naquelas cidades dos Estados Unidos nas quais a classe média negra era grande o suficiente para proporcionar muitos afiliados. 'Como regra geral', diz Fannie Barrier Williams, 'aquelas que, no sentido adequado, podem ser chamadas de as melhores mulheres nas comunidades em que esses clubes foram organizados, se interessaram e se juntaram no trabalho de ajuda.' A sra. Williams via isso como uma refutação da acusação de que 'mulheres de cor com educação e refinamento não simpatizavam com os interesses de sua própria raça'."

27. Ver M. Marable, op. cit., p. 60-61; e a descrição de Du Bois da "Máquina Tuskegee" naquele texto, nota 43.

28. Sobre o início da Ku Klux Klan, Allen Trelease afirma: "Os filiados à Klan por todo o Sul se assemelhavam àqueles no Tennese; provinham de todas as classes da sociedade branca [...] A manutenção da supremacia branca e da antiga ordem em geral eram uma causa pela qual homens brancos de todas as classes tinham interesse." *White Terror*, p. 51. "A liderança dentro da organização pertencia mais claramente à classe profissional e à dos proprietários de *plantations*, que haviam governado a região antes de serem deslocados politicamente pelos Radicais, mas seu poder econômico e social dificilmente foi afetado." Ibidem, p. 296. No nível da lei federal e dos direitos constitucionalmente garantidos, a história era a mesma: "Se desde 1890 ficara claro para o negro estadunidense que ele não poderia esperar obter justiça e jogo limpo por meio dos processos políticos regulares dos governos nacionais e estaduais, seria imediata e igualmente claro a ele que não podia esperar muito mais dos tribunais do país e especialmente da Suprema Corte dos Estados Unidos." R. Brisbane, *The Black Vanguard*, p. 25.

29. Um porta-voz negro, William Hooper Councill, expressou uma noção equivocada que sobreviveu a ele por muito tempo: "Councill tinha uma ideia grotescamente exagerada da solidariedade racial branca. Ele pressupunha que os brancos tinham um grande senso de lealdade e respeito uns pelos outros, e em especial pelos membros mais fracos de sua própria raça. 'Eu honro o homem branco porque ele honra a si mesmo', disse Councill. 'Eu o honro porque ele coloca sua mãe, irmã, mulher e filha em um pedestal acima das estrelas, recebe mil metralhadoras Gatling e decreta a morte para aqueles que desejam arrastá-las para baixo. Eu o honro porque ele coloca seus braços poderosos em torno de cada rostinho ruivo sardento, de pobres meninas e meninos brancos na terra e faz tudo o que for possível para que eles se desenvolvam no mundo.' Isso, sem dúvida, era um puro absurdo em uma era caracterizada pela degradação do trabalho e exploração de mulheres e crianças pelas forças da iniciativa livre." W.J. Moses, op. cit., p. 186.

30. O primeiro rascunho desse capítulo continha aqui o termo "teutônico", mas se pensou que poderia induzir a erro ao invés de esclarecer. Ainda assim, Moses indica que ambos, Crummell e Edward Wilmot Blyden, o estadunidense-liberiano nascido nas Ilhas

Virgens, eram bastante conscientes dos modelos germânicos. W.J. Moses, op. cit., p. 281 nota 24.

31. Ibidem, p. 70-71.

32. Ibidem, p. 198.

33. Ibidem, p. 73.

34. Ibidem, p. 103-131. Du Bois expõe sua própria relação e a de outros intelectuais negros de Boston com a sra. Ruffin em *The Autobiography of W.E.B. Du Bois*, p. 136-137; ele também fala de Margaret Murray, uma colega de classe em Fisk e a terceira esposa de Booker T. Washington; ibidem., p. 112. Ver também sobre Margaret Washington em A. Bontemps, *100 Years of Negro Freedom*, p. 137-138, 167.

35. "Foi esse tipo de pensamento que levou à militarização da experiência acadêmica negra em instituições como Hampton e Tuskegee, nas quais não apenas os ofícios eram ensinados, mas uma organização militar-industrial completa da vida comunitária era imposta." W.J. Moses, op. cit., p. 75.

36. Ibidem, p. 214-215.

37. Ibidem, p. 73.

38. A busca pela e a designação de uma figura seminal já deveriam ter sido reconhecidas como um empreendimento com frequência equivocado e reducionista. Esse parece ser particularmente o caso em que ideias e ideologia são objeto de investigação. Quer sejam codificadas em uma literatura didática ou escolástica ou se manifestem em coletivos sociais, os elementos da consciência e do pensamento são em geral compartilhados por força das circunstâncias, da continuidade social e histórica, da linguagem, da cultura e do interesse. A realização individual pode ser vista como o culminar de um *momentum* coletivo marcado por uma circunstância extraordinária (imaginação, localização etc.). Como tal, é provável que esteja sendo replicada ou em processo de surgir em outro lugar, simultaneamente ou de outra forma.

39. Ver E.E. Thorpe, op. cit.

40. "Blyden foi um dos poucos negros que teve um impacto significativo no mundo literário e escolástico anglófono no século XIX [...] Basicamente, seus escritos foram concebidos para vindicar a raça negra. Seus principais argumentos eram: que a raça negra tinha conquistas passadas das quais podia se orgulhar; que possuía atributos inerentes especiais que deveria se esforçar para projetar em uma 'Personalidade Africana' distinta; que a cultura africana – seus costumes e instituições – era basicamente edificante e deveria ser preservada; e, finalmente, que o cristianismo teve uma influência retardadora sobre os negros, enquanto o islamismo foi salutar – seu tema mais controverso e sobre o qual ele discorreu longamente." H. Lynch, *Edward Wilmot Blyden*, p. 54-55; ver também W.J. Moses, op. cit., p. 42-45.

41. W.J. Moses, op. cit., p. 134-136; ver também A. Meier, The Paradox of W.E.B. Du Bois, em R. Logan (ed.),

op. cit., p. 83; e F. Broderick, op. cit., p. 52-54. O "Conservation of Races" foi republicado em J. Lester (ed.), op. cit., p. 176-187.

42. O "décimo talentoso" (*talented tenth*) é como foi designada uma classe de liderança de afro-americanos (10%) no início do século XX. O termo foi criado por um ministro batista branco Henry Lyman Morehouse (a respeito ver Evelyn Brooks Higginbotham, Righteous Discontent: The Women's Movement in the Black Baptist Church, 1880-1920, Cambridge: Harvard University Press), em um ensaio com esse exato título publicado em abril 1996. Ganhou ampla difusão após W.E.B. Du Bois defender essa posição, a constituição de uma elite negra altamente educada, em um influente ensaio de mesmo nome, que ele publicou em setembro de 1903 em The Negro Problem, coletânea de textos de importantes autores afro-americanos. (N. da T.)

43. W.E.B. Du Bois, The Talented Tenth, em J. Lester (ed.), op. cit., p. 385.

44. Idem, *The Autobiography of W.E.B. Du Bois*, p. 236-237.

45. Ibidem, p. 239. Robert Brisbane que, como cientista político na Morehouse College devia conhecer essa história intimamente, apoia Du Bois: "As opiniões [de Washington] foram amplamente divulgadas e seus patronos, que incluíam filantropos como Andrew Carnegie, Jacob Schiff e Julius Rosenwald, contribuíram com centenas de milhares de dólares para o Instituto Tuskegee. Com o tempo, se tornou difícil para qualquer faculdade ou instituição negra obter fundos de filantropos se Washington negasse sua aprovação [...] Essa [sua] questão [...] foi apresentada a John Hope durante seu primeiro ano como presidente do Morehouse College. Ver R. Brisbane, op. cit.

46. "Quando situado em sua configuração histórica, é bem fácil explicar como a filosofia social dos historiadores negros, que infelizmente carecia de uma compreensão das forças dinâmicas, acabou se convertendo em um evangelho emersoniano bastante ingênuo de autoconfiança, simples otimismo e paciente consideração pelo destino. A despeito de tudo o que foi dito, não sejamos mal compreendidos. Temos poucas desavenças com esses cronistas do passado. Eles viviam em seu momento e naquele momento poucos homens nos Estados Unidos percebiam o que estava acontecendo [...] quando vemos a história do negro desde a emancipação como o registro dos choques e racionalizações de impulsos individuais e coletivos contra a ordem social estadunidense de um capitalismo em desenvolvimento, dentro do qual operam arranjos semiarticulados e etiquetas de classe e casta, começamos a entender." L. Reddick, A New Interpretation for Negro History, *Journal of Negro History*, v. 21, n. 1, p. 26-27.

47. Washington, em qualquer caso, não estava sujeito a nenhum tipo de cortesia de classe quando sua posição

617

política se viu ameaçada. Ele manipulou a imprensa negra por meio dos jornais que subvencionava ou que eram de sua propriedade (que incluíam o *New York Age*, o *Washington Colored American*, a revista *Alexander's Magazine*, e o *Bee* de Washington – ver R. Brisbane, op. cit., p. 38), e recorreu a métodos mais insidiosos: "Washington começou a planejar a destruição do Movimento Niagara desde o primeiro dia de sua criação. Ele plantou espiões e informantes dentro do grupo e realmente procurou encorajar dissensão e divisão. E pelo uso de sua considerável influência sobre os editores e diretores de jornais negros, foi capaz de causar pelo menos um blecaute parcial de notícias do Movimento Niagara na imprensa negra." Ibidem, p. 41. Du Bois caracterizou o método e a estrutura de dominação sob a fachada da Tuskegee como "monstruoso e desonesto". W.E.B. Du Bois, *The Autobiography...*, p. 247.

48. W.E.B. Du Bois, *The Autobiography...*, p. 238. Um pouco do cuidado com que Washington e sua imagem foram tratados pelo capitalismo estadunidense está aparente na maioria de suas biografias, geralmente apresentadas como uma demonstração de influência sobre os capitalistas que o subsidiavam! Eles garantiram que houvesse um fluxo constante de publicações, palestras e cartas supostamente suas, subsidiando "escritores-fantasmas"; Carnegie garantiu uma renda vitalícia para Washington e sua terceira esposa; e puseram ao lado dele, como seu secretário pessoal, Emmett Scott, um homem educado no patrocínio político negro. Ver A. Bontemps, op. cit.; L.R. Harlan, *Booker T. Washington*. O fato de que sua solicitude em relação a Washington como instrumento de dominação da *intelligentsia* da pequena burguesia negra fosse substancialmente bem-posicionada é talvez comprovado pelas direções tomadas pela próxima geração dessas camadas. Doze anos depois da morte de Washington em 1915, estudantes negros se revoltaram nas instituições negras de ensino superior. Ver R. Brisbane, op. cit., p. 101-111. Na década de 1930, o cientista George Washington Carver, o "santo popular" de Tuskegee que podia ser visto como justificação das racionalizações de Booker T. Washington sobre a raça, estava tão amargurado por suas experiências no Sul e em outras partes do país a ponto de enviar alguns de seus melhores estudantes para a União Soviética e prescrever venenos para amigos ativistas radicais que poderiam usá-lo como o método de morte menos doloroso em seu confronto com as turbas brancas. L.O. Hines, White Mythology and Black Duality", *Journal of Negro History*, v. 62, n. 2, p. 134-146.

49. "O populismo havia colocado na mente dos negros certas expectativas mais elevadas de vida, que não podiam ser vencidas pelas botas do Secret Nine [Nove Secretos], ou do Red Shirts [Camisas Vermelhas] ou de outros grupos terroristas. Em 1900, no passado dos negros, incorporaram-se não apenas o poder inebriante e a proteção proporcionados pelos governos da Reconstrução, mas a experiência mais sóbria do populismo. No movimento populista, os negros tiveram a sensação de serem participantes iguais no processo político, em lugar de meros recebedores de favores federais; de obter seus fins pelo poder do voto. Muitos negros haviam trabalhado e socializado com brancos de interesses semelhantes em um nível de relativa igualdade, se não de integração real; haviam tido experiências de organização e campanha, de trabalho em comitês, política partidária, convenções nacionais; de ouvir, falar e ler sobre ideias econômicas avançadas, como cooperativas e sindicatos. Eles não poderiam ter saído do movimento inalterados em suas esperanças e objetivos." F. Henri, *Black Migration*, p. 10-11. Sobre o Populismo, ver H. Zinn, op. cit., p. 280-289; F. Henri, op. cit., p. 3-12; C.V. Woodward, *Tom Watson*.

50. Ver I. Katznelson, *Black Men, White Cities*, p. 106-108.

51. "Na década de 1880, quando os dados sobre linchamentos foram coletados pela primeira vez, os relatórios mostraram mais brancos linchados do que negros; as cifras das vítimas de linchamento de 1882 a 1888 mostraram 595 brancos e 440 negros. Em 1889, a tendência havia se invertido e, na década de 1890, o linchamento de negros disparou como a expressão máxima das leis Jim Crow [segregação]" F. Henri, op. cit., p. 43. Henri continua, "As cifras [...] mostram que, de todos os negros linchados entre 1889 e 1941, menos de 17% foram acusados de estupro. Assassinato e agressão criminosa foram as acusações mais comuns [...] sendo o estupro a segunda mais frequente. Entre outros delitos pelos quais os negros foram linchados estavam [...] insultar uma mulher branca; escrever para ou prestar atenção em mulheres brancas; propor casamento ou fugir com uma mulher branca [...]; testemunhar em tribunal a favor de outro negro ou contra um branco; praticar vodu; esbofetear uma criança; atirar pedras; protestar; contagiar pela varíola; ou desobedecer aos regulamentos das balsas." Ibidem. "De 1885 a 1927, segundo dados publicados no World Almanac, 3.226 negros foram linchados nos Estados Unidos, em comparação a 1.047 brancos no mesmo período. De 1885 a 1889, os linchamentos de negros variaram de 71 a 95 por ano. Em 1891, 121 negros foram linchados. De 1891 a 1895, os linchamentos de negros variaram de 112 a 155 (1892). Desde 1901, não houve um único ano em que 100 ou mais negros foram linchados." S. Nearing, *Black America*, 1969 (originalmente 1929), p. 206. Sobre o uso do racismo na destruição do movimento populista, ver H. Zinn, op. cit., p. 285; F. Henri, op. cit., p. 9-10; C.V. Woodward, op. cit., capítulos 21-23.

52. Também conhecida como "Grande Migração para o Norte" ou "Migração Negra" que ocorreu entre 1916 e 1970. (N. da T.)

53. F. Henri, op. cit., p. 51.

54. Sobre a oposição à migração dos proprietários de *plantations* sulistas atingidos pela perda de porções significativas de sua barata mão de obra e pelos protestos de Washington e de outros porta-vozes negros aos migrantes, dizendo-lhes de que no Sul estariam "melhor", ver F. Henri, op. cit., p. 73-79.

55. Assim nomeado porque o primeiro encontro do grupo se deu nas Cataratas do Niágara. Tinha como objetivo lutar por melhores condições de vida e direitos civis. (N. da T.)

56. Trotter e George Forbes, formados em Harvard e Amherst, respectivamente, em 1895, começaram a publicar o *Boston Guardian* para expressar sua oposição a Booker T. Washington. Isso ocorreu em 1901, dois anos antes de Du Bois publicar suas primeiras críticas públicas de Washington em seu *The Souls of Black Folk* (As Almas da Gente Negra). Trotter e Forbes, junto com seus colegas bostonianos, Archibald Grimké e Clement Morgan, deram impulso a uma enorme oposição a Washington, enquanto em Chicago, os advogados Ferdinand Barnett e E.H Morris, e na Filadélfia, o médico dr. N.F Mossell, organizaram grupos críticos ao programa Tuskegee em suas comunidades. Ver A. Meier, Radicals and Conservatives – A Modern View, em R. Logan (ed.), op. cit., p. 42-44. "Entrementes, pelo menos já em 1902, Washington vinha utilizando suas reservas de poder para silenciar a oposição. Ele fez uso de sua influência pessoal para afastar as pessoas dos radicais; tentou privar os oponentes de seus empregos no governo; sempre que possível conseguiu que seus críticos fossem processados por difamação; introduziu espiões em organizações radicais; empregou sua influência com filantropos como uma arma eficaz para lidar com educadores e outros; privou os críticos de participação e de subsídios em campanhas políticas; e subvencionou a imprensa negra para que o apoiasse e ignorasse ou atacasse a oposição". Ibidem, p. 47. Em julho de 1903, Trotter e Forbes finalmente conseguiram arranjar um confronto pessoal com Washington em uma reunião em Boston. O plano consistia em importunar Washington com perguntas mordazes com a ajuda de trinta ou mais pessoas. Aparentemente, a polícia de Boston fora avisada pelo advogado de Washington, William L. Lewis, e Trotter foi preso quando se levantou para falar. Ele foi multado em $50,00 e condenado a trinta dias de prisão. R. Brisbane, op. cit., p. 38-39, 253, nota 11. "A notícia da prisão de Trotter, no verão de 1903, chegou a Du Bois na Universidade de Atlanta, na qual ministrava aulas de sociologia. Como outros amigos e seguidores de Trotter, Du Bois ficou furioso [...] Foi aqui que ele decidiu abandonar seus esforços para melhorar a condição do negro por meio do 'estudo científico'. 'A ação política e social direta seria a nova estratégia.' Ibidem, p. 39. Du Bois fez um relato semelhante desses eventos; no entanto, ele os situou em 1905 e sugeriu que os acontecimentos que se seguiram – ou seja, a criação do Movimento Niágara – foram em grande parte por iniciativa dele, e não de Trotter. W.E.B. Du Bois, *The Autobiography...*, p. 248-251. Essa tendência de reconstruir eventos nos quais estava envolvido de modo que girassem em torno dele é observada em I. Geiss, op. cit., p. 232-233 e R. Brisbane, op. cit., p. 253, nota 16). Para exemplos das críticas de Trotter a Washington, ver F. Broderick; A. Meier (eds.), *Negro Protest Thought in the Twentieth Century*, p. 25-30.

57. De acordo com Herbert Aptheker, o editor dos artigos de Du Bois, *John Brown* era a obra favorita do autor, embora ele tenha percebido que sua primeira monografia histórica, *The Suppression of the African Slave-Trade to the United States of America, 1638-1870* 1969 [originalmente 1896]) foi, "no sentido convencional", a mais erudita. H. Aptheker, The Historian, em R. Logan (ed.), op. cit., p. 262. A afirmação de Kelly Miller de que Trotter teceu uma "rede sutil" em torno de Du Bois (ver A. Meier, The Paradox of W.E.B. Du Bois, em R. Logan [ed.], op. cit., p 75) pode ser corroborada no comunicado conjunto que Trotter e Du Bois escreveram para o Movimento Niagara em 1906, quando declararam acerca de John Brown: "Não acreditamos na violência, nem na violência desprezada da incursão, nem na violência louvada do soldado, nem na violência bárbara da turba; entretanto, acreditamos em John Brown, naquele espírito encarnado de justiça, naquele ódio à mentira, naquela disposição de sacrificar dinheiro, reputação e a própria vida no altar do direito". W.E.B. Du Bois, *The Autobiography...*, p. 251.

58. "Um novo tema nas páginas do *Horizon* e do *The Crisis* foi o interesse de Du Bois pelo movimento dos trabalhadores e pelo socialismo. Em certa época, ele tinha visto a classe trabalhadora branca como o 'oponente mais amargo' do negro. Em 1904, ele passara a acreditar que a discriminação econômica era em grande parte a causa do problema racial e se sentia solidário com o movimento socialista. Três anos depois, escreveu favoravelmente sobre os socialistas no *Horizon*. Alhures, ele aconselhou os socialistas que seu movimento não poderia ter sucesso a menos que incluísse os trabalhadores negros e escreveu que era simplesmente uma questão de tempo antes que os trabalhadores brancos e negros vissem sua causa econômica comum contra os capitalistas exploradores. Embora em 1908 Du Bois não tenha votado nos socialistas porque eles não tinham chance de vencer, em 1911 ele se filiou ao partido. Em uma exegese marxista nas páginas finais de *The Negro*, Du Bois via tanto os negros estadunidenses quanto os africanos, tanto os trabalhadores brancos quanto as raças de cor, como explorados pelo capital branco que empregava a noção de diferenças raciais como uma racionalização da exploração, da segregação e da subordinação. E ele previu que os explorados de todas as raças se uniriam e derrubariam o capital branco, seu opressor

619

comum." A. Meier, The Paradox of W.E.B. Du Bois, em R. Logan (ed.), op. cit., p. 82.

59. "A presente guerra mundial é, então, o resultado dos ciúmes engendrados pelo recente surgimento de associações nacionais de trabalho e capital armadas cujo objetivo é a exploração das riquezas do mundo – principalmente fora do círculo europeu de nações. Essas associações, cada vez mais ciumentas e nutrindo suspeitas sobre a divisão dos espólios dos impérios comerciais, estão lutando para aumentar suas respectivas porções; procuram expansão, não na Europa, mas na Ásia e, particularmente, na África." W.E.B. Du Bois, The African Roots of War, em J.H. Clarke et al. (eds.), op. cit., p. 280 (o ensaio original foi publicado no *Atlantic Monthly*, maio 1915, p. 707-714.

60. Ver W.E.B. Du Bois, Judging Russia, *The Crisis*, v. 33, n. 4, p. 189-190. Du Bois visitou a União Soviética em 1926, 1936, 1949 e 1959, em particular as repúblicas asiáticas na segunda e na última viagens. Ele sempre criticou a propaganda antissoviética e, ao que parece, teve até a sua morte esperanças de que a revolução triunfaria. Ver W.E.B. Du Bois, *The Autobiography...*, p. 29-43; e suas críticas aos "vacilos no caso da Rússia" no *The Nation* numa carta para Freda Kirchwey, 13 dez. 1939, em H. Aptheker (ed.), *The Correspondence of W.E.B. Du Bois*, v. 2, p. 202-203.

61. O trabalho de Du Bois no movimento panafricanista é mais bem reconstruído por I. Geiss, op. cit., p. 229-262; ver também R.B. Moore, Du Bois and Pan Africa, em J.H. Clarke et al. (eds.), op. cit., p. 187-212; C.L.R. James, W.E.B. Du Bois, *The Future in the Present*, p. 202-212.

62. Em sua própria resenha de *Black Reconstruction*, Herbert Aptheker, o pensador marxista mais próximo da obra de Du Bois, o caracterizou "como um idealista – filosoficamente falando – em áreas-chaves de seu pensamento". H. Aptheker, The Historian, op. cit., p. 261. Aptheker parecia acreditar que Du Bois chegou tarde demais às obras de Marx e Lênin para que tivessem um impacto profundo em sua concepção da história. George Streator, descrito por Aptheker como um líder na greve estudantil na Fisk University em 1925, que mais tarde foi convidado por Du Bois para se juntar a ele na equipe do *The Crisis*, foi um dos críticos mais informados de Du Bois na esquerda negra. Streator escreveu uma série de cartas mordazes a Du Bois em 1935 sobre os temas do marxismo e as capacidades da classe média negra. Ver H. Aptheker (ed.), *The Correspondence of W.E.B. Du Bois*, v. 2, p. 86-96. Streator escreveu em 1941, de acordo com Francis Broderick, "que duvidava que, 'não obstante todos os seus talentos, Du Bois jamais fez mais do que folhear as páginas vívidas em que Marx censurava tão duramente a sociedade inglesa que enriqueceu com o comércio de escravos africanos. Todo o resto para Du Bois era apenas Hegel, e duvido que Du Bois tenha dedicado muita atenção a Hegel quando era

um estudante na Alemanha'." F. Broderick, *W.E.B. Du Bois: Negro Leader in a Time of Crisis*, p. 148, nota. Certas passagens em *Black Reconstruction* parecem confirmar a avaliação de Aptheker (por exemplo, "O sucesso político da doutrina da separação racial, que derrubou a Reconstrução ao unir o proprietário de *plantations* e os brancos pobres, foi em muito superado por seus resultados econômicos surpreendentes", p. 700); contudo, uma leitura atenta do estudo e o fato de que Du Bois ministrasse seminários sobre Marx em 1904 e 1933 sendo ele mesmo um estudante de filosofia alemã parece desacreditar as críticas de Streator. Ver H. Aptheker (ed.), *The Correspondence...*, p. 76; F. Broderick, op. cit., p. 148; E.C. Holmes, W.E.B. Du Bois: The Philosopher, em J.H. Clarke et al. (eds.), op. cit., p. 79. Em deferência a Aptheker, cujas interpretações de Marx também foram atacadas (ver P. Buhle, American Marxist Historiography, 1900-1940, *Radical America*, v. 4, n. 8-9, p. 5-35; J. O'Brien et al., "New Left Historians" of the 1960s, *Radical America*, v. 4, n. 8-9, p. 83-84), *Black Reconstruction* é dificilmente um exercício idealista em historiografia. Na obra, e em inúmeras ocasiões, Du Bois enfatiza as bases econômicas subjacentes para o desmantelamento da experiência de reconstrução e para a reconciliação entre os capitalistas industriais e os capitalistas agrários do Sul que comandavam o trabalho e a terra no período pré-guerra. A consciência racial que impediu o desenvolvimento de estruturas democráticas nos Estados Unidos havia começado em concomitância com o sistema escravista, mas acabou adquirindo o caráter de uma força material. Contudo, desde o início, foram as forças econômicas que levaram à unificação das classes dominantes da nação: "Não foram, portanto, a raça e a cultura os estandartes que o Sul hasteou em 1876; foram a propriedade e o privilégio, apelando para a sua própria espécie, e o privilégio e a propriedade ouviram e reconheceram sua própria voz." (*Black Reconstruction*, p. 630.)

63. A noção de excepcionalismo estadunidense ou "americanismo" surgiu no Partido Comunista Americano no final dos anos de 1920, como uma explicação para o fracasso do partido em atrair muitos seguidores dentre os trabalhadores estadunidenses. A debilidade do partido foi atribuída ao fato de que, ao contrário do capitalismo europeu, como Eugen Varga o chamou, o capitalismo estadunidense "ainda era saudável". Uma vez que os "Estados Unidos eram uma exceção à regra do declínio capitalista", o Oitavo Plenário da Internacional Comunista em 1927 sugeriu que "não esperava um grande aumento do movimento trabalhador revolucionário 'no futuro próximo'." T. Draper, *American Communism and Soviet Russia*, p. 270-272.

64. A conferência de Du Bois em Rosenwald foi substancialmente reproduzida no *Baltimore Afro-American*, 20 maio 1933, p. 2-3. C.L.R. James expôs uma opinião semelhante ao discutir a democracia direta perante

620 NOTAS

um público em Trinidad, em 1960. Ao contrastar o mundo moderno com Atenas durante seu período democrático há cerca de 2.000 anos ou mais, James argumentou: "Atenas foi dividida em dez tribos ou divisões, e a cada mês era selecionado por sorteio um certo número de homens de cada divisão [...] E eles iam para os escritórios do governo e governavam o Estado durante aquele mês [...] Duvido que hoje seja possível tomar trinta ou quarenta pessoas de qualquer lugar e com elas formar algum governo, por menor que seja, e pedir-lhes que o administrem. Não é porque o governo seja tão difícil. A ideia de que um pequeno município, como os que temos hoje em todo o mundo, teria problemas mais difíceis e complexos do que a cidade de Atenas é um tanto absurda. *É que as pessoas perderam o hábito de avaliar o governo e umas às outras dessa forma.* Não está em suas mentes." (What We Owe to Ancient Greece, em *Modern Politics*, p. 4).

65. Du Bois, op. cit.

66. Em uma carta a George Streator em 24 abr. 1935, Du Bois afirmou: "Estou convencido, a partir do amplo contato com os trabalhadores do Norte, Leste, Sul e Oeste dos Estados Unidos que a grande maioria deles é inteiramente capitalista em seus ideais e suas propostas, e que a última coisa que gostariam de fazer seria se unir em qualquer movimento cujo objetivo fosse a elevação da massa de negros à igualdade essencial com eles [...] Vejo com espanto os militaristas que agitam contra a violência; e os amantes da paz que desejam a revolução de classe imediatamente. É bem possível que tenha havido épocas no mundo em que nada além da revolução abrisse caminho para o progresso. Suspeito que isso foi verdade na Rússia em 1917. Não acho que seja verdade nos Estados Unidos em 1935. Mas, verdade ou não, os negros não participam de nenhum programa que proponha uma revolução violenta. Se participarem, tornarão o triunfo de tal programa mais difícil, e trarão sobre a massa de negros inocentes a vingança unificada da raça branca. O resultado seria terrível demais para contemplar. Oponho-me, portanto, absoluta e amargamente ao tipo estadunidense de comunismo, que visa simplesmente criar problemas e fazer que os negros enfrentem as tropas em uma luta cujo triunfo pode facilmente implicar a aniquilação total do negro estadunidense. Portanto, ataco e continuarei a atacar o comunismo estadunidense em sua forma atual, enquanto, ao mesmo tempo, considero a Rússia como o país moderno mais promissor." H. Aptheker (ed.), *The Correspondence...*, p. 91-92. Streator, em sua resposta, concordou com Du Bois que "o Partido Comunista dos EUA é liderado por homens estúpidos". Porém, prosseguiu, "não obstante, é uma organização de trabalhadores". Ele sugeriu que Du Bois tomasse mais cuidado no futuro: "Você ataca o comunismo estadunidense, mas não envia nenhum de seus estudantes para fora de Atlanta com a determinação de trabalhar no movimento dos trabalhadores do qual você fala, porém nunca estudou." "Eu também posso atacar o Partido Comunista Americano – entenda a distinção – mas posso fazer minha parte na construção do movimento dos trabalhadores e na luta contra as leis Jim Crow dentro dele." Streator para Du Bois, 29 abr. 1935, ibidem, p. 95, 94.

67. A renúncia de Du Bois à NAACP e ao cargo de editor do *The Crisis* em 1935 foi precipitada por suas dificuldades com o secretário executivo da organização, Walter White, um homem em quem Du Bois não confiava e de quem não gostava. O âmago da briga, no entanto, foi muito além de personalidades ou peculiaridades administrativas. Um fator foi o impacto que o surgimento da Universal Negro Improvement Association (UNIA) como uma organização de massa teve no pensamento de Du Bois. Como porta-voz da NAACP, Du Bois havia criticado, às vezes cruelmente, a liderança da UNIA. (Ver Marcus Garvey and the NAACP, *The Crisis*, v. 35, p. 51, apud D. Walden (ed.), op. cit., p. 307-310.) Contudo, no início dos anos de 1920, Du Bois foi receptivo ao programa da UNIA: "Podadas a pomposidade e o exagero, as linhas principais do plano de Garvey são perfeitamente viáveis. O que ele está tentando dizer e fazer é o seguinte: os negros estadunidenses podem, ao acumular e administrar seu próprio capital, organizar a indústria, juntar-se aos centros negros do Atlântico por meio de empreendimentos comerciais e, dessa forma, finalmente redimir a África como um lar adequado e livre para homens negros. Isso é verdade. Isso é viável." (Idem, *The Crisis*, v. 21, p. 112-115, apud D. Walden (ed.), op. cit., p. 325.) No início dos anos de 1930, Du Bois havia eliminado do programa o que ele considerava seus elementos perturbadores e o apresentava como o núcleo de seu próprio programa para o progresso econômico dos negros estadunidenses. Essa versão "higienizada" do programa da UNIA levaria Harold Cruse, trinta anos depois, a comentar: "Du Bois defendeu a ideia de uma economia negra separada como algo 'não tão facilmente descartável' porque 'em primeiro lugar, já temos uma economia parcialmente separada nos Estados Unidos'. No entanto, ele observou em 1940 que seu programa econômico para o progresso dos negros 'pode ser facilmente confundido com um programa de segregação racial completa e inclusive com o nacionalismo entre os negros [...] isso é um equívoco'. Parece não ter ocorrido a Du Bois que qualquer reorganização econômica completa da existência negra imposta de cima não seria apoiada pelas massas populares, a menos que um apelo fosse feito ao seu nacionalismo." H. Cruse, *The Crisis of the Negro Intellectual*, p. 309. Foi à defesa de Du Bois de uma economia cooperativa negra que a liderança da NAACP se opôs. Ver F. Broderick, op. cit., p. 169-175. (Sobre o programa de Du Bois, ver seu *Dusk of Dawn*, [originalmente 1940],

621

p. 197-220.) Enquanto Henry Lee Moon sugere que Du Bois havia retornado a uma posição semelhante à de Booker T. Washington, está claro que esse não era o caso, já que Du Bois baseava conscientemente seus planos na pressuposição do "colapso do capitalismo". *Dusk of the Dawn*, p. 198. (Sobre a caracterização de Moon, ver H.L. Moon, *The Emerging Thought of W.E.B. Du Bois*, p. 28-29.)

68. Sobre a UNIA e a ABB, ver T. Vincent, *Black Power and the Garvey Movement* e a publicação seguinte dos Garvey Papers, organizados e com introdução de Robert Hill, UCLA. Para o caso de Scottsboro, ver D.T. Carter, *Scottsboro: A Tragedy of the American South*.

69. "Antes que nossos líderes possam empreender essa nova tarefa, eles têm uma grande lição a aprender." "Nossas classes profissionais não são aristocratas nem nossos senhores – elas são e devem ser os mais eficientes de nossos servos." Lecture at the Rosenwald Conference, *Baltimore Afro-American*, 20 maio 1933, p. 2-3.

70. Como veremos, Du Bois argumentou que as raízes da Depressão da terceira década do século XX estavam nas respostas dos trabalhadores brancos à libertação dos escravos. Ver *Black Reconstruction*, p. 30.

71. Lecture at the Rosenwald Conference, *Baltimore Afro-American*, 20 maio 1933, p. 2-3.

72. Todas as citações de *Black Reconstruction* foram extraídas da edição de 1969 da Meridian (World Publishing Company).

73. Ver R.W. Fogel; S. Engerman, *Time on the Cross*, v. 2, p. 20-29.

74. Isso se aproxima muito de uma paráfrase da descrição de Marx sobre a acumulação primitiva em *O Capital*, uma obra à qual Du Bois alude frequentemente em *Black Reconstruction*.

75. Ver P.S. Foner, *Organized Labor and the Black Worker, 1619-1973*, p. 4-16; R. Starobin, *Industrial Slavery in the Old South*.

76. "O trabalhador branco foi solicitado a compartilhar o espólio da exploração de 'chineses [*chinks*] e negros [*niggers*]'. Não é mais simplesmente o príncipe mercador, ou o monopólio aristocrata, ou mesmo a classe empregadora, que está explorando o mundo; é a nação, a nova nação democrática composta pelo capital e pelo trabalho unidos." "A democracia na organização econômica, se bem que seja um ideal reconhecido, hoje funciona ao conceder a partilha dos espólios do capital apenas à aristocracia do trabalho – os trabalhadores mais inteligentes e astutos. Os ignorantes, não qualificados e inquietos ainda formam nos países avançados um grupo grande, ameaçador e cada vez mais revolucionário." W.E.B. Du Bois, The African Roots of War, *Atlantic Monthly*, maio 1915, p. 277, 281.

77. Os *copperheads*, como os republicanos começaram a chamá-los, em alusão à cobra venenosa do mesmo nome, eram uma facção do Partido Democrata dentro da União, na década de 1860, durante a guerra civil americana, que simpatizavam com a Confederação e queriam uma solução pacífica para o conflito.

78. No final da década de 1860 e início dos anos de 1870, de acordo com William Z. Foster (um historiador que duas vezes na vida chefiou o Partido Comunista Americano como seu secretário-geral), "Havia muita boa vontade entre o National Labor Union – NLU [Sindicato Nacional do Trabalho] e o Colored National Labour Union – CNLU [Sindicato Nacional do Trabalho das Pessoas de Cor] e se eles não puderam estabelecer uma unidade de trabalho mais estreita entre os trabalhadores negros e brancos, isso se deveu ao fracasso em superar uma série de obstáculos sérios. O principal deles foi o fracasso da NLU em combater as políticas Jim Crow dos empregadores na indústria. Os trabalhadores brancos tendiam a expulsar os trabalhadores negros dos ofícios especializados, a recusar-se a trabalhar com eles nas oficinas e a excluí-los dos sindicatos. Essa tendência chauvinista branca que causaria estragos no movimento dos trabalhadores nas décadas posteriores, já se manifestava entre os sindicatos na NLU." W.Z. Foster, *The Negro People in American History*, p. 351. Um jornalista, ao observar a convenção de 1869 da NLU escreveu: "Quando um nativo do Mississippi, ex-oficial confederado, ao discursar em uma convenção, se refere a um delegado de cor que o precedeu como 'o cavalheiro da Geórgia' [...] quando um partidário fervoroso e democrata (de Nova York, aliás) declara com um sotaque irlandês patente que não pede para si mesmo nenhum privilégio como mecânico ou cidadão que não esteja disposto a conceder a qualquer outro homem, branco ou negro [...] então, pode-se de fato afirmar que o tempo opera mudanças curiosas." Apud H. Zinn, *op. cit.*, p. 236-237. Ver também P. Foner, *Organized Labor and the Black Worker*, p. 30-63, sobre a história da NLU, da CNLU, dos Knights of Labor e outros sindicatos; Herbert Gutman, The Negro and the United Mine Workers of America, em J. Jacobsen (ed.), *The Negro and the American Labor Movement*, p. 119-120.

79. Ver Du Bois, Organized Labor, em J. Lester (ed.), *op. cit.*, v. I, p. 301-302. O editorial foi originalmente publicado em *The Crisis*, jul. 1912.

80. K. Marx; F. Engels, *The German Ideology*, em R.C. Tucker (ed.), *The Marx-Engels Reader*, p. 128.

81. Também conhecida como "escravocracia", é a denominação atribuída à classe dominante composta por proprietários de escravos ou de *plantations* ou ao regime político comandado por ela. (N. da T.)

82. Ver R. Lichtman, The Façade of Equality in Liberal Democratic Theory, *Socialist Revolution*, v. I, n. I, p. 85-126.

83. Em 1925, um marxista negro fez um balanço de sua sociedade: "O lento crescimento do marxismo entre os

negros tem sido inteiramente devido à incapacidade tanto dos socialdemocratas quanto dos comunistas de abordar o negro com base em suas próprias razões mentais e de interpretar sua situação social peculiar em termos de luta de classes. Hoje, o negro estadunidense desenvolveu sua própria burguesia, embora ainda seja pequena. E cada vez mais as linhas se aguçam no conflito entre as burguesias branca e negra. A pequena burguesia negra reúne as massas negras em sua luta contra a burguesia branca mais poderosa, e as massas negras estão impregnadas da crença de que sua degradação social decorre do simples fato de que são de uma raça marcadamente diferente, e não são brancas [...] O negro é revolucionário o suficiente no sentido racial, e cabe ao Partido Comunista Americano manipular esse sentimento revolucionário racial em benefício da luta de classes. J. Jackson, The Negro in America, *Communist International*, p. 51. Esse não era o James E. Jackson que foi ativo no Partido Comunista Americano na década de 1940 e mais tarde, e que editou o *The Daily Worker* por um tempo; era L. Fort-Whiteman, descrito pelos editores do *Communist International* como "um emigrante [presumivelmente da Grã-Bretanha] da raça negra oprimida". Ibidem, p. 53. George Streator atribuiu o mesmo pensamento a Du Bois, porém de forma muito mais simples: "Não existe um negro que *ame* sua raça em questão de investimento de capital e lucro." H. Aptheker (ed.), *The Correspondence of W.E.B. Du Bois*, v. 2, p. 90, carta de 8 abr. 1935.

84. Lecture at the Rosenwald Conference, *Baltimore Afro-American*, 20 maio 1933, p. 2-3.

85. Durante a primeira década depois da Revolução Russa, as crises que confrontavam a União Soviética e o movimento comunista mundial foram dramatizadas por lutas de liderança na Rússia e nos partidos nacionais do Comintern. Na Rússia, a longa e crescente e incapacitante doença de Lênin e, finalmente, sua morte (1924) liberaram o freio: "Embora houvesse facções durante a vida de Lênin, elas eram transitórias e seus membros com frequência mudavam de lado. [Em 1925], o alinhamento emergente representava posições endurecidas com base em programas e *slogans* conflitantes e não respondia a compromissos ou manobras individuais [...] Acima de tudo, a profunda divisão entre os líderes russos resultava das decisões políticas sobre o socialismo em um país e a interpretação e implementação da NEP [Novaya Ekonomiceskaya Politika – Nova Política Econômica] [...] No politburo, Zinoviev, Kamenev e Trótski assumiram a posição de esquerda; Bukhárin, Aleksei Rykov e Mikhail Tomsky, a de direita; e Stálin, a do centro, embora ele invariavelmente se aliasse com a direita." H. Gruber, *Soviet Russia Masters the Comintern*, p. 21. Gruber discute as decisões em questão e os desenvolvimentos políticos; ibidem, p. 20-25, 175-200; ver também F. Claudin, *The Communist Movement*,

p. 46-102. Sobre as facções estadunidenses na luta pela liderança, ver B. Gitlow, *I Confess*, p. 493-570; T. Draper, op. cit., capítulos 16, 17 e 18; sobre os destinos políticos de muitos dos participantes, ver D. Bell, op. cit., p. 133-134, nota 220. Sobre os comunistas negros estadunidenses e as disputas de liderança, ver H. Haywood, *Black Bolshevik*, p. 176-191. Para exemplos da disciplina e do oportunismo mostrados por muitos líderes comunistas negros no que tange às frequentes mudanças na "linha" do partido, ver a obra polemicamente anticomunista, porém muitas vezes informativa, de W. Nolan, *Communism versus the Negro*, passim; H. Haywood, *For a Revolutionary Position on the Negro Question*.

86. Du Bois mencionava Engels apenas raramente, e sempre com a frase "Marx e Engels", sugerindo um crítico anterior de quem Marx havia se queixado: "O que é estranho é ver como ele nos trata como uma só pessoa: 'Marx e Engels diz.'" Letter to Engels, 1 Aug. 1856, apud S.S. Prawar, *Karl Marx and World Literature*, p. 1. O marxismo-leninismo, a designação convencional das teorias e políticas do Comintern no período pós-Lênin, é identificado com o dogma e a política de Stálin, e não de Lênin. Mais recentemente, é com frequência denominado "stalinismo". Ver P. Anderson, *Considerations on Western Marxism*, p. 19-21.

87. Ver G. Lukács, Class Consciousness, *History and Class Consciousness*.

88. *The Writings of Leon Trotsky*, v. 6, p. 336.

89. Engels sugeriu que aqueles que o seguiam e a Marx – os marxistas – estavam sujeitos ao dogma e ao reducionismo. Por exemplo, ele expressou sua exasperação com os marxistas "economicistas" em sua carta a Joseph Bloch em 1890; ver R.C. Tucker, op. cit., p. 642.

90. "A ortodoxia marxista da Terceira Internacional Comunista introduziu entre os socialistas mudanças consideráveis na teoria de classe. Em vez de derivar sua teoria de um exame da divisão real do trabalho social e técnico dentro da produção capitalista, havia uma tendência a considerar a classe trabalhadora no âmbito de uma única dimensão. A classe revolucionária típica ideal era a formada pelo trabalhador manual da fábrica e do transporte, ou seja, a famosa 'classe trabalhadora industrial'. Os trabalhadores das indústrias básicas, que produziam meios de produção, constituíam a base crítica da ação revolucionária de classe, visto que ocupavam a posição central dentro do sistema de produção." "Parte da dificuldade na noção da classe trabalhadora da velha esquerda é inerente ao amplo esquema de duas classes do próprio Marx [...] o conceito do grande cisma entre o burguês e o proletário que constitui a estrutura da sociedade capitalista encontrada no *Manifesto* foi abstraído de circunstâncias concretas e transformado em dogma pelo marxismo, tanto da era stalinista quanto pelos social-democratas."

623

S. Aronowitz, Does the United States Have a New Working Class?, em G. Fischer (ed.), *The Revival of American Socialism*, p. 188,189. No mesmo volume, Paul Sweezy enfrentou os críticos da teoria marxista da revolução que "observam que o proletariado daquele que se converteu no país capitalista mais avançado e poderoso, os Estados Unidos da América, nunca desenvolveu uma liderança ou um movimento revolucionário significativo". P. Sweezy, Workers and the Third World, ibidem, p. 154-168. A posição de Sweezy era de que esses críticos e os primeiros marxistas estadunidenses, que haviam confiado nos operários industriais para a revolução, não tinham lido Marx com cuidado nem perceberam as verdadeiras dimensões do capitalismo: "Na teoria do capitalismo de Marx, o proletariado não é sempre nem necessariamente revolucionário. Não foi revolucionário no período da manufatura, tornando-se assim apenas como consequência da introdução da maquinaria na Revolução Industrial. Os efeitos a longo prazo das máquinas, entretanto, são diferentes dos efeitos imediatos. Se as oportunidades revolucionárias do período inicial da indústria moderna forem perdidas, o proletariado de um país industrializado tende a se tornar cada vez menos revolucionário. Isso não significa, no entanto, que a afirmação de Marx, de que o capitalismo produz seus próprios coveiros, esteja errada." "Se considerarmos o capitalismo como um sistema global [...] vemos que está dividido em um punhado de países exploradores e um grupo muito mais numeroso e populoso de países explorados. As massas desses países explorados constituem uma força no sistema capitalista global que é revolucionária no mesmo sentido e pelas mesmas razões que Marx considerava revolucionário o proletariado do período inicial da indústria moderna." Ibidem, p. 168. Ver também D. Bell, op. cit., p. 106-116.

91. Ver F. Borkenau, *World Communism*, p. 64-65, 84-93; D. Bell, op. cit., p. 102-106.

92. Ver H. Gruber, op. cit., capítulos 1 e 2; F. Borkenau, op. cit., capítulos 6, 7 e 8.

93. Essa é a leitura indireta mais popular da frase encontrada em Contribution to the Critique of Hegel's Philosophy of Right (Crítica da Filosofia do Direito de Hegel), de Marx, que dizia: "Assim como a filosofia encontra suas armas materiais no proletariado, o proletariado encontra suas armas intelectuais na filosofia." R.C. Tucker (ed.), op. cit., p. 23.

94. "O socialismo internacional foi, na verdade, motivado por impulsos conflitantes e sua política caracterizada por ambiguidades que os socialistas da época preferiram ignorar. Eles encontraram refúgio em soluções e compromissos a curto prazo, evitando assim os problemas que os teriam forçado a tomar uma posição. A total inabilidade da Internacional de se opor à guerra' tinha suas raízes nas inúmeras contradições da organização, nos fundamentos e nas fraquezas teóricas de uma estratégia preventiva que determinava as formas concretas das atitudes e políticas socialistas. Com base na visão majoritária do imperialismo, em uma interpretação que os fatos desmentiam, a estratégia pacifista da Internacional foi caracterizada por contradições marcantes: uma consciência de novos estágios na evolução do capitalismo; uma apreciação do imediatismo da ameaça; e um otimismo básico quanto ao resultado da crise que ignorava a possibilidade de um choque universal. As atividades da Internacional no cenário mundial foram, portanto, aleatórias e ditadas pela gravidade das crises. Nem a equação 'guerra = revolução', nem a alternativa 'guerra ou revolução' estavam na mente dos líderes da Internacional." "É impossível dizer se os líderes da Internacional foram os cativos de seus próprios mitos ou se a sua resposta foi a manifestação clássica daquele traço característico da Segunda Internacional: a prática reformista oculta por trás do radicalismo verbal." G. Haupt, *Socialism and the Great War*, p. 220-221.

95. Ver F. Borkenau, op. cit., p. 161-170. Para detalhes das regras de elegibilidade no Comintern, ver W. Nolan, op. cit., p. 4-5.

96. W. Nolan, op. cit., p. 4.

97. N. Glazer, *The Social Basis of American Communism*, p. 25-26.

98. T. Draper, *The Roots of American Communism*, p. 31.

99. N. Glazer, op. cit., p. 22.

100. Ver D. Brody, *Steelworkers in America*, capítulo 1. Mesmo os militantes sindicalistas [*wobblies*] tiveram dificuldade com as lealdades étnicas. Ver M. Dubofsky, *We Shall Be All*, p. 24-26, 350-358.

101. G. Almond, *The Appeals of Communism*, p. 141-147. O estudo de Almond compartilhava um grau de preocupação cautelosa sobre até que ponto os judeus estadunidenses podiam ser identificados com o radicalismo, no ambiente altamente repressivo do macarthismo, com muitas das obras escritas e publicadas no início dos anos de 1950 – particularmente aquelas incluídas na série Fund for the Republic editada por Clinton Rossiter (*The Decline of American Communism*, de David Shannon; *The Roots of American Communism* e *American Communism and Soviet Russia*, de T. Draper; *Marxian Socialism in the United States*, de D. Bell; e *The Social Basis of American Communism*, de N. Glazer). George Rawick, que trabalhou como assistente de pesquisa para Bell, Glazer e Shannon enquanto era funcionário do Fund, comentou: "Nathan Glazer começou com uma tese [...] a tentativa de todo um grupo de pessoas em torno do American Jewish Committee [Comitê Judaico Estadunidense] de outros grupos de, por assim dizer, 'limpar' a mancha vermelha da comunidade judaica. E essa era uma preocupação particular do professor Glazer, era uma preocupação particular de Moshe Dechter (?) que trabalhava no mesmo escritório, era uma preocupação particular de Daniel Bell [...] Eles começaram com uma tese [...] e a política dessa tese e a do Fund for the Republic eram muito simples: iríamos fazê-lo na esquerda liberal e

anticomunista, fazê-lo nós mesmos antes que McCarthy e os outros o fizessem, para que pudéssemos provar que havíamos limpado nossa própria casa." "Uma das coisas que ocorreram constantemente durante este período – muito mais importante do que a publicação dos livros – foi que todas as pessoas que trabalharam nesse projeto estavam constantemente envolvidas no processo de reabilitação daqueles que abandonavam o Partido Comunista, incluindo Earl Browder." Entrevista de C.J. Robinson com G. Rawick, inverno de 1976. A contribuição de Almond foi transpor as questões políticas em fenômenos psicodinâmicos ou psicopáticos. Ver, por exemplo, seu tratamento de "Alice", op. cit., p. 282-284.

102. "O Segundo Congresso do Comintern emitiu um ultimato para forçar a unificação do Partido Comunista Americano e do Partido Comunista Unido. Quando isso não ajudou, o Comintern, na primavera de 1921, enviou uma delegação aos Estados Unidos, composta por Charles E. Scott (o nome no partido de Carl Jansen ou Charles Johnson, um comunista letão, que morava em Roxbury, Massachusetts), Louis C. Fraina, um dos delegados americanos ao Segundo Congresso, e Sen Katayama, o exilado japonês que se tornou oficial do Comintern. Esta delegação reuniu as partes beligerantes no Partido Comunista Americano em maio de 1921." T. Draper, *American Communism and Soviet Russia*, p. 25; ver também idem, *The Roots of American Communism*, p. 148-281; sobre o período de pré-unificação, ver B. Gitlow, op. cit., capítulo 1.

103. "O aspecto mais surpreendente e significativo do movimento comunista estadunidense em 1919 foi sua composição nacional. No Partido Comunista, os membros russos representavam quase 25% do total, e todos os membros do Leste Europeu representavam em conjunto mais de 75%. Os membros anglófonos representavam apenas 7% com o grupo de Michigan e 4% sem ele. Embora a porcentagem de membros anglófonos fosse mais alta no Communist Labor Party [Partido Trabalhista], não poderia ter sido muito alta se 90% de ambos os partidos viessem de federações de língua estrangeira." T. Draper, *The Roots of American Communism*, p. 190.

104. No final da década de 1930, Gitlow, um dos membros fundadores do movimento comunista estadunidense e "candidato comunista à vice-presidência dos Estados Unidos em 1924 e 1928", escreveria: "A determinação da Federação Russa em controlar o movimento por considerações nacionalistas russas certamente caracterizou suas fases iniciais. Quando um melhor contato foi estabelecido com a Rússia soviética e a Internacional Comunista, a herança russa não foi abandonada, o Partido não se tornou mais americano, porém mais russo." B. Gitlow, op. cit., p. 57.

105. Ver D. Bell, op. cit., p. 108-111; M. Epstein, *The Jew and Communism*, p. 252-253; A. Liebman, op. cit., capítulo 8; N. Glazer, op. cit., capítulos 2, 3, e 4.

106. F. Henri, op. cit., p. 63-64; Theodore Vincent, que tinha alguma experiência profissional com uma imprensa negra (o *Herald Dispatch* de Los Angeles) sugeriu: "A imprensa da UNIA era virtualmente a única disponível para pessoas negras nas décadas de 1920 e 1930. Outras preocupações da publicação negra estavam usualmente vinculadas ao dinheiro branco." T. Vincent, op. cit., p. 255.

107. F. Henri, op. cit., p. 89-90; T. Vincent, op. cit., p. 36.

108. "Por um curto período no início da década de 1920, os garveyistas mantiveram uma coalizão negra sem precedentes, que incluía nacionalistas culturais; nacionalistas políticos; oponentes da religião organizada (ateístas, separatistas ou simplesmente reformistas); defensores da rebelião armada; pacifistas; movimento de libertação das mulheres; participantes da máquina política democrata e republicana; um punhado de esquerdistas, muitos dos quais não queriam nenhum contato com os brancos; e um número pequeno, porém significativo, que queria que a UNIA cooperasse com organizações integradas de direitos civis para acabar com a discriminação e a segregação." T. Vincent, op. cit., p. 20. Ver também T. Martin, *Race First*.

109. A modificação do capitalismo que podia ser encontrada na UNIA variava de negócios de varejo a cooperativas. O próprio Garvey demonstrava forte hostilidade contra os grandes capitalistas burgueses e com frequência parecia se mover publicamente em direção a um compromisso provisório com o socialismo. "Muito do controle de Garvey sobre as massas se deveu a ideias não muito diferentes de algumas adotadas pelos comunistas. Apesar de sua firme adoção do princípio de raça em primeiro lugar, por exemplo, havia um componente de classe persistente no pensamento de Garvey. Em comparação com a raça branca, ele via a necessidade de solidariedade intrarracial, mas dentro da raça ele demonstrava muito claramente que se identificava com as massas oprimidas contra aqueles com pretensões a um *status* mais elevado." T. Martin, op. cit., p. 231.

110. "Garvey era extremamente pessimista no que tange ao futuro do homem negro, em grande desvantagem numérica no hemisfério ocidental. Para além das fronteiras do continente-mãe, ele podia ver apenas 'ruína e desastre' para seu povo. Por conseguinte, pediu que as crianças dispersadas e abusadas da África fossem a ela devolvidas. Garvey alegava que o 'lar legítimo, moral e justo de todos os negros' era a África, se bem que não fosse a favor de um êxodo imediato e indiscriminado do Novo Mundo [...] Nem todos os negros eram desejados na África, de todo modo. 'Alguns não são bons aqui e, naturalmente, não serão bons lá.' Os não desejados eram os indolentes e os dependentes." R. Weisbord, *Ebony Kinship*, p. 55-56.

111. Weisbord indicou, em parte, até que ponto os governos dos Estados Unidos e da Grã-Bretanha

conspiraram para destruir a influência da UNIA entre os negros estadunidenses, os habitantes das Índias Ocidentais para revisão e da África. Ibidem, p. 57-82. Robert A. Hill, em discussões com este autor, rastreou a astuta obsessão de J. Edgar Hoover com o surgimento de um "messias negro" ao seu conhecimento da existência da UNIA na década de 1920. Hoover, um jovem burocrata do Departamento de Justiça, foi fundamental para retardar o retorno de Garvey da América Central aos Estados Unidos em 1922.

112. Até bem recentemente, o trabalho mais sério sobre a UNIA e outros movimentos radicais negros durante as décadas de 1920 e 1930 era feito por agentes governamentais: "Existem duas antologias de publicações radicais negras do período da Primeira Guerra Mundial; ironicamente, ambas foram compiladas por agentes direitistas do governo. Radicalism and Sedition among the Negroes as Reflected in Their Publications, do procurador-geral Mitchell Palmer, foi publicado em 1919; e Revolutionary Radicalism: A Report of the Joint Legislative Committee of New York Investigating Seditious Activities, apareceu em 1920." T. Vincent, op. cit., p. 254.

113. De acordo com Weisbord, Du Bois pode ter ido um pouco mais longe em sua oposição a Garvey. Garvey suspeitava que Du Bois ajudara a sabotar as relações entre a UNIA e o regime liberiano. Weisbord sugere que esse pode ter sido o caso, e que Du Bois pode ter agido em nome dos governos americano e britânico. R. Weisbord, op. cit., p. 70-72.

114. Apud J. Anderson, *A. Philip Randolph*, p. 132.

115. Aqui há um jogo de palavras a respeito do projeto de Garvey, o autor cita que o líder negro da UNIA persegue uma Estrela Negra, fazendo referência direta à Black Star Line, sua empresa de navios a vapor que tinha como projeto, além de transportar mercadorias, levar as pessoas negras de volta à África. (N. da T.).

116. C. McKay, *Harlem: Negro Metropolis* (originalmente, 1940), p. 143.

117. T. Vincent, op. cit., p. 19. A obra de T. Martin, *Race First*, já foi citada. Robert A. Hill, editor do Marcus Garvey Papers da UCLA, durante a escrita deste livro, estava preparando a publicação do que deve ser a coleção definitiva de documentos da UNIA.

118. Sobre a ABB ver T. Vincent, op. cit., p. 74-85 e passim; T. Martin, op. cit., p. 237-246; T. Draper, *American Communism and Soviet Russia*, p. 322-332; P. Foner, *Organized Labor and the Black Worker*, p. 148-149; Draper e Vincent, embora estivessem em contato pessoal com Briggs, atribuíram a ele diferentes lugares de nascimento – Nevis e St. Kitts, respectivamente. A biografia não publicada de Briggs (1981) por Theman Taylor deve esclarecer várias dessas discrepâncias.

119. Ver H. Haywood, *Black Bolshevik*, p. 122-131.

120. T. Vincent, op. cit., p. 75-76.

121. T. Draper, *American Communism and Soviet Russia*, p. 324.

122. Ibidem, p. 506, nota 26.

123. Embora a confusão de identidade do período inicial da ABB, em última análise, veio a ser resolvida por meio de seu "catecismo racial" (ver T. Vincent, op. cit., p. 46-47) e pelo "*Black Belt Thesis*" (Tese do Cinturão Negro) da CPUSA, outras contradições, especificamente as programáticas, persistiam. O próprio Briggs representa um exemplo interessante da importância individual das contradições sociais nos Estados Unidos e nas Índias Ocidentais. Briggs era fenotipicamente europeu. Ainda que, tão logo ele e Garvey se tornaram inimigos políticos, Garvey acusaria Briggs de ser um homem branco "que se fazia passar" por negro, isso ironicamente foi bem aproveitado pela UNIA. "Fazendo-se passar" por branco, Briggs comprou um navio para a UNIA em 1924. Isso foi parte de uma tentativa sua de reconciliar a UNIA, a ABB e a CPUSA, e ocorreu três anos depois que a ABB foi expulsa da UNIA por votação na convenção. Briggs, segundo o que se relata, era bastante sensível a respeito de sua pele, o que pode ser responsável, em parte, por seu grave problema verbal e pela dificuldade que ele encontrara anteriormente em localizar pessoas com as quais pudesse se identificar. Theodore Vincent descreveu a ABB como a "primeira organização nacionalista negra de esquerda e uma das primeiras organizações a considerar com seriedade uma república negra separada no sul dos Estados Unidos". T. Vincent, op. cit., p. 74. T. Draper, por outro lado, a caracterizou como "uma pequena organização propagandista típica do período do 'Novo Negro'". *American Communism and Soviet Russia*, p. 325. Essas são reconstruções fundamentalmente diferentes. Vincent, por exemplo, começa sua identificação da ABB com uma longa descrição de seu papel no motim racial de 1921 em Tulsa, Oklahoma. Ele enfatiza o papel que a organização desempenhou na defesa da comunidade negra daquela cidade e o orgulho com que a ABB identificou sua participação no final de 1921. A ABB, a princípio, parecia negar qualquer papel: "A African Blood Brotherhood que as autoridades de Tulsa, Oklahoma acusam de ter fomentado o motim racial naquela cidade, divulgou ontem um comunicado formal, negando que essa organização ou membros de sua sucursal de Tulsa tenham sido de alguma forma os agressores nos distúrbios de Tulsa [...] Um artigo no *The Times* de 4 de junho sugere a responsabilidade por parte da African Blood Brotherhood pelas lamentáveis ocorrências sangrentas em Tulsa, Oklahoma. Essa organização não tem outra resposta a dar, exceto admitir que a African Blood Brotherhood está interessada em organizar os negros para sua autodefesa contra os ataques desenfreados.'" *The New York Times*, 5 jun. 1921, p. 21. Então, de acordo com Vincent, vários meses depois, a ABB começou a apelar para membros

em potencial com base em seu papel: "Que outra organização pode igualar esse valioso recorde?" T. Vincent, op. cit., p. 75. Draper, ao contrário, argumenta que a ABB "atraiu a atenção nacional uma vez em 1921, quando foi falsamente acusada de iniciar os 'motins raciais' em Tulsa, Oklahoma". *American Communism and Soviet Russia*, p. 325. Draper acha difícil aceitar evidências do envolvimento da ABB na luta ativa em oposição à propaganda. Ele segue descrevendo os programas e objetivos da ABB: "uma raça libertada; igualdade racial absoluta – política, econômica, social; o fomento do orgulho racial; a oposição organizada e intransigente ao ku-kluxismo; reaproximação e comunhão entre as massas mais escuras e os trabalhadores brancos revolucionários com consciência de classe; desenvolvimento industrial; salários mais altos para o trabalho negro, aluguéis mais baixos; uma frente negra unida". Ibidem. Essa lista de propósitos, entretanto, não deixa clara a ênfase encontrada na ABB para o estabelecimento de uma nação negra. Nem esclarece o papel que a noção de autodeterminação de Briggs desempenhou na formulação do nacionalismo no Partido Comunista Americano.

124. T. Draper, *American Communism and Soviet Russia*, p. 323.

125. Sobre Thorne, ver R.A. Hill, Zion on the Zambezi, artigo apresentado na International Conference on the History of Blacks in Britain, Institute of Education, University of London, 28-30 set. 1981.

126. Ver H. Haywood, *Black Bolshevik*, p. 123-124: "Eles adotaram o 'radicalismo econômico', uma interpretação excessivamente simplificada do marxismo que, no entanto, lhes permitiu ver as raízes econômicas e sociais da subjugação racial. Historicamente, foi a primeira tentativa séria dos negros de adotar a visão marxista de mundo e a teoria da luta de classes diante dos problemas dos negros estadunidenses."

127. T. Draper, *American Communism and Soviet Russia*, p. 328, 508, nota 42.

128. Ibidem, p. 343-346.

129. T. Martin, op. cit., p. 239.

130. Tony Martin discute a reação de Garvey à notícia da morte de Lênin em janeiro de 1924: "A primeira resposta de Garvey foi um telegrama para o Congresso Soviético, que dizia em parte: 'Para nós, Lênin foi um dos maiores benfeitores do mundo. Longa vida ao Governo Soviético da Rússia.' Seguiu-se um longo discurso no Liberty Hall intitulado 'The Passing of Russia's Great Man', no qual ele chamou Lênin de 'provavelmente o maior homem do mundo entre 1917 e aquele momento de 1924, quando deu seu último suspiro'. Ele expressou também a opinião de que o mundo inteiro estava destinado, no final, a assumir a forma de governo da Rússia. Garvey pressupôs que a mensagem de condolências da UNIA seria tratada com respeito, embora 'infelizmente, ainda não tenhamos

enviado um embaixador à Rússia'. Ele explicou que Lênin representava a classe que abrangia a maior parte da humanidade." T. Martin, op. cit., p. 252. Sobre a antipatia de Garvey em relação aos comunistas estadunidenses, ver ibidem, p. 253-265.

131. Ver M. Cantor, *The Divided Left*, p. 30; T. Draper, *American Communism and Soviet Russia*, p. 315-316. R. Laurence Moore resumiu a história do socialismo estadunidense e dos negros no período inicial: "Os socialistas estadunidenses, na virada do século, pareciam prontos a advogar a causa da justiça econômica e social para os negros quando todos os demais elementos da sociedade estadunidense se tornavam cada vez mais contrários aos ex-escravos." "Infelizmente, o que aconteceu após a convenção de 1901 rapidamente questionou esse compromisso progressista e corajoso. A resolução dos negros [de 1901] que, para muitos no partido parecia uma declaração natural de uma organização dedicada à irmandade de todos os trabalhadores, nunca foi reafirmada. Na convenção de 1904, o partido rejeitou as tentativas de redigir um documento semelhante; e durante 1912, ano em que os socialistas obtiveram o maior número de votos em uma eleição presidencial nacional, o problema do negro não foi novamente discutido em uma convenção nacional." R.L. Moore, Flawed Fraternity, *The Historian*, v. 32, n. 1, p. 2-3. O sumário de Draper sobre os primeiros comunistas e negros estadunidenses é quase idêntico: "Os negros eram os que menos contavam no início do movimento comunista. Nem um único delegado negro parece ter comparecido [às convenções do partido comunista ou do partido trabalhista comunista]. O problema dos negros era tão insignificante na consciência comunista que o programa trabalhista comunista não tinha absolutamente nada a dizer a respeito. O programa do partido comunista vinculava o 'problema do trabalhador negro' ao do trabalhador não qualificado. A análise básica foi herdada do movimento socialista: 'o problema do negro é um problema político e econômico. A opressão racial do negro expressa simplesmente sua escravidão econômica e sua opressão, que se intensificam mutuamente'." Os comunistas estadunidenses não se desviaram dessa atitude marxista tradicional até a década seguinte. Nessa área, como em muitas outras, os comunistas estadunidenses primeiro seguiram os passos da ala esquerda histórica. T. Draper, *The Roots of American Communism*, p. 192

132. A abordagem mais analiticamente imaginativa dessa questão é H. , op. cit., p. 147-170. Cruse argumenta que nas primeiras três décadas do movimento, o período de maior sucesso do partido, o nacionalismo étnico derrotou a tentativa de americanização: "Evidentemente, nunca ocorrera aos revolucionários negros que não havia ninguém nos Estados Unidos que possuísse o mais remoto potencial para americanizar o marxismo senão eles mesmos. Certamente os

judeus, com sua agressividade nacionalista, saindo dos guetos do East Side, não podiam demonstrar por meio do marxismo sua superioridade intelectual sobre os gentios anglo-saxões. Os judeus falharam em tornar o marxismo aplicável a qualquer coisa nos Estados Unidos, exceto às suas *próprias* ambições sociais como grupo nacional ou à promoção individual. Como resultado, a grande lavagem cerebral dos intelectuais radicais negros não foi realizada pelo capitalismo ou pela burguesia capitalista, mas pelos intelectuais judeus do Partido Comunista Americano" [p. 158]. Como o próprio Cruse sugere, Melech Epstein, um importante intelectual judeu no movimento dos anos de 1920 a 1939 (ver N. Glazer, op. cit., p. 205-206, nota 86), inadvertidamente confirma as reconstruções de Cruse. Ver M. Epstein, op. cit., capítulos 30 e 31. Arthur Liebman também complementa as opiniões de Cruse: "As atitudes e os valores que judeus e não judeus tinham sobre si mesmos e entre si, em geral, provaram ser impedimentos significativos para o desenvolvimento de uma esquerda 'bem-sucedida' nos Estados Unidos. Dada a tradição há muito arraigada de antagonismos étnicos em uma sociedade na qual as comunidades étnicas foram e continuam a ser colocadas no papel de rivais por bens, serviços e cargos escassos e desejáveis, nenhum movimento político nesse país poderia estar livre das tensões debilitantes decorrentes dessas rivalidades étnicas. O problema da esquerda foi em grande medida exacerbado por causa do papel altamente proeminente e visível dos judeus dentro dela. O ciclo vicioso do antissemitismo e do chauvinismo e da defensiva judaicos, elementos divisores que emanavam da história cultural e política estadunidense, provou ser um fardo especialmente oneroso para a esquerda nos Estados Unidos." A. Liebman, op. cit., p. 534-535.

133. Ver J. Jackson (Lovett Fort-Whiteman), op. cit., p. 52. George Padmore ainda utilizava o termo "sionismo" para se referir à UNIA quando escreveu *Pan-Africanism or Communism*, p. 65-82. Sobre os judeus no início do Partido Comunista Americano, ver N. Glazer, op. cit., p. 42, 147-148; A. Liebman, op. cit., p. 58-60; B. Gitlow, op. cit., p. 157-161; T. Draper, *The Roots of American Communism*, p. 188-193.

134. Ver T. Martin, op. cit., p. 249s.

135. "Lênin era um mero nome que havia aparecido tão raramente na imprensa socialista estadunidense que dificilmente um punhado de não russos teria sido capaz de identificá-lo." "O nome de Lênin parece ter sido mencionado pela primeira vez nos Estados Unidos em um artigo sobre The Evolution of Socialism in Russia [A Evolução do Socialismo na Rússia], de William English Walling, no *International Socialist Review* de julho de 1907 [...] No entanto, Walling estava muito à frente de seu tempo e Lênin ficou completamente fora de cena por mais alguns anos. Na vez seguinte, na *New Review* no final de 1915, Lênin

figurava como um dos signatários do Manifesto de Zimmerwald. Alguns excertos do panfleto Socialism and War, de Lênin e Zinoviev, foram publicados na *International Socialist Review* de janeiro de 1916, com comentários favoráveis. Parece provável que essa tenha sido a primeira publicação estadunidense de qualquer coisa escrita por Lênin." T. Draper, *The Roots of American Communism*, p. 72-73. "O primeiro encontro de Lênin com um estadunidense de que temos qualquer conhecimento é o de 1905 com Arthur Bullard, um jornalista." "Há provas nos arquivos de Lênin em Moscou que indicariam que muitos outros trabalhadores estadunidenses tinham ouvido falar de Lênin e de suas atividades antes de 1917. Em 1º de dezembro de 1913, o conselho editorial do *Appeal to Reason*, o *maior* jornal socialista já publicado no Estados Unidos, enviou a Lênin '16 folhetos de duas páginas e oito panfletos de 32 páginas [que] compõem nossa lista de publicações até hoje'. Um clube da classe trabalhadora na cidade de Nova York, em 30 de março de 1914, enviou 'a quantia de 1437 coroas e 90 heller (s 292,61) como contribuição do Círculo dos Trabalhadores ao Partido Social-Democrata Russo (bolchevique)' destinada a Lênin, então exilado na Cracóvia, Polônia. No final de 1915, a Socialist Propaganda League [Liga de Propaganda Socialista], um grupo de esquerda em Boston, enviou a Lênin uma cópia de seu manifesto." Prefácio de D. Mason; J. Smith (eds.), *Lenin's Impact on the United States*, reimpresso em Philip Bart et al. (eds.), *Highlights of a Fighting History*, p. 342.

136. T. Draper, *American Communism and Soviet Russia*, p. 321.

137. V.I. Lenin, "Left-Wing" Communism, *Selected Works*, v. 3, p. 351.

138. Sobre o contexto do afastamento de Lênin da teoria, ver F. Claudin, op. cit., p. 46-102; R. Pethybridge, *The Social Prelude to Stalinism*, p. 40s; T. Draper, *The Roots of American Communism*, p. 248-251. Ver também G. Almond, op. cit., p. 27s, para uma avaliação antagônica do panfleto como um manual do partido.

139. V.I. Lenin, The State and Revolution, *Selected Works*, v. 3, p. 281.

140. Idem, The Tasks of the Proletariat in the Present Revolution, *Selected Works*, p. 41-47.

141. Idem, "Left-Wing" Communism, *Selected Works*, v. 3, p. 350.

142. Teses e Resoluções adotadas no Terceiro Congresso Mundial do Comintern, 12 jul. 1921.

143. Ver A. Meyer, *Leninism*, passim; e A. Rosenberg, *A History of Bolshevism*, especialmente a introdução de Georges Haupt à edição francesa, *Histoire du Bolchevisme*.

144. T. Draper, *American Communism and Soviet Russia*, p. 320-321.

145. C. McKay, *A Long Way from Home* (originalmente, 1937), p. 177.

628   NOTAS

146. Ibidem, p. 180; T. Draper, *American Communism and Soviet Russia*, p. 25, 67, 165-166.

147. R.P. Stokes, The Communist International and the Negro, *The Worker*, 10 mar. 1923. Sobre Stokes, ver T. Vincent, op. cit., p. 82, nota.

148. Ibidem.

149. Ibidem.

150. Ver H. Haywood, *Black Bolshevik*, p. 66-67, 217.

151. Jane Golden morreu no dia em que Haywood chegou em Moscou. Ibidem, p. 153-155.

152. Ibidem, p. 229-230.

153. Sobre Nasanov, ver T. Draper, *American Communism and Soviet Russia*, p. 170, 344-350; sobre Katayama e Nasanov na Rússia, ver H. Haywood, *Black Bolshevik*, p. 218-219. Sobre a oposição inicial de Haywood ao nacionalismo negro, ver ibidem, p. 134-138.

154. T. Draper, *American Communism and Soviet Russia*, p. 349.

155. George Charney podia se lembrar que, mesmo no fim da década de 1940, a questão ainda não estava resolvida em alguns círculos do partido: "O debate na conferência foi animado, especialmente por parte de alguns jovens intelectuais negros que haviam chegado recentemente à liderança. Eles eram homens de brilhante capacidade, treinados no movimento juvenil do Sul, alguns deles veteranos de guerra que, tendo servido na Índia, se haviam convertido em estudantes ávidos de sua luta pela independência nacional. Eles falaram com eloquência em apoio à doutrina de autodeterminação. Usaram a obra 'clássica' de Stálin sobre a questão nacional como referência abalizada, assim como fizeram Harry Haywood [*sic*], Cyril Briggs e outros que haviam representado o primeiro quadro negro no partido uma geração antes. Nunca resolvemos por completo se essa tese se originou no Comintern e foi aplicada aos Estados Unidos, ou se foi originalmente inspirada nos primeiros grupos negros nacionalistas no partido e aceita de má vontade pelo Comintern." G. Charney, *A Long Journey*, p. 193.

156. Pogany é consistentemente retratado como um oportunista, cuja enunciação da "autodeterminação" do Comintern foi o primeiro indício da posição que o partido estadunidense adotou em 1928. H. Haywood, *Black Bolshevik*, p. 256-268; T. Draper, *American Communism and Soviet Russia*, p. 347-349. A frase, entretanto, já foi utilizada por W.Z. Foster, *Toward Soviet America*, p. 300-306.

157. Sionistas impenitentes como Melech Epstein consideraram isso intolerável; ver H. Cruse, op. cit., p. 164-168.

158. Em P. Blackstock; P. Hoselitz (eds.), *The Russian Menace to Europe*, p. 99-100.

159. F. Engels, *The Role of Force in History*, p. 29-30.

160. Ver no capítulo 1 sobre Marx e Engels e sua relação com o nacionalismo.

161. T. Draper, *American Communism and Soviet Russia*, p. 349-350.

162. J.V. Stalin, Marxism and the National Question, apud T. Draper, op. cit., p. 344.

163. O *Black Belt* (Cinturão Negro) é uma vasta região ao longo do sudeste dos EUA, na qual é maior o número de habitantes afro-americanos. A Tese do Cinturão Negro, sustentada sobretudo por Harry Haywood e adotada pela Comintern nos anos de 1930, defendia a criação de um Estado autônomo negro nessa região. (N. da T.).

164. T. Draper, op. cit., p. 355; H. Haywood, *For a Revolutionary Position on the Negro Question*, passim.

165. Stálin era georgiano e, de acordo com Isaac Deutscher, começou a desenvolver sua consciência política como um nacionalista georgiano; ver I. Deutscher, *Stalin*, p. 6.

166. Qualquer que seja o seu valor, ver as cifras em N. Glazer, op. cit., p. 174-1-75. O excelente trabalho de Mark Naison é mais útil.

167. Ver B. Quarles, *Allies for Freedom*, p. 168-169.

168. Ver P.S. Foner, *Organized Labor and the Black Worker*, p. 6-10.

169. R. Samuel, op. cit., p. 22-26.

170. Ibidem, p. 23.

171. P. Anderson, op. cit., p. 3-4, 50-53.

172. Ver F. Claudin, op. cit., passim.

173. P. Anderson, op. cit., p. 19-20.

174. M. Cantor, op. cit., p. 135.

175. P. Anderson, op. cit., p. 69.

176. Ver ibidem, sobre uma exposição recente das divergências no pensamento marxista. Observar também que Anderson restringiu sua pesquisa à Europa Ocidental e Central.

177. Ver R. Tucker (ed.), op. cit., para as referências apropriadas à *Holy Family* [p. 104-106]; *The German Ideology* [p. 111-164] e *The Communist Manifesto* [p. 331-362], de K. Marx; F. Engels.

178. Ver a discussão de Marx sobre a pequena burguesia francesa em *The Eighteenth Brumaire of Louis Bonaparte*, em R. Tucker (ed.), op. cit., passim.

179. F. Engels, Germany: Revolution and Counter-Revolution, em L. Krieger (ed.), *The German Revolutions*, p. 29.

180. W.E.B. Du Bois, *Black Reconstruction*, p. 611.

181. Sobre a noção de Lênin sobre o campesinato, ver G. Lichtheim, *Marxism*, p. 334, ou A. Meyer, op. cit.; sobre Trótski, ver I. Deutscher, *The Prophet Armed*, p. 155-158.

182. Apud H. Alavi, Peasants and Revolution, *The Socialist Register*, p. 247.

183. Ibidem, p. 249.

184. Ver A. Meyer, op. cit., p. 126-143.

629

185. K. Marx, *The Eighteenth Brumaire of Louis Bonaparte*, em R. Tucker (ed.), op. cit., p. 123-124.

186. F. Engels, Germany: Revolution and Counter-Revolution, em L. Krieger (ed.), *The German Revolutions*, p. 33, 131.

187. W.E.B. Du Bois, The Negro and Radical Thought, em H.L. Moon (ed.), op. cit., p. 265-268. Esse artigo apareceu originalmente em *The Crisis* como um editorial em julho de 1921.

188. "The Problem of Problems", discurso proferido no Ninth Annual Convention of the Intercollegiate Socialist Society em 27 dez. 1917, publicado em P. Foner (ed.), *W.E.B. Du Bois Speaks*, p. 266.

189. W.E.B. Du Bois, Judging Russia, em H.L. Moon (ed.), op. cit., p. 273; editorial em *The Crisis*, fev. 1927.

190. "O registro do trabalhador negro durante a Reconstrução apresenta uma oportunidade para estudar indutivamente a teoria marxista do Estado. Inicialmente chamei o primeiro capítulo de 'The Dictatorship of the Black Proletariat in South Carolina' [A Ditadura do Proletariado Negro na Carolina do Sul], porém chamaram minha atenção de que isso não seria correto, já que o sufrágio universal não conduz a uma ditadura verdadeira até que os trabalhadores usem seus votos de modo consciente, a fim de se livrarem do domínio do capital privado. Houve indícios de tal intenção entre os negros da Carolina do Sul, mas estavam sempre associados à ideia daquela época de que a única fuga real para um trabalhador era que ele mesmo possuísse seu próprio capital." *Black Reconstruction*, p. 381, nota.

191. Idem, Judging Russia, em H.L. Moon (ed.), op. cit., p. 273.

192. Idem, A Pageant in Seven Decades, em P. Foner (ed.), *W.E.B. Du Bois Speaks*, p. 65-66.

193. Idem, Karl Marx and the Negro, em D. Walden (ed.), op. cit., p. 399; editorial em *The Crisis*, mar. 1933.

194. Idem, Marxism and the Negro Problem, em H.L. Moon (ed.), op. cit., p. 292 (publicação original em *The Crisis*, maio 1933).

195. A. Meyer, op. cit., p. 169.

196. A resposta à *Black Reconstruction* foi heterogênea. (Ver J. Guzman, W.E.B. Du Bois – The Historian, *Journal of Negro Education*, p. 377-385). De um lado, Du Bois foi elogiado por seu lirismo e erudição e por ter escrito um livro que, por sua grandeza, desafiava a descrição. Alguns de seus críticos, porém, argumentaram

que não era uma obra de história. No que tange aos comunistas estadunidenses, as discrepâncias eram de outro tipo. Abram L. Harris, um sociólogo marxista negro, criticou Du Bois por uma aplicação imatura do marxismo e também por seu racialismo. (Ver Reconstruction and the Negro, *New Republic*, 7 ago. 1935, p. 367-368.) Ben Stolberg intitulou sua crítica Black Chauvinism (*The Nation*, 15 maio 1935, p. 570-571) e teria concordado com Harris sobre a conveniência de instruir Du Bois no marxismo. A visão oficial do partido foi apresentada por James S. Allen (ou Sol Auerbach), por um tempo diretor da International Publishers, a editora do partido. Harold Cruse escreve sobre a reação de Allen: "Entre 1932 e 1937, James S. Allen foi contratado para escrever quatro livros e folhetos sobre assuntos negros. O último foi *Reconstruction – The Battle for Democracy*. O que inspirou esse estudo marxista escrito às pressas foi o aparecimento, em 1935, da obra clássica de W.E.B. Du Bois sobre o mesmo período [...] o estudo mais definitivo já escrito sobre a Reconstrução do ponto de vista do negro. Uma boa parte do prefácio do livro de Allen era dedicada a uma crítica marxista de Du Bois em sua elogiável *Black Reconstruction* e seus 'erros'." H. Cruse, op. cit., p. 163. A tarefa de Allen era ressuscitar o movimento da classe trabalhadora das críticas que Du Bois havia feito, em sua tentativa de analisar as debilidades históricas desse movimento. A obra de Allen substituiu com rapidez a de Du Bois dentro do partido. Ele e outros também filtraram com sucesso o marxismo estadunidense das revisões teóricas de Du Bois. (Ver os comentários de P. Buhle, op. cit., p. 5-35.) Assim, a esquerda pegou no pé da *Black Reconstruction* até que nada restasse além da narrativa da conquista legislativa negra. O trabalho de Herbert Aptheker, o principal estudioso comunista dos movimentos negros, começou sob essa linha. (Ver os comentários de George Charney sobre o trabalho sob encomenda de Aptheker sobre a Revolta Húngara, op. cit., p. 295.) A força da obra de Du Bois era maior do que os ideólogos do marxismo estadunidense exigiam e, por outro lado, muito maior do que a história acadêmica estadunidense poderia aceitar. Mais de duas décadas se passariam antes que *Black Reconstruction* recebesse novamente atenção séria em qualquer um dos círculos. Naquela época, Du Bois estava se aproximando dos noventa anos de idade e o Partido Comunista Americano havia sido reduzido a uma seita. Na terceira década, a sombra de Du Bois pairou sobre a historiografia estadunidense.

10. C.L.R. James e a Tradição Radical Negra

1. Hollis Lynch, enquanto escrevia com um juízo histórico que parecia coincidir com o de seu tema, iniciou seu estudo de Edward Blyden com a declaração de que: "O século XIX foi provavelmente o século mais

humilhante da história da raça negra." H. Lynch, *Edward Wilmot Blyden*, p. 1. A justificativa de Lynch baseava-se na persistência do comércio de escravos africanos "apesar dos esforços bem-intencionados

630 NOTAS

dos britânicos para detê-lo e das proibições legais impostas a ele pelas nações europeias e americanas" (ibidem); e na negrofobia: "Talvez o maior mal infligido à raça negra no século XIX foi a construção bem-sucedida do mito de que o negro era inerentemente inferior a outras raças." (ibidem, p. 2-3) No entanto, ainda mais debilitante para a compreensão de Lynch do período foi sua depreciação consistente da resistência negra. Tanto a Revolução Haitiana quanto a resistência à Confederação por parte dos afro-americanos ficaram submersas na mente de Lynch por localizações e desenvolvimentos fortuitos. Sobre a primeira, ele se satisfez em escrever: "Os negros das Índias Ocidentais tiveram a sorte de ser os primeiros no Novo Mundo a obter sua emancipação" (ibidem, p. 2). E sobre a segunda, afirmou: "Tão arraigada estava a escravidão no sul dos Estados Unidos que foi necessária a Guerra Civil (1861-1865) para causar sua abolição" (ibidem, p. 1). Na verdade, a descrição de Lynch do "mundo negro no século XIX e da formação de um campeão racial" inteiramente desprovida de qualquer referência ao radicalismo coletivo negro, gira em torno do dilema da pequena burguesia negra (o "negro livre") durante as épocas da escravidão e da pós-emancipação. Para eles, sem dúvida, o período foi desagradável.

2. "Foram [...] a ausência de uma infraestrutura manufatureira após a Independência; o desenvolvimento de relações essencialmente feudais na agricultura; as lutas do campesinato para permanecer proprietário de lotes de terra e autossuficiente; o crescimento de uma classe média rural proprietária de terras; a criação de uma burocracia estatal prebendária; a incapacidade de qualquer uma das facções beligerantes da classe dominante de alcançar uma hegemonia política e econômica decisiva e duradoura; e a penetração e o domínio do capital estrangeiro, que bloqueariam seriamente todas as tentativas de transformação e desenvolvimento capitalista do Haiti durante século XIX." A. Dupuy, Class Formation and Underdevelopment in Nineteenth Century Haiti, *Race and Class*, v. 24, n. 1, p. 17-31.

3. W.D. McIntyre, *Colonies into Commonwealth*, p. 152-153.

4. Sobre a revolta de Morant Bay na Jamaica em 1865, ver B. Semmel, *Jamaican Blood and Victorian Conscience*; P. Abrahams, *Jamaica*, p. 74-127.

5. W.D. McIntyre, op. cit., p. 169-172; C. Hibbert, *The Great Mutiny*.

6. O Partido Liberal, enquanto esteve no poder, "havia evacuado o Afeganistão e o Transvaal e abandonado o general Gordon em Cartum a uma morte que se negou a vingar. Eles foram mais longe e tentaram quebrar o Império. Queriam consolidar o Império concedendo à Irlanda um governo autônomo [Home Rule]". E. Halévy, *Imperialism and the Rise of Labour*,

(originalmente de 1926), v. 5, p. 10; ver também W.D. McIntyre, op. cit., p. 124-128.

7. I. Geiss, *The Pan-African Movement*, p. 66.

8. E. Halévy, op. cit., p. 11.

9. "Uma seção inteira dos líderes liberais, seguidora do lorde Rosebery, era imperialista e durante os três anos de governo liberal, o Ministério das Relações Exteriores havia seguido uma política imperialista." Ibidem, p. 8.

10. Na Grã-Bretanha é um termo informal para definir a mídia sensacionalista, mórbida e possivelmente ofensiva. (N. da T.)

11. "Para os habitantes dessas ilhas no início desse século, o Império Britânico era, para o que der e vier, o que o lorde Curzon descreveu como 'um grande fato histórico, político e sociológico que é um dos fatores norteadores da história da humanidade'. A maioria deles (pelo menos fora da Irlanda) parece ter pensado que seria para melhor [...] Eles tinham sido criados no berçário com os versos patrióticos de Robert Southey e Thomas Campbell. Na escola, suas mentes haviam sido moldadas por homens com o patriotismo robusto e simplório de Charles Kingsley e William Johnson Cory, aquele veemente entusiasta que ensinou tantos futuros membros da classe dominante em Eton, entre eles lorde Rosebery e lorde Esher. Das escolas [...] essa geração passou para universidades, nas quais entrou em contato com professores como John Ruskin: Ruskin, que disse ao público em sua palestra inaugural no cargo de Slade Professor of Fine Art em Oxford, em 1870, que deveria ser a tarefa dos ingleses 'ainda não degenerados em raça; uma raça misturada com o melhor sangue do norte' 'fundar colônias tão rápido e tão longe quanto possível, com seus homens mais enérgicos e mais dignos; – aproveitando cada pedaço de solo fértil em que possa colocar seus pés, e lá ensinariam a esses colonos que sua principal virtude deve ser a fidelidade [sic] ao seu país e que seu primeiro objetivo é garantir o poder da Inglaterra por terra e mar.' Se eles fossem historiadores, seriam apresentados às obras de Carlyle e Froude, que difundiam a mesma mensagem." M. Howard, Empire, Race and War, *History Today*, v. 31, n. 12, p. 5. Ver também B. Street, *The Savage in Literature*; J. Raskin, *The Mythology of Imperialism*; V.G. Kiernan, *The Lords of Humankind*; e E. Halévy, op. cit., p. 18-22.

12. E. Halévy, op. cit., p. 11-12.

13. "Os pões [sertanejos de ascendência mista hispano-ameríndia-africana da Venezuela], os imigrantes africanos e os ex-soldados negros e seus descendentes eram grupos importantes no campesinato da ilha no século XIX. Mas o campesinato em Trinidad se originou com a retirada dos ex-escravos das *plantations* de açúcar depois de 1838. Talvez cerca de 7.000 ex-escravos tenham abandonado as propriedades para se tornarem feirantes. Desses, cerca de cinco sextos

631

tornaram-se proprietários de entre meio e quatro hectares de terra, cultivando principalmente mantimentos e cacau, e muitas vezes servindo como mão de obra ocasional nas propriedades durante a colheita." B. Brereton, *Race Relations in Colonial Trinidad 1870-1900*, p. 138. O estudo de Brereton tem sido de uso frequente nas seguintes descrições da Trinidade do século XIX. Ver também D. Wood, *Trinidad in Transition*, p. 49s.

14. O declínio da produção de açúcar em Trinidade durante as décadas de 1840 e 1850 também foi atribuído ao abandono do sistema de estradas que conectavam as *plantations* e os portos no oeste de Trinidade. Essa negligência estava relacionada à movimentação dos ex-escravos – uma tentativa dos proprietários de *plantations* de manter seu trabalho assegurado. Trinta anos após a emancipação, o novo governador, A.H. Gordon (nomeado em 1866) e seu agrimensor-geral foram confrontados com os resultados: "Durante suas primeiras visitas ao local, Gordon viu com seus próprios olhos o estado das estradas. Constatou abandono por toda parte. Enquanto viajava na estrada principal para San Fernando, uma ponte podre desabou sob seu grupo." "A resposta de Gordon foi rápida [...] O agrimensor-geral planejou um ambicioso programa de novas estradas, não sem oposição de alguns proprietários de *plantations* que temiam que uma melhoria nas comunicações pudesse drenar os trabalhadores das propriedades." D. Wood, op. cit., p. 268, 269.

15. Ibidem, p. 63.

16. Ibidem. Brereton relata: "Os vitorianos estavam preocupados com a necessidade de uma 'indústria estável' e de 'mão de obra confiável' das raças não brancas do Império – em geral para um empregador europeu. Como disse o *Spectator* londrino, a indústria estável era 'na opinião inglesa, a única virtude, exceto a reverência pelos rostos brancos, a ser exigida dos homens negros'. O mito do 'negro preguiçoso' desempenhava um papel útil: justificava a exploração dos trabalhadores negros pelos proprietários de *plantations*, e a negligência do governo com relação aos camponeses cultivadores independentes." B. Brereton, op. cit., p. 148.

17. Para uma abordagem mais completa da tentativa de recrutar mão de obra imigrante das Índias Ocidentais, África, Estados Unidos e China, ver D. Wood, op. cit., capítulos 4 e 8. Sobre os africanos libertados, J.J. (Jacob) Thomas (que será discutido no texto) "enumerou os principais grupos tribais enviados a Trinidade como 'mandingos, fulas, hauçás, calvers, gallahs, karamenties, iorubás, aradas, cangas, kroos, timnehs, veis, eboes, mokoes, bibis, congoes'." B. Brereton, op. cit., p. 134.

18. Ver D. Wood, op. cit., p. 107-110.

19. Ibidem, p. 158.

20. B. Brereton, The Experience of Indentureship: 1845-1917, em J. La Guerre (ed.), *Calcutta to Caroni*, p. 32.

21. Ibidem, p. 26.

22. J.C. Jha, Indian Heritage in Trinidad, West Indies, *Caribbean Quarterly*, v. 19, n. 2, p. 30. "Condições como essas faziam parte da tessitura da vida, porém o motim as debilitou ainda mais. Muitos membros do exército de Bengala eram brâmanes e rajputes de Oude e das províncias do noroeste; a campanha fluía e refluía em suas terras natais e as batalhas foram travadas em distritos que eram centros de imigração colonial. Lutas violentas ocorreram, por exemplo, em Jaunpur, Mirzapur, Arrah e Allahabad; a 17ª Infantaria Nativa atuara em Azamgarh nos primeiros meses dos problemas; e Kanpur e Lucnau foram amargamente sitiados. Mas, pior para o campesinato do que as batalhas intensas e os cercos de cidades, eram as incursões e as escaramuças nas aldeias; para eles, foi mais como um episódio da Guerra dos Trinta Anos do que uma campanha disciplinada do século XIX." D. Wood, op. cit., p. 148. Ver também C. Hibbert, op. cit., para outros detalhes das atrocidades cometidas pelos britânicos e os sipaios rebeldes.

23. Ver J.C. Jha, op. cit., passim. Os hindus superavam os muçulmanos quase na proporção de 9:1.

24. Extraído de uma petição colonial de agosto de 1919, solicitando o posicionamento permanente de uma guarnição branca em Trinidade, e citado por B. Samaroo, The Trinidad Workingmen's Association and the Origins of Popular Protest in a Crown Colony, *Social and Economic Studies*, v. 21, n. 2, p. 213.

25. Ibidem, p. 206.

26. D. Wood, op. cit., p. 152-153. "A procissão *Tazia* era o maior festival do qual os hindus também participavam. Na verdade, a partir da década de 1850, esse festival tornou-se a demonstração anual do sentimento nacional indiano, que culminou no massacre de Hosay em San Fernando, em 1884. Uma grande bandeira é hasteada no início da cerimônia e as *tazias* (réplicas da tumba sagrada de Hussein, neto do profeta Maomé) são conduzidas por dançarinos especialmente treinados, acompanhados pelas batidas dos tambores e as lutas de '*gatka*' (bastão). No passado, a dança do bastão de fogo também era feita, girando um mastro de 3,5 metros com trapos em chamas presos em cada extremidade. Inclusive não indianos participavam da procissão." Ver J.C. Jha, op. cit., p. 31. Sobre as atitudes mútuas dos afro-crioulos e dos indianos, ver B. Brereton, *Race Relations in Colonial Trinidad 1870-1900*, p. 188-190.

27. Um membro proeminente da classe média de cor, o dr. Stephen Moister Laurence, escreveu em suas memórias sobre a linguagem dos colonos britânicos: "No entanto, quando analisamos o termo 'nativo' em relação à origem racial, bem como ao local de nascimento, descobrimos a verdadeira explicação de muitos equívocos cometidos pelos britânicos em geral e pelo Escritório Colonial em particular. Essa divisão especial

632   NOTAS

de classes deve ter começado há muito tempo, quando o Oriente – isto é, a Índia – era *a* possessão colonial. Naturalmente, havia então poucos ingleses que, na maioria das vezes, iam e vinham constantemente, de modo que todo o povo indiano era chamado de nativo. Isso estava perfeitamente correto, porque eram ambas as coisas: de origem indiana pura e nascidos na Índia. Esse uso justificado do termo 'nativo' seria estendido a todo o Oriente, e também à África." "Mas no que diz respeito às Índias Ocidentais, toda a questão assume um matiz muito diferente e exige uma abordagem a partir de um ângulo muito diferente." "Se, em vez de pressupor que esses fatores tinham nas Índias Ocidentais a mesma significância ou insignificância que no Oriente, as autoridades britânicas tivessem se familiarizado com a diferença, então pelo menos Downing Street [o secretário de Estado das Colônias também vivia ali junto com o primeiro-ministro] – para não mencionar as autoridades religiosas – teria cometido menos erros e provavelmente obtido mais sucessos do que a história registrada estabeleceu." K.O. Laurence (ed.), The Trinidad Water Riot of 1903, *Caribbean Quarterly*, v. 15, n. 4, p. 13-14.

28. Ver B. Samaroo, op. cit., p. 206.

29. D. Wood, op. cit., p. 127.

30. B. Brereton, *Race Relations in Colonial Trinidad 1870-1900*, p. 148.

31. Ibidem, p. 164.

32. Ibidem, capítulo 8; ver também D.V. Trotman, The Yoruba and Orisha Worship in Trinidad and British Guiana 1838-1870, *African Studies Review*, v. 19, n. 2, p. 1-17; J.D. Elder, The Yoruba Ancestor Cult in Gasparillo, *Caribbean Quarterly*, v. 16, n. 3 (apud B. Brereton).

33. B. Brereton, *Race Relations in Colonial Trinidad 1870-1900*, p. 162.

34. D. Wood, op. cit., p. 136.

35. Ibidem, p. 157-159. "No final da década de 1870, os indianos em Trinidade tinham alguns bons cavalos que ganharam prêmios nas corridas, assim como as vacas mais bem cuidadas e entre 1885 e 1909 adquiriram 69.087 acres de terra." J.C. Jha, op. cit., p. 30; ver também W. Dookeran, East Indians and the Economy of Trinidad and Tobago, em J. La Guerre (ed.), op. cit., p. 69-83 sobre a persistência da pobreza entre os indianos.

36. D. Wood, op. cit., p. 276. Essas safras foram desenvolvidas desde o início por empreendedores das Índias Orientais para substituir as importações de alimentos familiares à dieta indiana.

37. Ver B. Brereton, *Race Relations in Colonial Trinidad 1870-1900*, p. 191-192.

38. A imigração chinesa foi interrompida em 1866 pela Convenção de Kung. Ver D. Wood, op. cit., p. 160-167 para detalhes do episódio de Trinidade.

39. "Os crioulos franceses dominavam a elite branca crioula. Eram principalmente brancos de ascendência francesa, mas o termo em geral era entendido de modo a incluir pessoas de ascendência inglesa, irlandesa, espanhola, corsa e até alemã, nascidas na ilha e quase invariavelmente católicos romanos. Pessoas nascidas na Europa, porém residentes em Trinidade há muitos anos e ligadas por casamento a esse grupo, também eram consideradas, por cortesia, crioulos franceses." B. Brereton, *Race Relations in Colonial Trinidad 1870-1900*, p. 35. Trinidade servira de destino para aristocratas franceses que fugiram do Haiti e de outras possessões francesas após as revoluções francesa e haitiana.

40. Ibidem, p. 204.

41. Ver D. Wood, op. cit., capítulo 14.

42. Esse processo é descrito em B. Brereton, *Race Relations in Colonial Trinidad 1870-1900*, p. 47.

43. Ver K.O. Laurence, op. cit.; B. Samaroo, op. cit.

44. B. Brereton, *Race Relations in Colonial Trinidad 1870-1900*, p. 63.

45. Ibidem, p. 86.

46. Ibidem, tradução de Cedric Robinson.

47. Ibidem, p. 99.

48. Ibidem, p. 97.

49. D. Wood, op. cit., p. 249.

50. Sobre os antecedentes de Thomas, ver B. Brereton, *Race Relations in Colonial Trinidad 1870-1900*, p. 91-96.

51. Apud C.L.R. James, Discovering Literature in Trinidad, em *Spheres of Existence*, p. 241-242.

52. B. Brereton, *Race Relations in Colonial Trinidad 1870-1900*, p. 94-95.

53. Ibidem, p. 92-97.

54. I. Geiss, op. cit., p. 176s. O panafricanismo de Williams também foi antecipado na experiência de Thomas: "J.J. Thomas escreveu em 1889 que estava 'familiarizado desde a infância com membros de quase todas as tribos de africanos [...] que foram trazidas para as Índias Ocidentais'." B. Brereton, *Race Relations in Colonial Trinidad 1870-1900*, p. 134. Sobre a enumeração dele, ver nota 235.

55. "J.J. Thomas foi um dos primeiros a expressar um forte orgulho racial. Ele tinha plena consciência da extensão do autodesprezo e do ódio mútuo entre seus companheiros negros nas Índias Ocidentais. Ele via como os valores da superioridade branca haviam sido internalizados, com resultados desastrosos. Um dos fatores nesse processo, em sua opinião, foi a educação de jovens caribenhos por professores brancos. Ele pensava que a influência deles era 'em grande medida subversiva do sentimento nacional', com o que ele se referia à consciência racial." "Havia negros brilhantes individualmente. Mas deveria haver 'alguma agência potencial para coletá-los e adaptá-los ao vasto motor

essencial para a execução dos verdadeiros propósitos da raça africana civilizada'." B. Brereton, *Race Relations in Colonial Trinidad 1870-1900*, p. 104, 106.

56. Ibidem, p. 94.

57. Tanto H. Sylvester Williams como R.E. Phipps levantaram a questão do lugar das classes médias das Índias Ocidentais no governo de suas sociedades na Conferência Pan-Africana em Londres em 1900; I. Geiss, op. cit., p. 187, 193.

58. C.L.R. James, *The Case for West-Indian Self Government*, p. 10-11. Os funcionários coloniais, ao que parece, não eram os únicos que poderiam ficar surpresos com a descoberta de caribenhos "civilizados". O dr. Stephen Laurence observou: "Talvez o melhor resumo e o comentário mais adequado sobre essa questão seja a resposta dada à Sua Majestade a rainha Vitória em seu jubileu [em 1897] pelo falecido sr. Lazare [Emmanuel Mzumbo Lazare, advogado e agente de transporte, nascido em Trinidade em 1864], ele mesmo de pura ascendência africana: 'Vocês falam inglês em Trinidade?', perguntou Sua Majestade. 'Senhora, em Trinidade, somos todos ingleses'." K.O. Laurence, op. cit., p. 15.

59. C.L.R. James, *The Case for West-Indian Self Government*, p. 31.

60. R. Small, The Training of an Intellectual, the Making of a Marxist, *Urgent Tasks*, n. 12, p. 13. O avô paterno de James era o caldeireiro, seu avô materno, Josh Rudder, o maquinista. Ver C.L.R. James, *Beyond a Boundary*, p. 17-19, 22-25. Ambos os avôs haviam alcançado cargos normalmente reservados aos brancos no século xix. Rudder, em especial, adquiriu uma expertise com locomotivas que ainda o colocava em demanda ocasional, mesmo depois de sua aposentadoria. Ele administrou zelosamente o conhecimento que havia adquirido dos brancos. Em um caso, depois de realizar um de seus milagres, James descreveu a reação do velho. "Uma multidão entusiasmada, encabeçada pelo gerente, cercou Josh, perguntando como o tinha feito. Mas o sempre exuberante Josh calou-se, para variar, e se recusou a dizê-lo. Ele nunca disse a eles. Ele nunca contou a ninguém. O velho obstinado nem mesmo disse a mim. Mas quando lhe perguntei [um] dia, 'Por que você o fez?', ele respondeu o que eu nunca tinha ouvido antes. 'Eles eram homens brancos com todas as suas M.I.C.E. e R.I.C.E. e todos os seus grandes diplomas, e cabia a eles consertá-lo. Eu tive que consertar para eles. Por que deveria lhes contar?'." Ibidem, p. 25.

61. B. Brereton, *Race Relations in Colonial Trinidad 1870-1900*, p. 134.

62. Ibidem, p. 167.

63. R. Small, op. cit., p. 13.

64. C.L.R. James, *Beyond a Boundary*, p. 25-26.

65. R. Small, op. cit., p. 13. "O jogo de críquete, portanto, em um sentido real, espelhava a vida em geral na sociedade das Índias Ocidentais, na qual existia uma dicotomia similar. Os brancos estavam representados nos escalões superiores da sociedade desproporcionalmente ao seu número na população. Eles lideravam e esperava-se que os não brancos os seguissem. As decisões a respeito de quem deveria jogar, em que campos nas Índias Ocidentais deveriam ser disputadas as partidas de teste, o preço dos ingressos para os jogos e, portanto, os lucros, continuaram nas mãos dos brancos." M. St. Pierre, West Indian Cricket, *Caribbean Quarterly*, v. 19, n. 2, p. 8.

66. C.L.R. James, *Beyond a Boundary*, p. 13. Ver também J.A. Mangan, *Athleticism in the Victorian and Edwardian Public School*.

67. B. Samaroo, op. cit., p. 206-207.

68. Para um relato da fundação do Partido Trabalhista Britânico durante os primeiros três anos do século xx, ver E. Halévy, op. cit., p. 261-281.

69. B. Samaroo, op. cit., p. 210.

70. W.D. McIntyre, op. cit., p. 132.

71. Ibidem, p. 133-134.

72. G. Padmore, *Africa and World Peace*, p. 235. Para detalhes sobre as tropas negras e africanas utilizadas pelas potências coloniais no século xix, assim como no século xx (até o final dos anos de 1920), ver idem, *The Life and Struggles of Negro Toilers*, p. 111-120. Alhures, Padmore citou o general Smuts da África do Sul sobre o uso de tais tropas pela França: "Durante o primeiro ano da guerra, 70.000 soldados negros foram recrutados na África Ocidental Francesa. Até 1918, a África negra havia fornecido à França um total de 680.000 soldados e 238.000 trabalhadores. Vimos o que nunca havíamos visto, o material extremamente valioso que existia no continente negro." Idem, *Pan-Africanism or Communism*, p. 98.

73. Para cifras, ver G. Padmore, *The Life and Struggles of Negro Toilers*, p. 117-119. Harry Haywood era um veterano das campanhas francesas e descreve a experiência das tropas negras estadunidenses na França na obra de sua autoria, *Black Bolshevik*, p. 53-78. Ver também a análise de W.E.B. Du Bois em The Black Man in the Revolution of 1914-1918; e An Essay Toward a History of the Black Man in the Great War, em J. Lester, *The Seventh Son*, p. 107-115 e 115-157, respectivamente.

74. B. Samaroo, op. cit., p. 211-212. James era menor de idade, porém tentou se apresentar como voluntário (se bem que no contingente de proprietários de *plantations*): "Jovem após jovem entrava [no escritório dos voluntários], e eu obviamente não era inferior a nenhum deles em nada. O comerciante conversava com cada um, pedia referências e providenciava um exame mais aprofundado, conforme o caso. Quando chegou minha vez, fui até sua mesa. Ele deu uma olhada em mim, viu minha pele escura e, balançando

634   NOTAS

a cabeça vigorosamente, fez um sinal com violência para que eu fosse embora." "O que importa é que não fui indevidamente perturbado." C.L.R. James, *Beyond a Boundary*, p. 40.

75. B. Samaroo, op. cit., p. 210-211. Uma interpretação mais profunda é fornecida por Fitz A. Baptiste: "A guerra produziu uma espiral de preços para os produtos básicos, e o Caribe britânico, o produtor por excelência, tentou lucrar com a alta súbita de preços da melhor maneira possível. Algumas estatísticas da Jamaica revelam que, apesar dos efeitos, em 1917/1918, do bloqueio britânico e da guerra submarina alemã sobre o comércio dos Aliados, os valores das exportações foram mantidos, embora houvesse quedas em volume, devido ao aumento geral dos preços dos produtos básicos, especialmente do cacau e do café." "Se bem que um dos fatores fosse claramente a pura ganância exploradora das categorias mercantis na sociedade colonial, uma causa mais fundamental foi a mudança forçada da dependência das importações britânicas para os Estados Unidos e o Canadá no momento em que o bloqueio e a Batalha do Atlântico começaram a acontecer no Caribe [...] A porcentagem extraordinariamente alta de importações dos Estados Unidos [para a Jamaica, 67,6%] refletia claramente algumas das distorções causadas pela guerra e que ainda continuaram nos anos do pós-guerra". F.A. Baptiste, *The United States and West Indian Unrest, Working Paper* n. 18, p. 5-6.

76. B. Samaroo, op. cit., p. 211-216. "Houve distúrbios nas Honduras Britânicas em julho de 1919 e novamente em 1920; na Jamaica em duas ocasiões, em 1918 e em 1924; em Trinidade no final de 1919 / início de 1920; em Santa Lúcia em fevereiro de 1920; e nas Bahamas em dezembro de 1922. A lista pode muito bem ser mais longa." F.A. Baptiste, op. cit., p. 7.

77. Ver R. Small, op. cit., p. 16; W.F. Elkins, A Source of Black Nationalism in the Caribbean, *Science and Society*, v. 34, n. 1, p. 99-103 (apud R. Small).

78. B. Samaroo, op. cit., p. 219; C.L.R. James, *The Black Jacobins*, apêndice, p. 403-404. Uma experiência muito diferente para os negros nos vários cenários de guerra era sua própria interação: a descoberta de sua opressão mútua. Claude McKay relembrou sua própria experiência em Londres durante a guerra: "Havia um clube para soldados negros. Ficava em um porão em Drury Lane. Em Londres havia uma grande quantidade de soldados de cor, das Índias Ocidentais e da África, assim como alguns estadunidenses, outros das Índias Orientais e egípcios [...] Eu ia ali com frequência e ouvia os soldados contando histórias sobre suas experiências de guerra na França, no Egito e na Arábia. Muitos estavam interessados no que os negros estadunidenses pensavam e escreviam." C. McKay, *A Long Way From Home*, p. 67.

79. W.D. McIntyre, op. cit., p. 209-210. Em seus despachos enviados a Washington, o cônsul americano em exercício, Henry D. Baker, escreveu de Porto da Espanha em 1919 sobre as preocupações raciais que compartilhava com os funcionários coloniais de Trinidad: "Mencionou-se uma entrevista entre o governador de Trinidade e Tobago e o gerente da General Asphalt Company [em que uma greve era esperada e Baker contava com 'um funcionário de cor de confiança'], durante a qual o governador alegadamente afirmou que o governo colonial não confiava na polícia local, predominantemente negra, e aconselhou as companhias de asfalto e petróleo a criar uma milícia branca. Como que para mostrar que falava sério, o governador forneceu 25 fuzis e 11 caixas de munição para uso da milícia. Isso por si só é um índice notável da reação racista das autoridades, respaldadas pelos interesses de brancos expatriados e locais, ao que era claramente percebido como um movimento de 'poder negro'." F.A. Baptiste, op. cit., p. 12. Baker recomendou a Washington: "Intervenção, de preferência a convite das autoridades britânicas, mas, 'na ameaça de massacre de brancos', para usar suas próprias palavras em uma mensagem separada, sem mencioná-la." Ibidem, p. 13.

80. C.L.R. James, *Beyond a Boundary*, p. 71.

81. Ibidem, p. 70-71.

82. Das muitas lembranças que James publicou acerca de sua amizade com Padmore, talvez a mais comovente seja a seguinte: "Crescemos juntos e costumávamos tomar banho no rio Arima, debaixo da fábrica de gelo." C.L.R. James, Discovering Literature in Trinidad, em *Sphere of Existence*, p. 238; ver também J.R. Hooker, *Black Revolutionary*, p. 2-3.

83. J.R. Hooker, op. cit., p. 3-4.

84. Ibidem, p. 31.

85. Ibidem, p. 32.

86. R. Small, op. cit., p. 17; ver também C.L.R. James, *Beyond a Boundary*, p. 117.

87. C.L.R. James, *Beyond a Boundary*, p. 116.

88. "Os ex-colonialistas precisam romper com o parlamentarismo. Eu fiz isso ao me tornar um marxista." Entrevista de Alan J. MacKenzie com James, Radical Pan-Africanism in the 1930s, *Radical History Review*, n. 24, p. 71.

89. Ibidem.

90. Sobre a publicação das primeiras obras importantes de James, incluindo o romance *Minty Alley*, ver R.A. Hill, In England, 1932-1938, *Urgent Tasks*, n. 12, p. 19-27; E.E. Parris, Minty Alley, *Urgent Tasks*, n. 12, p. 97-98.

91. Denominação tradicionalmente dada às transcrições dos debates no Parlamento na Grã-Bretanha (N. da T.)

92. C.L.R. James, *Beyond a Boundary*, p. 118-119.

93. Ver B. Wilson, The Caribbean Revolution, *Urgent Tasks*, n. 12, p. 47-54.

94. E. Halévy, op. cit., p. 211-212.

95. S. MacIntyre, *A Proletarian Science*, p. 23.

96. "Esse credo amargo, importado do exterior, que se recusava a colocar diante de seus adeptos um ideal que apelasse ao coração, contentando-se em provar por argumentos científicos, ou o que pretendia ser tal, a abordagem de uma completa transformação da sociedade, ao mesmo tempo violenta em seus métodos e benéfica em seus efeitos, repeliu muitos dos ingleses que, nos últimos 25 anos ou mais [antes de 1884] haviam se aproximado do socialismo por outras vias. Em concordância com os marxistas em denunciar uma ordem social baseada na infelicidade da maioria e a guerra de todos contra todos, eles não compartilhavam a interpretação marxista da história. Eles não incitaram as classes trabalhadoras a usar a violência. A fórmula da guerra de classes estava ausente de seu vocabulário. Nem Ruskin, o homem cujo espírito inspirou o socialismo britânico, nem o próprio William Morris, embora professasse uma espécie de comunismo anarquista, eram, no sentido estrito, revolucionários. A Inglaterra havia passado por duas revoluções – a revolução puritana do século XVII e a Revolução Industrial do século XVIII – e sua sombra obscura ainda pairava sobre a terra. Sem recorrer à violência, o socialismo deve ensinar à nação a arte de ser bom e feliz, o culto da beleza." E. Halévy, op. cit., p. 221-222. O preconceito de Halévy é seu próprio, mas o fato do impacto limitado do marxismo na Grã-Bretanha no final do século XIX e início do século XX está amplamente estabelecido. Ver, por exemplo, D. Smith, *Socialist Propaganda in the Twentieth-Century British Novel*, p. 4-10.

97. Ver S. Pierson, *Marxism and the Origins of British Socialism*, p. 67-68.

98. S. MacIntyre, op. cit., p. 17.

99. Sobre os fabianos, ver S. Pierson, op. cit., p. 106-139; ver E. Halévy, op. cit., p. 105-106, sobre o imperialismo fabiano.

100. S. Pierson, op. cit., p. 137-138.

101. S. MacIntyre, op. cit., p. 65.

102. N. Wood, *Communism and British Intellectuals*, p. 23; S. MacIntyre, op. cit., p. 4-11.

103. Ver L.J. MacFarlane, *The British Communist Party*, capítulo 7.

104. "De meados de 1924 até a Greve Geral, o número de membros do partido dobrou, principalmente como resultado de seu trabalho nos campos industrial e sindical. Durante a luta dos mineiros em 1926, o número de membros disparou para mais de 10.000, começando a declinar a partir de então, de forma mais acentuada à medida que o partido adotava uma atitude cada vez mais intransigente em relação ao Partido Trabalhista e aos sindicatos. No final dos anos de 1920, o número de membros havia caído para 3.200,

aproximadamente a mesma cifra do período de 1922 a meados de 1924. A adoção da 'nova linha' foi o principal fator que acelerou o declínio após 1928." L.J. MacFarlane, op. cit., p. 286; ver também N. Wood, op. cit., p. 23.

105. N. Wood, op. cit., p. 51.

106. Ibidem, p. 27-28.

107. S. MacIntyre, op. cit., p. 19; ver também R. Samuel, British Marxist Historians I, *New Left Review*, n. 120, p. 23-24.

108. "Uma *intelligentsia* radical britânica, comparável às intelectualidades continentais há muito estabelecidas, não surgiu até os anos de 1930. Em geral, os intelectuais britânicos sempre haviam sido liberais ou conservadores. Então, entre 1928 e 1933, ocorreu uma mudança em sua perspectiva. Pouco antes do início da nova década, G.D.H. Cole sentiu 'uma inquietante insegurança' entre os jovens intelectuais. Sua busca pelo prazer deixou de ser satisfatória. Uma nova seriedade veio à tona no lugar da antiga *joie de vivre*. Mais atenção passou a ser dada à política. Enquanto sexo e estética tinham sido os principais tópicos de conversa, agora todo mundo começou a falar de política. Com o passar do tempo, a atitude do intelectual moveu-se para a esquerda, na direção do socialismo e do comunismo. O que começou como um despertar político se converteu em uma grande radicalização." N. Wood, op. cit., p. 37. Sobre o impacto desse movimento na historiografia inglesa, ver E. Hobsbawm, The Historians' Group of the Communist Party, em M. Cornforth (ed.), *Rebels and Causes*, p. 21-47.

109. Ver S. MacIntyre, op. cit., p. 47-65; A. McKinnon, Communist Party Election Tactics, *Marxism Today*, v. 24, n. 8, p. 20-26; H. Pelling, The Early History of the Communist Party of Great Britain 1920-1929, *Transactions of the Royal Historical Society*, v. 8, p. 41-57; J. Strachey, Communism in Great Britain, *Current History*, p. 29-31; H. Dewar, *Communist Politics in Britain*, capítulos 7-10.

110. Ver F. Shyllon, The Black Presence and Experience in Britain: An Analytical Overview, artigo apresentado na International Conference on the History of Blacks in Britain, University of London, 30 set. 1981, p. 7; I. Geiss, op. cit., p. 201.

111. Nos anos posteriores à Primeira Guerra Mundial, os funcionários estadunidenses e britânicos colaboraram estreitamente para orquestrar o acesso dos colonos britânicos negros às metrópoles de língua inglesa: "De acordo com os registros de imigração dos EUA, o Reino Unido usou 43,9% de sua cota entre 1925 e 1929; 22,6% entre 1930 e 1934; e apenas 4,4% no período entre 1936 e 1940. Isso deixou espaço, tecnicamente, para uma emigração considerável aos Estados Unidos das colônias britânicas no Caribe. No entanto, isso nunca ocorreu ou, para sermos mais diretos, nunca foi permitido que acontecesse. Por meio da emissão

de vistos e da exigência de garantias substanciais, os Estados Unidos, com a aprovação tácita das autoridades metropolitanas e coloniais britânicas, exerceram um controle extremamente rígido sobre o fluxo de pessoas dali advindas. O resultado foi um declínio acentuado no número de caribenhos vindos das colônias britânicas que entraram nos Estados Unidos após 1925. Em comparação com a média de milhares de pessoas por ano até (e incluindo) 1924, a média para o restante dos anos de 1920 e 1930 passou a ser de centenas por ano. Em 1932, por exemplo, apenas 113 deles entraram nos Estados Unidos." F.A. Baptiste, op. cit., p. 19-20. Lembrem-se de que esse foi um período do movimento político negro nos Estados Unidos em que os caribenhos desempenharam papéis proeminentes: isto é, a UNIA, a CPUSA, os movimentos estudantis em faculdades e universidades negras, a ABB e assim por diante.

112. Ver I. Duffield, The Dilemma of Pan-Africanism for Blacks in Britain, 1760-1950, artigo apresentado na International Conference on the History of Blacks in Britain, University of London, 30 set. 1981, p. 7-8. (A tese de doutorado não publicada de Duffield, "Duse Mohamed Ali and the Development of Pan-Africanism, 1866-1945" Edinburgh University, 1971, é geralmente lida como a obra definitiva sobre Mohamed Ali Duse.) Ver também I. Geiss, op. cit., p. 226-227.

113. A história dessas organizações foi revista em I. Geiss, op. cit., capítulos 14 e 17; ver também N. File; C. Power, Black Settlers in Britain, 1555-1958, p. 72-77.

114. Sobre Padmore, Chris Jones e Arnold Ward, ver J.R. Hooker, op. cit.; e A.J. MacKenzie, op. cit.; sobre Dutt e Saklatvala, ver L.J. MacFarlane, op. cit.; informações sobre Blackman foram obtidas em entrevistas com ele realizadas em Londres, em dezembro de 1981. Geiss afirma que já em 1898 o Partido Liberal mantinha discussões sobre a possibilidade de que um homem negro se candidatasse ao Parlamento para representar "as colônias e os protetorados da Coroa, a África Ocidental, as Índias Ocidentais etc. etc." I. Geiss, op. cit., p. 178.

115. Ver I. Geiss, op. cit., p. 347-353; J.R. Hooker, op. cit., p. 48-49.

116. A interpretação mais solidária das ações tomadas por Stálin e pelo Comintern é que o desmantelamento de grande parte do aparato de propaganda em apoio à "revolução mundial" e às lutas de libertação nacional nas colônias era necessário em troca de comércio, entrada da União Soviética na Liga das Nações e o estabelecimento de uma frente antifascista frouxa de "segurança coletiva" com os Estados imperialistas e capitalistas. A alternativa seria a perspectiva de uma guerra com a Alemanha, tacitamente aprovada pelas classes dominantes na Inglaterra, França e Estados Unidos, com relação às quais o Sexto Congresso do Comintern havia expressado hostilidade resoluta. Padmore, que já em 1933 havia passado vários meses preso pelas autoridades nazistas em Hamburgo, tampouco ficou impressionado com esse raciocínio (uma certa incredulidade era justificada; menos de um ano depois, em 26 de janeiro de 1934, Stálin, no Décimo Sétimo Congresso da CPSU, rejeitou a ameaça do fascismo à União Soviética e lembrou ao seu partido que a URSS tinha estabelecido "as melhores relações" com a Itália fascista. F. Claudin, The Communist Movement, v. 1, p. 176-177), ou não era mais capaz de lealdade a um movimento mundial caracterizado pelo mesmo Claudin (que foi expulso do Partido Comunista Espanhol em 1965, depois de 32 anos de filiação ativa) como vítima de "uma doença profunda: atrofia das faculdades teóricas; burocratização das estruturas organizacionais; monoliticidade esterilizante; subordinação incondicional às manobras da camarilha de Stálin". Ibidem, p. 166. A declaração mais confiável de Padmore – mais tarde ele raramente seria capaz de ter a "objetividade política" em relação à União Soviética de que se orgulhava aqui – indicava uma "traição aos interesses fundamentais de meu povo" (J.R. Hooker, op. cit., p. 31). Franz Borkenau sugeriu que um forte fator que contribuiu para a reaproximação da União Soviética às potências imperialistas foram as lutas internas na administração soviética. F. Borkenau, World Communism, p. 388-393. Geiss afirma que "a maioria dos comunistas ou simpatizantes de cor abandonou o movimento" naquele momento. Ele cita Padmore, Kouyaute e Kenyatta como exemplos. I. Geiss, op. cit., p. 338. Minha própria pesquisa sugere o contrário. Discussões com veteranos afro-americanos da Guerra Civil Espanhola indicam que mesmo a revelação da ajuda soviética à Itália durante a invasão italiana da Etiópia em 1935 (W. Nolan, em seu Communism Versus the Negro, p. 135, 245 nota 90, cita artigos do New York Times, de 8 e 10 set. 1935), não os desencorajou. James Yates me disse: "Não tivemos a oportunidade de ir à Etiópia, se bem que muitos de nós gostaríam de ir. Mas quando a Etiópia foi invadida pela Itália, esses mesmos militantes saíram de lá e foram para a Espanha. Esse foi um momento e uma oportunidade para que os negros, em especial, se oferecessem como voluntários e se vingassem dos fascistas que invadiram a Etiópia." Entrevista com C.J. Robinson, 26 abr. 1978. Harry Haywood manteve a mesma posição. Entrevista, primavera de 1977; ver também seu Black Bolshevik, p. 448-449, 459-460 e capítulo 18.

117. C.L.R. James, Beyond a Boundary, p. 114.

118. "Quando a guerra terminou, a comunidade negra na Grã-Bretanha era bastante grande, alcançando talvez vinte mil almas e, com o fechamento das fábricas de guerra, elas migraram para as áreas portuárias, particularmente Cardiff e Liverpool. Durante a guerra, os marinheiros negros haviam ganhado um bom

dinheiro na marinha mercante, mas com a desmobilização dos marinheiros brancos que tinham servido na Marinha Real, os negros passaram por tempos difíceis, pois foram descartados para dar lugar aos brancos desmobilizados. Negros foram expulsos de empregos que tinham ocupado por anos apenas para liberar as vagas aos homens brancos." "O ressentimento contra os negros que competiam por empregos com trabalhadores brancos e a reação aos homens negros que se casavam com mulheres brancas finalmente explodiram em violência racial em 1919. Motins raciais varreram cidades britânicas como Liverpool, Cardiff, Manchester, Londres, Hull, Barry e Newport. Ao relatar os incidentes em Liverpool, o *The Times* de 10 maio 1919 assinalou que durante a guerra o número de homens negros em Liverpool havia aumentado para cerca de 5.000." F. Shyllon, op. cit., p. 8.

119. Em Berlim e Paris, negros estadunidenses como, por exemplo, Ethel Waters e Josephine Baker, juntaram-se a súditos coloniais franceses; na Grã-Bretanha, o lutador Jack Johnson e Paul Robeson conviviam com Learie Constantine e o ator Robert Adams, de Serra Leoa.

120. Ver T.R. Makonnen, *Pan-Africanism from Within*, p. 133; G. Padmore, *Pan-Africanism or Communism*, p. 95; e C.L.R. James, *Beyond a Boundary*, p. 128-129.

121. Entrevista com a sra. Veronica Sankey, 20 jul. 1980; Edward e Veronica Sankey fundaram a Sankey Printing Company em Ikeja, na Nigéria.

122. T.R. Makonnen, op. cit., p. 152.

123. Ibidem, p. xvii.

124. Ver I. Geiss, op. cit., p. 355, 387-390.

125. "Tornei-me um membro genuíno da associação de editores e comecei a divulgar um número de peças que precisavam de visibilidade. Havia um panfleto de Kenyatta [*Kenya: Land of Conflict*] e uma espécie de discussão socrática entre Nancy Cunard e George Padmore sobre o fardo do homem negro [*White Mans Duty*] e um manuscrito de Eric Williams [*The Negro in the Caribbean*]." T.R. Makonnen, op. cit., p. 145.

126. Ibidem, p. 123.

127. Ibidem, p. 159.

128. Ibidem, p. 124.

129. Ibidem, p. 126. Na África, "europeus que tentaram viver no estilo nativo se arruinaram com rapidez. Alguns missionários que tentaram essa abordagem falharam terrivelmente. Muitos homens brancos que abandonaram seus hábitos na selva começaram a beber e a se desesperar, e alguns ficaram tão perturbados que buscaram refúgio na imensidão do continente, como animais selvagens, em tocas sob rochas ou em cavernas. 'Viravam *shenzi*', era como se dizia." J. Murray-Brown, *Kenyatta*, p. 47. Murray-Brown afirma que Kenyatta, enquanto vivia na Grã-Bretanha, foi impulsionado por tensões semelhantes, porém as resolveu descobrindo

uma árvore sagrada em seu jardim em Storrington, e "manteve a comunhão com os espíritos de seu povo por meio de libações e orações". Ibidem, p. 214-215.

130. T.R. Makonnen, op. cit., p. 155.

131. Ibidem, p. 124.

132. Ver J. Symons, *The Thirties*, capítulos 5-10; D. Hill (ed.), *Tribune 40*, p. 1-24; N. Wood, op. cit., p. 53-63; D. Smith, op. cit., p. 48-56.

133. J. Symons, op. cit., p. 56-57; D. Smith, op. cit., p. 48-49.

134. J. Symons, op. cit., p. 56.

135. D. Hill, op. cit., p. 3.

136. Sobre a Espanha, Julian Symons recordava: "Os rebeldes [sob o comando de Franco] estavam sendo munidos com armas e fuzis alemães e italianos, de modo que a declaração do governo britânico a favor de uma política de não intervenção era um apoio efetivo à rebelião." "A política de não intervenção, disse Stephen Spender, foi 'um apoio mais grotesco, óbvio e perigoso à interferência das potências fascistas do que o embargo de armas no conflito da Abissínia, um presente de munições e a vitória para a Itália'." J. Symons, op. cit., p. 107, 108.

137. Ver F. Shyllon, op. cit., p. 9. Presumivelmente, Shyllon se apoia na tese de Ph.D. não publicada de autoria de I. Duffield, op. cit.; ver nota 114.

138. W. Cooper; R.C. Reinders, Claude McKay in England, 1920, *New Beacon Reviews*, p. 3-21 (reimpresso de *Race*, v. 9, n. 1). Cooper e Reinders narram: "McKay escapou da prisão, mas seu 'grande sorriso negro' [descrição de McKay] não impediu o Ministério do Interior e/ou o Ministério do Exterior de preparar um dossiê sobre ele. Em 1930, McKay escreveu a Max Eastman que o governo inglês o impedia de visitar Gibraltar (McKay ainda era um súdito britânico) e que um oficial francês em Fez disse a ele que 'o Serviço Secreto Britânico me incluiu na lista de propagandistas'. Dois anos depois, McKay teve problemas com o cônsul britânico em Tânger e foi impedido de entrar em território britânico – incluindo sua ilha natal, a Jamaica. E no ano seguinte ele se queixou a Eastman de que 'aqueles bastardos britânicos sujos, que trabalham respeitosamente no escuro', estavam bloqueando sua reentrada nos Estados Unidos." Ibidem, p. 12.

139. Ver J.R. Hooker, op. cit., p. 23, 43.

140. "Nas colônias caribenhas, uma braçadeira era colocada nos radicais. Butler passou grande parte da guerra preso. Na Jamaica, Bustamante também foi internado por um tempo, sob os regulamentos de defesa em época de guerra. Despachos do cônsul estadunidense em Kingston contam como o Governo Colonial, diante das reações locais, aproveitou o poder conferido pelos Regulamentos de Defesa para deter pessoas consideradas 'críticas impenitentes' do colonialismo britânico. Um dos detidos foi Wilfred A. Domingo,

descrito como 'um nativo da Jamaica que por alguns anos residiu em Nova York, de onde participou ativamente da política jamaicana'. Ele foi retirado de um navio que o levava dos Estados Unidos à Jamaica antes que atracasse em Kingston e enviado a um campo de prisioneiros [...] Não é inconcebível que a notícia de que ele estava a caminho da Jamaica tenha sido enviada às autoridades britânicas pelas redes de inteligência estadunidenses e britânicas nos Estados Unidos. A inteligência foi uma faceta importante do desenvolvimento da colaboração anglo-americana em tempo de guerra na defesa do Caribe, com os estadunidenses desempenhando o papel principal." F.A. Baptiste, op. cit., p. 45-46.

141. Para uma avaliação recente dos intelectuais marxistas britânicos, ver a coletânea de ensaios de E.P. Thompson, *The Poverty of Theory*; e a réplica às vezes enganosa de P. Anderson, *Arguments Within English Marxism*.

142. C.L.R. James, *Beyond a Boundary*, p. 122.

143. R. Small, op. cit., p. 17.

144. R.A. Hill, op. cit., p. 23-24. Hill também fornece uma defesa do trotskismo de James: "Muitos dos seguidores de Trótski, não apenas na França, mas em todo o movimento da classe trabalhadora europeia, eram leninistas genuínos que, embora não estivessem dispostos a tolerar a traição de Stálin, posicionaram-se ao lado de Trótski porque ele parecia oferecer a possibilidade de manter os princípios políticos revolucionários de Lênin. Os quadros com os quais James se associou no movimento trotskista foram portadores do pensamento e da prática políticos de Lênin e do bolchevismo em seu apogeu. *A maioria deles poderia ser classificada como trotskista apenas secundariamente.* Deles, James adquiriu um imenso conhecimento da composição interna do movimento socialista revolucionário e do papel especial que os trabalhadores de destaque passaram a desempenhar em seu desenvolvimento" (Ibidem, p. 23). Essa interpretação do trotskismo (e Hill indica uma dívida para com o trabalho de Franz Borkenau – ver F. Borkenau, op. cit., p. 396) é apenas em parte correta. Ela implica, acertadamente, que o culto à personalidade com o qual os estalinistas se sentiam confortáveis e frequentemente vinculavam àqueles a que se opunham (a história do movimento comunista nos países ocidentais está repleta de "desvios" conhecidos pelo sufixo "-ista"), mas também combina Stálin e Trótski com Lênin pela mesma lógica ("portadores"). Só posso imaginar o que significa "trabalhadores de destaque" e, se presumi corretamente, isso sugere uma das falhas fundamentais no pensamento de James, que será explorada em seu tratamento da Revolução Haitiana. Finalmente, James, em seu *Notes On Dialectics*, um manuscrito cuja preservação se deve em grande parte a Hill, oferece uma interpretação muito mais histórica do trotskismo, situando esse "fenômeno" dentro da história do desenvolvimento progressivo das classes trabalhadoras. Isso também tentarei demonstrar mais tarde no texto.

145. S. Wynter, In Quest of Matthew Bondsman, *Urgent Tasks*, n. 12, p. 54.

146. C.L.R. James, *Beyond a Boundary*, p. 34.

147. Ibidem, p. 47. Sobre Thackeray, ver M. Forster, *William Makepeace Thackeray*.

148. C.L.R. James, *Beyond a Boundary*, p. 37.

149. Ver J.A. Mangan, op. cit., capítulo 1. Mangan acredita que o papel de Arnold tem sido exagerado, porém em geral confirma o que disse James anteriormente sobre o fenômeno da escola pública.

150. C.L.R. James, *Beyond a Boundary*, p. 158-160. Grace, declara James, era o inglês mais conhecido de sua época, isto é, do último quarto do século XIX. E James deplora o fato de que nem Trevelyan, nem Postgate ou Cole, em suas histórias daquele século, tenham encontrado um lugar para ele. Entretanto, quando ele declarou que "não podia mais aceitar um sistema de valores que não encontrava nesses livros um lugar para W.G. Grace" (ibidem, p. 157), ele também estava, ao que parece, chegando a um acordo com uma espécie de marxismo que não possuía imaginação ou relevância política. Ele havia aceitado a relação entre cultura, poder de classe e domínio econômico que reduzira inclusive Marx a uma admissão um tanto confusa de perplexidade (ver Marx sobre o ideal ocidental na arte grega em *A Contribution to the Critique of Political Economy*). E James percebeu que tinha ido longe demais: "A conjunção causou em mim um impacto similar ao que teria causado a alguns dos estudantes da sociedade e da cultura na organização internacional à qual eu pertencia." Ibidem, p. 151. Embora seja difícil fazer com que ela diga isso, Sylvia Wynter confirma a autoavaliação de James: "A coevolução de novas formas populares de organização social, ou seja, organizações sindicais, partidos políticos, organização internacional, formas organizacionais de luta pela democracia popular com o aumento do desejo pela prática de esportes organizados, tudo isso na década de 1860-1870, fornece a base para a reflexão jamesiana sobre a complexidade das necessidades humanas, para a sua afirmação implícita de que a 'realização dos poderes' em ambos os níveis, individual e coletivo, é o imperativo mais urgente de todos [...] foi uma conjunção que atingiu James apenas porque, ao contrário de Trótski, ele se movera para fora do quadro monoconceitual para o quadro mais amplo de uma teoria popular." S. Wynter, op. cit., p. 58.

151. Ver B. Wilson, op. cit., p. 49-50; ver também alguns comentários de E. Williams sobre James em sua autobiografia, *Inward Hunger*.

152. Ver o "Prefácio" de E.P. Thompson e o ensaio sobre o título em *The Poverty of Theory*.

153. E.P. Thompson, The Politics of Theory, em R. Samuel (ed.), *People's History and Socialist Theory*, p. 397.

639

154. C.L.R. James, *Beyond a Boundary*, p. 150.

155. Ibidem, p. 152. Os resíduos da educação "vitoriana" de James permaneciam nele arraigados e às vezes recebem rédea solta nesse texto, como quando diz: "Os gregos eram os mais politizados e, intelectual e artisticamente, os mais criativos de todos os povos." Ibidem, p. 154. Um julgamento dificilmente reflexivo ou mesmo possível.

156. Ibidem, p. 155.

157. Ibidem, p. 153.

158. Ibidem, p. 155.

159. "Wordsworth dissera que a Inglaterra precisava de boas maneiras, virtude, liberdade, poder. Arnold viu que ela tinha poder. A liberdade para ele era personificada na primeira Lei de Reforma. Contudo, as maneiras e a virtude, ele tinha certeza, estavam ausentes e ele estava igualmente certo de que a sua ausência contínua terminaria na destruição do poder e da liberdade. Gerações de fala mansa o diluíram ainda mais, assim como fizeram com Charles Dickens. Arnold era um homem de temperamento tempestuoso. Foi atormentado durante toda a vida pelo medo de que a Inglaterra (na verdade, todo o mundo moderno) fosse totalmente destruída pela revolução social e terminasse na ruína ou na ditadura militar. Foi para se contrapor a isso que ele fez o que fez. Seu objetivo era criar um corpo de homens instruídos das classes superiores que resistissem aos crimes do toryismo e à ganância e vulgaridade dos industriais de um lado, e às reivindicações socialistas das massas oprimidas, mas sem educação, do outro." Ibidem, p. 160.

160. Ibidem, p. 162.

161. J. Rae, Play Up, Play Up, *Times Literary Supplement*, 2 out. 1981, p. 1120.

162. C.L.R. James, *Beyond a Boundary*, p. 164.

163. Ibidem.

164. A. McKinnon, op. cit., p. 23.

165. Ver H. Pelling, *A History of British Trade Unionism*.

166. Ver A. McKinnon, op. cit., p. 22-23. T.D. Burridge sugeriu uma razão para a nova vitalidade do Partido Trabalhista: "Embora o partido nunca tenha adotado oficialmente uma posição pacifista declarada, um pacifista dedicado, George Lansbury, foi o líder do partido de 1932 a 1935. Ademais, a teoria socialista interpretava a guerra em termos econômicos, como um choque entre imperialismos rivais – o último e mais decadente estágio do capitalismo. Mesmo no final da turbulenta década de 1930, a defesa do partido no que tange à doutrina de segurança coletiva devia relativamente pouco à ideia de que a posse de aliados seria o melhor meio de lutar uma guerra. Em vez disso, uma ênfase muito maior foi colocada no argumento de que uma política de segurança coletiva seria a forma mais eficaz de prevenir uma grande guerra." T.D. Burridge, *British Labour and Hitler's War*, p. 17-18. Ver também

a crítica muito perspicaz de C.L.R. James à política do Partido Trabalhista, The British Vote for Socialism, em *The Future in the Present*, p. 106-118 (original publicado em 1945).

167. Peter Blackman, que deixou Barbados no início dos anos de 1930, lembra que Du Bois era uma figura importante para os negros das Índias Ocidentais, que tentavam estabelecer sua identidade racial no período posterior à Primeira Guerra Mundial. Isso se deveu em grande parte ao aparecimento da revista *Crisis*. Entrevista em Londres com C.J. Robinson, 18 nov. 1981. James insinua a influência do *Black Reconstruction* em seu pensamento na década de 1930 em vários lugares. Ver *Nkrumah and the Ghana Revolution*, p. 74-75; idem, The Making of the Caribbean People, *Spheres of Existence*, p. 179; W.E.B. Du Bois, *The Future in the Present*, p. 202-212. Sobre Chilembwe, ver G. Shepperson; T. Price, *Independent African*; e C.J. Robinson, Notes Toward a "Native" Theory of History, *Review*, v. 4, n. 1, p. 45-78 (segue a resposta de Shepperson: "Ourselves as Others," ibidem, p. 79-87); sobre Lamine Senghor, ver I. Geiss, op. cit., p. 310s; sobre Kimbangu, ver V. Lanternari, *The Religions of the Oppressed*.

168. T.R. Makonnen, op. cit., p. 116. Sobre as respostas dos afro-americanos à guerra ítalo-etíope, ver S.K.B. Asante, The Afro-American and the Italo-Ethiopia Crisis, 1934-1936, *Race*, v. 15, n. 2, p. 167-184; H. Haywood, op. cit., p. 448s.; sobre o Caribe, ver R.G. Weisbord, *Ebony Kinship*, p. 102-110. Sobre o imperialismo italiano, ver J.L. Miège, *L'Impérialisme colonial italien de 1870 à nos jours*, capítulos. 13 e 14.

169. Ver T.R. Makonnen, op. cit., p. 114, acerca de suas impressões sobre James. James articulou sua posição no *New Leader* de Fenner Brockway, em um artigo intitulado "Is This War Necessary?", 4 out. 1935, p. 3. Sobre a posição do ILP [Independent Labour Party], ver J. Maxton; F. Brockway, The War Threat, *New Leader*, 17 abr. 1936, p. 1, 3; F. Brockway, What Can We Do about Mussolini?, *New Leader*, 19 jul. 1935, p. 2.

170. Ver C.L.R. James, Is This War Necessary?, *New Leader*, 4 out. 1935, p. 3; e o relatório da atividade de James na Conferência da Primavera do ILP, The Abyssinian Debate, *New Leader*, 17 abr. 1936, p. 4. Quanto à opinião de James sobre Haile Selassie, ver T.R. Makonnen, op. cit., p. 114, 184.

171. I. Geiss, op. cit., p. 280-281. Makonnen lembrava: "Diz-se [...] que vários etíopes influentes como [Workineh] Martin e Heroui [...] consideravam-se não negros. Na verdade, dizem que os etíopes revelaram a mesma atitude quando, após a coroação de Haile Selassie, uma delegação veio aos Estados Unidos. O dr. Workineh Martin estava entre seus membros e se recusou a ministrar palestras, mesmo na Howard University. E quando a delegação levou consigo de volta para a Etiópia apenas dois ou três negros de pele clara, isso novamente pareceu provar

que eles se consideravam brancos." "Essa aparente preferência por mulatos e a recusa do imperador em receber a delegação garveyista deixaram Garvey irritado com Haile Selassie até o momento da morte do primeiro. Essa era uma das questões pelas quais George Padmore e eu costumávamos brigar com ele, porque naquele momento, em Londres, Haile Selassie simbolizava nossa unidade na Europa. E, no entanto, desde a chegada do imperador à Inglaterra, Garvey o reprendeu como um homem que, em vez de morrer no campo de batalha, na tradição dos líderes etíopes, fugiu para a Inglaterra buscando refúgio; como pode um covarde, alegou Garvey, ser o líder de uma nação tão grande?" T.R. Makonnen, op. cit., p. 74-75; ver também R. Weisbord, op. cit., p. 100-101, 103.

172. C.L.R. James, Fighting for the Abyssinian Empire, *New Leader*, 5 jun. 1936, p. 2.

173. Algumas autoridades coloniais rastrearam os distúrbios do final dos anos de 1930 nas Índias Ocidentais à Guerra Ítalo-Etíope. Em 1938, sir Selsyn Grier informou seu público, em um seminário na Universidade de Oxford sobre administração colonial: "As repercussões da Guerra Ítalo-Abissínia foram profundas e difundidas. O povo das Índias Ocidentais viu nela um ataque não provocado dos europeus contra os africanos, o que gerou um sentimento de animosidade racial." Unrest in the West Indies, em Oxford University Summer School on Colonial Administration, 27 jun. – 8 jul., p. 61.

174. Ver H. Thomas, *The Spanish Civil War*; F. Claudin, op. cit., p. 210-242; J. Symons, op. cit., p. 106-122.

175. Havia cinco brigadas: a décima primeira, alemã, conhecida como Brigada Thaelmann; a décima segunda, italiana, conhecida como Garibaldis; a décima terceira, pan-eslava, conhecida como Brigada Dombrowski; a décima quarta, francesa e belga; e a décima quinta, composta por voluntários britânicos (ingleses, canadenses e irlandeses); estadunidenses (o batalhão Abraham Lincoln); caribenhos; centro-americanos e sul-americanos (59º batalhão espanhol). Ver J. Brandt (ed.), *Black Americans in the Spanish People's War Against Fascism*; S.K. O'Reilley, *A Negro Nurse in Republican Spain* (reeditado por Veterans of the Abraham Lincoln Brigade, 1977); H. Haywood, op. cit., capítulo 18; e entrevistas com Haywood (Santa Bárbara, 6 fev. 1980) e James Yates (Binghamton, 26 abr. 1978), ambos veteranos negros da Espanha. Brandt estima que entre oitenta e cem negros estadunidenses foram voluntários na Guerra Civil Espanhola. Sobre Nyabongo, um ugandense que lutou com os antifascistas na Espanha, ver T.R. Makkonen, op. cit., p. 176, nota 16 de Kenneth King.

176. Sobre os distúrbios em Trinidad, ver E. Williams, *History of the People of Trinidad and Tobago*, p. 232-242; B. Samaroo, Politics and Afro-Indian Relations in Trinidad, em J. La Guerre (ed.), op. cit., p. 84-97; sobre a Jamaica, ver K. Post, *Arise Ye Starvelings*.

177. Apud I. Geiss, op. cit., p. 346.

178. Essa era a posição que James adotaria em seus encontros com Trótski no México em 1939. Ver C.L.R. James, The Revolutionary Answer to the Negro Problem in the USA, *The Future in the Present*, p. 119-127. Sobre as discussões com Trótski em Coyocan, ver G. Breitman (ed.), *Leon Trotsky on Black Nationalism and Self-Determination*, p. 24-48; T. Martin, C.L.R. James and the Race / Class Question, *Race*, v. 14, n. 2, p. 183-193; P. Buhle, Marxism in the U.S.A., *Urgent Tasks*, n. 12, p. 28-39.

179. C.L.R. James, "Civilising" the "Blacks", *New Leader*, 29 maio 1936, p. 5.

180. R. Hill adiciona um elemento interessante e provocador à análise do desenvolvimento da consciência no pensamento de James: "Em um nível muito profundo e fundamental, Robeson enquanto homem *despedaçou* a concepção colonial de James do *physique* negro. Em seu lugar, a magnífica estatura de Robeson deu-lhe uma nova apreciação das poderosas e extraordinárias capacidades que o africano possuía, tanto na mente como no corpo. Robeson quebrou o molde em que se havia formado a concepção caribenha da personalidade física em James. Essa foi uma época em que negros caribenhos cresciam tendo na cabeça um protótipo inconsciente do inglês branco e da inglesa branca como padrão absoluto de perfeição e desenvolvimento físico. O encontro de James com Robeson o forçou a abandonar esses valores herdados." "Assim, é a alegação deste autor que *The Black Jacobins* teria sido significativamente diferente em qualidade na ausência do relacionamento de James com Robeson." R. Hill, op. cit., p. 24-25. James conheceu Robeson em 1936 e este último interpretou o papel principal em uma produção da peça de James, *Toussaint L'Ouverture*. Dorothy Butler Gilliam, em sua biografia de Robson, localiza o encontro e a produção da peça no Westminster Theatre no início de 1936. Ver D.B. Gilliam, *Paul Robeson*, p. 87-88. Sobre a visão de James acerca do marxismo de Robeson, ver ibidem, p. 127; C.L.R. James, Paul Robeson: Black Star, *Spheres of Existence*, p. 261-262.

181. Ver as críticas de James a Padmore sobre essa questão em *Nkrumah and the Ghana Revolution*, p. 63; sobre Kenyatta, ver J. Murray-Brown, op. cit., p. 221.

182. C.L.R. James, op. cit., p. 69, 71. Sobre James nos Estados Unidos, ver T. Martin, op. cit., p. 184-185; P. Buhle, op. cit., passim.

183. Essas opiniões foram resumidas nas resoluções finais aprovadas pelo Quinto Congresso Pan-Africano em Manchester, 1945: "A primeira delas, 'The Challenge to the Colonial Powers' [O Desafio às Potências Coloniais], adotou uma linha intermediária entre a impaciência revolucionária de Padmore e Nkrumah por um lado e a concepção mais cautelosa de Du Bois de 1944, por outro. 'Os delegados enviados ao

Quinto Congresso Pan-Africano acreditam na paz [...] No entanto, se o mundo ocidental ainda está determinado a governar a humanidade pela força, então os africanos, como último recurso, podem ter que apelar à força, no esforço de conseguir a Liberdade, mesmo que a força os destrua e ao mundo.' A segunda declaração geral foi a 'Declaration to the Colonial Workers, Farmers and Intellectuals' [Declaração aos Trabalhadores, Agricultores e Intelectuais Coloniais] elaborada por Nkrumah, que expressava mais uma vez o desejo ilimitado por independência: contra a exploração imperialista, os povos coloniais devem se concentrar em ganhar o poder político, e para isso uma organização eficaz é essencial. As táticas recomendadas foram greves e boicotes – métodos não violentos de luta." I. Geiss, op. cit., p. 407.

184. C.L.R. James, *Nkrumah and the Ghana Revolution*, p. 73-74.

185. Em 1977, James declarava: "O homem no leme é o intelectual africano. Ou ele consegue – ou a África independente afunda: ao contrário da Grã-Bretanha no século XVII e da França no século XVIII, não há nenhuma classe à qual a nação possa recuar depois que os intelectuais tenham conduzido a revolução tão longe quanto possível." Ibidem, p. 15.

186. Azinna Nwafor, em uma das críticas mais contundentes ao movimento pan-africano, via a conferência de Manchester como um dos momentos mais progressistas do pan-africanismo. No entanto, Nwafor conclui: "O pan-africanismo não ofereceu uma opção revolucionária para a emancipação da África de seus séculos de conquista, dominação e exploração colonial. O papel necessariamente progressivo que o movimento desempenhou na evolução da África para um *status* independente não deve ser subestimado, porém as severas limitações de escopo e método são tais que contribuíram em grande parte para a desordem da cena africana contemporânea e o desencanto geral com os frutos da independência política. Parece como se os centros de tormenta da revolta popular pela emancipação africana tivessem sido de fato deslocados com a ajuda dos pan-africanistas, que se apresentaram diante das autoridades coloniais como as únicas forças capazes de conter a violência das massas." "Em muitos aspectos, a OUA [Organização da Unidade Africana] é o ponto culminante e a personificação daquele pan-africanismo que Padmore descreveu. Começando como um movimento político no exílio e transmitido a um grupo de dedicados líderes africanos que conduziram seus vários países à independência política, o pan-africanismo foi um movimento realizado de cima das cabeças e às custas dos próprios povos africanos [...] Em Adis Abeba [em 1963], essa liderança africana decidiu se constituir como um novo tipo de Santa Aliança para preservar o *status quo* existente que havia herdado de seus senhores coloniais. Sua aversão à revolução política é total. Como um deles declarou, com franqueza brutal: 'Falando por nós mesmos, preferimos as coisas tal como são.'" "Introdução" de Nwafor à reedição de 1972 de G. Padmore, *Pan-Africanism or Communism*, p. xxxvii-xxxviii, xxxix-xl.

187. C.L.R. James, *The Black Jacobins*, p. 375-376. A paginação subsequente durante a discussão da obra será citada no texto.

188. A. Cabral, The Weapon of Theory, *Revolution in Guinea*, p. 102. Anteriormente, no mesmo discurso (proferido na Conferência Tricontinental de 1966 em Havana, Cuba, jan. 1966), Cabral havia perguntado: "A história começa apenas com o desenvolvimento do fenômeno de 'classe' e, consequentemente, da luta de classes? Responder afirmativamente seria colocar fora da história todo o período de vida dos grupos humanos, desde a descoberta da caça e depois, da agricultura nômade e sedentária, até a organização dos rebanhos e a apropriação privada da terra. Seria também considerar – e isso nos recusamos a aceitar – que vários grupos humanos na África, Ásia e América Latina viviam sem história, ou fora da história, na época em que foram submetidos ao jugo do imperialismo. Seria considerar que os povos dos nossos países, como os balantas da Guiné, os coaniamas de Angola e os macondes de Moçambique, ainda vivem hoje – se abstrairmos a ligeira influência do colonialismo a que foram submetidos – fora da história, ou que eles não têm história." Ibidem, p. 95.

189. Marx, Engels, Lênin e Trótski foram ideólogos burgueses em termos de suas origens sociais e educação. Marx e Engels aparentemente reconheceram isso no *Manifesto Comunista*: "Portanto, agora uma parte da burguesia passa para o proletariado, em particular, essa parte dos ideólogos burgueses que se elevaram ao nível da compreensão teórica do movimento histórico como um todo." De mais a mais, à exceção de Engels, nenhum deles parece ter dedicado muito tempo ao estudo das classes trabalhadoras. Em sua maior parte, suas obras se concentraram nas burguesias: suas histórias, seus Estados e administrações, sua organização da produção, suas ideologias e filosofias. Todos, é claro, decerto observaram atentamente os processos históricos e sociais do colapso de sociedades, em outras palavras, as revoluções, mas essas eram as contradições das sociedades burguesas. Tampouco incluíram em seus textos muitos intelectuais proletários. Isso suscita novamente a questão: o marxismo é uma teoria para o proletariado ou do proletariado? Um marxista estadunidense respondeu à pergunta da seguinte maneira: "Embora em sua prática os marxistas tenham amiúde tentado levar em conta a práxis do proletariado, sua teoria é um obstáculo." D. Howard, *The Marxian Legacy*, p. 274. E.P. Thompson parece ter chegado a conclusões similares em *The Making of the English Working Class* e *The Poverty of Theory*.

190. Em 1949, Cornelius Castoriadis escreveu em The Relations of Production in Russia: "A ditadura do

642   NOTAS

proletariado não pode ser simplesmente a ditadura política; deve ser sobretudo a ditadura econômica do proletariado, caso contrário, será apenas uma máscara para a ditadura da burocracia." Apud D. Howard, op. cit., p. 266. Castoriadis provou ser um dos marxistas mais consistentemente críticos. Suas conclusões seguiram as feitas dez anos antes por James em *World Revolution, 1917-1936*. Curiosamente, O.C. Cox, escrevendo em 1948, ainda não havia achado possível aprimorar seu olhar consideravelmente agudo e crítico sobre o Estado russo; ver *Caste, Class and Race*, capítulo 11.

191. C.L.R. James, *The Making of the Caribbean People*, em *Spheres of Existence*, p. 180..

192. Essa é a posição assumida por R. Lacerte, Xenophobia and Economic Decline, *The Americas*, v. 37, n. 4, p. 499-515.

193. Marvin e Anne Holloway reeditaram o livro em 1969 por meio da Drum and Spear Press. Essa versão foi intitulada *A History of Pan-African Revolt* e incluía um "epílogo" que detalhava os movimentos negros entre 1939 e 1969.

194. David Widgery observa: "À medida que o desastre oprimia a esquerda alemã e Stálin se voltava para a desesperada formação de alianças da Frente Popular, James – agora editor do jornal da Liga Socialista Revolucionária *Fight*, fazia visitas clandestinas regulares ao grupo de revolucionários em torno de Trótski exilados em Paris. "Eram dias muito sérios", adverte James, enfatizando o adjetivo "sério" como só um trotskista dos velhos tempos pode fazer. 'Havia um menino alemão muito ativo em nosso movimento. Um dia nós o encontramos no fundo do Sena.'" "James foi, junto com D.D. Harber, o delegado britânico na conferência de fundação da Quarta Internacional Trotskista em 1938. Essa minúscula formação foi estabelecida na esperança de que, no holocausto que estava por vir, uma Internacional de visão clara pudesse encontrar uma maneira de passar pelo caos. Mas Trótski e, efetivamente, o próprio trotskismo sucumbiram à terrível repressão." A Meeting with Comrade James, *Urgent Tasks*, n. 12, p. 116.

195. Tony Martin, por exemplo, acredita que James foi disciplinado por Trótski sobre o "Problema Negro" com bons propósitos. Ver T. Martin, op. cit., p. 27-28. O que se supõe que sejam três transcrições diretas das discussões entre James, Trótski e outros foram publicadas por G. Breitman (ed.), op. cit. Pode-se captar algo do tom daquelas discussões em suas observações sobre a autodeterminação negra: "Johnson: Estou muito feliz por termos tido essa discussão, porque concordo inteiramente com você. Parece que nos Estados Unidos deveríamos defender essa ideia como o fez o PC. Você parece pensar que há uma possibilidade maior de que os negros queiram autodeterminação do que

eu acho provável. Porém, estamos cem por cento de acordo sobre a ideia que você apresentou, de que deveríamos ser neutros no desenvolvimento. Trótski: É a palavra 'reacionário' que me incomoda. Johnson: Deixe-me citar do documento [a posição de Johnson]: 'Se ele quisesse autodeterminação, então, por mais reacionário que pudesse ser em todos os demais aspectos, caberia ao partido revolucionário propor essa palavra de ordem. Considero a ideia de separação um retrocesso no que diz respeito a uma sociedade socialista. Se os trabalhadores brancos estenderem a mão ao negro, ele não irá desejar autodeterminação.' Trótski: É abstrato demais, porque a realização dessa palavra de ordem só pode ser alcançada quando os treze ou quatorze milhões de negros acreditarem que a dominação dos brancos terminou. Lutar pela possibilidade de concretização de um Estado independente é sinal de um grande despertar moral e político. Seria um tremendo passo revolucionário. Essa ascendência teria imediatamente as melhores consequências econômicas." G. Breitman (ed.), op. cit., p. 31-32. "Johnson" era, claro, James.

196. Sobre algumas de suas experiências no trabalho de Missouri, ver C.L.R. James, The Revolutionary Answer to the Negro Problem in the USA e Down with Starvation Wages in South-East Missouri, *The Future in the Present*.

197. *Notes on Dialectics* era no original uma série de cartas de James a seus associados na organização Johnson-Forest (ver infra). De acordo com R.A. Hill (comunicação pessoal), elas eram conhecidas como os papéis do "cuidador". D. Widgery, op. cit., p. 116, cita James, dizendo que as cartas foram "escritas em Reno quando eu estava tratando de um divórcio". Hill, em colaboração com o grupo Friends of Facing Reality com base em Detroit (cujo núcleo eram os antigos membros da organização Johnson-Forest), editou as cartas em forma de livro em 1966. Sobre um pouco da história do grupo de Detroit, ver D. Georgakas, Young Detroit Radicals, 1955-1965, *Urgent Tasks*, n. 12, p. 89-94.

198. "Embora o Partido Comunista tenha atingido seu pico numérico de oitenta mil membros durante a guerra, ele se tornou um agente virtual do Capitalismo Estatal na Rússia e nos Estados Unidos, como atestam sua dura oposição à Marcha sobre Washington planejada por A. Philip Randolph, seu ávido apoio ao No Strike Pledge [Compromisso Contra a Greve] e à acusação dos trotskistas de Minneapolis pelo governo. Interligada com a invasão da Europa Oriental pós-guerra pelo Exército Vermelho – a 'revolução feita a partir das torretas dos blindados com o encarceramento ou o assassinato de forças opostas radicais e democráticas como se nenhuma outra forma de libertação fosse agora imaginável – a direção comunista mostrou que algo mais do que 'traição' havia acontecido. Os componentes étnicos e raciais do partido, que

643

em certo sentido compensavam seu quadro limitado fora da liderança dos sindicatos industriais, foram se dissolvendo. Qualquer que fosse o seu futuro, o radicalismo estadunidense seria algo muito diferente do que foi." P. Buhle, op. cit., p. 32.

199. Ver S. Weir, Revolutionary Artist, *Urgent Tasks*, n. 12, p. 87; T. Martin, op. cit., p. 25-26.

200. Ver W. Jerome; A. Buick, Soviet State Capitalism? The History of an Idea, *Survey*, n. 62; T. Martin, op. cit. D. Bell contribuiu com uma versão cômica do trotskismo estadunidense. Ver *Marxian Socialism in United States*, p. 153-157.

201. Ver T. Martin, op. cit.; D. Georgakas, op. cit., passim.

202. C.L.R. James, *Notes on Dialectics*, p. 7. A paginação subsequente será indicada no texto.

203. "Lênin tinha uma noção de socialismo. É notável que até 1905 ele pensava o socialismo sempre em termos de Comuna. E depois de 1917 ele mudou – ele mudou não só para a Rússia, mas para o mundo. Temos que fazer o mesmo. Não o fizemos. Pois, se o tivéssemos feito, reconheceríamos nos artigos e métodos de Lênin na Rússia de 1917-1923 a maior fonte possível de compreensão teórica e visão do mundo de hoje." Ibidem, p. 147.

204. Na ocasião, James chegou bem perto de reconhecer este paradoxo: "O partido é o saber do proletariado como um ser. Sem o partido, o proletariado não sabe nada. Estamos aqui no clímax de um desenvolvimento característico da sociedade de classes. O proletariado é a única classe histórica para a qual o partido, o *partido político*, é essencial [...] a burguesia nunca encontrou um partido político necessário à sua existência. A forma característica do poder político burguês é a perfeição do Estado, e por longos períodos a burguesia se contentou e floresceu mesmo sem o controle do poder estatal. A burguesia não precisa de uma organização especial de conhecimento. A sociedade burguesa é a produção capitalista e, por sua posição como agente do capital, a burguesia automaticamente possui o conhecimento capitalista, a ciência, a arte, a religião e a essência da política burguesa, que é a manutenção da produção capitalista." "Além de sua existência como escravos assalariados, o proletariado não tem história, exceto a história de suas organizações políticas, isto é, revolucionárias. Nenhuma classe na história, salvo o proletariado (e isso não é em absoluto acidental), aspirou aberta e ousadamente, tanto teórica quanto praticamente, à tomada do poder estatal. A história da teoria e prática desse fenômeno sem precedentes na história da humanidade é a história do partido político proletário." Ibidem, p. 172-173. Ver C. Castoriadis, On

the History of the Workers' Movement, *Telos*, n. 30, p. 3-42; D. Howard, op. cit., capítulo 10.

205. "Um momento de reflexão (marxista) aponta para a inadequação da noção de Trótski da Rússia como um Estado degenerado de 'trabalhadores' [...] A 'degeneração' diria respeito apenas à forma, não à essência, da formação social russa. Mas isso confunde as formas jurídicas de propriedade com as próprias relações de produção. Para Marx, são precisamente essas relações de produção que determinam as formas de distribuição e seu reflexo superestrutural (deformado). As vacilações nas análises do próprio Trótski – por exemplo, sobre a questão do 'Termidor' ou sobre as táticas a serem seguidas pela Oposição – derivam da identificação entre forma e essência." D. Howard, op. cit., p. 265.

206. "Foram os trabalhadores que fizeram o trabalho teórico sobre os sovietes [...] *Eles* pensaram no soviete. Eles o analisaram e o lembraram e, poucos dias depois da revolução de fevereiro, organizaram nos grandes centros da Rússia essa formação social sem precedentes. Lênin o reconheceu desta vez." C.L.R. James, *Notes on Dialectics*, p. 138.

207. Vincent Harding relembrou: "Uma das coisas de que me lembro com uma mescla de tristeza e humor foi uma longa conversa que C.L.R. e Harry Haywood tiveram em nossa casa em Atlanta. Foi bastante focada – e só me pareceu um pouco irônico e, como disse, um tanto triste, embora muito do desenvolvimento da conversa também tivesse seu humor – ver esses dois negros, homens realmente experientes e talentosos, literalmente discutindo sobre qual expressão da ideologia e da organização marxista era na verdade a melhor. Creio que a partir dessa experiência os dois foram removidos do *mainstream* de grande parte da vida negra, da qual também extraíram suas forças. Só tenho a sensação de que teria sido muito mais saudável se esses dois homens tivessem encontrado algum terreno comum e pudessem ter encontrado maneiras de usar sua energia além daqueles tipos de discussões que surgiam das experiências do final dos anos de 1920 e 1930, que para eles eram feridas muito recentes e experiências muito difíceis [...] era muito difícil sentir o significado real de alguns daqueles argumentos ideológicos que eles estavam defendendo naquela época." K. Lawrence, entrevista com Harding, publicada como Conversation, *Urgent Tasks*, n. 12, p. 124.

208. Ver J. Bracey, Nello, *Urgent Tasks*, n. 12, p. 125.

209. P. Buhle et al., Interview with C.L.R. James, *Urgent Tasks*, n. 12, p. 82.

11. Richard Wright e Crítica à Teoria de Classes

1. As críticas sociais e literárias de H.L. Mencken e os romances radicais de Sinclair Lewis e Theodore

Dreiser foram a introdução formativa de Wright ao pensamento estadunidense. Ver M. Fabre, *The*

Unfinished Quest of Richard Wright, p. 67-69. Ele tinha, no entanto, uma instrução anterior que Addison Gayle recapitula: "Ele descobriu que as ações dos brancos costumavam ser precipitadas; altercações com eles poderiam ocorrer espontaneamente, por razões aparentemente ilógicas ou mesmo sem nenhum motivo. Um de seus primeiros empregos foi como carregador em uma loja de roupas de propriedade de dois homens brancos, pai e filho. Ambos tinham reputação de maltratar negros. Wright testemunhou vários espancamentos e bofetadas a negros que atrasavam o pagamento de suas dívidas. Um dos atos mais desprezíveis dizia respeito a uma mulher negra. Incapaz de pagar a conta, ela foi arrastada pela loja pelos dois homens e conduzida à sala dos fundos, onde foi espancada e chutada. Depois, em um estado de semiconsciência, foi jogada na rua. Um policial branco apareceu como se por casualidade, olhou com desprezo para a mulher atordoada e a prendeu por embriaguez. Os dois homens lavaram as mãos e olharam com benevolência para Wright." A. Gayle, *Richard Wright: The Ordeal of a Native Son*, p. 35. Entre numerosos casos parecidos, dois outros são esclarecedores: "Ele não encarava as ameaças [dos brancos] de matá-lo com leviandade. O exemplo de Bob, irmão de um de seus colegas de classe, era muito recente. Havia rumores que Bob, que trabalhava em um hotel frequentado por prostitutas brancas, estava envolvido com uma delas. Ele recebeu advertências de alguns brancos para terminar o relacionamento. Por alguma razão, não o fez e foi linchado. Quando seu colega de classe lhe contou o episódio, Wright ficara comovido com a dor do amigo; no entanto, também sentira um pouco da ansiedade e do medo que o assassinato produzia em toda a comunidade negra. Tais ações eram concebidas para controlar o comportamento e conter o desejo de rebelião entre os negros." Ibidem, p. 36. Antes, o terror branco havia atingido muito mais de perto. A mãe de Wright tinha levado seus dois filhos para morar com sua irmã Margaret e o marido Silas. Uma noite Silas não voltou: "A atmosfera na casa era de espera silenciosa e desesperada. A comida, mantida quente no fogão. Cada ruído dentro e fora da casa soava com uma clareza ensurdecedora. As duas irmãs se revezaram para espreitar na névoa da manhã. Algum tempo depois, elas foram alertadas por uma batida à porta. Não era a batida de Silas. Foi a batida do temido mensageiro, um dos negros desconhecidos que historicamente, às vezes na escuridão da noite ou no início da manhã, secretamente transmitiam mensagens de desastre. Ela foi breve e precisa: Hoskins fora assassinado por homens brancos. Sua família deveria ficar longe da cidade. Não haveria ritos funerários." Ibidem, p. 17. Experiências como essas, junto com o abandono de sua família pelo pai, o colapso e a paralisia de sua mãe, sua curta, mas terrível estada em um orfanato, tiveram resultados previsíveis na personalidade de Wright. Contudo, a maioria pode ser rastreada direta e não indiretamente às suas bases na história social estadunidense, em particular onde a mão de obra negra fora empregada. Não parece adequado, como no caso do tratamento pseudopsicológico e reducionista de Martin Kilson por Wright, enquadrar tais consequências em termos de "marginalidade". Ver M. Kilson, *Politics and Identity Between Black Intelectuals*, *Dissent*, p. 339-349.

2. Ver J. Baldwin, *The Exile* e *Alas, Poor Richard, Nobody Knows My Name*; e também os relatos de Ellen Wright sobre Baldwin e Wright em F. Berry, *Portrait of a Man as Outsider, Negro Digest*, p. 27-37.

3. Ver J. Ford, *The Case of Richard Wright, Daily Worker*, 5 set. 1944.

4. Ver B. Burns, *They're Not Uncle Tom's Children, The Reporter*, v. 14, n. 8, p. 21-23; A. Gayle, op. cit., p. 272.

5. Ver "Amid the Alien Corn", autor desconhecido, *Time*, 17 nov. 1958, p. 28; ver também as especulações de A. Gayle, op. cit., p. 287.

6. A. Gayle, op. cit., p. 219-221, que teve acesso a documentos fortemente censurados do Departamento de Estado Americano, do Federal Bureau of Investigation (FBI) e da Central Intelligence Agency (CIA), relata que a CIA estava "monitorando" as conversas de Wright já em abril de 1951; que a "liderança de Wright da Franco-American Fellowship irritou os agentes militares, o FBI, a CIA e o Departamento de Estado" [p. 221]; que dentro do grupo de expatriados negros, composto por "escritores, artistas, estudantes, ex-soldados, compositores, músicos e representantes de várias agências governamentais, como a UNESCO e o Serviço de Informação dos Estados Unidos [...] havia aqueles, em número crescente, que serviam como agentes ou informantes para a CIA, o FBI e a embaixada dos Estados Unidos" [p. 207]; e que os arquivos das agências indicavam um tráfego crescente de correspondência, relatórios e vigilância sobre Wright de 1956 até sua morte em 1960 [p. 262-263, 277-286]. O próprio Wright abordou as atividades da CIA no movimento negro americano e na comunidade de expatriados na França em duas obras; seu manuscrito não publicado, "Island of Hallucination" [Ilha de Alucinação] (posteriormente publicado sob o título de *American Hunger*), e seu discurso para alunos e membros da Igreja Americana em Paris (8 nov. 1960), intitulado "The Situation of the Black Artist and Intellectual in the United States" [A Situação do Artista e do Intelectual Negro nos Estados Unidos]. Os comentários de Wright no discurso foram resumidos por M. Fabre, op. cit., p. 518. Para mais informações sobre Wright e a CIA, ver C. Webb, *Richard Wright*, p. 375-377, 396; e F. Berry, op. cit. Paul Robeson, entre outros, estava sofrendo um tratamento semelhante por parte de agências americanas na época. Ver P.S. Foner (ed.), *Paul Robeson Speaks*: "Além de revogar o passaporte de Robeson e proibi-lo de deixar o território continental dos Estados Unidos de 1950 a 1957, funcionários do

governo estadunidense também procuraram influenciar a opinião pública contra Robeson; desencorajar outro governo 'de honrar Robeson como um grande humanista e ativista pelos direitos humanos'; evitar o emprego de Robeson no exterior em uma área não política; e minar seu impacto político emitindo comunicados anti-robesianos à imprensa e usando ou solicitando declarações de outros líderes negros para desacreditá-lo" [p. 4].

7. Ver a entrevista de H. Fuller com Chester Himes, *Black World*, v. xxi, n. 5, p. 93; C. Webb, op. cit., p. 312, 417; A. Gayle, op. cit., p. 235-236. Schine era um investigador da equipe do Subcomitê de Investigações do senador Joseph McCarthy. Como Roy Cohn, Schine parece ter sido um dos vários elos entre McCarthy e as "elites" cujo apoio lhe deu poder. Ver M.P. Rogin, *The Intellectuals and McCarthy*, p. 250.

8. Richard e Ellen Wright tinham poucas ilusões a respeito de seus inimigos, porém não era fácil obter provas conclusivas. Ver F. Berry, op. cit., p. 34s. Alguns dos conhecidos de Wright se mostraram céticos sobre uma "campanha" contra ele, mas outros acharam bastante razoável presumir que uma já estava em andamento. Ver O. Harrington, *The Mysterious Death of Richard Wright*, *Daily World*, 17 dez. 1977. A revisão de Gayle dos arquivos "higienizados" das agências de inteligência estadunidenses deixa o padrão muito mais perto da superfície. Também deve-se considerar os problemas preocupantes de documentos perdidos e fortemente censurados: "Na verdade, o número de documentos censurados durante esses últimos e mais problemáticos anos da vida de Wright torna difícil saber exatamente quais áreas de sua vida ou atividades foram visadas." A. Gayle, op. cit., p. 290-291.

9. Fabre publicou a seguinte carta de Wright para Margrit de Sablonière em 30 mar. 1960: "Você não deve se preocupar com que eu esteja em perigo [...]. Não sou exatamente desconhecido aqui e tenho amigos pessoais no próprio gabinete de De Gaulle. Claro, não quero que nada aconteça comigo, mas se acontecer, meus amigos saberão exatamente de onde vem. Se eu lhe digo essas coisas, é para que você saiba o que acontece. Para os estadunidenses, sou pior do que um comunista, pois meu trabalho cai como uma sombra em sua política na Ásia e na África. Esse é o problema; eles me pediram repetidas vezes para que eu trabalhasse para eles: mas eu preferiria morrer [...]. Mas eles tentam me distrair com todos os tipos de truques tolos." M. Fabre, op. cit., p. 509. Os arquivos que Gayle viu confirmam as afirmações de Wright, inclusive além das expectativas de Fabre: "Embora ele tenha exagerado o alcance e a intenção de alguns ataques, creio que muitos foram expressamente projetados para fazê-lo perder o senso de realidade. Seja por ciúme pessoal, intriga política ou malevolência racial, o desejo de prejudicar Wright era indiscutível."

Ibidem, p. 524-525. Sete anos depois, Gayle foi mais ambíguo: "É grande a tentação de tirar conclusões alinhadas com aqueles que acreditam que o fbi e a cia estiveram diretamente envolvidos na morte súbita de Wright. No entanto, com base nos fatos dos documentos, seria um erro deduzir isso. Não encontrei, *nem esperava encontrar*, provas para corroborar essa afirmação, mantida por muitos amigos do escritor. O que descobri foi um padrão de assédio por agências do governo dos Estados Unidos, parecendo às vezes mais uma vingança pessoal do que uma investigação de coleta de informações" (ênfase nossa). A. Gayle, op. cit., p. xv. Gayle, porém, acredita que havia algo de errado nos documentos: "O papel do Departamento de Estado, porém, é outro assunto, pois foi aqui que ocorreu a aparente vendeta. O único documento que supostamente provinha do Departamento de Estado apresenta Wright sob uma ótica desfavorável. Documentos filtrados pelo Departamento de Estado para o fbi mostram uma quantidade excessiva de atividade por parte do Foreign Office (Serviço de Relações Exteriores) durante os últimos meses de vida de Wright. A maior parte dos documentos foi totalmente eliminada, de modo que é difícil compreender com clareza o seu conteúdo. Se há alguma conexão entre essa atividade e a morte de Wright, ela só pode ser conhecida se as seções eliminadas dos documentos forem liberadas." Ibidem. Além disso, é claro, como John Stockwell, um ex-agente da cia mostrou, o Departamento de Estado, no início dos anos de 1970, pelo menos, havia desenvolvido procedimentos de comunicação relativos a operações secretas que negavam acesso até mesmo a seus próprios integrantes. Ver J. Stockwell, *In Search of Enemies*, p. 93.

10. *American Hunger* é o título originalmente sugerido por Wright (entre outros) para seu manuscrito não publicado, "Island of Hallucination". M. Fabre, op. cit., p. 616 nota 19. O material publicado sob o título anterior consiste, em grande parte, de trechos de *Black Boy*, que a Harper eliminou da edição de 1945. D. Pinckney parece estar equivocado quando sugere em sua resenha de *American Hunger* que o próprio Wright foi o responsável pela exclusão (ver Richard Wright: The Unnatural History of a Native Son, *Village Voice*, 4 jul. 1977, p. 80), uma vez que Wright publicou grande parte do material no *Atlantic Monthly* (ago. e set. 1944) sob o título "I Tried to Be a Communist".

11. R. Bone, *The Negro Novel in America*, p. 158.

12. Ibidem, p. 160.

13. Ver ibidem; A. Gayle, *The Way of the New World*, sobre essas caracterizações da obra de Wright. Por boas razões, Gayle não cita seu trabalho anterior em sua biografia de Wright.

14. Sobre a Costa do Ouro (atual Gana), ver R. Wright, *Black Power*; C.J. Robinson, "A Case of Mistaken Identity", artigo apresentado na African Studies Association Conference, Los Angeles, 1 nov. 1979.

646   NOTAS

15. M. Fabre, op. cit., p. xviii.

16. H. Cruse, *The Crisis of the Negro Intellectual*, p. 182.

17. Ibidem, p. 188.

18. R. Wright, Blueprint for Negro Writing, *New Challenge*, p. 61. Este ensaio foi reimpresso em *Race and Class*, v. 21, n. 4, p. 403-419.

19. Bem no início de sua experiência no partido, Wright, enquanto refletia sobre a reação de horror de sua mãe à propaganda comunista, chegou à conclusão de que: "Eles tinham um programa, um ideal, mas ainda não haviam encontrado uma linguagem." R. Crossman (ed.), *The God That Failed*, p. 107.

20. Ver M. Fabre, op. cit., p. 89-200; C. Webb, op. cit., p. 114-116.

21. D. Aaron, Richard Wright and the Communist Party, *New Letters*, p. 178.

22. R. Crossman, op. cit., p. 107-108. Sobre algumas outras tentativas interessantes de analisar o desenvolvimento do pensamento da classe trabalhadora estadunidense, ver S. Feldstein; L. Costello (eds.), *The Ordeal of Assimilation*; e P. (ed.), *The Origins of Left Culture in the US: 1880-1940*.

23. R. Wright, Blueprint for Negro Writing, *New Challenge*, p. 59.

24. Ver A. Meyer, *Leninism*, p. 40-41; L. Shapiro, Two Years That Shook the World, *New York Review of Books*, 31 mar. 1977, p. 3-4.

25. Ver I. Geiss, *The Pan-African Movement*, p. 163-175, 213.

26. A. Gayle, *The Way of the New World*, capítulo 8.

27. J. Baldwin, Everybody's Protest Novel, *Notes of a Native Son*, p. 22.

28. S. Brown, Review of Richard Wright's *Native Son*, *Opportunity*, p. 185.

29. C. Fadiman, Review of Richard Wright's *Native Son*, *The New Yorker*, 2 mar. 1940, p. 6.

30. R. Crossman, op. cit., p. 106.

31. Ibidem, p. 105.

32. Ibidem, p. 108.

33. Ver B. Gitlow, *I Confess*, capítulos 15 e 16; J. Starobin, *American Communism in Crisis*, p. 22.

34. Ver W., *The Negro and the Communist Party*; R. Kanet, The Comintern and the "Negro Question", *Survey*, p. 86-122.

35. M. Fabre, op. cit., p. 137.

36. R. Crossman, op. cit., p. 141-142.

37. Ibidem, p. 146.

38. Ibidem.

39. Ver E. Browder, Democracy and the Constitution, *The People's Front*, p. 235-248; Resolution on the Offensive of Fascism and the Tasks of the Communist International in the Fight for the Unity of Working Class Against Fascism, *Communist International*, 20 set. 1935, p. 951.

40. Idem, The 18th Anniversary of the Founding of the Communist Party, *The People's Front*, p. 271.

41. Ibidem, p. 275.

42. Idem, Revolutionary Background of the United States Constitution, op. cit., p. 266; Twenty Years of Soviet Power, op. cit, p. 346.

43. Ver W. Reich, What Is Class Consciousness?, *Sex-Pol: Essays 1929-1934*.

44. R. Wright a Michael Gold, apud M. Fabre, op. cit., p. 185.

45. R. Wright, How "Bigger" Was Born, introdução a *Native Son*, p. xix.

46. Ibidem, p. xx.

47. Ibidem, p. xxiv.

48. Em abril de 1940, Wright havia escrito a Gold: "Se eu seguisse o conselho de Ben Davis e escrevesse sobre os negros através das lentes de como o Partido os vê em termos de teoria política, abandonaria os Bigger Thomas. Eu estaria tacitamente admitindo que eles estão perdidos para nós, que o fascismo triunfará porque apenas ele pode obter a fidelidade daqueles milhões que o capitalismo esmagou e mutilou." M. Fabre, op. cit., p. 185-186.

49. R. Wright, How "Bigger" Was Born, introdução a *Native Son*, p. xix.

50. Ibidem, p. xviii.

51. Ibidem, p. xvii.

52. Ibidem, p. xxiv.

53. R. Wright, *Native Son*, p. 391-392.

54. Ver M. Fabre, op. cit., p. 184-187, para um resumo das reações dos líderes do partido a *Native Son*.

55. R. Wright, Blueprint for Negro Writing, *New Challenge*, p. 60.

56. J. Baudrillard, *The Mirror of Production*.

57. Ver C. Castoriadis, On the History of the Workers' Movement, *Telos*, n. 30, p. 3-42.

58. R. Wright, Blueprint for Negro Writing, *New Challenge*, p. 54.

59. Ibidem, p. 58.

60. R. Wright, *The Outsider*, p. 118-119.

61. Ver W.E.B. Du Bois, *Black Reconstruction*, passim.

62. Ver T., *American Communism and Soviet Russia*; D. Carter, *Scottsboro*; W. Record, op. cit.

63. R. Wright, Blueprint for Negro Writing, *New Challenge*, p. 62-63.

64. Ver M. Fabre, op. cit., p. 365s.; C. Webb, op. cit., p. 312.

65. Ver C.J. Robinson, The Emergent Marxism of Richard Wright's Ideology", *Race and Class*, v. 19, n. 3, p. 221-237.

66. R. Wright, *White Man Listen!*, p. 34-35. Sobre a função do mito, ver C.J. Robinson, *The Terms of Order*.

67. Ver G. Piana, History and Existence in Husserl's Manuscripts, *Telos*, n. 13, p. 86-164; G. Lukács, On the Responsibility of Intellectuals, *Telos*, n. 3, p. 123-131; W. Leiss, Review on Husserl, *Telos*, n. 8, p. 110-121; P. Piccone, Reading the *Crisis*, *Telos*, n. 8, p. 121-129.

68. K. Marx, Contribution to the Critique of Hegel's Philosophy of Right: Introduction, em R. Tucker (ed.), *The Marx-Engels Reader*, p. 12.

69. R. Wright, *The Outsider*, p. 129.

70. D. Aaron, op. cit., p. 180.

71. R. Wright, *The Outsider*, p. 227.

72. Ibidem, p. 334.

73. R. Wright, The Voiceless Ones, *Saturday Review*, 16 abr. 1960, p. 22. A análise de Cross feita por Raman K. Singh pode ser aplicada (como ele sugeriu) a Wright: "Ao se opor ao comunismo, Cross não abandona o Marxismo; ele está apenas procurando abolir a tirania do Partido. E ao adotar o Existencialismo, ele não está abandonando o Marxismo, porém mostrando seu conhecimento da consciência econômica e cósmica." R.K. Singh, Marxism in Richard Wright's Fiction, *Indian Journal of American Studies*, v. 4, n. 1-2, p. 33-34. Essa definitivamente não é a posição assumida por outros autores que vieram do movimento comunista como John Diggins os vê; J.P. Diggins, Buckley's Comrades, *Dissent*, p. 370-381.

74. R. Wright, *White Man Listen!*, p. 19-20.

75. Idem, *The Outsider*, p. 334.

76. K. Marx; F. Engels, *The Communist Manifesto*, in R. Tucker (ed.), op. cit., p. 343.

77. R. Wright, *The Outsider*, p. 221.

78. K. Marx; F. Engels, op. cit., p. 345.

79. R. Wright, *The Outsider*, p. 176-177.

80. R. Wright, Blueprint for Negro Writing, *New Challenge*, p. 57.

Referências

AARON, Daniel. Richard Wright and the Communist Party. *New Letters*, Winter, 1971.

ABRAHAMS, Peter. *Jamaica*. London: Her Majesty's Stationery Office, 1957.

ABYSSINIAN Debate, The. *New Leader*, 17 Apr. 1936.

ADAS, Michael. *Prophets of Rebellion: Millenarian Protest Movements Against the European Colonial Order*. Chapel Hill: University of North Carolina Press, 1979.

AJAYI, J.F. Ade; CROWDER, Michael (eds.). *History of West Africa*. New York: Columbia University Press, 1972. V. 1.

ALAVI, Hamza. Peasants and Revolution. *The Socialist Register*, 1965. V. 2.

ALHO, Olli. *The Religion of the Slaves*. Helsinki: Finnish Academy of Science, 1976.

ALVARES, Francisco. *Narrative of the Portuguese Embassy to Abyssinia During the Years 1520–1527*. Ed. Lord Stanley of Alderley. New York: Burt Franklin Publisher, 1970.

ALMOND, Gabriel. *The Appeals of Communism*. Princeton: Princeton University Press, 1965.

AMID THE ALIEN CORN. *Time*, 17 Nov. 1958.

ANDERSON, James D. Aunt Jemima in Dialectics: Genovese and Slave Culture. *Journal of Negro History*, v. 61, n. 1, Jan., 1976.

ANDERSON, Jervis. *A. Philip Randolph*. New York: Harcourt Brace Jovanovich, 1973.

ANDERSON, Perry. *Arguments Within English Marxism*. London: Verso, 1980.

____. *Considerations on Western Marxism*. London: Verso, 1979.

____. *Lineages of the Absolute State*. London: NLB, 1974.

ANSTEY, Roger. *The Atlantic Slave Trade and British Abolition, 1760–1810*. New Jersey: Humanities Press/Atlantic Highlands, 1975.

____. The Volume and Profitability of the British Slave Trade, 1761–1807. In: ENGERMAN, Stanley; GENOVESE, Eugene (eds.). *Race and Slavery in the Western Hemisphere: Quantitative Studies*. Princeton: Princeton University Press, 1975.

APTHEKER, Herbert (ed.). *The Correspondence of W.E.B. Du Bois*. Amherst: University of Massachusetts Press, 1976. V. 2.

APTHEKER, Herbert. Maroons Within the Present Limits of the United States: Rebel Slave Communities in the Americas. In: PRICE, Richard (ed.). *Maroon Societies: Rebel Slave Communities in the Americas*. Garden City: Anchor, 1973.

____. The Historian. In: LOGAN, Rayford (ed.). *W.E.B. Du Bois: A Profile*. New York: Hill and Wang, 1971.

____. *American Negro Slave Revolts*. New York: International Publishers, 1964.

____. *Essays in the History of the American Negro*. New York: International Publishers, 1945.

ARENDT, Hannah. *The Origins of Totalitarianism*. Cleveland: Meridian Books, 1958.

ARONOWITZ, Stanley. Does the United States Have a New Working Class? In: FISCHER, George (ed.). *The Revival of American Socialism*. New York: Oxford University Press, 1971.

ASAD, Talal (ed.). *Anthropology and the Colonial Encounter*. New York: Humanities Press, 1973.

ASANTE, S.K.B. The Afro-American and the Italo-Ethiopia Crisis, 1934-1936. *Race*, v. 15, n. 2, Oct. 1973.

ATANDA, J.A. British Rule in Buganda. *Tarikh*, v. 4, n. 4, 1974.

AUSTEN, Ralph. The Islamic Slave Trade Out of Africa (Red Sea and Indian Ocean). In: GEMERY, Henry; HOGENDORN, Jan (eds.). *The Uncommon Market: Essays in the Economic History of the Atlantic Slave Trade*. New York: Academic Press, 1979.

AVINERI, Shlomo (ed.). *Karl Marx on Colonialism and Modernization*. Garden City: Anchor. 1969.

AVINERI, Shlomo. *The Social and Political Thought of Karl Marx*. Cambridge: Cambridge University Press, 1968.

AYALON, David. Studies in Al-Jabarti. *Studies on the Mamluks in Egypt*. London: Variorum Press, 1977.

____. Studies on the Structure of the Mamluk Army, Part 2. *Bulletin of the School of Oriental and African Studies*, v. 15, n. 3, 1953.

BALANDIER, Georges. *Political Anthropology*. New York: Pantheon, 1970.

_____. *Daily Life in the Kingdom of the Kongo*. New York: Meridian Books, 1969.

BALDWIN, James. *Nobody Knows My Name*. New York: Dial Press, 1961.

_____. *Notes of a Native Son*. New York: Dial Press, 1955.

BANTON, Michael; HARWOOD, Jonathan. *The Race Concept*. New York: Praeger, 1975.

BAPTISTE, Fitz A. The United States and West Indian Unrest 1918–1939. *Working Paper*, n. 18, Institute of Social and Economic Research, University of the West Indies, Jamaica, 1978.

BARK, William C. *Origins of the Medieval World*. Stanford: Stanford University Press, 1958.

BARNET, Richard; MULLER, Ronald. *Global Reach*. New York: Simon and Schuster, 1974.

BARR, Stringfellow. *Mazzini, Portrait of an Exile*. New York: Holt, 1959.

BARRACLOUGH, Geoffrey. *The Origins of Modern Germany*. New York: Capricorn Books, 1963.

BART, Philip et al. (eds.). *Highlights of a Fighting History: 60 Years of the Communist Party, USA*. New York: International Publishers, 1979.

BARTH, Heinrich. *Travels and Discoveries in North and Central Africa*. London: Longmans, Green and Co., 1857. 5 V.

BARZUN, Jacques. *The French Race*. New York: Kennirat, 1966.

_____. *Race*. New York: Harcourt Brace, 1932.

BATIE, Robert Carlyle. Why Sugar? Economic Cycles and the Changing Staples on the English and French Antilles, 1624–54. *Journal of Caribbean History*, v. 8, Nov. 1976.

BAUMER, Franklin L. England, the Turk, and the Common Corps of Christendom. *American Historical Review*, v. 50, n. 1, Oct. 1944.

BAUDRILLARD, Jean. *The Mirror of Production*. St. Louis: Telos, 1975.

BEACH, D.N. "Chimurenga": The Shona Rising of 1896–97. *Journal of African History*, v. 20, n. 3, 1979.

BEARD, Charles. Neglected Aspects of Political Science. *American Political Science Review*, v. 43, Apr. 1948.

BEAZLEY, C. Raymond. Prince Henry of Portugal and His Political, Commercial and Colonizing Work. *American Historical Review*, v. 17, n. 2, Jan. 1923.

BECKFORD, George. *Persistent Poverty*. Oxford: Oxford University Press, 1972.

BELL, Daniel. *Marxian Socialism in the United States*. Princeton: Princeton University Press, 1967.

BELL, Wendell. Inequality in Independent Jamaica: A Preliminary Appraisal of Elite Performance. *Revista/Review Interamericana*, v. 7, n. 2, Summer, 1977.

BELTRAN, G. Aguirre. Races in Seventeenth-Century Mexico. *Phylon*, v. 6, n. 3, 1945.

BENDER, Gerald. *Angola Under the Portuguese*. Berkeley: University of California Press, 1978.

BEN-JOCHANNAN, Yosef. *Africa: Mother of Western Civilization*. New York: Alkebu-Lan, 1971.

BENNETT, Lerone. *Before the Mayflower*. Chicago: Johnson Publications, 1964.

BERLIN, Ira. *Slaves without Masters*. New York: Vintage, 1974.

BERLIN, Isaiah. Historical Materialism. In: BOTTOMORE, Tom (ed.). *Karl Marx*. Englewood Cliffs: Prentice-Hall, 1973.

BERMANT, Chaim. *London's East End*. New York: Macmillan, 1975.

BERRY, Faith. Portrait of a Man as Outsider. *Negro Digest*, Dec. 1968.

BERRY, Mary F. *Black Resistance, White Law*. New York: Appleton-Century-Croft, 1971.

BETHELL, Leslie. The Independence of Brazil and the Abolition of the Brazilian Slave Trade: Anglo-Brazilian Relations, 1822-1826. *Journal of Latin American Studies*, v. 1, n. 2, Nov. 1969.

BIDNEY, David. The Idea of the Savage in North American Ethnohistory. *Journal of the History of Ideas*, v. 15, n. 2, 1954.

BITTLE, William; GEIS, Gilbert. *The Longest Way Home*. Detroit: Wayne State University Press, 1964.

BLACKMAN, Peter. Entrevista com C.I. Robinson. London, 18 Nov. 1981. Entrevistas irão em separado

BLACKSTOCK, Paul; HOSELITZ, Bert (eds.). *The Russian Menace to Europe*. Glencoe: Free Press, 1952. (Coletânea de textos de Karl Marx e Friedrich Engels sobre a Rússia.)

BLAKE, John William. *Europeans in West Africa, 1450–1460*. Nendeln: Kraus, 1967. V. 1.

BLASSINGAME, John. *The Slave Community*. New York: Oxford University Press, 1972.

BLEBY, Henry. *Death Struggles of Slavery*. London: William Nichols, 1853.

BLOCH, Marc. *French Rural History*. Berkeley: University of California Press, 1966.

BLOOM, Solomon. *The World of Nations*. New York: Columbia University Press, 1941.

BONE, Robert. *The Negro Novel in America*. New Haven: Yale University Press, 1965.

BONTEMPS, Arna. *100 Years of Negro Freedom*. New York: Dodd, Mead and Co., 1961.

BORKENAU, Franz. *World Communism*. Ann Arbor: University of Michigan Press, 1971.

BOTTOMORE, Tom (ed.). *Karl Marx*. Englewood Cliffs: Prentice-Hall, 1973.

BOXER, Charles Ralph. *Women in Iberian Expansion, 1415-1815*. New York: Oxford University Press, 1975.

_____. *Four Centuries of Portuguese Expansion, 1415-1825*. Johannesburg: Witwatersrand University Press, 1965.

_____. *The Golden Age of Brazil, 1695-1750*. Berkeley: University of California Press, 1962.

BOYD-BOWMAN, Peter. Negro Slaves in Early Colonial Mexico. *The Americas*, v. 26, n. 2, Oct. 1969.

BRACEY, John. Nello. *Urgent Tasks*, n. 12, Summer, 1981.

BRANDES, George. *Ferdinand Lassalle*. New York: Bergman, 1968.

BRANDT, Joseph (ed.). *Black Americans in the Spanish People's War Against Fascism 1936-1939*. New York: New Outlook, [s. d.].

BRAUDEL, Fernand. *The Mediterranean and the Mediterranean World in the Age of Philip II*. New York: Harper and Row, 1976, v. I. 2 v.

_____. *Capitalism and Material Life, 1400-1800*. New York: Harper and Row, 1973.

BREITMAN, George (ed.). *Leon Trotsky on Black Nationalism and Self Determination*. New York: Merit Publishers, 1972.

BRERETON, Bridget. *Race Relations in Colonial Trinidad, 1811-1900*. Ed. John La Guerre. Cambridge: Cambridge University Press, 1979.

BRIGGS, Asa. The Language of "Class" in Early Nineteenth-Century England. In: BRIGGS, Asa; SAVILLE, John (eds.). *Essays in Labour History*. London: Macmillan, 1960.

BRISBANE, Robert. *The Black Vanguard*. Valley Forge: Judson Press, 1970.

BROCKWAY, Fenner. What Can We Do about Mussolini? *New Leader*, 19 Jul. 1935.

BRODERICK, Francis. *W.E.B. Du Bois: Negro Leader in a Time of Crisis*. Stanford: Stanford University Press, 1959.

BRODERICK, Francis; MEIER, August (eds.). *Negro Protest Thought in the Twentieth Century*. Indianapolis: Bobbs-Merrill, 1965.

BRODY, David. *Steelworkers in America*. Cambridge: Harvard Press, 1960.

BROOK, George Leslie. *A History of the English Language*. New York: W.W. Norton, 1958.

BROWDER, Earl. *The People's Front*. New York: International Publishers, 1938.

_____. Resolution on the Offensive of Fascism and the Tasks of the Communist International in the Fight for the Unity of Working Class against Fascism. *Communist International*, 20 Sep. 1935.

BROWN, Dee. *Bury My Heart at Wounded Knee*. New York: Holt, Rinehart and Winston, 1971.

BROWN, Michael Barratt. *The Economics of Imperialism*. Harmondsworth: Penguin, 1974.

BROWN, Sterling. Review of Richard Wright's *Native Son. Opportunity*, Jun. 1940.

BUCHER, Carl. *Industrial Evolution*. New York: August Kelley, 1968.

BUCKLEY, Roger Norman. *Slaves in Red Coats*. New Haven: Yale University Press, 1979.

BUHLE, Paul. Marxism in the U.S.A. *Urgent Tasks*, n. 12, Summer 1981.

_____. American Marxist Historiography, 1900-1940. *Radical America*, v. 4, n. 8-9, Nov. 1970.

BUHLE, Paul; IGNATIN, Noel; EARLY, James; MILLER, Ethelbert [1981]. Interview with C.L.R. James. *Urgent Tasks*, n. 12, Summer, 1981.

BUHLE, Paul (ed.). *The Origins of Left Culture in the US: 1880-1940*. Providence: Cultural Correspondence/Green Mountain Irregulars, 1978.

BUISSERET, David; TAYLOR, S.A.G. Juan de Bolas and His Pelinco. *Caribbean Quarterly*, v. 24, n. 1-2, Mar-Jun. 1978.

BURKE, James. *Connections*. Boston: Little, Brown, 1978.

BURN, W.L. *Emancipation and Apprenticeship in the British West Indies*. London: Jonathan Cape, 1937.

BURNS, Ben. They're Not Uncle Tom's Children. *The Reporter*, v. 14, n. 8, Mar. 1956.

BURRIDGE, T.D. *British Labour and Hitler's War*. London: Andre Deutsch, 1976.

BUTTERFIELD, Herbert. *The Origins of Modern Science*. New York: Free Press, 1957.

CABRAL, Amílcar. *Return to the Source*. Africa Information Service, 1973.

_____. *Revolution in Guinea*. New York: Monthly Review Press, 1969.

CAIRNS, H. Alan. *Prelude to Imperialism*. London: Routledge and Kegan Paul, 1965.

CALLINICOS, Alex. *Althusser's Marxism*. London: NLB, 1976.

CALÓGERAS, João Pandiá. *A History of Brazil*. Chapel Hill: University of North Carolina Press, 1959.

CAMPBELL, Mavis. *The Dynamics of Change in a Slave Society*. Rutherford: Fairleigh Dickinson University Press, 1976.

____. Aristotle and Black Slavery: A Study in Race Prejudice. *Race*, v. 15, n. 3, Jan. 1974.

CAMPORESI, Cristiano. The Marxism of Sidney Hook. *Telos*, n. 3, Summer, 1972.

CANETTI, Elias. *Crowds and Power*. New York: Viking Press, 1966.

CANNY, Nicholas. The Ideology of English Colonization: From Ireland to America. *William and Mary Quarterly*, v. 30, n. 4, Oct. 1972.

CANTOR, Milton. *The Divided Left: American Radicalism, 1900–1975*. New York: Hill and Wang, 1978.

____. The Image of the Negro in Colonial Literature. In: GROSS, Seymour; HARDY, John Edward (eds.). *Images of the Negro in American Literature*, Chicago: University of Chicago Press, 1966.

CANTOR, Norman (ed.). *The Medieval World, 300–1300*. New York: Macmillan, 1963.

CARR, Edward H. *What Is History?* New York: Vintage, 1961.

CARTER, Dan T. *Scottsboro: A Tragedy of the American South*. London: Oxford University Press, 1968.

CARUS-WILSON, E.M.; COLEMAN, Olive. *England's Export Trade, 1275–1547*. Oxford: Oxford University Press, 1963.

CASAL, Lourdes. Race Relations in Contemporary Cuba. *Minority Rights Group*, n. 7, London, 1979.

CASE, Lynn. *Franco-Italian Relations, 1860–1865*. New York: AMS Press, 1970.

CASTLES, Stephen; KOSACK, Godula. *Immigrant Workers and Class Structure in Western Europe*. London: Oxford University Press, 1973.

____. The Function of Labour Immigration in Western European Capitalism. *New Left Review*, n. 73, May-June 1972.

CASTORIADIS, Cornelius. The Relations of Production in Russia. In: HOWARD, Dick. *The Marxian Legacy*. London: Macmillan, 1977.

____. On the History of Workers' Movement. *Telos*, n. 30, Winter 1976/1977.

CASTRO, Americo. *The Structure of Spanish History*. Princeton: Princeton University Press, 1954.

CAUTE, David. *Communism and the French Intellectuals, 1914–1960*. New York: Macmillan, 1964.

CHACE, William; COLLIER, Peter (eds.). *Justice Denied*. New York: Harcourt, Brace and World, 1970.

CHADWICK, H. Munro. *The Nationalities of Europe and the Growth of National Ideologies*. Cambridge: Cambridge University Press, 1945.

CHAMBERLIN, E.R. *Everyday Life in Renaissance Times*. New York: Capricorn Books, 1967.

CHARNEY, George. *A Long Journey*. Chicago: Quadrangle, 1968.

CHILCOTE, Ronald. *Emerging Nationalism in Portuguese Africa*. Stanford: Hoover Institution, 1969.

CLAMMER, David. *The Zulu War*. New York: St. Martin's Press, 1973.

CLARKE, John Henrik; JACKSON, Esther; KAISER, Ernest; O'DELL, J.H. (eds.). *Black Titan: W.E.B. Du Bois*. Boston: Beacon Press, 1970.

CLAUDIN, Fernando. *The Communist Movement: From Comintern to Cominform*. Harmondsworth: Penguin, 1975.

CLEGG, Ian. *Workers' Self-Management in Algeria*. New York: Monthly Review Press, 1971.

CLOUGH, Owen (ed.). *Report on African Affairs for the Year 1933*. Guildford: Empire Parliamentary Association, Billings and Sons, 1933.

COFFIN, Joshua; PINCKNEY, Thomas; CHARLESTON (N.C.). An Account of Some of the Principal Slave Insurrections. *Slave Insurrections, Selected Documents*. Westport: Negro University Press, 1970.

COHN, Norman. *The Pursuit of the Millennium*. New York: Oxford University Press, 1970.

COLE, G.D.H. *A History of Socialist Thought: Marxism and Anarchism, 1850–1890*. London: Macmillan, 1954, v. 2.

____. *A History of Socialist Thought: The Forerunners, 1789–1850*. New York: St. Martin's Press, 1953, v. 1.

COLEMAN, D.C. Eli Heckscher and the Idea of Mercantilism. *The Scandinavian Economic History Review*, v. 5, n. 1, 1957.

CONRAD, Robert. *The Destruction of Brazilian Slavery, 1850–1888*. Berkeley: University of California Press, 1972.

COOK, M.A. (ed.). *Studies in the Economic History of the Middle East from the Rise of Islam to the Present Day*. London: Oxford University Press, 1970.

COOK, Sherburne; BORAH, Woodrow. *The Aboriginal Population of Central Mexico on the Eve of the*

Spanish Conquest. Berkeley: University of California Press, 1963.

COOLIDGE, Mary R. *Chinese Immigration.* New York: Arno Press, 1969.

COOPER, Wayne; REINDERS, Robert C. Claude McKay in England, 1920. *New Beacon Reviews*, 1968, Collection One (reprinted from *Race*, v. 9, n. 1, 1967).

CORNFORTH, Maurice (ed.). *Rebels and Causes.* London: Lawrence and Wishart, 1978.

COX, Lawanda; COX, John H. Negro Suffrage and Republican Politics: The Problem of Motivation in Reconstruction Historiography. In: GATELL, Frank Otto; WEINSTEIN, Allen (eds.). *American Themes: Essays in Historiography.* New York: Oxford University Press, 1968.

COX, Oliver C. *Caste, Class and Race.* New York: Modern Reader, 1970.

_____. *Capitalism as a System.* New York: Monthly Review Press, 1964.

_____. *The Foundations of Capitalism.* New York: Philosophical Library, 1959.

CRATON, Michael. The Passion to Exist: Slave Rebellions in the British West Indies 1650–1832. *Journal of Caribbean History*, v. 13, 1980.

_____. Proto-Peasant Revolts: The Late Slave Rebellions in the British West Indies 1816–1832. *Past and Present*, v. 85, n. 1, Nov. 1979.

_____. *Sinews of Empire.* Garden City: Anchor, 1974.

CRAVEN, Wesley Frank. *White, Red and Black.* Charlottesville: University Press of Virginia, 1971.

_____. *The Legend of the Founding Fathers.* New York: New York University Press, 1956.

CRICK, Bernard. *The American Science of Politics.* London: Routledge and Kegan Paul, 1959.

CRONON, E. David (ed.). *Marcus Garvey.* Englewood Cliffs: Prentice-Hall, 1972.

_____. *Black Moses: The Story of Marcus Garvey and the Universal Negro Improvement Association.* Madison: University of Wisconsin Press, 1955.

CROSBY Jr., Alfred W. *The Columbian Exchange.* Westport: Greenwood Press, 1977.

CROSSMAN, Richard (ed.). *The God That Failed.* New York: Harper, 1965.

CROW, Jeffrey J. Slave Rebelliousness and Social Conflict in North Carolina, 1775-1802. *William and Mary Quarterly*, v. 37, n. 1, Jan. 1980.

CRUISE-O'BRIEN, Rita. Factors of Dependence. In: MORRIS-JONES, W.H.; FISCHER, Georges (eds.).

Decolonization and After. London: Frank Cass, 1980.

CRUSE, Harold. *The Crisis of the Negro Intellectual.* New York: William Morrow, 1967.

CUFFE, Paul. A Brief Account of the Settlement and Present Situation of the Colony of Sierra Leone in Africa. In: HILL, Adelaide C.; KILSON, Martin (eds.). *Apropos of Africa.* London: Frank Cass, 1969.

CUMMINGS, Milton; WISE, David. *Democracy under Pressure.* New York: Harcourt Brace Jovanovich, 1977.

CURTIN, Philip. Slavery and Empire. *Annals of the New York Academy of Sciences*, New York, v. 292, Jun., 1977. (Comparative Perspectives on Slavery in New World Plantation Societies. Eds. Vera Rubin; Arthur Tuden.)

_____. The Atlantic Slave Trade, 1600–1800. In: AJAYI, J.F.A.; CROWDER, Michael (eds.). *History of West Africa*, New York: Columbia University Press, 1972, v. I.

_____. *Imperialism.* New York: Walker, 1971.

_____. *The Atlantic Slave Trade: A Census.* Madison: University of Wisconsin Press, 1969.

_____. *The Image of Africa.* Madison: University of Wisconsin Press, 1964.

CURTIS, L.P. Jr. *Anglo-Saxons and Celts.* New York: New York University Press, 1968.

CURWEN, C.A. [1971]. China. In: JOHNSON, Douglas (ed.). *The Making of the Modern World: Europe Discovers the World*, New York: Barnes and Noble, 1971, v. I.

DAGET, Serge. La Répression britannique sur les négriers français du trafic illégal: quelques conditions génerales ou spécifiques. Mathematical Social Science Board Seminar on the Economics of Slave Trade, Waterville, Maine, USA, 20-22 Aug. 1975. (Não publicado.)

DANIEL, Norman. *The Arabs and Medieval Europe.* London: Longman, 1979.

_____. *Islam and the West.* Edinburgh: Edinburgh University Press, 1960.

DANIELS, Douglas. *Pioneer Urbanites.* Philadelphia: Temple University Press, 1980.

DARKWAH, R.H. Kofi. *Shewa, Menilek and the Ethiopian Empire, 1813–1889.* London: Heinemann, 1975.

DAVIDSON, Basil. *The People's Cause: A History of Guerrillas in Africa.* Harlow: Longmans, 1981.

____. *The African Past*. Boston: Little, Brown, 1964.

DAVIDSON, David. Negro Slave Control and Resistance in Colonial Mexico, 1519-1650. *Hispanic American Historical Review*, v. 46, n. 3, Aug. 1966.

DAVIES, Arthur. Origins of Columbian Cosmography. *Studi Colombiani*. Genova: Civico Istituto Colombiano, 1952. V.2.

DAVIES, Kenneth Gordon. *The Royal African Company*. New York: Atheneum, 1970.

____. The Mess of the Middle Class. *Past and Present*, v. 22, n. 1, Jul. 1962.

____. The Origin of the Commission System in the West India Trade. *Transactions of the Royal Historical Society*, v. 2, 1952.

DAVIS, David Brion. *The Problem of Slavery in Western Culture*. Ithaca: Cornell University Press, 1966.

DAVIS, Horace. *Nationalism and Socialism*. New York: Monthly Review Press, 1967.

____. Nations, Colonies and Social Classes: The Position of Marx and Engels. *Science and Society*, v. 29, n. 1, Winter 1965.

DAVIS, Ralph. *The Rise of the Atlantic Economies*. London: Weidenfeld and Nicolson, 1973.

DAWLEY, Alan. E.P. Thompson and the Peculiarities of the Americas. *Radical History Review*, n. 19, Winter.

DEBBASCH, Yvan. Le Maniel: Further Notes. In: PRICE, Richard (ed.). *Maroon Societies: Rebel Slave Communities in the Americas*. Garden City: Anchor, 1973.

DEBIEN, Gabriel. Marronage in the French Caribbean. In: PRICE, Richard (ed.). *Maroon Societies: Rebel Slave Communities in the Americas*. Garden City: Anchor, 1973.

DE FELICE, Renzo. *Interpretations of Fascism*. Cambridge: Harvard University Press, 1977.

DELORIA, Vine, Jr. *Custer Died for Your Sins*. New York: Macmillan, 1969.

DENHAM, Dixon; CLAPPERTON, Hugh. *Narrative of Travels and Discoveries in Northern and Central Africa: in the years 1822, 1823, and 1824 by Major Denham, Captain Clapperton, and the Dr. Oudney...* London: John Murray, 1826. 4 v.

DEPAUW, Linda Grant. Land of the Unfree: Legal Limitations on Liberty in Pre-Revolutionary America. *Maryland Historical Magazine*, v. 68, n. 4, Winter 1973.

DERRY, T.K.; BLAKEWAY, M.G. *The Making of Pre-Industrial Britain: Life and Work Between the Renaissance and the Industrial Revolution*. London: John Murray, 1973.

DEUTSCHER, Isaac. *The Prophet Armed: Trotsky 1879-1921*. Oxford: Oxford University Press, 1979.

DEWAR, Hugo. *Communist Politics in Britain: The CPGB from Its Origins to the Second World War*. London: Pluto Press, 1976

DICKSON, Peter George Muir. *The Financial Revolution in England: A Study in the Development of Public Credit, 1688-1756*. London: Macmillan, 1967.

DIGGINS, John Patrick. Buckley's Comrades: The Ex-Communist as Conservative. *Dissent*, Fall 1975.

DIGGS, Irene. Zumbi and the Republic of Os Palmares. *Phylon*, v. 14, n. 1, 1953.

DIOP, Cheikh Anta. *The African Origin of Civilization*. New York: Lawrence Hill, 1974.

DOBB, Maurice. *Studies in the Development of Capitalism*. London: Routledge, 1946.

DOOKERAN, Winston. East Indians and the Economy of Trinidad and Tobago. In: LA GUERRE, John (ed.). *Calcutta to Caroni: The East Indians of Trinidad*. Trinidad: Longman Caribbean, 1974.

DOUGLAS, Mary. *Purity and Danger*. New York: Frederick Praeger, 1966.

DRAPER, Theodore. *The Rediscovery of Black Nationalism*. London: Seeker and Warburg, 1971.

____. *American Communism and Soviet Russia*. New York: Viking, 1960.

____. *The Roots of American Communism*. New York: Viking, 1957.

DROWSER, Margaret S. Egypt: Archaeology and History. *Encyclopedia Britannica*. Chicago: University of Chicago Press, 1965. V. 8.

DU BOIS, W.E.B. [1969b]. *The Suppression of the African Slave-Trade to the United States of America, 1638-1870*. New York: Schocken, 1969.

____. *Black Reconstruction in America, 1860-1880*. Cleveland: World Publishing, 1969.

____. *Dusk of Dawn*. New York: Schocken, 1968.

____. *The Autobiography of W.E.B. Du Bois: A Soliloquy on Viewing my Life from the Last Decade of its First Century*. New York: International Publishers, 1968.

____. Lecture at the Rosenwald Conference. *Baltimore Afro-American*, 20 May 1933.

____. Marcus Garvey and the NAACP. *The Crisis*, v. 35, Feb. 1928.

____. Judging Russia. *The Crisis*, v. 33, n. 4, Feb. 1927.

____. Marcus Garvey. *The Crisis*, v. 21, Jan. 1921.

____. *Darkwater: Voices from Within the Veil*. London: Constable and Co., 1920.

____. The African Roots of War. *Atlantic Monthly*, May 1915.

____. *The Souls of the Black Folk*. Chicago: A.C. Mc Clurg, 1903.

DUBOFSKY, Melvyn. *We Shall Be All: A History of the Industrial Workers of the World*. New York: Quadrangle/New York Times, 1969.

DUFFIELD, Ian [1981]. The Dilemma of Pan-Africanism for Blacks in Britain, 1760-1950. Artigo apresentado na International Conference on the History of Blacks in Britain, University of London, Sep. 1981. (Não publicado.)

DUNN, Richard S. *Sugar and Slaves: The Rise of the Planter Class in the English West Indies, 1624-1713*. Chapel Hill: University of North Carolina Press, 1972.

DUPUY, Alex. Class Formation and Underdevelopment in Nineteenth-Century Haiti. *Race and Class*, v. 24, n. 1, Summer 1982.

____. Spanish Colonialism and the Origin of Underdevelopment in Haiti. *Latin American Perspectives*, v. 3, n. 2, Spring 1976.

DZIDZIENYO, Anani. The Position of Blacks in Brazilian Society. *Minority Rights Group Reports*, London, n. 7, 1979.

EDWARDS, R.D. Ireland (ver The Tudors), *Encyclopaedia Britannica*, v. 12, 1965.

ELDER, J.D. The Yoruba Ancestor Cult in Gasparillo. *Caribbean Quarterly*, v. 16, n. 3, Aug. 1970.

ELLIS, P. Berresford. *A History of the Irish Working Class*. New York: George Brazille, 1973.

ELKINS, W.F. A Source of Black Nationalism in the Caribbean: The Revolt of the British West Indies Regiment at Taranto, Italy. *Science and Society*, v. 34, n. 1, Spring 1970.

ELTIS, D. The Direction and Fluctuation of the Trans-Atlantic Slave Trade, 1821-43: A Revision of the 1845 Parliamentary Paper. Mathematical Social Science Board Seminar on the Economics of Slave Trade, Waterville, Maine, USA, 20-22 Aug. 1975. (Não publicado.)

ENGELS, Friedrich. *The Condition of the Working Class in England in 1844*. London: George Allen and Unwin, 1950.

____. The Peasant War in Germany. In: KRIEGER, Leonard (ed.). *The German Revolutions*. Chicago: University of Chicago Press, 1967.

____. Germany: Revolution and Counter-Revolution. In: KRIEGER, Leonard (ed.). *The German Revolutions*. Chicago: University of Chicago Press, 1967.

____. *The Role of Force in History*. New York: International Publishers, 1972.

____. History of Ireland. In: MARX, Karl; ENGELS, Friedrich. *Ireland and the Irish Question*. New York: International Publishers, 1972.

____. Introduction to Karl Marx's "The Class Struggles in France, 1848 to 1850". *Karl Marx and Friedrich Engels, Selected Works*, v. 1. New York: International Publishers, 1972.

____. Socialism: Utopian and Scientific. In: TUCKER, Robert (ed.). *The Marx-Engels Reader*. New York: W.W. Norton, 1972.

____. The Magyar Struggle. In: MARX, Karl; ENGELS, Friedrich. *The Revolutions of 1848*. New York: International Publishers, 1973.

ENGERMAN, Stanley L.; GENOVESE, Eugene D. (eds.). *Race and Slavery in the Western Hemisphere: Quantitative Studies*. Princeton: Princeton University Press, 1975.

ENNES, Ernesto. The Palmares 'Republic' of Pernambuco: Its Final Destruction, 1697. *The Americas*, v. 5, n. 2, Oct. 1948.

ENZENSBERGER, Hans Magnus. Introduction. In: DE LAS CASAS, Bartolomé. *The Devastation of the Indies: A Brief Account*. New York: Seabury Press, 1974.

EPSTEIN, Melech. *The Jew and Communism*. New York: Trade Union Sponsoring Committee, [s.d.].

ESCALANTE, Aquiles. Palenques in Colombia. In: PRICE, Richard (ed.). *Maroon Societies: Rebel Slave Communities in the Americas*. Garden City: Anchor, 1973.

ESPINOSA, Antonio Vazquez de. *Compendium and Description of the West Indies*. Washington, D.C.: Smithsonian Institution Press, 1942.

ESSIEN-UDOM, E.U. *Black Nationalism*. Chicago: University of Chicago Press, 1962.

EVANS-PRITCHARD, E.E.; DOUGLAS, Mary; LEACH, Edmund; MAIR, Lucy; NEEDHAM, Rodney et al. Articles on British Social Anthropology and Colonial Administration. *The Times Literary Supplement*, 6 Jul. 1973.

EVANS, William McKee. From the Land of Canaan to the Land of Guinea: The Strange Odyssey of the "Sons of Ham". *American Historical Review*, v. 85, n. 1, Feb. 1980.

FABRE, Michel. *The Unfinished Quest of Richard Wright*. New York: William Morrow, 1973.

FADIMAN, Clifton. Review of Richard Wright's *Native Son*. *New Yorker*, 2 Mar. 1940.

FANON, Frantz. *The Wretched of the Earth*. New York: Grove Press, 1963.

FELDSTEIN, Stanley; COSTELLO, Lawrence (eds.). *The Ordeal of Assimilation*. Garden City: Doubleday, 1974.

FERNANDES, Florestan. *The Negro in Brazilian Society*. New York: Columbia University Press, 1969.

____. The Weight of the Past. *Daedalus*, v. 96, n. 2, Spring 1967.

FILE, Nigel; POWER, Chris. *Black Settlers in Britain, 1555–1958*. London: Heinemann Educational Books, 1981.

FINLEY, M.I. Between Slavery and Freedom. *Comparative Studies in Society and History*, v. 6, n. 3, Apr. 1964.

FINN, R. Weldon. *An Introduction to Domesday Book*. London: Longmans, 1963.

FISCH, Max. *The New Science of Giambattista Vico*. Ithaca: Cornell University Press, 1970.

FISCHER, George (ed.). *The Revival of American Socialism: Selected Papers of the Socialist Scholars Conference*. New York: Oxford University Press, 1971.

FISHEL, Leslie, Jr.; QUARLES, Benjamin (eds.). *The Black American*. Glenview: Scott, Foreshaw, Morrow, 1970.

FITZGERALD, Frances. *America Revised*. New York: Vintage, 1980.

FOGEL, Robert William; ENGERMAN, Stanley. *Time on the Cross: The Economics of American Negro Slavery*. Boston: Little, Brown, 1974. V. 2.

FONER, Jack D. *Blacks and the Military in American History*. New York: Praeger, 1974.

FONER, Philip S. (ed.). *Paul Robeson Speaks*. New York: Brunner/Mazel, 1978.

____. *W.E.B. Du Bois Speaks*. New York: Pathfinder Press, 1970.

FONER, Philip S. *Organized Labor and the Black Worker, 1619–1973*. New York: International Publishers, 1976.

____. *The Voice of Black America*. v. 1. New York: Capricorn Books, 1972. V. 1.

FORBATH, Peter. *The River Congo*. New York: D.P. Dutton, 1979.

FORD, James. The Case of Richard Wright. *Daily Worker*, 5 Sep. 1944.

FORSTER, Margaret. *William Makepeace Thackeray: Memoirs of a Victorian Gentleman*. London: Quartet, 1980.

FOSTER, William Z. *The Negro People in American History*. New York: International Publishers, 1970.

____. *Towards Soviet America*. Westport: Hyperion Press, 1932.

FRANCO, Jose L. Maroons and Slave Rebellions in the Spanish Territories. In: PRICE, Richard (ed.). *Maroon Societies: Rebel Slave Communities in the Americas*. Garden City: Anchor, 1973.

FRANKFORT, Henri. *The Ancient Egyptian Religion*. New York: Harper, 1961.

FRANKLIN, Benjamin. Observations Concerning the Increase of Mankind, Peopling of Countries etc. In: LABAREE, Leonard W. (ed.) *The Papers of Benjamin Franklin*. New Haven: Yale University Press, 1961.

FRANKLIN, John Hope. *From Slavery to Freedom*. New York: Knopf, 1967.

FRASER, W.H. Trade Unionism. In: WARD, J.T. (ed.). *Popular Movements c. 1830–1850*. London: Macmillan. 1970.

FRAZIER, E. Franklin. *The Black Bourgeoisie*. Glencoe: Free Press, 1957.

____. Human, All Too Human: The Negro's Vested Interest in Segregation. *Survey Graphic*, Jan. 1947.

FREDERICKSON, George. *The Black Image in the White Mind*. New York: Harper and Row, 1971.

FRIED, Albert; SANDERS, Ronald (eds.). *Socialist Thought*. Edinburgh: Edinburgh University Press, 1964.

FROUDE, James A. *The English in Ireland*. New York: Scribner, Armstrong, 1874. V. 1-3.

GARRISON, William Lloyd. *Thoughts on African Colonization*. New York: Arno, 1968.

GATELL, Frank Otto; WEINSTEIN, Allen Weinstein (eds.). *American Themes: Essays in Historiography*. New York: Oxford University Press, 1968.

GAYLE, Addison. *Richard Wright: Ordeal of a Native Son*. New York: Anchor/Doubleday, 1980.

____. *The Way of the New World*. Garden City: Doubleday, 1976.

GEGGUS, David. Haitian Divorce. *Times Literary Supplement*, 5 Dec. 1980.

GEISS, Immanuel. *The Pan-African Movement*. London: Methuen, 1974.

GEMERY, Henry; HOGENDORN, Jan (eds.). *The Uncommon Market: Essays in the Economic History of the Atlantic Slave Trade*. New York: Academic Press, 1979.

GENOVESE, Eugene; FOX-GENOVESE, Elizabeth. The Slave Economies in Political Perspective. *Journal of American History*, v. 66, n. 1, Jun. 1979.

GENOVESE, Eugene. *From Rebellion to Revolution*. Baton Rouge: Louisiana State University Press, 1979.

____. *Roll, Jordan, Roll: The World the Slaves Made*. London: Andre Deutsch, 1975.

____. The Legacy of Slavery and the Roots of Black Nationalism. In: GREER, Edward (ed.). *Black Liberation Politics: A Reader*. Boston: Allyn and Bacon, 1971.

GEORGAKAS, Dan. Young Detroit Radicals, 1955–1965. *Urgent Tasks*, n. 12, Summer 1981.

GERBER, David. Can You Keep 'Em Down on the Plantation after They've Read Rousseau? *Radical America*, v. 15, n. 6, Nov.-Dec. 1981.

GERHARD, Peter. A Black Conquistador in Mexico. *Hispanic American Historical Review*, v. 58, n. 3, Aug. 1978.

GIDDINGS, Joshua. *The Exiles of Florida*. Columbus: Follett, Foster and Co., 1858.

GILLIAM, Dorothy Butler. *Paul Robeson: All-American*. Washington, D.C.: New Republic Books, 1976.

GITLOW, Benjamin. *I Confess*. New York: E.P. Dutton, 1939.

GLAZER, Nathan. *The Social Basis of American Communism*. New York: Harcourt, Brace and World, 1961.

GODDARD, David (ed.). *Ideology in Social Science*. New York: Vintage, 1973.

GOMPERZ, Theodor. *Greek Thinkers*. London: John Murray, 1906. V. 1.

GOSSETT, Thomas. *Race: The History of an Idea in America*. Dallas: Southern Methodist University Press, 1963.

GRAY, Daniel Savage. Bibliographic Essay: Black Views on Reconstruction. *Journal of Negro History*, v. 58, n. 1, Jan. 1973.

GREENFIELD, Sidney M. Madeira and the Beginnings of New World Sugar Cane Cultivation and Plantation Slavery: A Study in Institution Building. *Annals of the New York Academy of Sciences*, New York, v. 292, Jun. 1977. (Comparative Perspectives on Slavery in New World Plantation Societies. Eds. Vera Rubin; Arthur Tuden.)

GREER, Edward (ed.). *Black Liberation Politics: A Reader*. Boston: Allyn and Bacon, 1971.

GRIER, Sir Selsyn. Unrest in the West Indies. Oxford University Summer School on Colonial Administration, Second Session, 27 Jun.-8 Jul., Oxford: Oxford University Press, 1938.

GRIFFITH, G.O. *Mazzini, Prophet of Modern Europe*. London: Hodder and Stoughton, 1932.

GRIMAL, Henri. *Decolonization: The British, French, Dutch and Belgian Empires, 1919–1963*. London: Routledge and Kegan Paul, 1978.

GROB, Gerald N.; BILLIAS, George A. (eds.). *Interpretations of American History*. New York: Free Press, 1967. V. 1.

DE GROOT, Sylvia W. The Bush Negro Chiefs Visit Africa: Diary of an Historic Trip. In: PRICE, Richard (ed.). *Maroon Societies: Rebel Slave Communities in the Americas*. Garden City: Anchor, 1973.

GROSS, Izhak. The Abolition of Negro Slavery and British Parliamentary Politics, 1832–3. *Historical Journal*, v. 23, n. 1, 1980.

GROSS, Seymour; HARDY, John Edward (eds.). *Images of the Negro in American Literature*. Chicago: University of Chicago Press, 1966.

GRUBER, Helmut. *Soviet Russia Masters the Comintern: International Communism in the Era of Stalin's Ascendancy*. Garden City: Anchor/Doubleday, 1974.

GUISEPPI, Montague. Alien Merchants in England in the Fifteenth Century. *Transactions of the Royal Historical Society*, v. 9, 1895.

GUTKIND, Peter C.W. *The Emergent African Urban Proletariat*. Montreal: McGill University, 1974. (Occasional Paper Series, n. 8, Center for Developing-Area Studies.)

GUTMAN, Herbert. *The Black Family in Slavery and Freedom, 1750–1925*. New York: Pantheon, 1976.

GUZMAN, Jessie. W.E.B. Du Bois—The Historian. *The Journal of Negro Education*, Fall 1961.

HALECKI, Oscar. *The Millennium of Europe*. Notre Dame: Notre Dame University Press, 1963.

HALÉVY, Elie. *Imperialism and the Rise of Labour: A History of the English People in the Nineteenth Century*. London: Ernest Benn, 1961. V. 5.

HALL, Marie Boas. Scientific Thought. In: NICOLL, Allardyce (ed.). *Shakespeare in His Own Age*.

657

Cambridge: Cambridge University Press, 1964. (Shakespeare Survey 17.)

HALL, Raymond. *Black Separatism in the United States*. Hanover: University Press of New England, 1978.

HAMDANI, Abbas. Columbus and the Recovery of Jerusalem. *Journal of the American Oriental Society*, v. 99, n. 1, Jan.-Mar. 1979.

HAMMOND, J.L. The Industrial Revolution and Discontent. *Economic History Review*, v. 2, n. 2, Jan. 1930.

HARING, C.H. *The Spanish Empire in America*. New York: Harcourt, Brace and World, 1963.

HARLAN, Louis R. *Booker T. Washington: The Making of a Black Leader*. New York: Oxford University Press, 1972.

HARRINGTON, Ollie. The Mysterious Death of Richard Wright. *Daily World*, 17 Dec. 1977.

HARRIS, Abram L. Reconstruction and the Negro. *New Republic*, 7 Aug. 1935.

HARRIS, P.B. *The Withdrawal of the Major European Powers from Africa*. Salisbury: University College of Rhodesia. Monographs on Political Science, n. 2, 1969.

HARRIS, William C. Introduction. In: LYNCH, John R. *The Facts of Reconstruction*. Indianapolis: Bobbs-Merrill, 1970.

HARRISON, Royden. The British Labour Movement and the International in 1864. In: MILIBAND, Ralph; SAVILLE, John (eds.). *The Socialist Register, 1964*. London: Merlin Press, 1964.

HART, Richard [1980]. *Slaves Who Abolished Slavery, v. 1: Blacks in Bondage*. Kingston: Institute of Social and Economic Research, University of the West Indies, 1980.

HAUPT, George. *Socialism and the Great War*. Oxford: Clarendon Press, 1972.

____. Préface. In: ROSENBERG, Arthur. *Histoire du Bolchevisme*. Paris: Grasset, 1967.

HAUPT, George; LÖWY, Michaël; WEILL, Claudia. *Les Marxistes et la question nationale*. Paris: François Maspero, 1974.

HAVIGHURST, Alfred. *The Pirenne Thesis: Analysis, Criticism and Revision*. Boston: D.C. Heath, 1958.

HAWARD, W.I. The Financial Transaction between the Lancastrian Government and the Merchants of the Staple from 1449 to 1461. In: POWER, Eileen; POSTAN, M.M. (eds.). *Studies in English Trade in the Fifteenth Century*. London: Routledge and Kegan Paul, 1951.

HAY, Denys. *Europe: The Emergence of an Idea*. Edinburgh: Edinburgh University Press, 1968.

____. *Europe in the Fourteenth and Fifteenth Centuries*. London: Longman, 1966.

HAYWOOD, Harry. *Black Bolshevik*. Chicago: Liberator Press, 1978.

____. *For a Revolutionary Position on the Negro Question*. Chicago: Liberator Press, 1975.

HECHTER, Michael. *Internal Colonialism*. Berkeley: University of California Press, 1975.

HECKSCHER, Eli. *Mercantilism*. London: George Allen and Unwin, 1955. 2 V.

HEGEL, G.W.F. *The Philosophy of History*. Ed. C.J. Friedrich. New York: Dover, 1956.

HENDERSON, W.O. *The Life of Friedrich Engels*. London: Frank Cass, 1976. V. 1.

____. *The Industrial Revolution in Europe*. Chicago: Quadrangle, 1961.

HENRI, Florette. *Black Migration*. Garden City: Anchor, 1976.

HERDER, Johann Gottfried Von. *Reflections on the Philosophy of the History of Mankind*. Chicago: University of Chicago Press, 1968.

HERTZ, Friedrich. *Race and Civilization*. New York: KTAV, 1970.

HETHERINGTON, Penelope. *British Paternalism and Africa, 1920-40*. London: Frank Cass, 1978.

HEYCK, Thomas W. *The Dimensions of British Radicalism: The Case of Ireland*. Urbana: University of Illinois Press, 1974.

HIBBERT, Christopher. *The Great Mutiny*. New York: Viking Press, 1978.

HIGMAN, B.W. Slavery Remembered: The Celebration of Emancipation in Jamaica. *Journal of Caribbean History*, v. 12, 1979.

HILL, Adelaide C.; KILSON, Martin. *Apropos of Africa: Sentiments of Negro American Leaders on Africa from the 1800s to the 1950s*. London: Frank Cass, 1969.

HILL, Douglas (ed.). *Tribune 40*. London: Quartet Books, 1977.

HILL, Lawrence F. The Abolition of the African Slave Trade to Brazil. *Hispanic American Historical Review*, v. 11, n. 2, May 1931.

HILL, Robert A. Zion on the Zambezi: Dr. J. Albert Thorne, "A Descendant of Africa, of Barbados", and the African Colonial Enterprise: The "Preliminary

Stage", 1894-97. Artigo apresentado na International Conference on the History of Blacks in Britain, University of London, Sep. 1981. (Não publicado.)

____. In England, 1932–1938. *Urgent Tasks*, n. 12, Summer 1981.

HIMES, Chester. Interview by Hoyt Fuller. *Black World*, v. XXI, n. 5, Mar. 1972.

HINDUS, Michael. Black Justice under White Law: Criminal Prosecutions of Blacks in Antebellum South Carolina. *Journal of American History*, v. 63, n. 3, 1976.

HINES, Linda O. White Mythology and Black Duality: George W. Carver's Response to Racism and the Radical Left. *Journal of Negro History*, v. 62, n. 2, Apr. 1977.

HIRSCHFIELD, Magnus. *Racism*. London: Victor Gollancz, 1938.

HOBSBAWM, Eric. The Historians' Group of the Communist Party. In: CORNFORTH, Maurice (ed.). *Rebels and Causes*. London: Lawrence and Wishart, 1978.

____. The Crisis of Capitalism in Historical Perspective. *Socialist Revolution*, n. 30, Oct.-Dec. 1976.

____. Some Reflections on Nationalism. In: NOSSITER, T.J.; HANSON, A.H.; ROKKAN, Stein (eds.). *Imagination and Precision in the Social Sciences*. London: Faber and Faber, 1972.

____. *Industry and Empire*. Harmondsworth: Penguin, 1968.

____. *Labouring Men*. London: Weidenfeld and Nicolson, 1964.

____. *The Age of Revolution: 1789–1848*. New York: Mentor, 1962.

____. Economic Fluctuations and Some Social Movements since 1800. *Economic History Review*, v. 5, n. 1, 1952.

HOFSTADTER, Richard. *America at 1750: A Social Portrait*. New York: Knopf, 1971.

HOLMES, Jack D.L. The Abortive Slave Revolt at Pointe Coupee, Louisiana 1795. *Louisiana History*, v. II, n. 4, Fall 1970.

HOLMES, Martin. Evil May-Day 1517: The Story of a Riot. *History Today*, v. 15, n. 9, 1965.

HOMZE, Edward. *Foreign Labor in Nazi Germany*. Princeton: Princeton University Press, 1967.

HOOK, Sidney. *From Hegel to Marx: Studies in the Intellectual Development of Karl Marx*. Ann Arbor: University of Michigan Press, 1962.

____. Materialism. *Encyclopedia of Social Sciences*, v. 10. New York: Macmillan, 1933.

HOOKER, James R. *Black Revolutionary: George Padmore's Path from Communism to Pan-Africanism*. New York: Praeger, 1970.

HOPKINS, Elizabeth. The Nyabingi Cult of Southwestern Uganda. In: ROTBERG, R. (ed.). *Rebellion in Black Africa*. London: Oxford University Press, 1971.

HORSMAN, Reginald. *Race and Manifest Destiny*. Cambridge: Harvard University Press, 1981.

HOWARD, Dick. *The Marxian Legacy*. London: Macmillan, 1977.

HOWARD, Michael. Empire, Race and War in Pre-1914 Britain. *History Today*, v. 31, n. 12, Dec. 1981.

HUNTER, G.K. [1964]. Elizabethans and Foreigners. In: NICOLL, Allardyce (ed.). *Shakespeare in His Own Age*. Cambridge: Cambridge University Press, 1964. (Shakespeare Survey 17.)

HUNWICK, J.O. Black Africans in the Islamic World: An Understudied Dimension of the Black Diaspora. *Tarikh*, v. 5, n. 4, 1978.

HUTTENBACK, R.A. *Racism and Empire*. Ithaca: Cornell University Press, 1976.

IKIME, Obaro. Colonial Conquest and African Resistance in the Niger Delta States. *Tarikh*, v. 4, n. 3, 1973.

INALCIK, Halil. *The Ottoman Empire*. London: Weidenfeld and Nicolson, 1966.

INGLIS, Brian. *Poverty and the Industrial Revolution*. London: Hodder and Stoughton, 1971.

INIKORI, J.E. Measuring the Atlantic Slave Trade: A Rejoinder. *Journal of African History*, v. 17, n. 4, Oct. 1976.

____. Measuring the Atlantic Slave Trade: An Assessment of Curtin and Anstey. *Journal of African History*, v. 17, n. 2. Apr. 1976.

IRVINE, Keith. *The Rise of the Colored Races*. New York: W.W. Norton, 1970.

JACKSON, James. The Negro in America. *Communist International*, Feb. 1925.

JACOBSEN, Julius (ed.). *The Negro and the American Labor Movement*. Garden City: Anchor, 1968.

JAFFE, Philip. *The Rise and Fall of American Communism*. New York: Horizon, 1975.

JAMES, C.L.R. Radical Pan-Africanism in the 1930s: A Discussion with C.L.R. James. *Radical History Review*, n. 24, 1980. (Interview with Alan J. MacKenzie.)

659

____. *Notes on Dialectics*. London: Allison and Busby, 1980.

____. *Spheres of Existence*. London: Allison and Busby, 1980.

____. *The Future in the Present*. Westport: Lawrence Hill, 1977.

____. *Nkrumah and the Ghana Revolution*. Westport: Lawrence Hill, 1977.

____. [1974]. Interview with C.J. Robinson. Binghamton, Spring.

____. *Modern Politics*. Detroit: bewick/ed., 1973.

____. *A History of Pan-African Revolt*. Washington, D.C.: Drum and Spear, 1969.

____. *Beyond a Boundary*. London: Hutchinson, 1963.

____. *The Black Jacobins*. New York: Vintage, 1963.

____. *World Revolution, 1917–1936: The Rise and Fall of the Communist International*. London: Martin Seeker and Warburg, 1937.

____. Fighting for the Abyssinian Empire. *New Leader*, 5 Jun. 1936.

____. "Civilising" the "Blacks". *New Leader*, 29 May 1936.

____. Is This War Necessary? *New Leader*, 4 Oct. 1935.

____. *The Case for West-Indian Self Government*. London: Hogarth, 1933.

JAMES, C.L.R.; PADMORE, George. Revolts in Africa. In: JAMES, C.L.R. *The Future in the Present*. Westport: Lawrence Hill, 1977.

JAMES, George. *Stolen Legacy*. New York: Philosophical Library, 1954.

JELLEMA, Dirk. Frisian Trade in the Dark Ages. *Speculum*, v. 30, n. 1, Jan. 1955.

JEROME, W.; BUICK, A. Soviet State Capitalism?: The History of an Idea. *Survey*, n. 62, Jan. 1967.

JHA, J.A. Indian Heritage in Trinidad, West Indies. *Caribbean Quarterly*, v. 19, n. 2, June 1973.

JOHNSON, Douglas (ed.). *The Making of the Modern World: Europe Discovers the World*. New York: Barnes and Noble, 1971. V. 1.

JOLL, James. The German Confederation, 1815–1866. *Encyclopaedia Britannica*, v. 10, 1965.

JONES, Allen W. The Black Press in the "New South": Jesse C. Duke's Struggle for Justice and Equality. *Journal of Negro History*, v. 64, n. 3, Summer 1979.

JORDAN, Winthrop. *White Over Black*. Chapel Hill: University of North Carolina Press, 1968.

KANET, Roger. The Comintern and the "Negro Question": Communist Policy in the United States and Africa, 1921–1941. *Survey*, Autumn, 1973.

KAPLAN, Sidney. *The Black Presence in the Era of the American Revolution, 1770-1800*. New York: Graphic Society, 1973.

KARASCH, Mary. Black Worlds in the Tropics: Gilberto Freyre and the Woman of Color in Brazil. *Proceedings of the Pacific Coast Council on Latin American Studies*, v. 3, 1974.

KATZ, William L. Earliest Responses of American Negroes and Whites to African Colonization. In: GARRISON, William Lloyd. Introduction to *Thoughts on African Colonization*. New York: Arno, 1968.

KATZNELSON, Ira. *Black Men, White Cities*. London: Oxford University Press, 1973.

KEA O'REILLY, Salaria. *A Negro Nurse in Republican Spain*. New York: The Negro Committee to Aid Spain/Medical Bureau and North American Committee to Aid Spanish Democracy, 1977.

KEES, Hermann. *Ancient Egypt*. Chicago: University of Chicago Press, 1961.

KEITA, Lanciany. The African Philosophical Tradition. In: WRIGHT, Richard (ed.). *African Philosophy: An Introduction*. Washington, D.C.: University Press of America, 1979.

____. (Edward Philips). African Philosophical Systems: A Rational Reconstruction. *Philosophical Forum*, v. 9, n. 2-3, 1977-1978.

KELLER, Bonnie. Millenarianism and Resistance: The Xhosa Cattle Killing. *Journal of Asian and African Studies*, v. 13, n. 1-2. Jan.-Apr. 1978.

KENT, Raymond K. African Revolt in Bahia: 24-25 January 1835. *Journal of Social History*, v. 3, n. 4, Summer 1970.

____. Palmares: An African State in Brazil. *Journal of African History*, v. 6, n. 2, Jul. 1965.

KIERNAN, V.G. *European Empires from Conquest to Collapse*. Leicester: Leicester University Press, 1982.

____. *The Lords of Humankind*. London: Weidenfeld and Nicholson, 1969.

____. State and Nation in Western Europe. *Past and Present*, v. 31, n. 1, Jul. 1965.

____. Foreign Mercenaries and Absolute Monarchy. *Past and Present*, v. 11, n. 1, Apr. 1957.

KILSON, Martin. Politics and Identity among Black Intellectuals. *Dissent*, Summer 1981.

KIMBLE, David. *A Political History of Ghana: The Rise of Gold Coast Nationalism, 1850–1928*. London: Oxford University Press, 1963.

KING, Johannes. Guerrilla Warfare: A Bush Negro View. In: PRICE, Richard (ed.). *Maroon Societies: Rebel Slave Communities in the Americas.* Garden City: Anchor, 1973.

KIPLE, Kenneth. *Blacks in Colonial Cuba, 1774–1899.* Gainesville: University of Florida Press, 1976.

KNECHT, Robert. The Discoveries. In: JOHNSON, Douglas (ed.). *The Making of the Modern World: Europe Discovers the World,* New York: Barnes and Noble, 1971. V. 1.

KONING, Hans. *Columbus: His Enterprise.* New York: Monthly Review Press, 1976.

KOPYTOFF, Barbara Klamon. The Early Development of Jamaican Maroon Societies. *William and Mary Quarterly,* v. 35, n. 2, Apr. 1978.

KRANZBERG, Melvin. Industrial Revolution. *Encyclopaedia Britannica,* v. 12, 1965.

KRIEGER, Leonard (ed.). *The German Revolutions.* Chicago: University of Chicago Press, 1967.

KRISLOV, Samuel. *The Negro in Federal Employment.* Minneapolis: University of Minnesota Press, 1967.

KROPOTKIN, Petr. *Mutual Aid: A Factor of Evolution.* Boston: Extending Horizon Books, 1955.

KULIKOFF, Allan. The Origins of Afro-American Society in Tidewater Maryland and Virginia, 1700–1790. *William and Mary Quarterly,* v. 35, n. 2, Apr. 1978.

LABAREE, Leonard W. (ed.). *The Papers of Benjamin Franklin.* New Haven: Yale University Press, 1961.

LACERTE, Robert. Xenophobia and Economic Decline: The Haitian Case, 1820–1843. *The Americas,* v. 37, n. 4, Apr. 1981.

_____. The First Land Reform in Latin America: The Reforms of Alexander Potion, 1809–1814. *Inter--American Economic Affairs,* v. 28, n. 4, Spring 1975.

LA GUERRE, John (ed.). *Calcutta to Caroni: The East Indians of Trinidad.* Trinidad: Longman Caribbean, 1974.

LANTERNARI, Vittorio. *The Religions of the Oppressed: A Study of Modern Messianic Cults.* New York: Knopf, 1963.

LAS CASAS, Bartolomé de. *The Devastation of the Indies: A Brief Account.* New York: Seabury Press, 1974.

LATOUCHE, Robert. *The Birth of Western Economy.* New York: Barnes and Noble, 1961.

LAURENCE, K.O. (ed.). The Trinidad Water Riot of 1903: Reflections of an Eyewitness. *Caribbean Quarterly,* v. 15, n. 4, Dec. 1969.

LAWRENCE, Ken. Conversation: Interview with Vincent Harding. *Urgent Tasks,* n. 12, Summer 1981.

LAZARSFELD, Paul; OBERSCHALL, Anthony. Max Weber and Empirical Research. *American Sociological Review,* v. 30, n. 2, Apr. 1965.

LAZONICK, William. The Subjection of Labour to Capital: The Rise of the Capitalist System. *Review of Radical Political Economics,* v. 10, n. 1, Spring 1978.

LEISS, William. Review on Husserl. *Telos,* n. 8, Summer 1971.

LE MAY, Godfrey Hugh Lancelot. *Black and White in South Africa.* American Heritage Press, 1971.

LENIN, Vladimir Illich. The Tasks of the Proletariat in the Present Revolution. *Selected Works.* Moscow: Progress Publishers, 1970.

_____. The State and Revolution. *Selected Works.* London: Lawrence and Wishart, 1969. V. 3.

_____. Left-Wing" Communism: An Infantile Disorder. *Selected Works.* Moscow: Progress Publishers, 1967. V. 3.

_____. What Is to Be Done? *Selected Works.* New York: International Publishers, 1967. V. 1.

LERNER, Ralph; MAHDI, Muhsin (eds.). *Medieval Political Philosophy.* New York: Free Press of Glencoe, 1963.

LESTER, Julius. *The Seventh Son: The Thought and Writings of W.E.B. Du Bois.* New York: Vintage, 1971, V. 1.

LEVINE, Lawrence. *Black Culture and Black Consciousness.* New York: Oxford University Press, 1977.

LEWIS, Bernard. *Race and Color in Islam.* New York: Harper and Row, 1970.

LICHTHEIM, George. *Marxism: An Historical and Critical Study.* New York: Praeger, 1973.

_____. *The Origins of Socialism.* New York: Praeger, 1969.

LICHTMAN, Richard. The Façade of Equality in Liberal Democratic Theory. *Socialist Revolution,* v. 1, n. 1, Jan.-Feb. 1970.

LIEBMAN, Arthur. *Jews and the Left.* New York: John Wiley, 1979.

LIVERMORE, Harold V. (ed.). *Portugal and Brazil.* Oxford: Clarendon Press, 1963.

LIVERMORE, Harold V. Portugal. *Encyclopaedia Britannica,* v. 18, 1965.

LOGAN, Rayford (ed.). *W.E.B. Du Bois: A Profile.* New York: Hill and Wang, 1971.

LONDON TIMES. Private letters published under "Negro Insurrection", 5 Jun. 1816.

LONGMATE, Norman. *The Workhouse.* New York: St. Martin's Press, 1974.

LOPEZ, Robert S.; MISKIMIN, Harry A.; UDOVITCH, Abraham. England to Egypt, 1350–1500: Long-Term Trends and Long-Distance Trade. In: COOK, M.A. (ed.), *Studies in the Economic History of the Middle East from the Rise of Islam to the Present Day.* London: Oxford University Press, 1970.

LOPEZ, Robert S. *The Birth of Europe.* London: Phoenix House, 1966.

LOPEZ, Robert S.; RAYMOND, Irving (eds.). *Medieval Trade in the Mediterranean World.* Oxford: Oxford University Press, 1955.

LOVE, Edgar. Negro Resistance to Spanish Rule in Colonial Mexico. *Journal of Negro History,* v. 52, n. 2, Apr. 1967.

LOW, W. Augustus. Historians. In: LOW, W. Augustus; CLIFT, Virgil (eds.). *Encyclopedia of Black America.* New York: McGraw-Hill, 1981.

LÖWY, Michaël. Marxists and the National Question. *New Left Review,* n. 96, 1976.

LUKÁCS, Georg. On the Responsibility of Intellectuals. *Telos,* n. 3, Spring 1969.

____. *History and Class Consciousness.* Cambridge: MIT Press, 1968.

LUNDBERG, Ferdinand. *Cracks in the Constitution.* New York: Lyle Stuart, 1980.

LUXEMBURG, Rosa. The National Question. In: NETTL, Peter (ed.). *Rosa Luxemburg.* Oxford: Oxford University Press, 1969.

LYNCH, Hollis. *Edward Wilmot Blyden: Pan-Negro Patriot, 1832–1912.* London: Oxford University Press, 1970.

LYNCH, John R. *The Facts of Reconstruction.* Indianapolis: Bobbs-Merrill, 1970.

MCBRIDE, David. Africa's Elevation and Changing Racial Thought at Lincoln University, 1854–1886. *Journal of Negro History,* v. 62, n. 4, Oct. 1977.

MCDONALD, Roderick. Measuring the British Slave Trade to Jamaica, 1789–1808: A Comment. *Economic History Review,* v. 33, n. 2, May, 1980.

____. The Williams Thesis: A Comment on the State of Scholarship. *Caribbean Quarterly,* v. 25, n. 3, Sep. 1979.

MACFARLANE, L.J. *The British Communist Party.* Worcester; London: MacGibbon and Kee, 1966.

MACINTYRE, Stuart. *A Proletarian Science: Marxism in Britain, 1917–1933.* Cambridge: Cambridge University Press, 1980.

MC INTYRE, W. David. *Colonies into Commonwealth.* London: Blandford Press, 1974.

MCKAY, Claude. *A Long Way from Home.* New York: Harcourt, Brace and World, 1970.

____. *Harlem: Negro Metropolis.* New York: Harcourt Brace Jovanovich, 1968.

MACKENZIE, Norman. *Socialism: A Short History.* New York: Harper Colophon, 1969.

MCKINNON, Alan. Communist Party Election Tactics: A Historical Review. *Marxism Today,* v. 24, n. 8, Aug. 1980.

MCLELLAN, David. *Karl Marx: His Life and Thought.* New York: Harper Colophon, 1973.

____. *Marx before Marxism.* London: Macmillan, 1970.

MACMILLAN, Duncan. Charlemagne Legends. *Encyclopaedia Britannica,* v. 5. Chicago: University of Chicago Press, 1965.

MCNEILL, William. *Plagues and People.* Garden City: Anchor, 1977.

MAGUBANE, Bernard. A Critical Look at Indices Used in the Study of Social Change in Colonial Africa. *Current Anthropology,* v. 12, n. 4-5, Oct.-Dec. 1971.

MAIR, Lucy. Anthropology and Colonial Policy. *African Affairs,* Apr. 1975.

____. *Native Policies in Africa.* London: George Routledge, 1936.

MAKONNEN, Ras. *Pan-Africanism from Within.* Ed. Kenneth King. London: Oxford University Press, 1973.

MAKOVIC, Mihailo. Stalinism and Marxism. In: TUCKER, Robert (ed.). *Stalinism.* New York: W.W. Norton, 1977.

MALHEIRO, Agostinho Marques Perdigão. *A Escravidão no Brasil: Ensaio Histórico-Jurídico-Social.* São Paulo: Edições Cultura, 1944.

MALOWIST, Marian. The Economic and Social Development of the Baltic Countries from the Fifteenth to the Seventeenth Centuriës. *Economic History Review,* v. 12, n. 2, 1959.

MANCHESTER, Alan K. *British Preeminence in Brazil: Its Rise and Decline.* New York: Octagon Books, 1964.

MANGAN, J.A. *Athleticism in the Victorian and Edwardian Public School*. Cambridge: Cambridge University Press, 1981.

MANNHEIM, Karl. *Ideology and Utopia*. New York: Harcourt, Brace and World, 1936.

MANSERGH, Nicholas. *The Irish Question, 1840-1921*. Toronto: University of Toronto Press, 1965.

MANUEL, Frank. Introduction. In: G.W.F. Hegel, *The Philosophy of History*. Ed. C.J. Friedrich. New York: Dover, 1956.

MARABLE, Manning. *Blackwater*. Dayton: Black Praxis Press, 1981.

MARCUS, Harold. *The Life and Times of Menelik II*. Oxford: Clarendon Press, 1975.

MARCUSE, Herbert. *Reason and Revolution*. Boston: Beacon Press, 1968.

MARKS, Shula. The Zulu Disturbances in Natal. In: ROTBERG, Robert (ed.). *Rebellion in Black Africa*. London: Oxford University Press, 1971.

MARTIN, Tony. *Race First*. Westport: Greenwood Press, 1976.

_____. C.L.R. James and the Race/Class Question. *Race*, v. 14, n. 2, 1972.

MARX, Karl. *Capital*, v. 1. New York: International Publishers, 1977.

_____. *The Revolutions of 1848*. New York: International Publishers, 1973.

_____. Outline of a Report on the Irish Question to the Communist Educational Association of German Workers in London." IN: MARX, Karl; ENGELS, Friedrich. *Ireland and the Irish Question*, New York: International Publishers, 1972.

_____. Confidential Communication, 28 Mar. 1870. In: MARX, Karl; ENGELS, Friedrich. *Ireland and the Irish Question*, New York: International Publishers, 1972.

_____. Critique of the Gotha Program. In: TUCKER, Robert (ed.). *The Marx-Engels Reader*. New York: W.W. Norton, 1972.

_____. Theses on Feuerbach. In: TUCKER, Robert (ed.). *The Marx-Engels Reader*. New York: W.W. Norton, 1972.

_____. *The Eighteenth Brumaire of Louis Bonaparte*. In: TUCKER, Robert (ed.). *The Marx-Engels Reader*. New York: W.W. Norton, 1972.

_____. On the Jewish Question. In: TUCKER, Robert (ed.). *The Marx-Engels Reader*. New York: W.W. Norton, 1972.

_____. *The Poverty of Philosophy*. New York: International Publishers, 1971.

_____. The Class Struggles in France, 1848-50. In: PADOVER, Saul (ed.). *Karl Marx: On Revolution*. New York: McGrawHill, 1971.

_____. *A Contribution to the Critique of Political Economy*. New York: International Publishers, 1970.

_____. The Future Results of British Rule in India. In: AVINERI, Shlomo (ed.). *Karl Marx on Colonialism and Modernization*. Garden City: Doubleday, 1968.

_____. Parliamentary Debate on India. *New York Daily Tribune*, 25 Jun. 1853. In: AVINERI, Shlomo (ed.). *Karl Marx on Colonialism and Modernization*. Garden City: Doubleday, 1968.

_____. *Pre-Capitalist Economic Formations*. New York: International Publishers, 1965.

MARX, Karl; ENGELS, Friedrich. The Communist Manifesto. In: TUCKER, Robert (ed.). *The Marx-Engels Reader*. W.W. Norton, New York, 1972.

_____. *The German Ideology*. In: TUCKER, Robert (ed.). *The Marx-Engels Reader*. New York: W.W. Norton, 1972.

_____. *Karl Marx and Friedrich Engels, Selected Works*, v. 1. New York: International Publishers, 1972.

_____. *Ireland and the Irish Question*. New York: International Publishers, 1972.

MASON, Daniel; SMITH, Jessica (eds.). Foreword. *Lenin's Impact on the United States*. New York: New World Review, 1970.

MATHIESON, William Law. *British Slavery and Its Abolition*. London: Longmans, Green and Co., 1926.

MAXTON, James; BROCKWAY, Fenner. The War Threat. *New Leader*, 17 Apr. 1936.

MAYHEW, Arthur. Education in the Colonies. *Oxford University Summer School on Colonial Administration, Second Session, 27 June–8 July 1938*. Oxford: Oxford University Press, 1938.

MEHLINGER, Louis. The Attitudes of the Free Negro toward African Colonization. *Journal of Negro History*, v. 1, n. 3, Jul. 1916.

MEHRING, Franz. *Karl Marx, The Story of His Life*. Ann Arbor: University of Michigan Press, 1969.

MEIER, August. The Paradox of W.E.B. Du Bois. In: LOGAN, Rayford (ed.). *W.E.B. Du Bois: A Profile*, New York: Hill and Wang, 1971.

_____. "Radicals and Conservatives": A Modern View. In: LOGAN, Rayford (ed.). *W.E.B. Du Bois: A Profile*. New York: Hill and Wang, 1971.

663

MELENDY, Howard Brett. *The Oriental Americans*. New York: Twayne Publishers, 1972.

MELLON, Matthew. *Early American Views on Negro Slavery*. New York: Bergman, 1969.

MERIVALE, Herman. *Lectures on Colonization and Colonies*. New York: Augustus Kelly, 1967.

MERRIAM, Charles. William Archibald Dunning. In: ODUM, Howard W. (ed.). *American Masters of Social Science: An Approach to the Study of the Social Sciences Through a Neglected Field of Biography*, New York: Holt, 1927.

MEYER, Alfred. *Leninism*. New York: Praeger, 1962.

MEZ, Adam. *The Renaissance of Islam*. London: Luzac and Co., 1937.

MIÈGE, Jean Louis. The Colonial Past in the Present. In: MORRIS-JONES, W.H.; FISCHER, Georges (ed.). *Decolonization and After*. London: Frank Cass, 1980.

____. *L'Impérialisme colonial italien de 1870 à nos jours*. Paris: Sedes, 1968.

MILIBAND, Ralph; SAVILLE, John (eds.). *The Socialist Register, 1964*. London: Merlin Press, 1964.

MILLER, Floyd. *The Search for a Black Nationality*. Urbana: University of Illinois Press, 1975.

MILLER, John Chester. *The Wolf by the Ears*. New York: New American Library, 1977.

MILLER, Stuart. *The Unwelcome Immigrant*. Berkeley: University of California Press, 1969.

MOON, Henri Lee (ed.). *The Emerging Thought of W.E.B. Du Bois: Essays and Editorials from the Crisis*. New York: Simon and Schuster, 1972.

MOORE, Richard B. Du Bois and Pan-Africa. In: CLARKE, John Henrik; JACKSON, Esther; KAISER, Ernest; O'DELL, J.H. (eds.). *Black Titan: W.E.B. Du Bois*. Boston: Beacon Press, 1970.

____. On Barbadians and Minding Other People's Business. *New World Quarterly*, v. 3, n. 1-2, 1967.

MOORE, R. Lawrence. Flawed Fraternity - American Socialist Response to the Negro, 1901–1912. *The Historian*, v. 32, n. 1, Nov. 1969.

MOREAU DE SAINT-MERY, M.L.E. The Border Maroons of Saint-Domingue: Le Maniel. In: PRICE, Richard (ed.). *Maroon Societies: Rebel Slave Communities in the Americas*. Garden City: Anchor, 1973.

MORGAN, Edmund S. *American Slavery, American Freedom*. New York: W.W. Norton, 1975.

MORGAN, Gordon D. In Memoriam: Oliver C. Cox, 1901-1974. *Monthly Review*, v. 28, n. 1. May, 1976.

MORISON, Samuel Eliot. Columbus as Navigator. *Studi Colombiani*. Genova: Civico Istituto Colombiano, 1952. V. 2.

____. *Admiral of the Ocean Sea*. Boston: Little, Brown, 1942. 2 v.

MORRIS-JONES, W.H.; FISCHER, Georges (eds.). *Decolonisation and After*. London: Frank Cass, 1980.

MOSES, Wilson Jeremiah. *The Golden Age of Black Nationalism, 1850-1925*. Hamden: Archon Books, 1978.

MOSSE, George. *Toward the Final Solution*. London: J.M. Dent and Sons, 1978.

MOTT, Frank Luther. *A History of American Magazines, 1741-1850*. Cambridge: Harvard University Press, 1939. V. 1.

MULLIN, Gerald (Michael). *Flight and Rebellion*. New York: Oxford University Press, 1972.

MURRAY, A. Victor. Missions and Indirect Administration. *Oxford University Summer School on Colonial Administration, Second Session, 27 June - 8 July 1938*. Oxford: Oxford University Press, 1938.

MURRAY, D.R. Statistics of the Slave Trade in Cuba, 1790-1867. *Journal of Latin American Studies*, v. 3, n. 2, Nov. 1971.

MURRAY, Margaret. *The Splendour That Was Egypt*. London: Sidgwick and Jackson, 1964.

MURRAY-BROWN, Jeremy. *Kenyatta*. London: Fontana/Collins, 1974.

MUSSON, A.E. Continental Influences on the Industrial Revolution in Great Britain. In: RATCLIFFE, Barrie (ed.). *Great Britain and Her World, 1750-1914*. Manchester: Manchester University Press, 1975.

MYERS, Eugene A. *Arabic Thought and the Western World in the Golden Age of Islam*. New York: Frederick Ungar Publishing, 1964.

NAIRN, Tom. The Modern Janus. *New Left Review*, n. 94, Nov.-Dec. 1975.

NAISON, Mark. Communism and Harlem Intellectuals in the Popular Front: Anti-Fascism and the Politics of Black Culture. *Journal of Ethnic Studies*, v. 9, n. 1, Spring 1981.

____. Historical Notes on Blacks and American Communism: The Harlem Experience. *Science and Society*, v. 42, n. 3, Fall 1978.

____. Harlem Communists and the Politics of Black Protest. *Marxist Perspectives*, v. 1, n. 3, 1978.

____. Communism and Black Nationalism in the Depression: The Case of Harlem. *Journal of Ethnic Studies*, v. 2, n. 2, Summer 1974.

____. Marxism and Black Radicalism in America: Notes on a Long (and Continuing) Journey. *Radical America*, v. 5, n. 3, May-Jun. 1971.

NASH, A.E. Keir. Reason of Slavery: Understanding the Judicial Role in the Peculiar Institution. *Vanderbilt Law Review*, v. 32, n. 1, Jan. 1979.

NEARING, Scott. *Black America*. New York: Schocken, 1969.

NETTL, Peter. *Rosa Luxemburg*. Oxford: Oxford University Press, 1969.

NEWTON, Arthur Percival (ed.). *The Great Age of Discovery*. London: University of London Press, 1932.

NICHOLLS, David. *From Dessalines to Duvalier: Race, Colour and National Independence in Haiti*. Cambridge: Cambridge University Press, 1979.

____. A Work of Combat: Mulatto Historians and the Haitian Past, 1847-1867. *Journal of Interamerican Studies and World Affairs*, v. 16, n. 1, Feb. 1974.

NICHOLS, Charles (ed.). *Black Men in Chains*. New York: Lawrence Hill, 1972.

NICHOLS, Roy. *The Disruption of American Democracy*. New York: Collier Books, 1962.

NICOLL, Allardyce (ed.). *Shakespeare in His Own Age*. Cambridge: Cambridge University Press, 1964. (Shakespeare Survey 17.)

NOLAN, William. *Communism versus the Negro*. Chicago: Henry Regnery, 1951.

NORMAN, Edward. *A History of Modern Ireland*. London: Allen Lane/Penguin Press, 1971.

NOSSITER, T.J. Shopkeeper Radicalism in the Nineteenth Century. In: NOSSITER, T.J.; HANSON, A.H.; ROKKAN, Stein (eds.). *Imagination and Precision in the Social Sciences: Essays in Memory of Peter Nettl*. London: Faber and Faber, 1972.

NWAFOR, Azinna. Introduction. In: PADMORE, George. *Pan-Africanism or Communism*. New York: Doubleday, 1972.

NYERERE, Julius. *Ujamaa: Essays on Socialism*. Dar es Salaam / New York: Oxford University Press, 1979.

OATES, Stephen. *To Purge This Land with Blood*. New York: Harper Torchbooks, 1970.

OBICHERE, Boniface. African History and Western Civilization. In: ROBINSON, Armstead; FOSTER, Craig; OGILVIE, Donald (eds.). *Black Studies in the University*. New York: Bantam, 1969.

O'BRIEN, James; GORDON, Ann; BUHLE, Paul; MARKOWITZ, Jerry; KEERAN, Roger. 'New Left Historians' of the 1960's. *Radical America*, v. 4, n. 8-9, Nov. 1970.

ODUM, Howard (ed.). *American Masters of Social Science: An Approach to the Study of the Social Sciences Through a Neglected Field of Biography*. New York: Holt, 1927.

OFFIONG, Daniel A. The Cheerful School and the Myth of the Civilizing Mission of Colonial Imperialism. *Pan-African Journal*, v. 9, n. 1, 1976.

OGDEN, August. *The Dies Committee*. Washington: Catholic University Press of America, 1948.

OKOYE, Nwabueze F. Chattel Slavery as the Nightmare of the American Revolutionaries. *William and Mary Quarterly*, v. 37, n. 1, Jan. 1980.

OLELA, Henry. *From Ancient Africa to Ancient Greece*. Atlanta: Select Publishing, 1981.

____. The African Foundations of Greek Philosophy. In: WRIGHT, Richard A. (ed.). *African Philosophy: An Introduction*. Washington, D.C.: University Press of America, 1979.

ORIGO, Iris. *The Merchant of Prato*. New York: Knopf, 1957.

____. The Domestic Enemy: The Eastern Slaves in Tuscany in the Fourteenth and Fifteenth Centuries. *Speculum*, v. 30, n. 3, Jul. 1955.

ORUM, Thomas T. *The Politics of Color: The Racial Dimension of Cuban Politics During the Early Republican Years, 1900-1912*. Dissertação (Doutorado no Departamento de História), New York University, 1975 (Não publicado).

OTT, T.O. *The Haitian Revolution*. Knoxville: University of Tennessee Press, 1973.

OWENS, Leslie Howard. *This Species of Property*. New York: Oxford University Press, 1976.

PADMORE, George. *Africa and World Peace*. London: Frank Cass, 1972.

____. *Pan-Africanism or Communism*. New York: Doubleday, 1972.

____. *The Life and Struggles of Negro Toilers*. Hollywood: Sun Dance Press, 1971.

PADOVER, Saul (ed.). *Karl Marx: On Revolution*. New York: McGraw-Hill, 1971.

PAINTER, Nell Irvin. *Exodusters: Black Migration to Kansas after Reconstruction*. New York: Knopf, 1976.

PALMER, Colin. Religion and Magic in Mexican Slave Society, 1570-1650. In: ENGERMAN, Stanley L.; GENOVESE, Eugene. *Race and Slavery in the Western Hemisphere: Quantitative Studies*. Princeton: Princeton University Press, 1975.

PALMER, R.R.; COLTON, Joel. *A History of the Modern World*. New York: Knopf, 1959.

PARES, Richard [1960]. *Merchants and Planters*. Cambridge: Cambridge University Press, 1960 (Economic Economic History Review Supplement, n. 4.)

PARKER, William. Fugitives Resist Kidnapping. In: NICHOLS, Charles (ed.). *Black Men in Chains*. New York:, Lawrence Hill, 1972.

PARRIS, E. Elliot. Minty Alley. *Urgent Tasks*, n. 12, Summer 1981.

PARRY, Benita. *Delusions and Discoveries*. Berkeley: University of California Press, 1972.

PARRY, J.H. *The Establishment of the European Hegemony: 1415-1715*. New York: Harper and Row, 1966.

PASSMORE, John. *The Perfectibility of Man*. London: Duckworth, 1970.

PATTERSON, H. Orlando. Slavery and Slave Revolts: A Sociohistorical Analysis of the First Maroon War, 1665-1740. In: PRICE, Richard (ed.). *Maroon Societies: Rebel Slave Communities in the Americas*. Garden City: Anchor, 1973.

____. *The Sociology of Slavery*. Rutherford: Fairleigh Dickinson University Press, 1969.

PEIRES, J.B. Nxele, Ntsikana and the Origins of the Xhosa Religious Reaction. *Journal of African History*, v. 20, n. 1, Jan. 1979.

PELLING, Henry. *A History of British Trade Unionism*. Harmondsworth: Penguin, 1976.

____. The Early History of the Communist Party of Great Britain, 1920-9. *Transactions of the Royal Historical Society*, v. 8, 1958.

PEREZ, Louis A. *Army Politics in Cuba, 1898-1958*. Pittsburgh: University of Pittsburgh Press, 1976.

PERHAM, M. British Native Administration. *Oxford University Summer School on Colonial Administration, Second Session, 27 June-8 July 1938*. Oxford: Oxford University Press, 1938.

PETHYBRIDGE, Roger. *The Social Prelude to Stalinism*. London: Macmillan, 1977.

PEYRE, Henri. *Historical and Political Essays*. Lincoln: University of Nebraska Press, 1968.

PEYTRAUD, Lucien. *L'Esclavage aux Antilles Françaises avant 1789 d'après des documents inédits des Archives Coloniales*. Tese, Faculté des Lettres de Paris, Paris, 1897.

PIANA, Giovanni. History and Existence in Husserl's Manuscripts. *Telos*, n. 13, Fall 1972.

PICCONE, Paul. Reading the *Crisis*. *Telos*, n. 8, Summer 1971.

PIERSON, Stanley. *Marxism and the Origins of British Socialism*. Ithaca: Cornell University Press, 1973.

PINCKNEY, Darryl. Richard Wright: The Unnatural History of a Native Son. *Village Voice*, 4 Jul. 1977.

PIPES, Daniel. Black Soldiers in Early Muslim Armies. *International Journal of African Historical Studies*, v. 13, n. 1, 1980.

PIRENNE, Henri. *Mohammed and Charlemagne*. London: Unwin University Books, 1968.

____. *Medieval Cities, Their Origins and the Revival of Trade*. Princeton: Princeton University Press, 1948.

____. *Economic and Social History of Medieval Europe*. New York: Harcourt, Brace and World, 1937.

POLANYI, Karl. *The Great Transformation*. Boston: Beacon Press, 1957.

POOLE, Reginald. *Illustrations of the History of Medieval Thought and Learning*. New York: Dover, 1960.

POPPINO, Rollie. *Brazil, the Land and People*. New York: Oxford University Press, 1968.

POST, Charles. The American Road to Capitalism. *New Left Review*, v. 133, May-Jun. 1982.

POST, Ken. *Arise Ye Starvelings: The Jamaican Labour Rebellion of 1938 and Its Aftermath*. The Hague: Martinus Nijhoff, 1978.

POSTAN, M. The Fifteenth Century. *Economic History Review*, v. 9, n. 2, May, 1939.

POWER, Eileen; POSTAN, M.M. (eds.). *Studies in English Trade in the Fifteenth Century*. London: Routledge and Kegan Paul, 1951.

PRAWAR, S.S. *Karl Marx and World Literature*. Oxford: Oxford University Press, 1976.

PRESTAGE, Edgar. The Anglo-Portuguese Alliance. *Transactions of the Royal Historical Society*, v. 17, 1934.

____. Vasco da Gama and the Way to the Indies. In NEWTON, Arthur Percival (ed.). *The Great Age of Discovery*. London: University of London, 1932.

PRICE, Richard. *The Guiana Maroons: A Historical and Bibliographical Introduction*. Baltimore: Johns Hopkins University Press, 1976.

____. (ed.). *Maroon Societies: Rebel Slave Communities in the Americas*. Garden City: Anchor, 1973.

PROCACCI, Giuliano. *The History of the Italian People*. London: Weidenfeld and Nicolson, 1970.

Proceedings of a General Court Martial Held at the Colony House in George Town on Monday the

13th Day of October 1823, *Edinburgh Review*, xl, LXXXIX, Mar. 1824.

PROGRESSIVE Labor Party. *Racism, Intelligence and the Working Class*. Boston, 1974.

PUNISHMENT FOR a Negro Rebel. Documents, *William and Mary Quarterly*, v. 10, n. 3, Jan. 1902. (Documents.)

QUARLES, Benjamin. *Allies for Freedom: Blacks and John Brown*. New York: Oxford University Press, 1974.

____. *The Negro in the American Revolution*. Chapel Hill: University of North Carolina Press, 1961.

____. Lord Dunmore as Liberator. *William and Mary Quarterly*, v. 15, n. 4, Oct. 1958.

RAE, John. Play Up, Play Up. *Times Literary Supplement*, 2 Oct. 1981.

RAMOS, Arthur. *The Negro in Brazil*. Washington D.C.: Associated Publishers, 1951.

RAMSEY, P. The European Economy in the Sixteenth Century. *Economic History Review*, v. 12, n. 3, Apr. 1960.

RANGER, Terence O. The People in African Resistance: A Review. *Journal of Southern African Studies*, v. 4, n. 1, Oct. 1977.

____. *Revolt in Southern Rhodesia, 1896-7*. London: Heinemann, 1967.

RASKIN, Jonah. *The Mythology of Imperialism*. New York: Dell, 1971.

RATCLIFFE, Barrie. *Great Britain and Her World, 1750-1914*. Manchester: Manchester University Press, 1975.

RAU, Virginia. A Family of Italian Merchants in Portugal in the Fifteenth Century: The Lomellini. *Studi in Onore de Armando Sapori*, Milano: Istituto Editoriale Cisalpino, 1957. V. 1.

RAWICK, George [1976]. Interview with C.J. Robinson, Winter.

RECKORD, Mary. The Jamaican Slave Rebellion of 1831. *Past and Present*, v. 40, n. 1, Jul. 1968.

RECORD, Wilson. *The Negro and the Communist Party*. New York: Atheneum, 1971.

REDDICK, Lawrence. A New Interpretation for Negro History. *Journal of Negro History*, v. 21, n. 1, Jan., 1937.

REDKEY, Edwin. *Black Exodus*. New Haven: Yale University Press, 1969.

REICH, Wilhelm. What Is Class Consciousness? *Sex-Pol: Essays 1929-1934*. Ed. Lee Baxandall. New York: Vintage, 1972.

RENSBERGER, Boyce. Nubian Monarchy Called Oldest. *New York Times*, 1 Mar. 1979.

RETURN OF *Trials of Slaves: Jamaica, 1814-1818*. Colonial Office 137-147, Public Records Office, London.

RICHARD, Jean. The Mongols and the Franks. *Journal of Asian History*, v. 3, n. 1, 1969.

RIVA, Francisco Perez de la. Cuban Palenques. In: PRICE, Richard (ed.). *Maroon Societies: Rebel Slave Communities in the Americas*. Garden City: Anchor, 1973.

ROARK, James. *Masters without Slaves*. New York: W.W. Norton, 1977.

ROBINSON, Armstead; FOSTER, Craig; OGILVIE, Donald (eds.). *Black Studies in the University*. New York: Bantam, 1969.

ROBINSON, Cedric J. Amilcar Cabral and the Dialectic of Portuguese Colonialism. *Radical America*, v. 15, n. 3, May-Jun. 1981.

____. Notes Toward a "Native" Theory of History. *Review*, v. 4, n. 1, Summer 1980.

____. *The Terms of Order*. Albany: State University of New York Press, 1980.

____. A Case of Mistaken Identity. Artigo apresentado na African Studies Association Conference, Los Angeles, 1 Nov. 1979.

____. The Emergent Marxism of Richard Wright's Ideology. *Race and Class*, v. 19, n. 3, 1978.

ROBINSON, R.E.; GALLAGHER, J.A. (with Alice Denny). *Africa and the Victorians*. London: Macmillan, 1961.

RODINSON, Maxime. *Mohammed*. New York: Vintage, 1974.

____. The Western Image and Western Studies of Islam. In: SCHACHT, Joseph; BOSWORTH, C.E. (eds.). *The Legacy of Islam*. London: Oxford University Press, 1974.

RODNEY, Walter. *How Europe Underdeveloped Africa*. London: Bogle-L'Ouverture, 1972.

____. Upper Guinea and the Significance of the Origins of Africans Enslaved in the New World. *Journal of Negro History*, v. 54, n. 4, Oct. 1969.

____. Portuguese Attempts at Monopoly on the Upper Guinea Coast, 1580-1650. *Journal of African History*, v. 6, n. 3, 1965.

RODRIGUES, José Honório. *Brazil and Africa*. Berkeley: University of California Press, 1965.

ROGERS, Francis M. The Attraction of the East and Early Portuguese Discoveries. *Luso-Brazilian Review*, v. 1, n. 1, Jun. 1964.

ROGIN, Michael P. *The Intellectuals and McCarthy*. Cambridge: MIT Press, 1967.

ROSENBERG, Arthur. *A History of Bolshevism*. London: Oxford University Press, 1934.

ROTBERG, Robert (ed.). *Rebellion in Black Africa*. London: Oxford University Press, 1971.

ROTTER, Gernot. Die Stellung des Negers in der islamisch-arabischen Geselschaft bis XVI Jahrhundert, 1967. (Dissertação não publicada.)

ROUGEMONT, Denis de. *The Idea of Europe*. New York: Macmillan, 1966.

ROUT, Jr., Leslie B. *The African Experience in Spanish America*. Cambridge: Cambridge University Press, 1976.

ROUX, Edward. *Time Longer Than Rope*. Madison: University of Wisconsin Press, 1964.

ROY, M.N. *Fascism*. Calcutta: Jijnasa, 1976.

ROYCE, Edward. Genovese on Slave Revolts and Weiner on the Postbellum South. *Insurgent Sociologist*, v. 10, n. 2, Fall 1980. (Review Essays.)

RUCHAMES, Louis. *Racial Thought in America*. New York: Grosset and Dunlap, 1969.

RUDE, George. *The Crowd in History*. New York: John Wiley and Sons, 1964.

RUSSELL-WOOD, A.J.R. Black and Mulatto Brotherhoods in Colonial Brazil: A Study of Collective Behavior. *Hispanic American Historical Review*, v. 54, n. 4, Nov. 1974.

____. *Fidalgos and Philanthropists*. Berkeley: University of California Press, 1968.

SAID, Edward. *Orientalism*. New York: Pantheon, 1978.

SAIGNES, Miguel Acosta. Life in a Venezuelan Cumbe. In: PRICE, Richard (ed.). *Maroon Societies: Rebel Slave Communities in the Americas*. Garden City: Anchor, 1973.

SAMAROO, Brinsley. The Trinidad Workingmen's Association and the Origins of Popular Protest in a Crown Colony. *Social and Economic Studies*, v. 21, n. 2, Jun. 1972.

SAMUEL, Raphael (ed.). *People's History and Socialist Theory*. London: Routledge and Kegan Paul, 1981.

____. British Marxist Historians. *New Left Review*, n. 120, Mar.-Apr. 1980.

SANCHEZ-ALBORNOZ, Nicolas. *The Population of Latin America: A History*. Berkeley: University of California Press, 1974.

SANDERSON, Lillian. Education and Administrative Control in Colonial Sudan and Northern Nigeria. *African Affairs*, v. 74, n. 297, Oct. 1975.

SANDFORD, Eva Matthews. *The Mediterranean World in Ancient Times*. New York: Ronald Press, 1938.

SANKEY, Veronica [1980]. Interview with C.J. Robinson. Brighton, England, 20 July.

SAUNDERS, J.V.D. The Brazilian Negro. *The Americas*, v. 15, n. 3, Jan. 1959.

SCELLE, Georges. The Slave-Trade in the Spanish Colonies of America: The Assiento. *American Journal of International Law*, v. 4, n. 3, Jul. 1910.

____. *Histoire politique de la traite negrière aux Indes de Castille*. Paris: Larose and Forcel, 1906. 2 V.

SCHACHT, Joseph; BOSWORTH, C.E. (eds.). *The Legacy of Islam*. London: Oxford University Press, 1974.

SCHIROKAUER, Arno. *Lassalle: The Power of Illusion and the Illusion of Power*. London: 1931.

SCHLESINGER, Arthur; BURNS, Roger (eds.), *Congress Investigates*. New York: Chelsea House, 1975.

SCHULER, Monica. *Alas, Alas, Kongo: A Social History of Indentured African Immigration into Jamaica, 1841-1865*. Baltimore: Johns Hopkins University Press, 1980.

____. Ethnic Slave Rebellions in the Caribbean and the Guianas. *Journal of Social History*, v. 3, n. 4, Summer 1970.

SCHUMPETER, J.A. *Capitalism, Socialism and Democracy*. London: Unwin, 1965.

SCHWARTZ, Stuart. The Mocambo: Slave Resistance in Colonial Bahia. *Journal of Social History*, v. 3, n. 4, Summer 1970.

SCOTT, Ian. Middle Class Politics in Zambia. *African Affairs*, v. 77, n. 308, Jul. 1978.

SELIGMAN, Charles C. *Egypt and Negro Africa*. London: Routledge and Sons, 1933.

SELLIN, J. Thorsten. *Slavery and the Penal System*. New York: Elsevier, 1976.

SEMMEL, Bernard. *Jamaican Blood and Victorian Conscience*. Cambridge: Houghton Mifflin, 1963.

SHAPIRO, Leonard. Two Years that Shook the World. *New York Review of Books*, 31 Mar. 1977.

SHARP, William F. The Profitability of Slavery in the Colombian Choco, 1680-1810. *Hispanic American Historical Review*, v. 55, n. 3, Aug. 1975.

SHEPPERSON, George. Ourselves as Others. *Review*, v. 4, n. 1, 1980.

____. Garvey as Pan-Africanist. In: CRONON, David (ed.). *Marcus Garvey*. Englewood Cliffs: Prentice-Hall, 1972.

SHEPPERSON, George; PRICE, Thomas. *Independent African*. Edinburgh: Edinburgh University Press, 1958.

SHILLINGTON, Violet. The Beginnings of the Anglo-

-Portuguese Alliance. *Transactions of the Royal Historical Society*, v. 20, 1906.

SHYLLON, Folarin. The Black Presence and Experience in Britain: An Analytical Overview. Artigo apresentado na International Conference on the History of Blacks in Britain, University of London, Sep. 1981. (Não publicado).

SILVERBERG, Robert. *The Realm of Prester John.* Garden City: Doubleday, 1972.

SINGH, Raman K. Marxism in Richard Wright's Fiction. *Indian Journal of American Studies*, v. 4, n. 1-2, Jun.-Dec. 1974.

SKINNER, Elliot. The Persistence of Psychological and Structural Dependence after Colonialism. In: YANSANE, Aguibou (ed.). *Decolonization and Dependence.* Westport: Greenwood Press, 1980.

SLAVE REBELLION Trials: Jamaica. Colonial Office 137-185, Public Records Office, London, 1832.

SLESSAREV, Vsevolod. *Prester John: The Letter and the Legend.* Minneapolis: University of Minnesota Press, 1959.

SMALL, Richard. The Training of an Intellectual, the Making of a Marxist. *Urgent Tasks*, n. 12, Summer 1981.

SMITH, Abbot E. *Colonists in Bondage: White Servitude and Convict Labor in America, 1607-1776.* Chapel Hill: University of North Carolina Press, 1947.

SMITH, Anthony. *Theories of Nationalism.* New York: Harper and Row, 1971.

SMITH, David. *Socialist Propaganda in the Twentieth-Century British Novel.* London: Macmillan, 1978.

SMITH, T. Lynn. The Racial Composition of the Population of Colombia. *Journal of Inter-American Studies*, v. 8, n. 2, Apr. 1966.

SNOWDEN, Frank. *Blacks in Antiquity.* Cambridge: Harvard University Press, 1970.

SNYDER, Louis. *The Idea of Racialism.* Princeton: D. Van Nostrand, 1962.

_____. *Race.* New York: Longmans, Green and Co., 1939.

SOBOUL, Albert. *The French Revolution, 1787-1799.* New York: Random House, 1974.

SOMIT, Albert; TANNENHAUS, Joseph. *The Development of (American) Political Science: From Burgess to Behavioralism.* Boston: Allyn and Bacon, 1967.

SPECIAL Editorial Note for the People South of Mason and Dixon's Line, A. *Putnam's Monthly*, v. 3, n. 15, Mar. 1854.

STALIN, Josef Vissarionovich. Marxism and the National Question. *Works.* Moscow: Foreign Languages, 1953. V. 11.

STAMPP, Kenneth. *The Peculiar Institution.* New York: Vintage, 1956.

STAROBIN, Joseph. *American Communism in Crisis, 1943-1957.* Berkeley: University of California Press, 1972.

STAROBIN, Robert. *Industrial Slavery in the Old South.* New York: Oxford University Press, 1970.

STEIN, Robert. Mortality in the Eighteenth-Century French Slave Trade. *Journal of African History*, v. 21, n. 1, 1980.

STOCKWELL, John. *In Search of Enemies.* London: Futura Publications, 1979.

STODDARD, T. Lothrop. *The French Revolution in San Domingo.* Boston: Houghton Mifflin, 1914.

STOKES, Rose Pastor. The Communist International and the Negro. *The Worker*, 10 Mar. 1923.

STOLBERG, Benjamin. Black Chauvinism. *The Nation*, 15 May 1935.

STONE, Carl. *Class, Race and Political Behaviour in Urban Jamaica.* Mona: Press University of the West Indies, 1973.

STONE, Norman. The Many Tragedies of Haiti. *Times Literary Supplement*, 15 Feb. 1980.

ST. PIERRE, Maurice. West Indian Cricket – A Socio--Historical Appraisal, Part 1. *Caribbean Quarterly*, v. 19, n. 2, Jun. 1973.

STRAUSS, Eric. *Irish Nationalism and British Democracy.* New York: Columbia University Press, 1951.

STREET, Brian. *The Savage in Literature.* London: Routledge and Kegan Paul, 1975.

STEPHENSON, Wendell Holmes. *Southern History in the Making.* Baton Rouge: Louisiana State University Press, 1964.

STRACHEY, John. Communism in Great Britain. *Current History*, Jan. 1939.

STUART, James. *A History of the Zulu Rebellion.* London: Macmillan, 1913.

STYRON, William. Hell Reconsidered. *New York Review of Books*, 29 Jun. 1978.

SWEEZY, Paul. Workers and the Third World. In: FISCHER, George (ed.). *The Revival of American Socialism.* New York: Oxford University Press, 1971.

SWEEZY, Paul et al. *The Transition from Feudalism to Capitalism.* London: New Left Books, 1976.

SYMONS, Julian. *The Thirties: A Dream Revolved.* London: Faber and Faber, 1975.

TASSIN, Algernon. *The Magazine in America.* New York: Dodd, Mead & Co., 1916.

669

TAUSSIG, Michael. Black Religion and Resistance in Colombia: Three Centuries of Social Struggle in the Cauca Valley. *Marxist Perspectives*, v. 2, n. 2, Summer 1979.

TAWNEY, R.H. A History of Capitalism. *Economic History Review*, v. 2, n. 3, 1950.

TAYLOR, A.E. *Plato, the Man and His Work*. Cleveland: World Publishing, 1966.

TAYLOR, A.J. Progress and Poverty in Britain, 1780-1850: A Reappraisal. *History*, v. 45, n. 153, Feb. 1960.

TAYLOR, Theman. *Cyril Briggs and the African Blood Brotherhood: Effects of Communism on Black Nationalism, 1919-35*. Dissertação (Doutorado), 1981 (Não publicado.)

TAYLOR, William B. The Foundation of Nuestra Señora de Guadalupe de los Morenos de Amapa. *The Americas*, v. 26, n. 4, Apr. 1970.

THOMAS, Hugh. *The Spanish Civil War*. New York: Harper and Row, 1961.

THOMAS, John L. *The Liberator: William Lloyd Garrison*. Boston: Little, Brown, 1963.

THOMPSON, E.P. The Politics of Theory. In: SAMUEL, Raphael (ed.). *People's History and Socialist Theory*. London: Routledge and Kegan Paul, 1981.

____. *The Poverty of Theory*. New York: Monthly Review Press, 1978.

____. *Whigs and Hunters*. New York: Pantheon, 1974.

____. Time, Work-Discipline, and Industrial Capitalism. *Past and Present*, v. 38, n. 1, 1967.

____. *The Making of the English Working Class*. New York: Vintage, 1966.

THOMSON, George. *The First Philosophers*. London: Lawrence and Wishart, 1977.

THORPE, Earl(ie) E. *Black Historians*. New York: William Morrow, 1970.

THRUPP, S. The Grocers of London: A Study of Distributive Trade. In: POWER, Eileen; POSTAN, M.M. (eds.). *Studies in English Trade in the Fifteenth Century*. London: Routledge and Kegan Paul, 1951.

TIGAR, Michael; LEVY, Madeline. *Law and the Rise of Capitalism*. New York: Monthly Review Press, 1977.

TRELEASE, Allen. *White Terror*. New York: Harper Torchbooks, 1971.

TREVOR-ROPER, Hugh. *The Rise of Christian Europe*. New York: Harcourt, Brace and World, 1965.

____. The Rise of Christian Europe: The Medieval Renaissance. *The Listener*, 26 Dec. 1963.

____. The Rise of Christian Europe: The Crusades. *The Listener*, 19 Dec. 1963

____. The Rise of Christian Europe: The Dark Ages. *The Listener*, 12 Dec. 1963.

____. The Rise of Christian Europe I: The Great Recovery. *The Listener*, 28 Nov. 1963.

TROTMAN, D.V. The Yoruba and Orisha Worship in Trinidad and British Guiana, 1838-1870. *African Studies Review*, v. 19, n. 2, Sep. 1976.

TROTSKY, Leon. *The Writings of Leon Trotsky*. London: Martin Seeker and Warburg, 1964. V. 6.

TUCHMAN, Barbara. *A Distant Mirror*. New York: Ballantine Books, 1977.

TUCKER, Robert C. *Stalinism*. New York: W.W. Norton, 1977.

____. *Philosophy and Myth in Karl Marx*. Cambridge: Cambridge University Press, 1971.

TUCKER, Robert C. (ed.). *The Marx-Engels Reader*. New York: W.W. Norton, 1972.

TUTUOLA, Amos. *My Life in the Bush of the Ghosts*. London: Faber and Faber, 1954.

ULLMANN, Walter. *The Growth of Papal Government in the Middle Ages*. London: Methuen, 1965.

UNCLE TOM at Home. Putnam's Monthly, v. 8, n. 43, Jul. 1856.

URIBE, Jaime Jaramillo. La poblacion indígena de Colombia en el momento de la Conquista y sus transformaciones pòsteriores. *Anuario Colombiano de Historia Social y de la Cultura*, v. 1, n. 2, 1964.

VANSINA, Jan. *Kingdoms of the Savanna*. Madison: University of Wisconsin Press, 1966.

VERLINDEN, Charles. *The Beginnings of Modern Colonization*. Ithaca: Cornell University Press, 1970.

____. Navigateurs, marchands et colons italiens au service de la découverte et de la colonisation portugaise sous Henri le Navigateur. *Le Moyen Âge*, v. 64, n. 4, 1958.

____. *L'esclavage dans l'Europe médiévale, I: Peninsule Iberique – France*. Brugge: De Tempel, 1955.

____. Italian Influence in Iberian Colonization. *Hispanic American Historical Review*, v. 33, n. 2, May, 1953.

VIDAL, Gore. The Second American Revolution? *New York Review of Books*, 5 Feb. 1981.

VILA, Enriqueta. The Large-Scale Introduction of Africans into Veracruz and Cartagena. *Annals of the New York Academy of Sciences*, New York,

v. 292, Jun. 1977. (Comparative Perspectives on Slavery in New World Plantation Societies. Eds. Vera Rubin; Arthur Tuden.)

VINCENT, Theodore. *Black Power and the Garvey Movement*. San Francisco: Ramparts, 1972.

VIRGINIA WRITERS' Project. *The Negro in Virginia*. New York: Hastings House, 1940.

WALDEN, Daniel (ed.). *W.E.B. Du Bois: The Crisis Writings*. Greenwich: Fawcett, 1972.

WALLERSTEIN, Immanuel. *The Modern World System II: Mercantilism and the Consolidation of the European World-Economy, 1600-1750*. New York: Academic Press, 1980.

____. *The Modern World System I: Capitalist Agriculture and the Origins of the European World-Economy in the Sixteenth Century*. New York: Academic Press, 1974.

WARD, Sir Adolphus W. *Germany 1815-1890*. Cambridge: Cambridge University Press, 1917. V. 2.

WARD, J.T. *Chartism*. New York: Harper and Row, 1974.

____. (ed.). *Popular Movements c. 1830-1850*. London: Macmillan, 1970.

WEBB, Constance. *Richard Wright*. New York: Putnam, 1968.

WEBB, R. *The British Working Class Reader*. New York: Kelley, 1971.

WEIR, Stanley. Revolutionary Artist. *Urgent Tasks*, n. 12, Summer 1981.

WEISBORD, Robert. *Ebony Kinship*. Westport: Greenwood Press, 1973.

WESTERMANN, William L. *The Slave Systems of Greek and Roman Antiquity*. Philadelphia: American Philosophical Society, 1955.

WIDGERY, David. A Meeting with Comrade James. *Urgent Tasks*, n. 12, Summer 1981.

WIECEK, William. Slavery and Abolition before the United States Supreme Court, 1820-1860. *Journal of American History*, v. 65, n. 1, Jun. 1978.

WILKS, Ivor. *Asante in the Nineteenth Century*. London: Cambridge University Press, 1975.

WILLIAMS, Eric. *From Columbus to Castro: The History of the Caribbean 1492-1969*. New York: Harper and Row, 1970.

____. *Inward Hunger*. London: Andre Deutsch, 1969.

____. *Capitalism and Slavery*. New York: Capricorn Books, 1966.

____. *History of the People of Trinidad and Tobago*. Port-of-Spain: People's National Movement Publishing Co., 1962.

WILLIAMS, George Washington. *A History of the Negro Race in America from 1619 to 1880*. New York: G.P. Putnam's Sons, 1883.

WILLIAMS, Raymond. Literature and Sociology. *New Left Review*, n. 67, May-Jun. 1971.

WILLIAMS, William Appleman. Empire as a Way of Life. *The Nation*, 2-9 Aug. 1980.

WILSON, Basil. The Caribbean Revolution. *Urgent Tasks*, n. 12, Summer 1981.

WILSON, Carus. The Overseas Trade of Bristol. In: POWER, Eileen; POSTAN, M.M. (eds.). *Studies in English Trade in the Fifteenth Century*. London: Routledge and Kegan Paul, 1951.

WISH, Harvey. American Slave Insurrections before 1861. In: CHACE, William; COLLIER, Peter (eds.). *Justice Denied*. New York: Harcourt, Brace and World, 1970.

WOLIN, Sheldon. *The Politics of Vision*. Boston: Little, Brown, 1960.

WOOD, Donald. *Trinidad in Transition: The Years after Slavery*. London: Oxford University Press, 1968.

WOOD, Forrest. *Black Scare: The Racist Response to Emancipation and Reconstruction*. Berkeley: University of California Press, 1968.

WOOD, Neal. *Communism and British Intellectuals*. London: Victor Gollancz, 1959.

WOOD, Peter. *Black Majority*. New York: Norton, 1975.

WOODWARD, C. Vann. *Tom Watson: Agrarian Rebel*. New York: Oxford University Press, 1963.

WRESZIN, Michael. The Dies Committee. In: SCHLESINGER, Arthur; BURNS, Roger (eds.), *Congress Investigates*. New York: Chelsea House, 1975.

WRIGHT, Irene. The Spanish Resistance to the English Occupation of Jamaica, 1655–1660. *Transactions of the Royal Historical Society*, v. 12, 1930.

WRIGHT, Richard A. (ed.). *African Philosophy: An Introduction*. Washington, D.C.: University Press of America, 1979.

WRIGHT, Richard. Blueprint for Negro Writing. *New Challenge*, Fall 1937. Reimpresso em *Race and Class*, v. 21, n. 4, Autumn 1980.

____. *American Hunger*. New York: Harper and Row, 1977.

____. The Voiceless Ones. *Saturday Review*, 16 Apr. 1960.

____. *White Man Listen!* Garden City: Doubleday, 1957.

____. *Black Power*. New York: Harper and Brothers, 1954.

____. *The Outsider*. New York: Harper, 1953.

____. *Black Boy*. New York: Harper and Row, 1945.

____. I Tried to Be a Communist. *Atlantic Monthly*, Aug. and Sep. 1944.

WRIGHT, Richard Robert. Negro Companions of the Spanish Explorers. *American Anthropologist*, v. 4, n. 2, Apr.-Jun. 1902.

WYNTER, Sylvia. In Quest of Matthew Bondsman: Some Cultural Notes on the Jamesian Journey. *Urgent Tasks*, n. 12, Summer 1981.

YANSANE, Aguibou (ed.). *Decolonization and Dependence*. Westport: Greenwood Press, 1980.

YATES, Frances A. *The Occult Philosophy in the Elizabethan Age*. London: Routledge and Kegan Paul, 1979.

YATES, James. Interview with C.J. Robinson. Binghamton, New York, 26 April, 1978.

ZAMBARDINO, Rudolph A. Mexico's Population in the Sixteenth Century: Demographic Anomaly or Mathematical Illusion? *Journal of Interdisciplinary History*, v. 11, n. 1, Summer 1980.

ZELLER, Edward. *Outlines of the History of Greek Philosophy*. London: Routledge and Kegan Paul, 1948.

ZINN, Howard. *A People's History of the United States*. New York: Harper and Row, 1980.

____. *The Politics of History*. Boston: Beacon Press, 1970.

ZURARA, Gomes Eanes de. *The Chronicle of the Discovery and Conquest of Guinea*. V. 1. Ed. C.R. Beazley/ E. Prestage. New York: Burt Franklin Publisher, 1896.

Índice Remissivo

Abbott, Robert 389
abolição: da escravidão no Império Britânico 318; do tráfico de escravos britânico 308
África 478: e as civilizações mediterrâneas 197-200; e colonialismo 540-542; e Europa medieval 201-202; no pensamento europeu 184-194, 583n54; origens dos trabalhadores escravos 247-252
África do Sul 320, 451
African Blood Brotherhood (ABB, Irmandade do Sangue Africano) 366, 390, 393-397, 411, 626n123
Afro-West Indian Literary Society 463
Alemanha 452, 518-519: nacionalismo na 152-161
American Negro Academy (Academia Negra Americana) 357-359
Amigos Internacionais Africanos da Etiópia (Iafe, International African Friends of Ethiopia) 479-481
anglo-saxonismo 125, 128, 568n44, 569n72, 613n4: e socialismo 458-461, 636n96
Argentina 266
Arnold, Matthew 454, 640n159
Arnold, Thomas 472, 473, 475
Associação dos Trabalhadores de Trinidade 450, 453
atletismo: na Grécia antiga 474-475; na Inglaterra 475-476
Austrália 451
Azikiwe, Nnamdi 462

Babeuf, François-Nöel (Gracchus) 146-150, 571n25, 572n32
Baldwin, James 506, 530
Barbados: revolta de escravos em 309-312
Bélgica 452
Besant, Annie 459
Beyond a Boundary (Além de um Limite) 471-477
Black Jacobins, The (Os Jacobinos Negros) 470, 484-490, 501
Blackman, Peter 463, 534, 640n167
Black Reconstruction 413-418, 422-431, 479, 630196
Blassingame, John 255-259, 595n7

"Blueprint for Negro Writing" 510-511; Blyden, Edward Wilmot 395, 617n40
Boggs (Grace Lee) 493, 501
Bone, Robert 507
Boukman (quilombola) 292, 293
Brasil 282, 538, 540: e o comércio de escravos 604n195 e n200; e pequena burguesia negra 611n19; e rebeliões de escravos 270-272, 301-305; escravidão no 296-305; origem africana dos escravos do 605n202 e n204
Braudel, Fernand 110, 224, 334, 564n89, 591n30
Brigadas Internacionais 468, 481, 641n175
Briggs, Cyril 393-397, 406, 626n118 e n123
British Colonial Office 451, 469
Brockway, Fenner 463
Browder, Earl 410, 517, 613n2
Brown, John 187, 415, 539
Burgess, John W. 351, 614n12
burguesia: Estado e moderna 103-105; primeira destruição da 99-100; primeiro desenvolvimento da 93-97; surgimento da moderna 100-105
Bustamante, Alexander 638n140
Butler, Rab 638n140
Butterfield, Herbert 584n79

Cabral, Amílcar 486, 642n188: sobre resistência 254
Campbell, Grace 394
camponeses: e a revolução 420-427
Canadá 451
capitalismo: e civilização ocidental 109-115; e feudalismo 87-88; e imperialismo 610n5; e redes antigas de comércio 562n31; e trabalho escravo 82, 235-252, 369-370, 413-415; e trabalho étnico 565n101; e trabalho imigrante 108-109; e trabalho negro 535-536; industrial, e pobreza/desemprego 120-123, 566n8
capitalismo racial 80
Carnegie, Andrew 360
Carolina do Sul 283-285, 295
Carver, George Washington 618n48
Case for West-Indian Self Government, The (O Caso do Autogoverno nas In-

dias Ocidentais) 447-448
Castoriadis, Cornelius 567n30, 642n190
Castro, Américo 210
Ceilão 453, 478
Central Intelligence Agency (CIA, Agência Central de Inteligência) 506, 645n6, 646n9
Césaire, Aimé 343-345
Cheng Ho 230
Chile 265-266
Chilembwe, John 324, 325, 453, 479
China 478: explorações no oceano Índico 230, 590n26 e n28
Cipriani, Arthur 453, 454, 455, 470
civilização europeia: formação da 89-93, 113-115, 561n6 e n21; primeiro declínio da 91-93
civilização grega: e África 197-199
classe trabalhadora inglesa: e consciência de classe 117-118, 123-127; e divisões étnicas 136-137; e divisões ocupacionais 567n35; e sindicalismo 126-127; rebeliões 123-124
Claudin, Fernando 637n116
Cockburn, Claud 468
Cole, G.D.H. 459
Cole, Margaret 459
Colômbia 266, 268, 270, 277-278, 322 e quilombos 600n104 e n107
Colombo, Cristóvão 231-232, 259-260, 592n49
colonialismo: contradições do 337-339; documentação do 319-320; resistência ao 320-322. *Ver também* colonialismo britânico; colonialismo espanhol
colonialismo britânico: e autogoverno 434; e capitalismo 239-242; e comércio de escravos 247-252; e trabalho escravo 246
colonialismo espanhol: reprodução da força de trabalho 596n18
comércio de escravos: e mortalidade das tripulações 594n105; e mortalidade de escravizados 594n104; magnitude de 237-238, 593n76
Comissão Negra (do Quarto Congresso da Internacional Comunista) 403-405
Conferência Rosenwald 364-368

Congress of Industrial Organizations (CIO, Congresso de Organizações Industriais) 419
consciência de classe: entre trabalhadores brancos nos EUA 371-374
Constantine, Learie 455-457, 465, 470, 472
contigente de mercadores e *planters* 452, 634n74
Cortés, Hernán 267
Costa de Ouro 453-454
Cox, Oliver 236, 337, 342, 344, 504, 505, 542, 543, 545, 546, 582n48, 612n32, 643n190
crioulos franceses (Trinidade) 439-441, 442-443, 633n39
críquete: em Trinidade 449, 471-475; nas Índias Ocidentais 634n65
Crummell, Alexander 357, 358, 359, 395, 610n12
Cruse, Harold 509, 621n67, 627n132
Cuba 283, 540: e pequena burguesia negra 611n119
culturas africanas: e resistência 320-322, 594n2; e revoltas de escravos no Brasil 302-305
Curtin, Philip 236, 239, 240, 247, 248, 298, 579n22, 593n72

Davis, David Brion 185-186, 216, 578n15 e n17
DeLeon, Daniel 459, 613n2
Dessalines 325, 489
Dickens, Charles 473
dom Henrique (o Navegador) 212-214, 586n113
Domingo, W.A. 393, 396, 638n140
Doty, Edward 394
Draper, Theodore 575n3
Du Bois, W.E.B. 296, 342, 395, 456, 466, 479, 503, 504, 505, 509, 513, 523, 531, 542-545, 545-547, 595n15, 612n27, 619n56-57, 640n167, 641n181: contexto de 347-349; crítica da historiografia estadunidense 349-352; e a American Negro Academy 358-359; e a NAACP 621n67; e "aristocracia trabalhadora" 569n70; e a tradição negra radical 360-362; e marxismo 380-382, 620n62, 623n86; e o racismo estadunidense 578n13; e UNIA 391, 626n113; e União Soviética 620n60; na conferência de Rosenwald 364-368; sobre a "Greve Geral" 424; sobre aristocracia do trabalho 622n76; sobre classe trabalhadora e guerra 620n59; sobre consciência do escravizado e rebelião 427; sobre ditadura do proletariado 630n190; sobre o Partido

Comunista Americano 621n66; sobre socialismo 619n58; sobre "The Talented Tenth" (O Décimo Talentoso 616n25
Dunayevskaya, Raya 491-493
Dunning, William 614n111-12
Duse, Mohamed Ali 462, 469
Dutt, Rajani Palme 463

Egito: e Europa mediterrânea 197-199; e impacto sobre o pensamento grego 199, 583n64; e Núbia 199; negros no 196-199
emigração negra 576n3
Engels, Friedrich: e o trabalhador irlandês 132-133; sobre a questão irlandesa 568n58; sobre Estado nacional 573n73; sobre história e a dialética 169-170; sobre raça 569n66; sobre rebeliões medievais 571n7. *Ver também* Marx, Karl – e Engels
escravidão: e abolição 538-541; e a lei estadunidense 581n47; e a rebelião norte-americana 287-288, 603n150, n153 e n157; e brutalidade 608n2, 609n3; e consciência 426; e democracia estadunidense como contradição 368-370; e genocídio 260-263; e historiografia da 239, 593n72, 596n16; e invenção do negro 250; e islamismo na África 204-206; em Nova York 284; e ocupações militares 265-267; e personalidade do escravizado 255-256; e sistema capitalista mundial 369, 582n49; e trabalhadores europeus 577n8; e transferência do Mediterrâneo para a região atlântica 592n56; fugitivos da 602n133; na Carolina do Sul 283-285; na Flórida 283-284; na historiografia estadunidense 258-259; na pós-abolição em Trinidade 436-440; nas Índias Ocidentais 305-319; na Virgínia 284-288; no Iraque 586-588n118; racionalizações estadunidenses para a 578n11; resistência a 257; escravidão africana e islamismo 205-206
escravos: estereótipos relativos a 595n7; europeus 585n93; origens do termo 563n56; registro de 309-310
Espanha: Castela e Aragão e escravidão 264-265; e explorações atlânticas 233-235; e mercadores genoveses 231; e rivalidade com Portugal 230-550; e sistema de controle escravo 266; e trabalho colonial 259-261
Estado absolutista 105-107; e banditismo 564n99; e mercenários estrangeiros 107, 565n100

Estados Unidos da America (EUA): e consciência dos trabalhadores 370-374; e trabalhadores imigrantes 385-386; origem do socialismo nos 384-388; origens dos mitos nacionalistas 349
Estados Unidos da America (EUA) colonial: características raciais nos 190-194: e ameríndios 579n26: e a preocupação com a resistência negra 581n46
Esteban (Estebanico, ladino) 265
Ethiopian Progressive Association 463
eurocentrismo 218-222
Europa medieval: agricultura e comércio na 95; declínio da 99-100, 562n27; e Aristóteles 216-218; e as cruzadas 585n91; e declínio do conhecimento 584n79; e islã 201-206, 585n91, 588n121; e mudanças climáticas 585n90; e o comércio de escravos 97-98; Império Mongol 207-208; mitos na 584n76; Peste Negra 208; rebeliões camponesas na 99-100

faculdades negras e universidades 611n22, 617n34
Fanon, Frantz 325, 343, 520
Federal Bureau of Investigation (FBI) 645n6, 646n9
Flórida: escravidão na 283-284
formação de classe: raça e etnicidade 112-114
Fort-Whiteman, Lovett 394
Foster, William Z. 411
Fox-Genovese, Elizabeth 582n49
Franklin, Benjamin 577n8, 580n27: consciência racial de 188-189
Froude, James 128-131, 444

Gallacher, Willie 463
Garvey, Marcus 390-407, 454, 456, 463, 479-480, 575n3, 625n109-111: sobre Lênin 627n130
Gayle, Addison 513, 645n6, 646n8-9
Gênova: colônias mercantes em Portugal 226-228; e a monarquia inglesa 228-229; e banqueiros na Espanha 592n51 e n55; e mercadores na Espanha 231; e o papel dos mercadores nas expedições de Colombo 231-234; florescimento de 591n30
Genovese, Eugene 325, 332-333, 582n49, 607n273, 609n1
Grã-Bretanha 462-478, 485
negros residentes na 461-478, 637n118, 638n125 e n129
Grace, W.G. 472, 639n150
Granada 453-454
Grécia 474-475

674 ÍNDICE

"Guerra Batista" (Jamaica) 314-319
Guerra Civil Espanhola 481, 638
Guerra Ítalo-Etíope 464, 479-484: e as
    Índias Ocidentais 641n173
Guiana: e quilombos 601n110; revoltas
    de escravos na 312, 606n244

Haiti 484-490, 538, 539, 603n160, 631n2;
    sociedade de escravos no 288-296
Hall, Otto 393, 397, 405-406
Harding, Vincent 644n207
Haywood, Harry 393, 396, 397, 405-407,
    515, 637n116, 644n207
Hegel, G.W.F. 492-502
    e eurocentrismo 182-183, 576n6
Hill, Robert 393, 625n111, 639n144,
    641n180, 643n197
história da África, negação da 576n7
historiografia: negra 351, 354, 484, 614n112,
    617n146; racialismo na h. estaduni-
    dense 350-354
Hobsbawm, E.J. 120-123, 566n28, 567n13
    e n22
Hook, Sidney 613n2
Huiswoud, Otto 393, 402, 405
Hyndman, Henry 459

imperialismo. Ver imperialismo britâ-
    nico; colonialismo
imperialismo britânico 434-436, 492-
    494, 631n11
Império Romano e África 199-200
Índia 451, 453-454, 478
indianos: em Trinidade 437-441
Índias: significado na Idade Média 589n130
Índias Ocidentais: agitação nas 481,
    482-483; declínio econômico das, no
    século XIX 605n218; economia das, e
    Primeira Guerra Mundial 451-453,
    635n75-76; imigração das, para os Es-
    tados Unidos 636n111; imigração de
    trabalhadores das, para os Estados
    Unidos 388-390; movimentos mili-
    tantes nas, depois da Primeira Guer-
    ra Mundial 635n79
indígenas americanos 188, 260-261, 267-
    268, 579n23, 597n26-28, 614n7
Inikori, J.E. 238, 239-240, 593n72
intelligentsia radical negra 503-505:
    e a inteligência britânica 467-469;
    e socialismo 542; na Grã-Breta-
    nha 461-478
International African Service Bureau
    (IASB) 482-483
International Trade Union Committee
    of Negro Workers (Ituc-NW, Comitê
    Sindical Internacional de Trabalha-
    dores Negros) 463, 515

Irlanda: conquista e colonização 127-
    132, 135-137, 568n56; desracionaliza-
    ção da economia 132-133; emigração
    580n40; rebeliões 130-132
irlandês: camponês 246; trabalhador
    132-134, 461
Isabel, Alonzo 394
islã: e a Europa medieval 203-206, 586n118;
    e ciência 203; e escravidão 214-215; e
    o racismo europeu 586n118

Jamaica 283, 305-307, 538: e aquilomba-
    mento 312-319; e rebeliões de escra-
    vos 274-278, 606n246 e n249, 607n265
    e n268
James, C.L.R. 290, 292-296, 319, 334, 342,
    343, 344, 463, 464, 465, 503, 504, 509, 530,
    542, 544-545, 604n177, 606n232, 635n82,
    640n167, 641n180, 642n185, 643n197,
    644n204 e n207; consciência política
    inicial de 452-457; e a Guerra Ítalo-
    Etíope 479-481; e o trotskismo 469-
    471, 639n144; e rebelião armada 482-484;
    e Trótski 643n195; origens do pen-
    samento social de 448-450, 634n60;
    pan-africanismo de 490-491; sobre a
    democracia ateniense 620n64; sobre
    atletismo 639n150; sobre literatura in-
    glesa 472; sobre o paralelismo entre
    a Grécia antiga e o Império Britâ-
    nico 474; sobre os colonos britâni-
    cos 447-448; sobre os gregos 640n155;
    sobre o stalinismo 643n194
James, George 583n63-64
Japão 479
Jefferson, Thomas 596n17
Jones, Cris 463
Jordan, Winthrop 564n90, 576n7, 578n18
judeus 387, 624n101

Katayama, Sen 402, 405, 406
Kenyatta, Jomo 466, 478, 482, 484, 638n125
    e n129
Kimbangu, Simon 479
Ku Klux Klan 616n28

Las Casas, frei Bartolomeu de 216-
    217, 261-263
Law, Oliver 515
League of Coloured People (Liga das
    Pessoas de Cor) 463, 467
League of Struggle for Negro Rights
    (Liga de Luta Pelos Direitos dos Ne-
    gros) 515
Lei do Escravo Fugitivo 184, 578n10
Lênin, V.I. 381-382, 384, 395, 406, 409,
    411, 421-422, 426-427, 486-487, 489,
    493-502, 613n2, 623n85, 644n203: so-

bre a questão nacional 167-168; so-
    bre a questão negra 398-402; sobre
    as origens do socialismo 571; sobre
    o socialismo estadunidense 627n18
linchamentos 618n51
Lincoln, Abraham 427
Louisiana 295
L'Ouverture, Toussaint 294, 487-490,
    609n9
Lukács, György 613n2
Lynch, Hollis 630n1

Mackandel (quilombola) 292
Makonnen, T. Ras 462, 465-468, 478-
    479, 640n171
Martin, Tony 393
Marx e Engels: como ideólogos bur-
    gueses 571n18; como nacionalis-
    tas alemães 151-152, 155-158, 162-165,
    572n53, 574n87; e Ferdinand Lassal-
    le 152-159; escrevem o Manifesto Co-
    munista 143-146; papel de 642n189;
    sobre a pequena burguesia 145; sobre
    guerras capitalistas 252; sobre luta de
    classes 420-425; sobre movimentos
    de libertação nacionais 162-165; so-
    bre nacionalismo 408-410; sobre o
    proletariado 136-142, 145
marxismo 381-386, 419-432, 460-461,
    504-505, 542-545: como construção oci-
    dental 77-79; e classes trabalhadoras
    e imperialismo 612n32; e consciên-
    cia 166; e cultura 165-167; e teorias
    da revolução 484-490
Marx, Karl: e alemães comunistas
    572n40; e burguesia 573n75 e n78; e
    o materialismo 150-151; sobre acu-
    mulação primitiva 253; sobre a emi-
    gração irlandesa 569n71; sobre a
    França e desenvolvimento de classe
    573n81; sobre a necessidade do do-
    mínio burguês 160-161; sobre a ques-
    tão irlandesa 133-140, 569n73, 574n84;
    sobre capitalismo e trabalho escra-
    vo 194-195, 240, 582n48; sobre ideias
    sociais 570n84; sobre nacionalismo
    162-165; sobre o capitalismo como um
    sistema global 161-163; sobre o estado
    e o desenvolvimento capitalista 159-
    165; sobre o proletariado 136-140, 145;
    sobre trabalhadores alemães 573n74
McKay, Claude 392, 402, 405, 469, 635n78;
    e a inteligência britânica 638n138
México 265-267, 383: escravidão
    no 263, 267-270; população aborí-
    gene do 260-261
migração negra 361-362
Miller, Kelly 611n22

675

Milliard, Peter 465
mocambos. *Ver palenques*
Moody, Harold 462, 467
Moore, Richard B. 393, 396, 397
Morgan, Edmund 188, 577n8, 579n24 e n26
Mosley, Oswald 468
motim da Índia (1857) 632n22
movimentos nacionalistas 453-454: de
  libertação 477-478
movimento trotskista estadunidense.
  Ver trotskismo: estadunidense

nacionalismo na Europa 80: e marxis-
  mo 165-170; e mitos raciais 565n109
Nasanov, N. 406
Nash, A.E. Keir 581n47
National Association for the Advance-
  ment of Colored People (NAACP) 366,
  393, 402
Native Son 513-521
Nell, William C. 615n21
Nkrumah, Kwame 462, 466, 641n83
Notes on Dialetics 490-502
Nova York 284
Núbia 198, 583n68
Nyerere, Julius 344

obeah 276-277
Olivier, Sydney 459
Opoba, Samuel (Sam Okoh) 465
Owen, Chandler 392
Owens, Gordon 394
Owens, Leslie H. 257-258, 595n7

Padmore, George 319-320, 342, 344,
  452-484 *passim*, 503, 504, 530, 542, 545,
  546, 635n82, 637n116, 638n125, 641n171
  e n183, 642n186
Painter, Nell-Irving 353
palenques 268-270, 599n68
Palmares 272-274, 276, 599n84, 600n99
panafricanismo 445, 453-454, 463, 464-
  466, 484, 641n183 e n186
Panamá 268
Partido Comunista Americano (CPUSA,
  American Communist Party) 365, 367,
  382, 395, 396, 405, 409-412, 416-419,
  455, 491, 510-519, 620n63; e autodeterminação 629n155; e Comintern 387-
  388; e federações de língua estrangeira
  625n103-104; e os judeus 386-388,
  624n101; e os negros 623n83, 627n131
Partido Comunista da Grã-Bretanha
  (CPGB) 460, 463, 477, 636n104
Partido dos Trabalhadores Socialistas
  (SWP) 491-501
Partido Liberal Britânico 631n6
Partido Trabalhista Britânico 451-469

passim, 477-478, 640n166
Partido Trabalhista Independente 480
Partido Trabalhista Independente (ILP,
  Independent Labour Party, britânico)
  458, 458-461, 463
pequena burguesia negra 541; e capitalismo 378-380; e colonialismo 335-
  340; e consciência racial 353, 616n26;
  e ideologia 355-362; em Cuba e Brasil 611n19
Peru 266
Phillips, H.V. 394
Phillips, Ulrich B. 363
piezas de Indias 237, 592n64
Pirenne, Henri 90, 562n25, n27 e n40-41
plantocracia 613n5: nos Estados Unidos 374-375; psicologia da 595n15
Pogany, Josef (John Pepper) 407
populismo 618n49
Portugal: comerciantes/mercadores
  britânicos em 589n9; comerciantes/
  mercadores italianos em 590n12; e a
  aristocracia inglesa 224-226; e as explorações atlânticas 232-235, 591n41; e
  Espanha 231; e hostilidade contra o
  islã 212-214; e identidade nacional 223-
  226; e rivalidade com a Espanha 230;
  e viagens de descobrimento na África
  e na Ásia 229-231; formação da burguesia imperial em 589n6; formação do Estado 209-212; predomínio
  de no comércio de escravos no séc.
  XVI 237-238
Preste João 212, 219-220, 585n96, 586n11
  e n117, 590n17
Primeira Guerra Mundial 451-452:
  tropas negras 634n72-74, 635n77-78
proletariado: como classe 567n30; como
  classe revolucionária 623n85
Prosser, Gabriel 295, 327

Quênia 454
quilombos/aquilombamento 251, 537;
  na América do Norte 284-287; na
  Colômbia 277, 600n104 e n107; na
  Jamaica 274-277, 312-319; nas colônias espanholas 267-270; nas Guianas e no Suriname 279-280, 601n110;
  na Venezuela 278; no Haiti 291-293.
  Ver também palenques

raça: e dominação 112-115; origens do
  termo 565n127
racialismo: como instrumento do capitalismo 375-377; como supremacia
  branca 596n17; e colonialismo em
  Trinidade 442-443; e construção do
  negro 581n47; e genocídio 579n22; e

historiografia estadunidense 595n15,
  596n16; e pensamento científico
  579n21; e radicalismo ocidental 534;
  intraeuropeu 580n38; na América
  colonial 187-189; na civilização ocidental 78, 171-175, 186-187; na classe
  dirigente etíope 640n171; nas colônias britânicas 632n27; no período
  pós-Guerra Civil 351-352
Radek, Karl 405, 460
radicais negros: desenvolvimento
  dos 341-342; e pequena burguesia
  negra 335-340
Randolph, A. Philip 392, 643n198
Rawick, George 624n101
rebeliões de escravos 267, 484-490,
  538-541, 599n67-68; colaborações de
  africanos e indígenas nas 267-270;
  em Barbados 309-312; historiografia das 313-314, 602n132, 606n254;
  na Guiana 312, 606n244; na Jamaica 274-277, 606n246 e n249, 607n268;
  nas Índias Ocidentais 305-319; no Brasil 270-274, 302-305; no Haiti 288-296;
  nos Estados Unidos 282-288, 602n134
Reed, John 401
Reich, Wilhelm 517
resistência: e cultura africana 256-257.
  Ver também rebeliões de escravos
resistência africana. *Ver* culturas africanas: e resistência
Revolução Haitiana 290-291, 293-296,
  603n176
Revolução Industrial 118-119
Revolução Russa 644n206
Reynolds, Reginald 463
Robeson, Paul 638n119, 641n180, 645n6
Roosevelt, Franklin D. 364
Rout Jr., Leslie B. 237, 265
Rudder, Josh 450, 634n60
Rússia 383, 418, 424

Saklatvala, Shapurji 463
Sankey, Edward G. 465
San Lorenzo Cerralvo 270
San Lorenzo de los Negros 269
Segunda Internaciona 382, 387, 410, 417,
  494, 495, 496
Segunda Internacional 168, 371, 383
Seme, P.K.I. 462
Senghor, Lamine 479
servos contratados 189-194, 579n24,
  580n37-38
Shachtman, Max 491
Shaw, George Bernard 459
sindicalismo: na Grã-Bretanha 457-
  461, 477-478
Small, Richard 449, 455

Smith, Abbot E. 190-191, 580n37
Snowden, Frank 583n61, 584n71
socialismo: como negação do feudalismo 143-146; divisões étnicas no 384-386; e negros 373, 627n131; e proletariado industrial 146-148; e Revolução Industrial 118, 566; na Grã-Bretanha 457-461, 636n108; nos Estados Unidos 384-387; origens do 141-142, 570n1; teóricos do, e as classes trabalhadoras 149-150
soldados africanos na Primeira Guerra Mundial 451-453
soldados afro-americanos na Primeira Guerra Mundial 451-452
Sorenson, Reginald 463
stalinismo 492-501
Stálin, Joseph 395, 405, 409-411
sobre a "questão nacional" 167-168
Stokes, Rose Pastor 402-403
Streator, George 620n62, 622n83
Suriname 279-282, 538, 601n113 e n122

Taney, Roger 581n47
Tawney, R.H.: sobre capitalismo 563n59
tendência Johnson-Forest 491, 493
teoria radical negra 83
Terceira Internacional (Comintern) 384, 463, 495-501, 504: e comunismo estadunidense 387-388; e questão negra 397-412, 511-513
tese do Cinturão Negro 515
Thackeray, William Makepeace 472
Thomas, J. Jacob 444-445, 503, 633n53-54
Thompson, E.P. 118, 121, 126, 133, 282, 473, 566n2, 601n125, 602n130
Thorne, J. Albert 395
trabalhadores chineses em Trinidade 441
trabalho. *Ver* trabalho negro; escravos: trabalho
trabalho escravo: e a noção de negro 194-196; e comércio colonial 236-238; e custos de produção 597n20; e declínio de populações 606n241; e desenvolvimento capitalista 236-238, 239-245; e genocídio dos indígenas 597n23, n26-28, 598n3; e indígenas norte-americanos 259-260; e *ladinos* 264-266,

598n41; e substituição de indígenas por africanos 597n34, 598n40; na Europa 89-92; nas colônias espanholas 263-267; no mediterrâneo 563n55; origens africanas do 249-252
trabalho negro na América, migração do 388-391. *Ver também* trabalho escravo
tradição radical negra 81, 180-183, 428-431, 478, 481, 500-501, 503, 504-505, 536-550, 574n1: como negação da civilização ocidental 181; e C.L.R. James 480-484, 500-501; e consciência revolucionária 323-328, 484-486; e Du Bois 360-362; e escravidão 334-335; e intelligentsia 328; em Trinidade 438-440; e percepções equivocadas 331-333; e Richard Wright 517-521; e violência 323-326, 608n1; resistência na 83
Trevor-Roper, Hugh 577n7, 585n91
Trinidade 500: abolição da escravatura e problemas trabalhistas em 436-438; e classe média negra 445-448, 634n57-58; e classes médias de cor 442-444; e crioulos franceses 439-444, 633n39; e origens sociais do trabalho 631n13, 632n14 e n16-17; e resistência 441; e tradição negra radical 440; Indias Orientais em 437-438, 632n26, 633n35-36; racialismo e colonialismo britânico em 442; retirada do trabalho das *plantations* em 439-440; trabalho imigrante em 437-438
Trótski, Leon 332, 381, 395, 405, 421, 491, 644n205
sobre a questão nacional 167
trotskismo 492-499, 515, 639n144
estadunidense 483-484, 490
Trotter, William Monroe 362, 619n56-57
Turner, Henry A. 395
Turner, Nat 324, 327

Union of Students of African Descent 463
Universal Negro Improvement Association (UNIA) 390-412 *passim*, 454, 625n108-109; 626n112
Uruguai 266

Valiente, Juan 265
Venezuela 266, 270, 278, 282
Verlinden, Charles 226, 228, 232, 563n55-56, 591n41
Vesey, Denmark 295
Vincent, Theodore 393, 625n106
Virgínia 284, 295

Wallace-Johnson, I.T.A. 478
Wallas, Graham 459
Wallerstein, Immanuel 224, 227, 585n90, 589n6, 590n28, 597n34, 601n124: sobre burguesia e nacionalismo 564n85
Ward, Arnold 463
Washington, Booker T. 359-360, 391, 617n45 e n47, 618n48, 619n54
Webb, Beatrice 459
Webb, Sidney 459
West African Students Union 463
Williams, Eric 300, 306, 342, 466, 473, 482, 484, 542, 543, 545, 546
Williams, George W. 354, 358, 503, 615n21
Williams, Henry Silvester 445, 462, 465, 634n57
Woodson, Carter G. 358
Wright, Richard 342, 344, 542, 545, 612
difamação de 506
e comunismo estadunidense 510-519, 525-531
origens sociais do pensamento de 505-506, 645n1
raízes intelectuais de 507-509
sobre consciência da classe trabalhadora 518-521
sobre consciência negra 521-524, 524-531
sobre marxismo 513-531 *passim*, 648n73
sobre radicalismo negro 510
vigilância e assédio de 645n6, 646n7-9
Wynter, Sylvia 471, 639n150

xhosas, Guerra dos Cem Anos dos 320, 608n281

Yates, James 637n116

Zinoviev, Grigory 384, 405

Agradecimentos

Este trabalho foi iniciado quando eu lecionava em Binghamton, Nova York. No momento em que foi concluído, minha família e eu havíamos nos mudado para a região de Santa Bárbara, na Califórnia. Nesse ínterim, tínhamos passado um ano no pequeno povoado inglês de Radwinter, ao sul de Cambridge. Em suma, isso abrangeu um período de quase seis anos. Durante esse período, o apoio à pesquisa e à escrita me foi oferecido pela Fundação SUNY-Binghamton; pela Universidade da Califórnia em Santa Bárbara, e pelo programa National Research Council and Ford Foundation de bolsas de pós-doutorado para minorias.

Esse apoio foi importante. No entanto, ainda mais importante foi aquele dado pela equipe do Center for Black Studies da Universidade da Califórnia em Santa Bárbara, dirigido por Alyce Whitted, sua assistente administrativa e seu coração. Eles constituíram uma segunda família dentro da qual era possível trabalhar questões de seriedade e propósito. Na Inglaterra, esse apoio foi ampliado por A. Sivanandan; Jenny Bourne; Colin Prescod; Hazel Walters; Paul Gilroy; Lou Kushnick; Danny Reilly; Harsh Punja e Tony Bunyan, meus amigos do Institute of Race Relations. Também sou profundamente grato aos meus editores da Zed Press, Robert Molteno e Anna Gourlay. A eles se deve qualquer coerência que possa existir no trabalho que se segue.

Entre o número de estudiosos a quem é devido um reconhecimento intelectual, tenho que destacar St. Clair Drake. Sua paciência e seu exemplo se refletem no corpo do trabalho. Ele carrega seu conhecimento com sabedoria e graça.

A última palavra é reservada à minha família: Elizabeth, que leu os primeiros escritos e enfatizou o seu valor; e Najda, que um dia, espero, compartilhará essa opinião. Seis de seus primeiros oito anos estão em jogo. Espero que ela o faça, ainda que devido à autoridade de sua mãe, que leu cada linha deste manuscrito (e sugeriu algumas). A ambas estendo meu mais profundo apreço.

Sobre o Autor

CEDRIC JAMES ROBINSON (1940-2016)

De família de origem sulista (Alabama), cresceu em Oakland, Califórnia, e foi professor emérito do Departamento de Estudos Negros e Ciências Políticas na Universidade da Califórnia em Santa Bárbara (UCSB), na qual lecionou por quatro décadas, tendo sido diretor de seu Centro de Pesquisa para Estudos Negros.

Graduou-se em Antropologia Social na Universidade da California, Berkeley, em 1963, e fez mestrado e doutorado em Teoria Política, em 1974, na Universidade Stanford.

Seus interesses abrangiam a filosofia política clássica e moderna, a teoria social radical na diáspora africana, política comparada, capitalismo racial e as relações entre mídia e política.

Foi ativista político e membro da Afro-American Association em Berkeley, grupo estudantil que discutia identidade negra, decolonização africana, racismo histórico e contemporâneo, além de outros assuntos correlatos.

Além de *Marxismo Negro: A Criação da Tradição Radical Negra* (Black Marxism: The Making of the Black Radical Tradition, 1983; 3ª edição, 2020), é autor, entre outros, de *The Terms of Order: Political Science and the Myth of Leadership* (1980), *Black Movements in America* (1997) e *Anthropology of Marxism* (2001).

Este livro foi impresso na cidade de São Bernardo do Campo,
nas oficinas da Paym Gráfica e Editora, em março de 2023,
para a Editora Perspectiva